BCF

Matteo 7:1-5

ESAMINA TE STESSO

Un manuale per essere un vero discepolo

Basato sull'Antico
e sul Nuovo Testamento
come unica autorevole regola di
fede e di condotta.

Programma per il I corso.
Formazione per la consulenza biblica

A cura di John C. Broger

ESAMINA TE STESSO

UN MANUALE
PER ESSERE UN VERO DISCEPOLO

Questo materiale per la formazione di discepoli è pubblicato dalla Biblical Counseling Foundation Inc., un'associazione non a scopo di lucro, non quotata in Borsa, fondata nel 1974 e riconosciuta nel 1977 dallo Stato della Virginia, USA.

I contenuti del presente manuale sono tutelati con i diritti d'autore © nel 1978, riveduti nel 1980, 1987 e nel 1991 dalla Biblical Counseling Foundation, Inc. Tutti i diritti sono riservati. È vietata la riproduzione con qualsiasi mezzo per intero o in parte, in inglese o in altre lingue, l'inserimento nei circuiti informatici, la trasmissione in qualsiasi forma o con qualsiasi mezzo — elettronico, meccanico, fotocopiatura, registrazione o quant'altro — eccetto brevi citazioni in rassegne stampa, senza il permesso scritto della Biblical Counseling Foundation (BCF).

Le citazioni bibliche sono tratte da La Sacra Bibbia Nuova Riveduta 2006 – versione standard Copyright © 2008 Società Biblica di Ginevra. Usato previa autorizzazione. Tutti i diritti riservati.

Titolo originale dell'opera *Self-Confrontation: A Manual for In-depth Biblical Discipleship*, edizione del 1991.

ISBN 978-1-60536-077-5

Prima edizione in italiano © 2022

Biblical Counseling Foundation
42550 Aegean Street
Indio, CA 92203-9617, USA

760.347.4608 telefono
760.775.5751 fax
orders@bcfministries.org e-mail per ordinazioni
admin@bcfministries.org e-mail per altro
877.933.9333 (in USA) telefono solo per ordinazioni

Per informazioni su altri testi disponibili della BCF, visitare, per favore, il sito http://www.bcfministries.org

COME USARE IL MANUALE "ESAMINA TE STESSO"

Lo scopo di questo manuale è di insegnarti ad esaminare te stesso per vivere in modo tale da piacere al Signore, e di aiutare altri a fare altrettanto.

Il manuale è stato usato in vari modi: studi biblici per giovani e adulti, corsi per studenti credenti (scuole medie inferiori e superiori, università e corsi post universitari), corsi di studio per la preparazione di missionari e per l'evangelizzazione nonché corsi d'addestramento per quei ministeri che operano nelle carceri, per la scuola domenicale, per studi biblici nelle case, per la meditazione personale e per imparare a memoria la Scrittura. Inoltre si è dimostrato uno strumento utile per pastori, consulenti spirituali, personale sanitario, direttori del personale, educatori, assistenti sociali e altri professionisti che si occupano di rapporti personali e interpersonali. Scoprirai tu stesso, studiando questo manuale, molti altri usi utili per la tua vita e per il tuo ministero.

Non ti lasciare, in alcun modo, intimidire dal gran numero di citazioni bibliche che vi troverai. Anche un solo versetto di quelli elencati per uno specifico argomento, sarà di grande aiuto e beneficio per un neo credente in Gesù Cristo, mentre uno studioso della Bibbia, o uno studente di scuola biblica, si sentirà incoraggiato a cercare molti dei versetti elencati nelle lingue originali della Bibbia. Non importa quanto tu sia esperto della Scrittura: questo manuale vuole, infatti, incoraggiarti ad affidarti sempre di più alla Parola di Dio per scoprire come il Signore sia l'Unico in grado di aiutarti in ogni aspetto della tua vita.

John C. Broger, presidente emerito della Biblical Counseling Foundation (Fondazione per la consulenza biblica) conosciuto a livello internazionale per il suo impegno missionario ed evangelistico durato cinquant'anni.

Prestò servizio per quattro anni durante la Seconda guerra mondiale. Scrisse e pubblicò trentotto manuali per l'uso dei radar navali. In seguito rivestì la carica di ufficiale elettronico del *Night Torpedo Squadron 91*, a bordo della portaerei *Bon Homme Richard*, prendendo parte alle operazioni militari nel Pacifico. Negli anni '30, mise a frutto la sua esperienza nel campo dell'elettronica per la progettazione e la costruzione di un'emittente radiofonica cristiana per predicare il Vangelo per mezzo della radio.

Al termine della guerra, nel 1945, fu uno dei fondatori e il primo direttore della *Far East Broadcasting Company (FEBC)* un'associazione cristiana, non a scopo di lucro e non commerciale, per la diffusione di programmi radio. Ottenne la prima concessione dal governo della neo Repubblica Filippina e mise in onda le prime radiotrasmissioni della *FEBC*.

Durante i dodici anni con la *FEBC*, percorse le vie più remote dell'Asia per trovare il modo migliore di trasmettere il messaggio rivoluzionario di Gesù Cristo nelle diverse lingue di quelle regioni. Si trovò, di continuo, in mezzo alle lotte per il potere fra le forze della libertà e coloro che negano l'esistenza di un Dio d'amore. (Oggi trentadue emittenti della *FEBC* diffondono il messaggio di Cristo in Asia, Russia, Africa, America Latina e Medio Oriente in centoquarantuno lingue e dialetti.)

Nel 1954, al culmine della guerra fredda fra le superpotenze, l'ammiraglio Arthur Radford, comandante dello Stato Maggiore Riunito richiese la sua presenza a Washington D.C. come consulente per lo Stato Maggiore per la sua conoscenza e la sua esperienza diretta nei conflitti spirituali e ideologici dell'Asia. Dopo molte preghiere e riflessione, insieme ai suoi collaboratori missionari, accettò la proposta dell'ammiraglio Radford e rassegnò le dimissioni dalla *Far East Broadcasting Company*. Nel 1960 fu nominato Direttore per l'Informazione delle Forze Armate degli Stati Uniti, diventando così il primo civile a ricoprire quella carica dopo Thomas Paine che la ricoprì nell'esercito del generale George Washington dell'Indipendenza Americana

Nella sua qualità di direttore dell'Informazione per le Forze Armate Statunitensi, aveva la responsabilità della sorveglianza di 1.100 stazioni radiofoniche e televisive, sparse per il mondo, e di 1.900 riviste, compresa la *Stars and Stripes*. Inoltre aveva la supervisione di tutte le pubblicazioni e di tutte le pellicole prodotte dal Ministero della Difesa.

Come funzionario governativo fu responsabile di informare le forze armate statunitensi nel mondo, su questioni relative agli affari internazionali, alla democrazia, ai privilegi e alle responsabilità della stessa, basate sulla *"Golden Rule"* (regola d'oro) e sui suoi valori, in contrapposizione alle teorie umanistiche e repressive del totalitarismo. Tenne spesso conferenze in università, civili e militari, per illustrare ciò che è necessario per rispondere all'alta vocazione e al privilegio di una cittadinanza responsabile. Per un decennio tenne lezioni a organizzazioni civili, didattiche, religiose e private come la Harvard Business School, l'accademia Militare di West Point, il National War College, le Marine Corps Seniors Schools, il Armed Forces Staff College, il Air Command and Staff College, il Industrial College of the Armed Forces e il Military Assistance Institute.

Nel 1974 iniziò a preparare materiale di formazione per la consulenza biblica per il *Chiefs Chaplains of the U.S. Armed Forces*. Nel 1977, dopo 23 anni con il Ministero della Difesa (Office of the Secretary af Defense) e con il Comando dello Stato Maggiore Riunito (Joint Chiefs of Staff) sotto sei Presidenti, si congedò dal servizio federale.

Consapevole della potenza della Parola di Dio nel cambiare la vita, ha dedicato gli anni della pensione alla preparazione di altri scritti relativi alla consulenza biblica. Inoltre ha dato l'avvio a corsi e seminari di addestramento per aiutare uomini e donne credenti a capire quale sia il piano di Dio per ogni circostanza della vita ricorrendo unicamente alla Scrittura.

Nato a Nashville, Tennessee nel 1913, ha studiato al *Georgia Institute of Technology*, al *Texas A e M College* e inoltre si è laureato al *Southern California Bible College* nel 1939. Nel 1941 si è sposato con Dorothy con la quale ora risiede in Palm Desert, California.

RICONOSCIMENTI E AFFILIAZIONI

Honorary Doctor of Laws (Wheaton College) • Co-founder and President, Biblical Counseling Foundation • Founding Member and first President, National Association of Nouthetic Counselors • Consultant on Biblical Counseling, National Association of Evangelicals • Board Member, Christian Counseling and Educational Foundation • Member of the Academy, National Association of Nouthetic Counselors • Council, International Christian Leadership • Chairman, National Association of Evangelicals' Churchmen Commission • Chairman, National Capital Area Association of Evangelicals • Honorary Faculty Member, U. S. Army Chaplain's School • Vice-Chairman, Armed Services Committee, President Eisenhower's People-to-People Program • Evangelical Layman of the Year, National Association of Evangelicals • AMVETS Annual Americanism Award • Principle Freedoms Foundation Award • Citation Armed Forces Chaplain's Board • Secretary of Defense Meritorious Civilian Service Medal • Department of Defense Distinguished Civilian Service Medal.

RINGRAZIAMENTI

Vorrei esprimere la mia più profonda riconoscenza al gruppo composto da Bracy Ball, Joe Gearo, Robert Schenider e Shashi Smith, i quali hanno collaborato con me alla preparazione di questo manuale.

Bracy Ball
Pastore/Insegnante

Robert Schneider
Presidente

Joe Gearo

Shashi Smith
Vicepresidente
Procedure
e pianificazione

Sono inoltre grato ai membri e agli anziani della *Family Life Church di Rancho Mirage*, California, che hanno concesso un'aspettativa a Bracy Ball per seguire la revisione e la pubblicazione di questo manuale.

Un grande riconoscimento anche a Virginia Baker, Jack Bennett, Becky Elgin, Paul Hoesterey, Cindy Johnson, Maija Jussila, Mike Lane, Patti Lane, Anne Newman e Carl Smith per il loro lavoro svolto nei vari aspetti della preparazione di questo manuale. Un sincero ringraziamento va anche a Beverly Gearo, Elizabeth Wayne e Christie Welch che hanno fedelmente, e con pazienza, dattiloscritto i testi delle numerose revisioni insieme a Ellen Applegate, Kate O'Donnell e Carol Ruvolo, le quali sono state responsabili dell'*editing* e della lettura delle bozze.

Il Signore ha usato i doni e i talenti dei componenti di questa squadra veramente qualificata. Non volendo che si ritenga il contributo dell'uno più importante di quello dell'altro, ho elencato ogni gruppo per ordine alfabetico. Sono profondamente grato a tutti loro, e a molti altri ancora, troppo numerosi per essere qui elencati. Questo tentativo pionieristico di ristabilire la Parola di Dio come la sola autorità per la vita e come unica base per fare consulenza è stata un'opera di amore di molte persone del popolo di Dio.

Abbiamo un grande debito nei confronti del dott. Jay E. Adams e del dott. Henry Brandt, per i loro consigli durante le prime fasi di questo lavoro. L'accento posto dal dott. Brandt su Gesù Cristo come l'unica fonte della vera pace e della vera gioia, ci ha aiutato molto a rimanere costantemente in tema. Il dott. Adams è stato particolarmente d'aiuto nel fornire una guida cauta e piena di discernimento. Egli generosamente ha offerto molte ore del suo tempo per istruire e correggere, senza accennare mai al desiderio di ricevere qualche vantaggio personale. La sua conoscenza della Scrittura e la capacità di applicarla ai problemi della vita sono insuperabili in un'autorevole consulenza biblica. * Ringraziamo il Signore per la loro dedizione e unità d'intenti in questo importante campo di ministero.

John C. Broger

* *La Lezione 15, pagine 6-9 e la Lezione 20, pagina 8 sono basate sul materiale tratto dai* **The Christian Counselor's Manual** *del Dott. Jay Adams.*

INDICE

PREFAZIONE: PERCHÉ ESAMINARE ME STESSO? vi
GLI OBIETTIVI DI QUESTO CORSO .... vii-x

IL FONDAMENTO BIBLICO PER IL CAMBIAMENTO

LEZIONE 1: TU PUOI CAMBIARE SECONDO LA PAROLA (PRIMA PARTE)
    Gli obiettivi e il sommario della lezione 1 1
    Principio biblico: Tu puoi cambiare secondo la Parola (prima parte) 2
    Tu puoi cambiare secondo la Parola (prima parte) 3
    Lezione 1: Compiti 8
    Guida allo studio per la meditazione giornaliera 9

LEZIONE 2: TU PUOI CAMBIARE SECONDO LA PAROLA (SECONDA PARTE)
    Gli obiettivi e il sommario della lezione 2 1
    Principi biblici: Tu puoi cambiare secondo la Parola (seconda Parte) 2
    Tu puoi cambiare secondo la Parola (seconda parte) 3
    Esamina te stesso secondo la Parola: un elemento indispensabile
        per essere discepolo 6
    Esamina te stesso secondo la Parola: un requisito per aiutare gli altri a fare
        altrettanto 7
    La base biblica per la meditazione giornaliera e
        per imparare a memoria la Scrittura 9
    Quattro metodi per imparare a memoria la Scrittura 12
    Lezione 2: Compiti 14
    Guida allo studio per la meditazione giornaliera 15

LEZIONE 3: LA VIA DELL'UOMO E LA VIA DI DIO (PRIMA PARTE)
    Gli obiettivi e il sommario della lezione 3 1
    Principi biblici: La via dell'uomo e la via di Dio (prima parte) 2
    La Scrittura è la tua autorità 3
    Lo Spirito Santo ti mette in grado di risolvere i tuoi problemi 6
    La preghiera provvede la comunicazione con Dio 9
    Lezione 3: Compiti 13
    Guida allo studio per la meditazione giornaliera 14

LEZIONE 4: LA VIA DELL'UOMO E LA VIA DI DIO (SECONDA PARTE)
    Gli obiettivi e il sommario della lezione 4 1
    Principi biblici: La via dell'uomo e la via di Dio (seconda parte) 2
    La descrizione biblica del fallimento dell'uomo 3
    Il punto di vista biblico sull'io 5
    Gli approcci principali per risolvere i problemi personali 11
    Esempi della via dell'uomo paragonata alla via di Dio 12
    Saper riconoscere la differenza tra la via dell'uomo e la via di Dio 14
    Lezione 4: Compiti 15
    Guida allo studio per la meditazione giornaliera 16

LEZIONE 5: LA DINAMICA BIBLICA DEL CAMBIAMENTO
    Gli obiettivi e il sommario della lezione 5 1
    Principi biblici: La dinamica biblica del cambiamento 2
    La spirale discendente: trascurare o rifiutare la via di Dio 3
    Gli inizi del cambiamento biblico 4
    Il percorso ascendente: camminare nella via di Dio 5
    L'importanza di mettere in pratica la Parola 6
    Lezione 5: Compiti 10
    Guida allo studio per la meditazione giornaliera 11

LEZIONE 6: LA BASE BIBLICA PER IL CAMBIAMENTO
    Gli obiettivi e il sommario della lezione 6 1
    Principi biblici: La base biblica per il cambiamento 2
    I tre livelli dei problemi 3
    La speranza biblica 4
    La base biblica per avere pace e gioia 8
    Lezione 6: Compiti 11
    Guida allo studio per la meditazione giornaliera 12

LEZIONE 7: LA STRUTTURA BIBLICA DEL CAMBIAMENTO
    Gli obiettivi e il sommario della lezione 7 1
    Principi biblici: La struttura biblica del cambiamento 2
    Il cambiamento biblico è un processo 3
    Gli effetti di pensieri, parole e azioni non biblici 5
    Il rinnovamento della tua mente 6
    Lezione 7: Compiti 8
    Guida allo studio per la meditazione giornaliera 9

LEZIONE 8: METTERE IN PRATICA LA PAROLA PRODUCE UN CAMBIAMENTO DURATURO
    Gli obiettivi e il sommario della lezione 8 1
    Principi biblici: Mettere in pratica la Parola produce un cambiamento duraturo2
    Il punto di vista biblico sulle prove e sulle tentazioni 3
    Passi pratici per ottenere un cambiamento biblico 8
    Lezione 8: Compiti 11
    Guida allo studio per la meditazione giornaliera 12

APPLICAZIONE DEI PRINCIPI BIBLICI A SPECIFICHE AREE DI DIFFICOLTÀ

LEZIONE 9: AFFRONTARE TE STESSO (PRIMA PARTE)
    Gli obiettivi e il sommario della lezione 9 1
    Principi biblici: Affrontare te stesso (prima parte) 2
    Sottovalutazione, esaltazione e commiserazione di sé 4
    Invidia, gelosia, cupidigia e avidità 6
    Compiacere a te stesso o piacere a Dio 10
    Lo studio di un caso: Maria è stata abbandonata dal marito 12
    Lezione 9: Compiti 14
    Guida allo studio per la meditazione giornaliera 15

LEZIONE 10: AFFRONTARE TE STESSO (SECONDA PARTE)
    Gli obiettivi e il sommario della lezione 10 1
    Principi biblici: Affrontare te stesso (seconda parte) 2
    Principi biblici di amministrazione 4
    Morire a te stesso servendo gli altri 7
    Superare la preoccupazione di sé 9
    Lo studio di un caso: Maria è stata abbandonata dal marito 13
    Lezione 10: Compiti 15
    Guida allo studio per la meditazione giornaliera 16

LEZIONE 11: IRA E AMAREZZA
    Gli obiettivi e il sommario della lezione 11 1
    Principi biblici: Ira e amarezza 2
    Reazioni non bibliche all'ira e all'amarezza 4
    Il punto di vista biblico sull'ira 6
    Il punto di vista biblico sull'amarezza 10
    Superare ira e amarezza 12
    Lo studio di un caso: Maria è stata abbandonata dal marito 17
    Lezione 11: Compiti 18
    Guida allo studio per la meditazione giornaliera 19

INDICE

LEZIONE 12: PROBLEMI INTERPERSONALI (PRIMA PARTE) (IMPARARE AD AMARE IL TUO PROSSIMO)
 Gli obiettivi e il sommario della lezione 12 1
 Principi biblici: Problemi interpersonali (prima parte)
  (imparare ad amare il tuo prossimo)...2
 Il perdono (perdonare gli altri come Dio ti ha perdonato) 3
 La riconciliazione (rimuovere tutto ciò che ostacola l'unità e la pace)....................6
 Domande e risposte sul perdono biblico..9
 Lo studio di un caso: Maria è stata abbandonata dal marito....................................14
 Lezione 12: Compiti..16
 Guida allo studio per la meditazione giornaliera 17

LEZIONE 13: PROBLEMI INTERPERSONALI (SECONDA PARTE) (IMPARARE AD AMARE IL TUO PROSSIMO)
 Gli obiettivi e il sommario della lezione 13 1
 Principi biblici: Problemi interpersonali (seconda parte)
  (imparare ad amare il tuo prossimo)...2
 Il significato dell'amore biblico 4
 Ristabilimento/disciplina (la tua risposta biblica al peccato
  di un altro credente) 7
 Linee guida: Il processo di ristabilimento/disciplina 9
 La comunicazione biblica..12
 I rapporti biblici (amare l'un l'altro nel corpo di Cristo) 15
 Superare i problemi interpersonali 19
 Lo studio di un caso: Maria è stata abbandonata dal marito....................................24
 Lezione 13: Compiti..26
 Guida allo studio per la meditazione giornaliera 27

LEZIONE 14: IL RAPPORTO MATRIMONIALE (PRIMA PARTE)
 Gli obiettivi e il sommario della lezione 14 1
 Principi biblici: Il rapporto matrimoniale (prima parte) 2
 Il modello biblico del matrimonio 3
 Conflitti coniugali (la via dell'uomo contrapposta alla via di Dio).......................5
 Lo studio di un caso: Maria è stata abbandonata dal marito......................................7
 Lezione 14: Compiti..8
 Guida allo studio per la meditazione giornaliera 9

LEZIONE 15: IL RAPPORTO MATRIMONIALE (SECONDA PARTE)
 Gli obiettivi e il sommario della lezione 15 1
 Principi biblici: Il rapporto matrimoniale (seconda parte)...2
 La sottomissione biblica 3
 Puoi imparare a dimostrare amore al tuo coniuge 4
 Superare i problemi attraverso la comunicazione biblica
  (Usare un tavolo di discussione per la riconciliazione)..6
 Lo studio di un caso: Maria è stata abbandonata dal marito....................................10
 Lezione 15: Compiti..13
 Guida allo studio per la meditazione giornaliera 14

LEZIONE 16: I RAPPORTI GENITORE-FIGLIO (PRIMA PARTE)
 Gli obiettivi e il sommario della lezione 16 1
 Principi biblici: I rapporti genitore-figlio (prima parte)..2
 Le teorie e le usanze degli uomini per allevare i figli 3
 Linee guida per allevare i figli..7
 Modi con cui i genitori provocano all'ira i loro figli 10
 Comprendere l'istruzione biblica dei figli 13
 Lezione 16: Compiti..17
 Guida allo studio per la meditazione giornaliera 18

LEZIONE 17: I RAPPORTI GENITORE-FIGLIO (SECONDA PARTE)
    Gli obiettivi e il sommario della lezione 17 1
    Principi biblici: I rapporti genitore-figlio (seconda parte) 2
    Istruire i figli a essere fedeli (discepolato biblico nella famiglia)....................4
    Comprendere la disciplina biblica 8
    Meditazione e adorazione per la famiglia (linee guida e suggerimenti)..........11
    Un piano completo per allevare i figli...16
    Lezione 17: Compiti 22
    Guida allo studio per la meditazione giornaliera 23

LEZIONE 18: LA DEPRESSIONE
    Gli obiettivi e il sommario della lezione 18 1
    Principi biblici: La depressione 2
    Comprendere la depressione 4
    Superare la depressione 8
    Lo studio di un caso: Maria è stata abbandonata dal marito 14
    Lezione 18: Compiti 15
    Guida allo studio per la meditazione giornaliera 16

LEZIONE 19: PAURA E PREOCCUPAZIONE
    Gli obiettivi e il sommario della lezione 19 1
    Principi biblici: La paura e la preoccupazione 2
    Tentazioni alla paura e alla preoccupazione..4
    L'amore contrapposto alla paura (la via di Dio contrapposta alla via dell'uomo) 6
    Superare la paura e la preoccupazione 8
    Lo studio di un caso: Maria è stata abbandonata dal marito 13
    Lezione 19: Compiti 14
    Guida allo studio per la meditazione giornaliera 15

LEZIONE 20: I PECCATI RIPETUTI CHE DOMINANO LA VITA (PRIMA PARTE)
    Gli obiettivi e il sommario della lezione 20 1
    Principi biblici: I peccati ripetuti che dominano la vita (prima parte)............2
    Riconoscere i peccati ripetuti che dominano la vita 3
    Gli effetti dei peccati ripetuti che dominano la vita (Il cerchio della vita) 8
    Dio ha spezzato il potere di Satana...9
    Lezione 20: Compiti 12
    Guida allo studio per la meditazione giornaliera 13

LEZIONE 21: I PECCATI RIPETUTI CHE DOMINANO LA VITA (SECONDA PARTE)
    Gli obiettivi e il sommario della lezione 21 1
    Principi biblici: I peccati ripetuti che dominano la vita (seconda parte) 2
    Indossare la completa armatura di Dio 4
    Superare i peccati ripetuti che dominano la vita 13
    Agire secondo la Parola verso chi ha un peccato ripetuto
        che domina la sua vita 20
    Lo studio di un caso: Maria è stata abbandonata dal marito 24
    Lezione 21: Compiti 26
    Guida allo studio per la meditazione giornaliera 27

CONCLUSIONE

LEZIONE 22: LE NORME DI DIO PER VIVERE
    Gli obiettivi e il sommario della lezione 22 1
    Principi biblici: Le norme di Dio per vivere 2
    Le norme di Dio per te 4
    Lo studio di un caso: Maria è stata abbandonata dal marito 7
    Lezione 22: Compiti 9
    Guida allo studio per la meditazione giornaliera 10

LEZIONE 23: ESAME DEL CORSO

LEZIONE 24: INTRODUZIONE AL II CORSO: FORMAZIONE PER LA CONSULENZA BIBLICA

    Gli obiettivi e il sommario della lezione 24 1
    Introduzione al II corso: Formazione per la consulenza biblica.............................2
    Procedure basilari per la consulenza biblica 4
    Lezione 24: Compiti..7

SUPPLEMENTI E AIUTI PRATICI

    Le caratteristiche della consulenza biblica 1
    Il programma della BCF di formazione per la consulenza biblica 2
    Scheda di studio biblico e applicazione 3
    Preparare una testimonianza personale 4
    Come usare una chiave biblica..5
    Dati personali e analisi del problema 6
    Linee guida: Scheda di lavoro Vittoria sui fallimenti 7
    Scheda di lavoro Vittoria sui fallimenti...8
    Linee guida: Elenco "cose da pensare e da fare" 9
    Elenco "cose da pensare e da fare" 10
    Elementi della consulenza biblica..11
    Appunti della sessione di consulenza biblica...12
    Riepilogo e pianificazione della sessione di consulenza biblica 13
    Il mio programma attuale 14
    Il programma biblico che mi propongo...15
    Linee guida: Libertà dall'ansia (agire secondo la Parola e
        piano per la preghiera) 16
    Libertà dall'ansia (agire secondo la Parola e piano per la preghiera) 17

PREFAZIONE: PERCHÉ ESAMINARE ME STESSO?

Esaminare me stesso? Non è solo un altro modo per dire "condannare me stesso"? Non è controproducente per una vita soddisfacente, ricca? Invece di esaminarmi, non dovrei incoraggiarmi? Non devo evitare qualsiasi cosa che possa sminuire la stima e il concetto che ho di me stesso? Non devo imparare ad amare me stesso prima di poter amare gli altri? Non devo sapere come perdonare me stesso prima di avere vera pace e vera gioia?

Domande come queste dimostrano che molte persone seguono falsi insegnamenti, presenti fin dall'inizio dei tempi, ma che oggi stanno acquistando una popolarità senza precedenti nella chiesa. È la "dottrina" dell'esaltarsi e del gratificarsi. Questa preoccupazione per se stessi è basata su un'errata comprensione della relazione dell'individuo con Dio, non è biblica e impedisce la crescita spirituale.

L'esaltarsi e il gratificarsi hanno sempre avuto conseguenze devastanti; furono la causa della caduta di Satana *(Isaia 14:13-14)* e furono al centro della prima tentazione sulla terra *(Genesi 3:1-6)*. Il punto centrale della tentazione del Signore Gesù Cristo da parte di Satana fu un appello, senza successo, all'esaltazione e alla gratificazione dell'io *(Luca 4:2-12)*. L'esaltazione e la gratificazione di sé hanno raggiunto il culmine in questi ultimi giorni in cui gli uomini, come dice la Scrittura, sono amanti di se stessi *(2 Timoteo 3:1-2)*.

Invece di piacere o di esaltare te stesso, la Scrittura dice di esaminarti (o di confrontarti) e di umiliarti *(Matteo 23:12; 1 Corinzi 11:31)*. Questo è necessario perché il tuo cuore è ingannevole, insanabilmente maligno e non si può conoscere appieno *(Geremia 17:9)*. Il primo passo da compiere nell'esaminare te stesso è riconoscere la tua condizione di peccatore perduto davanti a Dio *(Salmo 14:1-3; Romani 3:10-12)* e, poi, di rivolgerti a Dio come tua sola speranza di salvezza eterna *(Romani 6:23)*. Secondo la Sua misericordia, Dio provvede la salvezza, per mezzo della fede, come dono gratuito della Sua grazia e non perché c'è in te qualcosa di buono o perché sei capace di fare qualcosa per meritare il Suo amore e il Suo favore *(Efesini 2:8-9; Tito 3:5-7)*.

Devi esaminarti durante tutto il tuo cammino cristiano, se vuoi evitare l'ipocrisia di giudicare i fallimenti degli altri senza prima esaminare la tua vita secondo la Parola *(Matteo 7:1-5; Luca 6:41-42)*. La cosa più importante è che devi esaminarti sì, ma alla luce della Parola di Dio *(2 Timoteo 3:16-17; Ebrei 4:12)*.

Esaminare te stesso secondo la Parola sarà, spesso, un'esperienza difficile e a volte dolorosa. Comunque lo Spirito Santo, l'Aiuto, ti assisterà *(Giovanni 16:8, 13-14)* per affrontare i tuoi peccati, i tuoi fallimenti e le tue mancanze. Poi ti conforterà, ti insegnerà e ti guiderà in tutta la verità per trasformare il tuo dolore in gioia eterna *(Giovanni 14:16, 26; 15:11)*.

Se dovessimo definire in un'unica frase lo scopo alla base di questa formazione, sarebbe: devi esaminare, secondo la Parola, se stai vivendo per compiacere te stesso o per piacere al Signore in ciò che pensi e che fai *(2 Corinzi 5:9; Colossesi 1:10; 3:2, 17)*. Come presto scoprirai, l'obiettivo di questo corso di preparazione per il discepolato personale e per la consulenza biblica, non è di insegnarti a salvare la tua vita, ma come perderla per amore di Gesù *(Matteo 16:24-25; Luca 9:23-24)* attraverso il processo di valutazione di te stesso secondo la Parola.

Possa il Signore benedirti mentre scopri le verità della Sua Parola e le applichi fedelmente alla tua vita. Questo processo di esaminare te stesso con la Bibbia, durerà tutta la vita.

© Biblical Counseling Foundation

GLI OBIETTIVI DI QUESTO CORSO

In ogni cultura, nel corso della storia, l'umanità ha cercato soluzioni ai problemi della vita. Ogni generazione offre nuove filosofie e nuovi modelli, ma problemi personali e interpersonali continuano ad affliggerci. Anche nel corpo di Cristo, ci sono matrimoni infelici, divorzi, abusi di sostanze nocive, depressione, ansia, paura, preoccupazione e altri problemi ancora, che sfociano in angoscia, malattie fisiche e inattività

La sola completa fonte che individua le cause e offre le soluzioni a tutti i problemi della vita è la Bibbia. Scritta in un periodo di 16 secoli, ha resistito per altri 1900 anni. Le promesse e l'autorità di Dio nell'Antico e nel Nuovo Testamento offrono le basi per una vita piena e abbondante. La Bibbia contiene soluzioni per ogni problema di atteggiamento, di rapporti, di comunicazione e di comportamento.

Questo corso presenta i principi biblici essenziali in grado di cambiare la tua vita. Se desideri veramente superare i problemi e sviluppare una maturità spirituale, devi essere disposto ad affrontare i tuoi fallimenti e le tue mancanze e ad apportare i necessari cambiamenti secondo gli standard biblici *(Romani 12:1-2; 2 Corinzi 5:9; Colossesi 3:1-17)*. Se lo farai, crescerai nella conoscenza del Signore Gesù Cristo e sarai in grado di aiutare efficacemente gli altri secondo la Parola *(Matteo 7:1-5; 2 Corinzi 1:3-4; Galati 6:1-5; 2 Timoteo 2:2)*. I principi biblici presentati in questo corso costituiscono le fondamenta per un cambiamento duraturo nella tua vita, e sono anche le basi del programma di formazione della Biblical Counseling Foundation (BCF) (Fondazione per la Consulenza Biblica).

OBIETTIVI DI QUESTO CORSO

Il Corso Esamina te stesso ha due obiettivi:

I. Insegnarti ad affrontare le circostanze, i rapporti interpersonali e le situazioni della vita alla luce della Parola, per avere la vittoria e la contentezza in ogni prova, in ogni difficoltà e in ogni problema della vita.

II. Prepararti per aiutare gli altri ad affrontare e a trattare i loro problemi secondo la Parola

Il Corso Esamina te stesso è basato su principi biblici che forniscono un modello per una vita vittoriosa e appagata e sono validi per giovani e anziani, per poveri e ricchi, per sani e malati, per esperti e inesperti. Questi principi si applicano ad ogni circostanza della vita, ad ogni cultura e in ogni parte del mondo, indipendentemente dall'epoca in cui si vive.

Ogni lezione è preparata, innanzi tutto, per spiegare il significato di specifici principi biblici e la loro applicazione nella tua vita attraverso l'assegnazione di compiti molto pratici. Il corso si compone di 24 lezioni settimanali, della durata di due ore ciascuna. Le prime otto lezioni spiegano i principi attraverso i quali avvengono i cambiamenti. Esse sono la base per le successive quattordici lezioni che affrontano i più comuni problemi della vita. Le ultime due lezioni sono di ripasso, di esame e di preparazione per il corso successivo "BCT II: Corso basilare di formazione per la consulenza biblica".

FINALITÀ DI QUESTO CORSO

Dal Corso Esamina te stesso, aspettati di imparare:

- I principi biblici per capire i problemi dal punto di vista di Dio
- I principi biblici per avere speranza in ogni situazione
- I principi biblici per un cambiamento duraturo
- L'importanza, gli aspetti e le implicazioni pratiche dei compiti basati sulla Bibbia

- Principi biblici relativi a:
  - Problemi di sottovalutazione esaltazione e commiserazione di sé
  - Difficoltà personali come avidità, invidia, ira, rancore, depressione, paura e ansia
  - Relazioni (interpersonali, coniugali e tra genitore e figlio)
  - Peccati ripetuti che dominano la vita (come omosessualità, abuso di droghe e di alcol)

MATERIALE NECESSARIO PER QUESTO CORSO

- Traduzione letterale della Bibbia
- Manuale di studio *Esamina te stesso*
- Chiave biblica

LEZIONI DEL CORSO IN CLASSE

Ogni lezione in classe comprende:
- Ripetizione del versetto a memoria e controllo dei compiti
- Spiegazione dei principi biblici relativi alla lezione
- Insegnamento sull'applicazione pratica della Parola di Dio nella tua vita
- Esame e discussione di un caso di studio di consulenza biblica (inizia alla Lezione 9 e continua per il resto del corso)
- Assegnazione dei compiti

Dovresti completare tutti i compiti ed essere presente in classe, con il manuale di studio e la traduzione letterale della Bibbia (una Bibbia parafrasata può essere uno strumento utile di studio, ma è importante imparare a memoria i versetti, e comprendere la Bibbia nella sua traduzione più letterale). Una chiave biblica sarà utile per completare i compiti. Le istruzioni sul suo uso si trovano nel Supplemento 5.

IMPEGNO E DISCIPLINA PERSONALI PER QUESTO CORSO

Per ottenere i benefici che questo corso si prefigge, dovrai spendere da mezz'ora a un'ora ogni giorno per svolgere i compiti, i quali sono strutturati per aiutarti a formare delle abitudini bibliche che cambieranno la tua vita. Eseguire i compiti ti aiuterà a raggiungere questo obiettivo; perciò con uno spirito di preghiera, stabilisci un programma giornaliero realistico *(Efesini 5:15-17)* e affida questo tempo al Signore *(Proverbi 16:3, 9)*. All'inizio sarà difficile essere disciplinato e mantenere il programma che ti sei prefissato, ma ricorda che stabilire delle nuove abitudini richiede del tempo. Sii pronto a riorganizzare e, se necessario, eliminare delle attività dalla tua giornata per ricavare il tempo necessario per eseguire i compiti. La disciplina spirituale è un ingrediente necessario per una vita gradita a Dio *(1 Timoteo 4:7-8)*.

Il corso è centrato sulla comprensione e l'applicazione della Parola di Dio nella tua vita, perciò potresti svolgere i compiti come parte del tuo tempo di meditazione giornaliera. Se scegli questo modo di studio, in ogni lezione troverai una **GUIDA ALLO STUDIO PER LA MEDITAZIONE GIORNALIERA** che ti aiuterà nei compiti. La fedeltà *(Luca 16:10; 1 Corinzi 4:2)* e la diligenza *(2 Timoteo 2:15)* sono fattori importanti. Un suggerimento: se non riesci a completare i compiti di una settimana, procedi con quelli della settimana in corso, e poi termina quelli non svolti. Conserva tutti i compiti finiti, in un quaderno separato, per poterli usare come riferimento in caso di bisogno.

IL TUO MANUALE PER QUESTO CORSO

Questo manuale è diviso in due parti: **Lezioni** e **Supplementi e Aiuti pratici**. Per ognuna delle 24 lezioni c'è un sommario. Le lezioni presentano le verità principali della Parola di Dio. Per una maggiore comprensione dei principi presentati devi leggere nella tua Bibbia i versetti citati. I **Supplementi e Aiuti pratici** illustrano con esempi come applicare alla tua vita i principi biblici fondamentali.

I. **Lezioni**

    A.   Obiettivi e sommario — La prima pagina di ogni lezione elenca gli obiettivi e il sommario. Leggere la prima pagina ti aiuterà ad avere una panoramica dei punti principali che saranno insegnati nella lezione.

    B.   Principi biblici — La seconda pagina introduce i principi biblici più importanti di ogni lezione. Nel riquadro all'inizio della pagina troverai una breve sintesi dell'insegnamento che sarà trattato.

    C.   Sommario — Le pagine successive ampliano il sommario della lezione. Imparerai a vedere i problemi in un'ottica biblica, a comprenderli e ad avere la speranza di risolverli. Inoltre, vedrai perché e come cambiare.

    D.   Compiti — Verso la fine della lezione troverai i compiti da svolgere, presentati nell'ordine in cui devono essere eseguiti. I versetti da imparare a memoria sono sempre al primo posto.

            I compiti contraddistinti da un asterisco (*) dovranno essere completati se desideri proseguire con il corso successivo. Sulla pagina dei **COMPITI** di ogni lezione, puoi spuntare ogni parte che completi. Tutti i compiti scritti contrassegnati da un asterisco, devono essere controllati dal tuo istruttore per la valutazione. La frequenza assidua alle lezioni e lo svolgimento dei compiti ti prepareranno per superare l'esame scritto alla fine del corso.

    E.   La pagina finale di ogni lezione contiene una **GUIDA ALLO STUDIO PER LA MEDITAZIONE GIORNALIERA** per aiutarti a completare i compiti in modo regolare ed efficace. Se eseguirai in questo modo i compiti, avrai un periodo di studio proficuo durante la meditazione e la tua vita spirituale ne sarà senz'altro rafforzata.

            (NOTA. Probabilmente riscontrerai ripetizioni delle citazioni dei versetti e dei principi biblici durante il corso. Questa ripetizione intenzionale ha lo scopo di assisterti nell'apprendimento della Parola di Dio e nella scoperta delle sue molteplici sfaccettature da applicare ad ogni aspetto della tua vita. Le ripetizioni saranno utili a chi non conosce ancora le Scritture per afferrare più facilmente le verità della parola di Dio che cambiano la vita. La ripetizione è un principio del buon insegnamento, scopo di questo corso. La Bibbia stessa è la prova di questo assioma).

II. **Supplementi e Aiuti pratici**

La sezione "**Supplementi e Aiuti pratici**" indica azioni specifiche da intraprendere per ottenere dei cambiamenti, secondo la Bibbia, nella tua vita. Vi troverai esempi per aiutarti a portare a termine i compiti, in genere sotto forma di scheda. Questa sezione diventerà uno strumento valido di riferimento e un mezzo per esprimere praticamente la vita di discepolato sia per te sia per coloro che sono affidati alla tua cura.

FORMAZIONE PER IL DISCEPOLATO

Durante gli anni, il Corso Esamina te stesso si è rivelato utile per sviluppare una reale vita di discepolato. Il Corso Esamina te stesso è solo la prima parte di un programma completo di formazione biblica per la consulenza, la sua efficacia nell'aiutare i credenti in Cristo a essere "esecutori della Parola" *(Giacomo 1:22-25)* è stata sperimentata nei vari paesi e nelle diverse culture del mondo. Di conseguenza, molte chiese, gruppi e responsabili di ministeri, lo hanno adottato come base per i loro corsi di discepolato.

Dopo avere sperimentato una maggior crescita spirituale, nella loro vita, molti credenti che completano il Corso Esamina te stesso scelgono di seguire altri corsi di formazione per la consulenza biblica. Questi studenti scoprono poi altri modi di applicare le Scritture ad ogni problema della vita e sono sempre più in grado di aiutare gli altri, rendendo così un servizio al corpo di Cristo.

PANORAMICA DEL CORSO DI FORMAZIONE PER LA CONSULENZA BIBLICA

Il principale obiettivo del corso di formazione per la consulenza biblica è di insegnare ai membri di una chiesa locale a cogliere la sfida di vivere secondo la Parola in un mondo corrotto e di prepararli a consigliare altri in maniera rigorosamente biblica. Vedi **LE CARATTERISTICHE DELLA CONSULENZA BIBLICA** (Supplemento 1)

Questo ministero di discepolato intende equipaggiare ogni uomo e ogni donna a servire come consulente biblico in seno alla chiesa locale. L'accento è messo sul "come" consigliare le persone che hanno problemi personali, interpersonali e familiari, ad applicare alla propria vita i principi e le verità bibliche. L'apostolo Paolo scrisse ai Romani: *"Ora, fratelli miei, io pure sono persuaso, a vostro riguardo, che anche voi siete pieni di bontà, ricolmi di ogni conoscenza, capaci anche di ammonirvi"* (consigliarvi e istruirvi) *"a vicenda" (Romani 15:14).*

CORSI PER LA FORMAZIONE PER LA CONSULENZA BIBLICA

Ci sono cinque livelli offerti nel programma di formazione per la consulenza biblica della BCF. Troverai una spiegazione della formazione in **IL PROGRAMMA DELLA BCF DI FORMAZIONE PER LA CONSULENZA BIBLICA** (Supplemento 2)

STORIA DI QUESTI CORSI

La preparazione di questi corsi ha avuto inizio nel 1973 ed ha richiesto migliaia di ore di lezioni in classe e di valutazione, oltre all'applicazione dei suoi principi a migliaia di casi di consulenza biblica. Sono state necessarie continue ricerche bibliche a causa dei numerosi, difficili, problemi portati all'attenzione dei consulenti della Biblical Counseling Foundation

Molti sono stati coloro che hanno dato un contributo incalcolabile nella preparazione di questo materiale. Più di una dozzina di esperti consulenti biblici hanno impiegato circa 10 anni nel revisionare bozze e nel valutare il contenuto della presente edizione. Fra di loro ci sono stati pastori e laici provenienti da diversi retroterra, fra cui alti dirigenti, casalinghe, ufficiali militari in servizio e in pensione, scienziati e amministratori. La loro esperienza nel campo della consulenza biblica è basata su molti anni d'insegnamento e di supervisione di programmi relativi alla stessa, oltre alla consulenza offerta a singole persone.

La nostra viva speranza è che questo programma aiuti pastori, responsabili di gruppi e tutti gli altri nel corpo di Cristo, a far fronte ai bisogni pressanti di questa generazione e che, di rimando, colgano il frutto del vittorioso e trionfante Vangelo del nostro Signore Gesù Cristo.

John C. Broger, Presidente
Biblical Counseling Foundation

UNA NOTA SPECIALE PER LE CITAZIONI BIBLICHE USATE IN QUESTO MANUALE

Man mano che studi questo manuale scoprirai che i principi e i precetti biblici che presenta sono sostenuti da brani della Scrittura. Sei incoraggiato a cercarli mentre studi. Queste citazioni sono elencate nell'ordine in cui si trovano nella Bibbia, non necessariamente per ordine d'importanza o di chiarezza.

I versetti o le citazioni della Scrittura, citati fra parentesi e in corsivo, sono la base su cui si fonda il principio o l'insegnamento. Per esempio nel *Principio 23*, l'affermazione "Le prove e le tribolazioni ti faranno crescere e maturare in Cristo, se reagirai a esse secondo la via di Dio" è espressa chiaramente in ciascuno dei versetti qui di seguito citati (ossia *Romani 5:3-5; Giacomo 1:2-4*).

Inoltre, ogni serie di citazioni bibliche che iniziano con la frase *"basato su"* deve essere studiata nella sua totalità. La verità di queste affermazioni non può essere compresa leggendo un singolo versetto, ma può esserla dallo studio di tutti i versetti citati. Per esempio è vero quanto affermato nel riquadro riassuntivo all'inizio della Lezione 3, pagina 6: "Lo Spirito Santo è la tua Guida, il tuo Insegnante e il tuo sensibile Consigliere che ti rivela la sapienza di Dio" ma al fine di comprendere tutta questa frase, devi studiare tutti i versetti che seguono (ossia *Giovanni 14:16, 26; 16:7-13; 1 Corinzi 2:6-13*).

LEZIONE 1

TU PUOI CAMBIARE SECONDO LA PAROLA (PRIMA PARTE)

"Infatti è per grazia che siete stati salvati, mediante la fede: e ciò non viene da voi: è il dono di Dio. Non è in virtù di opere affinché nessuno se ne vanti".

Efesini 2:8-9

LEZIONE 1: TU PUOI CAMBIARE SECONDO LA PAROLA (PRIMA PARTE)

> La decisione più importante che potrai mai prendere, riguarda la tua volontà di seguire il piano di Dio per la tua vita come presentato nella Bibbia. Questa decisione influenzerà direttamente la tua vita d'ogni giorno e il tuo destino eterno *(basato su Salmo 119:165; Proverbi 1:33; Matteo 6:25-34; Marco 8:34-38; Giovanni 3:16-21, 36; Atti 2:38-39; 2 Timoteo 3:16-17; 2 Pietro 1:2-10; Apocalisse 20:15)*.

I. Gli obiettivi di questa lezione sono:

 A. introdurre il corso;

 B. dimostrare l'importanza e la necessità di esaminarsi;

 C. presentare il primo passo da fare per esaminare se stessi secondo la Parola.

II. Il sommario di questa lezione

 A. Esamina te stesso

 1. **PERCHÉ ESAMINARE ME STESSO?** (Prefazione, pagina vi)

 2. **GLI OBIETTIVI DI QUESTO CORSO** (pagine vii-x)

 3. **PRINCIPIO BIBLICO: TU PUOI CAMBIARE SECONDO LA PAROLA (PRIMA PARTE)** (Lezione 1, pagina 2)

 4. **TU PUOI CAMBIARE SECONDO LA PAROLA (PRIMA PARTE)** (Lezione 1, pagine 3-7)

 B. Consulenza biblica

 1. **LE CARATTERISTICHE DELLA CONSULENZA BIBLICA** (Supplemento 1)

 2. **IL PROGRAMMA DELLA BCF DI FORMAZIONE PER LA CONSULENZA BIBLICA** (Supplemento 2)

 C. Passi per la crescita spirituale

 1. **LEZIONE 1: COMPITI** (Lezione 1, pagina 8)

 2. **GUIDA ALLO STUDIO PER LA MEDITAZIONE GIORNALIERA** (Lezione 1, pagine 9-10)

PRINCIPIO BIBLICO: TU PUOI CAMBIARE SECONDO LA PAROLA (PRIMA PARTE)

> Dio ti mette nelle condizioni di compiere il primo passo necessario per un cambiamento biblico duraturo. Questo passo sarà la tua risposta all'amore che Dio ti ha dimostrato in Cristo Gesù *(basato su Giovanni 1:12, 3:16-21; Romani 5:8; 2 Corinzi 5:17; Efesini 2:8-9; 1 Giovanni 4:10).*

Il piano di Dio per il tuo cambiamento biblico ha il suo centro in Suo Figlio, Gesù Cristo.

(Principio 1) Dio esige la perfezione *(Levitico 19:2; Matteo 5:48)*, ma tu non puoi raggiungerla con i tuoi sforzi *(Salmo 143:2; Ecclesiaste 7:20; Romani 3:23)*. Non puoi salvare te stesso *(Proverbi 20:9)* né dipendere da alcun altro essere umano per la tua redenzione *(Salmo 49:7)*. È necessario che tu riconosca di essere incapace di raggiungere lo standard di Dio *(Isaia 64:6; Romani 3:9-12)* e devi ravvederti del tuo peccato *(Luca 15:7; Atti 2:38, 3:19, 17:30-31, 26:19-20; Romani 2:4; 2 Pietro 3:9)*. Per la grazia e la misericordia di Dio, puoi riconoscere la tua condizione di peccatore perduto e credere con tutto il cuore e sinceramente nel Signore Gesù Cristo per ricevere il dono della vita eterna *(Giovanni 3:16, 36; 5:24; 11:25-26; Romani 6:23; Efesini 2:8-9; Tito 3:5-7; 1 Giovanni 5:11-13)* e il perdono dei tuoi peccati *(Marco 16:16; Giovanni 3:16-18, 8:24; Atti 2:38, 4:12; Romani 10:9-13; Efesini 1:7)*.

TU PUOI CAMBIARE SECONDO LA PAROLA
(PRIMA PARTE)

> La vita eterna è un dono, ma molti la rifiutano
> (Matteo 7:13-14; Giovanni 1:9-12, 3:16-21; Romani 6:23).

I. **Se non hai già un rapporto personale sincero (schietto, puro, autentico), con il Signore Gesù Cristo, hai un problema spirituale che solo Dio può risolvere. Senza questo rapporto con Gesù tu sei:**

   A. irrimediabilmente separato da Dio (Romani 6:23a; Efesini 2:1-3, 11-12; Colossesi 1:21);

   B. spiritualmente morto nel tuo peccato (Romani 3:23; Efesini 2:1, 5; Colossesi 2:13);

   C. nemico di Dio (Romani 5:10a, 8:7; Colossesi 1:21);

   D. accecato da Satana (2 Corinzi 4:3-4) e suo prigioniero per fare la sua volontà (2 Timoteo 2:24-26, spec. il versetto 26);

   E. senza forza e incapace di liberarti dalla morsa del peccato (Ecclesiaste 7:20; Giovanni 8:34; Romani 1:28-32, 5:6, 6:16; Galati 5:19-21; 2 Pietro 2:19);

   F. incapace di capire le cose di Dio (Proverbi 14:12, 16:25; Isaia 55:8-9; 1 Corinzi 2:14);

   G. incapace di piacere a Dio o di camminare nelle Sue vie (Salmo 143:2b; Isaia 64:6; Romani 3:9-12, 23; 8:7-8; Galati 2:16; Efesini 2:8-9; 2 Timoteo 1:9; Tito 3:5-7; Ebrei 11:6);

   H. incapace di vivere una vita spiritualmente fruttuosa e significativa (Giovanni 15:4-6).

II. **La risposta di Dio al tuo problema spirituale è basata sul Suo carattere.**

   A. Dio è giusto, perciò, a causa del tuo peccato tu sei sotto la Sua ira e il Suo giudizio (Romani 1:18, 6:23a; Efesini 2:3; Ebrei 9:27; 2 Pietro 3:7).

   B. D'altro canto, Dio è amore e non vuole che tu perisca nel tuo peccato (Giovanni 3:16; Romani 5:8; 1 Timoteo 2:3-4; 2 Pietro 3:9), così ti attira verso Suo Figlio, Gesù (Giovanni 6:44-45, 65).

III. **La risposta al tuo problema spirituale è nel Figlio di Dio, Gesù Cristo.**

   A. Per il Suo amore misericordioso e pietoso, Dio ha dato il Suo unigenito Figlio, Gesù, come *unica* risposta alla tua disperata condizione spirituale (Isaia 53:2-12; Giovanni 3:16, 14:6; Atti 4:12; Romani 5:6; Efesini 1:3-12; 1 Timoteo 2:5-6; 1 Giovanni 4:10).

   B. Tu non puoi ottenere la salvezza con le tue forze o fare qualcosa per meritare il favore e la misericordia di Dio (Galati 2:16; Efesini 2:8-9; 2 Timoteo 1:9; Tito 3:5-7). Perciò Gesù ha pagato l'intero prezzo della tua redenzione morendo sulla croce ed ha scontato la pena del tuo peccato (Romani 5:8; 1 Corinzi 15:3-4; 2 Corinzi 5:21; Efesini 1:7; 1 Tessalonicesi 1:10; 1 Timoteo 2:5-6; Ebrei 10:10-14; 1 Pietro 1:18-19, 3:18).

C. Dio ha accettato e approvato il sacrificio di Suo Figlio per il tuo peccato risuscitandoLo dalla morte *(Romani 1:4, 4:25)*. Gesù Cristo vive in eterno *(Atti 2:32; Romani 6:9; Apocalisse 1:17-18)*, è con Dio *(Romani 8:34; Ebrei 8:1)*, ed è Signore di tutti *(Filippesi 2:9-11; Apocalisse 17:14, 19:16)*. Attraverso la Sua morte e la Sua resurrezione, il Signore Gesù Cristo ha vinto il peccato *(Romani 6:10)*, la morte *(Romani 6:9)* e il diavolo *(Ebrei 2:14)*.

D. Attraverso Gesù, tu puoi:
1. ricevere il perdono dei tuoi peccati *(Atti 5:31, 10:43; Efesini 1:7, 4:32; Colossesi 1:13-14, 2:13-14)* ed essere riconciliato con Dio *(2 Corinzi 5:18-19)*;
2. sperimentare una nuova nascita spirituale *(Giovanni 3:3; 1 Pietro 1:3, 23; 1 Giovanni 5:1)*;
3. ricevere da Dio il dono della vita eterna attraverso il dono benevolo della fede *(Giovanni 3:16, 5:24, 6:40, 47; 11:25-26; 17:1-3; Romani 6:23; Efesini 2:8-9; 1 Timoteo 1:16; 1 Giovanni 5:11-12)*;
4. avere accesso a Dio *(Giovanni 14:16; Efesini 2:18, 3:11-12; Ebrei 10:19-22)*;
5. diventare membro della famiglia di Dio *(Giovanni 1:12; Romani 8:15-17; Galati 3:26; Efesini 1:5, 2:19; 1 Giovanni 3:1-2)*;
6. capire le cose di Dio *(Giovanni 14:26, 16:13-15; 1 Corinzi 2:9-13)*;
7. diventare una persona nuova capace di vivere in modo totalmente nuovo *(Romani 6:4-22; 2 Corinzi 5:17; Filippesi 4:13)*;
8. essere in grado di cambiare, di maturare per somigliare sempre più a Cristo e di conoscere Dio sempre più intimamente *(Giovanni 17:3; Romani 8:2, 28-29; 2 Corinzi 5:17; Filippesi 1:6, 4:13; Colossesi 1:9-11; 1 Tessalonicesi 2:13; 2 Pietro 1:3-4)*.

IV. **Dio ti mette nelle condizioni di scegliere la Sua soluzione al tuo problema spirituale.**

A. Quando riconosci l'amore di Dio *(Giovanni 3:16; 1 Giovanni 4:10)* e accetti la Sua Verità rivelata nel Signore Gesù Cristo *(Giovanni 14:6)*, attraverso la fede sarai in grado di:
1. credere in Gesù *(Giovanni 5:24; Romani 10:8-13)* che una volta, e una sola volta, offrì Se stesso come sacrificio per il tuo peccato *(Ebrei 10:4-22)*;
2. ravvederti del tuo peccato *(Marco 1:15; Luca 15:7; Atti 2:38, 3:19, 26:20; 2 Pietro 3:9)*;
3. credere con tutto il cuore che puoi ottenere il perdono del tuo peccato attraverso il sangue di Gesù Cristo versato alla croce *(Romani 3:23-25; Efesini 1:7; Colossesi 1:19-23; 1 Pietro 1:18-19)* e credere, inoltre, che Dio risuscitò Gesù dalla morte affinché tu potessi camminare in "novità di vita" *(Romani 4:24-25, 6:4, 8:11, 10:9; 1 Corinzi 15:12-22)*;
4. ricevere sinceramente il Signore Gesù Cristo nella tua vita *(Giovanni 1:12; 1 Giovanni 5:12)*, e, come nuova creatura *(2 Corinzi 5:17)*, vivere in fedele e devota ubbidienza alla Parola di Dio (la Bibbia) *(1 Giovanni 2:3-6)*.

B. Se tu respingi la verità di Dio, rifiutando di ravvederti del tuo peccato e quindi trascurando il dono della vita eterna attraverso il Figlio di Dio, Gesù Cristo, tu:
1. rimarrai sotto il giudizio di Dio *(Giovanni 3:18, 36; Romani 1:28-32)*;
2. non riuscirai a comprendere le cose spirituali *(Isaia 55:8-9; 1 Corinzi 1:18a, 2:14)*;
3. non potrai vincere il peccato nella tua vita *(Giovanni 8:34; 2 Pietro 2:19)*;
4. non potrai piacere a Dio *(Romani 8:8; Ebrei 11:6)*;

5. potrai essere certo che, nella tua vita, aumenteranno l'angoscia, i problemi e le difficoltà *(Proverbi 13:15, 14:12, 17:20, 26:12; Romani 2:8-9; Colossesi 3:25)*;
6. sarai condannato a morire nei tuoi peccati *(Giovanni 8:21-24)*;
7. sarai sotto la condanna della punizione eterna, separato per sempre dalla presenza di Dio *(2 Pietro 3:7; Apocalisse 20:15)*.

C. Se tu decidi di alterare il piano della salvezza di Dio in Cristo Gesù per adattarlo:

alla tua sapienza, che è pazzia, e non è in grado di conoscere Dio *(1 Corinzi 1:21, 3:19-20)*;

ai tuoi pensieri che sono contrari alle vie di Dio *(Isaia 55:8-9; Romani 8:6-8)*;

ai tuoi desideri che sono contrari allo Spirito di Dio *(Galati 5:17)*

allora ti troverai sotto la condanna di Dio *(Marco 16:16)*, sarai da Lui disapprovato *(Proverbi 30:6)*, subirai il Suo castigo *(Apocalisse 22:18-19)* e la Sua maledizione *(Galati 1:6-9)*.

V. Per fede, tu puoi fare il primo passo per un cambiamento biblico.

Se non hai mai fatto questo primo passo per cambiare secondo la Parola, puoi farlo proprio ora, semplicemente dicendo a Dio che riconosci di essere un peccatore e che hai bisogno del Suo perdono per il tuo peccato. Confessa a Dio che né tu né nessun altro, ma solo Gesù Cristo può salvarti, perché soltanto Lui morì per pagare la pena del peccato e risuscitò dalla morte, affinché tu potessi avere una nuova vita. Ricevi per fede il Signore Gesù Cristo come Salvatore e ringrazia Dio per la Sua grazia e il Suo amore dimostrati in Gesù. Con cuore sincero e pentito, dimostra il tuo impegno verso di Lui ubbidendo alla Sua Parola.

VI. Devi capire che il modo in cui l'uomo cerca di risolvere i suoi problemi non è quello di Dio.

A. Ci sono due motivi per i quali il piano della salvezza è stato spiegato nei particolari.

1. Primo: è essenziale che tu comprenda un importante principio spirituale: tutta la sapienza, la filosofia, gli stratagemmi, i comportamenti, le manipolazioni e la sincerità dell'uomo non possono sostituire il piano di salvezza di Dio attraverso Gesù Cristo (vedi **IV. C**). Chiunque pretende di seguire una via di salvezza che non sia Cristo Gesù, è paragonato, nella Scrittura, a un ladro e a un brigante *(Giovanni 10:1, 7)*.

2. Il secondo motivo si accorda con lo stesso principio spirituale che è alla base del primo: i problemi causati dall'uomo, come risultato del suo peccato di disubbidienza nel giardino dell'Eden *(Genesi capitolo 3; Romani 5:12)*, non possono essere risolti con stratagemmi o filosofie umane *(1 Corinzi 3:19-20; Colossesi 2:6-8)*, nonostante i futili tentativi di mischiare la Parola di Dio con teorie e congetture di un'umanità caduta *(Deuteronomio 4:2; Proverbi 30:6; Apocalisse 22:19)*.

    a. Questi tentativi sono inutili quando sono paragonati alla Parola di Dio, la quale dichiara di essere completamente sufficiente per risolvere tutti i problemi della vita *(2 Timoteo 3:16-17; 2 Pietro 1:2-4)*.

    b. La sapienza umana affronta i problemi principali della ribellione e della disubbidienza in modo superficiale, cercando di rendere vani il disegno e la volontà di Dio. Dio, infatti, vuole che l'uomo arrivi a conoscere Gesù Cristo come Salvatore e a riporre la fiducia nella Sua Parola per tutti gli aspetti della vita.

B. La Parola di Dio è stata data all'uomo come l'unica fonte per trovare la soluzione ai reali problemi che lo tormentano *(Salmo 19:7-11; 2 Timoteo 3:16-17, Ebrei 4:12; 2 Pietro 1:2-4)*.

VII. **Nella tua ricerca di una vita appagata, gioiosa e pacifica devi comprendere la differenza tra la via dell'uomo e la via di Dio.**

A. La differenza principale è che la via dell'uomo è orientata verso *se stesso:* piacere a se stesso, confortare se stesso, confidare in se stesso, soddisfare se stesso, perdonare se stesso, esaltare se stesso e amare se stesso. Tutto ciò è chiamato nella Scrittura "la vecchia natura egoista" *(Romani 6:6; Efesini 4:22; Colossesi 3:9)*.

B. La via di Dio vuole

1. Rigenerarti e trasformarti. Per ottenere ciò, devi:

    a. spogliarti della vecchia natura *(Romani 6:6; Efesini 4:22; Colossesi 3:9)*;

    b. rivestirti della nuova natura *(Romani 6:7-8; Efesini 4:24; Colossesi 3:10)*;

    c. essere rinnovato nello spirito della tua mente, che fa parte del processo continuo di crescita a immagine di Cristo *(Romani 12:2; Efesini 4:23; Colossesi 3:10)*.

2. Rafforzarti e metterti in grado di maturare mentre:

    a. rinunci a te stesso e segui Gesù *(Luca 9:23-24)*;

    b. abbandoni le abitudini della vecchia natura *(Romani 6:11-22; Efesini 4:25-32; Colossesi 3:5-17; Apocalisse 2:4-5)* e cammini in modo degno del Signore *(Efesini 4:1; Colossesi 1:10)*;

    c. fai piacere a Dio in ogni cosa *(2 Corinzi 5:9; Colossesi 1:10)*.

C. Il piano di Dio, al contrario delle ideologie centrate sull'io afferma la tua posizione certa in Cristo e fa in modo che tu sia:

1. perdonato da tutti i tuoi peccati *(Colossesi 2:13-14)* e diventi una nuova creatura *(2 Corinzi 5:17)* partecipe della natura divina di Dio *(2 Pietro 1:4)*;

2. un figlio, erede di Dio e coerede con Cristo Gesù *(Romani 8:14-17)*;

3. un cittadino del cielo *(Filippesi 3:20)*, benedetto di ogni benedizione spirituale *(Efesini 1:3)* e del tutto completo in Cristo Gesù *(Colossesi 2:9-10)*;

4. forte nel Signore *(Efesini 6:10-17)*, membro attivo, in continua crescita, del corpo di Cristo *(Efesini 4:11-16)*;

5. più che vincitore attraverso il Signore Gesù Cristo *(Romani 8:37; 1 Giovanni 4:4)*, perché sei stato liberato dalla schiavitù del peccato *(Romani 6:5-7)* e dal dominio (autorità) delle tenebre e sei stato trasportato nel regno di Cristo *(Colossesi 1:13)*;

6. un ambasciatore di Cristo *(2 Corinzi 5:20)*, un membro della stirpe eletta, un sacerdote regale, un cittadino di una nazione santa, una proprietà di Dio *(1 Pietro 2:9)* e il tempio santo del Dio vivente *(2 Corinzi 6:16; Efesini 2:21)*;

7. trasformato mediante il rinnovamento della mente *(Romani 12:2)*, facendo prigioniero ogni pensiero fino a renderlo ubbidiente a Cristo *(2 Corinzi 10:5)*;

8. pieno della Sua pace *(Giovanni 16:33)* e della Sua gioia *(Giovanni 15:11, 17:13)*;

9. cambiato dalla Parola di Dio *(1 Tessalonicesi 2:13; 2 Timoteo 3:16-17)*;

10. guidato dallo Spirito di Dio *(Romani 8:14)* per comprendere le cose di Dio *(1 Corinzi 2:9-13)*;

11. in grado di compiere (o sopportare) la volontà di Dio, in ogni particolare, per mezzo di Cristo Gesù *(Filippesi 4:13)*, sapendo che nulla sfugge al controllo di Dio *(Romani 8:28-29; 1 Corinzi 10:13; Filippesi 1:6)*;

12. capace di praticare l'amore biblico, attraverso il quale dimostri di essere un discepolo di Cristo *(Giovanni 13:35)*.

D. Durante questo corso sarà presentata la differenza tra il piano di Satana e il piano di Dio per la tua vita.

1. Satana vuole che tu continui ad essere orientato verso la gratificazione, il compiacere, l'esaltazione e la stima di te stesso.

2. Dio sottolinea che devi vivere per Lui, in quanto la tua vecchia natura è stata crocifissa e sepolta con Cristo, perciò puoi camminare in novità di vita *(Romani capitolo 6; 2 Corinzi 5:15-21; Colossesi 3:2-17)*.

E. L'uomo ha sempre cercato espedienti per sostituire la nuova nascita e trovare soluzioni centrate sull'io per i problemi derivanti dal suo peccato originale.

L'uomo ha inventato le proprie soluzioni ai problemi della mente, del cuore e dello spirito. Ma queste non sono accettabili per Dio, come non lo sono le inutili speculazioni che portano a cercare altre vie per la salvezza e a sostituire le inalterabili verità della Parola di Dio *(basato su Salmo 119:160; Proverbi 14:12, 30:5-6; Geremia 17:9-10; Matteo 15:1-20; Giovanni 4:23-24; Atti 4:12; Romani 1:21, 25, 28; 8:5-10; 1 Corinzi 3:18-20; 2 Corinzi 7:1; Efesini 4:22-24; Filippesi 2:3-5, 3:18-19; 2 Timoteo 3:1-5)*.

LEZIONE 1: COMPITI

> La meditazione giornaliera è vitale per la tua crescita spirituale. Per aiutarti in questa attività i **COMPITI** di ogni lezione sono corredati da una **GUIDA ALLO STUDIO PER LA MEDITAZIONE GIORNALIERA**, che troverai alla pagina seguente. Ti saranno presentati passi fondamentali per la crescita spirituale e come base per una vera consulenza biblica *(basato su Salmo 1:1-4; 1 Tessalonicesi 5:17; 2 Timoteo 2:15, 3:16-17; 1 Pietro 2:2)*.

✔ *compiti completati*

- ❏ A. * Con parole tue, scrivi il significato di *Efesini 2:8-9*. Impara a memoria *Efesini 2:8-9*. Inizia a imparare *Matteo 7:1* e *7:5*.

- ❏ B. * Leggi **PRINCIPIO BIBLICO: TU PUOI CAMBIARE SECONDO LA PAROLA (PRIMA PARTE)** (Lezione 1, pagina 2). Evidenzia nella tua Bibbia i versetti elencati.

- ❏ C. * Descrivi come puoi avere la vita eterna attraverso Gesù Cristo (vedi *Principio 1*, Lezione 1, pagina 2, o vedi **IV: Dio ti mette nelle condizioni di scegliere la Sua soluzione al tuo problema spirituale**, Lezione 1, pagina 4). Scrivi almeno una citazione della Scrittura per ogni punto.

- ❏ D. * Spiega per iscritto come puoi essere certo di avere la vita eterna.

- ❏ E. Ripassa **TU PUOI CAMBIARE SECONDO LA PAROLA (PRIMA PARTE)** (Lezione 1, pagine 3-7). Nella tua Bibbia cerca i versetti citati evidenziando quelli che sono più rilevanti per te.

- ❏ F. Leggi **PREFAZIONE: PERCHÉ ESAMINARE ME STESSO?** (pagina vi) e **GLI OBIETTIVI DI QUESTO CORSO** (pagine vii-x).

- ❏ G. Leggi **LE CARATTERISTICHE DELLA CONSULENZA BIBLICA** (Supplemento 1) e **IL PROGRAMMA DELLA BCF DI FORMAZIONE PER LA CONSULENZA BIBLICA** (Supplemento 2).

- ❏ H. * Durante lo studio di questo manuale puoi completare l'**ESAME DEL CORSO** (Lezione 23). Per la Lezione 1, rispondi alle domande 1 e 2 del **Test a libro aperto** (così chiamato perché per rispondere alle domande, puoi usare la Bibbia e il manuale) (Lezione 23, pagina 1).

* *Il completamento dei compiti contrassegnati con un asterisco (*) è essenziale per continuare la formazione per la consulenza biblica.*

LEZIONE 1: GUIDA ALLO STUDIO PER LA MEDITAZIONE GIORNALIERA
(COMPRENDE VERSETTI A MEMORIA E COMPITI)

> La meditazione giornaliera è vitale per la tua crescita spirituale. Per aiutarti in questa attività la **GUIDA ALLO STUDIO PER LA MEDITAZIONE GIORNALIERA** di ogni lezione è collegata ai **COMPITI**. La **GUIDA ALLO STUDIO** di questa lezione evidenzia i passi basilari per la crescita spirituale e la base per una vera consulenza biblica *(basato su Salmo 1:1-4; 1 Tessalonicesi 5:17; 2 Timoteo 2:15, 3:16-17; 1 Pietro 2:2)*.

Versetti a memoria

1. * Impara a memoria *Efesini 2:8-9*; inizia ad imparare *Matteo 7:1 e 7:5*.
2. Scrivi i versetti e le rispettive citazioni bibliche, su dei cartoncini separati che porterai con te durante la giornata. Ogni volta che ne avrai l'occasione leggi, medita e impara *Efesini 2:8-9*. Appena possibile inizia a leggere *Matteo 7:1 e 7:5*.

Guida allo studio per la meditazione giornaliera

PRIMO GIORNO

1. Inizia con la preghiera.
2. * Leggi **PRINCIPIO BIBLICO: TU PUOI CAMBIARE SECONDO LA PAROLA (PRIMA PARTE)** (Lezione 1, pagina 2). Evidenzia nella tua Bibbia i versetti elencati.
3. * Con parole tue scrivi il significato di *Efesini 2:8-9*.
4. Termina con la preghiera.
5. Porta sempre con te il cartoncino con il brano di *Efesini 2:8-9* e utilizza i momenti liberi per impararlo a memoria.

SECONDO GIORNO

1. Inizia con la preghiera.
2. * Inizia a studiare **TU PUOI CAMBIARE SECONDO LA PAROLA (PRIMA PARTE)** (Lezione 1, pagine 3-7). Questo è il primo di uno studio che durerà 3 giorni. È uno studio molto importante. Cerca tutti i versetti elencati perché ti serviranno per comprendere queste verità bibliche.
3. Termina con la preghiera.

TERZO GIORNO

1. Inizia con la preghiera.
2. Continua a studiare **TU PUOI CAMBIARE SECONDO LA PAROLA (PRIMA PARTE)** (Lezione 1, pagine 3-7).
3. Termina con la preghiera.

QUARTO GIORNO

1. Inizia con la preghiera.
2. Termina lo studio **TU PUOI CAMBIARE SECONDO LA PAROLA (PRIMA PARTE)** (Lezione 1, pagine 3-7).
3. Hai sfruttato i momenti liberi per imparare a memoria i tuoi versetti? Se no, fa' un elenco di queste "occasioni non sfruttate" e decidi come sfruttarle. Se hai già imparato *Efesini 2:8-9*, inizia a imparare *Matteo 7:1* e *7:5*.
4. Termina con la preghiera.

QUINTO GIORNO

1. Inizia con la preghiera.
2. * Scrivi come puoi avere la vita eterna attraverso Gesù Cristo (vedi *Principio 1*, Lezione 1, pagina 2, oppure **IV: Dio ti mette nelle condizioni di scegliere la Sua soluzione al tuo problema spirituale** Lezione 1, pagina 4). Scrivi almeno una citazione biblica per ogni punto.
3. Leggi **PREFAZIONE: PERCHÉ ESAMINARE ME STESSO?** (Pagina vi) e **GLI OBIETTIVI DI QUESTO CORSO** (pagine vii-x).
4. Termina con la preghiera.

SESTO GIORNO

1. Inizia con la preghiera.
2. * Scrivi brevemente come una persona può sapere per certo di avere la vita eterna.
3. Leggi **LE CARATTERISTICHE DELLA CONSULENZA BIBLICA** (Supplemento 1).
4. Termina con la preghiera.

SETTIMO GIORNO

1. Inizia con la preghiera.
2. Leggi **IL PROGRAMMA DELLA BCF DI FORMAZIONE PER LA CONSULENZA BIBLICA** (Supplemento 2).
3. Ripassa **TU PUOI CAMBIARE SECONDO LA PAROLA (PRIMA PARTE)** (Lezione 1, pagine 3-7) cercando tutti i versetti che potresti aver sorvolato nel tuo studio dei giorni precedenti.
4. * Puoi completare l'**ESAME DEL CORSO** (Lezione 23) mentre segui questo studio. Per la Lezione 1, rispondi alle domande 1 e 2 del **Test a libro aperto** (così chiamato perché per rispondere alle domande, puoi usare sia il Manuale sia la tua Bibbia) (Lezione 23, pagina 1).
5. Termina con la preghiera.
6. Valuta come hai usato il tuo tempo libero per imparare a memoria *Efesini 2:8-9*, *Matteo 7:1* e *7:5* durante questa settimana. Elenca i progressi che intendi fare la prossima settimana per usare meglio i tuoi momenti liberi per imparare a memoria la Parola di Dio.

* *Il completamento dei compiti contrassegnati con un asterisco (*) è essenziale per continuare la formazione per la consulenza biblica.*

LEZIONE 2

TU PUOI CAMBIARE SECONDO LA PAROLA (SECONDA PARTE)

"Non giudicate, affinché non siate giudicati".

"Ipocrita, togli prima dal tuo occhio la trave, e allora ci vedrai bene per trarre la pagliuzza dall'occhio di tuo fratello".

Matteo 7:1, 5

LEZIONE 2: TU PUOI CAMBIARE SECONDO LA PAROLA (SECONDA PARTE)

> Dio ha provveduto, per grazia, ogni cosa che ti è necessaria per vivere una vita che Gli sia gradita, perciò devi dipendere unicamente dalla Sua potenza, dal Suo piano e dalle Sue risorse per raggiungere il Suo scopo nella tua vita *(basato su Isaia 55:6-11; Romani 8:28-39; 1 Corinzi 1:30-31, 2:9-13; Efesini 1:3-6, 2:8-10; Filippesi 1:6, 2:12-13; 1 Tessalonicesi 2:13; 2 Pietro 1:2-10; 1 Giovanni 5:4-5).*

I. **Gli obiettivi di questa lezione sono:**

   A. spiegare il processo di un cambiamento biblico che inizia nel momento in cui tu ricevi la vita eterna, per la grazia e la misericordia di Dio, e continua fino a quando sarai alla Sua presenza per sempre;

   B. mostrarti l'importanza di esaminare te stesso per essere un vero discepolo e per aiutare altri a cambiare secondo la Parola.

II. **Il sommario di questa lezione**

   A. Esamina te stesso

      1. **PRINCIPI BIBLICI: TU PUOI CAMBIARE SECONDO LA PAROLA (SECONDA PARTE)** (Lezione 2, pagina 2)

      2. **TU PUOI CAMBIARE SECONDO LA PAROLA (SECONDA PARTE)** (Lezione 2, pagine 3-5)

      3. **ESAMINA TE STESSO SECONDO LA PAROLA: UN ELEMENTO INDISPENSABILE PER ESSERE DISCEPOLO** (Lezione 2, pagina 6)

      4. **ESAMINA TE STESSO SECONDO LA PAROLA: UN REQUISITO PER AIUTARE GLI ALTRI SECONDO LA PAROLA** (Lezione 2, pagine 7-8)

   B. Passi per la crescita spirituale

      1. **LA BASE BIBLICA PER LA MEDITAZIONE GIORNALIERA E PER IMPARARE A MEMORIA LA SCRITTURA** (Lezione 2, pagine 9-11)

      2. **QUATTRO METODI PER IMPARARE A MEMORIA LA SCRITTURA** (Lezione 2, pagine 12-13)

      3. **SCHEDA DI STUDIO BIBLICO E APPLICAZIONE** (Supplemento 3)

      4. **LEZIONE 2: COMPITI** (Lezione 2, pagina 14)

      5. **GUIDA ALLO STUDIO PER LA MEDITAZIONE GIORNALIERA** (Lezione 2, pagine 15-16).

PRINCIPI BIBLICI: TU PUOI CAMBIARE SECONDO LA PAROLA (SECONDA PARTE)

> Dopo aver ricevuto la salvezza per mezzo della grazia di Dio attraverso il nostro Signore Gesù Cristo, la tua crescita in Cristo e la capacità di aiutare altri a seguire la Scrittura, saranno proporzionali alla tua fedeltà nell'esaminarti secondo la Parola, e nell'applicare le verità di Dio alla tua vita *(basato su Matteo 7:1-5; Romani 12:1-2; 1 Corinzi 11:31; Galati 6:1-5; Ebrei 5:12-14; 1 Giovanni 1:8-9)*.

I. **Devi stabilire uno stile di vita secondo la Bibbia**

   (Principio 2) Devi essere radicato, edificato e fondato nel Signore Gesù Cristo, e non conformati al mondo *(Romani 12:1-2; Colossesi 2:6-10)*. Devi mettere in pratica la Parola di Dio per crescere verso la maturità *(Matteo 7:24-27; 2 Timoteo 3:16-17; Ebrei 5:12-14; Giacomo 1:22-25; 1 Pietro 2:2; 2 Pietro 1:4-11; 1 Giovanni 2:5)*.

II. **Devi prepararti per aiutare gli altri.**

   (Principio 3) L'applicazione pratica della Parola di Dio inizia con l'esaminare te stesso e con il rimuovere tutti gli ostacoli peccaminosi dalla tua vita *(Matteo 7:1-5; 1 Corinzi 11:28-31; Ebrei 12:1)*. Poi hai il privilegio e la responsabilità di condurre altri ad una vita vittoriosa *(Matteo 7:5; Romani 15:14; 2 Corinzi 1:3-4; Galati 6:1-5)*.

TU PUOI CAMBIARE SECONDO LA PAROLA
(SECONDA PARTE)

> Il processo del cambiamento biblico, come spiegato nella Parola di Dio, inizia quando ti ravvedi del tuo peccato e credi nel Signore Gesù Cristo. Dio ti dà tutto ciò di cui hai bisogno per apportare i cambiamenti nella tua vita che Gli fanno piacere e che sono per te fonte di benedizioni. Con la continua ubbidienza alla Parola di Dio inizierà nella tua vita il cambiamento biblico verso la maturità che durerà fino al momento che vedrai Gesù faccia a faccia (*basato su Giovanni 1:12; Atti 26:20; Romani 8:28-39; 2 Corinzi 5:17; Filippesi 1:6, 3:12-14; Colossesi 2:13-14; Giacomo 1:25; 2 Pietro 1:2-10*).

I. **Il processo del cambiamento biblico duraturo inizia quando ti converti al Signore Gesù Cristo.**

   A. **Il punto di vista di Dio e la tua certezza** — Dopo aver creduto sinceramente e con tutto il cuore nel Signore Gesù come tuo Salvatore, puoi cambiare secondo la Parola perché hai un rapporto diverso con Dio e puoi avere una visione diversa di te stesso, degli altri e dei tuoi problemi.

   1. Tu sei dichiarato giusto per mezzo di Gesù Cristo, sulla base della fede *(Romani 3:21-22; 1 Corinzi 1:30; 2 Corinzi 5:21; Filippesi 3:9)*. Non sei più sotto il giudizio dell'ira di Dio *(Giovanni 3:36; Romani 5:9, 8:1)*.

   2. Tu sei in pace con Dio perché sei stato riconciliato con Lui per mezzo di Gesù e sei completamente giustificato davanti a Dio Onnipotente *(Romani 3:24-26, 5:1, 11; 2 Corinzi 5:18)*.

   3. Tu non sei più separato da Dio né estraneo alla Sua famiglia *(Efesini 2:12-13, 19-20)*. Infatti, sei stato adottato nella Sua famiglia *(Romani 8:14-16; Efesini 1:4-5)*. Sei coerede con Cristo *(Romani 8:16-17; Galati 4:7)* e sei, per sempre, il beneficiario della Sua amorevole cura *(Salmo 121; Giovanni 10:28; Romani 8:31-39; 1 Pietro 5:7)*.

   4. Ti è stato fatto il dono della vita eterna *(Giovanni 10:28)* ed hai la certezza che l'opera di Dio continuerà in te finché sarai alla Sua presenza *(Filippesi 1:6; Giuda 1:24)*.

   5. Grazie a quello che Dio ha fatto per te tramite Gesù, puoi esser certo che Egli ti aiuterà in tutte le circostanze della vita *(Romani 8:32; Ebrei 2:18, 4:15-16)*.

   6. Come figlio di Dio, sei una nuova creatura *(2 Corinzi 5:17)*. Non devi essere più assoggettata al peccato *(Romani 6:6, 14, 17-18, 22)*, ma sei serva della giustizia *(Romani 6:16-18)*. Sei stata liberata per servire il Signore e gli altri *(Romani 15:1-3; Galati 5:13; Colossesi 3:24)*.

   7. Tu hai la promessa di Dio che Egli ti metterà in grado di affrontare ogni problema che incontrerai nella tua vita. Inoltre non devi più essere sopraffatta da alcun problema perché Dio non permetterà ad alcuna difficoltà di sopraffarti *(Romani 8:35-37; 1 Corinzi 10:13)*. In aggiunta a ciò, Egli opererà attivamente, per sempre, in ogni difficoltà, mentre tu continui a camminare nella Sua via *(Romani 8:28-29)*.

8. Sei in grado, ora, di vedere che Dio si serve delle prove e dei problemi come occasioni per la tua crescita spirituale *(Romani 5:3-5; Giacomo 1:2-4).*

9. Tu puoi avere fiducia perché Gesù non ti lascerà mai *(Matteo 28:20; Ebrei 13:5).* Egli conosce ogni problema che tu incontrerai ed è misericordioso verso di te. Inoltre, Egli ti invita ad andare con fiducia a Lui per trovare grazia ed essere aiutato in tempo di bisogno *(Ebrei 4:15-16).*

B. **La sufficienza di Dio e le tue risorse** — Dopo la tua conversione a Gesù (una fede sincera e di cuore nel Signore Gesù Cristo), puoi cambiare secondo la Parola grazie alla potenza che Dio mette a tua disposizione.

1. Lo Spirito di Dio è dentro di te *(Giovanni 14:16-17; Romani 8:9),* sempre disponibile ad insegnarti le verità di Dio *(Giovanni 14:26, 16:13; 1 Corinzi 2:10-13);* a fortificarti *(Romani 8:11),* a intercedere per te *(Romani 8:26-27);* ad aiutarti a discernere la verità dall'errore *(basato su 1 Giovanni 2:18-27)* e a sviluppare nella tua vita un carattere conforme a quello di Cristo *(Galati 5:16-17, 22-23).*

2. La Parola di Dio è completamente sufficiente per cambiarti *(1 Tessalonicesi 2:13; Ebrei 4:12; 2 Pietro 1:2-4),* per darti speranza *(Romani 15:4)* e per consigliarti in ogni situazione *(2 Timoteo 3:16-17).*

3. Invece di fare affidamento sulla saggezza di questo mondo — che è stoltezza *(1 Corinzi 3:19),* o sulle tue idee — che sono inadeguate *(Isaia 55:8-9),* o sulla tua forza — che è vana *(1 Corinzi 1:25; 1 Pietro 1:24),* tu puoi avere la saggezza *(Giacomo 1:5),* il pieno potere, la forza *(Efesini 6:10; 2 Tessalonicesi 3:3; 1 Giovanni 4:4)* e la sufficienza *(2 Corinzi 9:8-10; Filippesi 4:19)* di Dio in ogni circostanza *(1 Corinzi 10:13; Filippesi 4:11-13).*

4. Il Signore Gesù Cristo resterà sempre con te *(Matteo 28:20; Ebrei 13:5),* ti sosterrà *(Giovanni 15:1-11),* e avrà cura di te *(Giovanni 10:27-29; Efesini 5:29).* Gesù è, e sarà sempre, il tuo difensore *(1 Giovanni 2:1),* ed intercederà sempre presso Dio Padre a tuo favore *(Romani 8:34, Ebrei 7:25).*

C. **Lo scopo di Dio e il tuo impegno** — Dopo la tua conversione a Gesù, tu puoi cambiare secondo la Parola perché Dio ti dà un diverso scopo nella vita.

1. Devi adorare e servire Dio *(Luca 4:8; Giovanni 4:23-24),* piacerGli in ogni cosa *(2 Corinzi 5:9; Colossesi 1:10)* per essere conformato all'immagine di Gesù Cristo, il primogenito tra molti fratelli *(Romani 8:29; 2 Corinzi 3:18).* Quale membro responsabile della famiglia di Dio, tu devi dare a Lui la gloria in ogni cosa *(Salmo 115:1; 1 Corinzi 10:31; Colossesi 3:17).* Puoi essere, ora, un servo della giustizia *(Romani 6:16-18)* e un ambasciatore del Signore Gesù Cristo *(2 Corinzi 5:20).*

2. Invece di vivere per te stesso, concentrati a imparare a morire a te stesso *(Matteo 10:38; Luca 9:23; 1 Corinzi 15:31).* Nel seguire Cristo, devi perdere la tua vita per il Signore *(Matteo 10:39; Luca 9:24).* Dimostrerai questo tuo cambiamento di devozione con azioni pratiche di amore verso Dio *(Matteo 22:37-38; Giovanni 14:15, 21; 1 Giovanni 5:3)* e verso gli altri *(Matteo 22:39; 1 Corinzi 13:4-8a; Filippesi 2:1-4; 1 Giovanni 4:7-8, 11, 20).*

D. **Il piano di Dio e la tua ubbidienza** — Dopo la tua conversione a Gesù, puoi cambiare secondo la Parola, ubbidendo alle direttive che vi troverai per raggiungere tale scopo.

I. Il tuo cambiamento, originato, sostenuto e portato a compimento sovranamente da Dio *(Filippesi 1:6; 2:13),* è sempre legato alla tua ubbidienza alla Sua Parola *(Luca 6:46-49; Filippesi 2:12; Ebrei 5:14;*

Giacomo 1:22-25). L'ubbidienza alla Parola è una risposta riconoscente all'amore di Dio, rivelato in Cristo Gesù *(Giovanni 14:15, 21, 23-24; 1 Giovanni 5:3; 2 Giovanni 1:6)*. Non deve dipendere dalle circostanze *(Atti 5:28-29; 2 Timoteo 3:1-17)*, né dalle tue emozioni *(Genesi 4:7; Galati 5:17; 1 Pietro 4:2)*, né da altre persone *(Ezechiele 18:20; 1 Pietro 3:8-17)*.

    2. Un impegno a piacere a Dio *(2 Corinzi 5:9; Colossesi 1:10)* inizia con l'esaminare te stesso secondo la Parola *(Matteo 7:1-5; 1 Corinzi 11:31)*. Ciò ti permetterà di elaborare e attuare dei piani per un cambiamento: nei tuoi pensieri *(Romani 12:2; 2 Corinzi 10:5; Efesini 4:23; Filippesi 4:8; Colossesi 3:2)*; nelle tue parole *(Efesini 4:29; Colossesi 4:6)* e nelle tue azioni *(i seguenti brani della Bibbia illustrano i molti cambiamenti nella condotta del popolo di Dio: Romani capitoli 12-14; Efesini capitoli 4-6; Filippesi capitoli 2-3; Colossesi capitoli 2-3; 1 Tessalonicesi capitolo 4; Tito capitoli 2-3; Giacomo capitoli 1-5; 1 Pietro capitoli 2-3)*.

II. **Il processo del cambiamento biblico finirà quando entrerai nella comunione eterna con il Signore e con coloro che, nel corso della storia, sono stati redenti dal nostro Padre Celeste.**

    A. Chi crede in Cristo inizia un rapporto eterno con il Signore che continuerà anche in Cielo. Nel momento in cui diventi credente, sono tue le seguenti promesse:

        1. incontrerai Gesù quando Egli ritornerà con potenza e grande gloria *(Matteo 16:27, 26:64; Atti 1:11; Colossesi 3:4; 1 Tessalonicesi 4:13-18; Ebrei 9:28)*;

        2. puoi pregustare la trasformazione del tuo corpo terreno, fatto di carne corruttibile, in un corpo immortale, incorruttibile e glorioso *(Romani 8:23; 1 Corinzi 15:36-58; Filippesi 3:20-21; 1 Giovanni 3:2)*;

        3. puoi essere sicuro di vivere per sempre con Gesù Cristo in una città celeste, eterna, non fatta da mano d'uomo *(2 Corinzi 5:1; Ebrei 11:10; Apocalisse 21:1-2, 10-27; 22:1-7)*;

        4. farai parte di una grande schiera di fratelli e sorelle, giustificati in Cristo, che dimoreranno in pace e in armonia per sempre *(Matteo 24:31; 1 Tessalonicesi 4:13-18; Apocalisse 7:9, 22:14)*, in un luogo dove non ci saranno più lacrime, dolore o tenebre *(Apocalisse 21:2-4; 23-25)*.

    B. Nel presente puoi pregustare questa comunione eterna.

        1. In attesa della Sua gloriosa apparizione devi mantenere il tuo cuore e la tua mente, saldi, pronti, trasparenti e vivere avendo le giuste priorità *(Filippesi 3:20; Tito 2:11-13; 1 Pietro 1:13; 1 Giovanni 3:3)*.

        2. Fa' attenzione al tuo comportamento e non sprecare il tempo *(Efesini 5:15-16; 1 Tessalonicesi 5:6-10)*.

        3. Incoraggia gli altri credenti *(1 Tessalonicesi 5:11; Ebrei 10:23-25)* e confortali con la speranza del Suo ritorno *(1 Tessalonicesi 4:13-18; spec. il versetto 18)*.

ESAMINA TE STESSO SECONDO LA PAROLA: UN ELEMENTO INDISPENSABILE PER ESSERE DISCEPOLO

> Essere discepolo è un processo che ti permette di "crescere" nel Signore Gesù Cristo e ti dona tutto il necessario per superare gioiosamente le tensioni e le prove di questa vita *(basato su Luca 9:23-24; Giacomo 1:2-4)*. Per essere discepolo devi esaminarti di continuo secondo la Parola di Dio *(basato su Matteo 7:1-5; 1 Corinzi 11:31; Galati 6:4)*.

Ciò che segue ti aiuterà a valutare la tua fedeltà come discepolo di Cristo. Per ogni domanda, valutati su una scala da 0 (nessuna fedeltà, completo egocentrismo) a 10 (perfetta fedeltà, totale consacrazione a Cristo). Indipendentemente dal tuo attuale livello di fedeltà, ricorda che Dio ti aiuterà a fare i cambiamenti necessari per conformarti all'immagine di Suo Figlio (Romani 8:29; 2 Corinzi 3:18; Filippesi 1:6). Durante questo corso saranno esaminate tutte le caratteristiche del discepolo elencate di seguito. Saranno spiegati anche i passi biblici necessari per arrivare ad avere queste caratteristiche nella propria vita.

1. Sei diligente nell'imparare a usare accuratamente la Parola di Dio *(2 Timoteo 2:15)*?

2. Ti esamini costantemente alla luce della Parola di Dio invece di paragonarti con la vita o le aspettative degli altri *(1 Samuele 16:7; Isaia 55:8-11; Romani 3:23; 2 Corinzi 10:12; Ebrei 4:12)*?

3. Sei un esecutore della Parola? Essere un esecutore richiede un continuo ascolto della Parola di Dio e un cammino ad essa coerente per ricevere le benedizioni del Signore *(Deuteronomio 11:26-28; Romani 10:17; Ebrei 5:14; Giacomo 1:22-25)*. La Parola è sufficiente per affrontare ogni situazione della vita perché t'insegna, ti riprende, ti corregge, ti educa e ti prepara affinché tu possa maturare in Cristo *(2 Timoteo 3:16-17)*.

4. Rinneghi te stesso per liberarti del tuo naturale egocentrismo per seguire il Signore Gesù Cristo *(Matteo 10:38-39; Luca 9:23-24)*?

5. Cerchi di far piacere a Dio in ogni cosa *(Giovanni 8:29; 2 Corinzi 5:9; Efesini 6:6-7; Colossesi 1:10; 1 Tessalonicesi 2:4; Ebrei 13:21; 1 Giovanni 3:22)*?

6. Sei una persona di preghiera? Pregare continuamente, con ringraziamento, conduce alla pace di Dio che custodisce il tuo cuore e la tua mente in Cristo Gesù *(Filippesi 4:6-7; 1 Tessalonicesi 5:17-18)*.

7. Metti il benessere degli altri davanti al tuo, seguendo così l'esempio del Signore Gesù Cristo *(Matteo 20:25-28; Romani 15:1-3; Filippesi 2:3-8)*?

8. Ami gli altri secondo la Parola *(1 Corinzi 13:4-8a)*? Amando in questa maniera seguirai l'esempio del Signore Gesù Cristo e sarai conosciuto come Suo discepolo *(Giovanni 13:34-35, 15:12-13)*.

9. Stai usando fedelmente il tuo dono (o i tuoi doni) spirituale per la gloria di Dio e per il bene degli altri *(Romani 12:3-8; Efesini 4:1-16; 1 Pietro 4:10-11)*?

10. Adori regolarmente il Signore, avendo comunione e servendo gli altri credenti *(Salmo 29:1-2, 122:1; Giovanni 4:23-24; Ebrei 10:24-25; 1 Pietro 2:5; 1 Giovanni 1:7)*?

11. Sei pronto, in ogni momento, a dare testimonianza della speranza che è in te *(1 Pietro 3:15)*. Dai gloria al Signore con la tua vita *(Matteo 5:16)*, cercando di riconciliare altri con Dio e insegnando loro a camminare nelle Sue vie *(Matteo 28:19-20; 2 Corinzi 5:18-20)*?

ESAMINA TE STESSO SECONDO LA PAROLA: UN REQUISITO PER AIUTARE GLI ALTRI A FARE ALTRETTANTO

> Non puoi mai veramente capire o aiutare gli altri, neanche i tuoi familiari, se prima non esamini accuratamente la tua vita e affronti i tuoi peccati senza fare compromessi, mettere scuse o cercare scappatoie *(basato su Matteo 7:1-5; 2 Corinzi 1:3-5)*.

"Esaminatevi per vedere se siete nella fede; mettetevi alla prova". (2 Corinzi 13:5a)

Stabilire un rapporto personale, sincero e intimo col Signore Gesù Cristo e ricevere così la vita eterna (nascere di nuovo), è un requisito indispensabile per il cambiamento biblico.

"Fate dunque dei frutti degni del ravvedimento". (Matteo 3:8)

La tua vita deve cambiare. La tua nuova condotta biblica (pensieri, parole e azioni) dovrebbe essere prova di questo cambiamento.

"Perché con il giudizio con il quale giudicate, sarete giudicati; e con la misura con la quale misurate, sarà misurato a voi. Perché guardi la pagliuzza che è nell'occhio di tuo fratello, mentre non scorgi la trave che è nell'occhio tuo?" (Matteo 7:2-3)

La misura con cui giudichi la vita di un altro deve essere la stessa che usi per giudicare la tua vita. Nel giudicare gli altri fa' attenzione a usare sempre il metro di Dio e non il tuo né quello che userebbe il mondo.

"Ora, se esaminassimo noi stessi, non saremmo giudicati". (1 Corinzi 11:31)

Quando ti giudichi rettamente, confessi i tuoi peccati e prendi decisioni coerenti col tuo ravvedimento, tu non sarai sottoposto al giudizio di Dio e di conseguenza alla Sua disciplina.

"Ipocrita, togli prima dal tuo occhio la trave, e allora ci vedrai bene per trarre la pagliuzza dall'occhio di tuo fratello". (Matteo 7:5)

Se vuoi seguire la via di Dio, devi correggere di continuo i tuoi difetti prima di cercare di aiutare gli altri con i loro.

"Perciò, o uomo, chiunque tu sia che giudichi, sei inescusabile; perché nel giudicare gli altri condanni te stesso; infatti tu che giudichi, fai le stesse cose". (Romani 2:1)

Quando giudichi gli altri, con la tua superiorità, riveli aspetti della tua vita dominati dal peccato.

"Santificatevi dunque e siate santi, perché io sono il Signore vostro Dio. Osservate le mie leggi, e mettetele in pratica. Io sono il Signore, e vi santifico". (Levitico 20:7-8)

Hai bisogno, anzi dovresti desiderare, di essere separato dal mondo. Per arrivare a ciò, devi essere un esecutore della Parola.

"Ma il cibo solido è per gli adulti; per quelli, cioè, che per via dell'uso hanno le facoltà esercitate a discernere il bene e il male". (Ebrei 5:14)

Devi mettere in pratica, di continuo, ciò che hai imparato dalla Parola di Dio, affinché i tuoi sensi siano affinati (p. es. diventare sensibile) per discernere la verità dall'errore.

"Badate a voi stessi affinché non perdiate il frutto delle opere compiute, ma riceviate piena ricompensa". (2 Giovanni 1:8)

"Fratelli miei, non siate in molti a far da maestri, sapendo che ne subiremo un più severo giudizio". (Giacomo 3:1)

"Fratelli, se uno viene sorpreso in colpa, voi, che siete spirituali, rialzatelo con spirito di mansuetudine. Bada bene a te stesso, che anche tu non sia tentato". (Galati 6:1)

"Perciò, chi pensa di stare in piedi, guardi di non cadere". (1 Corinzi 10:12)

Riceverai da Dio la ricompensa in proporzione alla tua fedeltà.

Se insegni o fai da guida a qualcuno, devi essere consapevole del fatto che Dio ti ritiene ancora più responsabile di mantenere i Suoi livelli, non solo con le tue parole, ma con tutto il tuo stile di vita.

Devi rialzare gentilmente i fratelli e le sorelle che sono caduti in peccato. In ogni caso, devi continuamente giudicare te stesso per evitare che anche tu infranga la norma di Dio.

Devi esaminarti di continuo alla luce della Parola di Dio.

LA BASE BIBLICA
PER LA MEDITAZIONE GIORNALIERA E
PER IMPARARE A MEMORIA LA SCRITTURA

> La tua meditazione giornaliera (tempo speso ogni giorno in preghiera, studio della Parola di Dio, e valutazione di se stessi alla luce dei suoi insegnamenti) e l'imparare memoria i versetti dalla Scrittura sono elementi vitali per la tua crescita spirituale *(basato su Salmo 1:1-4, 119:9-11; 1 Corinzi 11:31; 1 Tessalonicesi 5:17; 2 Timoteo 2:15; 1 Pietro 2:2).*

MEDITAZIONE GIORNALIERA

I. **Sviluppare l'abitudine alla meditazione giornaliera (preghiera, studio della Parola di Dio, e valutazione biblica di te stesso) ti aiuterà a:**

   A. seguire l'esempio di molte persone della Scrittura che avevano un cuore devoto a Dio *(Salmo 5:3, 63:6, 119:62, 147:148; Daniele 6:10; Atti 10:1-2, 17:11);*

   B. essere equipaggiato per la lotta spirituale *(Efesini 6:10-18)* e rimanere in guardia contro il tuo avversario, il diavolo *(1 Pietro 5:8);*

   C. essere ubbidiente al comandamento biblico di rimanere costante e assiduo nella preghiera *(Luca 18:1; Efesini 6:18; Filippesi 4:6-7; Colossesi 4:2; 1 Tessalonicesi 5:17);*

   D. essere continuamente sostenuto e nutrito dalla Parola di Dio *(Salmo 1:2-3; Geremia 15:16; Matteo 4:4; 1 Tessalonicesi 2:13);*

   E. essere guidato in tutta la tua vita dalla Parola di Dio *(Salmo 19:7-11; Salmo 119; 2 Timoteo 2:15, 3:16-17; Ebrei 4:12; 2 Pietro 1:3-4);*

   F. concentrare la tua vita sull'adorazione e la lode a Dio *(Salmo 16:11, 34:1, 48:1, 63:1-4, 92:1-2, 95:6, 119:164; Giovanni 4:23-24; Ebrei 13:15);*

   G. esaminarti quotidianamente alla luce della Parola di Dio *(Salmo 119:105; Ebrei 4:12),* confessare i tuoi peccati *(1 Giovanni 1:9),* e praticare l'autocontrollo *(Galati 5:23-24; 1 Timoteo 4:7-8; 2 Pietro 1:6),* evitando così di incorrere nella disciplina del Signore *(1 Corinzi 11:31-32; Ebrei 12:5-11);*

   H. mantenerti in una posizione conforme alla Bibbia, per poter aiutare gli altri *(Matteo 7:1-5; Galati 6:1-5).*

II. **La tua meditazione giornaliera è utile al tuo sviluppo spirituale man mano che:**

   A. elenchi le tue richieste di preghiera e le risposte di Dio a queste richieste. Questo ti aiuterà a:

   1. essere perseverante nella preghiera *(Daniele 10:12-13; Luca 18:1-8);*

   2. imparare la pazienza in attesa delle risposte di Dio *(Salmo 40:1; Galati 6:9b);*

   3. evitare l'ansia *(Filippesi 4:6-7);*

   4. essere grato a Dio per la Sua grandezza *(Salmo 92:1-5, 105:1-2, 106:1; Ebrei 13:15; Giacomo 1:17).*

B. sviluppi un modo di pregare che includa:
1. l'adorazione a Dio *(Salmo 95:6; Giovanni 4:23-24);*
2. la confessione dei tuoi peccati *(Salmo 139:23-24; Proverbi 28:13; 1 Giovanni 1:9);*
3. il ringraziamento a Dio per quello che ha compiuto *(Salmo 119:164; Efesini 5:20; 1 Tessalonicesi 5:18);*
4. l'intercessione a favore degli altri *(1 Samuele 12:23; Luca 10:2; Efesini 6:18; 1 Timoteo 2:1-2);*
5. la consapevolezza della tua dipendenza dal Signore per soddisfare i tuoi bisogni *(Matteo 6:9-13).*

C. mediti su brani o princìpi specifici della Parola di Dio *(Salmo 1:2-3, 119:48),* sulla maestà del Signore e sulle Sue opere meravigliose *(Salmo 145:5).*

D. sviluppi un piano di studio della Bibbia che includa l'applicazione dei suoi principi alla vita di tutti i giorni *(Matteo 7:24-27; 2 Timoteo 2:15; Giacomo 1:22-25).*

Vedi: **SCHEDA DI STUDIO BIBLICO E APPLICAZIONE** *(Supplemento 3).*

E. esamini costantemente la tua vita secondo la Scrittura *(Matteo 7:1-5; 1 Corinzi 11:31; 2 Timoteo 3:16-17)* e apporti i dovuti cambiamenti biblici *(Romani 6:1-14, 12:1, 2; Colossesi 3:1-17).*

IMPARARE A MEMORIA LA SCRITTURA

I. **Imparare a memoria la Scrittura è utile perché:**

A. aiuta a rinnovare la tua mente e a cambiare il tuo modo di pensare. Questo cambiamento sarà permanente e riguarderà tutto il tuo stile di vita e di condotta *(Giosuè 1:8; Salmo 1:2-3);*

B. segue l'esempio del Signore Gesù Cristo *(Matteo 4:1-10);*

C. ti insegna ad usare la Scrittura nelle situazioni di tutti i giorni *(per esempio: Atti 2:16-21, 25-28; 3:22-23; 13:40-41, 47);*

D. permette alla Parola di Dio di essere il fondamento della tua vita *(Deuteronomio 6:6-8);*

E. fornisce guida *(Salmo 119:24, 105);*

F. ti darà coraggio e convinzione nel testimoniare *(Isaia 55:11);*

G. stabilisce un fondamento per vincere la tentazione *(per esempio: Matteo 4:1-10)* e per riportare la vittoria sul peccato *(Salmo 119:9-11);*

H. diventa una parte integrante della tua vita di preghiera *(per esempio: Atti 4:24-31);*

I. ti permette di insegnare, consigliare, incoraggiare ed edificare gli altri nel corpo di Cristo *(Colossesi 3:16);*

J. fornisce una base per la meditazione della Parola di Dio *(Salmo 119:15-16, 97);*

K. in caso di necessità la Parola è subito disponibile per confortare *(Salmo 119:52);*

L. la Parola di Dio è pronta per ristorare o rinnovare *(Salmo 119:93);*

M. fornisce stabilità nella tua vita spirituale *(Salmo 37:31, 40:8);*

N. ti dona la verità così che, quando ce ne sarà bisogno, tu sarai pronto a rendere conto della speranza che è in te *(Proverbi 22:17-21; 1 Pietro 3:15).*

II. **Imparare a memoria la Scrittura prolungherà il tuo tempo di meditazione per tutto il giorno se tu:**

A. leggi il versetto nella tua Bibbia e lo mediti *(Salmo 1:2; 2 Timoteo 2:15);*

B. approfitti dei momenti liberi durante la giornata per imparare i tuoi versetti *(Efesini 5:16);*

C. ripassi i versetti che hai imparato *(Salmo 19:14, 119:15-16; Filippesi 4:8).*

QUATTRO METODI
PER IMPARARE A MEMORIA LA SCRITTURA

> Devi abbandonare le abitudini peccaminose della tua vecchia natura, per essere trasformato tramite il rinnovamento della mente, e a "rivestire" le abitudini cristiane proprie della tua nuova natura. Imparare a memoria la Parola di Dio è fondamentale in questo processo *(basato su Salmo 40:8; Salmo 119:9-11, 15-16, 24, 97; Romani 12:2; Efesini 4:22-24; Colossesi 3:8-10).*

Di seguito sono suggeriti quattro metodi per imparare a memoria la Scrittura. Non sono gli unici, ma sono stati utili nella vita di molti credenti. La cosa importante da ricordare, indipendentemente dal metodo che sceglierai, è di fare tesoro della Parola di Dio nel tuo cuore (Salmo 119:11). Chiedi a Dio di darti saggezza e discernimento per vivere secondo i brani della Scrittura che impari a memoria.

I. **Imparare a memoria la Scrittura — metodo 1**

   A. Leggi il contesto del versetto nella tua Bibbia (traduzione letterale) e meditalo; ti aiuterà a comprenderlo nel suo insieme.

   B. Leggi attentamente il versetto molte volte ad alta voce o sussurrando; ti aiuterà ad afferrarne l'insieme.

   C. La citazione fa parte del versetto, perciò ripetila prima e dopo il testo, ogni volta che lo ripeti.

   D. Scrivi i tuoi versetti da imparare a memoria in modo ordinato, ciascuno su un cartoncino separato. Usando una perforatrice fa' un foro alla sommità dei cartoncini e tienili insieme con un fermaglio ad anello. Portali sempre con te; riponili in un contenitore o tienili insieme con un elastico.

   E. Dividi il brano in frasi. Impara la citazione e la prima frase. Dopo ripeti la citazione, la prima frase e la seconda frase. Continua ad aggiungere frasi fino a che non avrai imparato a memoria tutto il versetto.

   F. Approfitta del tuo tempo libero durante la giornata per tirare fuori i cartoncini e imparare a memoria i versetti: quando fai la fila, aspetti l'autobus, lavi i piatti, tagli l'erba del prato, ossia ogni momento in cui la tua mente non è concentrata in altre attività. Questa abitudine ti aiuterà a rinnovare il tuo modo di pensare.

   G. Ripassa frequentemente il versetto durante le prime settimane dopo averlo imparato. Questo è fondamentale per fissarlo nella mente. Molti trovano utile ripassare ogni giorno i versetti già imparati per almeno sei settimane prima di riporli in una scatola per ripassarli poi periodicamente.

II. **Imparare a memoria la Scrittura — metodo 2**

   A. Scrivi il versetto e la citazione della Scrittura su di un cartoncino. Chiedi a Dio il Suo aiuto nel capire e nell'applicare questa parte della Sua Parola alla tua vita.

B. Recita a memoria il versetto e la citazione della settimana da cinque a dieci volte quando ti svegli al mattino e da cinque a dieci volte la sera quando vai a letto.

C. Porta con te, durante il giorno, il pacchetto dei cartoncini con i versetti da imparare a memoria per ripassarli. Inserisci il nuovo versetto nel tuo pacchetto alla fine della settimana.

D. Ripassa ogni versetto almeno una volta il giorno per sei settimane prima di riporlo in una scatola con gli altri versetti da ripassare una volta la settimana.

III. Imparare a memoria la Scrittura — metodo 3

A. Scegli una serie di luoghi che, nella tua routine quotidiana, vedi regolarmente (per esempio: uno specchio, una borsa, un portamonete, il bagno, la cucina, un libro preferito).

B. Scrivi il versetto a memoria e la sua citazione biblica su tanti cartoncini quanti sono i luoghi elencati nella tua routine giornaliera e sistemali lì.

C. Ogni volta che "visiti" questi luoghi durante il giorno, ripeti il versetto e la citazione di quel cartoncino.

D. Alla fine della settimana rimuovi i cartoncini dai loro posti e rimpiazza ognuno di essi con un nuovo versetto (puoi mettere i versetti che devi ripassare quotidianamente, settimanalmente o mensilmente).

IV. Imparare a memoria la Scrittura — metodo 4

A. Registra su una cassetta il versetto e la sua citazione mentre lo leggi, ripetendolo quante volte vuoi.

B. Riascolta ciò che hai registrato e, insieme alla registrazione, ripeti la citazione e il versetto, varie volte ogni giorno.

C. Registra, recitandoli, i versetti già imparati a memoria e le loro citazioni. Settimanalmente controlla quanto e come li hai imparati, ripetendoli mentre riascolti il nastro.

Per tutti e quattro i metodi, chiedi a qualcuno di ascoltare, ogni settimana, i versetti che hai imparato a memoria. Quando reciti i versetti a questa persona, spiega anche che cosa significano e come si applicano alla tua vita.

LEZIONE 2: COMPITI

> La tua redenzione, tramite il sacrificio del Signore Gesù Cristo sulla croce e la Sua risurrezione dalla morte, è il punto centrale del piano di Dio per te. Comprendere il significato della tua redenzione e rispondere secondo la Parola, ti darà speranza in ogni situazione della tua vita *(basato su Romani capitolo 6; 1 Corinzi 1:18-24; 2:2; 15:3-4; Efesini 1:18-23; Filippesi 3:8-14; Ebrei 5:12-14; Giacomo 1:22-25).*

✔ *compiti completati*

☐ A. * Con parole tue scrivi il significato di *Matteo 7:1* e *7:5*. Impara a memoria *Matteo 7:1* e *7:5* e inizia a imparare *2 Timoteo 3:16-17*.

☐ B. * Completa una **SCHEDA DI STUDIO BIBLICO E APPLICAZIONE** (Supplemento 3, pagina 1) per il *Salmo 1:1-2*.

*Puoi fare delle copie della **SCHEDA DI STUDIO BIBLICO E APPLICAZIONE** (Supplemento 3, pagina 1) per il tuo studio della Scrittura. Per aiutarti ad usare questa scheda nel modo migliore vedi gli esempi riportati nel Supplemento 3 alle pagine 2 e 3.*

*Usa questo piano di studio per mettere a parte un tempo quotidiano di meditazione dedicato al Signore. Se hai già sviluppato l'abitudine della meditazione giornaliera, usa questo studio come parte di essa. Alle pagine 15 e 16 della Lezione 2, troverai una **GUIDA ALLO STUDIO PER LA MEDITAZIONE GIORNALIERA** per questa settimana.*

☐ C. * Leggi **PRINCIPI BIBLICI: TU PUOI CAMBIARE SECONDO LA PAROLA (SECONDA PARTE)** (Lezione 2, pagina 2). Evidenzia nella tua Bibbia i versetti elencati.

☐ D. Leggi **TU PUOI CAMBIARE SECONDO LA PAROLA (SECONDA PARTE** (Lezione 2, pagine 3-5). Cerca i versetti elencati per aiutarti a capire meglio questo studio.

☐ E. Leggi **ESAMINA TE STESSO SECONDO LA PAROLA: UN ELEMENTO INDISPENSABILE PER ESSERE DISCEPOLO** (Lezione 2, pagina 6), rispondendo ad ogni domanda per avere una prospettiva biblica del tuo attuale cammino con il Signore. Come primo passo nella correzione di ogni difetto e mancanza, confessa le tue imperfezioni come peccati al Signore *(1 Giovanni 1:9)*.

☐ F. Leggi **ESAMINA TE STESSO SECONDO LA PAROLA: UN REQUISITO PER AIUTARE GLI ALTRI SECONDO LA PAROLA** (Lezione 2, pagine 7-8) per continuare il tuo processo di auto-valutazione biblica.

☐ G. Leggi **LA BASE BIBLICA PER LA MEDITAZIONE GIORNALIERA E PER IMPARARE A MEMORIA LA SCRITTURA** (Lezione 2, pagine 9-11), che illustra la necessità di integrare queste discipline spirituali nella tua vita.

☐ H. Leggi **QUATTRO METODI PER IMPARARE A MEMORIA LA SCRITTURA** (Lezione 2, pagine 12-13). Chiedi, in preghiera, al Signore di aiutarti a scegliere un metodo per imparare a memoria la Scrittura e inizia ad usarlo.

☐ I. * Per completare l'**ESAME DEL CORSO** (Lezione 23) mentre segui questo studio, rispondi alla domanda 3 del **Test a libro aperto** (Lezione 23, pagina 1)

* *Il completamento dei compiti contrassegnati con un asterisco (*) è essenziale per continuare la formazione per la consulenza biblica.*

LEZIONE 2: GUIDA ALLO STUDIO PER LA MEDITAZIONE GIORNALIERA
(COMPRENDE VERSETTI A MEMORIA E COMPITI)

> La tua redenzione, tramite la croce di Gesù Cristo, è il punto centrale del piano di Dio per te. Comprendere il significato della tua redenzione e rispondere secondo la Parola, ti darà speranza in ogni situazione della vita. Questa **GUIDA ALLO STUDIO** della settimana ti assisterà in questo processo *(basato su Romani capitolo 6; 1 Corinzi 1:18-24, 2:2; Efesini 1:18-23; Filippesi 3:8-14; Ebrei 5:12-14; Giacomo 1:22-25).*

Versetti a memoria

1. * Impara a memoria *Matteo 7:1* e *7:5* e inizia a imparare *2 Timoteo 3:16-17*.
2. Dovresti avere tre cartoncini, compresi i due con i versetti imparati a memoria la settimana scorsa *(Efesini 2:8 e 9)* che puoi portare con te durante il giorno. Ad ogni opportunità, ripassa *Efesini 2:8-9* e leggi, medita e impara a memoria *Matteo 7:1* e *7:5*. Leggi *2 Timoteo 3:16-17* ogni qualvolta ti è possibile.

Guida allo studio per la meditazione giornaliera

PRIMO GIORNO
1. Inizia con la preghiera.
2. * Leggi **PRINCIPI BIBLICI: TU PUOI CAMBIARE SECONDO LA PAROLA (SECONDA PARTE)** (Lezione 2, pagina 2). Nella tua Bibbia evidenzia i versetti elencati in *Principio 2* e *Principio 3*.
3. Leggi **MEDITAZIONE GIORNALIERA** in **LA BASE BIBLICA PER LA MEDITAZIONE GIORNALIERA E PER IMPARARE A MEMORIA LA SCRITTURA** (Lezione 2, pagine 9-11).
4. * Con parole tue, scrivi il significato di *Matteo 7:1* e *7:5*.
5. Termina con la preghiera.

SECONDO GIORNO
1. Inizia con la preghiera.
2. Studia la Sezione I. A., punti 1-4, in **TU PUOI CAMBIARE SECONDO LA PAROLA (SECONDA PARTE)** (Lezione 2, pagina 3). Questo è il primo di sei studi giornalieri che evidenziano il processo del cambiamento biblico. Cerca i versetti elencati per aiutarti a comprendere il diverso rapporto che hai con Dio attraverso Gesù Cristo.
3. * Inizia una **SCHEDA DI STUDIO BIBLICO E APPLICAZIONE** (Supplemento 3, pagina 1) per il *Salmo 1:1-2*. Esempi sull'uso di questa scheda sono forniti nel Supplemento 3, pagine 2-3.
4. Leggi **IMPARARE A MEMORIA LA SCRITTURA** in **LA BASE BIBLICA PER LA MEDITAZIONE GIORNALIERA E PER IMPARARE A MEMORIA LA SCRITTURA** (Lezione 2, pagine 9-11).
5. Leggi **QUATTRO METODI PER IMPARARE A MEMORIA LA SCRITTURA** (Lezione 2, pagine 12-13).
6. Termina con la preghiera.

TERZO GIORNO
1. Inizia con la preghiera.
2. Studia la Sezione I. A., punti 5-9, in **TU PUOI CAMBIARE SECONDO LA PAROLA (SECONDA PARTE)** (Lezione 2, pagine 3-4). Se necessario consulta i versetti elencati.

3. * Continua a lavorare sulla tua **SCHEDA DI STUDIO BIBLICO E APPLICAZIONE** (Supplemento 3, pagina 1) per il Salmo *1:1-2*.
4. Termina con la preghiera.

QUARTO GIORNO

1. Inizia con la preghiera.
2. Studia la Sezione **I. B.** in **TU PUOI CAMBIARE SECONDO LA PAROLA (SECONDA PARTE)** (Lezione 2, pagina 4). Per renderti conto della potenza soprannaturale che il Signore ti mette a disposizione per arrivare ad un cambiamento biblico, leggi i versetti elencati.
3. * Continua il lavoro sulla tua **SCHEDA DI STUDIO BIBLICO E APPLICAZIONE** (Supplemento 3, pagina 1) per il *Salmo 1:1-2*.
4. Termina con la preghiera.
5. Stai facendo progressi nell'imparare a memoria la Scrittura? Stai portando con te i cartoncini con i versetti per approfittare dei momenti liberi per impararli? Hai trovato qualcuno al quale recitare quelli imparati questa settimana?

QUINTO GIORNO

1. Inizia con la preghiera.
2. Studia la sezione **I. C.** in **TU PUOI CAMBIARE SECONDO LA PAROLA (SECONDA PARTE)** (Lezione 2, pagina 4). Cerca i versetti, se necessario.
3. * Completa la tua **SCHEDA DI STUDIO BIBLICO E APPLICAZIONE** (Supplemento 3, pagina 1) per il *Salmo 1:1-2*.
4. Leggi **ESAMINA TE STESSO SECONDO LA PAROLA: UN ELEMENTO INDISPENSABILE PER ESSERE DISCEPOLO** (Lezione 2, pagina 6) e rispondi alle domande per avere una prospettiva biblica del tuo attuale cammino in Gesù Cristo *(Efesini 4:1)*. Se hai sbagliato, confessa il tuo peccato al Signore *(1 Giovanni 1:9)*.
5. Termina con la preghiera.

SESTO GIORNO

1. Inizia con la preghiera.
2. Studia la Sezione **I. D.** in **TU PUOI CAMBIARE SECONDO LA PAROLA (SECONDA PARTE)** (Lezione 2, pagine 4-5), facendo riferimento ai brani, se necessario.
3. Leggi **ESAMINA TE STESSO SECONDO LA PAROLA: UN REQUISITO PER AIUTARE GLI ALTRI SECONDO LA PAROLA** (Lezione 2, pagine 7-8). Prima di cercare di aiutare gli altri è importante che esamini te stesso secondo la Scrittura.
4. Termina con la preghiera.
5. Controlla se usi il tuo tempo libero per imparare a memoria la Scrittura. Elenca i miglioramenti che puoi apportare per usare il tempo in modo più efficace per imparare a memoria la Parola di Dio.

SETTIMO GIORNO

1. Inizia con la preghiera.
2. Studia la Sezione **II** in **TU PUOI CAMBIARE SECONDO LA PAROLA (SECONDA PARTE)** (Lezione 2, pagina 5). Cerca i versetti elencati che ti saranno di aiuto nel comprendere la promessa della comunione eterna con il nostro Signore Gesù Cristo.
3. * Per completare l'**ESAME DEL CORSO** (Lezione 23) mentre segui questo studio, rispondi alla domanda 3 del **Test a libro aperto** (Lezione 23, pagina 1).
4. Termina con la preghiera.
5. Chiedi a qualcuno di ascoltarti recitare i versetti a memoria. Ricorda di spiegare il significato dei versetti e la loro applicazione alla tua vita.

* *Il completamento dei compiti contrassegnati con un asterisco (*) è essenziale per continuare la formazione per la consulenza biblica.*

LEZIONE 3

LA VIA DELL'UOMO E LA VIA DI DIO
(PRIMA PARTE)

"Ogni scrittura è ispirata da Dio e utile a insegnare, a riprendere, a correggere, a educare alla giustizia, perché l'uomo di Dio sia completo e ben preparato per ogni opera buona".

2 Timoteo 3:16-17

LEZIONE 3: LA VIA DELL'UOMO E LA VIA DI DIO (PRIMA PARTE)

> Per imparare a vivere secondo la via di Dio, è necessario che tu accetti la salvezza che Dio ti offre per mezzo di Suo Figlio, Gesù Cristo. Poi, dovrai iniziare a vivere in un modo nuovo basato sulla verità, le risorse e la saggezza del Signore, piuttosto che sulla tua saggezza, filosofia o esperienza o su quelle di qualcun altro *(basato su Proverbi 3:5-6; Giovanni 14:6; Romani 10:9-10, 13, 17; 12:1-2; 2 Corinzi 5:21; Colossesi 2:6-10; Giacomo 3:13-15)*.

I. Gli obiettivi di questa lezione sono:

   A. mostrarti le risorse di Dio che ti mettono in grado di vivere secondo la Sua via;

   B. fornirti un'opportunità di sviluppare la tua testimonianza della grazia e della misericordia di Dio che ti ha dato attraverso Gesù Cristo.

II. Il sommario di questa lezione

   A. Esamina te stesso

      1. **PRINCIPI BIBLICI: LA VIA DELL'UOMO E LA VIA DI DIO (PRIMA PARTE)** (Lezione 3, pagina 2)

      2. **LA SCRITTURA È LA TUA AUTORITÀ** (Lezione 3, pagine 3-5)

      3. **LO SPIRITO SANTO TI METTE IN GRADO DI RISOLVERE I TUOI PROBLEMI** (Lezione 3, pagine 6-8)

      4. **LA PREGHIERA PROVVEDE LA COMUNICAZIONE CON DIO** (Lezione 3, pagine 9-12)

   B. Passi per la crescita spirituale

      1. **LEZIONE 3: COMPITI** (Lezione 3, pagina 13)

      2. **GUIDA ALLO STUDIO PER LA MEDITAZIONE GIORNALIERA** (Lezione 3, pagine 14-15)

      3. **PREPARARE UNA TESTIMONIANZA PERSONALE** (Supplemento 4)

      4. **COME USARE UNA CHIAVE BIBLICA** (Supplemento 5)

PRINCIPI BIBLICI: LA VIA DELL'UOMO E LA VIA DI DIO
(PRIMA PARTE)

> Puoi vivere secondo la via di Dio per mezzo delle abbondanti risorse e dei mezzi che Egli ti ha, gratuitamente e misericordiosamente, elargito *(basato su Giovanni 14:26; Romani 8:11; 2 Corinzi 1:20-24; Efesini 1:13-14; Filippesi 4:13; Colossesi 4:2; 1 Tessalonicesi 5:16-18; 2 Timoteo 3:16-17; Giacomo 1:5; 1 Giovanni 5:14-15).*

I. La Bibbia è sufficiente

(Principio 4) Poiché la Parola di Dio è la sola autorità in materia di fede e di condotta, ed è l'unica legittima norma secondo la quale tutti gli aspetti della vita vanno valutati, non devi fare affidamento su nessun'altra fonte. La Parola di Dio dà speranza e fornisce la guida per le tue azioni (pensieri, parole e atti). Essa è sufficiente per prepararti a compiere ogni opera buona *(Salmo 19:7-11; Proverbi 30:5-6; Colossesi 2:8; 2 Timoteo 3:16-17; Ebrei 4:12; 2 Pietro 1:2-4)* e per sviluppare in te l'attitudine di Cristo a servire *(2 Corinzi 3:5-6; Filippesi 2:5-8).*

II. Lo Spirito Santo è necessario

(Principio 5) Solo tramite la forza dello Spirito Santo puoi vivere una vita abbondante *(Giovanni 14:26; 16:7-14; Romani 8:5-11; 1 Corinzi 2:9-14; Efesini 1:13-14, 5:18).*

III. La preghiera è vitale

(Principio 6) La preghiera è essenziale per una vita controllata dallo Spirito Santo *(Salmo 145:18-19; Matteo 7:7-8; Efesini 5:18-20; 6:18; 1 Tessalonicesi 5:17; 1 Giovanni 3:22).* Devi dedicarti alla preghiera, in accordo con la volontà di Dio, e portare incessantemente davanti al Signore ogni cosa e ogni persona *(Luca 18:1; Efesini 6:18; Filippesi 4:6; Colossesi 4:2; 1 Tessalonicesi 5:17; 1 Timoteo 2:1; 1 Giovanni 5:14-15).*

LA SCRITTURA È LA TUA AUTORITÀ

> La Parola di Dio è immutabile ed è tanto potente e tanto adatta a te e alle circostanze in cui ti trovi oggi, quanto lo è stata per coloro che sono vissuti migliaia di anni fa *(basato su Giosuè 1:8; Salmo 19:7-11, 119:160; Isaia 55:11; Matteo 24:35; Romani 15:4; Ebrei 4:12; 1 Pietro 1:24-25).*

La Parola di Dio è:

A.	**Permanente ed eterna**	*Isaia 40:8*
	1. Sarà interamente adempiuta	*Matteo 5:18*
	2. Cielo e terra passeranno ma la Parola di Dio non passerà	*Matteo 24:35*
	3. Rimarrà per sempre	*1 Pietro 1:25*
	4. È eterna e stabile	*Salmo 119:89, 160*
B.	**Ispirata da Dio per la nostra preparazione e completezza**	***2 Timoteo 3:16-17***
	1. Santi uomini di Dio parlarono perché sospinti dallo Spirito Santo	*2 Pietro 1:21*
	2. La Parola di Dio provvede un nuovo modello di vita	*2 Timoteo 3:16-17*
	a. Ti insegna *(ordini e indicazioni)*	*Salmo 25:4-5; 94:12*
	b. Ti riprende *(palesa l'errore)*	*Ebrei 4:12*
	c. Ti corregge *(cambiamento/ravvedimento)*	*Salmo 25:8-9; 119:9*
	d. Ti educa alla giustizia *(crescita e stabilità attraverso la pratica)*	*Ebrei 5:13-14*
	e. Ti rende adeguato *(pronto e atto a svolgere l'opera di Dio)*	*1 Pietro 1:22-23; 2 Pietro 1:3-4*
	f. Ti prepara per ogni opera buona *(Dio ti userà in questo mondo)*	*1 Tessalonicesi 2:13*
C.	**Verità**	***Giovanni 17:17***
	1. Tutta la Parola di Dio è verità	*Salmo 119:151, 160*
	2. Il Vangelo della salvezza è verità	*Efesini 1:13*
	3. Sei generato dalla Parola di verità	*Giacomo 1:18*
	4. Devi rispettare la Parola di verità	*2 Timoteo 2:15*
D.	**Una forza spirituale potente**	***Geremia 23:29***
	1. È vivente ed efficace, più affilata di qualunque spada a doppio taglio	*Ebrei 4:12*
	2. È un'arma contro le forze spirituali del male	*Efesini 6:11-17*
	3. Deve essere usata per resistere alle astuzie di Satana	*Matteo 4:4-10; Efesini 6:11-17*
	4. Ti rende più saggio dei tuoi nemici	*Salmo 119:98*

		5. Può farti tremare	*Esdra 10:3; Isaia 66:2, 5*
	E.	**Utile per purificare le tue vie**	***Salmo 119:9***
		1. Sei lavato attraverso la Parola di Dio	*Giovanni 15:3; Efesini 5:26*
		2. Sei santificato dalla verità della Parola di Dio	*Giovanni 17:17*
		3. Sei purificato ubbidendo alla verità	*1 Pietro 1:22*
	F.	**Una fonte di grazia che ti edifica**	***Atti 20:32***
		1. Rafforza nel dolore	*Salmo 119:28*
		2. Sostiene	*Salmo 119:116*
		3. Conforta nell'afflizione	*Salmo 119:50, 92*
		4. Consola e incoraggia	*Salmo 119:52*
		5. Dà speranza	*Salmo 119:49; Romani 15:4*
		6. Dà pace	*Salmo 119:165*
		7. Produce timore di Dio	*Salmo 119:38*
		8. Dà libertà	*Salmo 119:45; Giovanni 8:32*
	G.	**Una testimonianza della sua sufficienza**	***2 Pietro 1:3-4***
		1. È un rimprovero per quelli che non ascoltano	*Geremia 6:10*
		2. Non devi aggiungervi né sottrarvi nulla	*Deuteronomio 4:2*
		3. Sei in pericolo se togli o aggiungi qualcosa alla Parola di Dio	*Proverbi 30:6; Apocalisse 22:19*
		4. Sei maledetto se predichi un vangelo diverso	*Galati 1:8-9*
		5. La distorsione delle Scritture causa perdizione	*2 Pietro 3:16*
		6. Contiene esempi per la nostra istruzione	*Romani 15:4; 1 Corinzi 10:6, 11*
		7. Essa è pazzia per quelli che periscono	*1 Corinzi 1:18*
		8. Non deve essere falsificata né presa alla leggera	*2 Corinzi 2:17, 4:2*
		9. È pura e raffinata	*Salmo 12:6, 19:8*
		10. È stata provata	*2 Samuele 22:31; Salmo 18:30; Proverbi 30:5*
		11. È perfetta	*Salmo 19:7*
		12. È perfettamente stabile	*Salmo 93:5*
	H.	**Sempre efficace nel raggiungere gli scopi di Dio**	***Isaia 55:11***
		1. La Scrittura rende testimonianza di Gesù Cristo	*Giovanni 5:39*
		2. Porta la persona alla fede in Gesù	*Romani 10:17*
		3. Opera efficacemente in te che credi	*1 Tessalonicesi 2:13*

I.	**Il metro per giudicare**	*Giovanni 12:48*
	1. L'accettazione della Parola di Dio determina il tuo destino eterno	*Giovanni 5:24, 38; 8:47, 51*
	2. La Parola giudica i pensieri e le intenzioni del cuore	*Ebrei 4:12*
J.	**Deve dimorare in te perché:**	*Colossesi 3:16*
	1. Ti preserva dal peccato	*Salmo 37:31, 119:11*
	2. Ti aiuta a meditare secondo i suoi insegnamenti	*Giosuè 1:8; Salmo 1:2; 119:15, 23, 48, 97*
K.	**Ubbidienza e non solo ascolto**	*Matteo 7:24-27*
	1. Devi essere un esecutore, non solo un uditore	*Giacomo 1:22-24*
	2. Sei benedetto quando osservi la Parola di Dio	*Luca 11:28; Giovanni 13:17; Giacomo 1:25*
	3. Hai un grande discernimento spirituale attraverso l'ubbidienza alla Parola di Dio	*Ebrei 5:14*
L.	**Cibo: l'uomo vive non solo di pane, ma di ogni Parola di Dio**	*Deuteronomio 8:3; Matteo 4:4*
	1. La Parola di Dio è più preziosa del cibo necessario	*Giobbe 23:12*
	2. La Parola di Dio è più dolce del miele	*Salmo 19:10*
	3. Il latte della Parola di Dio ti fa crescere	*1 Pietro 2:2*
	4. I figli di Dio provano piacere quando si appropriano delle Sue parole	*Geremia 15:16*
	5. I Suoi servitori sono nutriti dalle parole di fede	*1 Timoteo 4:6*
M.	**Una luce sul tuo sentiero**	*Salmo 119:105*
	1. Dà luce e intelletto	*Salmo 19:7; 119:99; 104, 130*
	2. È capace di preservarti dalle cadute	*Salmo 119:9, 165*
	3. È una luce che splende nel buio	*2 Pietro 1:19*
	4. È la luce dell'istruzione	*Proverbi 6:23*

LO SPIRITO SANTO TI METTE IN GRADO DI RISOLVERE I TUOI PROBLEMI

> Lo Spirito Santo è la tua Guida, il tuo Insegnante e il tuo affidabile Consigliere che ti rivela la sapienza di Dio *(basato su Giovanni 14:16, 26; 16:7-13; 1 Corinzi 2:6-13).*

I. **Lo Spirito Santo è pienamente divino ed è descritto con gli stessi attributi di Dio, il Padre e di Gesù Cristo, il Figlio** *(basato su Matteo 28:19; Giovanni 14:16-18; Atti 5:3-4, 16:6-7; 2 Corinzi 13:14).*

   A. Caratteristiche divine (un elenco parziale per illustrare la deità dello Spirito Santo)

   1. Lo Spirito Santo è eterno *(Ebrei 9:14)* come Dio, il Padre *(Deuteronomio 33:27a; Salmo 90:1-2)* e Gesù Cristo, il Figlio *(Ebrei 1:8-12, 7:24-25).*

   2. Lo Spirito Santo è verità *(Giovanni 14:16-17, 15:26, 16:13)* come Dio, il Padre *(Salmo 31:5; Isaia 65:16)* e Gesù Cristo, il Figlio *(Giovanni 14:6).*

   3. Lo Spirito Santo è onnipresente *(Salmo 139:7-10)* come Dio, il Padre *(Salmo 139:7-10; Geremia 23:23-24)* e Gesù Cristo, il Figlio *(Matteo 18:20, 28:20; Romani 8:34; Ebrei 13:5b).*

   B. Opere divine (elenco parziale per illustrare la cooperazione di Dio il Padre, Dio il Figlio e Dio lo Spirito Santo)

   1. La creazione del mondo fu compiuta attraverso Dio Padre *(Genesi 1:1; Isaia 44:24; 45:12, 18; 51:13a; Efesini 3:9)*, Gesù Cristo *(Colossesi 1:16; Ebrei 1:2, 10)* e lo Spirito Santo *(Genesi 1:2).*

   2. Lo Spirito Santo e Dio il Padre erano presenti e attivi nella nascita di Gesù Cristo da una vergine *(Luca 1:35)*; nel battesimo di Gesù Cristo per mano di Giovanni il Battista *(Matteo 3:16-17; Luca 3:21-22)*; nella vita terrena e nel ministero di Gesù Cristo *(Luca 4:1, 14; 9:28-36, spec. il versetto 35; Atti 10:38)* e nella resurrezione di Gesù Cristo *(Atti 5:30; Romani 8:11).*

   3. Lo Spirito Santo, Dio Padre e Gesù Cristo sono tutti coinvolti nel piano eterno di redenzione *(Ebrei 9:11-15, spec. il versetto 14; 1 Pietro 1:1-2).*

   4. La vita eterna è garantita al credente attraverso l'opera di Dio Padre *(Efesini 2:4-7, spec. il versetto 5; 1 Giovanni 5:11)*, di Gesù Cristo *(Giovanni 6:40; 1 Giovanni 4:9, 5:11-12)* e dello Spirito Santo *(Romani 8:9-11).*

   5. La saggezza di Dio Padre è rivelata attraverso il ministero dello Spirito Santo *(1 Corinzi 2:10-11)* e di Gesù Cristo, il Figlio *(1 Corinzi 1:24, 30).*

   6. I credenti sono giustificati per l'opera di Dio Padre *(Romani 8:33)*, di Gesù Cristo *(Galati 2:16)*, e dello Spirito Santo *(1 Corinzi 6:11).*

   7. Un credente è suggellato in Gesù Cristo da Dio Padre per mezzo del pegno (garanzia, promessa) dello Spirito Santo *(2 Corinzi 1:21-22; Efesini 1:13-14).*

   8. Lo Spirito Santo è mandato ai credenti da Dio Padre *(Giovanni 14:26)* e da Gesù Cristo *(Giovanni 15:26, 16:7).*

9. Dio Padre *(2 Corinzi 6:16)*, Gesù Cristo *(Giovanni 14:18-20; Romani 8:10; Colossesi 1:27)*, e lo Spirito Santo *(Romani 8:9; 2 Timoteo 1:14)* abitano, in modo soprannaturale, nel credente.

10. Dio Padre *(Isaia 51:12a; 2 Corinzi 1:3; 2 Tessalonicesi 2:16-17)*, Gesù Cristo *(2 Corinzi 1:5; 2 Tessalonicesi 2:16-17)* e lo Spirito Santo *(Atti 9:31)* confortano i figli di Dio.

11. Dio Padre *(Giovanni 3:16; Romani 5:8; 1 Giovanni 4:7-8, 19)*, Gesù Cristo *(Giovanni 14:21, 15:9; Efesini 5:25; 2 Timoteo 1:13)* e lo Spirito Santo *(Romani 15:30; Galati 5:22-23; Colossesi 1:8)* dispensano l'amore al credente.

12. La gioia per un credente si trova in Dio Padre *(Salmo 16:11, 43:4)*, in Gesù Cristo *(Giovanni 15:11, 16:24, 17:13)* e nello Spirito Santo *(Romani 14:17; Galati 5:22-23; 1 Tessalonicesi 1:6)*.

II. Lo Spirito Santo ti permette di avere una vita abbondante e vittoriosa in Cristo

A. Nel mondo, lo Spirito Santo:

1. è presente dovunque e in ogni momento *(Salmo 139:7-10)*;
2. è l'autore delle Scritture *(2 Pietro 1:20-21)* e dà la potenza per predicazioni efficaci *(Romani 15:18-19; 1 Corinzi 2:1-5, spec. versetto 4; 1 Pietro 1:12)*;
3. convince il mondo quanto a peccato, giustizia e giudizio *(Giovanni 16:8-11)*.

B. Nella vita di un credente, lo Spirito Santo:

1. è la potenza rigeneratrice per la sua nuova nascita spirituale *(Giovanni 3:5-8; Tito 3:5)*.
2. lo battezza nel corpo di Cristo *(1 Corinzi 12:13)*:
3. gli dona la vita *(Giovanni 6:63; Romani 8:11)*;
4. lo suggella in Gesù Cristo (gli dà l'evidenza dell'appartenenza a Lui) *(2 Corinzi 1:21-22; Efesini 4:30)*;
5. è dato come pegno (deposito, caparra) della nostra eredità *(2 Corinzi 1:22, 5:5; Efesini 1:14)*, che raggiungerà la completezza quando vedremo il Signore faccia a faccia *(1 Corinzi 13:12; 1 Giovanni 3:2)*;
6. abita in lui *(Giovanni 14:16-17; 1 Corinzi 3:16, 6:19; Galati 4:6-7; 2 Timoteo 1:14)* e testimonia che appartiene a Cristo *(Romani 8:9)*;
7. rende testimonianza della verità di Dio, rivelata in Suo Figlio, Gesù Cristo *(1 Giovanni 5:6-8)* e rende testimonianza al credente che è un figlio di Dio *(Romani 8:16)*;
8. testimonia del Signore Gesù Cristo *(Giovanni 15:26; Atti 5:30-32)* e Lo glorifica *(Giovanni 16:14)*;
9. santifica il credente (lo separa dal mondo per l'opera di Dio e lo conforma all'immagine di Gesù Cristo) *(2 Tessalonicesi 2:13; 1 Pietro 1:2)*;
10. lo lava (lo purifica dai suoi peccati) e lo giustifica (lo dichiara giusto) *(1 Corinzi 6:11)*;
11. lo unge per renderlo capace di discernere tra la verità e l'errore *(1 Giovanni 2:18-27, spec. i versetti 20 e 27)*;
12. è una guida:
    a. gli rivela la mente di Dio *(1 Corinzi 2:9-16)*;
    b. gli insegna *(Luca 12:11-12; 1 Corinzi 2:9-16; 1 Giovanni 2:27)* che cosa dire e porta alla sua mente le parole di Cristo *(Giovanni 14:26)*;

  c. lo guida in tutta la verità *(Giovanni 16:13-14)*;

  d. lo istruisce per le decisioni da prendere nel ministero *(per esempio: Atti 13:2-4, 16:6-7)*;

  e. lo aiuta nei momenti di preghiera *(Romani 8:26-27; Efesini 6:18; Giuda 1:20)*.

13. Lo incoraggia:

  a. gli dà speranza *(Romani 5:3-5, 15:13)*;

  b. intercede per lui *(Romani 8:26)*;

  c. gli viene in aiuto (cammina al suo fianco) *(Giovanni 14:16, 15:26; Romani 8:26)*;

  d. lo conforta *(Atti 9:31)*.

14. Gli dà la potenza per:

  a. conoscere Gesù Cristo e Dio Padre nella loro pienezza *(Efesini 3:14-19)*;

  b. proclamare che Gesù Cristo è il Signore *(1 Corinzi 12:3)* e di testimoniare di Lui al mondo *(Giovanni 15:26-27; Atti 1:8)*;

  s. parlare efficacemente in tempi di prove e di persecuzione *(Marco 13:11)*;

  d. non soddisfare i desideri della carne *(Romani 8:13; Galati 5:16)*.

15. Lo riempie (lo controlla) per:

  a. una nuova e più alta dimensione di vita *(Efesini 5:18-21)*;

  b. un ministero efficace *(per esempio, Atti 6:3; 13:9-12)*.

16. Gli elargisce doni spirituali per prepararlo al ministero *(1 Corinzi 12:7-11)*.

17. Sviluppa in lui le caratteristiche di Cristo (vita spirituale fruttuosa) *(Galati 5:22-23)* attraverso il Suo potere che trasforma *(2 Corinzi 3:18)*.

18. Lo aiuta nell'adorazione *(Filippesi 3:3)*.

19. Non deve essere rattristato *(Efesini 4:30)* né spento *(1 Tessalonicesi 5:19)*.

LA PREGHIERA PROVVEDE LA COMUNICAZIONE CON DIO

> La preghiera ti dà l'opportunità di lodare Dio e di chiedere il Suo intervento divino nella tua vita o in quella degli altri. La preghiera ti permette di glorificare il Suo Nome e ti dà anche modo di essere ripieno di gioia *(basato su Salmo 65:2; 145:1; Matteo 7:7; Giovanni 14:13, 16:23-24; Ebrei 13:15; Giacomo 1:5; 1 Giovanni 5:14-15).*

I. **Verità bibliche sull'opera di Dio riguardo alla preghiera**

   A. Dio ascolta

   1. Egli ascolta le preghiere *(Salmo 65:2)* e risponde al grido di coloro che Lo temono *(Salmo 34:15, 145:19).*
   2. Egli sa di che cosa hai bisogno prima che tu lo chieda *(Matteo 6:8, 32).*
   3. Egli gioisce nell'ascoltare la preghiera del giusto *(Proverbi 15:8),* che ha una grande efficacia *(Giacomo 5:16).*
   4. Egli è vicino a coloro che Lo invocano in verità *(Salmo 145:18).*
   5. Egli non ascolta quando tu persisti nel peccato in cuor tuo (lo coltivi e lo conservi) *(Salmo 66:18).*

   B. Dio risponde

   1. Risponde alla tua richiesta *(Matteo 7:7).*
   2. Ti risponde quando Gli ubbidisci *(1 Giovanni 3:22).*
   3. Risponde "sì" quando chiedi secondo la Sua volontà *(1 Giovanni 5:14-15).*
   4. Risponde in misura maggiore di quanto tu abbia chiesto *(Efesini 3:20).*
   5. Non ti darà mai doni cattivi come risposta alle tue preghiere *(Matteo 7:7-11; Luca 11:9-13).*
   6. Non risponde quando domandi dubitando *(Giacomo 1:6-7).*
   7. Risponde "no" quando la tua preghiera non corrisponde alla Sua volontà *(2 Corinzi 12:7-10).*
   8. Risponde "no" quando la Sua gloria e la Sua grazia sono meglio rivelate se passi attraverso una prova piuttosto che tirandotene fuori *(Matteo 23:39; 2 Corinzi 12:7-9).*

II. **Osservazioni dal Vangelo riguardo alla vita di preghiera di Gesù Cristo**

   A. Come pregava Gesù

   1. Faceva della preghiera una priorità e una pratica frequente *(Matteo 14:23; Marco 1:35; Luca 5:16).*
   2. Pregava sapendo che il Padre Lo ascoltava sempre *(Giovanni 11:41-42).*
   3. Pregava da solo *(Matteo 14:23).*
   4. Pregava in maniera specifica e costante, ma sempre in sottomissione a Dio e secondo la Sua volontà *(Matteo 26:36-44).*

B. Quando pregava Gesù
1. Sempre: all'inizio, durante e alla fine del Suo ministero (*Luca 3:21, 5:16, 23:46*).
2. Dopo aver esercitato tutto il giorno il Suo ministero (*Matteo 14:23; Marco 1:35*).
3. Dopo aver esercitato il ministero durante la sera (*Marco 1:32-35*).
4. Tutta la notte (*Luca 6:12*).
5. Durante le Sue sofferenze (*Luca 23:34*).
6. Prima di prendere decisioni importanti (*Luca 6:12-13*).
7. Mentre era nel mezzo della prova (*Matteo 26:36-44*).

C. Per che cosa pregava Gesù e che cosa insegnava sulla preghiera
1. Insegnò ai Suoi discepoli le basi della preghiera (*Matteo 6:9-13; Luca 11:1-4*).
2. Diede l'esempio di come pregare (*Giovanni capitolo 17*).
3. Pregò affinché altri fossero fortificati (*Luca 22:32*).
4. Pregò per i Suoi discepoli e per quelli che sarebbero venuti in seguito (*Giovanni 17:20*).
5. Pregò Dio affinché perdonasse coloro che erano Suoi nemici (*Luca 23:34*).

III. Insegnamenti biblici sulla preghiera diretti ai credenti

A. Verità sulla tua vita di preghiera
1. A volte non sai pregare come dovresti (*Romani 8:26*).
2. Pecchi davanti a Dio quando sei mancante nella preghiera (*1 Samuele 12:23; 1 Tessalonicesi 5:17; Giacomo 4:17*).

B. Verità riguardanti le risposte alle tue preghiere
1. Non devi aspettarti una risposta da Dio quando ripeti le tue richieste usando molte parole (*Matteo 6:7*).
2. Ricevi risposta alle tue preghiere quando chiedi secondo la volontà di Dio (*1 Giovanni 5:14-15*), quando chiedi con fede (*Matteo 17:20, 21:21-22*) e nel Nome di Cristo (chiedendo proprio come Gesù chiederebbe) (*Giovanni 14:13-14*).
3. Ricevi le risposte alle preghiere dimorando in Cristo e facendo dimorare in te le Sue parole (*Giovanni 15:7*).
4. Chiedi e ricevi risposte: ciò procura una gioia completa (*Giovanni 16:24*).
5. Ricevi risposte alle preghiere quando sei ubbidiente alla volontà di Dio (*1 Giovanni 3:22*).
6. Anche se sei ubbidiente al Signore, a volte potresti non ricevere quello che hai chiesto, affinché tu conosca di più la grazia di Dio e la Sua potenza (*Matteo 26:39; 2 Corinzi 12:7-10*).
7. Non riceverai nulla se non chiedi (*Giacomo 4:2*).
8. Non riceverai nulla se chiedi nel dubbio (*Giacomo 1:6-7*) o se chiedi con motivazioni egoistiche (*Giacomo 4:3*).
9. Non dovresti aspettarti una risposta alle tue preghiere se nella tua vita c'è un peccato non confessato e non rimosso (*Salmo 66:18; Isaia 59:1-2; 1 Pietro 3:12*).

10. È impossibile ricevere risposte alle preghiere se sei disubbidiente alla Parola di Dio nei tuoi rapporti con gli altri *(1 Pietro 3:7; 1 Giovanni 3:22)*.

C. Come devi pregare

1. Devi seguire l'esempio di Gesù, pregando sempre in sottomissione a Dio e sempre secondo la sua volontà *(Matteo 26:36-44; Marco 14:36)*
2. Devi pregare in maniera specifica *(Matteo 7:7-8; Giovanni 14:13-14, 16:24)*
3. Devi pregare in modo che Dio sia glorificato *(Giovanni 14:13)*
4. Devi pregare con riconoscenza *(Filippesi 4:6)*
5. Devi chiedere con fede *(Ebrei 11:6; Giacomo 1:6)*
6. Devi essere pronto e devoto alla preghiera *(Colossesi 4:2)*
7. Devi essere perseverante e preciso nelle tue richieste *(Matteo 7:7-8; Luca 11:5-10)*
8. Sei esortato a pregare in svariati modi *(1 Timoteo 2:1)*
9. A volte devi digiunare e pregare per bisogni specifici *(Gioele 2:12-13; Matteo 4:1-2, 6:17-18; Atti 9:9-11, 13:1-3, 14:23)*
10. Devi pregare attraverso (nel e per mezzo di) lo Spirito Santo *(Efesini 6:18; Giuda 1:20)*
11. Devi essere sobrio e vigilante per dedicarti alla preghiera *(1 Pietro 4:7)*
12. Non devi pregare in modo ipocrita per farti notare o per avere l'approvazione degli uomini. Piuttosto, devi pregare affinché il Signore ti ascolti e ti approvi *(Matteo 6:5-6)*.

D. Quando devi pregare

1. Devi pregare diligentemente e senza perderti d'animo *(Luca 18:1)*
2. Devi pregare se stai soffrendo, se sei malato, se hai peccato *(Giacomo 5:13-16)*, o se ti trovi di fronte qualsiasi tipo di prova, tentazione, o problema *(Salmo 86:6-7; 2 Tessalonicesi 3:1-2)*
3. Devi pregare di continuo *(1 Tessalonicesi 5:17)*.

E. Per che cosa devi pregare

1. Devi lodare Dio *(Salmo 111:1, 112:1, 113:1; Salmo 150)* per:
   a. il Suo carattere *(Salmo 148:13-14; 150:2b; Matteo 6:9)*;
   b. la Sua opera *(Salmo 150:2a)*;
   c. la Sua benignità *(Salmo 106:1, 108:3-4)*;
   d. la Sua misericordia che ha mostrato tramite Gesù Cristo *(Romani 15:8-12)*.
2. Devi ringraziare Dio per:
   a. la Sua bontà *(Salmo 106:1, 107:1)*;
   b. la Sua benignità *(Salmo 106:1, 107:1, 8; 108:3-4)*;
   c. la Sua grazia che ci ha dato tramite Gesù Cristo *(1 Corinzi 1:4; 2 Corinzi 9:15)*;
   d. la Sua opera efficace nella tua vita e nella vita degli altri *(Romani 1:8; 2 Corinzi 2:14; 1 Tessalonicesi 2:13; 2 Tessalonicesi 1:3)*;
   e. la vittoria completa sulla morte tramite Gesù Cristo *(1 Corinzi 15:50-57, spec. il versetto 57)*;
   f. il modo meraviglioso con cui Lui ti ha fatto *(Salmo 139:14)*;

g. tutto ciò che hai nella tua vita *(Efesini 5:20; Filippesi 4:6; 1 Tessalonicesi 5:18).*

3. Devi chiedere perdono a Dio *(basato su Matteo 6:12)*, confessarGli i tuoi peccati, per ricevere il Suo perdono e la purificazione *(1 Giovanni 1:9)*.

4. Devi pregare per tutto e per tutti *(Efesini 6:18-19; Filippesi 4:6; 1 Timoteo 2:1-2).*

5. Devi pregare per le necessità della vita *(Matteo 6:11; Luca 11:3).*

6. Devi pregare affinché Egli spinga altri operai nella Sua messe *(Matteo 9:37-38; Luca 10:2)* e devi pregare affinché la Parola del Signore si spanda rapidamente e che sia glorificata *(2 Tessalonicesi 3:1).*

7. Devi lasciare le tue ansie davanti a Dio quando preghi *(Filippesi 4:6-7).*

8. Devi pregare affinché tu possa resistere o evitare di cadere in tentazione *(Matteo 6:13, 26:41; Marco 14:38: Luca 11:4, 22:40).*

9. Devi pregare per gli altri e le loro particolari situazioni *(Luca 22:32; Romani 10:1; Efesini 6:18-19; Filippesi 1:19, 4:6).*

10. Devi pregare che la grazia sia con te in tempo di bisogno *(Ebrei 4:16).*

11. Devi pregare per avere la saggezza *(Giacomo 1:5).*

IV. **Pratiche inutili nella tua vita di preghiera**

Non devi pregare in modo superficiale *(basato su 1 Pietro 4:7)*. Devi invece considerare attentamente ciò per cui stai pregando. Per esempio:

1. Non c'è bisogno che preghi disperatamente affinché il Signore sia con te o con qualche altro credente, perché è già con te e ha promesso di non abbandonarti e di non lasciarti mai *(Matteo 28:20b; Ebrei 13:5)*. Invece, ringrazia il Signore per la Sua presenza costante accanto a te *(Ebrei 13:6).*

2. Non hai bisogno di pregare Dio affinché ti dia amore per un'altra persona, perché ha già riversato il Suo amore dentro di te *(Romani 5:5)* e ti ha comandato e reso capace di amare *(1 Giovanni 4:7-12)*. Prega invece per avere la Sua saggezza *(Giacomo 1:5)* e la Sua guida *(Romani 8:4; Galati 5:16)* per mostrarti come crescere e abbondare nell'amore verso gli altri *(1 Tessalonicesi 3:12).*

3. Come vero credente, non hai bisogno di chiedere di essere liberato dal potere del peccato perché sei già stato liberato *(Romani 6:1-14)*. In ogni modo, devi pregare di essere liberato dal male (o dal maligno) *(Matteo 6:13)*. Devi ringraziare il Signore che ti ha liberato dalla schiavitù del peccato e presentare te stesso a Lui, come un sacrificio vivente *(Romani 6:6-7, 12:1-2).*

4. Non hai bisogno di pregare né affinché Egli ti aiuti a spogliarti della tua vecchia natura né che ti aiuti a rivestirti della nuova, retta natura, perché quello è già stato fatto all'atto della salvezza *(Romani 6:6-11; Galati 2:20; Efesini 4:22-24)*. Prega invece per avere la Sua saggezza, la grazia, e l'aiuto per "spogliarti" delle azioni della vecchia natura e per "rivestirti" di nuove azioni di giustizia *(Ebrei 4:15-16; Giacomo 1:5).*

LEZIONE 3: COMPITI

> La lezione di questa settimana diventerà per te un valido strumento di riferimento da usare in futuro. Chiedi al Signore di darti la saggezza nel determinare cos'è di particolare beneficio per te e che cosa può esserti utile per aiutare altri *(basato su 2 Corinzi 1:3-5; Efesini 5:15-16; Giacomo 1:5).*

✔ *compiti completati*

☐ A. * Con parole tue, scrivi il significato di *2 Timoteo 3:16-17*. Impara a memoria *2 Timoteo 3:16-17* e inizia a imparare *2 Corinzi 3:5-6*. Ripassa i versetti imparati in precedenza.

☐ B. Leggi *Salmo 19* e *Salmo 119*. Nota in particolare che cosa dicono questi salmi sull'importanza della Parola di Dio nella tua vita.

☐ C. * Leggi **PRINCIPIO BIBLICO: LA VIA DELL'UOMO E LA VIA DI DIO (PRIMA PARTE)** (Lezione 3, pagina 2). Nella tua Bibbia, evidenzia i versetti elencati nei *Principi 4, 5 e 6*.

☐ D. * Completa una **SCHEDA DI STUDIO BIBLICO E APPLICAZIONE** (Supplemento 3, pagina 1) per *Efesini 5:15-16*.

☐ E. Leggi **LA SCRITTURA È LA TUA AUTORITÀ** (Lezione 3, pagine 3-5). Cerca tutti i versetti necessari per comprendere che la Scrittura è totalmente sufficiente per ogni aspetto della tua vita e della vita degli altri.

☐ F. Leggi **LO SPIRITO SANTO TI METTE IN GRADO DI RISOLVERE I TUOI PROBLEMI** (Lezione 3, pagine 6-8). Se necessario, cerca i versetti elencati, per comprendere meglio gli scopi dello Spirito Santo.

☐ G. Leggi **LA PREGHIERA PROVVEDE LA COMUNICAZIONE CON DIO** (Lezione 3, pagine 9-12). Studia tutti i versetti che indicano i cambiamenti di cui hai bisogno nella tua vita di preghiera e apporta i cambiamenti necessari alla luce di questi versetti.

☐ H. * Ripassa **PREPARARE UNA TESTIMONIANZA PERSONALE** (Supplemento 4). Scrivi una o due brevi frasi per ogni parte della tua testimonianza (Prima della conversione, Conversione, Dopo la conversione). Sviluppa e scrivi una testimonianza di 10 secondi e una di 30, seguendo l'esempio suggerito nel Supplemento 4. Se consegnerai le tue testimonianze al tuo istruttore, tieni una copia per te come riferimento.

☐ I. Se ancora non usi una Chiave biblica, leggi **COME USARE UNA CHIAVE BIBLICA** (Supplemento 5).

☐ J. * Per completare l'**ESAME DEL CORSO** (Lezione 23) mentre segui questo studio, rispondi alle domande 4, 5, 6, 7 e 8 nel **Test a Libro Aperto** (Lezione 23, pagina 2).

* *Il completamento dei compiti contrassegnati con un asterisco (*) è essenziale per continuare la formazione per la consulenza biblica.*

LEZIONE 3: GUIDA ALLO STUDIO PER LA MEDITAZIONE GIORNALIERA
(VERSETTI A MEMORIA E COMPITI)

> La lezione di questa settimana dovrebbe diventare per te un valido strumento di riferimento da usare in futuro. Chiedi al Signore di darti la saggezza nel determinare cos'è di particolare beneficio per te e che cosa può esserti utile per aiutare altri *(basato su 2 Corinzi 1:3-5; Efesini 5:15-16; Giacomo 1:5)*.

Versetti a memoria

1. * Impara a memoria *2 Timoteo 3:16-17* e inizia a imparare *2 Corinzi 3:5-6*.
2. Ricorda di portare con te i cartoncini con i versetti della Scrittura durante il giorno. Ad ogni occasione, rileggi i versetti imparati in precedenza e leggi il versetto di questa settimana, meditalo e imparalo a memoria

Guida allo studio per la meditazione giornaliera

PRIMO GIORNO
1. Inizia con la preghiera.
2. Leggi *Salmo 19* e *Salmo 119:1-16*. Nota in particolare che cosa ti dice questo Salmo riguardo all'importanza della Parola di Dio nella tua vita.
3. * In **PRINCIPI BIBLICI: LA VIA DELL'UOMO E LA VIA DI DIO (PRIMA PARTE)** (Lezione 3, pagina 2), leggi *Principio 4* ed evidenzia i versetti elencati nella tua Bibbia.
4. * Inizia una **SCHEDA DI STUDIO BIBLICO E APPLICAZIONE** (Supplemento 3, pagina 1) per *Efesini 5:15-16*.
5. * Con parole tue scrivi il significato di *2 Timoteo 3:16-17*.
6. Termina con la preghiera.
7. Porta con te i cartoncini dei versetti da imparare a memoria. Usa i momenti liberi per ripassare i versetti precedenti mentre impari quello di questa settimana.

SECONDO GIORNO
1. Inizia con la preghiera.
2. Leggi *Salmo 119:17-48*.
3. Leggi **LA SCRITTURA È LA TUA AUTORITÀ** (Lezione 3, pagine 3-5). Evidenzia nella tua Bibbia quei versetti che ti aiutano a comprendere meglio queste descrizioni della Parola di Dio. Questo è il primo di due studi.
4. * Completa una **SCHEDA DI STUDIO BIBLICO E APPLICAZIONE** (Supplemento 3, pagina 1) su *Efesini 5:15-16*.
5. Termina con la preghiera.

TERZO GIORNO
1. Inizia con la preghiera.
2. Leggi *Salmo 119:49-80*.
3. * Leggi *Principio 5* in **PRINCIPI BIBLICI: LA VIA DELL'UOMO E LA VIA DI DIO (PRIMA PARTE)** (Lezione 3, pagina 2). Evidenzia i versetti nella tua Bibbia.
4. Termina lo studio **LA SCRITTURA È LA TUA AUTORITÀ** (Lezione 3, pagine 3-5).
5. * Scrivi una o due brevi frasi per ogni parte della tua testimonianza usando l'esempio "Prima della conversione, Conversione, Dopo la conversione". Scrivi la tua testimonianza personale di dieci secondi. Vedi **PREPARARE LA TESTIMONIANZA PERSONALE** (Supplemento 4).

© Biblical Counseling Foundation

6. Termina con la preghiera.

QUARTO GIORNO

1. Inizia con la preghiera
2. Leggi *Salmo 119:81-104*.
3. Leggi **LO SPIRITO SANTO TI METTE IN GRADO DI RISOLVERE I TUOI PROBLEMI** (Lezione 3, pagine 6-8), cerca i versetti elencati per comprendere meglio gli scopi dello Spirito Santo. Questo è il primo di due studi.
4. Ripassa la tua testimonianza di 10 secondi e ripetila ad alta voce più volte.
5. Termina con la preghiera.
6. Sei al passo con i versetti da imparare a memoria? Stai portando con te i cartoncini con i versetti durante la giornata? Il tuo metodo per imparare a memoria funziona? Se necessario cambialo. Continua ad essere fedele al Signore *(1 Corinzi 4:2)*.

QUINTO GIORNO

1. Inizia con la preghiera.
2. Leggi *Salmo 119:105-136*.
3. * Leggi *Principio 6* in **PRINCIPI BIBLICI: LA VIA DELL'UOMO E LA VIA DI DIO (PRIMA PARTE)** (Lezione 3, pagina 2) ed evidenzia nella tua Bibbia i versetti elencati.
4. Termina il tuo studio di **LO SPIRITO SANTO TI METTE IN GRADO DI RISOLVERE I TUOI PROBLEMI** (Lezione 3, pagine 6-8).
5. * Scrivi la tua testimonianza di 30 secondi, ampliando quella di 10. Se necessario, vedi Supplemento 4, pagina 2.
6. Termina con la preghiera.

SESTO GIORNO

1. Inizia con la preghiera.
2. Leggi *Salmo 119:137-160*.
3. Leggi **LA PREGHIERA PROVVEDE LA COMUNICAZIONE CON DIO** (Lezione 3, pagine 9-12), evidenzia le affermazioni che indicano i cambiamenti di cui hai bisogno nella tua vita di preghiera. Per ogni affermazione che hai trovato, cerca i versetti corrispondenti. Apporta i cambiamenti necessari nella tua vita di preghiera. Questo è il primo di due studi.
4. Ripassa la tua testimonianza di 30 secondi.
5. Termina con la in preghiera.

SETTIMO GIORNO

1. Inizia con la preghiera.
2. Leggi *Salmo 119:161-176*.
3. Termina lo studio **LA PREGHIERA PROVVEDE LA COMUNICAZIONE CON DIO** (Lezione 3, pagine 9-12).
4. Ripassa la tua testimonianza di 10 secondi e quella di 30.
5. Leggi **COME USARE UNA CHIAVE BIBLICA** (Supplemento 5).
6. * Per completare l'**ESAME DEL CORSO** (Lezione 23) mentre segui questo studio, rispondi alle domande 4, 5, 6, 7 e 8 del **Test a Libro Aperto** (Lezione 23, pagina 2).
7. Termina con la preghiera.
8. Recita i versetti che hai imparato a qualcuno, spiegandone il significato e la loro applicazione nella tua vita.

* *Il completamento dei compiti contrassegnati con un asterisco (*) è essenziale per continuare la formazione per la consulenza biblica.*

LEZIONE 4

LA VIA DELL'UOMO E LA VIA DI DIO (SECONDA PARTE)

"Non già che siamo in noi stessi capaci di pensare qualcosa come se venisse da noi; ma la nostra capacità viene da Dio. Egli ci ha anche resi idonei a essere ministri di un nuovo patto, non di lettera, ma di Spirito; perché la lettera uccide, ma lo Spirito vivifica".

2 Corinzi 3:5-6

LEZIONE 4: LA VIA DELL'UOMO E LA VIA DI DIO (SECONDA PARTE)

> L'uomo, cercando di spiegare i propri pensieri, le proprie parole e le proprie azioni, ha sviluppato, con la sua sapienza, un vasto numero di filosofie e di teorie. Così facendo, ha orgogliosamente rifiutato il proprio peccato e ha distorto ogni chiara definizione delle norme di Dio di ciò che è giusto e ciò che è sbagliato *(basato su Proverbi 14:9a, 12, 16; 21:2, 24; 26:12; Isaia 5:20-21; 1 Corinzi 3:19-20; 1 Timoteo 1:5-7; 2 Timoteo 3:1-5).*

I. **Gli obiettivi di questa lezione sono:**

   A. contrapporre le filosofie di vita dell'uomo con le verità di Dio;

   B. illustrare la follia e la confusione della saggezza del mondo per risolvere i problemi, paragonata alla certezza del piano di Dio per superare ogni difficoltà della vita;

   C. valutare, alla luce della Parola, le differenze tra la via dell'uomo e la via di Dio;

   D. darti un'ulteriore opportunità per preparare la tua testimonianza della grazia e della misericordia di Dio, e per dimostrare il tuo impegno a seguire la Sua via.

II. **Il sommario di questa lezione**

   A. Esamina te stesso

   1. **PRINCIPI BIBLICI: LA VIA DELL'UOMO E LA VIA DI DIO (SECONDA PARTE)** (Lezione 4, pagina 2)

   2. **LA DESCRIZIONE BIBLICA DEL FALLIMENTO DELL'UOMO** (Lezione 4, pagine 3-4)

   3. **IL PUNTO DI VISTA BIBLICO SULL'IO** (Lezione 4, pagine 5-10)

   4. **GLI APPROCCI PRINCIPALI PER RISOLVERE I PROBLEMI PERSONALI** (Lezione 4, pagina 11)

   5. **ESEMPI DELLA VIA DELL'UOMO PARAGONATA ALLA VIA DI DIO** (Lezione 4, pagine 12-13)

   6. **SAPER RICONOSCERE LA DIFFERENZA TRA LA VIA DELL'UOMO E LA VIA DI DIO** (Lezione 4, pagina 14)

   B. Passi per la crescita spirituale

   1. **LEZIONE 4: COMPITI** (Lezione 4, pagina 15)

   2. **GUIDA ALLO STUDIO PER LA MEDITAZIONE GIORNALIERA** (Lezione 4, pagine 16-17)

PRINCIPI BIBLICI: LA VIA DELL'UOMO E LA VIA DI DIO (SECONDA PARTE)

> La Parola di Dio mostra chiaramente che il modo di vivere dell'uomo è vano. Le mancanze dell'uomo sono tanto gravi al punto che egli non può fare nulla per cambiare se stesso *(basato su Proverbi 14:12; Isaia 55:8-9; Romani 1:28-32, 3:10-12; 1 Corinzi 2:2-14)*.

I. **La via dell'uomo**

    A.   L'uomo naturale è inadeguato

  (Principio 7)   Tu non puoi vivere secondo il disegno di Dio facendo a modo tuo o basandoti sulla tua saggezza *(Proverbi 14:12; Isaia 55:8-9; 1 Corinzi 2:14)*.

    B.   L'uomo naturale è ribelle

  (Principio 8)   L'uomo naturale è egoista e ribelle verso la via di Dio *(Genesi 3:1-6; Romani 1:20-32; 3:9-18, 23; 10:1-3)*. Inoltre per Dio un'ubbidienza parziale è grave tanto quanto una ribellione aperta *(basato su 1 Samuele 15:1-23, spec. i versetti 22-23; Isaia 1:10-20; Osea 6:6; Michea 6:6-8; Marco 12:28-33, spec. il versetto 33)*.

II. **La via di Dio**

    L'uomo deve essere cambiato

  (Principio 9)   Per riconoscere, ammettere e risolvere i tuoi problemi, secondo la Parola, è necessario nascere di nuovo (nascere dall'alto, avere una nascita spirituale). Solo le risposte, la grazia, la potenza e la saggezza di Dio sono completamente sufficienti per una vita abbondante *(Ecclesiaste 12:13-14; Giovanni 3:3-8; 10:10; 14:16-17, 26; Romani 8:5-14; 1 Corinzi 2:10-14; Efesini 2:8-10)*.

LA DESCRIZIONE BIBLICA DEL FALLIMENTO DELL'UOMO

> La Parola di Dio è l'unica vera fonte e autorità per vivere *(basato su Salmo 19:7-11; 2 Timoteo 3:16-17)*. Essa rivela il fallimento dell'uomo, le conseguenze e l'effetto che il peccato originale ha sul mondo d'oggi *(basato su Genesi 1:26-27; 3:1-4:12; 5:1-3; Romani 5:12)*.

I. **L'umanità è stata creata a immagine di Dio.** *Genesi 1:26-27*

(Unica, creata in giustizia, destinataria di benedizioni e responsabilità)

II. **L'umanità ha peccato e porta, fino a oggi, le numerose conseguenze di quel peccato. Esse sono:** *Romani 5:12*

A.	Spirituali *(avvertimento della separazione da Dio)*	"... perché nel giorno che tu ne mangerai, certamente morirai".	*Genesi 2:17*
B.	Fisiche *(preoccupazione di sé)*	Cedettero al desiderio di gratificare ed esaltare loro stessi, scoprirono di essere nudi e unirono delle foglie di fico per coprirsi.	*Genesi 3:6-7*
C.	Mentali *(paura, preoccupazione, ansia, inganno)*	Si nascosero, ebbero paura.	*Genesi 3:8-10*
D.	Sociali		
	- l'uomo *(scaricò la colpa, fu deluso del matrimonio)*	"La donna che tu mi hai messa accanto, è lei che mi ha dato del frutto dell'albero, e io ne ho mangiato".	*Genesi 3:12*
	- la donna *(scaricò la colpa; cercò di giustificare il peccato)*	"Il serpente mi ha ingannata e io ne ho mangiato".	*Genesi 3:13*
E.	Ambientali *(le sofferenze del regno naturale)*	"... il suolo sarà maledetto per causa tua ...".	*Genesi 3:17-19*
F.	Interpersonali *(Ira)*	Dio accettò l'offerta di Abele, ma rifiutò l'offerta di Caino; Caino si adirò e il suo volto si rabbuiò	*Genesi 4:4, Genesi 4:5*
	(L'esortazione di Dio e la soluzione alla depressione)	"Se agisci bene, non rialzerai il volto? Ma se agisci male, il peccato sta spiandoti alla porta ... ma tu dominalo!"	*Genesi 4:7*

	(Il rifiuto della via di Dio)	Caino rifiutò la soluzione di Dio e uccise Abele.	Genesi 4:8
G.	Personali *(fuggiasco)*	Caino non si pentì e fu maledetto a vagare e a essere fuggiasco.	Genesi 4:9, 12
	(commiserazione di sé)	"Il mio castigo è troppo grande perché io possa sopportarlo".	Genesi 4:13
H.	Continue	Adamo divenne padre di un figlio, a sua somiglianza ...	Genesi 5:3
I.	Universali *(tutti hanno peccato)*	"Perciò, come per mezzo di un solo uomo il peccato è entrato nel mondo, e per mezzo del peccato la morte, e così la morte è passata su tutti gli uomini perché tutti hanno peccato ...".	Romani 5:12

III. **Il bisogno principale dell'uomo è di essere giustificato (dichiarato giusto) da Dio e di essere riconciliato con Lui attraverso la fede nel Signore Gesù Cristo (Romani capitolo 5).**

    A. In **TU PUOI CAMBIARE SECONDO LA PAROLA (PRIMA PARTE)** (Lezione 1, pagine 3-7), nota la sezione **IV. Dio ti mette nelle condizioni di scegliere la Sua soluzione al tuo problema spirituale.**

    B. In **TU PUOI CAMBIARE SECONDO LA PAROLA (SECONDA PARTE)** (Lezione 2, pagine 3-5), osserva la diversa relazione che Dio il Padre ha con te attraverso Suo Figlio, Gesù Cristo.

IV. **Una persona rigenerata è chiamata alla santità (purezza, irreprensibilità) e alla santificazione (appartata per Dio) (1 Corinzi 6:9-20; 1 Tessalonicesi 4:7, 5:23; Tito 2:11-14; 1 Pietro 1:16, 2:9).**

Nella Lezione 2, pagine 4-5, abbiamo visto che puoi cambiare, secondo la Parola, perché Dio ti mette a disposizione la Sua potenza e le Sue risorse e ti dà un nuovo scopo di vita. Per cambiare, inoltre, è necessaria la tua ubbidienza alla Sua Parola. Tutto ciò è presentato nella sezione I. Il processo del cambiamento biblico duraturo inizia quando ti converti al Signore Gesù Cristo, ai punti B., C. e D.

Per altri esempi sul contrasto tra la via dell'uomo e la via di Dio, vedi:
    IL PUNTO DI VISTA BIBLICO SULL'IO (Lezione 4, pagine 5-10)
    GLI APPROCCI PRINCIPALI PER RISOLVERE I PROBLEMI PERSONALI
        (Lezione 4, pagina 11)
    ESEMPI DELLA VIA DELL'UOMO PARAGONATA ALLA VIA DI DIO (Lezione 4,
        pagine 12-13)

IL PUNTO DI VISTA BIBLICO SULL'IO

> La saggezza di questo mondo insegna, falsamente, che credere nella bontà innata dell'io è il fondamento di una vita appagata. Tuttavia questo concetto, sbagliato, non tiene conto delle devastanti conseguenze della disubbidienza a Dio di Adamo ed Eva. La Scrittura insegna che una vita appagata non dipende dall'avere una "buona immagine" o un "una stima più alta" di sé. Anzi, la soddisfazione nella vita dipende dal tuo rapporto con Dio e da una risposta biblica al problema dell'io *(basato su Proverbi 14:12; Matteo 10:38-39; Luca 9:23-24; Romani 5:6-21, 7:15-25, 14:7-8; 1 Corinzi 1:26-31; 2 Corinzi 10:17-18; Efesini 2:1-9; Tito 3:3-7; Giacomo 4:14-17).*

I. **Da una natura senza peccato alla natura peccaminosa (la caduta dell'umanità)**

   A. Adamo ed Eva:

   1. furono creati a immagine di Dio *(Genesi 1:27, 5:1);*
   2. vivevano in un mondo senza peccato *(Romani 5:12);*
   3. erano benedetti da Dio *(Genesi 1:28);*
   4. erano una sola carne *(Genesi 2:22-25);*
   5. erano amministratori della terra *(Genesi 1:28);*
   6. avevano un rapporto personale con il loro Dio Creatore *(Genesi 1:28-30; 2:16-17).*

   B. Dio diede ad Adamo ed Eva un unico divieto, che richiedeva la semplice ubbidienza, indipendentemente da desideri o sentimenti personali *(Genesi 3:3).* Adamo ed Eva persero la loro posizione di privilegio presso Dio quando cedettero alla tentazione e si concentrarono su loro stessi (concupiscenza, superbia, e appagamento dei loro desideri carnali, ossia tutto ciò che il mondo offre — *1 Giovanni 2:16).* Decisero di disubbidire al chiaro ordine di Dio e scelsero di mangiare il frutto proibito *(Genesi 3:1-7).* Quando decisero di soddisfare loro stessi, Adamo ed Eva, peccarono e gli effetti di quel peccato caddero su di loro *(Genesi 3:16-24)* e su ogni generazione successiva *(Romani 5:12-21).*

   Vedi: **LA DESCRIZIONE BIBLICA DEL FALLIMENTO DELL'UOMO** ai punti *I. e II., Lezione 4, pagine 3-4.*

II. **La Scrittura descrive l'uomo naturale come presuntuoso**

   A. Poiché niente e nessuno al mondo può reggere il confronto con Dio *(Esodo 15:11; 2 Cronache 6:14; Salmo 40:5, 89:6-8; Geremia 10:6-7),* solo Lui deve essere innalzato *(Salmo 57:11, 97:9).* Non devi in nessun modo innalzare te stesso *(Proverbi 30:32).* In confronto a Dio Creatore, l'uomo naturale è:

   1. come polvere *(Salmo 90:3, 103:14);*
   2. come un semplice soffio o un'ombra che passa, la durata della sua vita è come un nulla davanti a Dio *(Salmo 39:4-5, 62:9, 144:4);*
   3. come erba *(Isaia 40:6-8, 51:12; 1 Pietro 1:24);*

4. come un fiore del campo che fiorisce e poi non è più *(Salmo 103:15-16; Isaia 40:6-8; 1 Pietro 1:24)*;

5. come un vapore che appare per un po' e poi svanisce *(Giacomo 4:14)*;

6. stolto e privo di conoscenza *(Geremia 51:17a)*;

7. considerato un nulla, insignificante *(Isaia 40:17; Daniele 4:35)*;

8. come un verme e non un uomo *(Giobbe 25:6; Salmo 22:6)*.

B. Se rifiuti di rispondere, secondo la Parola, al piano di salvezza di Dio rivelato solo attraverso il Signore Gesù Cristo, agli occhi di Dio tu sei:

1. indegno (depravato, disapprovato), detestabile *(Geremia 13:10; Tito 1:16)*, avverso alla fede *(2 Timoteo 3:1-8)* e degno di morte *(Romani 1:28-32, 6:23)*;

2. corrotto, ingiusto e inutile *(Salmo 14:1-3, 53:1-3, 143:2; Ecclesiaste 7:20; Romani 3:10-18)*;

3. morto nei tuoi peccati *(Efesini 2:1, 5; Colossesi 2:13)*.

Vedi: **TU PUOI CAMBIARE SECONDO LA PAROLA (PRIMA PARTE)** *(Lezione 1, pagine 4-5) al punto IV. B., per considerare altre conseguenze del rifiuto della verità di Dio in Gesù.*

C. Confidare in te stesso è vano poiché:

1. nel tuo cuore o nella tua carne non "abita" nulla di intrinsecamente buono *(Geremia 17:9; Romani 7:18)*;

2. all'infuori di Gesù non puoi fare nulla di produttivo *(Giovanni 15:5)*;

3. lontano da Gesù Cristo sei schiavo del peccato *(Romani 6:16-18; Ebrei 2:14-15)*;

4. la tua saggezza naturale è inadeguata a dirigere i tuoi passi *(Salmo 94:11; Proverbi 14:12; Geremia 10:23)*.

Vedi: **ESEMPI DELLA VIA DELL'UOMO PARAGONATA ALLA VIA DI DIO** *(Lezione 4, pagine 12-13)*

III. **L'immagine di Dio in ogni persona è stata rovinata dal peccato (conseguenza della caduta dell'umanità)**

A. La naturale inclinazione di ogni persona è di peccare *(Ecclesiaste 7:20, 29; Romani 3:10-18)*, benché l'umanità:

1. sia in grado di distinguere fra il bene e il male *(Genesi 3:22)*;

2. abbia ricevuto da Dio il dominio sulla terra *(Salmo 8:6-8)*;

3. sia di poco inferiore agli angeli *(Salmo 8:4-5)*;

4. sia creata ad immagine di Dio *(Giacomo 3:9)*.

B. L'immagine di Dio in te non si può vedere nella sua perfezione, come si vedeva in Adamo prima della caduta, perché tu porti la sua immagine dopo il peccato *(Genesi 5:3; 1 Corinzi 15:47-50)*.

C. Tu sei stato formato nel grembo di tua madre dal Signore in modo stupendo e meraviglioso *(Salmo 139:13-15; Isaia 44:24)*. Prima della tua nascita, Dio aveva stabilito il numero dei giorni della tua vita *(Salmo 139:16)*. Egli vuole che tu risponda alla verità rivelata nel Signore Gesù Cristo *(1 Timoteo 2:3-6; 2 Pietro 3:9)*.

IV. **Solo Dio può, e vuole, mettere in grado una persona di riacquistare la Sua perfetta immagine (ristabilimento dell'umanità dopo la caduta)**

   A. Il Signore Gesù Cristo è pienamente divino *(Giovanni 1:1, 18; Tito 2:13)* ed è venuto sulla terra come l'immagine del Dio invisibile *(2 Corinzi 4:4; Colossesi 1:15)*. Egli è coronato di gloria e di onore da Dio a motivo della Sua morte e risurrezione *(Ebrei 2:9; 1 Pietro 1:20-21)*. Egli è lo splendore della gloria di Dio e l'impronta della Sua essenza *(Giovanni 12:45, 14:9; Ebrei 1:3)*.

   B. Attraverso la tua nuova nascita spirituale *(Giovanni 3:3; 1 Pietro 1:3-5)*, tu partecipi alla natura divina di Dio *(2 Pietro 1:4)* e sei una nuova creatura in Cristo *(2 Corinzi 5:17)*. Il tuo corpo diventa il tempio dello Spirito Santo *(1 Corinzi 3:16, 6:19)*, che viene ad abitare in te *(Giovanni 14:16-17; Romani 8:9; Galati 4:6; 2 Timoteo 1:14)*.

   1. Come nuova creatura in Cristo, il vecchio uomo corrotto è stato crocifisso con Lui *(Romani 6:6)* ed è stato spogliato *(Efesini 4:22)*. Il nuovo uomo, creato nella giustizia e nella santità della verità, è stato rivestito *(Efesini 4:24)*. Tu ora puoi essere trasformato nell'immagine di Gesù Cristo *(Romani 8:29; 2 Corinzi 3:18; Colossesi 3:10)*.

   2. Come nuova creatura in Cristo *(2 Corinzi 5:17; Galati 2:20)*, devi "spogliarti" delle azioni peccaminose del tuo vecchio io *(Romani 6:12-13; Colossesi 3:3-9)* e "rivestire" il tuo nuovo io delle caratteristiche di Cristo *(Romani 6:17-18; Colossesi 3:10-24; 1 Pietro 1:5-10)*. Tutto ciò è possibile attraverso il rinnovamento nello spirito della tua mente *(Romani 12:2; Efesini 4:23; Colossesi 3:10)*.

   3. Per seguire Gesù, devi rinnegare te stesso *(Luca 9:23-24)*. Devi:
      a. diventare un servo come il Signore Gesù Cristo *(Matteo 20:26-28, 23:11-12; Giovanni 13:12-17; Romani 15:1-3; Filippesi 2:3-8)*;
      b. piacere a Dio in ogni cosa camminando in modo degno di Lui *(2 Corinzi 5:9; Colossesi 1:10)*;
      c. dare gloria a Dio in tutto ciò che fai *(Matteo 5:16; Giovanni 15:8; 1 Corinzi 6:20, 10:31; 1 Pietro 2:12, 4:10-11)* come fece Gesù *(Giovanni 17:4)*.

   Vedi:
   TU PUOI CAMBIARE SECONDO LA PAROLA (PRIMA PARTE) (Lezione 1, pagine 3-7)
   TU PUOI CAMBIARE SECONDO LA PAROLA (SECONDA PARTE) (Lezione 2, pagine 3-5)
   PRINCIPI BIBLICI: LA STRUTTURA BIBLICA DEL CAMBIAMENTO (Lezione 7, pagina 2)
   IL CAMBIAMENTO BIBLICO È UN PROCESSO (Lezione 7, pagine 3-4)
   GLI EFFETTI DI PENSIERI, PAROLE E AZIONI NON BIBLICI (Lezione 7, pagina 5)
   IL RINNOVAMENTO DELLA TUA MENTE (Lezione 7, pagine 6-7)

V. **Morendo a te stesso puoi essere più che vincitore in Cristo (puoi vivere da vittorioso anche dopo la caduta dell'umanità)**

   A. Dio, nella Sua misericordia, fa sì che tu possa vivere per dare a Lui la gloria, di innalzare il Suo Nome e di non vivere per te stesso *(Salmo 115:1; Romani 1:19-21; 5:1-2, 6-11; Efesini 2:8-9)*. Il Signore Gesù ti ha lasciato l'esempio di come glorificare Dio, perché è vissuto mettendo da parte Se stesso e non cercando la propria gloria *(Giovanni 7:17-18; 8:50, 54; Ebrei 5:5)*. Infatti Gesù visse per fare la volontà del Padre *(Giovanni 4:34, 5:30, 6:38)*. Fu come un servo e imparò l'ubbidienza dalle cose che soffrì *(Ebrei 5:8)* e fu ubbidiente fino alla morte *(Matteo 20:26-28; Filippesi 2:5-8)*.

   1. **L'errore della via dell'uomo per quanto riguarda il "valore di sé"** — Benché tu sia più prezioso del resto della creazione di Dio *(Matteo 6:26, 10:29-31, 12:12; Luca 12:7, 24)* ed Egli ti conosca intimamente *(1 Samuele 16:7; Salmo 139:13-16; Matteo 10:30; Luca 16:15)*, tu meriti la

morte perché hai una natura peccaminosa *(Romani 1:18-32, 5:12, 6:23)*. Dio ti ha adottato nella Sua famiglia e ciò dovrebbe indurti a lodarLo e ringraziarLo per la gloria della Sua grazia *(Efesini 1:5-6)*. Se pensi di essere degno in qualche modo di ricevere il Suo immeritato favore, sei nell'errore *(Romani 5:8; 1 Corinzi 1:26-31)*.

2. **L'errore della via dell'uomo per quanto riguarda la "fiducia di sé"** — Anche i credenti possono pensare, erroneamente, di essere la fonte delle loro benedizioni materiali, le quali, in realtà, provengono unicamente da Dio *(Deuteronomio 8:11-18)*. L'orgoglio (dipendere da te stesso o dai tuoi "possedimenti" invece che da Dio) ti farà cadere *(Proverbi 11:28, 16:18; 1 Corinzi 10:12)*. Siccome non puoi fare nulla di buono senza il Signore Gesù *(Giovanni 15:5)*, devi vivere in totale dipendenza da Lui, che è potenza e sapienza di Dio *(Proverbi 3:5-6; 1 Corinzi 1:24; Galati 2:20; Filippesi 4:13)*.

3. **L'errore della via dell'uomo per quanto riguarda "l'amore di sé"** — Devi amare Dio *(Deuteronomio 6:5; Matteo 22:37-38)*. In nessuna parte della Scrittura è detto che devi amare te stesso. Infatti questo comandamento non è necessario, perché tu già ami te stesso; in realtà ti è comandato di amare gli altri nello stesso modo in cui ami già te stesso *(Matteo 22:39; Galati 5:14; Efesini 5:28-29)*. Osserva come una delle caratteristiche di coloro che negli ultimi tempi rifiutano la fede è "l'amore di sé" *(2 Timoteo 3:1-2)*.

4. **L'errore della via dell'uomo per quanto riguarda "l'affermazione di sé"** — In ogni situazione della vita tu sei più che vincitore in Gesù Cristo *(Romani 8:35-39)*; il Signore non ti ha dato uno spirito di timidezza (paura), ma di potenza, di amore e di autocontrollo *(2 Timoteo 1:7)*. Ciò nonostante, la Scrittura non dice mai di affermare te stesso; ti ordina, invece, di confidare pienamente nel piano di Dio per la tua vita *(Matteo 6:33-34; Romani 8:28-29; Filippesi 4:19)*; di aiutare gli altri con uno spirito di servizio *(Matteo 20:26-28)* e di stimarli superiori a te stesso *(Filippesi 2:3-4)*.

5. **L'errore della via dell'uomo per quanto riguarda "la sicurezza di sé"** — Tu non devi confidare in te stesso, ma solo nel Signore *(Salmo 60:11-12, 73:26; Proverbi 3:5-7; Geremia 9:23-24, 17:5-8; 1 Corinzi 1:26-31)*. Il Signore è la tua sicurezza *(Proverbi 3:26)* e non devi riporre fiducia nella tua carne *(Filippesi 3:3)*. Tu non sei capace di fare nulla da te stesso, ma la tua capacità viene da Dio *(2 Corinzi 3:5)*. Come servo del nuovo patto *(2 Corinzi 3:6)*, puoi essere vincitore solo per mezzo della tua fede in Cristo Gesù *(Filippesi 4:13; 1 Giovanni 5:4-5)* e non grazie alla tua forza *(Giovanni 15:5; Romani 7:14 - 8:8)*.

6. **L'errore della via dell'uomo per quanto riguarda "la stima di sé"** — All'infuori di Gesù Cristo, non hai valore in te stesso (vedi il precedente punto **II. La Scrittura descrive l'uomo naturale come presuntuoso**); eppure, Dio nel suo infinito amore ha cura di te *(Salmo 8:4)*. Quando ricevi Gesù Cristo nella tua vita, hai valore perché sei in Lui *(Efesini 2:4-7, 19-22)* e Lo conosci *(Filippesi 3:7-11)*.

7. **L'errore della via dell'uomo per quanto riguarda "la propria giustizia"** — Tu non sei giusto in te stesso *(Salmo 14:2-3; Ecclesiaste 7:20; Romani 3:10-12, 7:18)* e non puoi presentarti davanti al Signore nella tua giustizia *(Luca 18:9-14; Tito 3:5)*. Il meglio che puoi fare, con i tuoi tentativi e con le tue forze, è considerato da Dio come un vestito sporco *(Isaia 64:6)*; non ha nessun valore paragonato alla fede in Cristo Gesù *(Filippesi 3:7-11, specialmente il versetto 9)*. La tua vera giustizia è basata *unicamente* nel Signore Gesù Cristo *(Romani 10:8-10; 2 Corinzi 5:21)* ed è un dono gratuito della grazia di Dio *(Romani 5:17)*.

8. **L'errore della via dell'uomo per quanto riguarda "l'esaltazione di sé"** — Elogiare te stesso è privo di valore *(2 Corinzi 10:18)* e mostra la tua mancanza di conoscenza biblica *(2 Corinzi 10:12)*. L'esaltazione di sé è propria di una persona ribelle *(Salmo 66:7)* o di chi non conosce veramente il Signore *(Salmo 10:4, 83:2, 94:4)*. Coloro che innalzano se stessi saranno abbassati *(Matteo 23:12; Luca 18:9-14, spec. il versetto 14)*. L'esaltazione di sé rivela una persona egoista che non dà buona prova di fede nei tempi difficili di questi ultimi giorni *(2 Timoteo 3:1-9, spec. i versetti 2 e 8)*.

Esaltare te stesso, in qualsiasi maniera, significa dimenticare o non riconoscere che la tua lode dovrebbe essere alla gloria della grazia di Dio *(Efesini 1:5-6)*. Solo il Signore deve essere esaltato *(Salmo 148:13)*. Ti devi gloriare:

   a. nel Signore *(Salmo 20:7, 34:1-3, 44:8; Geremia 9:24; 1 Corinzi 1:31; 2 Corinzi 10:17)*;

   b. nella croce di Gesù Cristo *(Galati 6:14)*;

   c. nelle tue debolezze *(2 Corinzi 11:30, 12:9)*.

Se esalti te stesso, sarai abbassato; invece, se ti umili sotto la potente mano di Dio, Egli ti innalzerà a suo tempo *(Matteo 23:12; 1 Pietro 5:6)*.

B. Ricorda la tua identità in Cristo

Vedi:
TU PUOI CAMBIARE SECONDO LA PAROLA (PRIMA PARTE) *(Lezione 1, pagine 3-7) ai punti **III. D.** e **VII. C.***
TU PUOI CAMBIARE SECONDO LA PAROLA (SECONDA PARTE) *(Lezione 2, pagine 3-5)*

VI. Conclusione

A. Da Adamo ed Eva fino ad oggi, l'umanità ha peccato esaltando se stessa. Il morire a se stesso è possibile solo attraverso Gesù Cristo *(Romani 5:12-21)*. L'uomo, ignorando la via di Dio, si affida di solito alla propria sapienza, che è inadeguata per affrontare i problemi *(Proverbi 14:12; Isaia 55:8-9)* e arriva a soluzioni non bibliche incentrate su di sé invece che su Dio.

Vedi: ***GLI APPROCCI PRINCIPALI PER RISOLVERE I PROBLEMI PERSONALI*** *(Lezione 4, pagina 11)*.

B. L'uomo con le sue filosofie, ha rifiutato la soluzione di redenzione di Dio, ha messo se stesso sul trono e ha preso le redini della sua vita sentendosi l'artefice sia dei suoi successi sia dei suoi fallimenti. Ciò è l'essenza dell'umanesimo materialistico quindi è impossibile integrare la via dell'uomo e la via di Dio.

Vedi: ***TU PUOI CAMBIARE SECONDO LA PAROLA (PRIMA PARTE)*** *(Lezione 1, pagine 3-7, punti **VI.** e **VII.**)*.

C. La soluzione di Dio al problema dell'io è una trasformazione *(Romani 6:3-6, 12:2; 2 Corinzi 5:17; Efesini 4:22-24)*, che ti permette di morire a te stesso e di vivere per Gesù Cristo *(Matteo 10:38-39; Luca 9:23-24; Galati 2:20)*.

D. Anche i cosiddetti problemi "difficili" della vita (per esempio: depressione cronica, maltrattamento dei figli e del coniuge, abuso di alcol o droga, omosessualità) trovano una vera soluzione solo nel concetto biblico di piacere a Dio *(Colossesi 1:10)* e di dipendere dalla Sua Parola *(Salmo 19:7-11; 2 Timoteo 3:16-17; 2 Pietro 1:3-4)* invece di piacere a se stessi *(Luca 9:23-24, 2 Corinzi 5:15; Galati 5:16-17)* e dipendere dalla sapienza umana *(Proverbi 16:9, 25; 1 Corinzi 3:18-20)*. Ricorda che Dio ti ha dato tutto il necessario per consentirti di affrontare e risolvere i problemi secondo la Sua via.

Vedi: **LA VIA DELL'UOMO E LA VIA DI DIO (PRIMA PARTE)** *(Lezione 3, pagine 3-7)*

E. Il colpo mortale alla filosofia dell'esaltazione di sé, o della fiducia in sé, è inflitto dal Signore Gesù nel Suo Sermone sul monte, quando parla delle beatitudini *(Matteo 5:3-12)*.

Per altre illustrazioni del contrasto tra la via dell'uomo e la via di Dio, vedi:
GLI APPROCCI PRINCIPALI PER RISOLVERE I PROBLEMI PERSONALI
   (Lezione 4, pagina 11)
ESEMPI DELLA VIA DELL'UOMO PARAGONATA ALLA VIA DI DIO *(Lezione 4, pagine 12-13)*

Superare il problema dell'io e vivere per il Signore è l'argomento di **AFFRONTARE TE STESSO (PRIMA PARTE)** *(Lezione 9) e* **AFFRONTARE TE STESSO (SECONDA PARTE)** *(Lezione 10). Prima, però, è essenziale studiare i principi del cambiamento biblico delineati nelle Lezioni 5 - 8.*

GLI APPROCCI PRINCIPALI PER RISOLVERE I PROBLEMI PERSONALI (Isaia 55:7-9)

	LA VIA DELL'UOMO (Proverbi 14:12; 1 Corinzi 3:19-20; Colossesi 2:8)				LA VIA DI DIO (Giovanni 10:9-10; Romani 11:33-36)
	Istintuale	Comportamentale	Potenzialmente positivo	Spiritico	La trasformazione del cuore (Salmo 51:10; Ezechiele 36:26; Atti 15:6-9)
IL PUNTO DI VISTA BASILARE SULL'UOMO	Guidato dagli istinti (agisce istintivamente: lotta, fugge, cerca cibo e gratificazione)	Il comportamento è condizionato o "programmato"	Intrinsecamente buono, ha in sé ogni cosa necessaria per risolvere i problemi	Indifeso davanti a tutti gli spiriti	Peccatore – Santo (Romani 5:12, 19; 2 Corinzi 5:17-18, 21)
CAUSA DEI PROBLEMI	Gli istinti sono ostacolati da società, famiglia e educazione	Influenzato negativamente dalle circostanze e dall'ambiente	Mente bloccata da modi di pensare o da influenze negative	Volontariamente coinvolto o sotto il controllo di spiriti, dèmoni e antenati	Ribellione (Romani 1:20-21), Incredulità (Giovanni 3:16-18, 5:38-40), Disubbidienza (Efesini 2:1-2, 5:6; Tito 3:3; Rifiuto della potenza di Dio (Ebrei 2:14-15; 1 Giovanni 3:8)
CURA	Seguire gli istinti	Accomodare o "riprogrammare"	Liberare il potenziale dell'io	Placare gli antenati; Placare o scacciare dèmoni e spiriti;	Essere salvato per grazia mediante la fede (Efesini 2:8, 9) ubbidire per amore verso Dio (Romani 6:16-19) maturare in Cristo (Efesini 4:13) attraverso la potenza dello Spirito Santo (Galati 5:16; Efesini 5:18)
TECNICA DI CONSULENZA	Psicanalisi (interpretazione dei pensieri irrazionali, analisi dei sogni), terapia ipnotica; psicodramma, risocializzazione, test e analisi della personalità	Manipolazione del comportamento per mezzo di stimoli positivi e negativi. Addestramento a reagire alla ricompensa e alla punizione	Riflessione sui pensieri e sui sentimenti; Non fornire risposte Tirare fuori la risposta dalle risorse interiori della persona che chiede consiglio; Pensare in modo positivo.	Scoprire il proprio spirito guida Pozioni, incantesimi, amuleti, feticci; Maledizioni sui nemici; Annullamento della maledizione. Offerte rituali. Comunione con spiriti. Mantra, cantilene; oroscopi; "Visualizzazione"	Ascoltare (Proverbi 18:2, 13, 17); Riprendere, rimproverare, esortare (2 Timoteo 4:2); Incoraggiare (Ebrei 3:13); Ammonire (Romani 15:14; Colossesi 1:28); Spronare (Ebrei 10:24); Fortificare (Ebrei 12:12); Rialzare (Galati 6:1, 2, 5). Istruire (Romani 6:17, 18; Colossesi 3:16); Insegnare (2 Timoteo 2:2)
TERMINOLOGIA DEL CONSULENTE	Ego, Id, Istinti Libido, Conscio, Subconscio, Nevrosi/Psicosi, Fobia, Mania, Catarsi, Realizzare se stessi, Associazione libera	Stimolo, Condizionamento, Reazione automatica, Rafforzamento positivo/negativo, Autorealizzazione Migliorare se stesso	Potenziale interiore, Bontà innata, Affermazione di sé, Considerazione di sé, Valorizzazione di sé	Maledizioni; il dio dentro di sé; Potenza superiore; Placare gli spiriti; Legare i demoni; Peccati generazionali; Dèmoni o spiriti di ira, timore, lussuria, ecc.	Peccato (Romani 3:23); Spogliarsi delle abitudini del vecchio Io e "rivestirsi" delle abitudini del nuovo Io (Efesini 4:22, 24; Colossesi 3:5-17); Rinnegare se stesso (Luca 9:23-25); Giudicare se stesso (Matteo 7:1-5); Pietà (1 Timoteo 4:7, 8); Mettere in pratica la Parola (Giacomo 1:22-25)
SCOPO DELLA CONSULENZA	Liberare l'io (contrario a Ezechiele 18:20, 21; Filippesi 2:3-4)	Migliorare se stesso (contrario a Giovanni 15:4-5; Romani 1:18-32; Giacomo 4:10)	Innalzare se stesso (contrario a Salmo 62:9; Romani 3:10-18, 23, 7:18)	Liberare se stesso dalla schiavitù (contrario a Giovanni 15:4-5; 2 Tessalonicesi 3:3; 1 Giovanni 5:4-5)	Rinnegare se stesso (Luca 9:23, 24); Piacere a Dio (2 Corinzi 5:9; Colossesi 1:10) e benedire gli altri (1 Pietro 3:8, 9) attraverso il ministero (1 Pietro 4:10) e il servizio (Matteo 20:25-28)

Lezione 4, pagina 11

© Biblical Counseling Foundation

ESEMPI DELLA VIA DELL'UOMO PARAGONATA ALLA VIA DI DIO

DIO DICE: "Infatti i miei pensieri non sono i vostri pensieri, né le vostre vie sono le mie vie," dice il Signore. "Come i cieli sono alti al di sopra della terra, così sono le mie vie più alte delle vostre vie, e i miei pensieri più alti dei vostri pensieri". (Isaia 55:8-9)

ESEMPI	LA VIA DELL'UOMO (Proverbi 14:12; 1 Corinzi 2:14)	LA VIA DI DIO (Proverbi 30:5-6; Colossesi 2:8; Ebrei 4:12)
Il cuore umano	Le persone dicono: "Il genere umano è fondamentalmente buono". Sentiamo frasi del tipo: "Io sono a posto, tu sei a posto."	Il cuore è disperatamente maligno; chi potrà conoscerlo (Geremia 17:9)? Tutti hanno peccato (Romani 3:23). Confida nel Signore con tutto il cuore; non confidare mai in te stesso (Proverbi 3:5, 28:26).
Fiducia/ Dipendenza	Alcuni dicono: "Se non mi prendo cura di me stesso, nessun altro lo farà". Lo scopo della vita diventa il prendersi cura di se stessi.	Dio dice che se tu cercherai prima il Suo regno e la Sua giustizia, Egli soddisferà i tuoi bisogni (Matteo 6:33). Non ti appoggiare sul tuo discernimento; cerca, invece, la via di Dio (Proverbi 3:5-6).
Libertà	C'è stato detto che ognuno deve proteggere i propri diritti e che ogni persona è nata per essere libera (libertà di espressione, di parola). Si dice che viviamo sotto l'autorità solo a causa del nostro comune patto sociale.	Separato da Dio, tu sei schiavo del peccato (Romani 6:16). Chi ha come obiettivo di salvare la propria vita la perderà; ma se sei pronto a perdere la tua vita per amore di Dio, Egli ti promette che la salverai (Luca 9:23-24). Sii soggetto a coloro che sono in autorità sopra di te (Romani 13:1; Ebrei 13:17).
Problemi personali	A volte pensiamo: "Nessuno può veramente capire i miei problemi" così crediamo che ogni problema, e ogni circostanza, siano unici.	I tuoi problemi sono comuni al genere umano. Dio ti promette il Suo aiuto per affrontarli, così, se sceglierai di vivere la vita seguendo la Sua via, tu non peccherai e non perderai la pace e la gioia (1 Corinzi 10:13).
Amore	Il matrimonio è spesso visto come una convenienza sociale. Le persone cercano di trovare un coniuge che soddisfi i propri bisogni. L'amore per l'altro dipende dall'amore dell'altro.	L'obiettivo nel matrimonio è di mettere gli interessi del tuo coniuge sopra i tuoi e di riflettere Cristo nel tuo rapporto matrimoniale (Efesini 5:22-23; Filippesi 2:3-4). L'amore biblico è dare, non ricevere (Giovanni 3:16; 1 Corinzi 13:4-8a).
Il mio nemico prospera	I nemici devono essere odiati e, se hanno successo, invidiati. Cerchiamo di screditare i nostri avversari e di trionfare su di loro.	Rallegrati in ogni situazione (Romani 12:14-15; 1 Tessalonicesi 5:16). Ama e prega per coloro che si ritengono tuoi nemici (Matteo 5:44).
Ho offeso qualcuno	Cerchiamo di giustificare le nostre azioni e di addurre scuse per il nostro comportamento. Alcuni addirittura gioiscono nel far male agli altri.	Va' da chi hai offeso, chiedi perdono e riconciliati (Matteo 5:23-24; Romani 12:18; Giacomo 5:16).

© Biblical Counseling Foundation

Lezione 4, pagina 12

ESEMPI	LA VIA DELL'UOMO (Proverbi 14:12; 1 Corinzi 2:14)	LA VIA DI DIO (Proverbi 30:5-6; Colossesi 2:8; Ebrei 4:12)
Problemi/ conflitti	Evitiamo i problemi e facciamo di tutto per uscirne. Cerchiamo scuse o addossiamo la colpa agli altri. Non riusciamo neanche ad ammettere che abbiamo problemi o diciamo a noi stessi che la colpa è degli altri.	I problemi e i conflitti sono per il tuo bene e per la tua crescita spirituale. Essi ti aiutano a vedere che cosa c'è dentro te stesso (Matteo 15:18-20). Gioisci del fatto che Dio li usa per portarti alla maturità (Romani 5:3-5; Giacomo 1:2-4).
Supremazia	C'è stato detto di affermare noi stessi, di imparare a prendere le redini e a dare ordini: queste sono le chiavi per il successo.	Sii disposto ad essere un servo. Il miglior capo è colui che serve. Dio dà maggior grazia all'umile (Matteo 20:26-28).
Sesso	Cerchiamo amanti per soddisfare noi stessi. Diciamo che è dovere del nostro coniuge soddisfare i nostri desideri: "Dopotutto, il mio coniuge mi appartiene".	Tu e il tuo coniuge appartenete al Signore; devi cercare il suo massimo bene e benedire il tuo coniuge. Il sesso è riservato solo per il matrimonio (1 Corinzi 7:4; 1 Tessalonicesi 4:3; Ebrei 13:4).
Ira: diritti	Reagiamo ad un'offesa e rendiamo pan per focaccia. Difendiamo i nostri diritti e non permettiamo che siano violati.	Devi rispondere alle difficoltà senza ira, perdonare e benedire (Romani 12:14; Efesini 4:31-32). Sii disposto a rinunciare alle tue libertà o "diritti" per amore degli altri (Matteo 5:43-48; Romani 14:15-21).
Sono stato offeso, ferito	"La miglior difesa è l'attacco" Noi tutti dobbiamo difenderci. Ci è stato detto che non dobbiamo permettere che la "nostra reputazione" sia distrutta da chi ci vuole screditare.	Esamina te stesso (Matteo 7:5). Muori a te stesso (Luca 9:23-24). Non giudicare gli altri secondo il tuo metro, ma benedici (Luca 6:27-28, 36-38; Giovanni 7:24; Romani 14:1-13; Giacomo 4:11-12; 1 Pietro 3:8-9). Considera gli altri superiori a te stesso (Filippesi 2:3-4).
Il mio nemico ha bisogno d'aiuto	Quando il nostro nemico si caccia nei guai, ben gli sta! Mostriamo poca pazienza per gli incompetenti e diciamo: "Togliamoceli dai piedi".	Ama i tuoi nemici e soddisfa i loro bisogni (Matteo 5:43-48; Luca 6:35). Di fatto, fa' più di quello che si aspettano (Matteo 5:38-42).
Ricchezze	Sappiamo che il denaro non è mai troppo! Tutti i modi per farne sono buoni.	Riponi la tua speranza in Dio, non nelle ricchezze (1 Timoteo 6:17). Tutte le ricchezze appartengono a Dio; offrile a Lui e ai bisognosi (Salmo 24:1; Proverbi 3:9-10; Luca 12:33; 2 Corinzi 9:6-12).
Doveri	Le persone dicono: "Se ti senti di farlo, fallo". "Non preoccuparti di queste cose; alla fine qualcuno le farà". Troviamo delle scuse valide per non adempiere al nostro dovere.	Sii ubbidiente alla Parola di Dio e adempi ai tuoi doveri con il cuore, come per il Signore, senza ascoltare i tuoi sentimenti; Dio benedice l'ubbidienza (Genesi 4:6-7; 1 Samuele 15:22; Giovanni 14:15; Giacomo 1:22, 4:17).

SAPER RICONOSCERE LA DIFFERENZA TRA LA VIA DELL'UOMO E LA VIA DI DIO

> Devi essere fermamente radicato, edificato e rafforzato nel Signore. Solo in questo modo puoi evitare la filosofia, i vani raggiri e i facili principi del mondo (basato su Colossesi 2:6-10).

I. **Gli elementi basilari per riconoscere la via di Dio**

   A. Esaminare gli spiriti, per provare se sono da Dio, se sinceramente e con tutto il cuore, credono nel Signore Gesù Cristo (*1 Giovanni 4:1-3*).

   B. Controllare i presupposti basilari (*1 Corinzi 3:10-11; Colossesi 2:8*).

   C. Identificare la fonte dell'autorità; deve essere la Parola di Dio (*2 Timoteo 3:16-17; Ebrei 4:12*).

II. **L'importanza di seguire la via di Dio**

   A. Il tuo operato sarà giudicato (*Matteo 16:27; Romani 14:10; 1 Corinzi 3:10-15; 2 Corinzi 5:10*).

   B. Solo la Parola di Dio è eterna (*Salmo 119:89, 160; 1 Pietro 1:24-25*), accettabile e valida (*Deuteronomio 11:26-28; Salmo 119:118; Isaia 55:8-11; Ebrei 4:12*).

III. **La speranza che deriva dal seguire la via di Dio**

   A. Tu hai la libertà dal peccato (*Romani 6:6-7, 14, 18; Galati 2:20*).

   B. Dio ti promette, in ogni tentazione o prova, la vittoria sul peccato (*Romani 8:31-39; 1 Corinzi 10:13*).

   C. Il Signore Gesù Cristo è il tuo intercessore in caso di bisogno e di fallimento (*Ebrei 4:15-16; 1 Giovanni 2:1*).

   D. Dio controlla le circostanze per il tuo bene e per renderti conforme all'immagine del Signore Gesù Cristo (*Romani 8:28-29; Giacomo 1:2-4*).

   E. La pace e la gioia di Dio non dipendono dalle tue circostanze, dalle persone o dalle cose (*Giovanni capitoli 14-17; Romani 14:17*).

   F. Dio solo è responsabile (né tu né alcun altro) di produrre un cambiamento negli altri (*Ezechiele 18:20; 2 Corinzi 3:18; Filippesi 1:6*).

   G. Dio perdona i tuoi peccati (*Salmo 103:12; Colossesi 1:13-14; Ebrei 10:17; 1 Giovanni 1:9*).

   H. Dio ti dona, proprio da ora, una vita abbondante (*Giovanni 5:24, 10:10*).

© Biblical Counseling Foundation

LEZIONE 4: COMPITI

> Puoi fare affidamento sulla Parola di Dio in ogni situazione della vita. Puoi conoscere i principi basilari della Scrittura per fronteggiare e trattare ogni problema. Potrai, così, distinguere tra la follia della sapienza umana e le promesse di Dio *(basato su Salmo 19:7-14; 2 Corinzi 1:19-20; 2 Timoteo 3:16-17; Ebrei 5:14; Giacomo 1:5; 2 Pietro 1:2-4).*

✔ *Compiti completati*

☐ A. * Con parole tue scrivi il significato di *2 Corinzi 3:5-6*. Impara a memoria *2 Corinzi 3:5-6*. Inizia a imparare *1 Corinzi 10:13*. Ripassa i versetti precedenti.

☐ B. * Leggi **PRINCIPI BIBLICI: LA VIA DELL'UOMO E LA VIA DI DIO (SECONDA PARTE)** (Lezione 4, pagina 2). Evidenzia i versetti che non hai evidenziato nelle lezioni precedenti.

☐ C. * Scegli un versetto da ogni principio elencato nella Lezione 4, pagina 2, che si applica alla tua vita e per ognuno completa una **SCHEDA DI STUDIO BIBLICO E APPLICAZIONE** (Supplemento 3, pagina 1).

Puoi fare delle copie della SCHEDA DI STUDIO BIBLICO E APPLICAZIONE (Supplemento 3, pagina 1) per il tuo studio della Scrittura durante questo corso.

☐ D. * Devi esaminare te stesso per vedere se sei nella fede *(2 Corinzi 13:5)*. Un libro del Nuovo Testamento *(1 Giovanni)* è stato scritto proprio per aiutarti a sapere di aver ricevuto la vita eterna *(1 Giovanni 5:13)*. Questa settimana leggi *1 Giovanni* per il tuo studio personale. Evidenzia i versetti che forniscono prova certa che il dono di Dio della vita eterna è tuo. Scrivi il modo in cui ognuna di queste prove fa ora parte della tua vita.

☐ E. Ripassa **LA DESCRIZIONE BIBLICA DEL FALLIMENTO DELL'UOMO** (Lezione 4, pagine 3-4).

☐ F. Studia **IL PUNTO DI VISTA BIBLICO SULL'IO** (Lezione 4, pagine 5-10).

☐ G. Studia **GLI APPROCCI PRINCIPALI PER RISOLVERE I PROBLEMI PERSONALI** (Lezione 4, pagina 11), e prendi nota di quelle terminologie nella colonna "**la via dell'uomo**" che hai usato. Cerca i passi della Scrittura che sono elencati in questa tabella.

☐ H. Leggi **ESEMPI DELLA VIA DELL'UOMO PARAGONATA ALLA VIA DI DIO** (Lezione 4, pagine 12-13). Metti un segno di verifica accanto alle affermazioni che ti riguardano.

☐ I. Studia **SAPER RICONOSCERE LA DIFFERENZA TRA LA VIA DELL'UOMO E LA VIA DI DIO** (Lezione 4, pagina 14).

☐ J. * Vedi **PREPARARE UNA TESTIMONIANZA PERSONALE** (Supplemento 4). Ripassa la tua testimonianza di dieci secondi e quella di trenta, della lezione precedente. Scrivi la tua testimonianza di sessanta secondi e preparati a presentarla in classe.

☐ K. * Nel **Test a Libro Aperto**, Lezione 23, pagina 2, esegui quanto richiesto al punto 9.

* *Il completamento dei compiti contrassegnati con un asterisco (*) è essenziale per continuare la formazione per la consulenza biblica.*

LEZIONE 4: GUIDA ALLO STUDIO PER LA MEDITAZIONE GIORNALIERA
(COMPRENDE VERSETTI A MEMORIA E COMPITI)

> Puoi fare affidamento sulla Parola di Dio in ogni situazione della vita. Puoi conoscere i principi basilari della Scrittura per fronteggiare e trattare ogni problema. Potrai, così, distinguere tra la follia della sapienza umana e le promesse di Dio *(basato su Salmo 19:7-14; 2 Corinzi 1:19-20; 2 Timoteo 3:16-17; Ebrei 5:14; Giacomo 1:5; 2 Pietro 1:2-4)*.

Versetti a memoria

1. * Impara a memoria 2 *Corinzi 3:5-6*. Inizia a imparare *1 Corinzi 10:13*.
2. Ora hai, in tutto, quattro cartoncini con i versetti a memoria da portare con te durante la giornata *(Matteo 7:1, 5; Efesini 2:8-9; 2 Corinzi 3:5-6; 2 Timoteo 3:16-17)*. Ad ogni opportunità, ripassa i versetti a memoria delle tre settimane precedenti: leggi, medita e impara a memoria 2 *Corinzi 3:5-6*. Ogni volta che ti è possibile, inizia a vedere *1 Corinzi 10:13*.

Guida allo studio per la meditazione giornaliera

PRIMO GIORNO

1. Inizia con la preghiera.
2. * Leggi **PRINCIPI BIBLICI: LA VIA DELL'UOMO E LA VIA DI DIO (SECONDA PARTE)** (Lezione 4, pagina 2). Evidenzia i versetti che non hai segnato nelle lezioni precedenti.
3. Studia **LA DESCRIZIONE BIBLICA DEL FALLIMENTO DELL'UOMO** (Lezione 4, pagine 3-4). Cerca i passi elencati per ogni punto.
4. * Con parole tue scrivi il significato di *2 Corinzi 3:5-6*.
5. Termina con la preghiera.
6. Porta con te i cartoncini con i versetti a memoria e usa ogni giorno i tuoi momenti liberi per ripassare *Efesini 2:8-9; Matteo 7:1, 5 e 2 Timoteo 3:16-17*. Impara a memoria *2 Corinzi 3:5-6*. Quando ti è possibile leggi già *1 Corinzi 10:13*.

SECONDO GIORNO

1. Inizia con la preghiera.
2. * Inizia una **SCHEDA DI STUDIO BIBLICO E APPLICAZIONE** (Supplemento 3, pagina 1) per uno qualsiasi dei versetti elencati al *Principio 7* (Lezione 4, pagina 2).
3. Leggi **IL PUNTO DI VISTA BIBLICO SULL'IO** (Lezione 4, pagine 5-10). Se necessario cerca i versetti.
4. Termina con la preghiera.

TERZO GIORNO

1. Inizia con la preghiera.
2. * Completa la **SCHEDA DI STUDIO BIBLICO E APPLICAZIONE** (Supplemento 3, pagina 1) che hai iniziato ieri.
3. Ripassa **GLI APPROCCI PRINCIPALI PER RISOLVERE I PROBLEMI PERSONALI** (Lezione 4, pagina 11). Assicurati di cercare i versetti della Scrittura elencati. Prendi nota delle terminologie nella colonna "**la via dell'uomo**" che hai usato.

© Biblical Counseling Foundation

4. * Ripassa la tua testimonianza di dieci secondi e di trenta secondi dalla lezione precedente e scrivi la tua testimonianza di sessanta secondi. Segui lo schema **PREPARARE UNA TESTIMONIANZA PERSONALE** (Supplemento 4).
5. Termina con la preghiera.
6. Stai facendo progressi nell'imparare a memoria la Scrittura? Porti con te i cartoncini con i versetti ogni giorno e usi i momenti liberi per ripassarli? Sii fedele *(Salmo 119:11; 1 Corinzi 4:2)*.

QUARTO GIORNO

1. Inizia con la preghiera.
2. * Inizia a compilare una **SCHEDA DI STUDIO BIBLICO E APPLICAZIONE** (Supplemento 3, pagina 1) per ogni versetto elencato al *Principio 8* (Lezione 4, pagina 2).
3. * Inizia a leggere *1 Giovanni*, evidenzia i versetti che forniscono prova certa che il dono di Dio della vita eterna è tuo. Scrivi come ognuna di queste prove fa ora parte della tua vita. Questo è il primo di uno studio che durerà tre giorni.
4. Leggi **ESEMPI DELLA VIA DELL'UOMO PARAGONATA ALLA VIA DI DIO** (Lezione 4, pagine 12-13). Metti un segno di verifica accanto alle affermazioni che ti riguardano.
5. Termina con la preghiera.

QUINTO GIORNO

1. Inizia con la preghiera.
2. * Completa la **SCHEDA DI STUDIO BIBLICO E APPLICAZIONE** (Supplemento 3, pagina 1) che hai iniziato ieri.
3. * Continua il tuo studio di *1 Giovanni*.
4. Ripassa la tua testimonianza di sessanta secondi, apportando, se necessario, dei cambiamenti.
5. Termina con la preghiera.

SESTO GIORNO

1. Inizia con la preghiera.
2. * Inizia a compilare una **SCHEDA DI STUDIO BIBLICO E APPLICAZIONE** (Supplemento 3, pagina 1) per ogni versetto elencato al *Principio 9* (Lezione 4, pagina 2).
3. * Completa il tuo studio di *1 Giovanni* e scrivi come le prove della salvezza fanno ora parte della tua vita.
4. Termina con la preghiera.

SETTIMO GIORNO

1. Inizia con la preghiera.
2. * Completa la **SCHEDA DI STUDIO BIBLICO E APPLICAZIONE** (Supplemento 3, pagina 1) che hai iniziato ieri.
3. Leggi **SAPER RICONOSCERE LA DIFFERENZA TRA LA VIA DELL'UOMO E LA VIA DI DIO** (Lezione 4, pagina 14). Cerca i versetti elencati per consolidare queste verità nella tua vita.
4. * Vedi **PREPARARE UNA TESTIMONIANZA PERSONALE** (Supplemento 4). Fa', se necessario, le dovute correzioni alla tua testimonianza di sessanta secondi e scrivi la copia finale. Preparati per dare la tua testimonianza in classe.
5. Recita i tuoi versetti a memoria a qualcuno, spiegandone il significato e la loro applicazione nella tua vita.
6. * Per completare l'**ESAME DEL CORSO** (Lezione 23) esegui quanto richiesto al punto 9 del **Test a libro aperto** (Lezione 23, pagina 2).
7. Termina con la preghiera.

* *Il completamento dei compiti contrassegnati con un asterisco (*) è essenziale per continuare la formazione per la consulenza biblica.*

LEZIONE 5

LA DINAMICA BIBLICA DEL CAMBIAMENTO

"Nessuna tentazione vi ha còlti, che non sia stata umana; però Dio è fedele e non permetterà che siate tentati oltre le vostre forze; ma con la tentazione vi darà anche la via d'uscirne, affinché la possiate sopportare".

1 Corinzi 10:13

LEZIONE 5:
LA DINAMICA BIBLICA DEL CAMBIAMENTO

> Trascurare o rifiutare le vie di Dio moltiplica i problemi. Per affrontare efficacemente i tuoi problemi, ti devi rendere conto della tua inadeguatezza e ricorrere alla potenza di Dio per la salvezza. Poi sarai in grado di apportare quei cambiamenti biblici necessari che caratterizzano un figlio di Dio, che, con riverenza, dipende da Lui e dalla Sua Parola *(basato su Proverbi 1:22-33; Romani 1:16-32; 6:4-7, 11-14; Filippesi 2:12-13; Giacomo 1:25; 2 Pietro 1:5-10).*

I. Gli obiettivi di questa lezione sono:

   A. illustrare quali sono le conseguenze del seguire i tuoi desideri naturali invece del modello di cambiamento di Dio, come presentato nella Sua Parola;

   B. aiutarti ad individuare un problema specifico o una difficoltà nella tua vita sulla quale Dio vuole che lavori durante questo corso;

   C. mostrare l'importanza di essere un esecutore della Parola;

   D. incoraggiarti ad essere sempre preparato a dare la tua testimonianza del cambiamento biblico avvenuto in te con la salvezza che ha cambiato anche lo scopo della tua vita.

II. Il sommario di questa lezione

   A. Esamina te stesso

      1. **PRINCIPI BIBLICI: LA DINAMICA BIBLICA DEL CAMBIAMENTO** (Lezione 5, pagina 2)

      2. **LA SPIRALE DISCENDENTE: TRASCURARE O RIFIUTARE LA VIA DI DIO** (Lezione 5, pagina 3)

      3. **GLI INIZI DEL CAMBIAMENTO BIBLICO** (Lezione 5, pagina 4)

      4. **IL PERCORSO ASCENDENTE: CAMMINARE NELLA VIA DI DIO** (Lezione 5, pagina 5)

      5. **L'IMPORTANZA DI METTERE IN PRATICA LA PAROLA** (Lezione 5, pagine 6-9)

   B. Passi per la crescita spirituale

      1. **LEZIONE 5: COMPITI** (Lezione 5, pagina 10)

      2. **GUIDA ALLO STUDIO PER LA MEDITAZIONE GIORNALIERA** (Lezione 5, pagine 11-12)

   C. Consulenza biblica

      1. **DATI PERSONALI/VALUTAZIONE DEL PROBLEMA** (Supplemento 6)

PRINCIPI BIBLICI:
LA DINAMICA BIBLICA DEL CAMBIAMENTO

> Il cambiamento biblico inizia con la tua nascita spirituale e continua durante tutta la tua vita. Lo scopo della tua vita non sarà più vivere per te stesso, ma morire a te stesso, man mano che impari ad amare il Signore e gli altri secondo la Parola *(basato su Matteo 22:37-39; Luca 9:23; Giovanni 3:3; Romani 12:1-2; Tito 2:11-14).*

I. La spirale discendente

(Principio 10) I pensieri di Dio sono più alti (superiori) dei tuoi *(Isaia 55:8-9)* e la Sua Parola è verità *(Salmo 119:160; Giovanni 17:17).* Se tu trascuri o rifiuti la via di Dio o la Sua verità, i tuoi problemi aumenteranno e quelli che già hai, peggioreranno *(Proverbi 1:25-32, 13:15, 28:13-14; Romani 1:20-32; Galati 5:16-21; Ebrei 3:7-19; Giacomo 1:14-15).*

II. Gli inizi del cambiamento biblico

(Principio 11) E' necessaria una nuova nascita per vivere una vita vittoriosa e per avere la forza di affrontare il mondo e i problemi della vita *(Giovanni 3:3-7: Romani 12:1-2; 2 Corinzi 5:17-21; Tito 3:3-7; 1 Giovanni 5:4-5).*

(Principio 12) L'unico dovere dell'uomo è temere (riverire) Dio e osservare i Suoi comandamenti *(Ecclesiaste 12:15-16; 1 Pietro 1:17).* Tu devi amare Dio e gli altri in risposta all'amore di Dio per te *(Matteo 22:37-39; Giovanni 15:9-14; 1 Giovanni 4:11, 19).* Tu devi camminare in modo degno di Dio e piacerGli in ogni aspetto della tua vita *(2 Corinzi 5:9; Colossesi 1:10)* ed essere un esecutore della Parola *(Giovanni 14:15; Giacomo 1:22; 1 Giovanni 2:3-4).* Quando rispondi all'amore di Dio con l'ubbidienza, maturi nel Signore e ricevi la benedizione della pace e della gioia *(Giovanni 15:10-11, 16:33).* Numerose altre benedizioni di Dio seguiranno *(Matteo 6:33; Giacomo 1:25; 1 Giovanni 3:22).* Se non ubbidisci alla Parola di Dio, Egli ti giudicherà e ti disciplinerà *(1 Corinzi 11:31-32; Ebrei 12:5-10).*

(Principio 13) Puoi avere la sapienza e la misericordia di Dio per affrontare e trattare i tuoi problemi. Ma devi chiedere con fede *(Ebrei 4:16; Giacomo 1:5-8),* vivere secondo la Sua Parola *(Giacomo 1:22-25)* e dipendere dalla Sua potenza *(2 Corinzi 3:4-5; Filippesi 4:13).*

III. Il percorso ascendente

(Principio 14) Tu devi ubbidire, con costanza, alla Parola di Dio *(1 Giovanni 2:3-6)* per crescere sempre di più nella pietà *(1 Timoteo 4:7-8; 2 Pietro 1:3-11)* e sperimentare la vera pace *(Salmo 119:165; Giovanni 16:33)* e la vera gioia *(Giovanni 15:10-11).*

LA SPIRALE DISCENDENTE: TRASCURARE O RIFIUTARE LA VIA DI DIO

> Se tu trascuri, o rifiuti, la direzione di Dio per la tua vita e scegli di seguire la via più facile (i tuoi sentimenti, i tuoi desideri o ciò che sembra buono in quel momento), andrai verso la disfatta e alla rovina finale *(Salmo 1:4-6; Proverbi 1:22-32, 16:25; Matteo 7:13; Galati 5:17; Giacomo 1:14-15).*

I problemi iniziano nel **cuore** *(Geremia 17:9-10; Matteo 15:18-19; Marco 7:20-23).* I problemi del cuore portano a:

Azioni non bibliche (pensieri, parole, atti) *(per esempio Romani 1:18-32).* Azioni non bibliche possono essere accompagnate o spesso condurre a:

Sentimenti cattivi *(per esempio Genesi 4:6-7; Salmo 38:1-10, 17-18).*

ESEMPIO DI UNO STUDENTE PRESO NELLA *SPIRALE DISCENDENTE:*

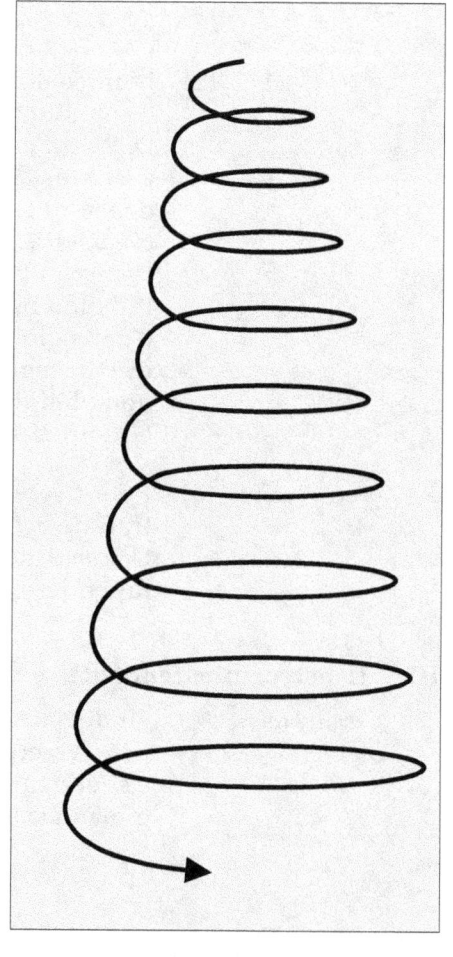

A. **Livello del cuore**

   È concentrato su se stesso *(Luca 9:23-24)*

B. **Livello della condotta (azioni non bibliche)**

   È tentato di seguire i desideri carnali invece di essere impegnato a seguire Dio (**pensieri**) *(Galati 5:16-17; Efesini 2:3; Tito 2:11-12)*

   È pigro — non vuole studiare (**pensieri**) *(Proverbi 6:9-11, 10:4; Ecclesiaste 11:4; Matteo 25:26-29; Efesini 5:15-16)*

   Non studia (**azioni**) *(2 Tessalonicesi 3:11)*

   Frequenta cattive compagnie (**azioni**) *(Proverbi 1:10-19, 24:1; 1 Corinzi 15:33)*

   Si preoccupa di non superare il corso (**pensieri**) *(Proverbi 12:25a; Filippesi 4:6)*

   Mente ai genitori sulla sua preparazione per gli esami (**parole**) *(Efesini 4:25; Colossesi 3:9)*

   Imbroglia agli esami (**azioni**) *(Esodo 20:15; Efesini 4:28)*

   Non supera il corso (la conseguenza) *(Proverbi 28:13; Colossesi 3:25)*

C. **Livello dei sentimenti**

   È depresso, disperato, ha sensi di colpa *(Salmo 38:4-8)*

GLI INIZI DEL CAMBIAMENTO BIBLICO

> Le "soluzioni" umane per superare le tue difficoltà sono, in effetti, inutili perché non affrontano la vera causa dei tuoi problemi: il tuo cuore. Le soluzioni di Dio, rivelate nella Scrittura, vanno dritte al centro della questione e lì, compiono un cambiamento permanente *(basato su Geremia 17:9-10; Matteo 15:18-19; Giovanni 15:5; 1 Corinzi 3:19, 6:9-11; 2 Timoteo 3:16-17; Ebrei 4:12).*

I. **Affida te stesso alla sovranità e all'autorità di Dio nella tua vita.**

   A. Ricevi il Signore Gesù Cristo come Salvatore *(Giovanni 1:12; Romani 10:9-13; 1 Corinzi 15:1-4; Efesini 2:8-10).*

   B. Decidi di vivere ogni giorno per piacere a Dio *(2 Corinzi 5:9; Efesini 4:1; Colossesi 3:17).*

II. **Individua i modi specifici in cui hai peccato contro Dio e confessa a Lui questi peccati *(I Giovanni 1:9).* Ravvediti dei tuoi modi peccaminosi, poiché essi sono contrari alla Scrittura e non piacciono a Dio *(Proverbi 28:13; Atti 26:20; Apocalisse 2:5, 3:19).***

III. **Chiedi a Dio la saggezza per sapere quali cambiamenti operare e come operarli *(Giacomo 1:5).* Chiedi con fede ed Egli risponderà *(Ebrei 11:6; Giacomo 1:5-8).***

IV. **Confessa i tuoi peccati specifici a coloro contro i quali hai peccato con parole o azioni *(Giacomo 5:16).* Perdona coloro che hanno peccato contro di te *(Marco 11:25-26; Efesini 4:31-32)* e riconciliati con loro per ciò che dipende da te *(Matteo 5:23-24; Romani 12:18).***

V. **Studia con diligenza e costanza la Parola di Dio *(Giosuè 1:8; Salmo 1:2; II Timoteo 2:15, 3:16-17)* e impara a memoria la Scrittura per conservare la Sua verità nel tuo cuore *(Salmo 119:11, 16).***

VI. **Prega incessantemente, in ogni tempo, e per ogni cosa *(Luca 18:1; Filippesi 4:6-7; 1 Tessalonicesi 5:17).***

VII. **Fa' ciò che Dio ti dice di fare nella Sua Parola *(Matteo 7:24-26; Giacomo 1:22-25,)* a prescindere dai tuoi sentimenti *(Genesi 4:6-7; Romani 13:14; Galati 5:16-17; 1 Pietro 4:2),* per glorificarLo *(Matteo 5:16; 1 Corinzi 10:31)* e per essere sotto il controllo e la guida dello Spirito Santo *(Giovanni 14:26, 16:13; Romani 8:14; Efesini 5:18-20).***

Problemi che hanno bisogno delle soluzioni di Dio (alcuni esempi)

Adulterio, scatti d'ira, anoressia, arroganza, amarezza, bulimia, comunicazione cattiva o inesistente, depressione, mancanza di disciplina in aree specifiche, ubriachezza, paura, problemi finanziari, fornicazione, frustrazione, ingordigia, avidità, sensi di colpa, omosessualità, impazienza, conflitti interpersonali, gelosia, pigrizia, isolamento, concupiscenza, menzogna, problemi e fallimenti nel matrimonio, difficoltà fra genitore e figlio, orgoglio, procrastinazione, ribellione, auto-commiserazione, furto, abuso di sostanze, sofferenza, rifiuto di perdonare e preoccupazioni.

© Biblical Counseling Foundation

IL PERCORSO ASCENDENTE: CAMMINARE NELLA VIA DI DIO

> *NOTA. Questa pagina dovrebbe essere letta "da fondo a cima".* Vivere nella via di Dio significa sbarazzarti del tuo egocentrismo e impegnarti a seguire la Parola di Dio indipendentemente da tuoi possibili sentimenti contrari *(basato su Salmo 1:1-3; Matteo 7:13-14; Luca 9:23; Galati 5:17).* Se fai questo Dio, ti benedirà *(basato su Giovanni 14:27, 15:11; Galati 5:22-23; Giacomo 1:25).*

- Avrai così una vita abbondante, ripiena della pace e della gioia di Dio *(Giovanni 10:10, 14:27, 15:11, 16:33)*
- Attraverso lo Spirito di Dio che opera in te, si svilupperà in te il carattere di Cristo *(2 Corinzi 3:18; Galati 5:22-23)*
- Rallegrati sempre *(Filippesi 4:4; 1 Tessalonicesi 5:16)*, ringraziando in ogni cosa *(1 Tessalonicesi 5:18)* e per tutte le cose *(Efesini 5:20)*
- Prega incessantemente per ogni cosa *(Filippesi 4:6-7; 1 Tessalonicesi 5:17)*
- Di' la verità con amore *(Efesini 4:15; Colossesi 3:9)*
- Opera di cuore come per il Signore *(Efesini 6:7; Colossesi 3:23-24)*
- Fa' ogni cosa senza mormorii o dispute *(Filippesi 2:14)*
- Vivi continuamente in maniera coerente con la tua chiamata in Cristo *(Efesini 4:1)*
- Considera tutte le prove come una gioia, poiché Dio le usa per sviluppare in te il carattere di Cristo *(Romani 5:3-5, 8:28-29; Giacomo 1:2-4)*
- Pratica il perdono e la riconciliazione *(Matteo 5:23-24, 6:14; Marco 11:25-26; Efesini 4:32; Colossesi 3:12-13)* e, per ogni male che potresti ricevere dagli altri, rendi una benedizione *(Romani 12:17-21; 1 Pietro 3:8-9)*
- Mostra continuamente azioni degne del ravvedimento *(Luca 3:8; Atti 26:20; Apocalisse 2:5, 3:3, 19)*
- Sii compassionevole, cortese, umile, gentile e paziente *(Colossesi 3:12)*
- Impara ad amare la via di Dio *(Giovanni 3:16, 15:17; Romani 5:8; 1 Corinzi 13:4-8°; 1 Giovanni 4:11, 19)*
- Abbi come oggetto dei tuoi pensieri tutto ciò che è vero, onorevole, giusto, puro, amabile, di buona fama, virtuoso e lodevole *(Filippesi 4:8-9)* e volgi la tua mente alle cose di lassù e non a quelle che sono sulla terra *(Colossesi 3:2)*
- Considera gli altri superiori a te stesso, come faceva Gesù *(Filippesi 2:3-8)*
- Giudica te stesso di continuo alla luce della Bibbia *(Matteo 7:5; 1 Corinzi 11:31)*
- Sii controllato dallo Spirito Santo *(Efesini 5:18-20)* e dalla Parola di Dio *(Salmo 119:11; Colossesi 3:16)*
- Ubbidisci alla Parola dimostrando così il tuo amore per il Signore *(Giovanni 14:15, 21)*
- Affida le tue vie a Dio senza riserve *(Proverbi 3:5-8; Matteo 22:37; 2 Corinzi 5:9; Colossesi 3:17)* e rinnega te stesso per seguire Gesù *(Matteo 10:24-26; Luca 9:23-24)*
- Prega, con fede, per avere la saggezza in tutte le cose *(Giacomo 1:5-8)*
- Ravvediti *(Proverbi 9:6, 28:13; Atti 26:20; 2 Corinzi 7:9-11; Apocalisse 2:5)*
- Confessa i peccati specifici di cui sei consapevole *(Salmo 51:1-4, 6:10-17; Giacomo 5:16; 1 Giovanni 1:9)*

(L' impegno a essere discepolo di Gesú Cristo sarà reso evidente da specifici e chiari passi di ubbidienza alla Parola di Dio. La descrizione del vivere biblico così come presentato in questa pagina non vuole essere esauriente né segue un ordine rigido).

Il PERCORSO ASCENDENTE (Include la comprensione, la speranza, il cambiamento e la condotta, secondo la Parola)

L'IMPORTANZA DI METTERE IN PRATICA LA PAROLA

> Dimostri il tuo amore per Gesù Cristo con l'ubbidienza alla Parola di Dio *(basato su. Luca 6:46; Giovanni 14:23-24; 1 Giovanni 2:3-4, 5:3; 2 Giovanni 1:6)*. La tua ricompensa in cielo sarà anche basata sulla tua ubbidienza a Lui *(basato su 2 Corinzi 5:10; Colossesi 3:23-25; 1 Pietro 1:17)*.

I. **Tu sei SALVATO per mezzo della grazia di Dio e non per le tue opere, ma sei creato in Cristo per compiere le opere buone** *(Efesini 2:8-10; Tito 2:11-14; Giacomo 2:17-18)*.

II. **Tu sei GIUSTIFICATO (dichiarato giusto) per fede** *(Romani 3:23-28, 5:1; Galati 2:16)*.

III. **Tu sei GIUDICATO come figlio di Dio per la tua ubbidienza alla Parola di Dio e RICOMPENSATO di conseguenza.**

   A. Il tuo primo passo di ubbidienza è rispondere alla salvezza offerta da Gesú Cristo. La tua risposta ha una portata eterna.

Giovanni 3:16	*"Perché Dio ha tanto amato il mondo, che ha dato il suo unigenito Figlio, affinché chiunque crede in lui non perisca, ma abbia vita eterna".*
Giovanni 3:36	*"Chi crede nel Figlio ha vita eterna, chi invece rifiuta di credere al Figlio non vedrà la vita, ma l'ira di Dio rimane su di lui".*
Giovanni 5:28, 29	*"Non vi meravigliate di questo; perché l'ora viene in cui tutti quelli che sono nelle tombe udranno la sua voce e ne verranno fuori; quelli che hanno operato bene, in risurrezione di vita; quelli che hanno operato male, in risurrezione di giudizio".*
Atti 17:30, 31	*"Dio dunque, passando sopra i tempi dell'ignoranza, ora comanda agli uomini che tutti, in ogni luogo, si ravvedano, perché ha fissato un giorno, nel quale giudicherà il mondo con giustizia per mezzo dell'uomo ch'egli ha stabilito, e ne ha dato sicura prova a tutti, risuscitandolo dai morti".*
Romani 2:5-10	*"Tu, invece, con la tua ostinazione e con l'impenitenza del tuo cuore, ti accumuli un tesoro d'ira per il giorno dell'ira e della rivelazione del giusto giudizio di Dio. Egli renderà a ciascuno secondo le sue opere: vita eterna a quelli che con perseveranza nel fare il bene cercano gloria, onore e immortalità; ma ira e indignazione a quelli che, per spirito di contesa, invece di ubbidire alla verità ubbidiscono all'ingiustizia. Tribolazione e angoscia sopra ogni uomo che fa il male; sul Giudeo prima e poi sul Greco; ma gloria, onore e pace a chiunque opera bene; al Giudeo prima e poi al Greco".*
Romani 6:23	*"Perché il salario del peccato è la morte, ma il dono di Dio è la vita eterna in Cristo Gesù, nostro Signore".*

	2 Tessalonicesi 1:7b-8	*"... quando il Signore apparirà dal cielo con gli angeli della sua potenza, in un fuoco fiammeggiante, per far vendetta di coloro che non conoscono Dio, e di coloro che non ubbidiscono al vangelo del nostro Signore Gesù".*
	2 Pietro 3:9	*"Il Signore non ritarda l'adempimento della sua promessa, come pretendono alcuni; ma è paziente verso di voi, non volendo che qualcuno perisca, ma che tutti giungano al ravvedimento".*

B. Le benedizioni per l'ubbidienza e il giudizio, che porta alla disciplina, per la disubbidienza hanno sempre fatto parte del piano eterno di Dio.

	Deuteronomio 11:26-28	*"Guardate, io metto oggi davanti a voi la benedizione e la maledizione: la benedizione se ubbidite ai comandamenti del SIGNORE vostro Dio, che oggi vi do; la maledizione, se non ubbidite ai comandamenti del SIGNORE vostro Dio, e se vi allontanate dalla via che oggi vi ordino, per andare dietro a dèi stranieri che voi non avete mai conosciuto".*
	Salmo 62:12	*"A te pure, o Signore, appartiene la misericordia; perché tu retribuirai ciascuno secondo le sue azioni".*
	Geremia 17:10	*"Io, il SIGNORE, che investigo il cuore, che metto alla prova le reni, per retribuire ciascuno secondo le sue vie, secondo il frutto delle sue azioni".*
	Ecclesiaste 12:15-16	*"Ascoltiamo dunque la conclusione di tutto il discorso: Temi Dio e osserva i suoi comandamenti, perché questo è il tutto per l'uomo. Dio infatti farà venire in giudizio ogni opera, tutto ciò che è occulto, sia bene, sia male".*
	Matteo 12:35-37	*"L'uomo buono dal suo buon tesoro trae cose buone; e l'uomo malvagio dal suo malvagio tesoro trae cose malvagie. Io vi dico che di ogni parola oziosa che avranno detta, gli uomini renderanno conto nel giorno del giudizio; poiché in base alle tue parole sarai giustificato, e in base alle tue parole sarai condannato".*
	Matteo 16:27	*"Perché il Figlio dell'uomo verrà nella gloria del Padre suo, con i suoi angeli, e allora renderà a ciascuno secondo l'opera sua".*
	1 Corinzi 3:8	*"Ora, colui che pianta e colui che annaffia sono una medesima cosa, ma ciascuno riceverà il proprio premio secondo la propria fatica".*
	2 Corinzi 5:10	*"Noi tutti infatti dobbiamo comparire davanti al tribunale di Cristo, affinché ciascuno riceva la retribuzione di ciò che ha fatto quando era nel corpo, sia in bene sia in male".*
	2 Corinzi 11:14, 15	*"Non c'è da meravigliarsene, perché anche Satana si traveste da angelo di luce. Non è dunque cosa eccezionale se anche i suoi servitori si travestono da servitori di giustizia; la loro fine sarà secondo le loro opere".*
	Colossesi 3:23-25	*"Qualunque cosa facciate, fatela di buon animo, come per il Signore e non per gli uomini, sapendo che dal Signore riceverete per ricompensa l'eredità. Servite Cristo, il Signore! Infatti chi agisce ingiustamente riceverà la retribuzione del torto che avrà fatto, senza che vi siano favoritismi".*

1 Pietro 1:17	*"E se invocate come Padre colui che giudica senza favoritismi, secondo l'opera di ciascuno, comportatevi con timore durante il tempo del vostro soggiorno terreno".*
Apocalisse 2:23, 26	*"Metterò anche a morte i suoi figli; e tutte le chiese conosceranno che io sono colui che scruta le reni e i cuori, e darò a ciascuno di voi secondo le sue opere ... A chi vince e persevera nelle mie opere sino alla fine, darò potere sulle nazioni".*
Apocalisse 3:15, 16	*"Io conosco le tue opere: tu non sei né freddo né fervente. Oh, fossi tu pur freddo o fervente! Così, perché sei tiepido e non sei né freddo né fervente io ti vomiterò dalla mia bocca".*
Apocalisse 14:13	*"E udii una voce dal cielo che diceva: 'Scrivi: beati i morti che da ora innanzi muoiono nel Signore. Sì, dice lo Spirito, essi si riposano dalle loro fatiche perché le loro opere li seguono'".*
Apocalisse 20:12, 13	*"E vidi i morti, grandi e piccoli, in piedi davanti al trono. I libri furono aperti, e fu aperto anche un altro libro che è il libro della vita; e i morti furono giudicati dalle cose scritte nei libri, secondo le loro opere. Il mare restituì i morti che erano in esso; la morte e il soggiorno dei morti restituirono i loro morti; ed essi furono giudicati, ciascuno secondo le sue opere".*
Apocalisse 22:12	*"Ecco, sto per venire e con me avrò la ricompensa da dare a ciascuno secondo le sue opere".*

C. Dio benedice fedelmente coloro che, come abitudine di vita, rispondono con ubbidienza alla Sua Parola.

Deuteronomio 28:1, 2	*"Ora, se tu ubbidisci diligentemente alla voce del SIGNORE tuo Dio, avendo cura di mettere in pratica tutti i suoi comandamenti che oggi ti do, il SIGNORE, il tuo Dio, ti metterà al di sopra di tutte le nazioni della terra; e tutte queste benedizioni verranno su di te e si compiranno per te, se darai ascolto alla voce del SIGNORE tuo Dio".*
Salmo 119:65	*"Tu hai fatto del bene al tuo servo, o SIGNORE, secondo la tua parola".*
Isaia 1:19	*"Se siete disposti a ubbidire, mangerete i frutti migliori del paese".*
Giovanni 1:12	*"Ma a tutti quelli che l'hanno ricevuto egli ha dato il diritto di diventar figli di Dio: a quelli, cioè, che credono nel suo nome".*
Giovanni 14:13	*"E quello che chiederete nel mio nome, lo farò; affinché il Padre sia glorificato nel Figlio".*
Giovanni 15:7	*"Se dimorate in me e le mie parole dimorano in voi, domandate quello che volete e vi sarà fatto".*
Giovanni 15:10, 11	*"Se osservate i miei comandamenti, dimorerete nel mio amore; come io ho osservato i comandamenti del Padre mio e dimoro nel suo amore. Vi ho detto queste cose, affinché la mia gioia dimori in voi e la vostra gioia sia completa".*
1 Corinzi 10:13	*"Nessuna tentazione vi ha còlti, che non sia stata umana; però Dio è fedele e non permetterà che siate tentati oltre le vostre forze; ma con la tentazione vi darà anche la via d'uscirne, affinché la possiate sopportare".*

Galati 6:9	*"Non ci scoraggiamo di fare il bene; perché, se non ci stanchiamo, mieteremo a suo tempo".*
Giacomo 1:25	*"Ma chi guarda attentamente nella legge perfetta, cioè nella legge della libertà, e in essa persevera, non sarà un ascoltatore smemorato ma uno che la mette in pratica; egli sarà felice nel suo operare".*
1 Giovanni 3:22	*"E qualunque cosa chiediamo la riceviamo da lui, perché osserviamo i suoi comandamenti e facciamo ciò che gli è gradito".*

D. Per amore dei Suoi figli, Dio ammonisce e disciplina coloro che sono disubbidienti alla Sua Parola, in modo che essi possano essere ristabiliti sulla Sua giusta via nella vita di ogni giorno.

Deuteronomio 28:15	*"Ma se non ubbidisci alla voce del SIGNORE tuo Dio, se non hai cura di mettere in pratica tutti i suoi comandamenti e tutte le sue leggi che oggi ti do, avverrà che tutte queste maledizioni verranno su di te e si compiranno per te".*
Salmo 32:3, 4	*"Finché ho taciuto, le mie ossa si consumavano tra i lamenti che facevano tutto il giorno. Poiché giorno e notte la tua mano si appesantiva su di me, il mio vigore inaridiva come per arsura d'estate".*
1 Corinzi 11:31, 32	*"Ora, se esaminassimo noi stessi, non saremmo giudicati; ma quando siamo giudicati, siamo corretti dal Signore, per non essere condannati con il mondo".*
Ebrei 12:5-10	*"E avete dimenticato l'esortazione rivolta a voi come a figli: 'Figlio mio, non disprezzare la disciplina del Signore, e non ti perdere d'animo quando sei da lui ripreso; perché il Signore corregge quelli che egli ama, e punisce tutti coloro che riconosce come figli.' Sopportate queste cose per la vostra correzione. Dio vi tratta come figli; infatti, qual è il figlio che il padre non corregga? Ma se siete esclusi da quella correzione di cui tutti hanno avuto la loro parte, allora siete bastardi e non figli. Inoltre abbiamo avuto per correttori i nostri padri secondo la carne e li abbiamo rispettati; non ci sottometteremo forse molto di più al Padre degli spiriti per avere la vita? Essi infatti ci correggevano per pochi giorni come sembrava loro opportuno; ma egli lo fa per il nostro bene, affinché siamo partecipi della sua santità".*

LEZIONE 5: COMPITI

> In questo corso Esamina te stesso, hai acquisito le basi bibliche sufficienti per iniziare il processo di un confronto biblico che durerà tutta la vita *(basato su Matteo 7:1-5; Romani 2:21; Ebrei 5:12-14; Giacomo 3:1)*. I **COMPITI** di questa lezione ti daranno l'opportunità di giudicare te stesso alla luce della Scrittura e, durante questo processo, di ottenere speranza poiché scoprirai i cambiamenti biblici che possono avvenire nella tua vita *(basato su Atti 26:20; Romani 5:3-5, 6:6, 8:26-31; 1 Corinzi 11:31; 2 Corinzi 5:17; Filippesi 2:12-13, 4:13)*.

✔ *compiti completati*

☐ A. * Ripassa i versetti imparati a memoria in precedenza. Con parole tue scrivi il significato di *1 Corinzi 10:13*. Impara *1 Corinzi 10:13* e inizia ad imparare a memoria *Romani 8:28-29*.

☐ B. * Completa una **SCHEDA DI STUDIO BIBLICO E APPLICAZIONE** (Supplemento 3, pagina 1) per ognuno dei seguenti brani: *Romani 12:1-2* e *Galati 5:16-17*.

☐ C. * Descrivi un problema che stai vivendo e che Dio vuole che affronti durante questo corso. Compila la scheda **DATI PERSONALI/VALUTAZIONE DEL PROBLEMA** (Supplemento 6) Vedi la Lezione 5, pagina 4, l'elenco di esempi. Non scrivere nulla in questa scheda che non vuoi che legga il tuo istruttore.

☐ D. * Leggi **PRINCIPI BIBLICI: LA DINAMICA BIBLICA DEL CAMBIAMENTO** (Lezione 5, pagina 2). Leggi i versetti a sostegno di questi principi. Evidenzia i versetti nella tua Bibbia se non lo hai già fatto.

☐ E. * Leggi *Giovanni capitoli 14-17*; evidenzia i versetti che menzionano l'Origine della vera pace e della vera gioia. A parole tue, spiega come Dio ha fatto sì che la Sua Fonte di pace e di gioia entrasse nella tua vita.

☐ F. Ripassa **LA SPIRALE DISCENDENTE: TRASCURARE O RIFIUTARE LA VIA DI DIO** (Lezione 5, pagina 3); osserva il collegamento tra il cuore, le azioni non bibliche e i sentimenti cattivi e dannosi.

☐ G. Leggi **GLI INIZI DEL CAMBIAMENTO BIBLICO** (Lezione 5, pagina 4). Controlla se alcuni dei tuoi problemi attuali sono elencati alla fine della pagina e evidenziali.

☐ H. Studia **IL PERCORSO ASCENDENTE: CAMMINARE NELLA VIA DI DIO** (Lezione 5, pagina 5). Segna le affermazioni che identificano i cambiamenti biblici che devi apportare per superare i problemi nella tua vita. Cerca tutti i versetti che ti sono necessari.

☐ I. Leggi **L'IMPORTANZA DI METTERE IN PRATICA LA PAROLA** (Lezione 5, pagine 6-9)

☐ J. * Questa settimana ripassa le tue testimonianze di dieci, trenta e sessanta secondi. (Vedi Supplemento 4). Condividile con un amico per tuo beneficio personale.

☐ K. * Per completare l'**ESAME DEL CORSO** (Lezione 23) mentre segui questo studio, esegui quanto richiesto al punto 10 del **Test a Libro Aperto** (Lezione 23, pagina 2)

* *Il completamento dei compiti contrassegnati con un asterisco (*) è essenziale per continuare la formazione per la consulenza biblica.*

LEZIONE 5: GUIDA ALLO STUDIO PER LA MEDITAZIONE GIORNALIERA
(COMPRENDE VERSETTI A MEMORIA E COMPITI)

> La **GUIDA ALLA STUDIO PER LA MEDITAZIONE GIORNALIERA** di questa settimana ti darà l'opportunità di giudicare te stesso alla luce della Scrittura e, durante questo processo, di ottenere speranza poiché scoprirai i cambiamenti biblici che possono avvenire nella tua vita *(basato su Atti 26:20; Romani 5:3-5, 6:6, 8:26-31; 1 Corinzi 11:31; 2 Corinzi 5:17; Filippesi 2:12-13, 4:13).*

Versetti a memoria

1. * Impara a memoria *1 Corinzi 10:13* e inizia a imparare *Romani 8:28-29*.
2. Adesso hai 6 cartoncini con i versetti a memoria, da portare con te durante la giornata (elencati secondo le lezioni: *Efesini 2:8-9; Matteo 7:1, 5; 2 Timoteo 3:16-17; 2 Corinzi 3:5-6; 1 Corinzi 10:13; Romani 8:28-29*).

Guida allo studio per la meditazione giornaliera

PRIMO GIORNO

1. Inizia con la preghiera.
2. * Leggi **PRINCIPI BIBLICI: LA DINAMICA BIBLICA DEL CAMBIAMENTO** (Lezione 5, pagina 2). Cerca i versetti elencati e evidenziali nella tua Bibbia.
3. * Con parole tue scrivi, il significato di *1 Corinzi 10:13*.
4. Termina con la preghiera.
5. Porta con te, durante la giornata, i 6 cartoncini con i versetti a memoria; inizia ad imparare *1 Corinzi 10:13* e leggi *Romani 8:28-29*.

SECONDO GIORNO

1. Inizia con la preghiera.
2. * Inizia una **SCHEDA DI STUDIO BIBLICO E APPLICAZIONE** (Supplemento 3, pagina 1) per *Romani 12:1-2*.
3. Ripassa le tue testimonianze di dieci, trenta e sessanta secondi. Se è necessario vedi **PREPARARE UNA TESTIMONIANZA PERSONALE** (Supplemento 4).
4. Leggi **L'IMPORTANZA DI METTERE IN PRATICA LA PAROLA** (Lezione 5, pagine 6-9).
5. * Descrivi un problema che Dio vuole che tu affronti durante questo corso. Completa una scheda di **DATI PERSONALI/VALUTAZIONE DEL PROBLEMA** (Supplemento 6). Non mettere nulla in questa scheda che non vuoi che legga chi ti istruisce.
6. Termina con la preghiera.

TERZO GIORNO

1. Inizia con la preghiera.
2. * Completa la **SCHEDA DI STUDIO BIBLICO E APPLICAZIONE** (Supplemento 3, pagina 1) su *Romani 12:1-2* che hai iniziato ieri.
3. Esercitati a ripetere oralmente la tua testimonianza. Prendi nota delle parole che un non credente non comprenderebbe e cambiale.

4. Ripassa **LA SPIRALE DISCENDENTE: TRASCURARE O RIFIUTARE LA VIA DI DIO** (Lezione 5, pagina 3). Osserva, nell'esaminare il problema, il rapporto tra il livello del cuore e le parole, le azioni e i sentimenti cattivi e non biblici, che seguono.
5. Termina con la preghiera.

QUARTO GIORNO

1. Inizia con la preghiera.
2. * Leggi *Giovanni capitolo 14* evidenzia i versetti che indicano l'Origine della pace e gioia di Dio nella tua vita.
3. Leggi **GLI INIZI DEL CAMBIAMENTO BIBLICO** (Lezione 5, pagina 4). Cerca i versetti necessari.
4. Continua a ripassare le tue testimonianze di 10, 30 e 60 secondi e fissale bene nella tua mente.
5. Termina con la preghiera.
6. Questa settimana vedi se il tuo piano per imparare a memoria i versetti funziona. Oggi, ripeti ad alta voce tutti i versetti a memoria con le loro esatte citazioni.

QUINTO GIORNO

1. Inizia con la preghiera.
2. * Leggi *Giovanni capitolo 15*, evidenziando i versetti che parlano di pace e gioia.
3. * Inizia una **SCHEDA DI STUDIO BIBLICO E APPLICAZIONE** (Supplemento 3, pagina 1) per *Galati 5:16-17*.
4. Ripassa la tua testimonianza di sessanta secondi per fissarla meglio nella tua mente.
5. Termina con la preghiera.

SESTO GIORNO

1. Inizia con la preghiera.
2. * Leggi *Giovanni capitolo 16*, evidenziando i versetti che parlano dell'Origine della pace e della gioia.
3. * Completa lo **SCHEMA DI STUDIO BIBLICO E APPLICAZIONE** (Supplemento 3, pagina 1) per *Galati 5:16-17*.
4. Ripassa le tue testimonianze di 10, 30 e 60 secondi.
5. Termina con la preghiera.

SETTIMO GIORNO

1. Inizia con la preghiera.
2. * Leggi *Giovanni capitolo 17* (la Preghiera Sacerdotale del Signore Gesù Cristo) ed evidenzia i versetti che parlano della pace e della gioia del credente. Fa' un riassunto dei versetti evidenziati nello studio dei *capitoli 14-17 di Giovanni;* spiega come Dio ha fatto sì che la Sua Fonte di pace e di gioia entrasse nella tua vita.
3. Studia **IL PERCORSO ASCENDENTE: CAMMINARE NELLA VIA DI DIO** (Lezione 5, pagina 5). Segna le affermazioni che identificano i cambiamenti biblici che devi apportare per piacere al Signore e per superare i tuoi problemi. Cerca tutti i versetti che si riferiscono ai passi necessari per un cambiamento biblico e meditali.
4. * Per completare l'**ESAME DEL CORSO** (Lezione 23) mentre segui questo studio, completa quanto richiesto al punto 10 del **Test a libro aperto** (Lezione 23, pagina 2).
5. Termina con la preghiera.
6. Chiedi a qualcuno di ascoltarti mentre reciti i versetti a memoria. Ricordati di spiegarne il significato e la loro applicazione nella tua vita. Chiedigli di ascoltare anche le tue testimonianze di dieci, trenta e sessanta secondi.

* *Il completamento dei compiti contrassegnati con un asterisco (*) è essenziale per continuare la formazione per la consulenza biblica.*

LEZIONE 6

LA BASE BIBLICA
PER IL CAMBIAMENTO

"Or sappiamo che tutte le cose cooperano al bene di quelli che amano Dio, i quali sono chiamati secondo il suo disegno. Perché quelli che ha preconosciuti, li ha pure predestinati a essere conformi all'immagine del Figlio suo, affinché Egli sia il primogenito tra molti fratelli".

Romani 8:28-29

LEZIONE 6:
LA BASE BIBLICA PER IL CAMBIAMENTO

> L'ubbidienza alla Parola di Dio e la fiducia nella Sua potenza, che ti fortifica, produrranno, di certo, dei cambiamenti biblici in ogni aspetto della tua vita *(basato su Isaia 40:29; Romani 8:29; 2 Corinzi 10:3-5; Filippesi 2:12-15, 4:13; 2 Timoteo 3:16-17; Giacomo 1:22-25; 2 Pietro 1:3-10).*

I. Gli obiettivi di questa lezione sono:

   A. descrivere i tre livelli di ogni problema nella tua vita;

   B. trovare nella Parola di Dio, la speranza in ogni difficoltà;

   C. scoprire come la pace e la gioia di Dio possono essere tue in ogni circostanza e in ogni rapporto.

II. Il sommario di questa lezione

   A. Esamina te stesso

      1. **PRINCIPI BIBLICI: LA BASE BIBLICA PER IL CAMBIAMENTO** (Lezione 6, pagine 2-3)

      2. **I TRE LIVELLI DEI PROBLEMI** (Lezione 6, pagine 4-5)

      3. **LA SPERANZA BIBLICA** (Lezione 6, pagine 6-7)

      4. **LA BASE BIBLICA PER LA PACE E LA GIOIA** (Lezione 6, pagine 8-10)

   B. Passi per la crescita spirituale

      1. **LEZIONE 6: COMPITI** (Lezione 6, pagina 11)

      2. **GUIDA ALLO STUDIO PER LA MEDITAZIONE GIORNALIERA** (Lezione 6, pagine 12-13)

PRINCIPI BIBLICI:
LA BASE BIBLICA PER IL CAMBIAMENTO

> La tua speranza, come credente, è nel Signore. Egli fa sì che tutto ciò che avviene nella tua vita (inclusi i problemi e le prove) cooperi per il tuo bene, se reagirai sempre con amore (dimostrato con l'ubbidienza) verso di Lui. Per la speranza che hai nel Signore, puoi, in ogni situazione, seguendo l'insegnamento della Parola, esprimere la tua fede e il tuo amore. Capire, e reagire ai problemi, secondo la Scrittura, glorifica Dio e Gli permetterà di continuare a modellarti all'immagine di Gesù Cristo *(basato su Proverbi 3:5-6; Romani 8:28-29, 15:13; 2 Corinzi 3:16-18; 4:7-10, 16-18; Galati 5:22-25; Giacomo 1:2-4, 22-25; 1 Giovanni 3:2-3).*

I. **Comprendere i tuoi problemi a:**

   A. Livello dei sentimenti (spesso rivela lo scopo della tua vita e su chi, o su che cosa, ti poggi per avere pace e gioia)

   (Principio 15) La sensazione di essere trascurati indica che si ha lo sguardo su se stessi e non su Gesù Cristo *(Filippesi 2:14-15; 2 Timoteo 2:24-25; Ebrei 12:3).*

   (Principio 16) Come ti senti e come vedi te stesso: i tuoi rapporti e le tue circostanze, spesso, indicano se stai vivendo per piacere a te stesso o per piacere a Dio *(Genesi 4:6-7; Salmo 119:165; Giovanni 14:27, 15:10-11; Romani 14:17-18; 2 Corinzi 7:10; Filippesi 4:6-7; 1 Giovanni 4:18-21).*

   B. Livello della condotta (rivela la misura della tua fedeltà al Signore)

   (Principio 17) Se ascolterai la Parola di Dio e la metterai in pratica, sarai benedetto *(Giosuè 1:8; Salmo 19:11; Proverbi 29:18; Matteo 7:20-27; Giacomo 1:25; 1 Giovanni 3:22),* e la tua capacità di discernere il bene e il male aumenterà *(Ebrei 5:14).*

   (Principio 18) Se non diventi un esecutore della Parola, inganni te stesso *(Giacomo 1:22-24).* Mostri così la tua mancanza di amore verso il Signore *(Giovanni 14:23-24),* ti poni sotto la Sua disciplina correttiva *(1 Corinzi 11:32; Ebrei 12:5-11),* e rinneghi la realtà della Sua vita dentro di te *(Romani 6:11-13, 17-18; 1 Giovanni 2:3-4; 3:7, 10).*

   C. Livello del cuore (rivela, in parte, i tuoi pensieri, le tue parole e le tue azioni)

   (Principio 19) Poiché nemmeno tu puoi capire del tutto il tuo cuore *(Geremia 17:9),* solo la Parola di Dio è la misura e lo strumento con i quali si possono discernere i tuoi problemi a livello del cuore *(Ebrei 4:12).* Le tue reazioni ai problemi non devono dipendere dalle persone, dalle circostanze o dalle cose. Dio usa ogni situazione per rivelare, attraverso le tue azioni (pensieri, parole e atti) lo stato del tuo cuore *(Matteo 15:18-20; Marco 7:20-23; Luca 6:45).*

© Biblical Counseling Foundation

II. La tua speranza nel mezzo delle prove

(Principio 20) Coloro che sono in Cristo sono liberati dalla condanna e dal potere del peccato *(Romani 6:6-7, 14, 18, 23)*.

(Principio 21) Dio non permetterà che i credenti siano provati o tentati oltre ciò che possono sopportare. Egli ti dona la Sua grazia e la Sua forza per sopportare ogni prova e resistere a ogni tentazione, affinché tu non deva mai peccare *(Romani 8:35-39; 1 Corinzi 10:13; 2 Corinzi 4:7-10, 12:9-10; Filippesi 4:13; Ebrei 4:15-16; 2 Pietro 2:4-9)*.

(Principio 22) Il nostro Signore Gesù Cristo concederà la misericordia e darà la grazia per aiutare in ogni bisogno. Come avvocato, intercede di continuo per te presso Dio Padre e comprende pienamente le tue debolezze *(Ebrei 2:18, 4:15-16, 7:25; 1 Giovanni 2:1)*.

(Principio 23) Le prove e le tribolazioni ti faranno crescere e maturare in Cristo se reagirai a esse secondo la via di Dio *(Romani 5:3-5; Giacomo 1:2-4)*. Egli non vuole mai farti del male né danneggiarti; al contrario, i Suoi piani per te sono per il tuo bene *(Genesi 50:20; Deuteronomio 8:2, 5, 16; Salmo 145:17; Ecclesiaste 7:13-14; Geremia 29:11-13; Romani 8:28-29; Giacomo 1:13-17)*.

(Principio 24) La pace e la gioia di Dio sono a disposizione dei credenti; non dipendono dagli altri, dai beni materiali o dalle circostanze *(Salmo 119:165; Matteo 5:3-12; Giovanni 14:27, 15:11, 16:33, 17:13; Romani 14:17; Filippesi 4:4-7; 1 Pietro 1:6-9)*.

(Principio 25) Solo Dio può cambiare le persone *(Ezechiele 36:26-27; Filippesi 1:6, 2:13)*, quindi tu non sei e non puoi essere responsabile del loro cambiamento. Tu sei responsabile, davanti a Dio, unicamente per i tuoi atti *(Geremia 17:10; Ezechiele 18:1-20, specialmente il versetto 20; Matteo 16:27; Romani 2:5-10, Colossesi 3:23-25; 1 Pietro 1:17)*. Devi fare la tua parte per vivere in pace con gli altri *(Matteo 5:23-24; Marco 11:25; Romani 12:9-21, 14:19; 1 Pietro 3:8-9, 4:8)*.

(Principio 26) Quando confessi i tuoi peccati, Dio ti perdona e ti purifica *(1 Giovanni 1:9)*.

I TRE LIVELLI DEI PROBLEMI

> Forse percepisci i tuoi problemi solo a uno o a due livelli, ma tutti i problemi si manifestano a tre livelli: sentimenti, condotta e cuore. Generalmente, li percepisci solo al livello dei sentimenti e della condotta. Spesso non comprendi esattamente la portata dei tuoi problemi, per cui è importante esaminare le tue percezioni alla luce della Parola di Dio *(basato su Genesi 4:7; Salmo 38; Geremia 17:9; Matteo 7:1-5; 1 Corinzi 11:31; Galati 5:17).*

I. **Livello dei sentimenti**

   A. I tuoi sentimenti comprendono molte e diverse emozioni e non sempre riflettono la vera condizione del tuo cuore. Alcune sensazioni di malessere possono essere il risultato del peccato commesso al livello della "condotta" e del "cuore", come nel caso di Davide *(Salmo 38:3-10).*

   B. A volte puoi essere felice o euforico come risultato di atti ingiusti che non piacciono a Dio e danneggiano altri, come spesso fece il popolo di Israele *(Esodo 32:2-6, 17-19).* I sentimenti, perciò, possono o non possono indicare se tu stai vivendo per piacere a te stesso o per piacere a Dio.

   C. Tuttavia, nell'affrontare i problemi non si devono trascurare i sentimenti. Una delle prime indicazioni dell'esistenza di un problema nella tua vita, potrebbe proprio essere dei sentimenti forti, come attestano i seguenti esempi nella Scrittura *(Genesi 4:5; Giudici 7:3, 1 Samuele 18:8-9; 1 Re 19:1-3; Salmo 38:3-10, 49:5; Ecclesiaste 7:9; Matteo 6:34; Marco 10:22; Luca 10:41).*

II. **Livello della condotta**

   I tuoi problemi riguardano anche i tuoi pensieri, le tue parole e i tuoi atti: il "livello della condotta" *(Matteo 5:21-22, 27-28; Galati 5:19-21; Colossesi 3:5-9);* per esempio:

VITA INCENTRATA SULL'IO		ATTI INCENTRATI SULL'IO
arroganza	dimostrata con	parole scortesi, spirito critico
falsità	dimostrata con	bugie, parole usate per manipolare
immoralità	dimostrata con	adulterio o fornicazione, visione di film pornografici, partecipazione ad attività omosessuali
ira	dimostrata con	picchiare gli altri, sbattere le porte, lanciare oggetti, attacchi verbali, inveire contro gli altri
mancanza di comunione	dimostrata con	presenza sporadica in chiesa, poca disponibilità verso gli altri
mancanza di disciplina	dimostrata con	ingordigia, lettura della Parola e preghiera irregolare, non adempiere agli incarichi o non portare a termine gli impegni

VITA INCENTRATA SULL'IO		ATTI INCENTRATI SULL'IO
amarezza	dimostrata con	rimuginare, non parlare, spettegolare, meditare e compiere vendette
ansia	dimostrata con	incolpare le persone o le circostanze per la propria mancanza di pace; parlare sempre dei propri problemi agli altri
gelosia	dimostrata con	disprezzare o criticare gli altri o i loro successi

III. **Livello del cuore**

  A. Il cuore è descritto nelle Scritture in molti modi diversi, ma collegati fra loro. Per esempio:

   1. il "cuore" indica il carattere o la vita interiore di una persona, i suoi desideri e lo scopo della vita *(Genesi 6:5, 8:21; Deuteronomio 11:13; 1 Samuele 12:24; Salmo 57:7, 84:2, 95:10; Geremia 32:38-41; Ezechiele 11:21; Matteo 5:8, 11:29, 22:37; Marco 3:5; Atti 2:46-47, 4:32; Romani 2:5; Colossesi 3:22)*;

   2. è impossibile per l'uomo comprendere a fondo il cuore *(Geremia 17:9)* ed è impossibile purificarlo *(Proverbi 20:9)*;

   3. il cuore è la fonte dalla quale derivano tutte le questioni della vita *(Proverbi 4:23; Matteo 12:34-35; Marco 7:20-23; Luca 6:43-45)*. Come tale, è concentrato o su piacere a se stesso o piacere a Dio *(Luca 9:23-24; Galati 5:16-17)*.

  B. Le tue azioni rivelano il tuo cuore e si manifestano in:

   1. pensieri *(Matteo 15:19; Marco 7:20-23)*,

   2. parole *(Matteo 12:34; Luca 6:45)*,

   3. atti *(Matteo 15:18-20; Marco 7:20-23)*.

  C. Quando il tuo cuore non è intento ad amare Dio, avrai inevitabilmente dei problemi *(Matteo: 15:18-20)*. Segue un elenco parziale di questi problemi:

  Orgoglio, cupidigia (desiderare ardentemente), desideri carnali *(1 Giovanni 2:16)*, egoismo *(Filippesi 2:21)*, amarezza *(Ebrei 12:15)*, invidia e gelosia *(Giacomo 3:14-16)*, pigrizia o indolenza *(Matteo 25:26)*, presunzione *(Luca 18:9-14)*, immoralità, idolatria, inimicizie, conflitti, gelosia, accessi d'ira, discordie, ubriachezze e invidia *(Galati 5:19-21)*.

  D. In molti casi il cuore è uguagliato alla mente *(Marco 7:18-23; Luca 5:22; Atti 5:4; Romani 10:8-10; 2 Corinzi 9:7; Ebrei 4:12)*.

  E. Il cuore è considerato anche la sede delle proprie convinzioni e della fede *(Atti 16:14; Romani 10:10; Ebrei 3:12)*.

  F. Solo Dio può giudicare accuratamente la condizione spirituale del cuore *(1 Samuele 16:7; 1 Cronache 28:9; Proverbi 17:3; Geremia 17:10; 1 Corinzi 4:5; 1 Tessalonicesi 2:4)*. Solo Lui può cambiarla *(Salmo 51:10; Ezechiele 36:26)*.

  G. Quando Dio purifica il tuo cuore attraverso la fede nel Signore Gesù Cristo *(Atti 15:8-9; 2 Corinzi 4:6; Galati 4:4-7)*, Egli ti sigilla e ti dona il Suo Spirito come garanzia *(2 Corinzi 1:21-22)*. La tua risposta è amarLo e servirLo con "tutto il tuo cuore" (con la totalità della tua vita e del tuo essere) *(Matteo 22:37; Romani 6:17-18; Efesini 6:5-8)*.

LA SPERANZA BIBLICA

> Dio ti ha donato la speranza, che non è semplicemente un auspicio. Essa è certezza e non dipende da altre persone, da beni materiali o da circostanze. Infatti, la speranza biblica è l'applicazione della fede; per mezzo di essa puoi attendere con fiducia l'adempimento delle promesse di Dio. Con la fede e l'amore, la speranza è una delle caratteristiche durature nella vita del credente *(basato su Salmo 39:7, 119:49-50; Lamentazioni 3:21-24; Romani 5:1-5, 8:24-25; 1 Corinzi 13:13; 2 Corinzi 1:3-11; Colossesi 1:3-6; 1 Tessalonicesi 1:2-3; 1 Timoteo 1:1; Ebrei 6:17-20, 11:1, 13-16; 1 Pietro 1:3).*

I. **Le basi della speranza biblica**

   A. Avere la speranza biblica, secondo la Parola di Dio, vuol dire essere costante e aspettare con viva attesa l'intervento divino e la salvezza del Signore. Essi sono fondati su:

   1. il carattere di Dio Padre *(Salmo 33:18, 62:5-6, 71:5; Geremia 29:11; Lamentazioni 3:21-24; Romani 15:13; 2 Corinzi 1:8-10; 1 Pietro 1:21)*;

   2. la Parola di Dio *(Salmo 119:49, 130:5; Romani 15:4)*;

   3. il Figlio di Dio, il Signore Gesù Cristo *(Matteo 12:21; Efesini 1:9-12; Colossesi 1:27; 1 Tessalonicesi 1:3; 1 Timoteo 1:1; Tito 2:13; 1 Giovanni 3:3)*;

   4. la potenza dello Spirito Santo *(Romani 15:13)*.

   B. La "speranza" che si fonda su qualsiasi altra base verrà meno *(Giobbe 8:13, 27:8; Salmo 33:16-17; Proverbi 11:7)* e non è affatto speranza *(Efesini 2:12; 1 Tessalonicesi 4:13)*.

II. **Ciò che accompagna la speranza biblica**

   A. La speranza è strettamente collegata alla fede e all'amore *(1 Corinzi 13:13; Galati 5:5-6; Efesini 4:1-6)*.

   B. Fede, speranza e amore sono le caratteristiche di base di una persona devota a Dio *(Efesini 1:15-18; Colossesi 1:3-5; 1 Tessalonicesi 1:2-3)*.

III. **La realizzazione della speranza biblica**

   A. La speranza biblica è un dono della grazia di Dio *(2 Tessalonicesi 2:16-17)* ed è collegata alla Buona Novella di Gesù Cristo *(Romani 5:1-2, 8:23-25; Efesini 1:18-23, 4:4; Colossesi 1:21-23; 1 Tessalonicesi 5:8; 1 Pietro 1:3)*.

   B. Poiché la tua speranza è una certezza indiscussa grazie al Signore Gesù Cristo *(Colossesi 1:27)*, quando rispondi a Lui, secondo la Parola, sei trasformato in modo meraviglioso *(2 Corinzi 5:17; Galati 2:20; 1 Giovanni 3:1-3)*.

   C. Come credente, devi esultare nella speranza della gloria di Dio rivelata in Gesù Cristo. In risposta a questa speranza, puoi cooperare con Dio allo sviluppo del tuo carattere per somigliare sempre più a Cristo, perseverando in ogni, e qualsiasi, tribolazione. Nel fare così otterrai la speranza, che non delude, per il vivere quotidiano *(basato su Romani 5:1-5).*

D. Grazie all'amorevole e suprema cura di Dio per te in ogni situazione *(Romani 8:28-29),* ricorda che:

1. hai la libertà dal potere e dalla condanna del peccato (vedi *Principio 20,* Lezione 6, pagina 3);

2. in ogni difficoltà, hai la promessa della vittoria che Gesù Cristo ha già ottenuto attraverso la Sua morte e risurrezione (vedi *Principio 21,* Lezione 6, pagina 3);

3. hai un sostegno personale dal Signore Gesù Cristo (vedi *Principio 22,* Lezione 6, pagina 3);

4. hai la promessa che Dio risolverà le prove a tuo vantaggio se vivrai secondo la Sua Parola (vedi *Principio 23,* Lezione 6, pagina 3);

5. puoi avere la pace e la gioia di Dio in ogni situazione (vedi *Principio 24,* Lezione 6, pagina 3);

6. non hai la responsabilità biblica di cambiare gli altri, ma solo te stesso (vedi *Principio 25,* Lezione 6, pagina 3);

7. quando pecchi, la tua speranza può essere rinnovata (vedi *Principio 26,* Lezione 6, pagina 3).

Vedi: **SAPER RICONOSCERE LA DIFFERENZA TRA LA VIA DELL'UOMO E LA VIA DI DIO** *(Lezione 4, pagina 14) punto III. La speranza che deriva dal seguire la via di Dio*

IV. **Caratteristiche di coloro che mostrano la speranza biblica nel loro cammino quotidiano.**

A. Hanno ricevuto la salvezza tramite il Signore Gesù Cristo *(Romani 8:24-25; 1 Tessalonicesi 5:8; 1 Pietro 1:3).*

B. Sono gioiosi *(Romani 5:2, 12:12, 15:13).*

C. Hanno pace *(Romani 15:13).*

D. Sono incoraggiati dalla Scrittura *(Romani 15:4).*

E. Perseverano in ogni situazione *(Romani 8:24-25; Ebrei 6:9-12).*

F. Attendono di vedere il Signore Gesù Cristo *(Galati 5:5; Tito 2:11-13).*

G. Sono saldi e fiduciosi in Cristo Gesù *(Colossesi 1:21-23; 1 Tessalonicesi 1:2-3; Ebrei 3:5-6).*

H. Dipendono da Dio *(2 Corinzi 1:8-10).*

I. Sono disciplinati e fedeli *(1 Timoteo 4:7-10).*

J. Confidano nelle promesse di Dio *(Ebrei 6:17-20).*

K. Si purificano *(1 Giovanni 3:3).*

LA BASE BIBLICA PER AVERE PACE E GIOIA

> Per sperimentare e conservare la pace e la gioia di Dio, è necessario che il credente mantenga un rapporto intimo ed ininterrotto con il Signore Gesù Cristo *(basato su Giovanni 14:27, 15:11, 16:33; Romani 14:17; Galati 5:22)*.

La pace e la gioia di Dio caratterizzano una vita ripiena dello Spirito *(Galati 5:22)*. La Sua pace e la Sua gioia non dipendono:

1. dagli altri (ossia: coniuge, genitori, figli, parenti, amici, nemici, direttore/capufficio, compagni di stanza, di classe, vicini, ecc);
2. dalle circostanze (ossia: retaggio, educazione, lavoro, scuola, ferie, quartiere, vacanze, le autorità sopra di noi, "inconvenienti", problemi di salute, difficoltà finanziarie, clima, popolarità, ecc);
3. dalle cose (ossia: denaro, automobile, grado d'istruzione, casa, appartamento, abiti, mobili, animali domestici, ecc).

Molti figli di Dio tuttavia non sperimentano la pace e la gioia che si trovano in Gesù Cristo *(Giovanni 14:27, 15:11, 16:33)*, benché queste siano due delle caratteristiche della vita abbondante, promessa nella Parola di Dio *(Giovanni 10:10; Romani 14:17, 15:13)*.

I. **Pace**

   A. La pace del mondo

   La "pace" offerta dal mondo non è né costante, né sicura. La pace del mondo è temporanea e dura solo fin quando tutto va bene *(Giovanni 14:27, 16:33; Romani 3:16-17)*.

   B. La pace secondo la Scrittura

   1. La pace descrive ovviamente la mancanza di ostilità tra gruppi di persone *(Giosuè 9:15; 1 Samuele 16:4-5; Matteo 10:34-36; Luca 14:31-32; Atti 7:26, 12:20, 24:2-3)*. La pace indica anche rapporti armoniosi tra gli individui *(1 Cronache 12:16-18; Romani 14:19; Efesini 4:1-3; Ebrei 12:14)*.

   2. La pace è l'opposto della confusione *(1 Corinzi 14:33)* ed è caratteristica della saggezza divina *(Giacomo 3:17)*. La pace ricercata per motivi personali è legata agli individui o alle circostanze, per cui è temporanea e illusoria *(Deuteronomio 29:19-21; Geremia 6:10-15, 8:9-11; Ezechiele 13:8-16; Michea 3:5)*. La pace biblica dipende solamente dal camminare nelle vie di Dio *(Salmo 85:8-10; Isaia 32:17, 48:22, 57:21; Giacomo 3:14-18)*.

   3. L'espressione più alta della pace nella Scrittura descrive una persona che ha un giusto rapporto con Dio, dal quale derivano una coscienza pulita, un senso di benessere e uno stato di calma *(Salmo 4:8, 29:11; Isaia 26:12, 32:17; Malachia 2:3-6; Luca 2:14; 2 Timoteo 1:2-3)*. Questo giusto rapporto con Dio può essere tuo e si ottiene solo tramite Gesù Cristo *(Luca 1:67-79; Atti 10:34-36; Romani 5:1; Efesini 2:13-18)*.

© Biblical Counseling Foundation

C. Come puoi sperimentare personalmente la vera pace

1. La pace è una caratteristica del regno di Dio *(Romani 14:17)* e può essere sperimentata anche nelle difficoltà e nelle circostanze mutevoli. Poiché la pace di Dio è in Suo Figlio Gesù Cristo *(Isaia 9:6; Efesini 2:13-18; Colossesi 3:15; 2 Tessalonicesi 3:16)*, essa va oltre la comprensione *(Filippesi 4:7)*. Non è paragonabile alla pace del mondo che è basata sulle persone, sulle circostanze o sui beni materiali *(Giovanni 14:27)*.

2. Gesù disse che nel mondo avrai tribolazione; ma poiché Lui ha vinto il mondo, tu puoi avere sempre pace in Lui *(Giovanni 16:33)*.

3. Quando smetti di preoccuparti e preghi, ringraziando in ogni situazione, allora conoscerai la pace di Dio perché Egli è il custode del tuo cuore e della tua mente *(Filippesi 4:6-7)*. Puoi sperimentare la pace di Dio attraverso la tua fiducia continua in Lui *(Isaia 26:3; Romani 8:6)* e un amore costante per la Sua Parola, che dimostrerai con l'ubbidienza amorevole e sincera *(Salmo 119:165-168)*.

II. Gioia

A. La gioia del mondo

Ogni cosa che il mondo offre, compresa la sua "gioia", è temporanea e di breve durata *(1 Giovanni 2:15-17)*. Un individuo che ricerca la gioia in una persona, in una circostanza o in un'altra "cosa", scoprirà presto che questo tipo di gioia è superficiale. Le persone vengono meno, le circostanze cambiano e le cose deludono. La "gioia", che sembrava splendere radiosamente, subito svanisce. La reazione tipica allora è quella di cercare una persona diversa, un cambiamento di circostanze o altre "cose" nel vano tentativo di riacquistare la gioia.

B. La gioia secondo la Scrittura

1. La gioia (gloriarsi, esultare, essere soddisfatti, provare piacere in qualcosa) è un termine dalle tante sfaccettature, usato in una varietà di circostanze. La gioia è sempre il risultato di una causa precisa. Il motivo della nostra gioia determina se essa fa piacere a Dio o è una gioia temporanea che fa piacere a noi stessi. È possibile gioire delle difficoltà degli altri *(Salmo 35:26)*, delle loro calamità *(Proverbi 17:5)*, del fatto che subiscono ingiustizie *(1 Corinzi 13:6)*, si può essere anche gioiosi del proprio peccato *(Giacomo 4:1-9)*; questo tipo di gioia è rivolto alla gratificazione di sé e dispiace a Dio.

   La gioia duratura che viene da Dio, deve essere radicata e fondata in Lui, nel Suo carattere e nelle Sue opere *(Deuteronomio 16:13-15; 2 Cronache 30:20-22; Salmo 9:2, 31:7, 33:21, 35:9, 40:16, 43:4, 92:1-4, 118:24; Isaia 61:10; Luca 1:46-55)*.

2. Gesù è pienamente Dio *(Colossesi 1:15-20; Ebrei 1:1-6)* ed è immutabile *(Ebrei 13:8)*. Perciò la gioia duratura si trova in Lui *(Luca 1:14, 2:10; Giovanni 15:11, 17:13; Filippesi 4:4)* e nella salvezza che Egli ha provveduto *(Luca 10:20, 15:7, 10; Romani 15:8-13; Filippesi 1:15-18; 1 Pietro 1:3-8)*.

3. La vera gioia può essere sperimentata, di continuo, anche in mezzo ai problemi e alle difficoltà *(2 Corinzi 6:1-10, specialmente il versetto 10; 1 Tessalonicesi 5:16)*.

C. Come puoi sperimentare personalmente la vera gioia

1. Come la pace, la gioia che proviene da Dio è una caratteristica tipica del Suo regno *(Romani 14:17)*. La gioia piena, si trova alla presenza

del Signore *(Salmo 16:11)* e nella Sua forza *(Neemia 8:10)*. Questa gioia, fondata sul Signore Gesù Cristo *(Romani 5:11)*, non ti può essere tolta *(Giovanni 16:22, 17:13)*. Non dipende dalle persone, dalle circostanze né da ciò che possiedi, ma solo dal tuo rapporto con Gesù *(Giovanni 15:1-11; Galati 5:22; 1 Pietro 1:3-8)*.

2. La gioia che Gesù dona può riempirti *(Giovanni 17:13)* e può essere sperimentata attraverso una vita di preghiera costante e incentrata sul Signore Gesù Cristo *(Giovanni 16:24)*.

3. Solo attraverso un giusto rapporto con Gesù puoi avere la gioia duratura e sopportare le prove gioiosamente *(Matteo 5:11-12; Giacomo 1:2-4; 1 Pietro 1:6-7, 4:12-13)*. Il nostro esempio a questo proposito è Gesù stesso, il quale sopportò la prova finale, la morte sulla croce, per la gioia duratura che Gli era posta davanti *(Ebrei 12:1-2)*.

4. Quando sei sempre gioioso nel Signore *(Filippesi 3:1, 4:4; 1 Tessalonicesi 5:16)*, agisci nel modo che si addice ad un credente fedele in Cristo. Per esempio:

    a. Gli apostoli, dopo essere stati battuti e minacciati dalle autorità, gioirono per essere stati ritenuti degni di essere oltraggiati per il Nome di Gesù Cristo *(Atti 5:40-41)*.

    b. Paolo e Sila pregavano e cantavano inni a Dio nonostante fossero stati battuti e imprigionati *(Atti 16:22-25)*. In seguito, benché di nuovo in prigione, l'apostolo Paolo gioiva nonostante le sue sofferenze *(Colossesi 1:24)*. Malgrado le prove e le difficoltà, Paolo, come servo di Dio, gioiva continuamente *(2 Corinzi 6:4-10)*.

    c. Non solo le singole persone furono ripiene della gioia di Dio nonostante le avversità, ma, allo stesso modo, lo furono gruppi di credenti. Per esempio:

        1) le chiese della Macedonia avevano una gioia incontenibile, malgrado fossero afflitte e in grande povertà *(2 Corinzi 8:2)*;

        2) i destinatari della lettera di Pietro dovevano essere gioiosi nonostante l'incendio che divampava fra di loro, poiché le loro difficoltà dimostravano la loro partecipazione alle sofferenze di Cristo *(1 Pietro 4:13)*;

        3) i destinatari della lettera agli Ebrei continuavano ad essere gioiosi, anche se i loro beni erano stati confiscati, poiché la loro speranza era fondata sui valori celesti e non sulle circostanze terrene *(Ebrei 10:34)*.

LEZIONE 6: COMPITI

> I **COMPITI** di questa settimana ti offrono l'opportunità di affrontare, secondo la Parola, un problema specifico nella tua vita. Troverai ciò che la Scrittura dice riguardo alle difficoltà, come dovresti reagire a esse e che risultato avranno nella tua vita *(basato su Romani 5:1-5, 8:28-29; 1 Corinzi 11:31; 2 Corinzi 1:3-5; 2 Timoteo 2:15; Tito 2:11-12; Giacomo 1:2-4).*

✔ *compiti completati*

☐ A. * Con parole tue scrivi il significato di *Romani 8:28-29*. Impara a memoria *Romani 8:28-29* e inizia ad imparare *Efesini 4:22-24*. Ripassa i versetti già imparati.

☐ B. * Nelle tue meditazioni questa settimana, usa una chiave biblica e trova almeno due citazioni dalla Scrittura appropriate al problema sul quale il Signore vuole che tu lavori, e completa uno **SCHEDA DI STUDIO BIBLICO E APPLICAZIONE** (Supplemento 3, pagina 1) per ogni citazione.

☐ C. * Studia **PRINCIPI BIBLICI: LA BASE BIBLICA PER IL CAMBIAMENTO** (Lezione 6, pagine 2-3). Numerosi passi biblici citati in questa lezione gettano le basi per il resto del corso. Sei incoraggiato a evidenziare nella tua Bibbia i versetti relativi ad ogni principio biblico.

☐ D. * Leggi **I TRE LIVELLI DEI PROBLEMI** (Lezione 6, pagine 4-5). Descrivi i tre livelli di un problema e come questi si applicano al problema sul quale il Signore vuole che lavori durante questo corso.

☐ E. * Studia **LA SPERANZA BIBLICA** (Lezione 6, pagine 6-7). Evidenzia nella tua Bibbia i versetti di riferimento. Questi spiegano qual è il piano di Dio per assicurare, nella tua vita, la speranza vera e duratura.

☐ F. Leggi **LA BASE BIBLICA PER AVERE PACE E GIOIA** (Lezione 6, pagine 8-10). Contrassegna ogni affermazione che ti riguarda in questo momento e cerca i versetti di riferimento nella Bibbia e evidenziali.

☐ G. * Per completare l'**ESAME DEL CORSO** (Lezione 23) mentre segui questo studio, rispondi alle domande 11, 12 e 13 del **Test a libro aperto** (Lezione 23, pagina 2).

* *Il completamento dei compiti contrassegnati con un asterisco (*) è essenziale per continuare la formazione per la consulenza biblica.*

LEZIONE 6: GUIDA ALLO STUDIO PER LA MEDITAZIONE GIORNALIERA
(COMPRENDE VERSETTI A MEMORIA E COMPITI)

> LA GUIDA ALLO STUDIO di questa settimana ti offre l'opportunità di affrontare, secondo la Parola, un problema specifico nella tua vita. Troverai ciò che la Scrittura dice riguardo alle difficoltà, come dovresti reagire a esse e che risultato avranno nella tua vita *(basato su Romani 5:1-5, 8:28-29; 1 Corinzi 11:31; 2 Corinzi 1:3-5; 2 Timoteo 2:15; Tito 2:11-12; Giacomo 1:2-4).*

Versetti a memoria

1. * Impara a memoria *Romani 8:28-29* e inizia a impara *Efesini 4:22-24.*
2. Con i versetti delle lezioni precedenti, hai ora sette cartoncini con i versetti a memoria che porterai con te durante la giornata *(in ordine di lezione: Efesini 2:8-9; Matteo 7:1, 5; 2 Timoteo 3:16-17; 2 Corinzi 3:5-6; 1 Corinzi 10:13; Romani 8:28-29; Efesini 4:22-24).* Questa settimana, sii fedele ogni giorno nel ripassare i versetti precedenti e nell'imparare a memoria i nuovi durante il tempo libero.

Guida allo studio per la meditazione giornaliera

PRIMO GIORNO

1. Inizia con la preghiera.
2. * Leggi *Principi 15* e *16* in **PRINCIPI BIBLICI: LA BASE BIBLICA PER IL CAMBIAMENTO** (Lezione 6, pagine 2-3). Evidenzia i versetti nella tua Bibbia.
3. * Con parole tue scrivi il significato di *Romani 8:28-29.*
4. Termina con la preghiera.
5. Porta con te i sette cartoncini con i versetti durante tutto il giorno e ripassa quelli delle lezioni precedenti. Impara a memoria *Romani 8:28-29* e leggi *Efesini 4:22-24.*

SECONDO GIORNO

1. Inizia con la preghiera.
2. * Leggi i *Principi 17* e *18* in **PRINCIPI BIBLICI: LA BASE BIBLICA PER IL CAMBIAMENTO** (Lezione 6, pagine 2-3). Evidenzia i versetti non segnati in precedenza.
3. * Leggi **I TRE LIVELLI DEI PROBLEMI** (Lezione 6, pagine 4-5). Descrivi i tre livelli di un problema e come questi si applicano a quello su cui il Signore vuole che lavori durante questo corso.
4. Termina con la preghiera.

TERZO GIORNO

1. Inizia con la preghiera.
2. * Leggi il *Principio 19* in **PRINCIPI BIBLICI: LA BASE BIBLICA PER IL CAMBIAMENTO** (Lezione 6, pagine 2-3). Evidenzia i versetti elencati nella tua Bibbia.
3. * Usando una chiave biblica, scegli due riferimenti scritturali applicabili al problema sul quale Dio vuole che lavori. Per i prossimi tre giorni, completa una **SCHEDA DI STUDIO BIBLICO E APPLICAZIONE** (Supplemento 3, pagina 1) per entrambi i riferimenti che hai scelto.

© Biblical Counseling Foundation

4. Termina con la preghiera.

QUARTO GIORNO

1. Inizia con la preghiera.
2. * Studia **LA SPERANZA BIBLICA** (Lezione 6, pagine 6-7). Cerca ed evidenzia i versetti di riferimento. Questi spiegano qual è il piano di Dio per assicurare nella tua vita la speranza vera e duratura.
3. * Usando una delle citazioni che hai scelto ieri, completa una **SCHEDA DI STUDIO BIBLICO E APPLICAZIONE** (Supplemento 3, pagina 1) per il problema su cui Dio vuole che lavori.
4. Termina con la preghiera.
5. Stai facendo progressi nell'imparare a memoria la Scrittura? Sii fedele nell'usare il tempo libero per ripassare e imparare i versetti.

QUINTO GIORNO

1. Inizia con la preghiera.
2. * Leggi i *Principi 20 e 21* in **PRINCIPI BIBLICI: LA BASE BIBLICA PER IL CAMBIAMENTO** (Lezione 6, pagine 2-3) ed evidenzia i passi elencati nella tua Bibbia.
3. * Completa una seconda **SCHEDA DI STUDIO BIBLICO E APPLICAZIONE** per l'altra citazione che hai scelto, concernente il tuo problema (Supplemento 3, pagina 1).
4. Termina con la preghiera.

SESTO GIORNO

1. Inizia con la preghiera.
2. * Leggi i *Principi 22 e 23* in **PRINCIPI BIBLICI: LA BASE BIBLICA PER IL CAMBIAMENTO** (Lezione 6, pagine 2-3). Evidenzia i relativi versetti.
3. Leggi **LA BASE BIBLICA PER AVERE PACE E GIOIA** (Lezione 6, pagine 8-10). Contrassegna ogni affermazione che ti riguarda in questo momento. In base alla tua scelta cerca i versetti di riferimento nella tua Bibbia ed evidenziali. Questo è il primo di due studi.
4. Termina con la preghiera.

SETTIMO GIORNO

1. Inizia con la preghiera.
2. * Leggi i *Principi 24, 25, e 26* in **PRINCIPI BIBLICI: LA BASE BIBLICA PER IL CAMBIAMENTO** (Lezione 6, pagine 2-3) ed evidenzia i relativi versetti.
3. Termina il tuo studio di **LA BASE BIBLICA PER AVERE PACE E GIOIA** (Lezione 6, pagine 8-10) che hai iniziato ieri.
4. * Per completare l'**ESAME DEL CORSO** (Lezione 23) mentre segui questo studio, rispondi alle domande 11, 12, e 13 del **Test a libro aperto** (Lezione 23, pagina 2).
5. Termina con la preghiera.
6. Valuta l'efficacia del tuo modo di imparare a memoria i versetti. Chiedi a qualcuno di ascoltarti mentre li reciti con le loro citazioni. Spiega come i versetti di questa lezione *(Romani 8:28-29)* si applicano alla tua vita.

* *Il completamento dei compiti contrassegnati con un asterisco (*) è essenziale per continuare la formazione per la consulenza biblica.*

LEZIONE 7

LA STRUTTURA BIBLICA DEL CAMBIAMENTO

"... avete imparato per quanto concerne la vostra condotta di prima a spogliarvi del vecchio uomo che si corrompe seguendo le passioni ingannatrici; a essere invece rinnovati nello spirito della vostra mente e a rivestire l'uomo nuovo che è creato a immagine di Dio nella giustizia e nella santità che procedono dalla verità".

Efesini 4:22-24

LEZIONE 7:
LA STRUTTURA BIBLICA DEL CAMBIAMENTO

> Tu devi imparare a essere un esecutore della Parola (ubbidire alle Scritture) per maturare in Cristo *(basato su 2 Timoteo 3:16-17; Ebrei 5:13-14: Giacomo 1:22-25; 2 Pietro 1:2-10, spec. il versetto 10).*

I. Gli obiettivi di questa lezione sono:

A. presentare la metodologia di un cambiamento biblico che porterà alla maturità spirituale;

B. spiegare come pensieri non biblici, portano ad azioni non bibliche;

C. mostrare ciò che devi fare per cooperare con Dio per il rinnovamento della tua mente.

II. Il sommario di questa lezione

A. Esamina te stesso

1. **PRINCIPI BIBLICI: LA STRUTTURA BIBLICA DEL CAMBIAMENTO** (Lezione 7, pagina 2)

2. **IL CAMBIAMENTO BIBLICO È UN PROCESSO** (Lezione 7, pagine 3-4)

3. **GLI EFFETTI DI PENSIERI, PAROLE E AZIONI NON BIBLICI** (Lezione 7, pagina 5)

4. **IL RINNOVAMENTO DELLA TUA MENTE** (Lezione 7, pagine 6-7)

B. Passi per la crescita spirituale

1. **LEZIONE 7: COMPITI** (Lezione 7, pagina 8)

2. **GUIDA ALLO STUDIO PER LA MEDITAZIONE GIORNALIERA** (Lezione 7, pagine 9-10)

PRINCIPI BIBLICI:
LA STRUTTURA BIBLICA DEL CAMBIAMENTO

> Il cambiamento biblico inizia nella tua vita attraverso la potenza rigeneratrice dello Spirito Santo. Come nuova creatura in Cristo, sei in grado di apportare cambiamenti secondo la Parola, nei tuoi pensieri, nelle tue parole e nelle tue azioni. I cambiamenti avverranno nella misura in cui muori a te stesso e servi, con amore, Dio e gli altri *(basato su Matteo 22:37-39; Luca 9:23; Giovanni 3:5-6; Romani 12:1-2; 1 Corinzi 10:31; 2 Corinzi 5:15, 17; Efesini 4:22-24; Filippesi 2:3-8, 3:12-14; Tito 3:5).*

I tuoi passi per un cambiamento biblico

A. Il processo

(Principio 27) Un cambiamento biblico reale e duraturo è un processo. Devi ubbidire agli ordini e alle istruzioni della Parola di Dio, in ogni aspetto della tua vita (i tuoi pensieri, parole e azioni) *(Romani 15:4; 2 Timoteo 3:16-17; Giacomo 1:21-25; 2 Pietro 1:2-4)*. Sarai rinnovato nello spirito della tua mente nella misura in cui "ti spogli" del tuo vecchio modo peccaminoso di vivere e "ti rivesti" di un nuovo modo di vivere in giustizia e in santità *(Romani 6:11-14, 16-23, 12:1-2; Efesini 4:22-24; Filippesi 2:12-13; Colossesi 3:5-17; 2 Timoteo 2:19)*.

B. Ciò di cui "spogliarti"

(Principio 28) Per spogliarti delle vecchie abitudini peccaminose le devi innanzitutto identificare esaminando (giudicando) la tua vita alla luce della Parola di Dio *(Matteo 7:1-5; 1 Corinzi 11:28-31; 2 Timoteo 3:16-17; Ebrei 4:12)*. Una volta identificati i peccati specifici nella tua vita devi ravvederti *(Proverbi 28:13; 2 Corinzi 7:9-10; Apocalisse 2:5)*, confessarli *(1 Giovanni 1:9)* e abbandonarli immediatamente *(Romani 6:12-13a; 2 Corinzi 10:5; Efesini 4:25, 29 e 31; 5:4; Colossesi 3:2, 5-9; 2 Timoteo 2:22a)*.

C. Ciò di cui "rivestirti"

(Principio 29) Nella misura in cui ti rivesti di azioni giuste *(2 Timoteo 2:22b; Tito 2:11-12)* nella potenza dello Spirito Santo *(Galati 5:16; Efesini 3:16-21, 5:18)*, glorificherai Dio *(1 Corinzi 10:31; 1 Pietro 4:11)*, dimostrerai il tuo amore per Lui *(Deuteronomio 10:12; Matteo 22:37; 1 Giovanni 5:3; 2 Giovanni 1:6)* e Gli farai piacere in ogni cosa *(2 Corinzi 5:9; Colossesi 1:10)*.

IL CAMBIAMENTO BIBLICO È UN PROCESSO

> Continuando a fare delle scelte fra il bene e il male, fra quello che tu vuoi e quello che il Signore vuole, noterai un conflitto dentro di te. A questo punto devi decidere, nella tua mente, di piacere a Dio invece che a te stesso *(basato su Romani 7:19-25, 8:5-9; 2 Corinzi 5:15; Galati 5:17; Filippesi 3:12-14; Colossesi 3:1-2).*

I. Ciò di cui "spogliarti" e ciò di cui "rivestirti"

   A. Per cambiare i tuoi pensieri, le tue parole e le tue azioni, mentre segui Cristo, devi conoscere la Parola di Dio e ubbidire a essa. La Sua Parola elenca molte trasgressioni (trasgredire è oltrepassare intenzionalmente il confine che Dio ha posto tra ciò che è giusto e ciò che è sbagliato). Le trasgressioni sono le cose di cui devi spogliarti, mentre le azioni simili a quelle di Cristo, sono le cose di cui devi rivestirti *(per esempio: Efesini 4:22-32; Colossesi 3:5-17)*. Quando in un brano della Scrittura è menzionato ciò di cui "spogliarsi" spesso, nello stesso brano, è menzionato ciò di cui "rivestirsi". Per esempio:

Spogliare		**Rivestire**
Falsità	*Efesini 4:25*	Dire la verità
Furto	*Efesini 4:28*	Lavorare per dare a chi è nel bisogno
Cattive parole	*Efesini 4:29*	Parole che edifichino secondo il bisogno
Amarezza, cruccio, ira, clamore, parola offensiva, malizia	*Efesini 4:31-32*	Gentilezza, benevolenza, perdono

   B. Qualche volta nella Scrittura è presentato ciò di cui "rivestirsi" senza che sia specificato ciò di cui "spogliarsi". In questo caso ciò che è presentato, è ciò che il Signore vuole che tu faccia, qualcosa che non sapevi o che non hai messo in pratica nella tua vita. "Rivestirti" delle azioni bibliche che prima non facevi, porta gloria al nome di Dio *(Matteo 5:16; 1 Corinzi 10:31-33)*. Per esempio:

   1. fare discepoli, battezzarli e istruirli *(Matteo 28:19-20)*;
   2. fare tutto nel nome del Signore Gesù, rendendo grazie a Dio attraverso Cristo *(Colossesi 3:17)*;
   3. rivestirsi della completa armatura di Dio e rimanere saldi *(Efesini 6:13-20)*;
   4. camminare in modo degno del Signore, per piacerGli *(Colossesi 1:10)*;
   5. rallegrarsi di continuo, pregare incessantemente, in ogni cosa rendere grazie *(1 Tessalonicesi 5:16-18)*.

II. Preghiera e azione

   A. La preghiera è necessaria per una vita cristiana ubbidiente *(Filippesi 4:6-7; Colossesi 4:2; 1 Tessalonicesi 5:17)*. È la prima cosa che dovresti fare ed è indispensabile per sperimentare la pace *(Filippesi 4:6-7)* e il perdono di Dio nella tua vita *(1 Giovanni 1:9)*.

B. Tuttavia la preghiera da sola non basta ad attuare l'intero piano di Dio per la tua vita. Devi anche agire in modo preciso e ubbidiente *(Matteo 7:24-27; Filippesi 2:12-13, 4:9; Giacomo 1:22-25; 1 Giovanni 3:22)*. Devi spogliarti di pensieri, parole e azioni che disonorano il nome di Cristo e, al loro posto, rivestirti di nuovi modi di pensare, parlare e agire che riflettono il carattere e l'immagine di Cristo *(Romani 6:6-7, 12-13, 17-19; 8:29; Efesini 4:29; Colossesi 3:1-15, 4:5-6)*.

Vedi: **LA PREGHIERA PROVVEDE LA COMUNICAZIONE CON DIO** *(Lezione 3, pagine 9-12)*

III. Fallimento e confessione

A. Se fallisci, puoi di nuovo far piacere a Dio se rispondi secondo la Parola. Per farlo devi riconoscere i tuoi peccati contro Dio, ravvederti, ossia confessarli *(1 Giovanni 1:9)*. Al momento appropriato secondo la Parola, confessa i tuoi peccati a coloro contro i quali hai peccato *(Giacomo 5:16)* per essere riconciliato *(Matteo 5:23-24; Romani 12:18)*.

Vedi: **RICONCILIAZIONE (RIMUOVERE TUTTO CIÒ CHE OSTACOLA L'UNITÀ E LA PACE)** *(Lezione 12, pagine 6-8)*

B. Quando confessi i tuoi peccati a Dio e prendi l'abitudine di riconoscere il peccato e il modo di affrontarlo secondo Dio, attesti la Sua sovranità *(Salmo 51:1-4; Luca 6:46)*. Questo ti permetterà di avere una comunicazione senza ostacoli con il tuo Padre celeste *(Salmo 66:18)* e una vita fruttuosa di preghiera *(1 Giovanni 3:22)*.

C. Quando confessi i tuoi peccati agli altri, ogni volta che si rende necessario, incoraggi rapporti armoniosi *(Romani 12:18)* e dimostri il cambiamento che il Signore Gesù ha prodotto nella tua vita *(Matteo 5:16; Efesini 4:32 - 5:1)*.

GLI EFFETTI
DI PENSIERI, PAROLE E AZIONI NON BIBLICI

> Vivere per Gesù Cristo vuol dire distogliere i pensieri da te stesso e rivolgerli a ciò che Gli fa piacere *basato su Romani 12:2; 2 Corinzi 10:5; Efesini 4:22-24; Colossesi 3:1-2, 5-10).*

Risultati della concentrazione su te stesso nella vita di pensiero

Odio *(1 Giovanni 3:15)*	Gelosia/Invidia *(Galati 5:20-21)*	Paura *(1 Giovanni 4:18)*
Ribellione *(1 Samuele 15:23)*	Orgoglio *(Proverbi 16:18, 29:23)*	Concupiscenza *(Matteo 5:28)*
Risentimento/Amarezza *(Efesini 4:31-32)*	Ira *(Proverbi 16:32, 29:11; Giacomo 1:19-20)*	Dubbi *(Giacomo 1:6-8)*
Egoismo *(Filippesi 2:3-4)*	Ansia *(Filippesi 4:6-7)*	Falsità *(Proverbi 12:20a, 26:24)*

Portano a/e accrescono

(Matteo 15:18-20; Romani 1:24-32; 1 Corinzi 6:9-10, 12; Giacomo 1:14-15)

Possono diventare:

(Salmo 32:3-4; 1 Corinzi 11:28-30; Galati 6:7-8; Colossesi 3:25; 1 Giovanni 5:16)

Azioni e parole non bibliche

- Menzogne
- Ostilità, Dispute
- Preoccupazione
- Impazienza
- Inganni, Calunnie
- Scortesia
- Intolleranza
- Lamentele
- Vanto
- Fornicazione
- Adulterio
- Omicidio
- Omosessualità

Possono diventare:

(basato su Salmo 32:3-4, 38:1-10; Atti 5:1-11, spec. i versetti 5 e 10; 1 Corinzi 5:1-6, spec. il versetto 5; 11:28-30)

Danni fisici

- Disfunzioni cardiache
- Colite
- Emicrania,
- Pressione alta
- Crampi
- Spasmi
- Ulcere
- Insonnia
- Disfunzioni gastriche
- Artrite
- Malattie renali
- Ipertensione
- Malattie veneree
- Morte

IL RINNOVAMENTO DELLA TUA MENTE

> Il tuo nemico, Satana, ti tenterà e farà, di continuo, ricorso ai tuoi sentimenti e ai tuoi desideri egoistici. Tu puoi resistere ai suoi attacchi sottomettendoti al piano di Dio per il rinnovamento della tua mente. Il primo passo in questo processo è la salvezza, seguita da una vita impegnata a ubbidire alla Parola di Dio. Ciò produrrà il rinnovamento continuo della tua mente, affinché tu possa assomigliare sempre più a Cristo *(basato su Genesi 3:1-7; Romani 12:2; 2 Corinzi 2:11, 11:3; Galati 5:17; Filippesi 2:5-8, 13; Ebrei 5:14; Giacomo 1:14-15; 1 Pietro 5:8; 1 Giovanni 4:4)*.

I. **Il rinnovamento della tua mente e la tua crescita in Cristo**

   A. Il rinnovamento della tua mente è il processo attraverso cui i tuoi pensieri e la tua volontà diventano sempre più conformi a Cristo. Una risposta sempre più fedele e ubbidiente alla Parola di Dio dimostra il rinnovamento della tua mente *(basato su Romani 12:1-2; Efesini 4:22-23; Colossesi 3:10-17)*.

   B. Il costante rinnovamento della tua mente è parte integrante del tuo sviluppo spirituale *(Romani 12:2; Efesini 4:23; Colossesi 3:10)*.

II. **Il rinnovamento della tua mente e le tue responsabilità personali**

   A. Tu devi adoperarti, per mezzo della potenza che Dio ti mette a disposizione *(Giovanni 15:4-5; Filippesi 2:13)*, a pensare secondo la Parola *(2 Corinzi 10:5; Filippesi 4:8-9; Colossesi 3:1-2)*.

   B. La tua ubbidienza alla Scrittura favorisce lo sviluppo di una mente conforme a quella di Cristo *(Ebrei 5:14; Giacomo 1:22-25)*. La Scrittura ci dice di:

   1. ascoltare la Parola *(Romani 10:17)* (p.es. ascoltare predicazioni e insegnamenti dalla Parola di Dio);
   2. leggere la Parola *(1 Timoteo 4:13; Apocalisse 1:3)* (p.es. fare la meditazione giornaliera);
   3. studiare la Parola *(2 Timoteo 2:25)* (p.es. investigare le Scritture per imparare principi di vita, sana dottrina ed esempi biblici da seguire);
   4. imparare a memoria la Parola *(Salmo 119:11)* (p.es. ripassare durante la giornata i versetti imparati a memoria);
   5. meditare sulla Parola *(Giosuè 1:8; Salmo 1:2)* (p.es. pensare come applicare le promesse e i comandamenti di Dio nella tua vita).

   Seguendo i punti sopra esposti, permetterai alla Parola di Cristo di dimorare abbondantemente in te *(Colossesi 3:16)*. È altrettanto importante che tu sia un esecutore della Parola, soprattutto in quelle aree che hanno bisogno di un cambiamento biblico. Facendo così lo spirito della tua mente verrà rinnovato per essere sempre più simile a Cristo *(basato su Colossesi 3:8-10; Ebrei 5:14)*.

© Biblical Counseling Foundation

IL RINNOVAMENTO DELLA TUA MENTE

III. Il rinnovamento della tua mente e il processo del cambiamento biblico

	Il tuo vecchio io	Il tuo nuovo io	Il rinnovamento della tua mente
Speranza	Il debito del tuo peccato è stato pagato per mezzo della croce di Cristo *(Romani 5:6-9; Efesini 1:7; Colossesi 2:13-14)* e la tua vecchia natura è stata crocifissa con Cristo *(Romani 6:3-7; Galati 2:20; Colossesi 3:3)*.	Ti sei spogliato del tuo vecchio io e ti sei rivestito del nuovo, perciò sei una persona totalmente rinnovata. Per mezzo della vita di Gesù Cristo risorto, sei in grado di essere conformato alla Sua immagine *(Romani 6:4; 8:11, 29; 2 Corinzi 5:17; Galati 2:20; Efesini 4:22-24)*.	Come risultato, sei guidato dallo Spirito di Dio *(Giovanni 14:26, 16:13; Romani 8:14)* e sei in grado di comprendere le cose di Dio *(1 Corinzi 2:10-14)* che sono rivelate nella Sua Parola *(2 Timoteo 3:16-17; Ebrei 4:12)*.
Cambia-mento	Devi spogliarti delle abitudini peccaminose e distruttive della tua vecchia natura *(Romani 6:12-13; Galati 2:20; Colossesi 3:3)*.	Il rivestire le caratteristiche di Cristo *(Colossesi 3:10-17)* ti porta a piacere a Dio e a edificare gli altri invece di vivere semplicemente per piacere a te stesso *(Luca 9:23-24; Romani 12:16, 15:2; 2 Corinzi 5:14-15; Gaslati 5:13-17; Filippesi 2:3-4)*.	Come risultato la tua mente sarà continuamente rinnovata *(Colossesi 3:8-10)*.
Condotta	Devi continuamente considerarti morto al peccato e libero dalla sua schiavitù *(Romani 6:6-7, 11-12)* e dal desiderio di gratificare te stesso *(1 Pietro 1:14)*.	Un'ubbidienza fedele e diligente al Signore ti mette in grado di superare le prove *(Giacomo 1:2-4)* e i fallimenti *(Filippesi 3:13-14; 1 Giovanni 1:9)* e produce nella tua vita la maturità e il frutto che riflettono Cristo *(2 Pietro 1:4-11)*.	Come risultato, una costante ubbidienza alla Parola di Dio ti protegge dagli inganni, accresce il tuo discernimento spirituale e ti sensibilizza contro il peccato *(Ebrei 5:14; Giacomo 1:22)*.

Per un ripasso accurato del piano di Dio e di ciò che Egli ti mette a disposizione per caambiare, secondo la Parola, vedi:
TU PUOI CAMBIARE SECONDO LA PAROLA (SECONDA PARTE) *(Lezione 2, pagine 3-5)*
LA VIA DELL'UOMO E LA VIA DI DIO (SECONDA PARTE) *(Lezione 4, pagine 2-11)*

LEZIONE 7: COMPITI

> È vitale che ti "spogli" di pensieri, parole e azioni non biblici e ti "rivesti" di nuove azioni di giustizia per rinnovare la tua mente e portarla sempre più a somigliare a Cristo. I **COMPITI** di questa lezione evidenziano questo principio di cambiamento biblico e ti danno l'opportunità di concentrarti su un problema specifico nella tua vita *(basato su Romani 12:2; Filippesi 4:13; Colossesi 3:1-17; Ebrei 5:14; 1 Giovanni 5:1-5).*

✔ *Compiti completati*

☐ A.   * Con parole tue scrivi il significato *Efesini 4:22-24*. Imparala memoria *Efesini 4:22-24* e inizia a imparare *Ebrei 5:14* e *Giacomo 4:17*. Ripassa i versetti imparati in precedenza.

☐ B.   * Leggi **PRINCIPI BIBLICI: LA STRUTTURA BIBLICA DEL CAMBIAMENTO** (Lezione 7, pagina 2). Cerca nella tua Bibbia i versetti elencati ed evidenzia quelli che non avevi evidenziato negli studi precedenti.

☐ C.   * Man mano che vai avanti nella settimana, individua ed elenca almeno cinque episodi che rivelano il problema sul quale Dio vuole che lavori durante questo corso. Ricorda: attraverso le azioni (pensieri, parole e atti) dimostri che cosa c'è nel tuo cuore.

☐ D.   Leggi **IL CAMBIAMENTO BIBLICO È UN PROCESSO** (Lezione 7, pagine 3-4). Nota come la preghiera deve essere associata con lo "spogliarsi" degli stili di vita non biblici e con il "rivestirsi" di pensieri, parole e azioni biblici appropriati. In particolare, nota il primo passo per il ristabilimento biblico se hai fallito scegliendo di piacere a te stesso anziché al Signore (punto **III. Fallimento e Confessione**).

☐ E.   Studia **GLI EFFETTI DI PENSIERI, PAROLE E AZIONI NON BIBLICI** (Lezione 7, pagina 5). Osserva il rapporto tra pensieri e azioni non biblici e le possibili ripercussioni sul tuo organismo, quando ti concentri su te stesso.

☐ F.   Leggi **IL RINNOVAMENTO DELLA TUA MENTE** (Lezione 7, pagine 6-7); nota il rapporto fra l'ubbidienza alla Parola di Dio e il rinnovamento della tua mente. Se continui a sbagliare, compiacendo te stesso invece che il Signore, guarda nuovamente i passi presentati al punto **II. Il rinnovamento della tua mente e le tue responsabilità personali**, sottopunto B. per controllare se hai disubbidito ad uno di questi principi, e corri immediatamente ai ripari.

☐ G.   * In collegamento con questa lezione, rispondi alla domanda 14 del **Test a libro aperto** (Lezione 23, pagina 2).

*   *Il completamento dei compiti contrassegnati con un asterisco (*) è essenziale per continuare la formazione per la consulenza biblica.*

LEZIONE 7: GUIDA ALLA STUDIO PER LA MEDITAZIONE GIORNALIERA
(COMPRENDE VERSETTI A MEMORIA E COMPITI)

> È vitale che ti "spogli" di pensieri, parole e azioni non biblici e ti "rivesti" di nuove azioni di giustizia per rinnovare la tua mente e portarla sempre più a somigliare a Cristo. **LA GUIDA ALLO STUDIO** di questa lezione evidenzia questo principio di cambiamento biblico e ti dà l'opportunità di concentrarti su un problema specifico della tua vita *(basato su Romani 12:2; Filippesi 4:13; Colossesi 3:1-17; Ebrei 5:14; 1 Giovanni 5:1-5).*

Versetti a memoria

1. * Impara a memoria *Efesini 4:22-24* e inizia a imparare *Ebrei 5:14* e *Giacono 4:17).*
2. Porta con te i cartoncini dei versetti imparati a memoria nelle settimane precedenti e quelli di questa settimana. Ripassa i tuoi versetti nei momenti liberi della giornata.

Guida allo studio per la meditazione giornaliera

PRIMO GIORNO

1. Inizia con la preghiera.
2. * Leggi *Principio 27* in **PRINCIPI BIBLICI: LA STRUTTURA BIBLICA DEL CAMBIAMENTO** (Lezione 7, pagina 2). Evidenzia nella tua Bibbia i versetti elencati.
3. * Individua ed elenca almeno cinque avvenimenti che rivelano il problema che devi affrontare, secondo Dio, durante questo corso. Questo è il primo giorno di un esercizio che durerà tutta la settimana per imparare a giudicarti accuratamente, alla luce della Parola. Porta con te il tuo elenco durante la giornata e annota gli episodi che accadono. Tieni in mente che devi identificare le travi da rimuovere dalla tua vita.
4. * Con parole tue scrivi il significato di *Efesini 4:22-24.*
5. Termina con la preghiera.

SECONDO GIORNO

1. Inizia con la preghiera.
2. * Leggi *Principio 28* in **PRINCIPI BIBLICI: LA STRUTTURA BIBLICA DEL CAMBIAMENTO** (Lezione 7, pagina 2). Evidenzia nella tua Bibbia i versetti elencati.
3. * Aggiorna il tuo elenco con gli avvenimenti della giornata.
4. Termina con la preghiera.

TERZO GIORNO

1. Inizia con la preghiera.
2. * Leggi *Principio 29* in **PRINCIPI BIBLICI: LA STRUTTURA BIBLICA DEL CAMBIAMENTO** (Lezione 7, pagina 2). Evidenzia nella tua Bibbia i versetti elencati.
3. * Completa l'elenco per oggi dei fatti che evidenziano il tuo problema. (Stai portando con te questo elenco per annotare esattamente le informazioni riguardo al tuo problema?)
4. Termina con la preghiera.

5. Sei costante nell' imparare a memoria la Scrittura? Prendi del tempo per ripassare tutti i tuoi versetti con le loro rispettive citazioni bibliche.

QUARTO GIORNO
1. Inizia con la preghiera.
2. * Trascrivi nel tuo elenco i peccati commessi oggi.
3. Leggi **IL CAMBIAMENTO BIBLICO È UN PERCORSO** (Lezione 7, pagine 3-4). Nota come pregare, "spogliarsi" e "rivestirsi" secondo la Parola, e la confessione dopo il fallimento, sono vitali per sviluppare uno stile di vita biblico.
4. Termina con la preghiera.

QUINTO GIORNO
1. Inizia con la preghiera.
2. * Fa' l'elenco delle azioni peccaminose di oggi.
3. Studia **GLI EFFETTI DI PENSIERI, PAROLE E AZIONI NON BIBLICI** (Lezione 7, pagina 5).
4. Termina con la preghiera.

SESTO GIORNO
1. Inizia con la preghiera.
2. * Aggiorna l'elenco delle tue azioni peccaminose.
3. Studia **IL RINNOVAMENTO DELLA TUA MENTE** (Lezione 7, pagine 6-7), nota il rapporto fra l'ubbidienza alla Parola di Dio e il rinnovamento della tua mente. Questo è il primo di due studi.
4. Termina con la preghiera.

SETTIMO GIORNO
1. Inizia con la preghiera.
2. * Completa il tuo elenco delle azioni che evidenziano il tuo problema. Evidenzia quelle attività, situazioni, luoghi o persone, elencate almeno due volte.
3. Termina lo studio di **IL RINNOVAMENTO DELLA TUA MENTE** (Lezione 7, pagine 6-7). Se continui, sbagliando, a fare piacere a te stesso invece che al Signore, rileggi il punto **II. Il rinnovamento della tua mente e le tue responsabilità personali**, sottopunto B. per controllare se hai disubbidito ad uno di questi principi, e corri immediatamente ai ripari.
4. * In collegamento con questa lezione, rispondi alla domanda 14 del **Test a libro aperto** (Lezione 23, pagina 2).
5. Termina con la preghiera.
6. Ripassa i versetti a memoria della settimana. Stai continuando a ripassare i versetti durante i momenti liberi della giornata? Chiedi ad un amico di ascoltare i versetti che hai imparato a memoria questa settimana; ricordati di dire come questi brani della Parola di Dio si applicano alla tua vita.

* *Il completamento dei compiti contrassegnati con un asterisco (*) è essenziale per continuare la formazione per la consulenza biblica.*

LEZIONE 8

METTERE IN PRATICA LA PAROLA PRODUCE UN CAMBIAMENTO DURATURO

"Ma il cibo solido è per gli adulti; per quelli, cioè, che per via dell'uso hanno le facoltà esercitate a discernere il bene e il male".

Ebrei 5:14

"Chi dunque sa fare il bene e non lo fa, commette peccato".

Giacomo 4:17

LEZIONE 8: METTERE IN PRATICA LA PAROLA PRODUCE UN CAMBIAMENTO DURATURO

> Passi specifici d'ubbidienza al Signore dimostrano, e accrescono, il tuo amore per Lui e portano a dei cambiamenti che ti faranno assomigliare sempre più a Cristo. Il Signore vuole che questi cambiamenti avvengano nella tua vita *(basato su Giovanni 14:15; Romani 8:29, 12:1-2; Filippesi 2:12-13; Ebrei 5:14)*. Un cambiamento biblico duraturo è il risultato di un fedele e disciplinato modo di vivere secondo la Parola di Dio *(basato su Luca 16:10; 1 Timoteo 4:7-8; 2 Pietro 1:2-10)*.

I. **Gli obiettivi di questa lezione sono:**

   A. mostrare come sia necessario mettere in pratica la Parola per la crescita spirituale che conduce alla maturità;

   B. presentare un piano specifico per aiutarti a cambiare secondo l'insegnamento biblico;

   C. illustrare come le difficoltà (prove e tentazioni) abbiano un effetto nella tua vita;

   D. darti un'opportunità di elaborare un piano biblico per superare uno specifico problema nella tua vita.

II. **Il sommario di questa lezione**

   A. Esamina te stesso

   1. **PRINCIPI BIBLICI: METTERE IN PRATICA LA PAROLA PRODUCE UN CAMBIAMENTO DURATURO** (Lezione 8, pagina 2)

   2. **IL PUNTO DI VISTA BIBLICO SULLE PROVE E SULLE TENTAZIONI** (Lezione 8, pagine 3-7)

   3. **PASSI PRATICI PER OTTENERE UN CAMBIAMENTO BIBLICO** (Lezione 8, pagine 8-10)

   B. Passi per la crescita spirituale

   1. **LEZIONE 8: COMPITI** (Lezione 8, pagina 11)

   2. **GUIDA ALLO STUDIO PER LA MEDITAZIONE GIORNALIERA** (Lezione 8, pagine 12-13)

   3. **LINEE GUIDA: SCHEDA DI LAVORO VITTORIA SUI FALLIMENTI** (Supplemento 7) e **SCHEDA DI LAVORO VITTORIA SUI FALLIMENTI** (Supplemento 8)

   4. **LINEE GUIDA: ELENCO "COSE DA PENSARE E DA FARE"** (Supplemento 9) e **ELENCO "COSE DA PENSARE E DA FARE"** (Supplemento 10)

PRINCIPI BIBLICI:
METTERE IN PRATICA LA PAROLA
PRODUCE UN CAMBIAMENTO DURATURO

> Il cambiamento biblico, che piace e glorifica Dio, richiede più di una semplice comprensione delle sane dottrine. Solo quando metterai in pratica la Parola di Dio in ogni aspetto della tua vita, vedrai un cambiamento duraturo *(basato su Matteo 7:24-27; Luca 6:39-49; 1 Corinzi 10:31; 2 Corinzi 5:9; Giacomo 1:21-25; 4:17)*.

Mettere in pratica la Parola e il tuo cambiamento biblico

A. **Iniziare**

(Principio 30) Vedrai cambiamenti nella tua vita quando ti ricorderai da dove sei caduto, ti pentirai e farai le azioni che facevi all'inizio appena ricevuto il Signore Gesù nella tua vita *(Apocalisse 2:4-5)*. Riconosci la signoria di Gesù Cristo e prendi l'impegno di essere un esecutore della Parola *(Luca 6:46-49)*. Se sei soltanto un uditore e non un esecutore della Parola, rimarrai stolto *(Matteo 7:24-27)*, illuso *(Giacomo 1:22)* e spiritualmente immaturo *(1 Corinzi 3:1-3; Ebrei 5:11-13; Giacomo 1:22-24)*.

B. **Continuare**

(Principio 31) Per continuare il processo del cambiamento biblico, devi adempiere fedelmente ai tuoi doveri quotidiani *(Efesini 5:15-16; Colossesi 3:23-24; Giacomo 4:17)* e disciplinare te stesso alla pietà *(1 Timoteo 4:7-11; 2 Pietro 1:5-11; 1 Giovanni 3:7)*. Nel continuare a mettere in pratica la Parola le tue facoltà saranno esercitate a discernere il bene e il male *(Ebrei 5:14)*. La tua crescita spirituale è un'opera sovrana di Dio *(Galati 5:22-23; Filippesi 1:6, 2:13; Ebrei 12:2a, 13:20-21)*. Essa è divinamente legata al tuo vivere secondo la Parola *(Efesini 2:10, 4:14-16; 1 Timoteo 4:7-8; Ebrei 13:20-21; 1 Pietro 2:2; 2 Pietro 1:5-11)*.

C. **Maturare**

(Principio 32) Per maturare (crescere) in Cristo, devi perseverare nel fare ciò che è buono agli occhi del Signore, ubbidendo alla Scrittura *(Luca 17:10; Giovanni 14:15; Romani 2:7; 1 Corinzi 15:58; Galati 6:9; Giacomo 1:22-25)*. Invece di vivere secondo i tuoi desideri e sentimenti egoistici *(2 Corinzi 5:15; Galati 5:16:17; 1 Pietro 2:19-20, 4:1-6)*, cammina in modo degno della tua alta chiamata in Cristo Gesù *(Efesini 4:1; Filippesi 3:12-14; Ebrei 6:1-3)*. Disciplina il tuo modo di pensare *(2 Corinzi 10:5; Colossesi 3:1-2; Filippesi 4:8)*; parla per edificare gli altri *(Efesini 4:29; Colossesi 4:6)*, e amali fedelmente come la Bibbia insegna *(Matteo 22:39; 1 Corinzi 13:4-8a; 1 Giovanni 4:7-8, 10-11, 20)*. Non ricercare risultati visibili o immediati; piuttosto ricerca i valori eterni per maturare in Cristo *(2 Corinzi 4:17-18; Colossesi 3:1-2; 1 Timoteo 4:7-8; 2 Pietro 1:4-10)*, per glorificare Dio *(1 Corinzi 10:31)* e per piacere al Signore in tutte le cose *(2 Corinzi 5:9; Colossesi 1:10)*.

IL PUNTO DI VISTA BIBLICO
SULLE PROVE E SULLE TENTAZIONI

> Ogni persona nel mondo, te compresa, incontrerà varie prove durante tutta la vita. Satana cerca di sconfiggerti inducendoti a confidare nella tua saggezza, a vivere secondo i tuoi sentimenti egocentrici e a gratificare i desideri della tua carne. Dio, al contrario, vuole che tu esca vittoriosa e trionfante in tutte le prove, per il Suo onore e la Sua gloria *(basato su Genesi 3:1-6; Proverbi 14:12; Matteo 5:45; Romani 8:31-39; Galati 2:20, 5:16-17; 1 Pietro 5:8; 1 Giovanni 2:16-17)*.

I. **La differenza fra prove e tentazioni**

   A. Una prova ti offre l'opportunità di vivere la tua somiglianza a Cristo, ubbidendo alla Parola di Dio, per onorare il Signore Gesù *(basato su Giobbe 23:10; Romani 5:3-5; 2 Corinzi 2:9; Giacomo 1:2-4, 12; 1 Pietro 1:6-7)*.

   B. Una tentazione, che non proviene mai da Dio, è una sollecitazione a disubbidire alla Parola di Dio e a soddisfare i tuoi desideri carnali. Quando cedi alla tentazione, ne porterai inevitabilmente le conseguenze *(basato su 1 Tessalonicesi 3:5; 1 Timoteo 6:9; Giacomo 1:13-15)*.

   C. Satana usa, in ogni circostanza, il richiamo dei tuoi sentimenti egoistici e dei tuoi desideri carnali per tentarti e per indurti a peccare *(Genesi 3:1-7; 2 Samuele capitolo 11; Giacomo 1:14-15)*. In netto contrasto, Dio usa la stessa circostanza, se ubbidisci alla Sua Parola, per rafforzarti. Se reagirai rimanendo saldo nella fede, farai piacere al Signore, se cederai alla tentazione, dimostrerai di voler far piacere a te stesso *(basato su Galati 5:16-17; Colossesi 1:10; Ebrei 4:15; Giacomo 4:7-10; 1 Pietro 5:8-9)*.

II. **Dio e le prove**

   A. Dio prova gli individui *(Genesi 22:1-19; Giobbe 1:8-12, 2:3-6; Daniele 3:17-18, 28; Giona capitoli 1-4; Luca 22:31-34)*. Egli prova anche gruppi di persone *(Esodo 16:4, 20:20; Deuteronomio 8:2, 16; 13:1-4; Giudici 2:22, 3:1; Ebrei 10:32-39; 1 Pietro 1:6-9, 4:12-19)*. Dio prova sia i giusti sia i malvagi *(Salmo 11:4-7)*; Egli usa le prove per perfezionare il Suo popolo *(Giobbe 23:10; Salmo 66:10; Romani 5:3-5; Giacomo 1:2-4; 1 Pietro 1:6-7)*.

   B. Le prove di Dio hanno lo scopo di rafforzare il tuo impegno a seguirLo e a ubbidire alla Sua Parola, a qualsiasi costo. L'Antico Testamento riporta, per il tuo bene e per la tua istruzione *(Romani 15:4)*, esempi di prove cui il Signore ha sottoposto il Suo popolo per provarne l'ubbidienza *(Genesi 22:1-19; Esodo 15:22-26, 20:20; Deuteronomio 8:2; Giudici 2:21-23; Malachia 3:10)*. L'importanza dell'ubbidienza è evidenziata anche nella vita del Signore Gesù *(Filippesi 2:5-8; Ebrei 5:8)* e in quella dei Suoi seguaci *(Giovanni 6:52-69; Atti 6:8-7:60; 9:10-17; 11:1-18)*.

   C. Dio proibisce alle persone di mettere alla prova (tentare) Lui e il Suo carattere *(Deuteronomio 6:16; Matteo 4:7; 1 Corinzi 10:9; Ebrei 3:7-11)*, salvo che Egli non lo richieda specificamente *(Malachia 3:10)*. Le persone provano (tentano) Dio quando dimenticano le Sue benedizioni passate e la Sua potenza spiegata in loro favore, quando induriscono il loro cuore e quando non vivono secondo la Sua Parola *(Numeri 14:22-23; Salmo 78:40-42, 56-64; 95:8-9; 106:13-15)*. È importante ricordare che Dio disciplinerà le persone che Lo tentano, perché il farlo, è di per sé un atto di disubbidienza e d'incredulità *(Salmo 95:8-11; Atti 5:1-10; 1 Corinzi 10:13)*.

D. Dio promette di soccorrere il Suo popolo in ogni difficoltà *(Salmo 34:19; 2 Pietro 2:9)*. La Scrittura afferma che Dio non permetterà alcuna tentazione più grande di ciò che i Suoi figli possano sopportare, ma provvederà sempre una via per sfuggire al peccato *(1 Corinzi 10:13)*.

III. Satana e le tentazioni alla gratificazione di sé

A. La natura stessa di Satana è di tentare (sollecitare a fare il male) *(Matteo 4:3; 1 Tessalonicesi 3:5)*, ed egli vive per divorare le persone *(1 Pietro 5:8)*.

B. Satana, il principe di questo mondo *(Giovanni 12:31; Efesini 2:2)*, usa le tre attrazioni del mondo — la concupiscenza della carne (appagare i desideri e vivere secondo i propri sentimenti); la concupiscenza degli occhi (avidità, cupidigia, desideri insaziabili), la superbia della vita (vivere egocentricamente) *(1 Giovanni 2:16)* — per istigarti a compiere il male. I suoi sforzi diabolici *(2 Corinzi 2:11; Efesini 6:11)* hanno lo scopo di distoglierti dalla tua devozione a Cristo Gesù *(2 Corinzi 11:13)* per appagare la tua concupiscenza e i tuoi desideri egoisti *(Giacomo 1:13-15)*.

1. Nella tentazione iniziale di Satana all'umanità *(Genesi 3:1-6)*, egli usò tutte e tre le vie di attrazione del mondo *(1 Giovanni 2:16)*. Nell'osservare l'albero proibito, Eva notò che esso era "buono da mangiare" (concupiscenza della carne), "una delizia per gli occhi" (concupiscenza degli occhi), e "desiderabile per diventare intelligenti" (superbia della vita). Eva fu ingannata, cedette alla tentazione e scelse di disubbidire a Dio. Anche Adamo cedette alla tentazione e, volontariamente, scelse di peccare *(Genesi 3:6)*.

2. Nella tentazione di Satana a Giobbe *(Giobbe 1:8-2:7)*, Satana fece appello ai suoi sentimenti egocentrici e al desiderio della gratificazione di sé. Gli tolse i beni materiali, i suoi figli, i suoi servi, la sua salute e la sua chiara posizione di prestigio fra i suoi contemporanei. Tutte queste prove avevano lo scopo di far leva sulla concupiscenza della carne, quella degli occhi e la superbia della vita. Giobbe non fu sopraffatto da queste prove specifiche, perché egli aveva fiducia in Dio e non cedette ai propri sentimenti e ai desideri egocentrici *(Giobbe 23:10-12, 42:1-6)*.

3. Nella tentazione iniziale di Satana a Gesù, egli tentò il nostro Signore attraverso le tre attrazioni del mondo. Satana tentò Gesù attraverso la fame e Lo sfidò a trasformare le pietre in pane (concupiscenza della carne), chiese a Gesù di gettarsi giù dal tempio (superbia della vita), e promise a Gesù i regni del mondo (concupiscenza degli occhi). Tuttavia Gesù superò questa tentazione con l'ubbidienza a Dio e alla Sua Parola *(Matteo 4:1-11)*.

IV. I tre livelli della tentazione

A. Per tua istruzione, la Scrittura riporta esempi di coloro che hanno ceduto all'attrazione della tentazione *(Romani 15:4)*. (Vedi il punto **III. Satana e le tentazioni alla gratificazione di sé**, sottopunto B. 1.). Per esempio:

1. Eva fu tentata dalla concupiscenza della carne (*"osservò che l'albero era buono per nutrirsi"; Genesi 3:6*), dalla concupiscenza degli occhi (*"... che era bello da vedere"; Genesi 3:6*) e dalla superbia della vita (*"... che era desiderabile per acquistare conoscenza"; Genesi 3:6*).

Nota il fallimento nel resistere alla tentazione a livello "dei sentimenti", "della condotta" e del "cuore".

   a. Il fallimento a livello "dei sentimenti" inizia quando soddisfare la carne diventa più importante di rimanere ubbidienti a Dio. Non c'è da meravigliarsi se, dopo essere caduti in tentazione, il "livello dei sentimenti" è dominato dalla paura *(Genesi 3:10)*.

   b. Il fallimento di Adamo ed Eva a livello "della condotta" fu evidente perché ascoltarono Satana invece di Dio. Mangiarono il frutto, cercarono di coprire il loro peccato nascondendosi e scaricarono la colpa del loro comportamento peccaminoso su altri *(Genesi 3:2-13)*.

   c. Il loro fallimento a livello "dei sentimenti" e "della condotta" rivelò l'orientamento del loro "cuore", che era rivolto a piacere a loro stessi invece di piacere a Dio. Era chiaro che il loro cuore era egocentrico e impenitente, perché nessuno dei due confessò il proprio peccato, non chiese perdono né a Dio né l'uno all'altra *(Genesi 3:8-24)*.

2. Davide fu tentato dalla concupiscenza degli occhi *("... vide una donna che faceva il bagno. La donna era bellissima" 2 Samuele 11:2)*, dalla concupiscenza della carne, dalla superbia della vita *("'... è Bat-Sceba, figlia di Eliam, moglie di Uria, l'Ittita.' Davide mandò a prenderla..." 2 Samuele 11:3-4)*.

   Nota come i livelli "dei sentimenti", "della condotta" e "del cuore" influenzarono la risposta di Davide alla tentazione.

   a. Davide fallì a livello "dei sentimenti" quando si lasciò tentare dall'attrazione puramente fisica per Bat-Sceba.

   b. Davide fallì a livello "della condotta" quando deliberatamente guardò la nudità di Bat-Sceba, fece delle indagini sul suo conto, commise adulterio con lei e in seguito organizzò l'uccisione del marito.

   c. Davide mostrò l'egocentrismo del suo cuore prendendo la moglie di un altro uomo, quando aveva già molte mogli, e cercando di nascondere il suo peccato *(2 Samuele 12:7-9)*. Anche se più tardi Davide si pentì a livello "del cuore" *(2 Samuele 12:13; Salmo 32:3-5; Salmo 51)*, dovette, tuttavia, subire le conseguenze del suo peccato *(2 Samuele 12:10-12, 14; Colossesi 3:25)*.

B. La Scrittura narra della vittoria di Gesù sulla tentazione e la Sua vittoria su Satana per darti speranza *(Matteo 4:1-11)* e per darti la sicurezza che hai un Sommo Sacerdote che non ha mai peccato *(Ebrei 4:15-16)* (Vedi: punto **III. Satana e le tentazioni alla gratificazione di sé, sottopunto** B. 3. a pagina 4).

   1. Gesù fu tentato dalla concupiscenza della carne *("Se tu sei il Figlio di Dio, ordina che queste pietre diventino pani". Matteo 4:3)*, dalla superbia della vita *("Se tu sei Figlio di Dio, gettati giù; poiché sta scritto: 'Egli darà ordini ai suoi angeli a tuo riguardo, ed essi ti porteranno sulle loro mani, perché tu non urti con il piede contro una pietra'". Matteo 4:6)* e dalla concupiscenza degli occhi *("Tutte queste cose ti darò, se tu ti prostri e mi adori". Matteo 4:9)*.

   Gesù superò questa tentazione a livello "dei sentimenti", "della condotta" e "del cuore", lasciandoti un esempio da seguire *(Matteo 4:1-11; Ebrei 2:18, 4:15-16)*.

   a. Gesù non aveva posto per sentimenti egocentrici perché la Sua volontà non era quella di far piacere a Se stesso, ma aveva risolutamente scelto di far piacere al Padre e di vivere secondo la Sua Parola.

   b. Il nostro Signore fu vincitore a livello "della condotta" perché rispose ad ogni tentazione con la Parola di Dio e rifiutò di fare quello che Satana chiedeva. Nota come le risposte di Gesù, prese dalle Scritture, non erano intese come un punto di discussione sulla tentazione, piuttosto Gesù le diede per mettere fine ad ogni altro discorso sulla tentazione. Egli rimase saldo e fiducioso nella Parola di Dio.

   c. A livello del cuore, Gesù rivelò la Sua purezza (santità) con il Suo irremovibile impegno a piacere e a ubbidire a Dio Padre resistendo a Satana e non facendo, in alcun modo, posto alla tentazione nella Sua mente.

 2. Gesù, tentato in tutti i modi come lo sei tu *(Matteo 4:1-11; 1 Giovanni 2:16-17)*, non peccò mai. Perciò Egli conosce il potere della tentazione e la tua debolezza e ti assisterà ogni volta che ne avrai bisogno *(Ebrei 2:18, 4:15-16)*.

V. Le tue prove e le tue tentazioni (un riassunto per darti speranza)

A. Dio non può essere tentato dal male e non ti tenta *(Giacomo 1:13)*.

B. Lo scopo della tentazione è di indurti a piacere a te stesso invece di essere ubbidiente a Dio e alla Sua Parola *(esempi di chi ha ceduto alla tentazione: Genesi 3:1-7; 2 Samuele capitolo 11; esempio di chi non ha ceduto alla tentazione: Matteo 4:3-11)*. La tentazione proviene da Satana *(2 Corinzi 11:13; 1 Tessalonicesi 3:5)* e fa leva sulla tua carne (appagamento dei tuoi desideri e/o vivere secondo i tuoi sentimenti egocentrici) *(Giacomo 1:14)*. Tuttavia la decisione di peccare o di ubbidire alla Parola di Dio, e di conseguenza avere la vittoria sulla tentazione, è tua *(Giosuè 24:15; Salmo 119:101; Romani 6:12-22; 1 Corinzi 6:18-20; Galati 5:16-17)*.

C. Essere guidato dai sentimenti e cedere alla gratificazione della propria carne caratterizza il comportamento di una persona prima della salvezza nel Signore Gesù Cristo. All'infuori di Gesù, non è possibile resistere alla tentazione; l'uomo naturale vive così, seguendo le sue passioni *(Efesini 2:3; Tito 3:3)*. Quando Gesù entra nella tua vita, l'ubbidienza a Dio viene in conflitto con il desiderio di gratificare le voglie della carne. Però lo Spirito di Dio, che vive in te, ti dà la forza di superare la tentazione e di vivere per Lui *(Romani 6:16, 8:12-14; Galati 5:16-17; 1 Pietro 1:14-15, 4:1-2)*.

D. Le prove, e le relative sofferenze, sono comuni ad ogni seguace di Gesù. Le tribolazioni ti consentono di condividere le sofferenze di Cristo e ti permettono di seguire il Suo esempio di vita ubbidiente e di sacrificio *(Romani 8:17; 2 Corinzi 6:4-11; Filippesi 1:29; Ebrei 5:8; 1 Pietro 2:19-21, 4:12)*. Benché tu possa essere turbato da varie prove, qualsiasi sofferenza tu possa provare non è da paragonare con il valore della conoscenza di Gesù Cristo *(Filippesi 3:8-10)* e non può essere paragonata alla gloria che sarà rivelata *(Romani 8:18; 2 Corinzi 4:16-18)*. Ogni tua sofferenza è per poco; Dio promette, dopo che avrai sofferto per breve tempo, di perfezionarti (farti maturare), di rafforzarti, di fortificarti e di renderti stabile *(1 Pietro 5:10)*.

E. Coloro che rimangono fedeli nelle difficoltà (prove o tentazioni) dimostrano la concretezza della loro fede *(Giacomo 1:12; 1 Pietro 1:6-7)* e saranno ricompensati dal Signore *(Giacomo 1:12; Apocalisse 2:10)*.

F. Non dovrai mai affrontare alcuna tentazione che non sia umana. In ogni situazione, Dio ha promesso che non sarai tentato al di là delle tue forze ed Egli sarà fedele nel darti una via per fuggire dal peccato *(1 Corinzi 10:13; 2 Pietro 2:9)*. Non importa quali siano le prove nella tua vita, Dio ha promesso di liberarti *(Salmo 34:19)*; perciò puoi essere più che vincitore per mezzo di Cristo Gesù *(Romani 8:35-39)*.

G. Le tue difficoltà sono usate da Dio per sviluppare il carattere di Cristo nella tua vita e devono essere accolte con gioia *(Romani 5:3-5; Giacomo 1:2-4)*. Esse hanno lo scopo di mettere in luce la potenza di Dio e la vita di Gesù Cristo dentro di te *(2 Corinzi 4:7-11)*.

H. Gesù, come tuo Sommo Sacerdote, fu tentato in ogni cosa come lo sei tu, ma senza peccare. Perciò, Egli può donarti la misericordia e la grazia e aiutarti in ogni difficoltà, per tutta la durata della prova *(Ebrei 2:18, 4:15-16)*.

PASSI PRATICI
PER OTTENERE UN CAMBIAMENTO BIBLICO

> Per ottenere cambiamenti nella tua vita, seconda la Bibbia, devi intraprendere azioni risolute con spirito di preghiera *(basato su Matteo 7:24-25; Romani 6:12-13; Colossesi 3:5-14; 1 Tessalonicesi 5:17; Tito 2:11-12; Giacomo 1:22-25).*

I. **Agisci subito per cambiare secondo la Parola** *(Salmo 37:27; Proverbi 3:5-8; Romani 6:1-4; Efesini 4:22-24; Colossesi 3:5-14; Tito 2:11-12; Giacomo 1:22-25).*

   A. Chiedi a Dio la saggezza *(Giacomo 1:5).*

   B. Sii sottomesso allo Spirito Santo che abita in te (poni te stesso sotto il Suo controllo) *(Giovanni 14:15-18, 26; Romani 8:9-11; Galati 5:16; Efesini 5:18).*

   C. Fa' una seria valutazione di te stesso e compila un elenco di tutte le volte che hai fallito nel pensare, nel parlare e nell'agire secondo la Parola. Le cose elencate sono quelle di cui ti devi "spogliare", come dice il Signore nella Scrittura *(per esempio: Romani 6:12-14; Efesini 4:25-31; Colossesi 3:8-9).*

   D. Confessa le azioni non bibliche (pensieri, parole e atti) al Signore *(basato su Matteo 7:1-5; 1 Corinzi 11:31; 1 Giovanni 1:9).*

   E. Fa' un elenco delle cose di cui ti devi "rivestire", secondo la Parola, per sostituire pensieri, parole e azioni non biblici *(basato su Romani 6:19; Efesini 4:25, 28-29, 32; Colossesi 3:10, 12-17; 2 Pietro 1:5-8).*

   F. Elabora un **piano di base** per vivere, giorno dopo giorno, una vita trasformata. Il tuo piano di base dovrebbe comprendere quei passi specifici da intraprendere per sostituire le cose di cui "spogliarti", ossia quelle peccaminose, con cose di cui "rivestirti" secondo le indicazioni della Bibbia *(Efesini 2:10; 4:1, 25-32; Colossesi 2:6; 3:1-17).* Queste dovrebbero includere:

   1. la preghiera *(Filippesi 4:6-7; Colossesi 4:2; 1 Tessalonicesi 5:17);*

   2. lo studio delle Scritture, per scoprire soprattutto ciò che la Parola di Dio richiede per i cambiamenti necessari alla tua vita *(2 Timoteo 2:15);*

   3. imparare a memoria versetti della Scrittura, soprattutto quelli che ti potranno essere di aiuto per resistere alle tentazioni nelle quali sei incline a peccare *(Salmo 119:11);*

   4. l'astensione da ogni specie (p.es. parvenza) di male *(1 Tessalonicesi 5:22);*

   5. l'ubbidienza a Dio in ogni cosa *(Matteo 7:24; Giovanni 14:15; 1 Giovanni 5:3)* invece di far piacere a te stesso appagando i desideri carnali *(Galati 5:16-17; 2 Timoteo 2:22a; Tito 2:12);*

   6. la costanza e la fedeltà nella comunione, nell'adorazione e nel servizio nel corpo di Cristo *(Ebrei 10:24-25; 1 Pietro 4:10);*

   7. la continua valutazione di te stesso, alla luce della Parola *(Matteo 7:1-5; 1 Corinzi 11:31)* dei pensieri *(2 Corinzi 10:5; Filippesi 4:8-9; Colossesi 3:1-2),* delle parole *(Efesini 4:29; Colossesi 4:6),* e delle azioni *(Matteo 5:16; Efesini 2:10; Colossesi 1:10).* Nel valutare, secondo la Parola, i tuoi pensieri, le tue parole, e le tue azioni in ogni situazione, rispondi alle seguenti domande. Dovresti imparare a memoria sia le domande sia i relativi versetti.

      a. È utile (in altre parole, ciò contribuisce allo sviluppo delle qualità secondo Dio, o aiuta, me, o gli altri, ad assumere le responsabilità bibliche della vita) *(1 Corinzi 6:12, 10:23a)*?

      b. Domina o controlla in qualche modo la mia vita *(1 Corinzi 6:12)*?

      c. È una debolezza spirituale (una pietra d'inciampo) nella mia vita *(Matteo 5:29-30, 18:8-9)*?

      d. Potrebbe far inciampare un altro credente in Cristo *(Romani 14:13; 1 Corinzi 8:9-13)*?

      e. Edifica (rinforza) gli altri o, in altri termini, è questa la cosa amorevole da fare secondo la Parola *(Romani 14:19; 1 Corinzi 10:23-24)*?

      f. Glorifica Dio *(Matteo 5:16; 1 Corinzi 10:31)*?

G. Elabora un **piano di emergenza** per affrontare immediatamente la tentazione *(1 Pietro 5:8-9)*. Ricorda che il peccato non ha più potere su di te *(Romani 6:4-14)* perciò tu puoi vincere la tentazione e vivere rettamente *(1 Corinzi 10:13; 1 Giovanni 5:4-5, 18)*. Il tuo **piano di emergenza** dovrebbe includere:

1. la preghiera per la saggezza, la guida e la grazia per resistere alla tentazione *(Filippesi 4:6-7; 1 Tessalonicesi 5:17; Ebrei 4:16; Giacomo 1:5)*;

2. pensieri secondo la Parola *(2 Corinzi 10:5; Filippesi 4:8-9; Colossesi 3:2)*, utilizzando i versetti della Scrittura imparati a memoria *(Salmo 119:11)* e ricordando di dipendere da Dio *(Giacomo 4:7)*;

   Le domande e i versetti da imparare a memoria (elencati in F. 7.) ti aiuteranno, quando sei tentato, a considerare i tuoi pensieri secondo il punto di vista di Dio.

3. parlare secondo la Parola *(Efesini 4:29; Colossesi 4:6)*, citando soprattutto la Scrittura *(Salmo 119:11; Matteo 4:3-10)* e presentando agli altri la ragione della speranza che è in te *(1 Pietro 3:15)*;

4. agire secondo la Parola: fuggire la tentazione *(Genesi 39:7-12; 1 Corinzi 6:18; 2 Timoteo 2:22a)*. Se non puoi fuggire immediatamente dalla tentazione, sii ubbidiente alla Scrittura come lo fu Gesù quando fu tentato *(Matteo 4:1-11)*. Dio ti darà la forza e una via di fuga per non peccare *(1 Corinzi 10:13)*.

H. Ogni qualvolta è possibile o necessario, chiedi aiuto agli altri *(Proverbi 11:14, 15:22; Ecclesiaste 4:9-10, 12; 1 Corinzi 12:25-27; Galati 6:1-2; 2 Timoteo 2:22)*.

*Per elaborare il tuo **piano di base** per vivere secondo la Parola, e il tuo **piano di emergenza** per vincere la tentazione, vedi:*
LINEE GUIDA: SCHEDA DI LAVORO VITTORIA SUI FALLIMENTI (Supplemento 7)
LINEE GUIDA: ELENCO "COSE DA PENSARE E DA FARE" (Supplemento 9)

*NOTA. I due **piani** (**di base** e **di emergenza**) sono collegati con i cinque passi per il rinnovamento della tua mente, elencati in IL RINNOVAMENTO DELLA TUA MENTE (Lezione 7, pagina 6) al punto **II. Il rinnovamento della tua mente e le tue responsabilità personali**, punto B.*

II. **Sii costante e fedele nel mettere in pratica, nel quotidiano, il tuo nuovo modo di vivere secondo la Parola** *(Galati 6:9; Filippesi 4:9; Ebrei 5:14; Giacomo 1:25)*.

III. Se pecchi e reagisci secondo la Parola al tuo fallimento, puoi essere certo della cura e del sostegno del Signore *(Salmo 37:24, 145:14)* e puoi ritornare subito a camminare in ubbidienza a Cristo *(Proverbi 24:16; 1 Giovanni 5:4-5)*.

   A. Ogni volta che fallisci, dovresti:

   1. individuare il tuo fallimento *(Matteo 7:1-5; 1 Corinzi 11:31)* e confessare il tuo peccato a Dio *(Salmo 51:1-4; 1 Giovanni 1:9)*;

   2. confessare i tuoi peccati a coloro contro i quali hai peccato *(Giacomo 5:16)*;

   3. mostrare quegli atti conformi al ravvedimento e al cambiamento di direzione *(basato su Giacomo 4:7-10; Apocalisse 2:4-5)*;

   4. correggere o rivedere il **piano di base** e/o **di emergenza** *(Filippesi 2:12-13; 3:12-14)*, ricordando che Dio ti ha promesso la vittoria sui fallimenti *(Proverbi 24:16; 2 Corinzi 2:14; 1 Giovanni 5:4-5, 18)*.

   B. Inizia di nuovo a camminare nella via di Dio *(Romani 12:2; Filippesi 3:13-14; Apocalisse 2:5)*. Non rimuginare sugli sbagli del passato *(Filippesi 3:13-14)* perché Dio ti ha perdonato completamente *(1 Giovanni 1:9)* e continua la Sua opera in te *(Filippesi 1:6, 2:13)*.

LEZIONE 8: COMPITI

> Questa lezione ha lo scopo di aiutarti a fare passi avanti nell'ubbidienza alla Parola di Dio per apportare cambiamenti biblici nella tua vita. Sii diligente e fedele nell'apportare quei cambiamenti che sono indicati dalla Parola di Dio (*basato su Luca 6:46; Giovanni 14:23-24; 1 Corinzi 4:2-5; Efesini 5:15-16; 1 Timoteo 4:7; 2 Pietro 1:2-10*).

✔ *compiti completati*

☐ A. * Con parole tue scrivi il significato di *Ebrei 5:14* e *Giacomo 4:17*. Impara *Ebrei 5:14* e *Giacomo 4:17* e inizia a imparare *Luca 9:23-24*.

☐ B. * Leggi **PRINCIPI BIBLICI: METTERE IN PRATICA LA PAROLA PRODUCE UN CAMBIAMENTO DURATURO** (Lezione 8, pagina 2). Cerca i versetti citati e evidenzia nella tua Bibbia quelli che non avevi evidenziato negli studi precedenti.

☐ C. Studia **PUNTO DI VISTA BIBLICO SULLE PROVE E SULLE TENTAZIONI** (Lezione 8, pagine 3-7). Osserva come le "prove" vogliono saggiare il tuo impegno a ubbidire alla Parola di Dio, mentre le "tentazioni" fanno leva sui tuoi sentimenti egoistici e sui desideri della carne. In particolare, nota come il cedere alla tentazione coinvolge tutti e tre i livelli dei problemi (sentimenti, condotta e cuore). Cerca i versetti citati: ti aiuteranno a capire questo aspetto fondamentale per la tua crescita spirituale.

☐ D. Studia la panoramica del cambiamento biblico presentato in **PASSI PRATICI PER OTTENERE UN CAMBIAMENTO BIBLICO** (Lezione 8, pagine 8-10). Metti un segno accanto ai passi che devi compiere per arrivare a dei cambiamenti biblici nella tua vita, oppure per rialzarti, secondo la Parola, da una caduta.

☐ E. * Durante la tua meditazione giornaliera, inizia ad applicare le soluzioni bibliche al problema che Dio vuole che tu affronti durante questo corso completando una **SCHEDA DI LAVORO VITTORIA SUI FALLIMENTI** (Supplemento 8, pagine 1-2). Prima di iniziare a lavorare su questa scheda, leggi attentamente **LINEE GUIDA: SCHEDA DI LAVORO VITTORIA SUI FALLIMENTI** (Supplemento 7). *Puoi fare delle copie della SCHEDA DI LAVORO VITTORIA SUI FALLIMENTI (Supplemento 8, pagine 1-2) per tuo uso personale.*

☐ F. * Per comprendere sempre meglio come apportare cambiamenti biblici nella tua vita, leggi **LINEE GUIDA: ELENCO "COSE DA PENSARE E DA FARE"** (Supplemento 9). Studia l'**ELENCO "COSE DA PENSARE E DA FARE" — SPIEGAZIONE** (Supplemento 10, pagina 2). Nota l'esempio completo dell'**ELENCO "COSE DA PENSARE E DA FARE" — ESEMPIO** (Supplemento 10, pagina 3). Puoi utilizzare la scheda in bianco dell'**ELENCO "COSE DA PENSARE E DA FARE"** (Supplemento 10, pagina 1). *Puoi fare delle copie della scheda ELENCO "COSE DA PENSARE E DA FARE" (Supplemento 10, pagina 1) per tuo uso personale.*

☐ G. * In collegamento con questa lezione, esegui quanto richiesto al punto 15 del **Test a libro aperto** (Lezione 23, pagina 2).

* *Il completamento dei compiti contrassegnati con un asterisco (*) è essenziale per continuare la formazione per la consulenza biblica.*

LEZIONE 8: GUIDA ALLO STUDIO PER LA MEDITAZIONE GIORNALIERA
(COMPRENDE VERSETTI A MEMORIA E COMPITI)

> Questa lezione ha lo scopo di aiutarti a fare passi avanti nell'ubbidienza alla Parola di Dio per apportare cambiamenti biblici nella tua vita. Sii diligente e fedele nell'apportare quei cambiamenti che sono indicati dalla Parola di Dio *(basato su Luca 6:46; Giovanni 14:23-24; 1 Corinzi 4:2-5; Efesini 5:15-16; 1 Timoteo 4:7; 2 Pietro 1:2-10)*.

Versetti a memoria

1. * Impara a memoria *Ebrei 5:14* e *Giacomo 4:17* e inizia a imparare *Luca 9:23-24*.
2. Ricorda di portare con te i cartoncini con i versetti della Scrittura delle settimane precedenti insieme a quelli di questa settimana. Ripassali nei momenti liberi durante il giorno.

Guida allo studio per la meditazione giornaliera

PRIMO GIORNO
1. Inizia con la preghiera.
2. * Leggi *Principio 30* in **PRINCIPI BIBLICI: METTERE IN PRATICA LA PAROLA PRODUCE UN CAMBIAMENTO DURATURO** (Lezione 8, pagina 2). Evidenzia i versetti indicati nella tua Bibbia.
3. * Nel prepararti ad affrontare il problema che Dio vuole che tu risolva, leggi **LINEE GUIDA: SCHEDA DI LAVORO VITTORIA SUI FALLIMENTI** (Supplemento 7).
4. * Con parole tue scrivi il significato di *Ebrei 5:14* e *Giacomo 4:17*.
5. Termina con la preghiera.

SECONDO GIORNO
1. Inizia con la preghiera.
2. * Leggi *Principio 31* in **PRINCIPI BIBLICI: METTERE IN PRATICA LA PAROLA PRODUCE UN CAMBIAMENTO DURATURO** (Lezione 8, pagina 2). Evidenzia nella tua Bibbia i versetti indicati.
3. * Ripassa **LINEE GUIDA: SCHEDA DI LAVORO VITTORIA SUI FALLIMENTI** (Supplemento 7). Completa le colonne 1 e 2 della tua **SCHEDA DI LAVORO VITTORIA SUI FALLIMENTI** (Supplemento 8, pagine 1-2) per il problema che Dio vuole che tu superi.
4. * Leggi **LINEE GUIDA: ELENCO "COSE DA PENSARE E DA FARE"** (Supplemento 9). Studia **ELENCO "COSE DA PENSARE E DA FARE" — SPIEGAZIONE** (Supplemento 10, pagina 2) Guarda **ELENCO "COSE DA PENSARE E DA FARE" — ESEMPIO** (Supplemento 10, pagina 3).
5. Termina con la preghiera.

TERZO GIORNO
1. Inizia con la preghiera.
2. * Leggi *Principio 32* in **PRINCIPI BIBLICI: METTERE IN PRATICA LA PAROLA PRODUCE UN CAMBIAMENTO DURATURO** (Lezione 8, pagina 2). Evidenzia i versetti indicati nella tua Bibbia.
3. * Continua a lavorare sulla tua **SCHEDA DI LAVORO VITTORIA SUI FALLIMENTI** (Supplemento 8, pagine 1-2) completando la colonna 3.

© Biblical Counseling Foundation

4. Termina con la preghiera.

QUARTO GIORNO
1. Inizia con la preghiera.
2. Leggi **PUNTO DI VISTA BIBLICO SULLE PROVE E SULLE TENTAZIONI** (Lezione 8, pagine 3-7), Osserva come le "prove" servono a saggiare il tuo impegno a ubbidire alla Parola di Dio, mentre le "tentazioni" fanno leva sui tuoi sentimenti egoistici e sui desideri della carne. In particolare, nota come il cedere alla tentazione coinvolga tutti e tre i livelli dei problemi (sentimenti, condotta e cuore). Cerca i versetti citati: ti aiuteranno a capire quest'aspetto, fondamentale per la tua crescita spirituale. Questo è il primo di uno studio che dura tre giorni.
3. * Completa la colonna 4 della **SCHEDA DI LAVORO VITTORIA SUI FALLIMENTI** (Supplemento 8, pagine 1-2) elaborando un piano biblico per risolvere il tuo problema.
4. Termina con la preghiera.
5. Sei stato costante nell'imparare a memoria i versetti e a ripassare quelli precedenti?

QUINTO GIORNO
1. Inizia con la preghiera.
2. Leggi **PASSI PRATICI PER OTTENERE UN CAMBIAMENTO BIBLICO** (Lezione 8, pagine 8-10). Metti un segno accanto ai passi che devi compiere per rendere duraturi i cambiamenti biblici nella tua vita oppure per rialzarti, secondo la Parola, da un fallimento. Molti di questi passi specifici per compiere cambiamenti biblici saranno usati nella colonna 4 della tua **SCHEDA DI LAVORO VITTORIA SUI FALLIMENTI** (Supplemento 8, pagine 1-2).
3. * Ripassa il tuo piano biblico per superare il tuo problema riportato nella colonna 4 della **SCHEDA DI LAVORO VITTORIA SUI FALLIMENTI** (Supplemento 8, pagine 1-2). Ogni passo è biblico? Ogni passo può essere valutato? Stai facendo un elenco di passi specifici da compiere per evitare di ripetere i tuoi comportamenti peccaminosi? *Vedi anche: LINEE GUIDA: ELENCO "COSE DA PENSARE E DA FARE" (Supplemento 9).*
4. Continua il tuo studio di **PUNTO DI VISTA BIBLICO SULLE PROVE E SULLE TENTAZIONI** (Lezione 8, pagine 3-7).
5. Termina con la preghiera.

SESTO GIORNO
1. Inizia con la preghiera.
2. * Apporta le modifiche necessarie al tuo piano biblico di azione, in base al contenuto della colonna 4 della **SCHEDA DI LAVORO VITTORIA SUI FALLIMENTI** (Supplemento 8, pagine 1-2). Se non lo hai ancora fatto, inizia ad agire secondo la Parola, facendo i primi passi necessari per superare il tuo problema.
3. Termina il tuo studio di **PUNTO DI VISTA BIBLICO SULLE PROVE E SULLE TENTAZIONI** (Lezione 8, pagine 3-7).
4. Termina con la preghiera.

SETTIMO GIORNO
1. Inizia con la preghiera.
2. * Continua a compiere i passi di "azioni bibliche" come hai scritto nella colonna 4 della tua **SCHEDA DI LAVORO VITTORIA SUI FALLIMENTI** (Supplemento 8, pagine 1-2). Hai incluso come rispondere, secondo la Parola, a tentazioni inaspettate?
3. * In collegamento con questa lezione, esegui quanto richiesto al punto 15 del **Test a libro aperto** (Lezione 23, pagina 2).
4. Termina con la preghiera.
5. Ripassa i tuoi versetti a memoria della settimana. Continui a ripassarli tutti i nei momenti liberi della giornata? Chiedi a qualcuno di ascoltarti mentre li reciti e assicurati di spiegargli come li metti in pratica nella tua vita.

* *Il completamento dei compiti contrassegnati con un asterisco (*) è essenziale per continuare la formazione per la consulenza biblica.*

LEZIONE 9

AFFRONTARE TE STESSO
(PRIMA PARTE)

"Diceva poi a tutti: 'Se uno vuol venire dietro a me, rinunzi a se stesso, prenda ogni giorno la sua croce e mi segua. Perché chi vorrà salvare la sua vita, la perderà; ma chi avrà perduto la propria vita per amor mio, la salverà'".

Luca 9:23-24

LEZIONE 9:
AFFRONTARE TE STESSO (PRIMA PARTE)

> L'ostacolo più difficile da superare per ottenere dei cambiamenti biblici che onorino il Signore Gesù, è quello di morire a se stessi. Il punto di vista biblico dell'io è diametralmente opposto a ciò che crede la saggezza di questo mondo *(basato su Proverbi 14:12; Isaia 55:8, 9: Geremia 10:23; Luca 9:23, 24; 1 Corinzi 3:19, 20; 1 Giovanni 2:15-17).*

I. Gli obiettivi di questa lezione sono:

   A. confrontare la verità della Parola di Dio riguardo all'io, con l'errata visione dell'uomo naturale relativa alla sottovalutazione, all'esaltazione e alla commiserazione di se stesso;

   B. confrontare la Parola di Dio con la filosofia umana riguardo all'invidia, la gelosia, l'avidità e la cupidigia;

   C. dimostrare se le tue reazioni ai problemi rivelano il tuo intento di vivere per piacere a Dio o per piacere a te stesso;

   D. introdurre un caso di studio, che durerà per più lezioni, imperniato sull'uso di principi biblici per affrontare e superare i problemi;

   E. darti un'ulteriore opportunità di preparare e di perfezionare un piano biblico per superare un problema specifico nella tua vita.

II. Il sommario di questa lezione

   A. Esamina te stesso

      1. **PRINCIPI BIBLICI: AFFRONTARE TE STESSO (PRIMA PARTE)** (Lezione 9, pagine 2-3)

      2. **SOTTOVALUTAZIONE, ESALTAZIONE E COMMISERAZIONE DI SÉ** (Lezione 9, pagine 4-5)

      3. **INVIDIA, GELOSIA, CUPIDIGIA E AVIDITÀ** (Lezione 9, pagine 6-9)

      4. **COMPIACERE A TE STESSO O PIACERE A DIO** (Lezione 9, pagine 10-11)

   B. Passi per la crescita spirituale

      1. **LEZIONE 9: COMPITI** (Lezione 9, pagina 14)

      2. **GUIDA ALLO STUDIO PER LA MEDITAZIONE GIORNALIERA** (Lezione 9, pagine 15-16)

   C. Consulenza biblica

      1. **LO STUDIO DI UN CASO: MARIA È STATA ABBANDONATA DAL MARITO** (Lezione 9, pagine 12-13)

      2. **ELEMENTI DELLA CONSULENZA BIBLICA** (Supplemento 11)

PRINCIPI BIBLICI:
AFFRONTARE TE STESSO (PRIMA PARTE)

> La tentazione a concentrarti su te stesso sarà sempre presente, e questo ti porterà a pensieri, parole e azioni distruttive per il corpo di Cristo e per il tuo stesso cammino con il Signore. Il peccato di egocentrismo, che caratterizzava la tua vita senza Cristo, deve essere confessato e superato se vuoi maturare come figlio di Dio *(basato su Proverbi 28:13; Geremia 17:9; Marco 7:20-23; Romani 6:12-13; 1 Corinzi 3:1-3; Galati 5:16-26; Efesini 4:1; 5:3-5; 1 Pietro 1:14-17; 2:11-12).*

I. Il punto di vista di Dio

(Principio 33) Nessuno odia se stesso, piuttosto ognuno ama, cura e nutre se stesso *(Matteo 22:39; Efesini 5:29)*. Il problema dell'uomo è che egli presta troppa attenzione a se stesso, mai troppo poca *(Luca 9:24; Filippesi 2:19-21; 2 Timoteo 3:1-5)*.

(Principio 34) Quando comprenderai la tua vera posizione in Cristo ti vedrai nella giusta prospettiva *(Romani 8:14-17; Efesini 1:3-14; Colossesi 2:9-12; 1 Pietro 2:9-10)*. Come figlio di Dio hai la certezza che il tuo Padre celeste, nella Sua grazia e misericordia si occupa attivamente della tua vita *(Filippesi 1:6, 2:13; 1 Pietro 2:9-10; 2 Pietro 1:3-4)* nonostante la tua naturale incapacità *(Salmo 62:9; Isaia 64:6; Giovanni 15:4-5; 2 Corinzi 3:5)*. Sebbene tu non sia affatto in grado di vivere secondo la via di Dio con le tue proprie forze, Egli ti ha scelto per essere una testimonianza della Sua forza nel mondo *(1 Corinzi 1:26-31)*. Il Suo scopo per la tua vita è di renderti conforme all'immagine di Cristo *(Matteo 5:16; Romani 8:28-29; 1 Corinzi 1:26-31; 2 Corinzi 5:17-20; Efesini 2:10)*.

(Principio 35) La tua contentezza, in qualsiasi circostanza, dipende dalla tua risposta ubbidiente a Dio dimostrata con le tue azioni (pensieri, parole e atti) *(Genesi 4:7; Salmo 119:165; Isaia 26:3; Luca 11:28; Giovanni 15:10-11; 2 Corinzi 4:7-10, 16-18; Filippesi 4:6-11)*. Ubbidendo al Signore nel tuo cammino quotidiano, mostri il tuo amore per il Signore Gesù Cristo *(Giovanni 14:15, 21, 23-24, 1 Giovanni 2:4-5)* e la Sua signoria nella tua vita *(Matteo 7:21)*. Dio gradisce, si compiace, della tua ubbidienza che scaturisce dalla fede *(1 Samuele 15:22; Ebrei 11:6)*, non semplicemente delle tue dichiarazioni di lealtà *(Proverbi 20:6; Matteo 7:21; 1 Giovanni 2:4)*, delle tue manifestazioni di rimorso *(per esempio 1 Samuele 15:24-26)* o delle tue opere buone, ma vane *(Salmo 40:6; 51:16-17; Geremia 6:20; Ebrei 10:1-4)*.

II. **La tua speranza**

(*Principio 36*) Devi essere grato a Dio perché sei stato creato in modo stupendo e meraviglioso *(Salmo 119:73; 139:13-14)*. Anche se hai deformità fisiche o sei affetto da malattie croniche, il piano di Dio è di usarle per il tuo bene e per la Sua gloria *(Romani 5:3-5; 8:28; 1 Corinzi 10:13; 2 Corinzi 12:9-10)*. Dio ti ama di un amore perfetto indipendentemente da qualsiasi debolezza e "limitazione" che tu possa avere, anche se non meriti, non sei degno e non puoi guadagnare il Suo amore *(Isaia 53:6; Luca 15:4-7; Giovanni 3:16; Romani 5:8; 1 Giovanni 4:10)*.

(*Principio 37*) Puoi superare velocemente la sottovalutazione, l'esaltazione o la commiserazione di te stesso. Questo è possibile quando ti renderai conto che la preoccupazione per te stesso è peccato *(Matteo 23:12; Luca 9:23; Romani 14:7-8; 2 Corinzi 5:15; Galati 2:20; Filippesi 2:3-4; Giacomo 4:16-17)*. Devi confessare questa preoccupazione, non biblica, e iniziare immediatamente a vivere in accordo con la Parola di Dio *(Salmo 51:10; Filippesi 3:12-14; 1 Giovanni 1:9)*.

(*Principio 38*) Sei stato liberato dal potere di ogni tipo di peccato *(Romani 6:6, 12-13; 12:21; Colossesi 3:2-17)* inclusi quello dell'invidia, della gelosia, della cupidigia e dell'avidità, che sono spiccatamente egocentrici. Puoi essere contento in ogni circostanza *(Filippesi 4:11-13)* e puoi sviluppare in te un atteggiamento secondo il modello di Cristo *(Filippesi 2:5)*.

NOTA. Ricorda che il tuo Padre Celeste è il Dio Sovrano dell'universo e vuole il meglio per te *(Geremia 29:11; Matteo 6:7-8; Romani 8:28)*. Egli compirà il Suo piano nella tua vita *(Isaia 46:9-11; Romani 8:29; Filippesi 1:6; 2:13)*. Ha promesso di soddisfare qualsiasi bisogno che tu possa mai avere *(Salmo 34:10; 15-18; 37:23-25; Matteo 6:33-34; Filippesi 4:19)*; di fornirti tutto il necessario per ogni opera buona *(1 Corinzi 12:7; 2 Timoteo 3:16-17; 1 Pietro 4:10-11)* e di esserti a fianco in ogni circostanza della vita *(Salmo 23:1-6; 121:1-8; 2 Timoteo 4:18; 1 Giovanni 5:18)*.

Continua in **PRINCIPI BIBLICI: AFFRONTARE TE STESSO (SECONDA PARTE)** *(Lezione 10, pagine 2-3) ai punti* **III. Il tuo cambiamento** *e* **IV. La tua condotta**.

SOTTOVALUTAZIONE, ESALTAZIONE E COMMISERAZIONE DI SÉ

> La sottovalutazione, l'esaltazione e la commiserazione di sé, denotano una preoccupazione verso te stesso. Un'attenzione eccessiva per se stessi è proprio contraria ai comandamenti di Dio di amare Lui e gli altri. La preoccupazione per te stesso impedisce inoltre lo sviluppo di uno spirito di servizio simile a quello di Cristo. Se provi a salvare la tua vita, concentrandoti su te stesso, ne raccoglierai certamente le conseguenze; invece di salvare la tua vita, la perderai *(basato su Matteo 10:34-39, 22:37-40; Luca 9:23-25)*.

I. Il punto di vista dell'uomo

La saggezza di questo mondo insegna che molti dei tuoi problemi derivano da una "immagine negativa di te stesso", o da una "scarsa considerazione di te stesso". La saggezza dell'uomo naturale afferma inoltre che devi imparare ad amare te stesso prima di poter amare gli altri, che devi migliorare la considerazione verso te stesso, che, come percepisci nuovi bisogni, li devi soddisfare, prima di poter aiutare gli altri, che devi perdonare te stesso per trovare pace, che sei infinitamente degno grazie al "dio che è dentro di te" o che devi "entrare in contatto" con te stesso e con le tue emozioni per essere appagato nella vita. Tutte queste idee sono sbagliate perché in contrasto con la verità della Parola di Dio.

II. Alcune spiegazioni sbagliate dell'uomo per giustificare la scarsa stima di sé

Ambiente malsano	Mancanza di denaro	Lentezza nell'apprendimento
Lavoro insoddisfacente	Minima istruzione	Mancanza di opportunità lavorative
Handicap fisici	Mancanza di rispetto da parte degli altri	Coniuge che non dà tregua
Sottovalutazione da parte degli altri	Incapacità di comunicare	Maltrattamenti subiti nell'infanzia
Rifiuto da parte dei genitori	Incomprensione della gente	Difficoltà nei rapporti personali

III. Alcuni modi futili dell'uomo per avere un'alta stima di sé

Accetta te stesso	Impara ad amarti	Affermati
Non ti infuriare: vendicati	Scopri il "dio" dentro di te	Parla delle tue qualità
Se ti senti di fare qualcosa, falla	Perdona te stesso	Sii te stesso
Assicurati che ciò che ritieni un bisogno sia soddisfatto	Stabilisci il contatto con te stesso	Da' la colpa agli altri
	Persegui l'affermazione di te stesso	Pratica la visualizzazione

IV. Alcuni punti di vista non biblici sull'io insegnati oggi in alcune chiese

- Devi amare te stesso prima di amare gli altri *(ignora Giovanni 15:12-13; 1 Giovanni 4:7-8)*.
- Sei creato all'immagine di Dio, perciò sei degno della grazia di Dio e hai infinito valore ai Suoi occhi *(ignora Romani 5:8, 10; 1 Corinzi 1:26-31)*.
- Senza una buona stima di te stesso, non potrai risolvere i problemi, avere rapporti validi con gli altri e crescere spiritualmente *(ignora 2 Corinzi 3:5-6; Filippesi 4:13; Giacomo 4:6)*.
- Il più grave peccato al mondo per una persona è di non ritenersi degna. Nel mondo oggi il bisogno di valorizzare se stessi è il più grande di tutti i bisogni umani *(ignora Geremia 9:23-24; Luca 17:10)*.

- Per compiere qualsiasi cosa di una certa importanza, è necessario pensare positivamente di se stessi *(ignora Giovanni 15:4-5; Filippesi 3:7-14)*.

- Non dovremmo parlare di peccato, di inferno o di eterna separazione da Dio; ma dovremmo solo incoraggiare la gente *(ignora Ezechiele 33:8-9; Luca 3:7, 12:5)*.

- Devi imparare a perdonare te stesso per trovare pace e soddisfazione nella vita. Se non perdoni te stesso, non puoi comprendere la morte di Gesù sulla croce *(ignora Giovanni 16:33; 1 Corinzi 1:18-21, 2:14; Colossesi 2:8-14)*.

- Dio vuole che noi tutti ci sentiamo bene con noi stessi; dopo tutto, Gesù ha avuto la più alta stima di Se stesso nella storia dell'umanità *(ignora Filippesi 2:3-8)*.

- Essere nati di nuovo significa, in effetti, smettere di avere un'immagine negativa di se stessi e avere invece un'immagine positiva *(ignora Giovanni 3:3-8; 1 Pietro 1:23)*.

Vedi: **IL PUNTO DI VISTA BIBLICO SULL'IO** *(Lezione 4, pagine 5-10) per rilevare le numerose distorsioni della Scrittura e gli errori evidenti contenuti nelle affermazioni elencate sopra.*

V. Il punto di vista di Dio

"Venuta la superbia, viene anche l'infamia; ma la saggezza è con gli umili". (Proverbi 11:2)

"C'è una via che all'uomo sembra diritta, ma essa conduce alla morte". (Proverbi 14:12)

"Se hai agito da folle cercando di innalzarti, o se hai pensato del male, mettiti la mano sulla bocca ..." (Proverbi 30:32)

"Guai a quelli che chiamano bene il male, e male il bene, che cambiano le tenebre in luce e la luce in tenebre, che cambiano l'amaro in dolce e il dolce in amaro! Guai a quelli che si ritengono saggi e si credono intelligenti!" (Isaia 5:20-21)

"Chiunque si innalzerà sarà abbassato e chiunque si abbasserà sarà innalzato". (Matteo 23:12)

"Perché chi vorrà salvare la sua vita, la perderà; ma chi avrà perduto la propria vita per amor mio, la salverà". (Luca 9:24)

"Dov'è il sapiente? Dov'è lo scriba? Dov'è il contestatore di questo secolo? Non ha forse Dio reso pazza la sapienza di questo mondo? ... poiché la pazzia di Dio è più saggia degli uomini e la debolezza di Dio è più forte degli uomini ... ma Dio ha scelto le cose pazze del mondo per svergognare i sapienti; Dio ha scelto le cose deboli del mondo per svergognare le forti ..." (1 Corinzi 1:20, 25, 27)

"Perciò, chi pensa di stare in piedi, guardi di non cadere". (1 Corinzi 10:12)

"Perché gli uomini saranno egoisti, amanti del denaro, vanagloriosi, superbi, bestemmiatori, ribelli ai genitori, ingrati, irreligiosi, ... Poiché nel numero di costoro ci sono quelli che si insinuano nelle case e circuiscono donnette cariche di peccati, agitate da varie passioni, le quali cercano sempre d'imparare e non possono mai giungere alla conoscenza della verità". (2 Timoteo 3:2, 6-7)

"Anzi, egli ci accorda una grazia maggiore; perciò la Scrittura dice: 'Dio resiste ai superbi e dà grazia agli umili'". (Giacomo 4:6)

"Però ci furono anche falsi profeti tra il popolo, come ci saranno anche tra di voi falsi dottori che introdurranno occultamente eresie di perdizione, e, rinnegando il Signore che li ha riscattati, si attireranno addosso una rovina immediata. Molti li seguiranno nella loro dissolutezza; e a causa loro la via della verità sarà diffamata. Nella loro cupidigia vi sfrutteranno con parole false; ma la loro condanna già da tempo è all'opera e la loro rovina non si farà aspettare". (2 Pietro 2:1-3)

"Perché tutto ciò che è nel mondo, la concupiscenza della carne, la concupiscenza degli occhi e la superbia della vita, non viene dal Padre, ma dal mondo". (1 Giovanni 2:16)

INVIDIA, GELOSIA, CUPIDIGIA E AVIDITÀ

> Invidia, gelosia, cupidigia e avidità, sono peccati che rivelano egocentrismo e mettono in dubbio l'opera e la provvidenza di Dio nella tua vita. Ti devi "spogliare" di questi peccati in virtù del tuo impegno a vivere per Gesù Cristo *(basato su Romani 6:3-4; 13:14; Galati 5:19-21; Colossesi 3:5-11; Tito 3:3; 1 Pietro 2:11-12).*

I. **Le caratteristiche di invidia, gelosia, cupidigia e avidità**

   A. Quando disprezzi gli altri con il pensiero o con le parole, disubbidisci a dei comandi specifici della Scrittura *(basato su Efesini 4:29; Filippesi 4:8; Giacomo 3:5-18, 4:11).* La Parola di Dio insegna che:

   1. non devi pensare o parlare dei successi o delle abilità degli altri, per denigrarli;

   2. non devi pensare o parlare della vita o delle azioni degli altri mettendo in dubbio le loro motivazioni e il loro carattere;

   3. non devi pensare, parlare o agire insinuando che un'altra persona sia egoista perché possiede beni materiali.

   B. Se paragoni te stesso o le tue circostanze alle persone di cui desideri i beni materiali, i privilegi, le capacità, le doti, i doni spirituali o la reputazione, metti in dubbio la sovranità di Dio nella tua vita *(basato su Salmo 75:6-7; Matteo 20:1-16; 1 Corinzi 13:5; 2 Corinzi 10:12; 1 Timoteo 6:6-8).* Tu pecchi in questo modo se:

   1. desideri o pretendi la stessa quantità di privilegi degli altri, sia che tu abbia fatto o no qualcosa per ottenerli o per meritarli;

   2. ti lamenti nei tuoi pensieri, o nei tuoi discorsi, della tua attuale condizione di vita;

   3. ti sforzi di accumulare o di procurarti ricchezze, onore, potere, fama o popolarità più degli altri.

II. **Alcuni pensieri, parole e azioni comuni che rivelano invidia, gelosia, cupidigia e avidità**

   A. Se, paragonandoti agli altri, ti lamenti del tuo stato o fai affermazioni che rechino del male o che non edifichino, riveli la presenza nel tuo cuore di un problema di invidia, gelosia, cupidigia o avidità *(basato su Matteo 12:34-37; Luca 6:45; Romani 14:10-13; Efesini 4:29; Giacomo 3:3-6, 4:11).* Nel considerare le affermazioni che seguono, è importante che ti esamini secondo la Parola, e che non giudichi gli altri. Alcuni esempi che indicano invidia, gelosia, cupidigia o avidità sono:

   1. "Bene, può aggiungere un altro fiore al suo occhiello. Scommetto che ha calpestato un po' di piedi per ottenere quella posizione". *(Sottovalutare i risultati degli altri)*

   2. "Oh, anche la persona più semplice l'avrebbe capito! A lei è solo capitato di capirlo per prima". *(Sottovalutare le capacità degli altri)*

© Biblical Counseling Foundation

3. "Certo, sono ricchi. Ma ti sei mai chiesto come sono riusciti ad avere tutto quel denaro? E sono sicuro che dare agli altri non è un sacrificio per loro; non aiutano il prossimo nel bisogno come facciamo noi". *(Sottovalutare le azioni; paragonare se stessi agli altri)*

4. "Pensi che sia bella? Sai quanto tempo le ci vuole per ottenere quel risultato ogni mattina?" *(Sottovalutare l'aspetto fisico)*

5. "Non so perché è il responsabile di quel ministero. Sembra che tutta la chiesa ruoti intorno a lui, tutti pensano che possa fare tutto. Beh, l'orgoglio precede la rovina, lo dico sempre, io!" *(Sottovalutare i risultati e le responsabilità degli altri)*

B. Quando i tuoi pensieri, le tue parole o le tue azioni indicano invidia, gelosia, avidità o cupidigia, rechi dispiacere al Signore, perché manchi di amore verso gli altri e perché esalti te stesso. Inoltre, riveli la condizione spirituale del tuo cuore egocentrico *(basato su Matteo 15:19-20, 22:39; Romani 12:9, 13:8-10; 1 Corinzi 13:1-8a; 2 Corinzi 10:17-18; Galati 5:14; Filippesi 2:3-8)*. Usa i seguenti esempi per esaminarti alla luce della Scrittura.

1. Esternamente fingi di essere felice per il successo o la stima che un altro riscuote. In privato, però, rimugini sull'ingiustizia della vita e su quanto tu sia svantaggiato *(violi Romani 12:3-9; 1 Corinzi 13:1; Filippesi 2:14, 4:13)*.

2. Per dimostrare che sei bravo tanto quanto un'altra persona, credendoti migliore degli altri, cerchi di avere più onore, o beni, o elogi *(violi Proverbi 25:7, 27:2; Marco 10:43-45; Luca 14:8-11)*.

3. Pensi o provi di portar via proprio la cosa che l'altro possiede (come un'amicizia, la popolarità, gli onori, il coniuge, la reputazione, ecc.) *(violi Esodo 20:17; Deuteronomio 5:21; Efesini 4:28)*.

4. Ignori o eviti coloro che ricevono elogi *(violi Romani 12:10, 15; 1 Pietro 2:17)*.

5. Protesti perché una data cosa, o un riconoscimento, in realtà ti apparterrebbe. Ti lamenti del fatto che l'altra persona "ha rubato" ciò che era tuo di diritto; oppure esigi, con ira, una verifica, una rivalutazione o lo stesso riconoscimento per te *(violi Giacomo 4:11-12, 5:9; 1 Pietro 2:19-23)*.

6. Fingi che la posizione, l'onore o i beni di un altro non ti toccano più di tanto. Mostri un atteggiamento gioviale del tipo "non è poi una gran cosa" *(violi Salmo 34:13; Proverbi 26:24-28; 1 Pietro 3:10)*.

7. Cerchi di far sentire in colpa un'altra persona, giudicandola superficiale perché gioisce di una qualsiasi cosa buona che le è capitata *(violi Matteo 7:1-5; Romani 2:1-2; Giacomo 3:13-18)*.

8. Ti vanti dei tuoi successi, soprattutto nel tentativo di farti bella agli occhi di chi ti sta intorno *(violi Proverbi 25:27, 27:2; 1 Corinzi 1:30-31; 2 Corinzi 11:30)*.

III. **Riconoscere la differenza tra la gelosia divina e la gelosia peccaminosa**

A. Dio è completamente santo *(Levitico 19:2; Salmo 99:3, 5, 9; Isaia 6:3; 1 Pietro 1:16)*, pieno d'amore *(1 Giovanni 4:8)*, immutabile nel Suo carattere *(Malachia 3:6; Giacomo 1:17)*, e non viene mai descritto come invidioso, avido o bramoso.

B. Dio, nella Sua santità, è geloso *(Esodo 34:14)*, ma la Sua gelosia è nettamente diversa da quella terrena che impedisce la tua crescita spirituale *(Giacomo 3:13-16)*. La differenza tra la gelosia divina e la gelosia peccaminosa sta nel suo scopo.

   1. La gelosia di Dio si incentra sul Suo onore, la Sua santità, l'adorazione dovuta al Suo Nome e la purezza del Suo popolo *(Esodo 20:4-5; Deuteronomio 4:23-24, 5:8-9, 6:14-15; Giosuè 24:16-21; Ezechiele 39:25; Zaccaria 1:14, 8:1-3)*, mentre la gelosia umana ha come scopo la soddisfazione di sé e il danneggiamento degli altri *(Romani 13:12-14; 1 Corinzi 3:1-3; Giacomo 3:13-18)*.

   2. Quando i servi di Dio sono stati animati da gelosia divina, hanno dimostrato con i fatti di essere spinti dal desiderio di far piacere al Signore, di essere una benedizione e non di fare piacere a se stessi o di danneggiare gli altri *(Numeri 25:11; 2 Corinzi 11:2)*.

IV. **Il punto di vista di Dio su invidia, gelosia, avidità e cupidigia**

   A. **Invidia** (risentimento, o malcontento, per i risultati ottenuti, i beni materiali o le doti degli altri. Sentimenti che spesso sfociano nel tentativo di privare gli altri di quello che hanno); **gelosia** (desiderio egoistico accompagnato da risentimento, sospetto o timore che un'altra persona stia cercando di portarti via ciò che reputi tuo). Entrambe rivelano un egocentrismo nocivo e privo di amore *(basato su Proverbi 27:4; Matteo 27:15-18; Atti 5:12-18, 13:45; 1 Corinzi 13:4-8a; Tito 3:3)*.

   1. L'invidia è:

      a. incompatibile con il "buon animo" che deve regnare nel corpo di Cristo *(Filippesi 1:15; 1 Timoteo 6:3-5)*;

      b. una delle opere della carne *(Galati 5:19-21)*;

      c. una delle caratteristiche di una vita separata da Dio *(Tito 3:3)*;

      d. incompatibile con una vita controllata dallo Spirito *(Galati 5:25-26)*;

      e. indicativa di una mente depravata *(Romani 1:28-32, spec. il versetto 29)*.

   2. La gelosia è:

      a. una delle opere delle tenebre *(Romani 13:12-14)*;

      b. considerata carnale, porta a fare paragoni sciocchi e a competizioni *(1 Corinzi 3:1-4, 19)*;

      c. in opposizione alla saggezza divina *(Giacomo 3:13-18)*;

      d. la negazione dell'amore biblico *(1 Corinzi 13:4)*;

      e. il preludio al disordine e alla malvagità *(Giacomo 3:16)*;

      f. collegata alle contese *(Romani 13:13; 2 Corinzi 12:20)*;

      g. una delle opere della carne *(Galati 5:19-21)*.

   B. **Cupidigia** (il desiderio sbagliato di voler possedere ciò che Dio ha deciso di non darti; il desiderio in genere per qualcosa che un altro possiede); **avidità** (lasciare il campo ad un desiderio ardente di avere qualcosa in più oltre a ciò che Dio vuole per la tua vita). Sono entrambe peccati e rivelano un'attenzione egocentrica alla gratificazione di sé *(basato su Esodo 20:17; Ecclesiaste 5:10-11; Michea 2:1-2; Luca 12:15-21; Efesini 4:17-19, spec. il versetto 19)*. Sia l'avidità sia la cupidigia sono collegate all'idolatria *(Efesini 5:5; Colossesi 3:5)*.

   1. La cupidigia è:

      a. sempre stata proibita da Dio *(Esodo 20:17; Deuteronomio 5:21; Romani 13:9)*;

      b. caratteristica di coloro che non fanno parte del regno di Dio *(1 Corinzi 6:9-10)*;

c. così nociva al corpo di Cristo che viene proibito ai credenti di associarsi con qualsiasi cosiddetto "fratello" che sia avaro *(1 Corinzi 5:11-13)*.

2. La cupidigia è:

   a. un sentimento dal quale guardarsi *(Luca 12:15)*;

   b. una caratteristica dei falsi dottori *(2 Pietro 2:1-3)* e di coloro che rifiutano il Signore *(Salmo 10:3; 2 Pietro 2:9-16, spec. il versetto 14)*;

   c. indicativa di una mente depravata *(Romani 1:28-32, spec. il versetto 29)*;

   d. rivelatrice di una vita separata dal Signore *(Salmo 10:3-4; Colossesi 3:5-7)*;

   e. sconveniente tra i credenti *(Efesini 5:3)*.

COMPIACERE A TE STESSO O PIACERE A DIO

> Il modo in cui reagisci alle situazioni che ti si presentano rivela qual è lo scopo della tua vita, ossia se vivi per compiacere a te stesso o per far piacere al Signore *(basato su Marco 7:20-23, 8:34-35; 2 Corinzi 5:14-15; Galati 5:17-25; Colossesi 1:9-12; Giacomo 1:14-15, 22-25; 4:17)*. Questo concetto è chiaramente illustrato dal modo in cui sono tradotti i vari termini del Nuovo Testamento che descrivono alcune di queste reazioni. Gli stessi termini nella lingua originale del Nuovo Testamento sono tradotti in modo diverso secondo se l'accento è posto sul vivere per compiacere a se stessi o per piacere a Dio. Seguono alcuni esempi.

I. **Preoccupazione contrapposta ad "avere a cuore"**

   A. Pecchi quando ti **preoccupi** o sei **ansioso**, perché entrambe queste reazioni sono egocentriche e rivelano una mancanza di fiducia nella cura e nella sovranità di Dio nella tua vita *(Matteo 6:25-34, 10:16-20; Luca 12:22-31; Filippesi 4:6-7)*.

   B. Tuttavia, tu cammini nelle vie di Dio quando hai **a cuore** il benessere degli altri e la gloria di Dio *(1 Corinzi 12:25; 2 Corinzi 11:28; Filippesi 2:20)*. (Il termine del Nuovo Testamento tradotto con "**cura**" o "**premura**" è tradotto "**preoccupazione**" o "**ansia**" quando si riferisce ad un atteggiamento egocentrico.)

II. **Paura contrapposta a timore**

   A. Pecchi quando sei così preso da te stesso da vivere nella **paura** (nel **timore**) degli uomini (che cosa pensano di te o che cosa possono farti) *(Matteo 10:28; Luca 12:4; 1 Pietro 3:13-14)*.

   B. Tuttavia fai piacere al Signore quando conduci una vita santa e sei **riverente** verso il Signore (lo stesso termine del Nuovo Testamento è tradotto "**avere timore**") *(2 Corinzi 7:1; 1 Pietro 1:14-17)*. Il Signore promette le Sue benedizioni a coloro che Lo temono *(Salmo 103:17; 112:1; 128:1, 4; Atti 10:34-35)*.

III. **Cupidigia/avidità contrapposte a desiderio**

   A. Quando **desideri ardentemente** qualcosa, pecchi perché Dio vieta il desiderio egoistico di possedere quello che non ti appartiene *(Romani 13:9)*. Lo stesso termine del Nuovo Testamento tradotto con "**desiderare ardentemente**" è usato anche per "**bramare**" (avere un desiderio di gratificare il proprio io) *(Romani 13:14; Giacomo 1:14-15)*.

   B. Tuttavia, tu dimostri di essere spirituale quando **desideri** o **hai un grande desiderio** di piacere a Dio e di edificare gli altri *(Filippesi 1:23; 1 Tessalonicesi 2:17; Ebrei 6:11)*. (Il termine del Nuovo Testamento tradotto "**desiderare**" o "**avere un grande desiderio**" è tradotto "**cupidigia**" o "**avidità**" quando il desiderio è rivolto a soddisfare se stessi.)

IV. Gelosia contrapposta a zelo

   A. Tu pecchi quando sei **geloso**. La **gelosia** è piena di malvagità *(Giacomo 3:13-18)*, fa parte delle opere delle tenebre *(Romani 13:12-14)*, ed è un danno per la crescita spirituale *(1 Corinzi 3:1-3)*.

   B. Tuttavia fai piacere al Signore quando hai **zelo**, ossia un desiderio ardente di piacere a Dio e di edificare gli altri (lo stesso termine nel Nuovo Testamento è tradotto "**gelosia**" quando l'accento è posto su se stessi) *(Giovanni 2:17; 1 Corinzi 12:31, 14:39; 2 Corinzi 7:6-7, 11; 9:2)*.

LO STUDIO DI UN CASO:
MARIA È STATA ABBANDONATA DAL MARITO

> Intorno a noi ci sono vite infrante e distrutte. La Scrittura ci chiama a prepararci per andare incontro ai bisogni degli altri. Questa preparazione deve avvenire in accordo con la Parola di Dio, per raggiungere gli obiettivi di Dio *(basato su Matteo 7:1-5; Romani 15:14; 2 Corinzi 1:3-5, 5:18-19; Galati 6:1-2; 2 Timoteo 2:15, 3:16-17; Giacomo 1:25)*. Il caso che segue illustra come la Parola di Dio e il Suo aiuto siano sufficienti a livello pratico per affrontare qualsiasi difficoltà, non importa quanto dura o prolungata. Lo studio del caso sarà sviluppato in lezioni successive.

Maria e suo marito (Tommaso) vivono nel tuo quartiere da circa sei anni. Maria si professa una credente in Cristo. Tommaso sembra non avere alcun interesse per le cose spirituali. Hanno tre figli: due adolescenti (un ragazzo di 14 e una ragazza di 13 anni) e una figlia piccola di 3 anni. Maria ha iniziato a frequentare la tua chiesa locale circa quattro mesi fa, ma è sempre venuta da sola. In un paio di occasioni, hai parlato brevemente con Maria dopo il culto, ma non hai avuto l'opportunità di discutere di problemi spirituali. L'hai cercata dopo gli incontri, ma al momento, non vedi Maria nella tua assemblea da tre settimane.

Pochi giorni fa, inaspettatamente, l'hai incontrata al mercato e hai scambiato due parole. In quell'occasione ti ha presentato suo marito, Tommaso. Quando Maria ha menzionato la tua chiesa, Tommaso ha detto che se lui avesse mai frequentato una comunità le persone sarebbero svenute dalla sorpresa. Nel corso della conversazione hai scoperto che Tommaso e Maria vivono a circa un chilometro da casa tua.

Una sera di quella stessa settimana Maria è venuta a casa tua. Ha chiesto di parlare con te in privato e ti ha annunciato che suo marito l'ha lasciata piuttosto inaspettatamente.

Era molto agitata (piangeva, aveva un tono di voce disperato, era spettinata) e ti ha raccontato che lei e suo marito avevano iniziato a litigare la sera precedente e avevano continuato la loro discussione durante tutta la giornata. I loro figli avevano sentito gran parte del loro litigio e la più piccola aveva pianto una buona parte del tempo.

Ha continuato dicendo che Tommaso aveva fatto la valigia circa un'ora prima e le aveva comunicato che la lasciava e che non sarebbe tornato. Maria, fra le lacrime, ha esclamato di essere sorpresa della sua decisione.

Ti ha detto di essere stata una buona moglie. Non capiva come potesse esserle accaduto questo e come fosse possibile tanta insensibilità da parte del marito.

Ha aggiunto che ora era amareggiata e che lo aveva minacciato di vendicarsi per averla abbandonata. Si sentiva depressa e voleva il tuo aiuto.

Alla luce della conversazione appena descritta, rispondi alle seguenti domande.

1. A questo punto, secondo Maria qual è il problema di base?

2. Qual è il problema principale di Maria dal punto di vista di Dio?

3. Se Maria continuasse a reagire alla difficile situazione come sta facendo, in quali altri problemi potrebbe incorrere (per esempio: depressione, ansia, suicidio, omicidio, diventare un'eremita, crollo fisico o emotivo, uso di alcol e droga)? Che altro?

4. Lo studio di questo caso aiuterà solo le persone sposate, oppure gli stessi principi si applicano a tutti indipendentemente dall'età e dallo stato civile? Spiega.

5. Come potresti dare speranza a Maria usando **ELEMENTI DELLA CONSULENZA BIBLICA** (Supplemento 11)?

LEZIONE 9: COMPITI

> Per piacere a Dio, invece di cercare di compiacere a te stesso, devi avere un piano biblico che influisca sui tuoi pensieri, le tue parole e le tue azioni. Devi mettere in atto questo piano nella routine quotidiana. Devi seguire le linee guida bibliche, anche in situazioni impreviste (*basato su Matteo 10:38-39, 22:37-39; 2 Corinzi 10:5; Colossesi 3:2; Ebrei 4:12; Giacomo 1:22; 1 Pietro 5:8*).

✔ *compiti completati*

A. * Con parole tue scrivi il significato di *Luca 9:23-24*. Questa settimana impara e memoria *Luca 9:23-24* e inizia a imparare *Romani 6:12-13*. Ripassa i versetti precedenti.

B. * Leggi **PRINCIPI BIBLICI: AFFRONTARE TE STESSO (PRIMA PARTE)** (Lezione 9, pagine 2-3). Evidenzia versetti elencati nella tua Bibbia.

C. Leggi **SOTTOVALUTAZIONE, ESALTAZIONE E COMMISERAZIONE DI SÉ** (Lezione 9, pagine 4-5). Nota il contrasto fra il modo dell'uomo di affrontare se stesso e il modo di Dio di risolvere questo problema. Contrassegna le affermazioni che hai erroneamente accettato come "vere" prima di conoscere il punto di vista di Dio.

D. Leggi **INVIDIA, GELOSIA, CUPIDIGIA E AVIDITÀ** (Lezione 9, pagine 6-9). Contrassegna quelle affermazioni che indicano questi peccati nella tua vita.

E. * Continua a lavorare sul problema che stai iniziando a superare, secondo la Parola, durante questo corso completando una **SCHEDA DI LAVORO VITTORIA SUI FALLIMENTI** (Supplemento 8, pagine 1-2). Presta particolare attenzione a quegli aspetti che si centrano sull'io (per esempio: sottovalutarsi, gratificarsi, commiserarsi, amore per se stesso, esaltarsi, invidia, gelosia, cupidigia o avidità). Vedi le affermazioni che hai contrassegnato ai precedenti punti C. o D. per confrontarti alla luce della Parola. Se necessario, vedi l'elenco che hai già iniziato.

F. Studia **COMPIACERE A TE STESSO O PIACERE A DIO** (Lezione 9, pagine 10-11). Questo studio dimostra che vivi per compiacere a te stesso o per far piacere al Signore? Se la tua risposta indica che vivi per compiacere a te stesso, vedi **IL RINNOVAMENTO DELLA TUA MENTE** (Lezione 7, pagine 6-7).

G. * Leggi **ELEMENTI DELLA CONSULENZA BIBLICA** (Supplemento 11).

H. * Leggi **LO STUDIO DI UN CASO: MARIA È STATA ABBANDONATA DAL MARITO** (Lezione 9, pagine 12-13) e rispondi alle domande che seguono l'introduzione allo studio del caso. Utilizzando **ELEMENTI DELLA CONSULENZA BIBLICA** (Supplemento 11), elenca almeno tre verità della Scrittura, con la loro citazione, utili per dare a Maria la speranza e per aiutarla a vedere il suo problema dal punto di vista di Dio.

I. * In collegamento con questa lezione rispondi alla domanda 16 del **Test a libro aperto** (Lezione 23, pagina 2).

* *Il completamento dei compiti contrassegnati con un asterisco (*) è essenziale per continuare la formazione per la consulenza biblica.*

LEZIONE 9: GUIDA ALLO STUDIO PER LA MEDITAZIONE GIORNALIERA
(COMPRENDE VERSETTI A MEMORIA E COMPITI)

> Per piacere a Dio, invece che cercare di compiacere a te stesso, devi avere un piano biblico che influisca sui tuoi pensieri, le tue parole e le tue azioni. Devi mettere in atto questo piano nella routine quotidiana. Devi seguire le linee guida bibliche anche in situazioni impreviste *(basato su Matteo 10:38-39, 22:37-39; 2 Corinzi 10:5; Colossesi 3:2; Ebrei 4:12; Giacomo 1:22; 1 Pietro 5:8).*

Versetti a memoria

1. *Impara a memoria *Luca 9:23-24* e inizia a imparare *Romani 6:12-13*.
2. Porta sempre con te i cartoncini con i versetti delle settimane precedenti e quelli con i versetti di questa settimana. Ripeti i tuoi versetti nei momenti liberi della giornata.

Guida allo studio per la meditazione giornaliera

PRIMO GIORNO
1. Inizia con la preghiera.
2. * Leggi *Principio 33* in **PRINCIPI BIBLICI: AFFRONTARE TE STESSO (PRIMA PARTE)** (Lezione 9, pagine 2-3). Cerca i versetti ed evidenziali nella tua Bibbia.
3. Leggi **SOTTOVALUTAZIONE, ESALTAZIONE E COMMISERAZIONE DI SÉ** (Lezione 9, pagine 4-5). Nota il contrasto tra la via dell'uomo e la via di Dio per affrontare te stesso. Contrassegna quelle affermazioni che, erroneamente, hai abbracciato come "vere" prima di comprendere e accettare il piano di Dio per superare il problema del tuo io.
4. * Con parole tue scrivi il significato di *Luca 9:23-24*.
5. Termina con la preghiera.

SECONDO GIORNO
1. Inizia con la preghiera.
2. * Leggi *Principio 34* in **PRINCIPI BIBLICI: AFFRONTARE TE STESSO (PRIMA PARTE)** (Lezione 9, pagine 2-3). Evidenzia i versetti elencati nella tua Bibbia.
3. Leggi **INVIDIA, GELOSIA, CUPIDIGIA E AVIDITÀ** (Lezione 9, pagine 6-9). Contrassegna le affermazioni che descrivono questi peccati nella tua vita. Questo è il primo di uno studio che durerà due giorni.
4. Termina con la preghiera.

TERZO GIORNO
1. Inizia con la preghiera.
2. * Leggi *Principio 35* in **PRINCIPI BIBLICI: AFFRONTARE TE STESSO (PRIMA PARTE)** (Lezione 9, pagine 2-3). Evidenzia i versetti elencati nella tua Bibbia.
3. Continua a lavorare sul problema che Dio vuole che tu superi completando le prime tre colonne della **SCHEDA DI LAVORO VITTORIA SUI FALLIMENTI** (Supplemento 8, pagina 1). Presta particolare attenzione a quegli aspetti del tuo problema che rivelano sottovalutazione, esaltazione e commiserazione di sé, invidia, gelosia, cupidigia o avidità. Se necessario, vedi l'elenco che hai già iniziato.

4. Termina il tuo studio di **INVIDIA, GELOSIA, CUPIDIGIA E AVIDITÀ** (Lezione 9, pagine 6-9).
   5. Termina con la preghiera.

QUARTO GIORNO
   1. Inizia con la preghiera.
   2. * Leggi *Principio 36* in **PRINCIPI BIBLICI: AFFRONTARE TE STESSO (PRIMA PARTE)** (Lezione 9, pagine 2-3). Evidenzia i versetti elencati nella tua Bibbia.
   3. * Continua a lavorare a quello che hai iniziato ieri nelle prime tre colonne della **SCHEDA DI LAVORO VITTORIA SUI FALLIMENTI** (Supplemento 8, pagina 1). Se necessario, usa una nuova scheda dell'**ELENCO "COSE DA PENSARE E DA FARE"** (Supplemento 10, pagina 1).
   4. Termina con la preghiera.

QUINTO GIORNO
   1. Inizia con la preghiera.
   2. * Leggi *Principio 37* in **PRINCIPI BIBLICI: AFFRONTARE TE STESSO (PRIMA PARTE)** (Lezione 9, pagine 2-3). Evidenzia i versetti elencati nella tua Bibbia.
   3. * Continua a lavorare alle prime tre colonne della **SCHEDA DI LAVORO VITTORIA SUI FALLIMENTI** (Supplemento 8, pagina 1). Quando valuti i fallimenti nella prima colonna, evidenzia i pensieri, le parole o le azioni non bibliche che tendi a ripetere e che caratterizzano la tua vita.
   4. Leggi **COMPIACERE A TE STESSO O PIACERE A DIO** (Lezione 9, pagine 10-11). Questo studio dimostra se stai vivendo per compiacere a te stesso o per far piacere a Dio. Se la tua risposta indica che vivi per compiacere a te stesso, ripassa **IL RINNOVAMENTO DELLA TUA MENTE** (Lezione 7, pagine 6-7).
   5. Termina con la preghiera.

SESTO GIORNO
   1. Inizia con la preghiera.
   2. * Leggi *Principio 38* in **PRINCIPI BIBLICI: AFFRONTARE TE STESSO (PRIMA PARTE)** (Lezione 9, pagine 2-3). Evidenzia i versetti elencati nella tua Bibbia.
   3. * Continua a lavorare alla **SCHEDA DI LAVORO VITTORIA SUI FALLIMENTI** (Supplemento 8, pagine 1-2). Se necessario fa' delle aggiunte nelle varie colonne.
   4. Leggi **ELEMENTI DELLA CONSULENZA BIBLICA** (Supplemento 11).
   5. Leggi **LO STUDIO DI UN CASO: MARIA È STATA ABBANDONATA DAL MARITO** (Lezione 9, pagine 12-13) e rispondi alle domande che seguono l'introduzione allo studio del caso. Usando **ELEMENTI DELLA CONSULENZA BIBLICA** (Supplemento 11), elenca almeno tre verità della Scrittura, con la loro citazione, utili per dare a Maria la speranza e per aiutarla a vedere il suo problema dal punto di vista di Dio.
   6. Termina con la preghiera.

SETTIMO GIORNO
   1. Inizia con la preghiera.
   2. * Ripassa il tuo lavoro di questa settimana sulla **SCHEDA DI LAVORO VITTORIA SUI FALLIMENTI** (Supplemento 8, pagine 1-2). Se c'è bisogno di fare qualche aggiunta, falla subito.
   3. * Rispondi alla domanda 16 del **Test a libro aperto** (Lezione 23, pagina 2).
   4. Termina con la preghiera.
   5. Ripassa i tuoi versetti a memoria. Chiedi a qualcuno di ascoltarti mentre li reciti. Spiega come si applicano alla tua vita.

* *Il completamento dei compiti contrassegnati con un asterisco (*) è essenziale per continuare la formazione per la consulenza biblica.*

LEZIONE 10

AFFRONTARE TE STESSO (SECONDA PARTE)

"Non regni dunque il peccato nel vostro corpo mortale per ubbidire alle sue concupiscenze; e non prestate le vostre membra al peccato, come strumenti d'iniquità; ma presentate voi stessi a Dio, come di morti fatti viventi, e le vostre membra come strumenti di giustizia a Dio ..."

Romani 6:12-13

LEZIONE 10:
AFFRONTARE TE STESSO (SECONDA PARTE)

> Devi "spogliarti", senza esitazione, della preoccupazione rivolta verso te stesso, che è un peccato; devi "rivestirti" di fiducia in Cristo. Farai così piacere al Signore *(basato su Romani 6:12-14; 12:9, 21; Galati 5:19-21, 25-26; Efesini 4:1-3, 22-24; 5:5; Colossesi 3:5-10; Tito 2:11-14, 3:3; Giacomo 4:17).*

I. **Gli obiettivi di questa lezione sono:**

   A. provvedere un fondamento biblico per sviluppare un modello di amministrazione per la tua vita;

   B. presentare l'uso dei doni spirituali per un servizio che onori Cristo;

   C. provvedere un piano biblico per superare la preoccupazione di sé;

   D. presentare gli elementi essenziali della consulenza biblica continuando nello studio di un caso.

II. **Il sommario di questa lezione**

   A. Esamina te stesso

   1. **PRINCIPI BIBLICI: AFFRONTARE TE STESSO (SECONDA PARTE)** (Lezione 10, pagine 2-3)

   2. **PRINCIPI BIBLICI DI AMMINISTRAZIONE** (Lezione 10, pagine 4-6)

   3. **MORIRE A TE STESSO SERVENDO GLI ALTRI** (Lezione 10, pagine 7-8)

   B. Passi per la crescita spirituale

   1. **SUPERARE LA PREOCCUPAZIONE DI SÉ** (Lezione 10, pagine 9-12)

   2. **LEZIONE 10: COMPITI** (Lezione 10, pagina 15)

   3. **GUIDA ALLO STUDIO PER LA MEDITAZIONE GIORNALIERA** (Lezione 10, pagine 16-17)

   C. Consulenza biblica

   LO STUDIO DI UN CASO: MARIA È STATA ABBANDONATA DAL MARITO (Lezione 10, pagine 13-14)

PRINCIPI BIBLICI:
AFFRONTARE TE STESSO (SECONDA PARTE)

> Il punto di vista di Dio sul proprio io mette in risalto il bisogno di un cambiamento biblico. Invece di una preoccupazione di sé, nelle sue varie forme, il piano di Dio afferma la necessità della negazione di sé. Ciò per farGli piacere e per essere una benedizione agli altri *(basato su Ecclesiaste 7:20; Luca 9:23-24; Romani 1:20-21, 3:9-18, 12:1-12; 1 Corinzi 2:14, 3:19-20; 2 Corinzi 5:17; Galati 2:20; Efesini 5:8-10; Filippesi 3:8-9, 12-14; Ebrei 13:20-21).*

III. Il tuo cambiamento (prosegue dalla Lezione 9, pagine 2-3)

(Principio 39) Devi distogliere, ogni giorno, l'attenzione da te stesso sia nei rapporti con gli altri, sia nelle varie situazioni *(Luca 9:23-24; Giovanni 3:30, 12:24-26; Romani 12:3, 14:7-8; 2 Corinzi 5:15)* e seguire i comandamenti di Dio *(Matteo 22:37-39)*. Invece di peccare sottovalutandoti, esaltandoti o commiserandoti, devi considerare gli altri più importanti di te stesso. Devi essere servo loro e del Signore *(Matteo 20:26-28; Luca 4:8; Giovanni 13:3-17, spec. i versetti 14-15; Romani 15:1-3; 1 Corinzi 9:19; 10:24, 32-33; Filippesi 2:3-8; Colossesi 3:23-24; 1 Pietro 4:10)*.

(Principio 40) Devi spogliarti dei peccati di invidia, di gelosia, di cupidigia e di avidità che caratterizzavano la tua vita lontana da Gesù Cristo. Devi piuttosto trovare la tua gioia nel Signore, affidare a Lui il tuo cammino e aspettare pazientemente il Suo intervento *(Salmo 37:1-9)*. Invece di essere geloso e di avere ambizioni egoistiche, devi essere puro, pacifico, mite, ragionevole, pieno di misericordia e di buoni frutti, imparziale e senza ipocrisia *(Giacomo 3:13-17)*.

(Principio 41) Poiché sei stato comprato col prezioso sangue di Gesù Cristo non appartieni più a te stesso *(1 Corinzi 6:19-20; 1 Pietro 1:17-19)*, ma sei proprietà di Dio e sei un "amministratore" (servo capace di gestire) di tutto ciò che il Signore ha provveduto per te. Come servo del Signore, hai il privilegio e la responsabilità di essere fedele in tutto ciò che Egli ha messo sotto la tua custodia *(Matteo 25:14-30; Luca 16:10-13; 1 Corinzi 4:1-2; 1 Pietro 4:10)*. Sei un servo del Signore, perciò non dovresti cercare di essere servito *(Marco 10:42-45)* o di ricevere stima dagli uomini *(Colossesi 3:23; 1 Tessalonicesi 2:4-6)* ma cercare solo di piacere al Signore *(1 Corinzi 10:31; 2 Corinzi 5:9; Ebrei 13:20-21)*.

IV. La tua condotta

(Principio 42) Esamina (giudica) continuamente te stesso alla luce della Parola *(Matteo 7:5; 1 Corinzi 11:26-32)*. Non ti paragonare agli altri *(2 Corinzi 10:12; Galati 6:3-4)*, per poter stabilire di chi, in definitiva, cerchi l'approvazione *(2 Corinzi 5:9; Galati 1:10; Colossesi 3:23-24, 1 Tessalonicesi 2:4)*.

(Principio 43) Ringrazia Dio per le "debolezze apparenti" che non puoi correggere *(2 Corinzi 12:7-10; Efesini 5:20; 1 Tessalonicesi 5:18)* e correggi tutte le debolezze reali nella tua vita che ti impediscono di servire Dio e di edificare gli altri *(Matteo 22:37-39; Romani 6:19, 14:12-13; 1 Corinzi 10:31-33; Filippesi 2:12-16; Colossesi 3:2-15; Ebrei 12:1-2; Giacomo 4:8).*

(Principio 44) Devi mettere in pratica l'amore senza ipocrisia (finzione) *(Romani 12:9)*, dimostrando il frutto della vita di Cristo nei tuoi pensieri, nelle tue parole e nelle tue azioni *(Matteo 5:16; Galati 5:22-23; Efesini 5:1-2).*

PRINCIPI BIBLICI DI AMMINISTRAZIONE

> Peccati come l'invidia, la gelosia, la cupidigia e l'avidità rivelano chiaramente un interesse smodato per te stesso. Invece devi far piacere al Signore ed essere di benedizione, mettendo a disposizione degli altri ciò che Egli ti ha affidato, sia in beni materiali sia in beni spirituali *(basato su Marco 12:41-44; Luca 8:16-18; 12:15-21, 35-48; 16:10-13; Atti 20:35; Romani 12:1-2, 6-8; 1 Corinzi 4:2, 6:12-20; 2 Corinzi 8:5, 8-9, 13-15; 9:6-15; Efesini 4:28; 1 Timoteo 6:6-19; 1 Pietro 4:10-11)*. Le linee guida che seguono ti aiuteranno a elaborare un piano biblico di amministrazione che caratterizza un servitore del Signore Gesù Cristo.

I. **Dio è sovrano su ogni parte della Sua creazione, tuttavia nella Sua grazia ti permette di essere un "amministratore" (servo capace di gestire) di ciò che Lui pone sotto la tua cura.**

   A. Dovresti riconoscere che tutto ciò che hai — il corpo, i beni materiali, il tempo, le capacità e i doni spirituali — ti è stato dato per grazia del Signore *(basato su Deuteronomio 8:18; 1 Cronache 29:12; Salmo 24:1, 50:12b, 139:16; 1 Corinzi 6:19-20; 12:4-6, 11)*.

   B. Come "amministratore" di tutto ciò che il Signore ti ha affidato, devi essere fedele nella cura e nell'uso di ciò che Dio ti ha provveduto *(basato su Matteo 25:14-30; Luca 12:13-48, 16:10-13; 1 Corinzi 4:1-2; Efesini 5:15-17; 1 Pietro 4:10)*.

II. **La tua motivazione per essere un amministratore fedele deve essere incentrata su Dio e sui Suoi obiettivi invece che sulla preoccupazione di sé.**

   A. Come fidato amministratore della grazia di Dio, devi dimostrare somiglianza a Cristo nel tuo cammino *(1 Corinzi 4:1-4)* ed essere fedele nel presentare agli altri il messaggio di riconciliazione in Gesù Cristo *(2 Corinzi 5:17-20, spec. il versetto 19)*.

   B. Lo scopo del tuo servizio deve essere di glorificare Dio invece di ricevere onore dagli altri o di soddisfare i tuoi desideri egoistici *(basato su Matteo 6:1; 1 Corinzi 6:19-20, 10:31; 2 Corinzi 9:12-13; Colossesi 3:17; 1 Tessalonicesi 2:1-6, spec. i versetti 4 e 6; 1 Pietro 4:10-11, spec. il versetto 11b)*. L'uso dei doni spirituali non dovrebbe portare gloria a te stesso, ma edificare il corpo di Cristo e cooperare con Dio nell'adempiere i Suoi piani nel mondo *(basato su Romani 12:3-8; 1 Corinzi 12:4-27; Efesini 4:11-16)*.

   *Vedi: **MORIRE A TE STESSO SERVENDO GLI ALTRI** (Lezione 10, pagine 7-8) per uno studio più approfondito su questo argomento.*

   C. L'uso del tuo tempo non deve essere volto a realizzare i tuoi desideri egoistici, invece deve:

   1. riconoscere e dimostrare la sovranità di Dio nella tua vita *(Proverbi 16:1, 3, 9; Matteo 6:25-33; Giacomo 4:13-16)*;

   2. includere lo studio *(2 Timoteo 2:15)*, la memorizzazione *(Salmo 119:11)* e la meditazione della Parola di Dio *(Salmo 1:1-3, 119:97)*;

3. darti ampia opportunità di esaminare te stesso continuamente alla luce della Parola *(Matteo 7:1-5; Efesini 5:15-16)*;

4. fornirti l'opportunità di servire gli altri *(Galati 6:10)*;

5. trovare il tempo per frequentare il radunamento con altri credenti per l'incoraggiamento reciproco *(Ebrei 10:23-25)*;

6. tener conto delle prove e della battaglia spirituale che fanno parte della vita di tutti i giorni *(Matteo 6:34; Efesini 5:15-17)*;

7. rispecchiare la tua attesa e la tua preparazione per il prossimo ritorno del Signore Gesù Cristo *(Luca 12:35-40; Giovanni 9:1-4, spec. il versetto 4; 2 Corinzi 5:1-11; Ebrei 10:23-25, spec. il versetto 25; 1 Pietro 1:14-19, spec. il versetto 17; 2 Pietro 3:8-18, spec. i versetti 11-13; 1 Giovanni 3:1-3, spec. il versetto 3)*.

D. La cura e la disciplina del tuo corpo deve:

1. consentire al tuo corpo di essere usato per il Signore invece che per soddisfare i tuoi desideri carnali *(Romani 6:12-13; 1 Corinzi 6:13-20; 1 Tessalonicesi 4:3-7)*;

2. rendere evidente che tu non appartieni a te stesso, ma sei stato comprato a caro prezzo *(1 Corinzi 6:19-20)*;

3. dimostrare che sei il tempio dello Spirito Santo e dare così gloria a Dio *(1 Corinzi 6:19-20)*;

4. rendere al Signore il tuo culto spirituale presentando il tuo corpo a Lui in sacrificio vivente *(Romani 12:1)*;

5. dimostrare il controllo del tuo corpo per ricevere una ricompensa nei Cieli *(1 Corinzi 9:24-27)*.

E. Il modo in cui amministri tuoi beni materiali indica il tuo livello di maturità spirituale *(Luca 16:10-13, spec. il versetto 10; 1 Timoteo 6:6-10)*.

1. Una delle più grandi lotte spirituali che dovrai affrontare sarà quella di scegliere se servire il Dio dell'universo o il dio denaro. Non ci sono vie di mezzo per la tua ubbidienza *(Matteo 6:24; Luca 16:13)*.

    a. Il tuo modo di vedere e di usare i beni materiali rivela quali siano i tuoi veri interessi e dove siano i tuoi veri "tesori" *(basato su Matteo 6:19-21)*.

    b. Non dare nulla al Signore o darGli solo gli "avanzi" Lo deruba e causerà la tua "magrezza" spirituale *(basato su Proverbi 3:9-10, 11:24-25; Malachia 1:7-8, 10b; 3:8-9; Luca 16:11-12)*.

2. Il motivo principale del tuo dare deve essere il tuo amore e il tuo impegno verso il Signore *(basato su 2 Corinzi 8:5, 7b-8; Colossesi 3:17)*.

    a. Quando dai al Signore, Gli restituisci ciò che è già Suo *(basato su 1 Cronache 29:14)*.

    b. Dovresti essere pronto nel dare *(basato su 2 Corinzi 8:11-12)*.

    c. Il dare deve essere contrassegnato da generosità, da buon animo e da risolutezza *(basato su Esodo 35:5, 36:6b; Luca 19:8; 2 Corinzi 8:2b, 9:7)*.

3. Sii contento di ciò che hai. A prescindere da ciò che Dio ti dà: ricchezze abbondanti o magra povertà; situazioni piacevoli o sofferenze, devi avere fiducia che Egli continuerà a operare nella tua vita *(basato su Ecclesiaste 7:14; Romani 8:28-29; Filippesi 1:6, 4:11-13; 1 Timoteo 6:6-8; Ebrei 13:5-6)*.

    a. Avere ricchezze, non avere ricchezze o desiderare ricchezze sono tutte cose potenzialmente dannose *(basato su Deuteronomio 6:10b-12; Proverbi 30:8b-9; Ecclesiaste 5:10-11; 1 Timoteo 6:9-10)*.

- b. Dio promette di prendersi cura delle tue necessità quando Lo onori con i tuoi beni materiali *(basato su Proverbi 3:9-10; Matteo 6:33-34; 2 Corinzi 9:6, 8-11; Filippesi 4:19).*

4. La questione non è tanto quanto dai, ma quanto ti rimane dopo aver dato *(basato su Marco 12:43b-44).*

    a. Devi dare con sacrificio anche in tempi di grandi difficoltà economiche *(basato su 2 Corinzi 8:2-4).*

    b. I credenti con una maggiore abbondanza di ricchezze dovrebbero dare di più per l'avanzamento dell'opera del Signore invece di spendere il denaro superfluo egoisticamente per i propri piaceri. Saranno così di benedizione agli altri *(basato su Luca 12:15, 18-21; Atti 4:34-35; 2 Corinzi 8:13-15, 9:8; 1 Timoteo 6:17-19).*

    c. Dovresti decidere di dare regolarmente oltre che per far fronte a bisogni immediati *(basato su 1 Cronache 29:9; Atti 4:34-35; 1 Corinzi 16:2; 2 Corinzi 8:4).*

    d. "Dare" ha maggior valore che ricevere *(Atti 20:35b).*

5. Usare i beni materiali per aiutare gli altri è un modo per rispondere, con riconoscenza, all'amore di Dio per te, in Cristo Gesù *(basato su 2 Corinzi 8:1-5, spec. il versetto 4; 8:7-9, spec. il versetto 7; 1 Giovanni 3:14-17).*

    a. Dovresti provvedere generosamente per i tuoi insegnanti e leader spirituali *(Galati 6:6; 1 Timoteo 5:17-18).*

    b. Dovresti essere particolarmente pronto ad aiutare coloro che hanno difficoltà a provvedere al proprio fabbisogno, per esempio: i prigionieri *(Matteo 25:36, 39-40; Ebrei 13:3),* gli stranieri, i poveri, i malati *(Matteo 25:31-46, spec. i versetti 35-36; Ebrei 13:2),* le vedove, gli orfani *(1 Timoteo 5:3, 5, 9-10; Giacomo 1:27)* e altri credenti nel bisogno *(Romani 12:13; 2 Corinzi 8:3-5, spec. il versetto 4; 8:13-15; 1 Giovanni 3:16-18; 3 Giovanni 1:5-6).*

    c. Ogni volta che è necessario, secondo la Scrittura, dovresti provvedere ad ogni membro della tua famiglia *(1 Timoteo 5:4, 8, 16).*

    d. Dovresti andare incontro anche ai bisogni di coloro che si considerano tuoi nemici *(Luca 6:27-38; Romani 12:20-21).*

    e. Non dovresti mai dare con il desiderio di ricevere la lode degli altri. Dovresti invece dare affinché sia Dio a ricevere tutta la gloria *(basato su Salmo 115:1; Matteo 6:1-3; 1 Corinzi 10:31).*

MORIRE A TE STESSO SERVENDO GLI ALTRI

> Come figlio di Dio hai il privilegio e la responsabilità di servire, a fianco degli altri, nel corpo di Cristo. Per portare avanti il Suo piano tramite il tuo, o i tuoi servizi, Dio provvede tutto ciò che è necessario per il tuo ministero, per fare la tua parte nell'edificare il corpo di Cristo e per portare gloria al Suo Nome *(basato su Salmo 119:105; Matteo 28:18-20; Giovanni 16:13; Atti 1:8; Romani 12:4-8; 1 Corinzi 12:7; Efesini 4:11-12, 16; 2 Timoteo 3:16-17; Giacomo 1:5; 1 Pietro 4:10-11; 1 Giovanni 5:14-15).*

I. **Come credente in Gesù Cristo, il Signore ha provveduto tutto il necessario per il tuo servizio.**

   A. Il Signore ti ha dato Suo Figlio, l'unico che può darti l'accesso a Dio, il Padre, e una vita abbondante *(Giovanni 10:10; Efesini 2:14-18).*
   Vedi:
   TU PUOI CAMBIARE SECONDO LA PAROLA (PRIMA PARTE) *(Lezione 1, pagine 3-7)*
   TU PUOI CAMBIARE SECONDO LA PAROLA (SECONDA PARTE) *(Lezione 2, pagine 3-5)*

   B. Dio ti ha dato la Sua Parola, la sola che può indicarti una direzione precisa per ogni aspetto della tua vita *(2 Timoteo 3:16-17; 2 Pietro 1:3-4; Ebrei 4:12).*
   Vedi: ***LA SCRITTURA È LA TUA AUTORITÀ*** *(Lezione 3, pagine 3-5).*

   C. Dio ha mandato il Suo Spirito per dimorare in te, per darti potenza, per aiutarti nel momento della preghiera e per aiutarti a capire le cose di Dio *(Romani 8:9-11, 26-27; 1 Corinzi 2:10, 12; Efesini 3:16).*
   Vedi: ***LO SPIRITO SANTO TI METTE IN GRADO DI RISOLVERE I TUOI PROBLEMI*** *(Lezione 3, pagine 6-8).*

II. **Dio ha un piano specifico di servizio per te e per ogni singolo credente.**

   A. Dio dà ad ogni credente almeno un dono spirituale, oltre a talenti e a capacità. Questi doni della Sua grazia non sono per tuo uso personale, ma devono essere usati per il servizio e l'edificazione del corpo di Cristo *(1 Corinzi 12:7; Efesini 4:16; 1 Pietro 4:10).* Ogni dono spirituale è sovranamente distribuito dallo Spirito Santo secondo la Sua volontà *(1 Corinzi 12:8-11).*

   B. Dio ha dato una varietà di doni spirituali ai Suoi figli per adempiere i numerosi ministeri in modo efficace e armonioso, e per dimostrare l'unità nel corpo di Cristo *(Romani 12:6-8; 1 Corinzi 12:4-6).*

   C. Nella storia della Chiesa, Dio ha sovranamente scelto e donato delle guide spirituali (apostoli, profeti, evangelisti, pastori e insegnanti) per svolgere funzioni specifiche nel corpo di Cristo *(1 Corinzi 12:28; Efesini 4:11-12).*

   D. Nella vita e nella storia della Chiesa, i doni spirituali sono stati assegnati ai singoli per il beneficio del corpo di Cristo e per la gloria di Dio. Vi sono tre brani principali delle Scritture che elencano questi doni spirituali:

1. profezia, ministero, insegnamento, esortazione, liberalità, presidenza, misericordia *(Romani 12:6-8)*;

2. parola di sapienza, parola di conoscenza, fede, doni di guarigioni, potenza di operare miracoli, profezia, discernimento degli spiriti, diversità di lingue, interpretazione delle lingue, insegnamento, assistenze, doni di governo *(1 Corinzi 12:8-10, 28)*;

3. l'annuncio degli oracoli di Dio, servizio *(1 Pietro 4:11)*.

III. **Come credente in Gesù Cristo, hai l'obbligo di servire perché il resto del corpo di Cristo ha bisogno del tuo servizio.**

A. Come credente, devi esercitare i doni spirituali nell'amore *(1 Corinzi 12:31 - 13:13)*. Quando ogni figlio di Dio serve con fedeltà nel ministero, l'intero corpo è edificato nell'amore *(Efesini 4:16)*.

B. L'uso dei doni spirituali, secondo la Parola, incoraggia la cura gli uni degli altri, elimina le divisioni nel corpo di Cristo *(1 Corinzi 12:18-27; Efesini 4:16)*, e glorifica Dio *(1 Pietro 4:11)*.

C. Quando usi i doni spirituali per servire gli altri sei un buon amministratore della grazia di Dio *(1 Pietro 4:10)*. Nel ministero è richiesta fedeltà *(Luca 17:7-10; 1 Corinzi 4:2, 12:7; Efesini 4:16; 1 Pietro 4:10)*. Devi desiderare i doni spirituali *(1 Corinzi 14:1)*. Le linee guida che seguono vogliono essere un suggerimento per usare il tuo dono spirituale in modo efficace:

1. Il tuo cammino con il Signore e il tuo rapporto con Lui devono avere la priorità nella tua vita *(Salmo 37:3-5; Matteo 22:37-38; Efesini 4:1)*.

2. Valuta sinceramente in preghiera le tue motivazioni per il ministero, che dovrebbero essere quelle di cooperare con Dio nella realizzazione dei Suoi scopi nel mondo, edificare il corpo di Cristo e glorificare Dio *(1 Corinzi 12:4-6; Efesini 4:11-12, 16; 1 Pietro 4:11)*. Chiedi a Dio la saggezza mentre cerchi il servizio specifico che puoi rendere *(Filippesi 4:6; Giacomo 1:5)*.

3. Riconosci i doni spirituali che Dio ha provveduto nel corpo di Cristo *(1 Corinzi 12:1)*. Sii consapevole dei falsi insegnamenti, contrari alla Parola di Dio, che possono essere presentati in questo aspetto della vita spirituale *(2 Pietro 2:1-3; 1 Giovanni 4:1)*.

4. Ricerca, e approfitta, delle opportunità per servire, specialmente in quei servizi che riflettono l'atteggiamento di Cristo verso gli altri *(Matteo 20:25-28; 1 Corinzi 4:2, 12:22; Filippesi 2:3-8)*.

5. Consulta credenti, spiritualmente maturi, per sapere quali siano i bisogni nel ministero prima di iniziare a servire. Continua a chiedere il loro parere sull'efficacia del servizio che svolgi *(Proverbi 11:14, 12:15, 27:17; Efesini 5:21; Ebrei 13:17)*.

6. Alla luce della Parola di Dio, continua ad esaminare te stesso e le motivazioni del tuo servizio. Non paragonarti agli altri. Non valutare il tuo servizio semplicemente sulla base dei tuoi sentimenti *(basato su Giovanni 5:41, 44; 2 Corinzi 4:5, 5:15; 10:12, 18; 1 Tessalonicesi 2:5-8; Ebrei 4:12)*. Non devi avere un concetto troppo basso né troppo alto del tuo ruolo nel corpo di Cristo. Ogni membro è una parte essenziale per l'unità e per la cura del corpo *(Romani 12:3-6a; 1 Corinzi 12:12, 14, 18, 24b-25)*.

SUPERARE LA PREOCCUPAZIONE DI SÉ

> Concentrarti su te stesso è dannoso per il tuo sviluppo spirituale e devi smettere di farlo se vuoi maturare in Cristo. La preoccupazione per te stesso, come tutti gli altri peccati, deve essere costantemente sostituita dall'impegno di piacere a Dio e di essere una benedizione per gli altri. A dispetto dei tuoi sentimenti, o dei tuoi desideri, devi ubbidire alla Parola di Dio in ogni situazione. Devi essere soddisfatto di ciò che Dio ti ha donato e essere disciplinato allo scopo di piacere a Dio *(basato su Matteo 10:38-39, 22:37-39; Romani 6:12-13, 13:9-13; 2 Corinzi 10:5; Galati 5:16-26; 1 Timoteo 4:7, 6:6-8; Ebrei 13:5; 1 Pietro 1:13-16).*

I. Rimandi ad altre lezioni

Peccati come sottovalutare, esaltare e commiserare te stesso, l'invidia, la gelosia, la cupidigia e l'avidità, indicano una forte preoccupazione per te stesso. Per superare questa condizione non biblica, ripassa attentamente:

A. i requisiti biblici fondamentali per il cambiamento (Lezioni 1 e 2), saper riconoscere le differenze fra vivere secondo la via dell'uomo e vivere secondo la via di Dio (Lezioni 3 e 4);

B. gli elementi essenziali del cambiamento biblico (Lezioni 5 - 8); morire a te stesso e vivere per il Signore (Lezione 9);

C. la necessità di affrontare l'ira secondo la Parola (Lezione 11);

D. la preoccupazione per te stesso in relazione all'amore per il tuo prossimo (Lezioni 12 e 13) e ai rapporti familiari (Lezioni 14 - 17);

E. i possibili legami fra paura, preoccupazione o depressione (Lezioni 18 e 19) e l'egocentrismo;

F. la gravità dei peccati ripetuti che dominano la vita e il loro rapporto con la preoccupazione di sé (Lezioni 20 e 21);

G. la necessità di stabilire standard specifici di vita secondo Dio e di mantenerli fedelmente (Lezione 22).

NOTA. I rimandi sopra elencati sono importanti per affrontare problemi specifici (Lezioni 9 - 21), ma devi tenere presente che nessun problema è isolato, ma è collegato ad altri problemi e non può essere affrontato da solo. Per esempio, il problema dell'invidia non può essere superato se affrontato da solo. Piuttosto, qualsiasi problema specifico deve essere affrontato alla luce dei principi della Scrittura per tutti gli aspetti della vita. Come noterai, lezioni già svolte sono elencate con quelle non ancora presentate. Ciò perché si vuole porre l'accento sull'importanza di tutti i principi biblici per affrontare un problema particolare nella tua esistenza.

Se continuerai il corso di formazione per la consulenza biblica, sarai in grado di trovare le soluzioni di Dio ad altri problemi della vita oltre a quelli presentati in questo manuale, grazie alla vastità dei principi biblici elencati in questo corso.

II. Devi prendere coscienza dei tuoi peccati o delle tue tentazioni ricorrenti relative all'egocentrismo. Elenca le persone, i luoghi, i momenti o le circostanze in cui esso si manifesta nella tua vita.

III. Usa la SCHEDA DI LAVORO VITTORIA SUI FALLIMENTI (Supplemento 8). Per compilare le colonne 1-3, segui le istruzioni in LINEE GUIDA: SCHEDA DI LAVORO VITTORIA SUI FALLIMENTI (Supplemento 7).

IV. Come compilare la quarta colonna della SCHEDA DI LAVORO VITTORIA SUI FALLIMENTI (Supplemento 8).

   A. Elabora un **piano base** per superare i peccati che hai riconosciuto. Nel tuo piano, includi le azioni (pensieri, parole e atti) che ti aiuteranno a sviluppare un comportamento simile a quello di Cristo. Tieni conto delle seguenti linee guida:

      1. Pensa secondo la Parola

         a. Confessa a Dio tutti i pensieri peccaminosi *(1 Giovanni 1:9)* e chiedi il Suo aiuto per cambiare questa abitudine peccaminosa *(1 Tessalonicesi 5:17; Ebrei 4:15-16; Giacomo 1:5)*.

         b. Sviluppa un modo di pensare che sia volto a glorificare e a far piacere a Dio e ad essere una benedizione per gli altri, in ogni situazione *(basato su Matteo 22:37-39; Luca 9:23-24; 2 Corinzi 5:9, 15; 10:5; Galati 5:16-17; Filippesi 2:3-4, 4:8; Colossesi 3:2)*.

         c. Smetti di confrontarti con gli altri *(2 Corinzi 10:12)*.

         d. Piuttosto rallegrati *(Filippesi 4:4; 1 Tessalonicesi 5:16)* e rendi grazie in e per ogni situazione *(Efesini 5:20; 1 Tessalonicesi 5:18)*. Sii contento di ciò che Dio ti dà in tutte le circostanze *(Matteo 6:25-34; Filippesi 4:11-13, 19; 1 Timoteo 6:6-8)*. Ricorda che la sopportazione nelle prove ti aiuta a diventare conforme all'immagine di Cristo *(basato su Romani 5:3-5; Giacomo 1:2-4)*.

         e. Cerca, o ricorda, dei modi per benedire gli altri, iniziando da quelli contro i quali hai peccato attraverso l'invidia, la gelosia, la cupidigia, o l'avidità *(Matteo 5:38-48; Romani 12:9-21)*.

         f. Impegnati a far piacere al Signore in ogni cosa; non vivere per soddisfare i tuoi desideri carnali *(basato su Luca 9:23-24; Romani 13:13-14; 2 Corinzi 5:15; Galati 5:16-17; Colossesi 1:10; 1 Pietro 1:14-16)*.

         g. Indipendentemente dalla tua situazione attuale, disciplina la tua mente a pensare a ciò che dà onore al Signore ed edifica gli altri proprio in questa circostanza *(basato su 2 Corinzi 10:5; Filippesi 4:8; Colossesi 3:2)*.

         h. Riconosci che Dio ti ha dato, come credente, almeno un dono spirituale con cui devi servire gli altri *(Romani 12:3-8; 1 Corinzi 12:12-13; Efesini 4:15-16; 1 Tessalonicesi 5:11; 1 Pietro 4:10-11)*.

      2. Parla secondo la Parola

         a. Fa' che il tuo parlare sia veritiero, edificante e gentile verso gli altri *(Efesini 4:15, 25, 29; Colossesi 4:6)* evitando di essere offensivo e distruttivo *(Efesini 5:4; Colossesi 3:8)*. Non devi brontolare o lamentarti (discutere) in nessuna situazione *(Filippesi 2:14)*.

         b. Non parlare dei tuoi successi *(Proverbi 27:2, 30:32; 2 Corinzi 10:18)*, dei tuoi dispiaceri o delle tue sconfitte del passato *(Filippesi 3:13-14)* né delle preoccupazioni per il futuro *(Matteo 6:34)*, non paragonarti agli altri *(2 Corinzi 10:12)*, non parlare di quello che sarai in grado di fare nel futuro *(Proverbi 27:1, Giacomo 4:13-16)*. Al contrario, parla con riconoscenza della bontà del Signore e della differenza che Egli ha fatto, e continua a fare, nella tua vita *(Luca 10:20; Ebrei 13:15; 1 Pietro 3:15).*

    c. Confessa il tuo peccato di invidia, gelosia, cupidigia, o avidità a coloro contro i quali hai peccato *(Giacomo 5:16).*

3. Agisci secondo la Parola

    a. Correggi quei difetti nella tua vita causati dalla mancanza di disciplina o da negligenza *(1 Corinzi 10:32-33; Colossesi 3:1-17; Giacomo 4:17).*

    b. Approfitta delle opportunità di servizio, specialmente quelle che ti aiutano a mantenere, verso gli altri, un atteggiamento di servizio simile a quello di Cristo *(Matteo 20:25-28; 1 Corinzi 4:2; Filippesi 2:3-8).*

    c. Elabora, con spirito di preghiera, un piano biblico per essere di benedizione agli altri e per dimostrare, in modo tangibile, l'amore biblico; metti da parte del tempo per attuare il tuo piano con fedeltà. Il piano dovrebbe includere i tuoi doveri giornalieri come marito, moglie, genitore, studente, coinquilino, datore di lavoro, dipendente, ecc. *(Matteo 7:12; Romani 12:9-21, 13:8-13; 1 Corinzi 13:4-8a; Efesini 4:28; Filippesi 2:3-8; 1 Timoteo 6:17-19; 1 Pietro 3:8-9).*
Vedi: **IL PROGRAMMA BIBLICO CHE MI PROPONGO** *(Supplemento 15)*

    d. Impara a memoria quei versetti e studia quei brani della Scrittura strettamente collegati al superamento della preoccupazione verso te stesso *(basato su Salmo 119:9, 11, 16; 2 Corinzi 10:5; Filippesi 4:8; 2 Timoteo 2:15).* Impara a memoria anche salmi, inni, e cantici spirituali che ti aiutino a mantenere la tua mente fissa sul Signore e sul desiderio di essere una benedizione per gli altri *(basato su Efesini 5:19-20; Colossesi 3:16).*

    e. Mostra la saggezza di Dio attraverso le tue azioni, essendo puro, pacifico, mite, ragionevole (disposto a cedere), pieno di misericordia e di buoni frutti, imparziale e senza ipocrisia *(Giacomo 3:13-18).*

    f. Sii un amministratore saggio, in senso biblico, per onorare il Signore ed essere una benedizione per gli altri.
Vedi:
PRINCIPI BIBLICI DI AMMINISTRAZIONE *(Lezione 10, pagine 4-6)*
MORIRE A TE STESSO SERVENDO GLI ALTRI *(Lezione 10, pagine 7-8)*

B. Sviluppa un **ELENCO "COSE DA PENSARE E DA FARE"** (Supplemento 10) usando le **LINEE GUIDA: ELENCO "COSE DA PENSARE E DA FARE"** (Supplemento 9).

C. Metti in pratica il tuo **piano base** *(Giacomo 1:22)* e fallo di buon animo come per il Signore *(Colossesi 3:23-24).*

D. Elabora un **piano di emergenza** per affrontare situazioni inaspettate che siano una tentazione a preoccuparti o a concentrarti su te stesso. Tieni conto delle seguenti linee guida:

1. Chiedi immediatamente aiuto a Dio *(1 Tessalonicesi 5:17; Ebrei 4:15-16; Giacomo 1:5).*

2. Cerca immediatamente il punto di vista di Dio.

    a. Considera la situazione come un'opportunità per crescere verso una maggiore maturità spirituale *(Giacomo 1:2-4).*

    b. Ricorda che Dio guarda al tuo cuore e non alla tua apparenza *(1 Samuele 16:7).* Devi essere irreprensibile davanti a Lui nei tuoi pensieri, sia che gli altri li conoscano o no *(basato su Atti 23:1, 24:16; Romani 14:12; Efesini 4:1; Filippesi 1:9-11; Colossesi 1:21-22).*

c. Continua ad avere fiducia in Dio. Egli farà sì che tutte le cose cooperino al bene nella tua vita, indipendentemente dai tuoi sentimenti o dalle circostanze *(Salmo 37; Proverbi 3:5-12; Romani 8:28-29; Efesini 1:3-14; Filippesi 1:6)*.

d. Ricorda a te stesso che puoi ogni cosa in Cristo che ti fortifica *(Filippesi 4:11-13)*, perché la tua capacità viene da Dio *(2 Corinzi 3:5)*. Ricordati che non puoi portare frutto senza Gesù Cristo *(Giovanni 15:5)*.

3. Se inizi anche solo a formulare pensieri peccaminosi in questa circostanza imprevista, confessali al Signore *(1 Giovanni 1:9)*. Ricorda che non devi giudicare te stesso sulla base della durata o dell'enormità del tuo peccato (secondo standard umani). La cosa grave è che, anche se momentaneamente, hai smesso di camminare nella via di Dio *(Giacomo 2:10, 4:17)*.

4. Loda e glorifica Dio perché Egli è forte perfino quando tu sei debole *(2 Corinzi 12:9-10)*; Egli ti preserverà da ogni caduta e ti farà comparire irreprensibile e con grande gioia davanti alla Sua gloria *(Giuda 1:24-25)*.

5. Ringrazia Dio che sei Suo servitore nella tua circostanza attuale *(Efesini 5:20; 1 Tessalonicesi 5:18)*. Decidi come rendere gloria a Dio *(1 Corinzi 10:31; 1 Pietro 4:11)* e cerca modi di edificare gli altri, servendoli *(Efesini 4:29; Filippesi 2:3-4)*.

6. Ripassa i versetti della Scrittura *(come Luca 9:23-24)* che mostrano l'errore della preoccupazione di sé *(basato su Salmo 119:9, 11, 16)*.

E. Appena ti accorgi di essere tentato a concentrarti su te stesso metti immediatamente in atto il tuo **piano di emergenza** *(basato su 1 Tessalonicesi 5:22; 2 Timoteo 2:19-22)*. Poi inizia nuovamente a fare le cose scritte nel tuo **piano base** *(Proverbi 24:16; Giacomo 1:22-25)*.

LO STUDIO DI UN CASO: MARIA È STATA ABBANDONATA DAL MARITO

> Indipendentemente dalla difficoltà di un problema ci sono principi basilari da seguire che ti metteranno in grado di adempiere il piano di Dio per la tua vita e di dare consigli biblici agli altri *(basato su Matteo 7:1-5; Romani 8:28, 15:14; 1 Corinzi 10:13; 2 Corinzi 1:3-5; 2 Timoteo 3:16-17; Ebrei 4:15-16)*.

Maria e suo marito (Tommaso) sono tuoi vicini da sei anni. Hanno tre figli: due adolescenti (un ragazzo di 14 anni e una ragazza di 13) e una bambina piccola (3 anni). Maria ha frequentato regolarmente la tua chiesa locale fino a tre settimane fa; suo marito, Tommaso, non l'ha mai frequentata. Conosci appena Tommaso e Maria e non hai parlato di problemi spirituali con loro.

Maria è arrivata a casa tua all'improvviso, completamente sconvolta, e ti ha detto che suo marito l'ha lasciata (vedi Lezione 9, pagina 12); ti ha chiesto di non dire niente al pastore della faccenda. Tu le spieghi che, se non parlerà con lui, potrebbe non ottenere l'aiuto di cui ha bisogno per affrontare questa situazione difficile *(Proverbi 11:14)*. Ti dà il permesso di chiamarlo, ma si rifiuta di parlargli direttamente.

Chiami il pastore, che ti chiede di tenerlo informato e ti incoraggia ad affidarti solo alla Parola di Dio. Ti dà alcuni consigli iniziali perché sa che stai frequentando il corso "Esamina te stesso". Ecco le sue direttive:

1. Prega subito con Maria.

2. Fissa un momento e un luogo dove incontrarti con Maria il giorno successivo per poter parlare del suo problema anche con altri consulenti biblici *(Proverbi 11:14; 15:22)*. Decidi quanto deve durare l'incontro (per esempio, "trascorreremo un'ora insieme e vedremo che cosa fare"). L'incontro non è inteso a socializzare. Di' a Maria, che poiché intendi affrontare seriamente il suo problema e lavorare con lei fino a superarlo *(Proverbi 17:17; 18:2, 13, 24)*, occorre che venga preparata portando la sua Bibbia, un blocco, una penna o una matita.

3. Nel tuo primo incontro inizia con la preghiera *(Luca 18:1; Filippesi 4:6-7)*.

4. Usando **ELEMENTI DELLA CONSULENZA BIBLICA** (Supplemento 11), indica a Maria quanto segue:

    a. La Bibbia è l'unica guida che non viene mai meno *(Salmo 19:7-8; Proverbi 30:5-6; 2 Timoteo 3:16-17; Ebrei 4:12; 2 Pietro 1:3-4)*.

    b. Lo Spirito Santo è Colui che compie l'opera nella sua vita *(Romani 8:5-11; Galati 5:22-23)*.

    c. Ci sono quattro elementi che devono essere evidenziati in ogni incontro di consulenza: **comprendere il problema, speranza, cambiamento** e **condotta**.

    Vedi: LE CARATTERISTICHE DELLA CONSULENZA BIBLICA (Supplemento 1) alla sezione intitolata, ELEMENTI ESSENZIALI DELLA CONSULENZA BIBLICA (pagina 3 di quel supplemento).

    Primo: **comprendere il problema**. Fa' un'indagine biblica chiedendo "che cosa, chi, quando, dove e come" ma evita le domande che iniziano con "perché"; acquisisci tutti i fatti *(Proverbi 18:13, 17; Giacomo 1:19)*. È importante che tu aiuti Maria a considerare i suoi problemi dal punto do vista di Dio *(Proverbi 3:5-6; Isaia 55:8-9; Romani 5:3-5, 8:28-29; Giacomo 1:2-4)*.

Secondo: c'è **speranza**. Nelle Scritture, Dio promette che non permetterà che i Suoi figli siano provati o indotti in tentazione, che soffrano pressioni o ansia o che affrontino qualsiasi problema che sia al di là della loro capacità di sopportazione; Egli promette di provvede sempre una via per affrontare ogni situazione senza peccare *(basato su 1 Corinzi 10:13; Ebrei 4:15-16)*.

Terzo: bisogna imparare come **cambiare**. In altre parole, bisogna imparare a mettere da parte le vecchie vie egoistiche, le ansie distruttive, le vecchie abitudini e iniziare a mettere in pratica i nuovi modi di pensare e di vivere secondo la Parola *(Efesini 4:22-24; Filippesi 4:6-9; Colossesi 3:2-17)*.

Quarto: bisogna **mettere in pratica** ossia essere esecutori della Parola. Se si ascolta la Sua Parola e non si cambia secondo i suoi principi e i suoi precetti, ci si illude e ci si inganna: i problemi non faranno che peggiorare. Tuttavia, se si impara a ubbidire alla Sua Parola, il Signore ha promesso benedizioni. Si godranno giorni pieni di pace e di gioia indipendentemente dalle circostanze *(Matteo 7:24-27; Giovanni 15:10-12, 16:33; Giacomo 1:22-25; 1 Pietro 3:8-17)*.

Dopo aver ricevuto le linee guida dal tuo pastore, chiedi a Maria di leggere e imparare a memoria *1 Corinzi 10:13* prima del vostro prossimo incontro. Tramite questo versetto, mostrale la speranza che Dio le promette nella sua attuale situazione. Chiedi a Maria di leggere *1 Corinzi 13:4-8a, Filippesi 4:6-9* e *Giacomo 1:22-25* per essere pronta a discutere questi brani quando vi incontrerete di nuovo. Maria è piuttosto sconvolta, perciò chiedile di scrivere queste citazioni della Scrittura per non dimenticarli. Dopo la preghiera, fissa l'ora dell'incontro del giorno successivo a casa tua. Incoraggiala a chiamare un'amica o una delle donne della chiesa per badare alla sua piccola mentre lei parlerà con te.

Prendi nota in particolare dei quattro elementi essenziali della consulenza biblica (comprendere il problema, speranza, cambiamento, condotta). Se non lo hai ancora fatto, evidenzia i versetti nella tua Bibbia sui quali questi quattro elementi si basano.

A questo punto, considera come sia possibile dare a Maria la speranza, secondo la Scrittura, nonostante la sua difficile situazione.

LEZIONE 10: COMPITI

> Dio desidera che tu Lo onori in ogni aspetto della tua vita. I **COMPITI** di questa settimana sono studiati per aiutarti a superare la preoccupazione di sé, al fine di maturare in Cristo Gesù *(basato su Marco 7:20-23; Romani 13:9; 1 Corinzi 13:4; Galati 5:26; Efesini 5:3; 1 Pietro 2:1-2).*

✔ *compiti completati*

☐ A. * Con parole tue scrivi il significato di *Romani 6:12-13*. Impara a memoria *Romani 6:12-13*. Inizia a imparare *Efesini 4:31-32* e *Giacomo 1:19-20*. Ripassa i versetti precedenti.

☐ B. * Leggi **PRINCIPI BIBLICI: AFFRONTARE TE STESSO (SECONDA PARTE)** (Lezione 10, pagine 2-3). Evidenzia tutti i versetti che non hai evidenziato nelle lezioni precedenti.

☐ C. * Compila la quarta colonna della **SCHEDA DI LAVORO VITTORIA SUI FALLIMENTI** (Supplemento 8, pagina 2) che hai iniziato la settimana scorsa. Leggi **SUPERARE LA PREOCCUPAZIONE DI SÉ** (Lezione 10, pagine 9-12). Quando compili la quarta colonna, elabora dei piani specifici per benedire proprio le persone contro le quali hai peccato (basa i tuoi piani su *Romani 12:9-21* e *Giacomo 3:5-18*).

☐ D. * Dal tuo elenco di benedizioni nella quarta colonna della **SCHEDA DI LAVORO VITTORIA SUI FALLIMENTI** (Supplemento 8, pagina 2), benedici almeno una persona al giorno. Prendi nota del giorno e del momento in cui hai messo in atto il tuo piano. Metti un segno accanto al nome di chi hai benedetto. Ringrazia Dio per averti reso capace di benedire gli altri.

☐ E. Leggi **PRINCIPI BIBLICI DI AMMINISTRAZIONE** (Lezione 10, pagine 4-6). Metti un segno accanto alle affermazioni che descrivono quegli aspetti della tua vita che devono essere cambiati. Metti a punto un piano per esercitare l'amministrazione biblica proprio in quegli aspetti e inizia a metterlo in pratica.

☐ F. Leggi **MORIRE A TE STESSO SERVENDO GLI ALTRI** (Lezione 10, pagine 7-8). Osserva come Dio ti ha fornito tutto il necessario per il servizio. Le tue azioni mostrano una vita impegnata nel piacere a Dio aiutando gli altri? Altrimenti, fa' dei piani per essere fedele nel tuo servizio. Nel compilare la quarta colonna della **SCHEDA DI LAVORO VITTORIA SUI FALLIMENTI** (Supplemento 8, pagina 2) includi i piani per il tuo ministero di questa settimana.

☐ G. Leggi **LO STUDIO DI UN CASO: MARIA È STATA ABBANDONATA DAL MARITO** (Lezione 10, pagine 13-14). Considera in particolare i quattro principi chiave della consulenza biblica e segna nella tua Bibbia i versetti che sostengono ogni principio. Osserva come si può dare la speranza biblica a Maria nonostante la crisi che attraversa.

☐ H. * In collegamento con questa lezione esegui quanto richiesto al punto 17 del **Test a libro aperto** (Lezione 23, pagina 2).

* *Il completamento dei compiti contrassegnati con un asterisco (*) è essenziale per continuare la formazione per la consulenza biblica.*

LEZIONE 10: GUIDA ALLO STUDIO PER LA MEDITAZIONE GIORNALIERA
(COMPRENDE VERSETTI A MEMORIA E COMPITI)

> Dio desidera che tu Lo onori in ogni aspetto della tua vita. La **GUIDA ALLO STUDIO** di questa settimana è stata studiata per aiutarti a superare la preoccupazione di sé, al fine di maturare in Cristo Gesù *(basato su Marco 7:20-23; Romani 13:9; 1 Corinzi 13:4; Galati 5:26; Efesini 5:3; 1 Pietro 2:1-2).*

Versetti a memoria

1. *Impara a memoria *Romani 6:12-13*; inizia ad imparare *Efesini 4:31-32* e *Giacomo 1:19-20*.
2. Porta con te i cartoncini con i versetti delle settimane precedenti, oltre a quelli di questa settimana. Ripassa i versetti nei momenti liberi durante la giornata.

Guida allo studio per la meditazione giornaliera

PRIMO GIORNO
1. Inizia con la preghiera.
2. * Leggi *Principio 39* in **PRINCIPI BIBLICI: AFFRONTARE TE STESSO (SECONDA PARTE)** (Lezione 10, pagine 2-3). Evidenzia i versetti nella tua Bibbia.
3. Leggi **SUPERARE LA PREOCCUPAZIONE DI SÉ** (Lezione 10, pagine 9-12).
4. * Con parole tue scrivi il significato di *Romani 6:12-13*.
5. Termina con la preghiera.

SECONDO GIORNO
1. Inizia con la preghiera.
2. * Leggi *Principio 40* in **PRINCIPI BIBLICI: AFFRONTARE TE STESSO (SECONDA PARTE)** (Lezione 10, pagine 2-3). Evidenzia i versetti non evidenziati in precedenza.
3. * Continua a lavorare alla **SCHEDA DI LAVORO VITTORIA SUI FALLIMENTI** (Supplemento 8, pagina 2) che hai iniziato la settimana scorsa. Compila la quarta colonna elaborando un piano specifico per essere di benedizione proprio alle persone contro le quali hai peccato.
4. Termina con la preghiera.

TERZO GIORNO
1. Inizia con la preghiera.
2. * Leggi *Principio 41* in **PRINCIPI BIBLICI: AFFRONTARE TE STESSO (SECONDA PARTE)** (Lezione 10, pagine 2-3). Evidenzia i versetti nella tua Bibbia.
3. * Continua a lavorare alla **SCHEDA DI LAVORO VITTORIA SUI FALLIMENTI** (Supplemento 8, pagina 2). Benedici oggi almeno una persona dal tuo elenco nella quarta colonna della scheda di lavoro; contrassegna il nome della persona che ha ricevuto la benedizione. Ringrazia Dio perché ti rende capace di benedire gli altri.
4. Leggi **PRINCIPI BIBLICI DI AMMINISTRAZIONE** (Lezione 10, pagine 4-6). Metti un segno accanto alle affermazioni che descrivono gli aspetti della tua vita che devono essere cambiati. Questo è il primo di uno studio che durerà due giorni.
5. Termina con la preghiera.
6. Se necessario apporta dei cambiamenti per usare meglio il tuo tempo libero per ripassare e imparare a memoria i versetti della Scrittura.

QUARTO GIORNO

1. Inizia con la preghiera.
2. * Leggi *Principio 42* in **PRINCIPI BIBLICI: AFFRONTARE TE STESSO (SECONDA PARTE)** (Lezione 10, pagine 2-3). Evidenzia nella tua Bibbia i versetti non evidenziati negli studi precedenti.
3. * Attua le cose specifiche che hai elencato nella quarta colonna della **SCHEDA DI LAVORO VITTORIA SUI FALLIMENTI** (Supplemento 8, pagina 2), e annota come hai benedetto gli altri. Continua a lavorare alla quarta colonna aggiungendo altri modi per essere una benedizione per gli altri.
4. Termina il tuo studio di **PRINCIPI BIBLICI DI AMMINISTRAZIONE** (Lezione 10, pagine 4-6). Elabora un piano per esercitare l'amministrazione biblica in quegli aspetti della tua vita che devono essere cambiati. Inizia a mettere in pratica il tuo piano.
5. Termina con la preghiera.

QUINTO GIORNO

1. Inizia con la preghiera.
2. * Leggi *Principio 43* in **PRINCIPI BIBLICI: AFFRONTARE TE STESSO (SECONDA PARTE)** (Lezione 10, pagine 2-3). Evidenzia i versetti citati.
3. * Lavora alla **SCHEDA DI LAVORO VITTORIA SUI FALLIMENTI** (Supplemento 8, pagine 1-2). Completa il tuo piano per vincere sottovalutazione, esaltazione e commiserazione di te stesso, invidia, gelosia, cupidigia e avidità e continua ad essere di benedizione per coloro che sono elencati nella quarta colonna della scheda di lavoro.
4. Leggi **MORIRE A TE STESSO SERVENDO GLI ALTRI** (Lezione 10, pagine 7-8). Se non stai già servendo gli altri, formula dei piani per farlo. Includi questi piani come parte della quarta colonna della tua **SCHEDA DI LAVORO VITTORIA SUI FALLIMENTI**.
5. Termina con la preghiera.

SESTO GIORNO

1. Inizia con la preghiera.
2. * Leggi *Principio 44* in **PRINCIPI BIBLICI: AFFRONTARE TE STESSO (SECONDA PARTE)** (Lezione 10, pagine 2-3). Evidenzia nella tua Bibbia i versetti non evidenziati precedentemente.
3. * Leggi **LO STUDIO DI UN CASO: MARIA È STATA ABBANDONATA DAL MARITO** (Lezione 10, pagine 13-14). Osserva le premesse di base della consulenza biblica e nota com'è possibile dare la speranza, secondo la Parola, a Maria nonostante la crisi che attraversa.
4. * Continua a mettere in pratica il tuo piano per vincere sottovalutazione, esaltazione, commiserazione di te stesso, invidia, gelosia, cupidigia e avidità, come riportato nella quarta colonna della tua **SCHEDA DI LAVORO VITTORIA SUI FALLIMENTI** (Supplemento 8, pagina 2).
5. Termina con la preghiera.

SETTIMO GIORNO

1. Inizia con la preghiera.
2. * In collegamento con questa lezione esegui quanto richiesto al punto 17 del **Test a libro aperto** (Lezione 23, pagina 2).
3. Termina con la preghiera.
4. Chiedi a qualcuno di ascoltarti mentre reciti a memoria i versetti più recenti. Spiega come li applichi alla tua vita.

* *Il completamento dei compiti contrassegnati con un asterisco (*) è essenziale per continuare la formazione per la consulenza biblica.*

LEZIONE 11

IRA E AMAREZZA

"Via da voi ogni amarezza, ogni cruccio e ira e clamore e parola offensiva, con ogni sorta di cattiveria! Siate invece benevoli e misericordiosi gli uni verso gli altri, perdonandovi a vicenda come anche Dio vi ha perdonati in Cristo".

Efesini 4:31-32

"Sappiate questo, fratelli miei carissimi: che ogni uomo pronto ad ascoltare, lento a parlare, lento all'ira; perché l'ira dell'uomo non compie la giustizia di Dio".

Giacomo 1:19-20

LEZIONE 11: IRA E AMAREZZA

> Ira e amarezza sono due segni evidenti della preoccupazione rivolta verso te stesso e della tua mancanza di fiducia nella sovranità di Dio nella tua vita. Se credi che Dio fa sí che tutte le cose cooperino al bene di quelli che Gli appartengono e che Lo amano, allora sarai in grado di reagire alle prove con gioia piuttosto che con ira e amarezza *(basato su Giovanni 14:15; Romani 5:3-5, 8:28-29; Efesini 4:31; Giacomo 1:2-4; 1 Pietro 1:13-16; 1 Giovanni 5:3).*

I. **Gli obiettivi di questa lezione sono:**

   A. presentare il punto di vista biblico sull'ira e sull'amarezza;

   B. aiutarti a riconoscere le reazioni non bibliche all'ira e all'amarezza;

   C. elaborare un piano per superare ira e amarezza;

   D. continuare a sviluppare la consulenza biblica nello studio di un caso;

   E. presentare delle procedure per le sessioni di consulenza biblica.

II. **Il sommario di questa lezione**

   A. Esamina te stesso

      1. **PRINCIPI BIBLICI: IRA E AMAREZZA** (Lezione 11, pagine 2-3)

      2. **REAZIONI NON BIBLICHE ALL'IRA E ALL'AMAREZZA** (Lezione 11, pagine 4-5)

      3. **IL PUNTO DI VISTA BIBLICO SULL'IRA** (Lezione 11, pagine 6-9)

      4. **IL PUNTO DI VISTA BIBLICO SULL'AMAREZZA** (Lezione 11, pagine 10-11)

   B. Passi per la crescita spirituale

      1. **SUPERARE IRA E AMAREZZA** (Lezione 11, pagine 12-16)

      2. **LEZIONE 11: COMPITI** (Lezione 11, pagina 18)

      3. **GUIDA ALLO STUDIO PER LA MEDITAZIONE GIORNALIERA** (Lezione 11, pagine 19-21)

   C. Consulenza biblica

      1. **LO STUDIO DI UN CASO: MARIA È STATA ABBANDONATA DAL MARITO** (Lezione 11, pagina 17)

      2. **ANNOTAZIONI DELLE INFORMAZIONI ACQUISITE DURANTE LA CONSULENZA BIBLICA** (Supplemento 12)

      3. **RIEPILOGO E PIANIFICAZIONE DELLA SESSIONE DI CONSULENZA BIBLICA** (Supplemento 13)

PRINCIPI BIBLICI: IRA E AMAREZZA

> Ira e amarezza sono dei grandissimi ostacoli all'amore biblico, a rapporti armoniosi e al raggiungimento della maturità in Cristo. Se non ti "spogli" dell'ira e dell'amarezza rattristerai lo Spirito Santo, darai a Satana l'occasione di agire nella tua vita, rovinerai la tua testimonianza verso gli altri e sarai d'intralcio all'unità del corpo di Cristo. Per affrontare, secondo la Parola, l'ira e l'amarezza devi ubbidire, senza riserve, alla Parola di Dio. Devi farlo in ogni circostanza e nei rapporti con qualsiasi persona, anche se i tuoi sentimenti ti dicono il contrario (*basato su Matteo 5:16; Romani 14:19; 1 Corinzi 13:4-5; 2 Corinzi 2:10-11, 5:14-15; Galati 5:17-26; Efesini 4:1-3, 26-27, 31-32; 6:11; Colossesi 3:8-15; Ebrei 12:15*).

I. Il punto di vista di Dio

(*Principio 45*) L'ira (malcontento, ostilità) facilmente suscitata o facilmente espressa, è una caratteristica della tua vecchia natura separata da Gesù Cristo ed è contraria alla Scrittura (*Galati 5:19-20; Colossesi 3:8; Giacomo 1:19-20*). L'amarezza è collegata all'ira e dimostra una grande insoddisfazione verso la sovranità di Dio nella tua vita. L'amarezza nasce dal fatto che vivi per piacere a te stesso invece che a Dio (*Atti 8:18-23; Romani 3:10-18, spec. il versetto 14*) e ciò causa molti problemi (*Ebrei 12:15*).

II. La tua speranza

(*Principio 46*) Poiché la Parola di Dio ti ordina di mettere da parte l'ira e l'amarezza (*Salmo 37:8; Efesini 4:31; Colossesi 3:8*) significa che puoi farlo (*1 Corinzi 10:13; Ebrei 2:17-18, 4:15-16*).

(*Principio 47*) Non c'è bisogno che tu difenda o protegga quelli che consideri i tuoi "diritti" (*basato su Salmo 37:23, 84:11-12; 1 Pietro 2:19-25*), perché tutto quello che Dio permette coopera al bene di quelli che Gli appartengono e Lo amano (*Romani 8:28-29*).

III. Il tuo cambiamento

(*Principio 48*) Tu sei chiamato a controllare il tuo spirito (*Proverbi 25:28*), ad essere lento all'ira (*Giacomo 1:19*) e ad affrontarla immediatamente (*Efesini 4:26-27*). Sei chiamato a "spogliarti" d'ira, collera, amarezza, irascibilità, dissenso, linguaggio offensivo e contese; non devi tener conto del torto subito (*Matteo 5:21-22; 1 Corinzi 13:5; Efesini 4:31; Colossesi 3:8; 1 Timoteo 2:8; Tito 1:7*). Devi invece rivestirti di pazienza, gentilezza, umiltà, sopportazione, benignità, perdono, amore e autocontrollo (*Efesini 4:31, 32; Colossesi 3:12-14*).

IV. La tua condotta

(Principio 49) Elenca le circostanze, i rapporti con le persone che ti tentano (o ti hanno tentato) ad adirarti o a essere amareggiato *(basato su Proverbi 9:6, 14:16; Matteo 7:1-5; Galati 5:16-21)*. Elabora un piano biblico per superare l'ira o l'amarezza in queste situazioni e formula un piano di emergenza per affrontarle quando si presentano improvvisamente o inaspettatamente *(basato su Proverbi 28:13; Efesini 4:26-27; 1 Tessalonicesi 5:22; 2 Timoteo 2:15, 22; Giacomo 1:19; 1 Pietro 1:13-16)*. Confida nella potenza di Dio e in ciò che Egli ti mette a disposizione *(Giovanni 15:5; Galati 5:24-25; 2 Timoteo 3:16-17)*. Fa' diligentemente ciò che hai deciso, per evitare di ripetere il peccato dell'ira e dell'amarezza *(Giacomo 1:22-25, 4:17)*.

Vedi: **SUPERARE IRA E AMAREZZA** *(Lezione 11, pagine 12-16) per aiutarti a decidere quali passi biblici specifici devi compiere per superare l'ira o l'amarezza.*

(Principio 50) Pratica l'amore secondo la Parola *(Proverbi 10:12; 1 Corinzi 13:4-8a; 1 Pietro 1:22, 4:8; 1 Giovanni 4:11)* perdona gli altri esattamente come Dio ha perdonato te *(Marco 11:25; Efesini 4:32; Colossesi 3:13)* e comportati in modo gentile e amorevole proprio verso quelle persone che ti irritano *(Efesini 4:32; 1 Pietro 3:8-9)*.

Per aiutarti ad acquisire una prospettiva biblica riguardo al perdono e all'amore secondo la Scrittura vedi:
IL PERDONO (PERDONARE GLI ALTRI COME DIO TI HA PERDONATO) *(Lezione 12, pagine 3-5)*
IL SIGNIFICATO DELL'AMORE BIBLICO *(Lezione 13, pagine 4-6)*

REAZIONI NON BIBLICHE ALL'IRA E ALL'AMAREZZA

> A volte puoi voler giustificare la tua ira dicendo, "Anche Dio e Gesù si sono adirati *(Numeri 25:4; Marco 3:5)*, quindi anch'io posso farlo". Tuttavia, Dio è perfettamente santo e tu no. La Sua santità, la Sua giustizia, il Suo amore e la Sua perfezione rimangono costanti nonostante la Sua gelosia *(Esodo 20:5)*, la Sua collera *(2 Cronache 28:11)*, la Sua vendetta *(Romani 12:19)* e il Suo sdegno quotidiano *(Salmo 7:11)*. A differenza di Dio, la tua carne è in continuo conflitto tra il bene e il male *(Romani 7:14-25; Galati 5:17)*. Di conseguenza, per te è difficile reagire a forti emozioni senza peccare.

I. **Alcuni esempi dalla Scrittura di azioni non bibliche, che derivano dall'ira e dall'amarezza**

A. Caino, accecato dall'ira, uccise suo fratello. Come conseguenza della sua azione divenne un vagabondo e un fuggiasco *(Genesi 4:5-8, 11-12)*.

B. Simeone e Levi erano uomini impulsivi che uccidevano sospinti dalla loro ira crudele. Come conseguenza, le loro famiglie furono disperse *(Genesi 49:5-7)*.

C. Saul si adirò e cercò di uccidere il figlio maggiore *(1 Samuele 20:30-33)*.

D. Naaman s'infuriò e rifiutò di eseguire un semplice ordine per guarire dalla lebbra. Tuttavia, quando finalmente ubbidì, fu guarito *(2 Re 5:10-14)*.

E. Uzzia, ripreso dai sacerdoti per la sua infedeltà verso il Signore, si adirò e fu colpito dalla lebbra. Fu lebbroso fino al giorno della sua morte *(2 Cronache 26:16-23)*.

F. Giona si dispiacque e si adirò immensamente quando il Signore mostrò compassione per Ninive. Dio dovette rimproverarlo e umiliarlo *(Giona 4:1-11)*.

G. Simone, nella sua amarezza, cercò di comprare il potere di Dio e fu apertamente rimproverato da Pietro *(Atti 8:14-24)*.

II. **Alcuni modi non biblici di affrontare l'ira e l'amarezza**

A. Esplodi di collera o ti infuri, assalendo fisicamente o verbalmente persone o cose *(non tieni conto di Proverbi 16:32; Matteo 7:12; Romani 14:19; 1 Corinzi 13:4-5; Galati 5:19-20, 22-23; Colossesi 3:17)*.

B. Esterni la tua ira ("sfoghi la tua ira") prendendo a pugni un cuscino (o un altro oggetto) mentre pensi (o parli) alla persona contro cui sei adirato o amareggiato *(non tieni conto di Salmo 19:14; 2 Corinzi 10:5; Filippesi 2:3-4, 4:8-9; Colossesi 3:2)*.

C. Controlli la tua ira al lavoro (di fronte al tuo capo) e in chiesa (di fronte ai fratelli e alle sorelle in Cristo). Eserciti, però, poco o nessun controllo a casa con i tuoi cari *(non tieni conto di Proverbi 25:28; Matteo 5:13-16, 7:12; Romani 12:9, 14:13; 1 Corinzi 13:4-5; Galati 5:19-20, 22-23; Efesini 4:1-3)*.

D. Ti sforzi fino allo stremo di reprimere i tuoi sentimenti d'ira, ma non riesci ad affrontare questo peccato alla base *(non tieni conto di 1 Samuele 16:7, Marco 7:20-23; 1 Timoteo 4:8)*.

E. "Perdi le staffe" e suoni il clacson nel traffico, lanci oggetti, urli agli altri o pensi e proferisci oscenità *(non tieni conto di Proverbi 16:32; Matteo 5:16, 7:12; 1 Corinzi 13:4-5; Galati 5:19-20, 22-23; Filippesi 4:8-9; Colossesi 3:17)*.

F. Fremi d'ira dentro di te e diventi amareggiato *(non tieni conto di Salmo 19:14; Proverbi 25:28; Filippesi 4:8-9; Ebrei 12:15)*.

G. Attacchi verbalmente, o calunni le persone che ti perseguitano o che approfittano di te *(non tieni conto di Matteo 5:10-12, 38-48; Romani 12:17-21, 13:10, 14:19, 15:2; Efesini 4:29, 31-32; 1 Pietro 2:20-25, 3:8-9)*.

H. Parli della tua ira e della tua amarezza "per essere in sintonia con te stesso"; esterni le tue emozioni represse ("catarsi") *(non tieni conto di Matteo 15:18; 2 Corinzi 5:17; Galati 5:17-25; Filippesi 2:3-4, 3:13-14, 4:8-9)*.

I. Neghi ("interiorizzi") di essere adirato o amareggiato *(non tieni conto di Efesini 4:15, 25; Giacomo 3:14, 5:16; 1 Giovanni 1:8-10)*.

J. Scrivi lettere di vendetta che esprimono la tua ira o la tua amarezza, ma non le spedisci (associ "sfogare l'ira" e "catarsi") *(non tieni conto di Matteo 5:22-24, 44; Marco 11:25-26; Romani 12:9-21, 14:10-12; Efesini 4:29; Filippesi 2:3-4, 4:8-9)*.

K. Definisci la tua ira "giusta indignazione" e la tua amarezza "lecita". Dovresti invece esaminarle alla luce della Scrittura e prendere provvedimenti *(non tieni conto di Isaia 5:20-21, 55:7-9; Matteo 7:1-5; Efesini 4:31; Ebrei 12:15; Giacomo 1:19-25, 3:13 - 4:2)*.

III. **Alcune giustificazioni, non bibliche, per l'ira e l'amarezza**

A. Sostieni che gli altri e/o le loro azioni sono responsabili della tua ira o della tua amarezza *(non tieni conto di Ezechiele 18:20; Marco 7:20-23; 1 Corinzi 10:13; Efesini 4:31-32; Colossesi 3:12-14)*.

B. Sostieni che le circostanze del passato, del presente e quelle possibili del futuro siano la causa della tua ira e della tua amarezza *(non tieni conto di Matteo 15:18-19; Romani 5:3-5, 8:28-29; Giacomo 1:2-4)*.

*NOTA. Quando reagisci in contrasto con la Parola ai peccati d'ira e d'amarezza, dimostri di vivere per piacere a te stesso. Ripassa **IL PUNTO DI VISTA BIBLICO SULL'IO** (Lezione 4, pagine 5-10). Concentrandoti su te stesso, puoi tentare di "risolvere" i tuoi problemi d'ira e d'amarezza; ma questa "soluzione" è basata sulla saggezza dell'uomo. Confidare nella saggezza dell'uomo porta ancora di più all'egocentrismo. Ripassa **GLI APPROCCI PRINCIPALI PER RISOLVERE I PROBLEMI PERSONALI** (Lezione 4, pagina 11). Devi contare solamente sul Signore e sulla Sua Parola, per superare l'ira e l'amarezza e per dare la gloria solo a Dio.*

IL PUNTO DI VISTA BIBLICO SULL'IRA

> Se non riesci ad affrontare l'ira secondo la Parola, continuerai, inevitabilmente, a essere disubbidiente alla Scrittura *(basato su Genesi 4:5-8; 1 Samuele 18:7-9; Salmo 37:8; Proverbi 19:19, 29:22; Efesini 4:26-27)*. Se affronti l'ira, basandoti sulle innumerevoli promesse e sulle risorse che Dio ti mette a disposizione nella Sua Parola, potrai riportare una vittoria schiacciante su questo peccato *(basato su Giovanni 16:13, 23-24; Romani 8:31-39, spec. il versetto 37; 1 Corinzi 10:13; Efesini 4:31-32; Filippesi 1:6, 4:13; 2 Timoteo 3:16-17; Giacomo 1:5; 1 Giovanni 3:22)*.

I. **L'ira di Dio**

   A. Anche se la Scrittura parla dell'ira di Dio *(Esodo 4:14, 22:24; Numeri 11:33, 25:4, 32:10-15; Deuteronomio 29:27-28, 32:16, 19-22; Giosuè 23:16; 1 Re 11:9; 2 Re 22:13; Salmo 78:49-50, 90:7; Isaia 30:27; Daniele 9:16)*, Egli rimane santo *(Levitico 11:45; 1 Pietro 1:16)* e senza peccato *(Giobbe 34:10; Matteo 5:48; Giacomo 1:13)*.

   B. Dio è lento all'ira e allo stesso tempo misericordioso, benigno, compassionevole, pronto a perdonare e ricco di bontà e verità *(Neemia 9:17; Salmo 86:15, 103:8, 145:8; Nahum 1:3)*.

   C. La benevolenza di Dio è per tutta la vita, mentre la Sua ira è per un momento *(Salmo 30:5)*. Egli spesso frena la Sua ira *(Salmo 78:38)*.

   D. L'ira di Dio è sempre rivolta contro la ribellione o la disubbidienza ai Suoi comandamenti, che sono sempre santi e giusti *(Deuteronomio 29:14-21, 24-28; Salmo 78:21-22; Lamentazioni 3:42-43; Sofonia 2:2-3; Romani 2:5; Ebrei 3:7-11)*.

II. **L'ira di Gesù**

   A. Gesù si adirò per l'ipocrisia e il legalismo dei capi religiosi, ma allo stesso tempo fu addolorato per la loro durezza di cuore. Nonostante fosse adirato, Egli guarì ugualmente un uomo *(Marco 3:5)*.

   B. Nella prima purificazione del Tempio *(Giovanni 2:13-16)*, la Scrittura non dice che Gesù si adirò, ma che fu spinto da gelosia divina (zelo divino) per la casa di Suo Padre *(Giovanni 2:17)*. Più tardi, Egli rispose alle domande dei capi religiosi *(Giovanni 2:18-21)*. Nel resoconto della seconda purificazione del tempio non è detto che Gesù fosse adirato *(Matteo 21:12-13; Marco 11:15-17; Luca 19:45-46)*. Subito dopo, Egli guarì gli ammalati e rispose alle domande dei capi religiosi *(Matteo 21:14-16; Marco 11:17-18)*.

III. **L'ira che non è un peccato**

   A. Nella Scrittura, in occasioni molto rare ed eccezionali, è detto che una persona consacrata a Dio si è adirata senza però peccare *(per esempio: Esodo 16:20; Levitico 10:16-20; 1 Samuele 11:6, 20:34; 2 Re 13:19; Neemia 5:6)*.

B. Poiché la Scrittura afferma che un figlio di Dio può adirarsi, ma senza peccare *(Efesini 4:26-27)*, vuol dire che ciò è possibile *(Romani 6:12-13; 1 Corinzi 10:13; 1 Pietro 1:13-16)*.

C. Per "adirarti e non peccare", devi ubbidire alla Parola di Dio **senza** eccezioni *(2 Timoteo 3:16-17)* e seguire completamente l'esempio di Dio *(Matteo 5:48; Efesini 5:1)* e del nostro Signore Gesù Cristo *(1 Pietro 1:14-16, 2:21-22)*.

IV. **L'ira peccaminosa**

A. La Scrittura insegna che l'ira dell'uomo non può compiere la giustizia di Dio *(Giacomo 1:20)*. La tua ira, sia essa un'esplosione sporadica o una costante del tuo temperamento, deve essere fermamente bandita, se vuoi essere conformato all'immagine di Gesù Cristo *(Efesini 4:31; Colossesi 3:8, 10)*.

B. Le esplosioni d'ira appartengono alle opere della carne *(Galati 5:19-21)* e sono proprie di uno stolto *(Proverbi 29:11)*. Oltre a mostrare la mancanza del frutto dello Spirito *(Galati 5:22-23)*, una persona con un carattere irascibile commette molte trasgressioni *(Proverbi 29:22)* e non è adatta ad assumere responsabilità nella guida della chiesa *(Tito 1:7)*.

C. L'ira spesso è terreno fertile per altri peccati *(Genesi 4:5-8, 49:6; 1 Samuele 20:30-33; Salmo 37:8; Matteo 2:16)*; è devastante *(Proverbi 27:4)* ed è associata a conflitti *(Proverbi 15:18, 29:22, 30:33)* e a stoltezza *(Proverbi 14:29, 29:11; Ecclesiaste 7:9)*.

D. L'ira contro un'altra persona è condannata dal Signore *(Matteo 5:22)* e mostra una mancanza di amore biblico *(1 Corinzi 13:4-8a)*.

E. L'ira dimostra mancanza di fiducia nella sovranità di Dio *(Salmo 37:1-11, spec. i versetti 7-9)* e potrebbe indicare incapacità di seguire il Signore Gesù Cristo *(basato su 1 Pietro 2:19-24)*.

F. Una persona dalla collera violenta sarà continuamente in difficoltà *(Proverbi 19:19, 29:22)*, influenzerà negativamente gli altri e dovrebbe essere evitata *(Proverbi 22:24-25)*.

G. La tua ira è un peccato quando:

1. hai un carattere irascibile o esplodi in eccessi d'ira *(Galati 5:20; Efesini 4:31; Giacomo 1:19)*;
2. ti adiri e non sei misericordioso, compassionevole e pronto al perdono *(Neemia 9:17; Salmo 86:15; Efesini 4:32)*;
3. vuoi vendicarti o rivalerti di un altro *(Romani 12:17-19; Ebrei 10:30)*;
4. nella tua ira contravvieni all'amore biblico *(1 Corinzi 13:4-8; 1 Pietro 4:8)*;
5. ti impedisce di dimostrare il frutto dello Spirito nei tuoi pensieri, nelle tue parole o nelle tue azioni: amore, gioia, pace, pazienza, benevolenza, bontà, fedeltà, mansuetudine e autocontrollo *(Galati 5:22-23)*;
6. usi parole che non edificano *(Matteo 12:36-37; Efesini 4:29; 1 Pietro 3:10)*;
7. rispondi adirato per "difendere i tuoi diritti" o per "fare a modo tuo" *(Luca 9:23; 2 Corinzi 5:15; 1 Pietro 2:21-23)*;
8. ti irriti continuamente con una persona *(Matteo 5:21-22)* o lasci tramontare il sole sulla tua ira (p. es. non affronti la tua ira secondo la Parola, ma la covi) *(Efesini 4:26)*;

9. reagisci all'ira di un'altra persona in una maniera che non piace al Signore *(2 Corinzi 5:9; Colossesi 1:10)* e non porta onore al Suo Nome *(1 Corinzi 10:31; Colossesi 3:17; 1 Pietro 1:6-7)*;

10. vai in collera e trascuri di avere gioia, di pregare e di rendere grazie proprio nella situazione in cui ti trovi *(1 Tessalonicesi 5:16-18)*.

H. Pecchi, altresì, se reagisci con ira in quei casi in cui la Scrittura ha già detto come ti devi comportare. Per esempio, nei confronti:

1. di un nemico: devi cercare di andare incontro ai suoi bisogni *(Romani 12:20)* e devi dimostrargli amore *(Luca 6:35)*;

2. delle autorità civili: devi ubbidire e dare ciò che è loro dovuto *(Romani 13:1-8; 1 Pietro 2:13-15)*, a meno che le loro richieste non siano contro la Parola di Dio e ti costringano a peccare *(Atti 4:19-20, 5:29)*;

3. di un superiore irragionevole: devi sottometterti *(1 Pietro 2:18)*, tranne quando così facendo saresti portato a disubbidire alla Scrittura *(Genesi 39:7-9)*;

4. delle circostanze in cui ti trovi: devi confidare in Dio e avere un animo contento *(Ecclesiaste 7:14; Romani 8:28-29; Filippesi 4:11-13; 1 Timoteo 6:6-8)*;

5. delle prove: devi cooperare con il Signore e rispondere con gioia quando Egli agisce per sviluppare in te un carattere conforme a quello di Cristo *(Romani 5:3-5; Giacomo 1:2-4)*;

6. di un trattamento ingiusto: devi sopportare pazientemente e ottenere così l'approvazione di Dio *(1 Pietro 2:19-20)*;

7. dei credenti caduti in peccato: devi rialzarli con gentilezza *(Galati 6:1)* e non considerarli dei nemici *(2 Tessalonicesi 3:15)*;

8. dei tuoi genitori (finché hanno un'autorità biblica su di te): devi ubbidire loro come piace al Signore *(Efesini 6:1; Colossesi 3:20)*;

9. dei tuoi figli: non devi provocarli ad ira ma devi allevarli nella disciplina e nell'ammonizione del Signore *(Efesini 6:4)*;

10. del marito (o della moglie): devi essere sottomesso *(Efesini 5:21)* ed essere costante nell'amare, secondo la Parola *(1 Corinzi 13:4-8; Efesini 5:25; Tito 2:4)*;

11. degli anziani di chiesa con qualifiche bibliche: devi ubbidire loro *(Ebrei 13:17)*, amarli e tenerli in grande stima *(1 Tessalonicesi 5:12-13)*.

V. **L'ira e l'uomo interiore**

A. Pensieri, parole e azioni manifestano che cosa hai nel cuore *(Matteo 12:34-35, 15:18-20; Marco 7:20-23; Luca 6:45)*. L'ira peccaminosa dimostra che stai vivendo per piacere a te stesso *(basato su 2 Corinzi 5:15; Galati 5:16-21; Colossesi 1:10)*.

B. Chi è lento all'ira ha un gran buon senso *(Proverbi 14:29)*, vale più di un prode guerriero *(Proverbi 16:32)*, può calmare le liti *(Proverbi 15:18)* e ubbidisce alla Parola di Dio *(Giacomo 1:19-20)*.

C. Il saggio calma l'ira altrui *(Proverbi 29:8)* e trattiene la propria *(Proverbi 29:11)*.

D. Una persona spesso rivela la propria incapacità ad affrontare, alla luce della Parola, la sua ira quando giudica gli altri per questo stesso peccato *(Romani 2:1)*.

E. Chi si adira facilmente mostra di essere uno stolto *(Proverbi 14:17, 29:11; Ecclesiaste 7:9)*.

VI. Conclusioni sull'ira

A. È possibile adirarti senza però peccare *(1 Corinzi 10:13; Efesini 4:26)*. Comunque, l'ira peccaminosa è contraria alla Scrittura *(Giacomo 4:17)*; non è conforme al carattere di Cristo *(secondo la descrizione di 1 Corinzi 13:4-8a, Galati 5:22-23 e 1 Pietro 2:20-25)*, può esplodere *(Galati 5:20; Giacomo 1:19-20)* e spesso si protrae nel tempo *(Efesini 4:26-27)*.

B. Secondo l'esempio di Dio Padre e di Suo Figlio, Gesù Cristo, l'ira è giusta solo se suscitata da precise violazioni della Parola di Dio ed è giusta solo se manifestata con uno spirito di compassione *(Neemia 9:17; Salmo 86:15, 103:8-14; Marco 3:5)*.

C. La tentazione di vivere per te stesso, piuttosto che per Dio, è sempre presente *(Luca 9:23; Romani 7:14-25; Galati 5:16-17)*. Perciò tu devi ubbidire alla Parola di Dio *(Salmo 119:165; 2 Timoteo 2:15, 3:16-17; Ebrei 4:12)*, essere costante nel pregare *(Luca 18:1; 1 Tessalonicesi 5:17; Giacomo 1:5)*, dipendere di continuo dallo Spirito di Dio *(Giovanni 14:16, 16:13)* e mettere sempre in pratica la Parola *(Giacomo 1:22-25)* per affrontare l'ira secondo la Parola *(basato su Romani 12:2; Ebrei 5:14)*.

D. Non devi permettere che l'ira abbia il sopravvento e prenda il controllo della tua mente o della tua condotta, perché Satana usa ciò per danneggiare la tua vita *(Efesini 4:27)*. Devi vivere per piacere al Signore, indipendentemente dai tuoi sentimenti *(basato su 2 Corinzi 5:15; Galati 5:17; Efesini 4:31-32; Colossesi 1:10)*.

E. Le tue azioni (pensieri, parole e atti) rivelano se stai vivendo per piacere a te stesso o a Dio *(Marco 7:20-23; Luca 9:23; Romani 6:12-13, 17-18)*. Se sei concentrato su te stesso e ti adiri, corri il rischio di:

1. adempiere i desideri della carne invece di essere condotto dallo Spirito Santo *(Galati 5:16-17)*;

2. ostacolare la tua vita di preghiera *(Salmo 66:18; 1 Giovanni 3:22)*;

3. danneggiare i tuoi rapporti con gli altri *(Romani 12:18)* diventando il loro giudice e ponendo una pietra d'inciampo sul loro cammino *(Romani 14:13)*;

4. essere poco disposto a tollerare le trasgressioni degli altri *(Proverbi 19:11)* o a perdonarle *(Efesini 4:31-32)*;

5. non pensare secondo la Parola *(2 Corinzi 10:5; Filippesi 4:8; Colossesi 3:2)* e usare parole che non edificano *(Efesini 4:29)*;

6. rendere male per male invece di benedire *(Romani 12:17-21; 1 Pietro 3:8-9)*, fomentando così ulteriormente l'ira e i conflitti *(Proverbi 15:1, 29:22)*;

7. indebolire la tua capacità di discernere *(Ebrei 5:14; Giacomo 1:22)*;

8. commettere degli errori sciocchi *(Proverbi 14:29, 19:19; Ecclesiaste 7:9)* ed essere squalificato come guida spirituale *(Tito 1:7)*;

9. giudicare gli altri per lo stesso tuo peccato *(Romani 2:1)*;

10. non essere in grado di amare gli altri secondo la Parola *(1 Corinzi 13:4-5)*.

IL PUNTO DI VISTA BIBLICO SULL'AMAREZZA

> Il peccato dell'amarezza impedisce la tua crescita spirituale e danneggia i tuoi rapporti con gli altri. È la causa di molti problemi e deve essere eliminato velocemente dalla tua vita e sostituito da benevolenza e da perdono amorevole *(basato su Efesini 4:31-32; Ebrei 12:14-15; Giacomo 3:8-18, spec. i versetti 11, 14).*

I. **La radice dei termini "amareggiato" o "amarezza" nelle lingue originali dell'Antico e del Nuovo Testamento è alla base di termini che significano:**

   A. "acuminato"; "acuto" (aguzzo come le frecce, pungente come un odore o un sapore); "salmastro" (l'opposto di "dolce" o "fresco"); "non commestibile" *(per esempio: Esodo 15:23-25; Proverbi 27:7; Isaia 5:20; Giacomo 3:11; Apocalisse 8:11);*

   B. "ribelle" *(Deuteronomio 21:18, 20; Isaia 30:9; Geremia 5:23; Ezechiele 2:5-8, 44:6);*

   C. "ribellione" *(Deuteronomio 31:27a; 1 Samuele 15:23; Proverbi 17:11);*

   D. "scontento" *(1 Samuele 22:2);*

   E. "disubbidiente" *(1 Re 13:20-26, spec. i versetti 21 e 26; Neemia 9:26);*

   F. "pieno d'amarezza" (spirito d'amarezza) o "radice velenosa" *(Atti 8:23; Romani 3:14; Ebrei 12:15; Giacomo 3:14).*

II. **L'amarezza è aggravata dalla mancanza di ravvedimento ed è collegata con:**

   A. rancore e collera verso qualcuno che ti ha fatto un torto *(per esempio: Genesi 27:30-41, spec. i versetti 34 e 41)* o verso qualcuno che tu pensi ti abbia fatto un torto *(per esempio: 1 Samuele 30:1-6, spec. il versetto 6);*

   B. le parole dei malfattori *(Salmo 64:1-4; Romani 3:10-18, spec. il versetto 14);*

   C. i peccati di collera (tendenza a passioni peccaminose), ira (essere provocati, irritazione), protesta (urlare, gridare vendetta), maldicenza (diffamazione, imprecazione) e malizia (cattiveria, che è un tipo particolare di deficienza morale) *(Efesini 4:31).*

III. **Il peccato dell'amarezza deriva dal vivere per piacere a te stesso. È spesso diretto a danneggiare le altre persone e, se non affrontato secondo la Parola, sfocia in altri peccati. Per esempio:**

   A. priva (letteralmente "va a ritroso rispetto a") della grazia di Dio *(Ebrei 12:15a);*

   B. causa problemi agli altri (molesta, contamina) *(Ebrei 12:15b);*

   C. contagia (macchia, lascia un segno) su molti *(Ebrei 12:15b);*

   D. ti accomuna, infine, a gente senza il timore di Dio (irreligiosa) e immorale *(Ebrei 12:15-17).*

© Biblical Counseling Foundation

IV. L'amarezza non deve caratterizzare la tua vita in Cristo (il tuo nuovo io) e te ne devi "spogliare". Puoi superare il peccato dell'amarezza reagendo secondo la Parola, ricordando quanto sottoelencato:

   A. l'amarezza è un peccato e contagia gli altri *(Ebrei 12:15)*. Devi confessare il tuo peccato d'amarezza per ottenere il perdono e la purificazione di Dio *(1 Giovanni 1:9)*;

   B. invece di essere amareggiato verso gli altri, devi essere sensibile e gentile, perdonandoli come Dio ha perdonato te in Cristo *(Efesini 4:31-32)*;

   C. per evitare ogni amarezza verso Dio e il Suo modo di intervenire nella tua vita o nella vita degli altri, sii assiduo nel gioire, nel pregare incessantemente e nel ringraziare in ogni cosa e per ogni cosa nel Nome di Gesù Cristo *(Efesini 5:20; 1 Tessalonicesi 5:16-18)*. Ricorda che Dio, nella Sua grazia, sta lavorando nella tua vita *(Salmo 121; Romani 8:28-29; Filippesi 1:6, 2:13)* ed è misericordioso e giusto in tutte le Sue vie *(Salmo 145:8-9, 17)*.

   Per un aiuto mirato utile a riportare la vittoria sul peccato dell'amarezza, vedi: **SUPERARE IRA E AMAREZZA** *(Lezione 11, pagine 12-16)*.

SUPERARE IRA E AMAREZZA

> Ira e amarezza accompagnano, spesso, una vita lontana da Gesù Cristo (il tuo vecchio io). Queste abitudini peccaminose non devono far parte della tua nuova vita in Cristo (il tuo nuovo io). Se segui la via di Dio, tu puoi superare questi atti peccaminosi dell'uomo naturale, perfino se l'ira o l'amarezza hanno dominato la tua vita per anni *(basato su Giovanni 15:3-5; Romani 6:12-14; 2 Corinzi 5:17; Efesini 4:22-24, 31-32; 1 Pietro 1:13-16).*

I. **Ripassa attentamente i seguenti rimandi:**

   A. i requisiti biblici fondamentali per il cambiamento (Lezioni 1 e 2); riconoscere le differenze fra vivere secondo la via dell'uomo e vivere secondo la via di Dio (Lezioni 3 e 4);

   B. gli elementi essenziali del cambiamento biblico (Lezioni 5 - 8); morire a te stesso e vivere per il Signore (Lezioni 9 e 10);

   C. superare ira e amarezza in relazione all'amore per il tuo prossimo (Lezioni 12 e 13) e ai rapporti familiari (Lezioni 14 - 17);

   D. i possibili legami fra paura, preoccupazione o depressione (Lezioni 18 e 19) e questo problema;

   E. la gravità dei peccati ripetuti che dominano la vita e il loro rapporto con questo specifico problema (Lezioni 20 e 21);

   F. il bisogno di stabilire e di mantenere fedelmente standard precisi secondo la Parola di Dio per ogni aspetto della tua vita (Lezione 22).

   NOTA. I rimandi sono importanti per affrontare questo specifico problema. Nell'affrontare i problemi secondo la Parola, devi esaminare tutti gli aspetti della tua vita. Per esempio, il problema dell'ira non può essere superato se affrontato come un problema isolato. Piuttosto, ogni specifico problema deve essere affrontato secondo i principi biblici, in tutti gli aspetti della vita. Come vedi, i rimandi alle lezioni precedenti sono elencati in aggiunta a quelli delle lezioni non ancora svolte.

II. **Fa' un elenco delle persone, dei luoghi, dei momenti o delle circostanze in cui sei tentato, o in cui pecchi, lasciandoti prendere dall'ira o dall'amarezza. Ti renderai conto se questi peccati sono ricorrenti nella tua vita.**

III. **Usa la SCHEDA DI LAVORO VITTORIA SUI FALLIMENTI (Supplemento 8). Per compilare le colonne 1-3, segui le istruzioni delle LINEE GUIDA: SCHEDA DI LAVORO VITTORIA SUI FALLIMENTI (Supplemento 7).**

IV. **Come compilare la quarta colonna della SCHEDA DI LAVORO VITTORIA SUI FALLIMENTI (Supplemento 8).**

   A. Elabora un **piano base** per superare i peccati che hai riconosciuto. Nel tuo piano, includi le azioni (pensieri, parole e atti) che ti aiuteranno a sviluppare un comportamento simile a quello di Cristo. Tieni conto delle seguenti linee guida.

1. Pensa secondo la Parola
   a. Ricorda che Dio ha promesso di prendersi cura di te in ogni situazione, non importa quanto confusa essa possa apparire *(Salmo 23:1-6, 37:5; Proverbi 3:25-26; Matteo 10:28-31; Romani 8:28-29, 36-39; 1 Corinzi 10:13)*.
   b. Confessa a Dio tutti i pensieri peccaminosi *(1 Giovanni 1:9)* e chiedi il Suo aiuto per cambiare questa abitudine peccaminosa *(basato su 1 Tessalonicesi 5:17; Ebrei 4:15-16; Giacomo 1:5)*.
   c. Gioisci *(1 Tessalonicesi 5:16)* e ringrazia in e per ogni situazione *(Efesini 5:20; 1 Tessalonicesi 5:18)*. Riconosci che la sopportazione nelle prove ti aiuta a essere sempre più conforme all'immagine di Cristo *(basato su Romani 5:3-5; Giacomo 1:2-4)*.
   d. Ricorda che Dio ti ha perdona e su questa base tu devi perdonare chi pecca contro di te *(Matteo 18:21-35; Efesini 4:32; Colossesi 3:13)*.
   e. Ricorda che il tuo amore per gli altri dimostra l'amore che hai per Dio *(1 Giovanni 2:9-11; 3:14-16; 4:7-11, 20-21)*.
   f. L'obiettivo dei tuoi pensieri deve essere glorificare e far piacere a Dio, oltre ad essere una benedizione per gli altri in tutte le situazioni *(basato su Matteo 22:37-39; Luca 9:23-24; 2 Corinzi 5:9, 15, 10:5; Galati 5:16-17; Filippesi 2:3-4, 4:8; Colossesi 3:2)*.
   g. Nella situazione specifica in cui ti trovi, non persistere nelle cose che contribuiscono ad incoraggiare il peccato. Piuttosto disciplina la tua mente a pensare a ciò che piace al Signore *(Filippesi 4:8; Colossesi 3:2)*. Ricorda di pregare per coloro che ti perseguitano *(Matteo 5:44)*.
   h. "Pensa" cose gentili e amorevoli di ogni persona che ti irrita, o che ti ha irritato *(basato su 1 Corinzi 13:4-8a; Efesini 4:32)*. Concentra i tuoi pensieri per affrontare e superare il problema del momento *(basato su Filippesi 4:6-8; Giacomo 1:5, 3:13-18)*.
   i. Ripassa salmi, inni e cantici spirituali che hai imparato a memoria *(basato su Efesini 5:19-20; Colossesi 3:16)*.
2. Parla secondo la Parola
   a. Confessa i peccati attuali al Signore e a coloro che non sei riuscito ad amare secondo la Parola, compresi i peccati di negligenza nell'adempiere ai tuoi doveri. Confessa ogni altro peccato che ricordi e che non hai già confessato *(basato su Salmo 51:1-4; Giacomo 5:16; 1 Giovanni 1:9)*.

   Per ricordare come confessare i tuoi peccati a coloro contro cui hai peccato, vedi:
   LINEE GUIDA: SCHEDA DI LAVORO VITTORIA SUI FALLIMENTI
   (Supplemento 7) punto **VI. Applicare il cambiamento biblico,** *punto D.*
   RICONCILIAZIONE (RIMUOVERE TUTTO CIÒ CHE OSTACOLA L'UNITÀ E LA PACE) *(Lezione 12, pagine 6-8) punto* **II. Confessione**

   b. Non parlare dei tuoi successi *(Proverbi 27:2, 30:32; 2 Corinzi 10:18)*, dei tuoi dispiaceri o delle tue sconfitte del passato *(Filippesi 3:13-14)*, né delle preoccupazioni per il futuro *(Matteo 6:34)*; non confrontarti con te stesso e/o con gli altri *(2 Corinzi 10:12)*, non ti vantare di ciò che farai nel futuro *(Proverbi 27:1; Giacomo 4:13-16)*. Piuttosto, edifica gli altri; parla con riconoscenza della bontà del Signore e della differenza che Egli ha appena fatto nella tua vita, specialmente per quanto riguarda l'ira e l'amarezza *(basato su Luca 10:20; Efesini 4:29; Colossesi 4:6; Ebrei 13:15; 1 Pietro 3:15)*.
   c. Non calunniare, non spettegolare, non litigare e non usare parole che non edifichino gli altri *(Proverbi 10:18; Efesini 4:29, 31, 5:4; Colossesi 3:8; 2 Timoteo 2:24; 1 Pietro 2:1)*. Piuttosto fa' sì che le tue parole siano piene di verità e di grazia, secondo il bisogno del momento e che tu sappia come rispondere ad ognuno *(Efesini 4:15, 25, 29; Colossesi 4:6)*.

d. Non richiamare l'attenzione sul peccato di un altro in tono accusatore o vendicativo; né con gli altri, né con te stesso né con la persona che ha peccato *(Proverbi 10:18, 17:9, 20:19; Efesini 4:29, 31; Colossesi 3:8; 1 Pietro 2:1).*

e. Incoraggia la riconciliazione con Dio e con gli altri, avendo cura di seguire le indicazioni della Scrittura *(Matteo 5:9, 23-24; Romani 12:18; 2 Corinzi 2:6-8, 5:18).*
Vedi: **RICONCILIAZIONE (RIMUOVERE TUTTO CIÒ CHE OSTACOLA L'UNITÀ E LA PACE)** *(Lezione 12, pagine 6-8).*

3. Agisci secondo la Parola

   a. Perdona gli altri come Dio ha perdonato te *(Efesini 4:32; Colossesi 3:13).*
   Vedi: **IL PERDONO (PERDONARE GLI ALTRI COME DIO TI HA PERDONATO)** *(Lezione 12, pagine 3-5) e considera se pratichi il perdono biblico. Se necessario apporta dei cambiamenti.*

   b. Impara a memoria versetti della Scrittura e studia passi della Scrittura direttamente collegati al superamento dell'ira o dell'amarezza *(basato su Salmo 119:9, 11, 16; 2 Corinzi 10:5; Filippesi 4:8; 2 Timoteo 2:15).* Inoltre, impara a memoria salmi, inni e cantici spirituali per aiutarti a rivolgere la tua mente al Signore ed essere una benedizione per gli altri *(basato su Efesini 5:19-20; Colossesi 3:16).*

   c. Prega sempre con ringraziamento *(Filippesi 4:6; 1 Tessalonicesi 5:17-18)* e secondo la volontà di Dio *(1 Giovanni 5:14-15).* Getta tutte le tue preoccupazioni sul Signore *(1 Pietro 5:7)* e prega per coloro che ti perseguitano *(Matteo 5:44).*

   d. Riconosci tutti i segnali di pericolo (situazioni, luoghi e contatti personali che costituiscono una tentazione) e compi subito dei passi per eliminare, abbandonare o resistere alla tentazione *(basato su Salmo 1:1; Proverbi 27:12; 1 Corinzi 10:13, 15:33; 2 Timoteo 2:22; Giacomo 4:7; 1 Pietro 5:8-9).*

   e. Fa' ammenda per il male commesso e cerca la riconciliazione con coloro che hai offeso *(basato su Matteo 5:23-24).* Ricorda che pur avendo già confessato i tuoi peccati *(vedi sopra 2.a.),* devi dimostrare in modo chiaro la tua seria intenzione di cambiare.
   Vedi: **RICONCILIAZIONE (RIMUOVERE TUTTO CIÒ CHE OSTACOLA L'UNITÀ E LA PACE)** *(Lezione 12, pagine 6-8) punto III. Restituzione e IV. L'importanza della riconciliazione.*

   f. Benedici gli altri attraverso la manifestazione tangibile e genuina di amore e di servizio biblico (ciò include le tue responsabilità quotidiane come marito, moglie, genitore, coinquilino, studente, datore di lavoro, dipendente, ecc.) *(basato su Matteo 7:12; Romani 12:9-13, 15-16; 13:8-10; 1 Corinzi 13:4-8a; Filippesi 2:3-8; 1 Timoteo 6:17-19; 1 Pietro 3:8-9; 1 Giovanni 3:18).* Lo devi fare:

   1) senza badare a come ti senti *(basato su Genesi 4:7; 2 Corinzi 5:14-15; Galati 5:16-17; Filippesi 4:13; Giacomo 4:17);*

   2) specialmente verso coloro che sembrano tuoi nemici o coloro contro i quali hai peccato *(basato su Matteo 5:23-24, 43-48; Marco 11:25-26; Romani 12:14, 17-21);*

   3) con gentilezza e sensibilità verso tutti coloro con i quali sei, o sei stato, irritato *(Efesini 4:31-32);*

   4) approfittando delle opportunità per essere d'aiuto, specialmente in quei modi che ti mantengono in un atteggiamento di servizio verso gli altri secondo l'esempio di Cristo *(basato su Matteo 20:25-28; Filippesi 2:3-8; 1 Pietro 4:10);*

5) praticando l'amministrazione biblica per onorare il Signore ed essere di aiuto pratico agli altri *(basato su Salmo 24:1; Matteo 25:14-29; 1 Corinzi 4:1-2; Efesini 5:15-17; 1 Timoteo 6:17-19; 1 Pietro 4:10).*
Vedi:
PRINCIPI BIBLICI DI AMMINISTRAZIONE *(Lezione 10, pagine 4-6)*
MORIRE A TE STESSO SERVENDO GLI ALTRI *(Lezione 10, pagine 7-8)*

Per esempi specifici su come e quando manifestare l'amore biblico, anche nelle situazioni difficili, vedi: **IL SIGNIFICATO DELL'AMORE BIBLICO** *(Lezione 13, pagine 4-6).*

g. Quando è necessario, guida un "tavolo di discussione" usando le linee guida tracciate in **SUPERARE I PROBLEMI ATTRAVERSO LA COMUNICAZIONE BIBLICA (USARE UN TAVOLO DI DISCUSSIONE PER LA RICONCILIAZIONE)** (Lezione 15, pagine 6-9).

h. Correggi i difetti che esistono nella tua vita per mancanza di disciplina o per negligenza *(basato su Colossesi 3:1-17; 1 Timoteo 4:7b; Giacomo 4:17).*

i. Fino a che non avrai stabilito un nuovo modo di vivere secondo il Signore, domanda ad un amico credente di controllare se stai mettendo in pratica il tuo **piano base** e il tuo **piano di emergenza** *(Proverbi 27:17; Ecclesiaste 4:9-10; Ebrei 10:23-25).* Se necessario, chiedi consigli basati sulla Parola ad altri *(Proverbi 11:14, 15:22).*

j. Non frequentare (non avere a che fare, non essere amico) con chi è facile all'ira *(Proverbi 22:24-25).*

B. Se necessario, sviluppa un **ELENCO "COSE DA PENSARE E DA FARE"** (Supplemento 10) usando le **LINEE GUIDA: ELENCO "COSE DA PENSARE E DA FARE"** (Supplemento 9).

C. Metti in pratica il tuo **piano base** *(Giacomo 1:22)* e fallo di buon animo come per il Signore *(Colossesi 3:23-24).*

D. Elabora un **piano di emergenza** per affrontare situazioni specifiche che ti tentano di peccare lasciandoti prendere dall'ira o dall'amarezza. Tieni presenti le seguenti linee guida:

1. chiedi immediatamente aiuto a Dio *(1 Tessalonicesi 5:17; Ebrei 4:15-16; Giacomo 1:5);*
2. ripassa quei versetti della Scrittura imparati a memoria, che trattano specificamente i peccati dell'ira o dell'amarezza *(basato su Salmo 119:9, 11, 16);*
3. cerca immediatamente il punto di vista di Dio.
   a. Senza badare ai tuoi sentimenti o alle circostanze, considera la situazione come un'opportunità per maturare spiritualmente *(Giacomo 1:2-4).* Ricorda che Dio farà sì che tutte le cose, nella tua vita, cooperino al tuo bene *(basato su Salmo 37; Proverbi 3:5-12; Romani 8:28-29; Efesini 1:3-14; Filippesi 1:6).*
      1) Ricorda a te stesso che puoi ogni cosa in Cristo che ti fortifica *(Filippesi 4:11-13),* perché la tua capacità viene da Dio e non da qualche "forza interiore" naturale *(2 Corinzi 3:5).* Ricorda che tu non puoi portare frutto senza Gesù Cristo *(Giovanni 15:5).*
      2) Loda e glorifica Dio perché Egli è forte perfino quando tu sei debole *(2 Corinzi 12:9-10);* Egli ti preserverà da ogni caduta e ti farà comparire irreprensibile e con grande gioia davanti alla Sua gloria *(Giuda 1:24-25).*
   b. Ricorda che Dio guarda al tuo cuore e non alla tua apparenza *(1 Samuele 16:7).* Devi essere irreprensibile davanti a Lui nei tuoi

pensieri, sia che gli altri li conoscano o no *(basato su Atti 23:1, 24:16; Romani 14:12; Efesini 4:1; Filippesi 1:9-11; Colossesi 1:21-22).*

    1) Se inizi anche solo a formulare pensieri peccaminosi in questa circostanza imprevista, confessali al Signore *(1 Giovanni 1:9).*

    2) Ricorda che non devi giudicare te stesso sulla base della durata o dell'enormità del tuo peccato (secondo standard umani). La cosa grave è che, anche se momentaneamente, hai smesso di camminare nella via di Dio *(basato su Giacomo 2:10, 4:17).*

4. Ringrazia Dio che sei Suo servitore nella tua circostanza attuale *(Efesini 5:20; 1 Tessalonicesi 5:18).* Decidi come rendere gloria a Dio *(1 Corinzi 10:31; 1 Pietro 4:11)* e cerca modi di edificare gli altri, servendoli in questa situazione *(Efesini 4:29; Filippesi 2:3-4).*

5. Soprattutto nell'affrontare l'ira, decidi di superare la tentazione di peccare, nei seguenti modi:

    a. sii pronto ad ascoltare *(Giacomo 1:19)*: ascolta con attenzione, fa domande, informati bene, non affrettarti a giudicare o a prendere decisioni *(Proverbi 18:13, 15);*

    b. sii lento a parlare *(Giacomo 1:19)*: considera soluzioni bibliche al problema, parla solo per edificare e non per annientare l'altra persona *(basato su Proverbi 15:1; Efesini 4:29)*; dì la verità con uno spirito mite e pacifico *(Efesini 4:15; 1 Pietro 3:8-17).* Attieniti ai fatti inerenti alle circostanze che hanno scatenato in te l'ira o l'amarezza *(basato su Proverbi 18:13; Matteo 7:1-5);*

    c. sii lento all'ira *(Proverbi 16:32; Giacomo 1:19)*: affronta il problema e non attaccare la persona.

        1) Considera le azioni (parole, atti) di un'altra persona, non la motivazione *(basato su 1 Samuele 16:7b; Geremia 17:9; Matteo 12:36-37).*

        2) Per quanto riguarda te stesso, considera la tua motivazione *(basato su Matteo 7:1-5, 12:34-37, 15:19; 1 Corinzi 11:31)* e cambia le tue azioni *(basato su Giobbe 42:5-6; Colossesi 3:8-10).*

Continua a perfezionare il tuo piano per "spogliarti" delle abitudini del tuo vecchio io e per "rivestirti" di opere di giustizia adatte al tuo nuovo io (Efesini 4:22, 24; Colossesi 3:2-17). Quando sarai pronto ad ascoltare, lento a parlare, lento all'ira e metterai in pratica il tuo piano biblico per superare l'ira e l'amarezza, sarai rinnovato nello spirito della tua mente (Romani 12:1-2; Efesini 4:23; Colossesi 3:10; Ebrei 5:14).

6. Agisci secondo il tuo **piano di emergenza** appena ti senti tentato di peccare d'ira o d'amarezza *(basato su 1 Tessalonicesi 5:22; 2 Timoteo 2:19-22).* Poi, inizia a fare di nuovo le cose scritte nel tuo **piano di base** *(basato su Proverbi 24:16; Giacomo 1:22-25).*

LO STUDIO DI UN CASO:
MARIA È STATA ABBANDONATA DAL MARITO

> Sarai in grado di aiutare gli altri, in ogni situazione difficile, seguendo un piano di azione specifico e biblico *(basato su Proverbi 3:5-6, 11:14; Ezechiele 18:20; Matteo 7:1, 5; Romani 15:14; 2 Corinzi 1:3-5, 3:5-6; Galati 6:1-5; 1 Tessalonicesi 5:16-18; 2 Timoteo 3:16-17; Giacomo 1:2-7).*

Appena Maria se n'è andata, preghi e chiedi a Dio la saggezza *(Giacomo 1:5)*. Tenendo presente le sfide spirituali nella vita di Maria *(Efesini 6:12; 1 Pietro 5:8)*, inizi a preparare il tuo prossimo incontro con lei. Chiami il pastore della tua chiesa per chiedere se ci sono consulenti biblici che possono assisterti nel tuo incontro di domani *(Proverbi 11:14, 15:22)*. Il pastore ti incoraggia a prendere appunti durante gli incontri. Ti ricorda di ripassare attentamente quanto detto nella riunione precedente e di preparare una strategia biblica per gli incontri futuri; ti chiede di tenerlo informato su ogni incontro, perché è lui il responsabile del benessere spirituale di Maria *(Ebrei 13:17)*. Ti informa che tutti i consulenti biblici della tua chiesa sono già impegnati in consulenze o nel discepolare coloro che hanno già terminato le sessioni di consulenza. Comunque, egli ti raccomanda come assistenti due donne (Gianna e Teresa) e un uomo (Giacomo). Nessuno di loro ha alcuna esperienza nella consulenza biblica, ma tutti hanno completato il corso "Esamina te stesso" e hanno espresso il desiderio di continuare nella preparazione per la consulenza. Sai che questi sono gli assistenti-consulenti che Dio ha sovranamente scelto per questa situazione *(Proverbi 16:9; Romani 8:28)*, perciò in preghiera ringrazia il Signore *(1 Tessalonicesi 5:16-18)*. Poi chiamali per rivedere le linee guida per il primo incontro.

Prendi contatto con i tuoi assistenti che ti fanno presente la loro mancanza d'esperienza nell'aiutare in casi reali. Ricordi loro che, come credenti maturi, hanno la responsabilità e il privilegio di aiutare gli altri nelle loro difficoltà *(Romani 15:14; Galati 6:1)*. Ricordi loro che nessuno, a prescindere dal livello di formazione, è capace di compiere qualcosa di spiritualmente fruttuoso perché la capacità di un credente viene solamente dal Signore *(Giovanni 15:5; 2 Corinzi 3:5-6)*. Li incoraggi con la verità biblica secondo la quale tutti sono in grado di confortare gli altri con lo stesso conforto di cui sono stati confortati dal Dio onnipotente *(2 Corinzi 1:3-5)*. Ricordi loro che la Parola di Dio è la vostra guida *(2 Timoteo 3:16-17)*, che il Suo Spirito è la vostra guida *(1 Corinzi 2:9-16)* e che questa situazione offre l'opportunità, a tutte le persone coinvolte, di crescere in Cristo *(Giovanni 15:5-7; Romani 8:28-29)*. I tre assistenti-consulenti, raccomandati dal pastore, sono d'accordo con queste verità bibliche e pregano con te affinché la volontà di Dio sia compiuta in ogni persona coinvolta in questa situazione.

Le persone coinvolte in questa situazione sono: tutti i membri della famiglia di Maria, Gianna, Teresa, Giacomo, tu stessa e altri membri del gruppo di consulenza biblica. Accanto a te ed ai tuoi assistenti, gli altri membri della squadra di consulenza biblica, che potrebbero o non potrebbero essere presenti a tutti gli incontri sono: il pastore e ogni altro consulente biblico maschio che può consigliare il marito di Maria. Cosa più importante, il personaggio chiave del gruppo di consulenza biblica dal quale tutti devono dipendere è lo Spirito Santo.

Dopo la preghiera riguarda con i tuoi assistenti il piano biblico per il prossimo incontro e accentua l'importanza di prendere appunti. Tutti sono d'accordo sugli argomenti da trattare nella sessione, che comprendono i quattro elementi essenziali della consulenza biblica *(comprendere il problema, speranza, cambiamento, condotta)*. Chiedi ai tuoi assistenti di arrivare mezz'ora prima del tempo fissato per l'incontro, per pregare insieme e fare un ripasso finale del piano biblico proposto per l'appuntamento con Maria. *(Individua, da una prospettiva biblica, gli elementi importanti nella descrizione riportata sopra. Molti di questi elementi sono seguiti da citazioni bibliche in corsivo.)*

LEZIONE 11: COMPITI

> Devi affrontare l'ira e l'amarezza, secondo la Parola, per continuare a crescere in Cristo. I **COMPITI** di questa settimana ti aiuteranno a capire il punto di vista di Dio sull'ira e sull'amarezza. Ti forniranno anche l'opportunità di elaborare e mettere in pratica un piano biblico per superare questi problemi *(basato su Salmo 119:105, 165; Matteo 7:5; 1 Corinzi 10:13; 2 Corinzi 5:17; Galati 5:16-25; Efesini 4:31-32; Colossesi 3:8-17; 1 Pietro 1:13-16; 2 Pietro 1:2-11)*. Sono presentati anche precisi passi pratici per imparare come svolgere la consulenza biblica.

✔ *compiti completati*

☐ A. * Scrivi il significato di *Efesini 4:31-32* e *Giacomo 1:19-20*. Impara a memoria *Efesini 4:31-32* e *Giacomo 1:19-20* e inizia ad imparare *Matteo 5:23-24*.

☐ B. * Leggi **PRINCIPI BIBLICI: IRA E AMAREZZA** (Lezione 11, pagine 2-3). Evidenzia i versetti elencati nella tua Bibbia.

☐ C. * Continua a lavorare sul problema che hai scelto all'inizio del corso. Completa la **SCHEDA DI LAVORO VITTORIA SUI FALLIMENTI** (Supplemento 8, pagine 1-2) per gli aspetti del tuo problema in cui hai manifestato ira o amarezza. Includi piani specifici per il cambiamento nella colonna 4 della tua scheda di lavoro.

Studia **SUPERARE IRA E AMAREZZA** (Lezione 11, pagine 12-16) e fa' un elenco dei modi in cui l'ira e l'amarezza sono evidenti nella tua vita.

☐ D. Leggi **REAZIONI NON BIBLICHE ALL'IRA E ALL'AMAREZZA** (Lezione 11, pagine 4-5). Confessa al Signore le tue reazioni non bibliche.

☐ E. Studia **IL PUNTO DI VISTA BIBLICO SULL'IRA** (Lezione 11, pagine 6-9). Questo studio descrive l'ira priva di peccato, di Dio, di Gesù e di uomini noti della Scrittura. Servirà anche come base biblica per determinare se la tua ira è peccaminosa.

☐ F. Studia **IL PUNTO DI VISTA BIBLICO SULL'AMAREZZA** (Lezione 11, pagine 10-11) e presta attenzione al piano di Dio per aiutarti ad evitare questo peccato.

☐ G. Leggi **LO STUDIO DI UN CASO: MARIA È STATA ABBANDONATA DAL MARITO** (Lezione 11, pagina 17). Elenca le importanti verità che un consulente biblico dovrebbe imparare in questa situazione (sono accompagnate nello studio del caso, da citazioni bibliche).

☐ H. Riesamina la scheda intitolata **ANNOTAZIONI DELLE INFORMAZIONI ACQUISITE DURANTE LA CONSULENZA BIBLICA** (Supplemento 12). Prendi nota della spiegazione (Supplemento 12, pagina 2) e dell'uso (Supplemento 12, pagina 3) di questo mezzo, utile per la consulenza biblica. Leggi **RIEPILOGO E PIANIFICAZIONE DELLA CONSULENZA BIBLICA** (Supplemento 13). Prendi nota dei punti conclusivi di ogni sessione di consulenza biblica e ripassa il piano specifico per preparare il gruppo di consulenza per gli incontri successivi.

☐ I. * In collegamento con questa lezione, esegui quanto richiesto al punto 18 del **Test a libro aperto** (Lezione 23, pagina 2).

* *Il completamento dei compiti contrassegnati con un asterisco (*) è essenziale per continuare la formazione per la consulenza biblica.*

© Biblical Counseling Foundation

GUIDA ALLO STUDIO
PER LA MEDITAZIONE GIORNALIERA
(COMPRENDE VERSETTI A MEMORIA E COMPITI)

> Devi affrontare l'ira e l'amarezza, secondo la Parola, per continuare a crescere in Cristo. La **GUIDA ALLA STUDIO** di questa settimana ti aiuterà a capire il punto di vista di Dio sull'ira e sull'amarezza. Ti fornirà anche l'opportunità di elaborare e mettere in pratica un piano biblico per superare questi problemi *(basato su Salmo 119:105, 165; Matteo 7:5; 1 Corinzi 10:13; 2 Corinzi 5:17; Galati 5:16-25; Efesini 4:31-32; Colossesi 3:8-17; 1 Pietro 1:13-16; 2 Pietro 1:2-11)*. Sono, inoltre, presentati anche precisi passi pratici per imparare come svolgere la consulenza biblica.

Versetti a memoria

1. * Impara a memoria *Efesini 4:31-32* e *Giacomo 1:19-20*. Inizia ad imparare *Matteo 5:23-24*.
2. Porta con te i cartoncini con i versetti imparati a memoria delle settimane precedenti oltre a quelli di questa settimana. Ripeti i versetti nei tuoi momenti liberi durante la giornata.

Guida allo studio per la meditazione giornaliera

PRIMO GIORNO

1. Inizia con la preghiera.
2. * Leggi *Principio 45* in **PRINCIPI BIBLICI: IRA E AMAREZZA** (Lezione 11, pagine 2-3). Evidenzia i versetti nella tua Bibbia.
3. * Continua a lavorare sul problema che hai scelto. Leggi **SUPERARE IRA E AMAREZZA** (Lezione 11, pagine 12-16). Inizia una **SCHEDA DI LAVORO VITTORIA SUI FALLIMENTI** (Supplemento 8, pagine 1-2) per quegli episodi in cui hai dimostrato ira o amarezza.
4. * Con parole tue scrivi il significato di *Efesini 4:31-32* e *Giacomo 1:19-20*.
5. Inizia a elencare ogni azione d'ira o d'amarezza (pensieri, parole o atti) di cui ti sei reso conto in questa settimana.
6. Termina con la preghiera.

SECONDO GIORNO

1. Inizia con la preghiera.
2. * Leggi *Principio 46* in **PRINCIPI BIBLICI: IRA E AMAREZZA** (Lezione 11, pagine 2-3). Evidenzia nella tua Bibbia i versetti che non hai segnato in precedenza.
3. * Continua a lavorare sulla **SCHEDA DI LAVORO VITTORIA SUI FALLIMENTI** (Supplemento 8, pagine 1-2). Includi piani specifici per il cambiamento nella colonna 4.
4. Leggi **REAZIONI NON BIBLICHE ALL'IRA E ALL'AMAREZZA** (Lezione 11, pagine 4-5). Se riconosci di avere punti di vista non biblici, confessa questo peccato al Signore. Aggiorna l'elenco iniziato ieri per i peccati d'ira e amarezza.
5. Termina con la preghiera.

GUIDA ALLO STUDIO PER LA MEDITAZIONE GIORNALIERA

TERZO GIORNO

1. Inizia con la preghiera.
2. * Leggi *Principio 47* in **PRINCIPI BIBLICI: IRA E AMAREZZA** (Lezione 11, pagine 2-3). Evidenzia nella tua Bibbia i versetti che non hai evidenziato in precedenza.
3. * Metti in pratica i primi passi verso il cambiamento biblico elencati nella colonna 4 della **SCHEDA DI LAVORO VITTORIA SUI FALLIMENTI** (Supplemento 8, pagine 1-2).
4. Leggi **IL PUNTO DI VISTA BIBLICO SULL'IRA** (Lezione 11, pagine 6-9). Questo studio, suddiviso per tre giorni, ti aiuterà a capire se la tua ira è peccaminosa.
5. Aggiorna il tuo elenco dei peccati d'ira o d'amarezza.
6. Termina con la preghiera.

QUARTO GIORNO

1. Inizia con la preghiera.
2. * Leggi *Principio 48* in **PRINCIPI BIBLICI: IRA E AMAREZZA** (Lezione 11, pagine 2-3). Evidenzia nella tua Bibbia i versetti che non hai evidenziato in precedenza.
3. * Continua a mettere in pratica i passi specifici che hai elencato nella colonna 4 della **SCHEDA DI LAVORO VITTORIA SUI FALLIMENTI** (Supplemento 8, pagine 1-2).
4. Continua a studiare **IL PUNTO DI VISTA BIBLICO SULL'IRA** (Lezione 11, pagine 6-9) e aggiorna il tuo elenco di risposte d'ira o d'amarezza.
5. Leggi **LO STUDIO DI UN CASO: MARIA È STATA ABBANDONATA DAL MARITO** (Lezione 11, pagina 17). Da una prospettiva biblica, elenca le verità importanti che un consulente biblico dovrebbe imparare in questa situazione (sono accompagnate da citazioni bibliche nel corso dello studio del caso).
6. Termina con la preghiera.

QUINTO GIORNO

1. Inizia con la preghiera.
2. * Leggi *Principio 49* in **PRINCIPI BIBLICI: IRA E AMAREZZA** (Lezione 11, pagine 2-3). Evidenzia nella tua Bibbia i versetti appropriati.
3. * Se necessario, correggi il tuo piano d'azione elencato nella colonna 4 della **SCHEDA DI LAVORO VITTORIA SUI FALLIMENTI** (Supplemento 8, pagine 1-2) e compi passi biblici di ubbidienza.
4. Termina il tuo studio **IL PUNTO DI VISTA BIBLICO SULL'IRA** (Lezione 11, pagine 6-9) e aggiorna il tuo elenco di reazioni d'ira o d'amarezza.
5. Ripassa **ANNOTAZIONI DELLE INFORMAZIONI ACQUISITE DURANTE LA CONSULENZA BIBLICA** (Supplemento 12), prendi nota della sua spiegazione (Supplemento 12, pagina 2) e del suo uso (Supplemento 12, pagina 3). Ripassa anche il foglio: **RIEPILOGO E PIANIFICAZIONE DELLA SESSIONE DI CONSULENZA BIBLICA** (Supplemento 13) che ti fornisce le linee guida per annotare i risultati dell'incontro di consulenza. Osserva i passi basilari di preparazione che un gruppo di consulenza dovrebbe fare, in preghiera, per gli incontri successivi.
6. Termina con la preghiera.

SESTO GIORNO

1. Inizia con la preghiera.
2. * Leggi *Principio 50* in **PRINCIPI BIBLICI: IRA E AMAREZZA** (Lezione 11, pagine 2-3). Evidenzia nella tua Bibbia i versetti che non hai già evidenziato.
3. * Sii fedele nel mettere in pratica il tuo piano per il cambiamento come riportato nella colonna 4 della **SCHEDA DI LAVORO VITTORIA SUI FALLIMENTI** (Supplemento 8, pagine 1-2).
4. Studia **IL PUNTO DI VISTA BIBLICO SULL'AMAREZZA** (Lezione 11, pagine 10-11) e nota il piano di Dio per aiutarti ad evitare questo peccato. Questo è il primo di uno studio che durerà due giorni.
5. Aggiorna il tuo elenco dei peccati d'ira o d'amarezza.
6. Termina con la preghiera.

© Biblical Counseling Foundation

SETTIMO GIORNO

1. Inizia con la preghiera.
2. Termina il tuo studio di: **IL PUNTO DI VISTA BIBLICO SULL'AMAREZZA** (Lezione 11, pagine 10-11).
3. Completa il tuo elenco dei peccati d'ira o d'amarezza.
4. Valuta i passi biblici che hai compiuto per superare l'ira e l'amarezza nella tua vita. Hai fatto piacere a te stesso o a Dio?
5. * In collegamento con questa lezione, esegui quanto richiesto al punto 18 del **Test a libro aperto** (Lezione 23, pagina 2).
6. Termina con la preghiera.
7. Ripassa i versetti a memoria di questa settimana e chiedi a qualcuno di ascoltarti mentre li reciti. Ricorda di spiegare il significato dei versetti e la loro applicazione nella tua vita.

* *Il completamento dei compiti contrassegnati con un asterisco (*) è essenziale per continuare la formazione per la consulenza biblica.*

LEZIONE 12

PROBLEMI INTERPERSONALI (PRIMA PARTE)
(IMPARARE AD AMARE IL TUO PROSSIMO)

"Se dunque tu stai per offrire la tua offerta sull'altare e lì ti ricordi che tuo fratello ha qualcosa contro di te, lascia lì la tua offerta davanti all'altare, e va' prima a riconciliarti con tuo fratello; poi vieni a offrire la tua offerta".

Matteo 5:23-24

LEZIONE 12:
PROBLEMI INTERPERSONALI (PRIMA PARTE)
(IMPARARE AD AMARE IL TUO PROSSIMO)

> La pratica dell'amore cristiano è la caratteristica che distingue il discepolo del Signore Gesù Cristo. Amare gli altri, secondo la Parola, vuol anche dire perdonarli, con costanza e coerenza. Così facendo dimostri di aver compreso il perdono di Dio per te, reso possibile dalla morte e dalla risurrezione di Suo Figlio Gesù, e la tua gratitudine *(basato su Matteo 18:21-35; Giovanni 13:35; Efesini 4:32).*

I. Gli obiettivi di questa lezione sono:

  A. presentare il perdono che Dio ti ha concesso come esempio del perdono che devi concedere ad altri, secondo la Parola;

  B. presentare gli elementi e i passi necessari per la riconciliazione biblica;

  C. esaminare i concetti sbagliati più comuni riguardo al perdono biblico;

  D. aiutarti ad imparare a mettere in pratica il perdono biblico;

  E. continuare a seguire lo sviluppo dello studio di un caso di consulenza biblica.

II. Il sommario di questa lezione

  A. Esamina te stesso

   1. **PRINCIPI BIBLICI: PROBLEMI INTERPERSONALI (PRIMA PARTE) (IMPARARE AD AMARE IL TUO PROSSIMO)** (Lezione 12, pagina 2)

   2. **IL PERDONO (PERDONARE GLI ALTRI COME DIO TI HA PERDONATO)** (Lezione 12, pagine 3-5)

   3. **LA RICONCILIAZIONE (RIMUOVERE TUTTO CIÒ CHE OSTACOLA L'UNITÀ E LA PACE)** (Lezione 12, pagine 6-8)

   4. **DOMANDE E RISPOSTE SUL PERDONO BIBLICO** (Lezione 12, pagine 9-13)

  B. Passi per la crescita spirituale

   1. **LEZIONE 12: COMPITI** (Lezione 12, pagina 16)

   2. **GUIDA ALLO STUDIO PER LA MEDITAZIONE GIORNALIERA** (Lezione 12, pagine 17-18)

  C. Consulenza biblica

   STUDIO DI UN CASO: MARIA È STATA ABBANDONATA DAL MARITO (Lezione 12, pagine 14-15)

PRINCIPI BIBLICI: PROBLEMI INTERPERSONALI
(PRIMA PARTE)
(IMPARARE AD AMARE IL TUO PROSSIMO)

> Il primo, e il più grande, comandamento è di amare il Signore Iddio tuo con tutto il tuo cuore, con tutta la tua anima, con tutta la tua mente e con tutta la tua forza. Il secondo grande comandamento è di amare il tuo prossimo come tu già ami te stesso. Il primo può sembrare facile da mettere in pratica, ma in realtà amare Dio con una tale intensità è direttamente collegato al tuo amare gli altri secondo la Parola *(basato su Matteo 22:36-40; Marco 12:30-31; 1 Giovanni 2:10-11, 4:7-11, 20-21)*.

I. Il punto di vista di Dio

(Principio 51) Se non ami gli altri, non ami Dio *(1 Giovanni 4:20-21)*. Se non perdoni gli altri, secondo la Parola, non sarai perdonato da Dio *(Matteo 6:14-15, 18:21-35; Marco 11:25-26)*. Il perdono che concedi agli altri dimostra la tua ubbidienza alla Parola di Dio *(Efesini 4:32; Colossesi 3:13)* e, quindi, il tuo amore per il Signore *(Giovanni 14:15; 1 Giovanni 5:3; 2 Giovanni 1:6)*. Quando perdoni gli altri, mostri la tua riconoscenza a Dio per la grazia del perdono che ti ha concesso attraverso il Signore Gesù Cristo *(basato su Matteo 18:21-35; spec. i versetti 32-33)*.

(Principio 52) Non giudicare gli altri in base ai tuoi standard, né ai tuoi punti di vista né alle tue esperienze *(Giovanni 7:24; Romani 14:1-13; Giacomo 4:11-12)*. Tu sarai giudicato proprio nel modo in cui giudichi gli altri *(Matteo 7:1-2; Luca 6:36-38)*.

(Principio 53) Se, mentre stai adorando il Signore, ricordi che qualcuno (coniuge, fratello, vicino, collega, ecc.) ha qualcosa contro di te, devi interrompere la tua adorazione, andare a cercare la riconciliazione e poi tornare alla tua adorazione *(Matteo 5:23-24)*. Sei esortato nel nome del Signore Gesù Cristo ad eliminare le divisioni tra i credenti, perché l'unità del corpo di Cristo proviene dallo Spirito Santo e esiste in virtù della Sua presenza. L'unità di pensiero e di intenti dovrebbe caratterizzare i credenti *(Giovanni 17:20-23; 1 Corinzi 1:10, 12:22-27; Filippesi 2:1-2)*.

II. La tua speranza

(Principio 54) Dio ti mette in grado di perdonare gli altri *(Efesini 4:32)*. Tu puoi amare perfino i tuoi nemici *(Matteo 5:43-48; Luca 6:27-35)*. Sia il perdono sia l'amore biblico, non dipendono dai tuoi sentimenti *(basato su 1 Corinzi 13:4-8a; Colossesi 3:13)*, ma da un tuo atto di volontà *(Giovanni 14:15; 2 Corinzi 5:14-15; 1 Giovanni 3:18-24, 4:10-11, 21)* come risposta all'amore di Dio per te *(1 Giovanni 4:19)*.

© Biblical Counseling Foundation

IL PERDONO
(PERDONARE GLI ALTRI COME DIO TI HA PERDONATO)

> Il perdono di Dio è la manifestazione dell'abbondanza della Sua grazia e della Sua misericordia, che accorda l'assoluzione al colpevole. Il perdono di Dio libera il trasgressore dalla colpa per il peccato commesso, ma non necessariamente lo libera dalle conseguenze fisiche o materiali di quel peccato. Per praticare il perdono biblico, devi capire e accettare la grazia del perdono di Dio per te, seguire il Suo esempio ed essere pronto a concedere il tuo perdono agli altri *(basato su 2 Samuele 12:13-14; Salmo 103:10-14; Luca 23:39-43; Romani 5:8, 8:1; Efesini 4:32; Colossesi 3:12-14, 25).*

I. **Capire il perdono di Dio**

   A. È nella natura di Dio perdonare i peccati *(Neemia 9:16-17; Salmo 86:5; Isaia 43:22-25).*

   1. Qualsiasi tipo di peccato può essere perdonato da Dio *(Esodo 34:6-7, spec. il versetto 7; Salmo 103:3, 10-12),* tranne la bestemmia contro lo Spirito Santo, ossia il peccato di attribuire le opere di Dio a Satana *(Matteo 12:22-32, spec. i versetti 31-32; Marco 3:20-30, spec. i versetti 28-29).*

      a. Egli perdona la "iniquità" (mancanza d'integrità, d'onestà o di giustizia).

      b. Egli perdona la "trasgressione" (oltrepassare il confine tra il bene e il male).

      c. Egli perdona il "peccato" (mancare il bersaglio della perfezione di Dio; egocentrismo ribelle).

   2. Egli era pronto a perdonarti quando eri ancora un Suo nemico *(Romani 5:10)* e prima ancora che fossi pronto a chiedere o a ricevere il perdono *(Salmo 86:5; Romani 5:8).*

   3. Egli ti perdona per la Sua misericordia e per la Sua grazia e non perché tu meriti (sei degno di ottenere o ti sei guadagnato) il Suo perdono *(Romani 5:6-8; Efesini 2:4-7; Colossesi 2:13-14).*

   B. Quando Dio ti perdona, lo fa senza riserve *(Salmo 103:10-12; Geremia 50:20; Romani 5:16-21; 8:1, 33-34; 1 Giovanni 1:9).* Le seguenti affermazioni rivelano la totalità del Suo perdono.

   1. Quando Dio ti perdona, tu sei trasformato.

      a. Al momento della tua nascita spirituale, una volta per sempre, Dio stabilisce con te un rapporto nuovo come Padre e rimuove da te il giudizio di condanna.

         Ripassa: ***TU PUOI CAMBIARE SECONDO LA PAROLA (PRIMA PARTE)*** *(Lezione 1, pagine 3-7).*

      b. Dio rimane sempre tuo Padre; ti purifica da tutte le tue iniquità quando Gli confessi i tuoi peccati *(1 Giovanni 1:9).*

   2. Quando Dio ti perdona, non ti tratta più secondo i tuoi peccati *(Salmo 103:10).* Al contrario, Egli copre i tuoi peccati *(Salmo 32:1)* e li cancella *(Salmo 51:9; Isaia 43:25, 44:22).*

3. Quando Dio ti perdona, Egli non ti imputa più la colpa (la condanna) del tuo peccato *(Salmo 32:2; Romani 3:24-25, 4:8, 8:1; 2 Corinzi 5:19)*.

4. Quando Dio ti perdona, Egli allontana il tuo peccato da te e dalla Sua presenza *(Salmo 103:12; Isaia 38:17; Michea 7:19)* e promette di non ricordarsene più *(Ebrei 10:14-18)*.

C. Il perdono di Dio non ti costa nulla *(Efesini 2:8-9)*. È, però, costato a Dio un prezzo elevato *(Isaia 53:4-12; Giovanni 3:16; Atti 20:28; Romani 5:8; 2 Corinzi 5:21; 1 Pietro 1:17-19, spec. il versetto 19)*.

D. Dio non rifiuta mai il Suo perdono quando i peccati (qualunque trasgressione) sono confessati in modo sincero e biblico *(1 Giovanni 1:9)*.

II. **Rispondere al perdono di Dio**

A. Tu sei chiamato a perdonare gli altri proprio come Dio in Cristo ti ha perdonato *(Efesini 4:32; Colossesi 3:13)*. (Vedi **I. Capire il perdono di Dio**). Tu sei chiamato a:

1. *concedere* di buon animo il perdono quando qualcuno ti confessa di aver peccato nei tuoi confronti;

   Vedi: **LA RICONCILIAZIONE (RIMUOVERE TUTTO CIÒ CHE OSTACOLA L'UNITÀ E LA PACE)** *(Lezione 12, pagine 6-8) al punto **V. Ostacoli alla riconciliazione**, punto C.*

2. perdonare ogni tipo di peccato, non importa quanto grave o devastante possa sembrare;

3. perdonare sulla base della grazia, non del merito della persona da perdonare;

4. stabilire un rapporto nuovo con la persona che hai perdonato;

5. essere consapevole che concedere il perdono potrebbe essere costoso;

6. perdonare completamente e non ricordare alla persona perdonata il suo peccato per accusarla; ciò non vuol dire che la persona non debba subire le possibili conseguenze del suo peccato. (L'unico motivo per ricordare a qualcuno i propri peccati è per portarlo al ravvedimento o per impartire un insegnamento; anche in questi casi ciò deve essere fatto con spirito di gentilezza).

B. Perdona gli altri *nel tuo cuore* (mente) anche prima che ti chiedano di essere perdonati *(Marco 11:25)*.

III. **Ripassare i principi del perdono**

A. Il perdono è un atto di ubbidienza al Signore *(Luca 17:3-10; Efesini 4:32; Colossesi 3:13)* e deve essere concesso di cuore *(Matteo 18:35)*.

B. Il perdono dona al trasgressore ciò di cui ha bisogno e non certo ciò che merita *(Salmo 103:10; Luca 23:39-43; Romani 5:8)*.

C. Il perdono è l'amore di Gesù Cristo in azione ed è una promessa di:

1. non ricordare i torti subiti *(1 Corinzi 13:5)*;

2. non sparlare con altri del peccato di una persona *(Efesini 4:29)*;

3. non rimuginare sulle offese *(Filippesi 4:8)*;

4. ristabilire un rapporto con la persona perdonata o con il colpevole per quanto sia possibile secondo la Parola *(Romani 12:18; 2 Corinzi 2:6-8)*.

Per comprendere la tua responsabilità di perdonare e per trattare, secondo la Parola, i credenti che non si ravvedono vedi:
RISTABILIMENTO/DISCIPLINA (LA TUA RISPOSTA BIBLICA AL PECCATO DI UN ALTRO CREDENTE) *(Lezione 13, pagine 7-8)*
LINEE GUIDA: IL PROCESSO DI RISTABILIMENTO/DISCIPLINA *(Lezione 13, pagine 9-11)*

In alcune situazioni, la Scrittura ti proibisce d'avere rapporti con loro, rendendo così la riconciliazione biblica impossibile.

D. È impossibile amare Dio senza amare gli altri *(1 Giovanni 4:20-21)*. Il perdono dovrebbe includere il conforto di coloro che hanno peccato e si sono ravveduti, oltre a riaffermare il tuo amore per loro *(2 Corinzi 2:6-8)*.

E. Il perdono deve essere concesso quando è richiesto, senza porre dei limiti *(Matteo 18:21-22; Luca 17:3-4)*.

F. Quando perdoni qualcuno che ha peccato contro di te, non devi *esigere* nessun tipo di restituzione; invece, devi dimostrargli misericordia e amore con l'obiettivo di riappacificarti *(basato su Matteo 18:21-35, spec. i versetti 32-33; Luca 6:27-38; 1 Corinzi 6:5-7, spec. il versetto 7; 2 Corinzi 2:5-7)*.

È importante ricordare che, anche se non devi esigere la restituzione, essa fa parte del processo di riconciliazione per colui che ha peccato. Ciò dovrebbe essere amorevolmente portato alla sua attenzione.

Vedi: **LA RICONCILIAZIONE (RIMUOVERE TUTTO CIÒ CHE OSTACOLA L'UNITÀ E LA PACE)** *(Lezione 12, pagine 6-8) punto III. Restituzione. Presta particolare attenzione anche all'illustrazione a pagina 8 della Lezione 12, punto* **V. Ostacoli alla riconciliazione**, *sottopunto D.*

G. Specialmente quando preghi, se hai qualcosa contro qualcuno, devi perdonarlo nel tuo cuore *(basato su Matteo 18:35; Marco 11:25)*.

IV. **Rifiutare di perdonare**

A. Poiché perdonare gli altri è un comandamento *(Efesini 4:32)*, tu pecchi se ti rifiuti di farlo *(Giacomo 4:17)*.

B. Quando non perdoni gli altri, dimostri la tua profonda ingratitudine per il perdono misericordioso di Dio verso di te *(Matteo 18:21-35)*.

C. Quando non perdoni gli altri, Dio, tuo Padre, ti rifiuta il Suo perdono per le tue trasgressioni quotidiane *(Matteo 6:14-15; Marco 11:25-26)*.

Per scoprire il rapporto tra il tuo perdono verso gli altri e il perdono da parte di Dio delle tue mancanze, studia: **DOMANDE E RISPOSTE SUL PERDONO BIBLICO** *(Lezione 12, pagine 9-13) punto III.*

LA RICONCILIAZIONE
(RIMUOVERE TUTTO CIÒ CHE OSTACOLA L'UNITÀ E LA PACE)

> Chiedere perdono ad altri, secondo la Parola, comporta riconoscere il tuo peccato contro di loro e il desiderio di essere trattato con misericordia e con grazia (non essere trattato come meriti). Chiedere perdono è essenziale per la riconciliazione e potrebbe migliorare i rapporti. Per raggiunge una completa riconciliazione bisogna intraprendere dei passi biblici precisi *(basato su Matteo 5:23-24, 18:21-35; Romani 12:18, 14:19; 2 Corinzi 5:17-19; Efesini 4:32; Colossesi 3:12-14; Giacomo 5:16; 1 Giovanni 1:9).*

I. **Ravvedimento (cambiare modo di pensare: non voler più piacere a te stesso, ma voler piacere a Dio. Ciò sarà seguito da un cambiamento biblico nella tua vita)**

   A. Il ravvedimento biblico risulta nel passare dalla disubbidienza a un comportamento ubbidiente, secondo la Parola *(Salmo 51:12-13; Matteo 3:8; Luca 3:8; Atti 26:20)*.

   B. Il ravvedimento biblico riconosce il peccato e ne assume la responsabilità personale *(Salmo 51:1-6; 1 Giovanni 1:8-10)*.

   C. Il ravvedimento biblico scaturisce da un dispiacere per il peccato commesso contro Dio e contro gli altri *(Salmo 38:1-18, spec. il versetto 17; 2 Corinzi 7:9-10)*.

   D. Il ravvedimento biblico porta ad avere un cuore rotto (addolorato per il peccato) e contrito (che rinuncia, o annienta, qualsiasi precedente fiducia in se stessi) *(Salmo 51:16-17; Giacomo 4:8-10)*.

   E. Il ravvedimento biblico rimuove i ricordi dei peccati del passato, poiché questi stessi ricordi possono costituire delle tentazioni a peccare *(basato su 1 Re 15:12; Geremia 4:1; Atti 19:8-19, spec. i versetti 18-19)*.

II. **Confessione (essere d'accordo con Dio sui peccati che hai commesso contro di Lui e contro gli altri, con l'impegno ad abbandonare quei peccati)**

   A. Devi confessare i peccati in tutte le sue forme: pensieri, parole e azioni a Dio *(basato su Salmo 51:1-4; 1 Giovanni 1:9)*.

   B. Confessa i tuoi peccati a coloro contro i quali hai peccato *(basato su Giacomo 5:16)*. Quando confessi i peccati che hai commesso contro un altro:

   1. non accusarlo, non giudicarlo e non tirare in ballo le sue mancanze *(Matteo 7:1-5; Romani 2:1; 1 Corinzi 13:5)*. Per esempio, dovresti dire: "Per favore perdonami per averti sbattuto la porta in faccia". Non dire: "Per favore perdonami per averti sbattuto la porta in faccia quando mi hai chiamato stupido" *(basato su 1 Pietro 3:8-9)*;

   2. non giustificarti. Per esempio, dì: "Per favore perdonami per aver usato un linguaggio scorretto e delle parole offensive". Non dire: "Per favore perdonami per aver usato un linguaggio scorretto, ma oggi non è proprio una bella giornata per me". Ricorda che non ci sono giustificazioni

o scuse per aver peccato o per essere stato occasione di caduta per qualcuno *(basato su Matteo 18:7; Romani 14:13; 1 Corinzi 10:13);*

3. non limitarti ad esprimere soltanto i tuoi sentimenti dicendo "Mi dispiace". "Mi dispiace" significa semplicemente "provo tristezza" e non indica il desiderio di riconciliazione. Quando cerchi il perdono, riconosci il tuo errore come peccato *(Efesini 4:15).* Per esempio, potresti dire: "Mi dispiace; per favore perdonami per aver peccato contro di te quando ho gridato e ti ho coperto d'ingiurie".

Vedi: **LINEE GUIDA: SCHEDA DI LAVORO VITTORIA SUI FALLIMENTI** *(Supplemento 7), al punto* **VI. Applicare il cambiamento biblico,** *D.*

III. **Restituzione (riparare o risarcire i danni che il tuo peccato ha causato)**

   A. La restituzione secondo la Bibbia, dovrebbe essere praticata ogni volta che è possibile *(basato su Levitico 6:2-5; Numeri 5:5-8; Proverbi 6:30-31).* In caso di adulterio, il perdono è disponibile da parte del Signore *(1 Giovanni 1:9)* e può essere concesso da coloro contro cui hai peccato *(Luca 17:3; Efesini 4:32).* Comunque, la restituzione non è possibile *(Proverbi 6:32-35).*

   B. La restituzione, in linea con la Parola, deve essere rivolta a coloro contro cui hai peccato *(basato su Esodo 22:1-17; Luca 19:8-9).*

   C. Poiché lo scopo della restituzione biblica è di ristabilire la pace con l'altro, non devi cercare di "ricomprare" il rapporto o "manipolare" l'altra persona perché risponda nel modo che tu desideri *(basato su Romani 12:9a, 18).*

IV. **L'importanza della riconciliazione (rinunciare all'inimicizia con l'obiettivo di costruire, o ristabilire, un rapporto d'unità e di pace)**

   A. La riconciliazione biblica può iniziare solo quando esiste la riconciliazione con Dio attraverso Gesù Cristo *(Romani 5:10-11; 2 Corinzi 5:17-20; Colossesi 1:21-22).*

   B. Ti sono stati affidati il privilegio e la responsabilità di farti portavoce del ministero e del messaggio della riconciliazione tra Dio e l'umanità *(2 Corinzi 5:17-20, spec. i versetti 18-19).*

   C. La riconciliazione biblica con gli altri è così importante che deve avvenire prima della tua adorazione e del tuo servizio al Signore. Non puoi (non sei idoneo) adorare o servire il Signore salvo che tu abbia cercato la riconciliazione con gli altri che si sono allontanati da te *(Matteo 5:23-24).*

V. **Ostacoli alla riconciliazione**

   A. Una comprensione limitata, o la mancanza, del perdono biblico da parte di un altro possono impedire la riconciliazione.
   1. Colui che hai offeso può minimizzare la faccenda dicendo: "Oh, è tutto a posto. Non c'è problema". Devi fargli capire che invece la questione è grave per Dio e per te perché hai permesso che il peccato entrasse nella tua vita *(Giacomo 2:10, 4:17).* Devi assicurargli la tua intenzione a essere davvero riconciliato. Devi far notare che non vuoi ignorare o minimizzare la tua mancanza e che intendi superare questo peccato e vivere come piace al Signore *(Matteo 5:23-24; Romani 12:18).*
   2. Colui che hai offeso potrebbe non perdonarti. In questo caso, ricorda che sei responsabile solo di quello che Dio ti chiede di fare; la risposta dell'altra persona è una questione tra lei e Dio *(Proverbi 16:7; Ezechiele 18:20; Romani 12:18).* In ogni caso, nel cercare di riconciliarti e di essere in pace con l'altro, assicuragli che desideri veramente il suo perdono e che intendi cambiare. Presentagli i passi specifici che intendi compiere

per operare questo cambiamento. Ciò è importante specialmente in un rapporto stretto (p.es. con il coniuge, i familiari, il datore di lavoro, il coinquilino, il collega, ecc.) così che altri siano testimoni del tuo desiderio di cambiare e ti vedano metterlo in pratica. Dimostrerai così il desiderio di somigliare a Cristo nelle tue azioni future.
*Vedi: **LINEE GUIDA: SCHEDA DI LAVORO VITTORIA SUI FALLIMENTI** (Supplemento 7) al punto **VI. Applicare il cambiamento biblico**.*

B. Aspettare che sia l'altro a fare il primo passo manifestando il desiderio di perdonare ostacola la riconciliazione. Non importa chi sia il colpevole: la responsabilità di un credente ubbidiente è di iniziare il processo di riconciliazione *(basato su Matteo 5:23-24, 18:15; Marco 11:25-26)*.

C. Le pretese, contrarie alla Scrittura, di "essere senza peccato" o di perfezione, pongono dei limiti alla riconciliazione. Ricorda che devi perdonare sulla base dell'affermazione verbale di ravvedimento dell'altro, non sul suo "impeccabile", perfetto cammino di ravvedimento *(Luca 17:4)*.

Se il perdono è chiesto e ottenuto da un credente professante, il quale però persiste in un comportamento peccaminoso, sarà necessario applicare la disciplina biblica con spirito di preghiera e di gentilezza (Galati 6:1-5).
Vedi:
IL SIGNIFICATO DELL'AMORE BIBLICO *(Lezione 13, pagine 4-6), nota specialmente il punto **IV. E**.*
RISTABILIMENTO/DISCIPLINA (LA TUA RISPOSTA BIBLICA AL PECCATO DI UN ALTRO CREDENTE) *(Lezione 13, pagine 7-8)*
LINEE GUIDA: IL PROCESSO DI RISTABILIMENTO/DISCIPLINA *(Lezione 13, pagine 9-11)*
LA COMUNICAZIONE BIBLICA *(Lezione 13, pagine 12-14)*

D. La riconciliazione con una persona che ha peccato è possibile solo se essa risponde con vero ravvedimento, con confessione e con restituzione. Vedi sotto.

1. Un dipendente ruba alla sua ditta. I colleghi sono testimoni di questo furto e riportano l'accaduto al loro direttore, il quale è un vero credente in Cristo. Quando il direttore lo affronta con l'accusa di furto, questi confessa il reato, promette di non farlo più e chiede perdono per aver tradito la fiducia del capo. Il direttore lo perdona e gli raccomanda di non farlo più. *(Se il dipendente è un credente, il direttore gli consiglia di rivedere le cose di cui deve "spogliarsi" e quelle di cui deve "rivestirsi", rinnova la comunione e lo ammonisce di non rubare più)*. Il direttore sa che deve stilare un rapporto su questa situazione per i suoi superiori e lo scrive.

2. I dirigenti della ditta esaminano la situazione e decidono di dare al dipendente un periodo di prova. Il direttore espone ai superiori il suo pensiero sul dipendente. Dopo questa consultazione, sono decise due cose: 1) il dipendente è trasferito in un altro reparto con dei limiti nel lavoro, adeguati al furto confessato; 2) è richiesto al dipendente il risarcimento per quanto indebitamente sottratto.

3. Poco tempo dopo, il dipendente ruba di nuovo alla sua ditta ed è scoperto un'altra volta. Come in precedenza, egli confessa il suo furto al direttore, dice che non lo farà più e gli chiede di perdonarlo una seconda volta per aver tradito la sua fiducia. Il direttore torna a perdonarlo e lo ragguaglia sulle conseguenze delle sue azioni *(Se il dipendente è un credente, il direttore lo avverte delle conseguenze dei suoi continui atti illeciti)*. Il direttore riferisce di nuovo la situazione ai suoi superiori e chiede consiglio se terminare il rapporto di lavoro, incriminare il dipendente e la possibilità di restituzione.

DOMANDE E RISPOSTE SUL PERDONO BIBLICO

> Sebbene il piano di Dio del perdono sia presentato chiaramente nelle Scritture, l'uomo, con la sua saggezza umana, ha fatto una grande confusione al riguardo. Per proteggerti dall'accettare, e dal credere, in un insegnamento falso sul perdono, segui questa semplice verità: se un particolare punto di vista non trova sostegno nelle Scritture, non proviene da Dio. Perciò rifiutalo *(basato su Proverbi 21:30; Isaia 55:8-9; Geremia 10:23; 2 Timoteo 3:16-17; Ebrei 4:12; 2 Pietro 1:3-4).*

I. **È possibile o necessario perdonare te stesso?**

   A. La saggezza dell'uomo spesso insegna che "perdonare se stessi" è un presupposto per sperimentare la pace e la gioia. Perdonare se stessi, è un concetto presente di solito in affermazioni come: "Non posso proprio perdonarmi per quello che ho fatto" o "Devi imparare a perdonare te stesso per sbarazzarti del tuo senso di colpa". Un credente anche potrebbe erroneamente dire "Ora che Dio mi ha perdonato, devo perdonarmi a mia volta".

   B. Ogni insegnamento che rilevi il bisogno di "perdonare te stesso", fa affidamento ed esalta te stesso invece di confidare unicamente nelle promesse di Dio e nel Suo perdono totale e completo. Se credi che devi "perdonare te stesso" dopo aver ricevuto il perdono di Dio per i tuoi peccati, stai dicendo che il piano di perdono per la salvezza che Egli offre — *Vedi: **TU PUOI CAMBIARE SECONDO LA PAROLA (PRIMA PARTE)** (Lezione 1, pagine 3-7)* — e il Suo piano di perdono per la tua continua purificazione quotidiana *(1 Giovanni 1:9)* non sono adeguati. Ricorda che:

   1. Ricevere il perdono di Dio non è questione di "sentirsi perdonato"; piuttosto di fiducia in Dio *(Ebrei 11:6)* e nelle Sue promesse *(come in Romani 5:1-2; Colossesi 1:21-23; 1 Giovanni 1:9).*

   2. Poiché Dio stesso dice che non c'è condanna (non più colpa, perdono completo) per te in Cristo Gesù ciò è vero, indipendentemente dai tuoi sentimenti *(Romani 8:1).*

   3. Quando Dio dice che ti perdona e ti purifica da *ogni* iniquità *(1 Giovanni 1:9)*, non c'è assolutamente nulla che tu possa o debba fare per completare la Sua opera.

   4. Il "bisogno" di "perdonare te stesso" implica che tu hai un senso di colpa riguardo a un peccato, o peccati, del passato. Poiché la colpa è il risultato del peccato, devi ravvederti e confessare i tuoi peccati al Signore *(1 Giovanni 1:9)* e agli altri, al momento giusto *(basato su Proverbi 15:23, 25:11; Giacomo 5:16).* I passi successivi al ravvedimento dovrebbero includere la collaborazione con Dio per rinnovare la tua mente.
   *Vedi: **IL RINNOVAMENTO DELLA TUA MENTE** (Lezione 7, pagine 6-7).*

   5. Invece di pensare che devi "perdonare te stesso", oltre ad aver ricevuto il perdono di Dio, dovresti dimenticare ciò che sta dietro, protenderti verso ciò che sta avanti e proseguire verso la meta per ottenere il premio della celeste vocazione di Dio in Cristo Gesù *(Filippesi 3:13-14).*

C. "Perdonare te stesso" non ha un fondamento biblico. La Scrittura ha solo due punti di vista sul perdono:

1. tu puoi ed hai bisogno di essere perdonato da Dio *(Colossesi 1:13-14; 1 Giovanni 1:9)*;

2. tu devi perdonare con tutto il cuore gli altri, seguendo l'esempio del perdono di Dio per te *(Matteo 18:32-33; Efesini 4:32; Colossesi 3:13)*.

II. Tutte le conseguenze dei tuoi peccati saranno eliminate quando ricevi il perdono?

A. Quando ricevi il perdono di Dio per la salvezza, tu passi dalla morte alla vita *(Giovanni 5:24)*, scampi al giudizio finale come conseguenza del tuo peccato *(Romani 6:23)*. Nella tua vita quotidiana, in quanto figlio di Dio, non hai bisogno di essere giudicato dal Signore (e quindi disciplinato) se giudichi te stesso giustamente e affronti subito il peccato *(basato su 1 Corinzi 11:31-32)*.

B. Comunque, ricevere il perdono di Dio non garantisce che tutte le conseguenze del tuo agire peccaminoso saranno eliminate *(Colossesi 3:25)*. Alcuni esempi.

1. Sebbene il Signore avesse perdonato Davide per il suo adulterio con Bat-Sceba *(2 Samuele 12:13)*, il figlio, che nacque dalla sua relazione adulterina, morì *(2 Samuele 12:14-23)*.

2. Il ladrone pentito sulla croce ebbe fede in Gesù Cristo, ma morì ugualmente per i crimini commessi *(Luca 23:39-43)*.

3. Puoi ricevere il perdono di Dio per i peccati commessi contro un altro *(1 Giovanni 1:9)*, ma sei sempre responsabile di riconciliarti con la persona contro la quale hai peccato *(Matteo 5:23-24)*.

III. Qual è la relazione tra il perdono che concedi agli altri e il perdono che Dio concede a te?

A. Prima della tua nuova nascita spirituale *(Giovanni 3:3)*, il tuo bisogno principale era essere perdonato da Dio *(Romani 5:8-9; Colossesi 2:13-14)*. Il perdono di Dio è un'opera sovrana di grazia e non dipende da nulla che tu possa fare *(Efesini 2:8-9; Tito 3:5)*.

B. Prima della tua nuova nascita spirituale era impossibile per te perdonare sinceramente perché eri lontano da Cristo. Perciò:

1. non potevi capire le cose di Dio *(1 Corinzi 2:14)*;

2. non eri in grado di ubbidirGli *(Romani 8:7)*;

3. non potevi attenerti a qualcosa di cui non sapevi nulla e che non avevi ancora sperimentato per te stesso *(Efesini 4:32)*.

C. Dal momento della tua nuova nascita spirituale, la tua eredità eterna in Cristo è conservata da Dio *(1 Pietro 1:3-5)*. La tua eredità celeste dipende solo dallo scopo, dalla misericordia e dalla grazia di Dio e tu sei sigillato in Lui con lo Spirito Santo della promessa *(Efesini 1:3-14; 2 Timoteo 1:9)*.

D. Un *costante* rifiuto di perdonare gli altri, secondo la Parola, rivela uno spirito vendicativo e indica che non è avvenuta una nuova nascita spirituale *(1 Giovanni 2:3-4; 3:6, 9-10)*. Tuttavia, un vero figlio di Dio potrebbe peccare ponendo tutta la sua attenzione su se stesso e non concedendo il perdono agli altri in una particolare situazione.

1. Come figlio di Dio, se pecchi, venendo meno nel perdonare gli altri, dimostri che:
   a. sei privo di gratitudine per il perdono che Dio ti ha concesso in Cristo Gesù *(Matteo 18:21-33)*;
   b. non stai seguendo l'esempio dell'amore dimostrato da Dio attraverso il sacrificio di Gesù Cristo *(Efesini 4:32; 1 Giovanni 4:10-11)*;
   c. stai scegliendo di disubbidire alla Parola di Dio perché tieni conto di un torto subito (nutri rancore) *(1 Corinzi 13:5)* e rifiuti di concedere il perdono *(Efesini 4:32)*.
2. Come figlio di Dio, se pecchi venendo meno nel perdonare gli altri:
   a. ti sarà negato il perdono di Dio Padre per i tuoi peccati attuali *(Matteo 6:14-15; Marco 11:25-26)*;
   b. Dio ti disciplinerà, ti correggerà con giustizia e amore *(1 Corinzi 11:32; Ebrei 12:5-11)*.
3. Se tu obietti dicendo: "Perché allora 1 Giovanni 1:9 dice che Dio mi perdona e mi purifica quando confesso i miei peccati?" devi ricordare il vero significato della confessione. Confessare nel giusto modo al Signore significa ammettere che "sei d'accordo con Dio su quel peccato e lo dimostri impegnandoti ad abbandonarlo".
   a. Sei spiritualmente un illuso *(Giacomo 1:22)* se "confessi" solo alcuni tuoi peccati, e ti aspetti il perdono e la purificazione di Dio per tutte le tue iniquità. Stai scegliendo di continuare nel peccato perché non concedi il perdono agli altri *(Marco 11:25)*.
   b. Quando sei ubbidiente alla Parola di Dio *(1 Giovanni 3:22)* e chiedi secondo la Sua volontà *(1 Giovanni 5:14-15)*, ricevi risposta alle tue preghiere (incluse quelle di "confessione" dei peccati). Non perdonando gli altri, non ubbidisci alla Parola di Dio e non chiedi secondo la Sua volontà. Rifiutando il perdono agli altri, scegli di continuare a peccare *(Giacomo 4:17)*. Come risultato, non riceverai dal Signore la purificazione per quella trasgressione. Inoltre, spesso, il ricordo dell'offesa subita continuerà a logorare la tua vita spirituale. Devi perdonare chi ti ha fatto del male ed essere libero da quella schiavitù.

IV. **Dio ti ordina di "perdonare e dimenticare"?**

   A. La Scrittura dice che quando Dio perdona non si ricorderà più dei tuoi peccati *(Isaia 43:25; Geremia 31:34; Ebrei 10:17)*. Ciò significa che Egli non terrà più conto dei tuoi peccati poiché ti ha purificato con il prezioso sangue di Gesù Cristo *(Romani 3:23-25; Efesini 1:7; Ebrei 10:19-22; 1 Giovanni 1:7)*.
   1. Sebbene Dio perdoni, Egli non può dimenticare (cancellare dalla memoria) perché è il Dio Onnipotente e il Giudice supremo che giudicherà ogni azione, sia buona sia malvagia, e ogni parola oziosa *(Ecclesiaste 12:16; Matteo 12:36-37; 2 Corinzi 5:10; 1 Pietro 1:17)*. Quindi, poiché il carattere di Dio e la Sua Parola assicurano che Egli perdona completamente, dimenticare non è necessario per perdonare.

   Vedi: **IL PERDONO (PERDONARE GLI ALTRI COME DIO TI HA PERDONATO)** *(Lezione 12, pagine 3-5), al punto **I. Capire il perdono di Dio*** **L'IMPORTANZA DI METTERE IN PRATICA LA PAROLA** *(Lezione 5, pagine 6-9)*

   2. È tua responsabilità perdonare gli altri come Dio ha perdonato te *(Efesini 4:32)*, perciò non devi più tenere il conto dei peccati di un altro ("non ricordare"). Poi, devi affidare la persona e la sua colpa al Signore perché Egli è il Giudice supremo e giusto *(Matteo 16:27; 2 Timoteo 4:8; Giacomo 5:9)*.

B. La Scrittura usa il termine "non ricordare" per significare "non menzionare o non riportare alla mente" o "non tener conto". Per esempio, Davide chiese al Signore di "non ricordare" (letteralmente, "non menzionare") i peccati commessi nella sua giovinezza *(Salmo 25:7)*.

C. La Scrittura usa "dimenticare" nel senso di "evitare di richiamare alla mente". Per esempio, l'Apostolo Paolo poteva ricordare ("riportare alla mente") i suoi peccati del passato *(1 Timoteo 1:12-15)* eppure affermare "di dimenticare" ("non tenere in considerazione") le cose che aveva lasciato dietro e di protendersi verso la mèta per ottenere il premio della celeste vocazione di Dio in Cristo Gesù *(Filippesi 3:13-14)*.

D. La Scrittura non ti ordina mai di avere un vuoto di memoria per quanto riguarda i tuoi peccati e quelli commessi contro di te. Infatti ricordare certi peccati (anche se sono stati perdonati da Dio) è importante per crescere nella giustizia e per aiutarti a non ripeterli *(per esempio osserva come Davide ricorda i suoi peccati in 2 Samuele 12:13-23 e nel Salmo 38)*. La sola cosa che ti è richiesta è di perdonare gli altri come Dio in Cristo ha perdonato te *(Efesini 4:32)*, anche se ricordi chiaramente quei peccati commessi contro di te, che ora non hanno più potere su di te.

Ripassa: **IL PERDONO (PERDONARE GLI ALTRI COME DIO TI HA PERDONATO)** *(Lezione 12, pagine 3-5)*.

V. **È necessario, come qualcuno insegna, che tu "perdoni Dio" per ciò che è accaduto nella tua vita?**

A. Dio, nella Sua maestosa santità *(Esodo 15:11; Isaia 6:3; Apocalisse 4:8)* e nel Suo giusto giudizio *(Salmo 7:11, 50:6)*, è perfetto in tutte le Sue azioni ed è giusto in tutte le Sue vie *(Salmo 145:17)*, è ricco in amore *(Salmo 118:1-4; Lamentazioni 3:22-23)*, e la Sua via è perfetta *(Salmo 18:30)*.

B. Il bisogno di "perdonare Dio" suggerisce che:

1. tu puoi usurpare l'autorità di Dio come unico Giudice quando ti è vietato perfino di giudicare il tuo prossimo *(Giacomo 4:12)*;

2. Egli ha peccato, il che è impossibile *(Deuteronomio 32:3-4; Salmo 145:17; Giacomo 1:17; 1 Giovanni 1:5)*.

C. Il perdono richiede lo spargimento di sangue *(Ebrei 9:22)*.

1. Dio Padre ha mandato Suo Figlio Gesù Cristo, puro di ogni colpa, per versare il Suo sangue *(Ebrei 9:14)* per il perdono dei tuoi peccati per tutta l'eternità. Questo perdono deve essere la base sulla quale tu perdoni chi pecca contro di te *(Efesini 1:7; Colossesi 3:13)*.

2. Né tu né nessun'altra persona (oltre a Gesù Cristo) può mai versare sangue puro *(Romani 3:23)* per perdonare gli altri per l'eternità.

D. Il concetto non biblico di "perdonare Dio" non solo è un affronto alla Sua santità, alla sacralità del Suo piano di perdono, costato il sacrificio di Suo Figlio, e al Suo dominio sovrano in questa vita, ma illustra, ancora di più, quello che l'uomo è capace di fare per esaltare se stesso invece di morire a se stesso.

NOTA. Questo concetto sbagliato di "perdonare Dio" spesso deriva dal non voler affrontare l'ira o l'amarezza nella propria vita secondo la Parola. Vedi: **IRA E AMAREZZA** *(Lezione 11, pagine 2-16)*.

VI. **Che cosa succede se non "ti senti" di perdonare un altro o se non "ti senti" di essere stato perdonato?**

   A. Anche se "non hai voglia" di perdonare, puoi, e devi, ubbidire alla Scrittura e perdonare gli altri come Dio ha perdonato te *(Efesini 4:32; Colossesi 3:13)*. Il perdono biblico è costoso e spesso difficile, ma è possibile *(basato su 2 Corinzi 3:5-6; Filippesi 2:12-13)*. Non è necessario che tu ritenga "giusto" o equo il tuo perdono per un altro. Il tuo perdono non deve essere basato sui tuoi "sentimenti" o sul tuo concetto di giustizia, ma sul perdono misericordioso di Dio per te *(per esempio Romani 5:8)*.

   Vedi: ***IL PERDONO (PERDONARE GLI ALTRI COME DIO TI HA PERDONATO)*** *(Lezione 12, pagine 3-5)*.

   B. Come figlio di Dio, anche se, dopo aver confessato sinceramente i tuoi peccati, non "ti senti perdonato" la Scrittura ti assicura che tu sei completamente perdonato e purificato da Dio, il Quale è assolutamente fedele e giusto *(1 Giovanni 1:9)*. La realtà del tuo perdono è garantita dalla promessa di Dio, indipendentemente dai tuoi sentimenti.

   1. Come figlio di Dio, i tuoi peccati che sono stati perdonati da Dio, non compromettono la tua posizione attuale davanti a Lui *(Romani 8:31-34; 1 Corinzi 6:9-11; Efesini 2:1-7)*.

   2. A prescindere se "ti senti" o no perdonato dei tuoi peccati, devi proseguire verso la mèta della tua alta chiamata in Cristo Gesù e dimenticare (non tenere più in considerazione, ignorare) ciò che è nel tuo passato *(Filippesi 3:12-14)*.

LO STUDIO DI UN CASO:
MARIA È STATA ABBANDONATA DAL MARITO

> Per aiutare una persona a risolvere i suoi problemi, secondo la Parola, devi affrontare la questione del suo rapporto con il Signore e la sua ubbidienza, dimostrata nel praticare l'amore biblico in tutti i diversi rapporti interpersonali *(basato su Matteo 22:37-39; Giovanni 13:35, 14:23-24; 1 Corinzi 13:4-8a; 2 Corinzi 2:14; 1 Giovanni 4:8, 10-11, 19; 5:3).*

In un incontro preliminare ripassa, con i tuoi assistenti consulenti, l'importanza di prendere appunti durante l'incontro con Maria. Insieme, ripassate anche i quattro elementi essenziali della consulenza biblica (ossia: comprendere il problema, la speranza, il cambiamento, la condotta). Siete consapevoli che Maria ha bisogno di considerare il problema dal punto di vista di Dio, perciò preparate un programma per l'incontro (elencando i versetti sul quale si baserà). Formulate il programma per: a) analizzare la relazione di Maria con il Signore; b) porre delle domande che porteranno ognuno di voi a comprendere il punto di vista di Dio in questa specifica difficoltà. Affidate a Dio, in preghiera, il programma.

Presenta Maria agli altri membri del gruppo di consulenza. Dopo aver pregato insieme, incoraggia ognuno a prendere appunti e ricorda a tutti che la Bibbia è l'unica autorità nel risolvere questa difficoltà. Maria dice che, dalla sera precedente, ha quasi imparato a memoria *1 Corinzi 10:13* e che gli altri versetti, suggeriti in preparazione dell'incontro odierno, le sono stati d'aiuto e spiega in che modo. Tu (come consulente) chiedi a Maria di parlare della propria esperienza della salvezza.

(Mentre leggi questo gioco dei ruoli fa' un elenco delle parole e delle azioni non bibliche di Maria.)

Consulente: "Maria, dimmi come hai conosciuto Gesù Cristo".

Maria: **"Ho accettato il Signore in un campo estivo evangelico quando avevo 16 anni. Ero veramente gioiosa nel Signore; ho frequentato la chiesa e la scuola domenicale per un paio d'anni. Ho anche avuto molti amici credenti".** *(Pausa)*

"Quando sono andata all'università, è iniziato il mio declino. Ho conosciuto Tommaso che non era interessato alle cose spirituali. L'ho sposato, anche se sapevo che non avrei dovuto sposare un non credente. Pensavo che sarebbe cambiato, ma non è stato così. Da diversi anni tra di noi non c'è comunicazione, né comprensione né idillio. Sono completamente avvilita. Nella mia vita non c'è né gioia né pace. Tutto è andato storto nel nostro matrimonio e non ho più speranza".

Consulente: "Quando sono iniziati i problemi, tra te e Tommaso?"

Maria: **"Ha smesso di scrivermi biglietti d'amore e di farmi regali. Mi sono sentita trascurata, e ho pensato che non mi amasse più. Lui, però, si aspettava sempre che mi alzassi la mattina per preparagli la colazione".**

Consulente: "Come hai reagito a questa situazione?"

Maria:	"Gli ho detto di prepararsela da solo, la colazione! Io non sono la sua cuoca, né la sua serva. Mi sono sentita come se stesse calpestando i miei diritti". *(Pausa)*
	"Inoltre, è proprio un irresponsabile; lascia in giro i suoi vestiti sporchi e questo mi irrita molto. Lo sa che mi irrita e sono convinta che lo faccia apposta".
Consulente:	"Che cosa gli dici quando lascia in giro i suoi vestiti sporchi?"
Maria:	"Gli dico almeno dieci volte al giorno di raccoglierli. Quando non lo fa, inizio a gridare: questo è il solo modo per attirare la sua attenzione".
Consulente:	"Quali altri problemi specifici, ti vengono in mente?"
Maria:	"Non abbiamo mai abbastanza soldi per comprare ciò che serve per la famiglia. Lui li spende per se stesso. Devo addirittura elemosinare i soldi per il cibo".
Consulente:	"Come reagisci in questa situazione?"
Maria:	"Sono veramente frustrata. Tommaso non farà mai niente per cambiare questo stato di cose. Mi ricordo quante volte si è dimenticato di pagare le bollette e sono dovuta correre io ai ripari. Non me lo dimenticherò mai! È stato così imbarazzante! Ogni volta che ne ho l'occasione, glielo rinfaccio. Forse così imparerà a non farlo di nuovo, anche se ho i miei dubbi".
Consulente:	"C'è dell'altro?"
Maria:	"Sì, a dire la verità. Non s'interessa mai della disciplina dei figli. Ho la sensazione che tocchi sempre a me farlo. Il più delle volte litighiamo. Continuo a dirgli che ci sono alcune cose che deve fare come padre, ma lui, come al solito, non ascolta. Dico sempre ai miei figli che sarà tutta colpa sua se faranno una brutta fine ... proprio come lui. Ho cercato di far funzionare questo matrimonio, ma bisogna essere in due, e lui non ne ha la minima voglia. Ho fatto così tanto per quest'uomo!"

Riguarda il tuo elenco delle parole e delle azioni non bibliche di Maria. Usando la Scrittura come guida, che cosa ha rivelato Maria di se stessa? Su che cosa dovrebbe concentrare Maria la propria attenzione in questa difficoltà? Qual è la prima cosa che dovrebbe fare per affrontare e risolvere questi problemi secondo la via di Dio?

Vedi:
TU PUOI CAMBIARE SECONDO LA PAROLA (SECONDA PARTE) *(Lezione 2, pagine 3-5)*
ESAMINA TE STESSO SECONDO LA PAROLA: UN ELEMENTO INDISPENSABILE PER ESSERE DISCEPOLO *(Lezione 2, pagina 6)*
ESAMINA TE STESSO SECONDO LA PAROLA: UN REQUISITO PER AIUTARE GLI ALTRI SECONDO LA PAROLA *(Lezione 2, pagine 7-8)*
LA BASE BIBLICA PER LA MEDITAZIONE GIORNALIERA E PER IMPARARE A MEMORIA LA SCRITTURA *(Lezione 2, pagine 9-11)*
IL PERCORSO ASCENDENTE: CAMMINARE NELLA VIA DI DIO *(Lezione 5, pagina 5)*

LEZIONE 12: COMPITI

> I **COMPITI** di questa lezione presentano il punto di vista di Dio sul perdono. Quando metti in pratica il perdono biblico, dimostri la differenza che Gesù ha fatto nella tua vita *(basato su Matteo 5:16; Giovanni 13:35; Efesini 4:32; Colossesi 3:13).*

✔ *compiti completati*

A. * Con parole tue scrivi il significato di *Matteo 5:23-24*. Questa settimana impara a memoria *Matteo 5:23-24* e inizia a imparare *Efesini 4:29* e *Filippesi 2:3-4*.

B * Leggi **PRINCIPI BIBLICI: PROBLEMI INTERPERSONALI (PRIMA PARTE) (IMPARARE AD AMARE IL TUO PROSSIMO)** (Lezione 12, pagina 2). Evidenzia nella tua Bibbia quei versetti che non hai evidenziato nelle lezioni precedenti.

C * Studia **IL PERDONO (PERDONARE GLI ALTRI COME DIO TI HA PERDONATO)** (Lezione 12, pagine 3-5). Metti un segno accanto a ogni affermazione che indica i cambiamenti che devi compiere nella tua vita per perdonare gli altri secondo la Parola. Usando la **SCHEDA DI LAVORO VITTORIA SUI FALLIMENTI** (Supplemento 8, pagine 1-2), elenca coloro che devi perdonare e inizia a lavorare ad un piano specifico per dimostrare il tuo perdono. Usa un foglio per ogni persona.

D * Studia **LA RICONCILIAZIONE (RIMUOVERE TUTTO CIÒ CHE OSTACOLA L'UNITÀ E LA PACE)** (Lezione 12, pagine 6-8). Metti un segno accanto ad ogni affermazione che indica i cambiamenti che devi compiere nella tua vita per piacere al Signore. Usando una **SCHEDA DI LAVORO VITTORIA SUI FALLIMENTI** (Supplemento 8, pagine 1-2), fa' un elenco delle persone con cui devi riconciliarti. Inizia a decidere quali passi specifici devi compiere per raggiungere l'obiettivo.

E * Come parte del tuo piano per mettere in pratica il perdono biblico, scrivi esattamente cosa devi dire per chiedere perdono a qualcuno per uno torto che hai commesso contro di lui. Se c'è qualcuno cui devi chiedere perdono, fallo (Vedi il punto C. sopra). Ricorda, tu sei responsabile unicamente della tua ubbidienza a Dio; non sei responsabile delle reazioni degli altri.

F. Leggi **DOMANDE E RISPOSTE SUL PERDONO BIBLICO** (Lezione 12, pagine 9-13) per trovare le risposte alle domande più comuni sul perdono biblico.

G * Leggi **LO STUDIO DI UN CASO: MARIA È STATA ABBANDONATA DAL MARITO** (Lezione 12, pagine 14-15). Oltre ad elencare le parole e le azioni non bibliche di Maria durante l'incontro di consulenza, rispondi alle domande formulate alla fine del gioco dei ruoli

H * In collegamento con questa lezione, completa quanto richiesto ai punti 19 e 20 del **Test a libro aperto** (Lezione 23, pagina 2).

* *Il completamento dei compiti contrassegnati con un asterisco (*) è essenziale per continuare la formazione per la consulenza biblica.*

LEZIONE 12: GUIDA ALLO STUDIO PER LA MEDITAZIONE GIORNALIERA
(COMPRENDE VERSETTI A MEMORIA E COMPITI)

> La **GUIDA ALLA STUDIO** di questa lezione presenta il punto di vista di Dio sul perdono. Quando metti in pratica il perdono biblico, dimostri la differenza che Gesù ha fatto nella tua vita *(basato su Matteo 5:16; Giovanni 13:35; Efesini 4:32; Colossesi 3:13)*.

Versetti a memoria

1. * Impara a memoria *Matteo 5:23-24* e inizia a imparare *Efesini 4:29* e *Filippesi 2:3-4*.
2. Porta con te i cartoncini con i versetti a memoria delle settimane precedenti insieme a quelli di questa settimana. Ripassa i versetti durante il giorno, nei tuoi momenti liberi.

Guida allo studio per la meditazione giornaliera

PRIMO GIORNO

1. Inizia con la preghiera.
2. * Leggi *Principio 51*, **PRINCIPI BIBLICI: PROBLEMI INTERPERSONALI (PRIMA PARTE) (IMPARARE AD AMARE IL TUO PROSSIMO)** (Lezione 12, pagina 2). Evidenzia i versetti citati nella tua Bibbia.
3. * Con parole tue scrivi il significato di *Matteo 5:23-24*.
4. Termina con la preghiera.

SECONDO GIORNO

1. Inizia con la preghiera.
2. * Leggi *Principio 52*, **PRINCIPI BIBLICI: PROBLEMI INTERPERSONALI (PRIMA PARTE) (IMPARARE AD AMARE IL TUO PROSSIMO)** (Lezione 12, pagina 2). Evidenzia i versetti citati nella tua Bibbia.
3. * Studia **IL PERDONO (PERDONARE GLI ALTRI COME DIO TI HA PERDONATO)** (Lezione 12, pagine 3-5). Cerca i versetti elencati per fissare meglio queste verità nel tuo cuore. Questo è il primo di uno studio che durerà due giorni.
4. Termina con la preghiera.

TERZO GIORNO

1. Inizia con la preghiera.
2. * Leggi *Principio 53*, **PRINCIPI BIBLICI: PROBLEMI INTERPERSONALI (PRIMA PARTE) (IMPARARE AD AMARE IL TUO PROSSIMO)** (Lezione 12, pagina 2). Evidenzia i versetti citati nella tua Bibbia.
3. * Termina il tuo studio di **IL PERDONO (PERDONARE GLI ALTRI COME DIO TI HA PERDONATO)** (Lezione 12, pagine 3-5). Oltre a cercare i versetti elencati, metti un segno accanto alle affermazioni che indicano i cambiamenti che devi attuare per perdonare gli altri secondo la Parola. Usando una **SCHEDA DI LAVORO VITTORIA SUI FALLIMENTI** (Supplemento 8, pagine 1-2), fa' un elenco delle persone che devi perdonare e inizia a lavorare ad un piano specifico per dimostrare il tuo perdono. Usa un foglio per ogni persona.
4. Termina con la preghiera.

5. Sei costante nel ripassare i versetti a memoria nel tuo tempo libero durante il giorno *(Salmo 119:11; Efesini 5:15-16)*?

QUARTO GIORNO

1. Inizia con la preghiera.
2. * Leggi *Principio 54*, **PRINCIPI BIBLICI: PROBLEMI INTERPERSONALI (PRIMA PARTE) (IMPARARE AD AMARE IL TUO PROSSIMO)** (Lezione 12, pagina 2). Evidenzia i versetti citati nella tua Bibbia.
3. * Studia **LA RICONCILIAZIONE (RIMUOVERE TUTTO CIÒ CHE OSTACOLA L'UNITÀ E LA PACE)** (Lezione 12, pagine 6-8). Metti un segno accanto ad ogni affermazione che indica i cambiamenti che devi compiere nella tua vita per piacere al Signore. Questo è il primo di uno studio che durerà due giorni.
4. Termina con la preghiera.

QUINTO GIORNO

1. Inizia con la preghiera.
2. * Termina il tuo studio **LA RICONCILIAZIONE (RIMUOVERE TUTTO CIÒ CHE OSTACOLA L'UNITÀ E LA PACE)** (Lezione 12, pagine 6-8). Ricorda di mettere un segno accanto alle affermazioni che indicano i cambiamenti che intendi fare. Usando una **SCHEDA DI LAVORO VITTORIA SUI FALLIMENTI** (Supplemento 8, pagine 1-2), fa' un elenco delle persone con cui devi riconciliarti. Inizia a decidere quali passi specifici devi compiere per riconciliarti con le persone nel tuo elenco.
3. * Scrivi esattamente che cosa devi dire per chiedere perdono a qualcuno per uno torto che hai commesso contro di lui.
4. Termina con la preghiera.

SESTO GIORNO

1. Inizia con la preghiera.
2. Inizia il tuo studio **DOMANDE E RISPOSTE SUL PERDONO BIBLICO** (Lezione 12, pagine 9-13). Questo è il primo di uno studio che durerà due giorni.
3. Usando le cose che hai scritto per chiedere perdono a qualcuno (vedi **QUINTO GIORNO**), chiedi a quella persona di perdonarti. Ricorda, tu sei responsabile solo delle tue azioni, non delle reazioni di qualcun altro.
4. Termina con la preghiera.

SETTIMO GIORNO

1. Inizia con la preghiera.
2. * Leggi **LO STUDIO DI UN CASO: MARIA È STATA ABBANDONATA DAL MARITO** (Lezione 12, pagine 14-15). Oltre ad elencare le parole e le azioni non bibliche di Maria durante la sessione di consulenza, rispondi alle domande alla fine del gioco dei ruoli.
3. Termina il tuo studio **DOMANDE E RISPOSTE SUL PERDONO BIBLICO** (Lezione 12, pagine 9-13).
4. * In collegamento con questa lezione, completa quanto richiesto ai punti 19 e 20 del **Test a libro aperto** (Lezione 23, pagina 2).
5. Termina con la preghiera.
6. Come va con i versetti a memoria di questa settimana? Ripassali tutti e chiedi a qualcuno di ascoltarti mentre li reciti. Ricorda di spiegarne il significato e la loro applicazione nella tua vita.

* *Il completamento dei compiti contrassegnati con un asterisco (*) è essenziale per continuare la formazione per la consulenza biblica.*

LEZIONE 13

PROBLEMI INTERPERSONALI (SECONDA PARTE)
(IMPARARE AD AMARE IL TUO PROSSIMO)

"Nessuna cattiva parola esca dalla vostra bocca; ma se ne avete qualcuna buona, che edifichi secondo il bisogno, ditela affinché conferisca grazia a chi l'ascolta".

Efesini 4:29

"Non fate nulla per spirito di parte o per vanagloria, ma ciascuno, con umiltà, stimi gli altri superiori a se stesso, cercando ciascuno non il proprio interesse, ma anche quello degli altri".

Filippesi 2:3-4

LEZIONE 13:
PROBLEMI INTERPERSONALI (SECONDA PARTE)
(IMPARARE AD AMARE IL TUO PROSSIMO)

> Per imparare ad amare il tuo prossimo, devi essere disposto ad attingere la forza da Gesù Cristo, morire a te stesso e vivere per Lui. Se vivi così, potrai amare gli altri secondo la Parola, nonostante le circostanze e malgrado i tuoi sentimenti contrari *(basato su Matteo 5:38-48, 22:37-39; Luca 23:34; Giovanni 13:35, 15:5; 1 Corinzi 13:4-8a; 2 Corinzi 4:7-10, 5:14-15; 1 Giovanni 4:7-11)*.

I. **Gli obiettivi di questa lezione sono:**

   A. spiegare il significato dell'amore biblico ed insegnare come metterlo in pratica;

   B. presentare le linee guida della comunicazione biblica;

   C. mostrare il processo ristabilimento/disciplina che la Parola di Dio descrive per un credente che non vuole ravvedersi;

   D. mostrare come mettere in pratica l'amore biblico nel corpo di Cristo;

   E. presentare un piano biblico per aiutarti a superare i problemi interpersonali;

   F. continuare lo sviluppo dello studio di un caso di consulenza biblica.

II. **Il sommario di questa lezione**

   A. Esamina te stesso

      1. **PRINCIPI BIBLICI: PROBLEMI INTERPERSONALI (SECONDA PARTE) (IMPARARE AD AMARE IL TUO PROSSIMO)** (Lezione 13, pagine 2-3)

      2. **IL SIGNIFICATO DELL'AMORE BIBLICO** (Lezione 13, pagine 4-6)

      3. **RISTABILIMENTO/DISCIPLINA (LA TUA RISPOSTA BIBLICA AL PECCATO DI UN ALTRO CREDENTE)** (Lezione 13, pagine 7-8)

      4. **LINEE GUIDA: IL PROCESSO DI RISTABILIMENTO/DISCIPLINA** (Lezione 13, pagine 9-11)

      5. **LA COMUNICAZIONE BIBLICA** (Lezione 13, pagine 12-14)

      6. **I RAPPORTI BIBLICI (AMARE L'UN L'ALTRO NEL CORPO DI CRISTO)** (Lezione 13, pagine 15-18)

      7. **SUPERARE I PROBLEMI INTERPERSONALI** (Lezione 13, pagine 19-23)

   B. Passi per la crescita spirituale

      1. **LEZIONE 13: COMPITI** (Lezione 13, pagina 26)

      2. **GUIDA ALLO STUDIO PER LA MEDITAZIONE GIORNALIERA** (Lezione 13, pagine 27-28)

   C. Consulenza Biblica

      LO STUDIO DI UN CASO: MARIA È STATA ABBANDONATA DAL MARITO (Lezione 13, pagine 24-25)

PRINCIPI BIBLICI: PROBLEMI INTERPERSONALI
(SECONDA PARTE)

> Ogni credente in Cristo è responsabile di stabilire e mantenere relazioni armoniose. Il tuo esempio è il Signore Gesù Cristo il Quale, mentre era sulla terra, dimostrò come esprimere l'amore biblico verso gli altri *(basato su Matteo 5:23-24; Marco 11:25-26; Luca 23:34; Romani 12:18; 2 Corinzi 5:17-21; 1 Pietro 2:21-25, 3:8-9; 1 Giovanni 3:14, 18; 4:7-8).*

III. **Il tuo cambiamento (lo schema continua dalla Lezione 12, pagina 2)**

(Principio 55) Fa' agli altri ciò che vorresti fosse fatto a te *(Matteo 7:12)*. Nelle tue relazioni devi stare attento a rimuovere tutto ciò che potrebbe costituire una pietra d'inciampo per gli altri *(Matteo 18:7; Romani 14:13; 1 Corinzi 8:9, 13)*.

(Principio 56) Smetti di discutere, di litigare e di rendere male per male; sii invece di benedizione agli altri parlando ed agendo con gentilezza *(Filippesi 2:14-16; Colossesi 4:6; 1 Tessalonicesi 5:15; 2 Timoteo 2:23-25; 1 Pietro 3:8-9)*.

Altri Principi inerenti all'argomento:

(Principio 3, Lezione 2, pagina 2) L'applicazione pratica della Parola di Dio inizia con l'esaminare te stesso e con il rimuovere tutti gli ostacoli peccaminosi dalla tua vita *(Matteo 7:1-5; 1 Corinzi 11:28-31)*. Poi hai il privilegio e la responsabilità di condurre altri ad una vita vittoriosa *(Matteo 7:5; 2 Corinzi 1:3-4; Galati 6:1-5)*.

(Principio 4, Lezione 3, pagina 2) La Parola di Dio è la sola autorità in materia di fede e di condotta ed è l'unica, legittima norma secondo la quale tutti gli aspetti della vita vanno valutati. Non devi fare affidamento su altre fonti; la Parola di Dio dà speranza e indica la direzione da prendere per cambiare le tue azioni (pensieri, parole e atti). Essa è sufficiente per prepararti a compiere ogni opera buona *(Salmo 19:7-11; Proverbi 30:5-6; Colossesi 2:8; 2 Timoteo 3:16, 17; Ebrei 4:12; 2 Pietro 1:4)* e per sviluppare in te un atteggiamento al servizio, simile a quello di Cristo *(basato su Matteo 20:25-28; Filippesi 2:5-8; 1 Tessalonicesi 2:13)*.

(Principio 39, Lezione 10, pagina 2) Devi distogliere, ogni giorno, l'attenzione da te stesso sia nei rapporti con gli altri, sia nelle varie situazioni *(Luca 9:23-24; Giovanni 3:30, 12:24-26; Romani 12:3, 14:7-8; 2 Corinzi 5:15)* e seguire i comandamenti di Dio *(Matteo 22:37-39)*. Invece di peccare sottovalutandoti, esaltandoti o commiserandoti, devi considerare gli altri più importanti di te stesso e servire loro e il Signore *(Matteo 20:25-28; Luca 4:8; Giovanni 13:3-17, spec. i versetti 14-15; Romani 15:1-3; 1 Corinzi 9:19; 10:24, 32-33; Filippesi 2:3-8; Colossesi 3:23-24; 1 Pietro 4:10)*.

(*Principio 52,* Lezione 12, pagina 2). Non giudicare gli altri né in base ai tuoi standard, né ai tuoi punti di vista né alle tue esperienze *(Giovanni 7:24; Romani 14:1-13; Giacomo 4:11-12).* Tu sarai giudicato proprio nel modo in cui giudichi gli altri *(Matteo 7:1-2; Luca 6:36-38).*

IV. La tua condotta

(Principio 57) Confessa i tuoi peccati al Signore *(1 Giovanni 1:9)* secondo la Parola, e confessa i peccati a coloro contro i quali hai peccato *(Giacomo 5:16).* Dimostra dispiacere e ravvedimento con i tuoi atti *(Matteo 3:8; Atti 26:20; 2 Corinzi 7:9; Giacomo 4:8-10),* prepara un piano biblico preciso per cambiare e inizia a metterlo in pratica *(2 Corinzi 7:9-11; Efesini 4:31-32; Colossesi 3:12-17; Giacomo 1:25; 1 Pietro 4:8-11).*

(Principio 58) Quando conversi con qualcuno, prendi l'abitudine di ascoltare attentamente prima di parlare *(Proverbi 18:2, 13; Giacomo 1:19-20).* Poi, di' sempre la verità con amore e benedici coloro con i quali parli *(Efesini 4:15, 25, 29; Colossesi 4:6).* Segui le istruzioni di Dio per comunicare. Sii onesto, gentile e benevolo, non dire parole cattive, ma solo quelle che possono edificare e conferire pace *(Proverbi 12:18, 15:1; Romani 14:19; Efesini 4:25, 29, 32; Colossesi 4:6).*

(Principio 59) Cerca attivamente la riconciliazione con gli altri *(Matteo 5:9, 23-24; 18:15-18; Romani 12:18; Colossesi 3:14-15).*

Altri principi inerenti all'argomento:

(Principio 44, Lezione 10, pagina 3). Devi mettere in pratica l'amore senza ipocrisia *(Romani 12:9).* Dimostrerai così il frutto della vita di Cristo nei tuoi pensieri, nelle tue parole e nelle tue azioni *(Matteo 5:16; Galati 5:22-23; Efesini 5:1-2).*

IL SIGNIFICATO DELL'AMORE BIBLICO

> Il significato principale della parola "amore" nella Scrittura è un impegno deciso a sacrificarsi per un altro. Infatti l'amore per Dio si dimostra con l'ubbidienza alla Sua Parola *(Giovanni 14:15, 21, 23-24; 1 Giovanni 5:3; 2 Giovanni 1:6)*. L'amore biblico può essere accompagnato da forti emozioni, ma quello che lo rende saldo e duraturo è un atto di volontà. Le emozioni possono cambiare, ma l'impegno ad amare, secondo la Parola, rimane ed è una caratteristica del discepolo di Gesù Cristo *(basato su Giovanni 3:16, 13:34-35; Romani 5:8-11; 1 Corinzi 13:4-8a, 13)*.

I. **Tutte le istruzioni di Dio per la vita si basano sull'amare Lui e gli altri secondo la Parola** *(Matteo 22:36-40; Marco 12:28-34)*.

   A. Devi amare Dio con tutto il tuo cuore, con tutta la tua anima, con tutta la tua mente e con tutta la tua forza *(Deuteronomio 6:5; Matteo 22:37; Marco 12:30)*.

   B. Devi amare il tuo prossimo come già ami te stesso *(Matteo 7:12, 22:39: Marco 12:31; Efesini 5:29)*.

II. **Amore è dare, non ricevere** *(Giovanni 3:16)*; **l'amore di Dio deve essere la base e l'esempio dell'espressione del tuo amore** *(1 Giovanni 4:7-10)*.

   A. Dio ha dato il Suo unigenito Figlio *(Giovanni 3:16)*.

   B. Gesù Cristo ti ama e ha dato Se Stesso per te *(Galati 1:4, 2:20)*.

   C. Gesù Cristo ha dato Se Stesso per riscattarti *(Isaia 53:4-12; 1 Timoteo 2:6)*.

   D. Gesù Cristo ha dimostrato il Suo amore servendo gli altri benché fosse il Maestro *(Giovanni 13:3-17)*.

III. **L'amore ha caratteristiche precise che dimostrano devozione al Signore con le azioni (pensieri, parole e atti)** *(1 Corinzi 13:4-8a)*. La prova dell'amore biblico vero è fare quanto descritto qui di seguito, anche se non ne hai voglia *(Matteo 5:46-48)*.

   A. *L'AMORE È PAZIENTE, anche quando hai voglia di esprimerti in maniera decisa.* L'amore sopporta dolore e prove senza lamentarsi, mostra pazienza se provocato, o sotto tensione, ed è costante nonostante le opposizioni, le difficoltà e le avversità.

   B. *L'AMORE È BENEVOLO, anche quando vorresti attaccare qualcuno fisicamente o distruggerlo a parole.* L'amore è ben disposto verso gli altri, premuroso, mite e comprensivo.

   C. *L'AMORE NON INVIDIA, specialmente quando ti accorgi che gli altri ricevono più riconoscimenti di te.* L'amore non si mette in concorrenza, non è ostile verso chi gode di un vantaggio, e non è sospettoso. L'amore si adopera per il benessere e la felicità dell'altro.

D. *L'AMORE NON SI VANTA, anche quando vorresti gridare al mondo i tuoi successi.* L'amore non si gloria in modo orgoglioso né si loda da solo. Al contrario, l'amore innalza (edifica) gli altri.

E. *L'AMORE NON SI GONFIA, anche quando pensi di avere ragione e gli altri hanno torto.* L'amore non fa valere i suoi diritti, non è prepotente con gli altri.

F. *L'AMORE NON SI COMPORTA IN MODO SCONVENIENTE, anche se essere borioso, maleducato o prepotente ti metterebbe in primo piano e farebbe sì che le cose fossero fatte a modo tuo.* L'amore si attiene a ciò che è giusto, conveniente e appropriato alla situazione in modo da onorare il Signore.

G. *L'AMORE NON CERCA IL PROPRIO INTERESSE, anche quando avresti voglia, o si presentasse l'occasione, di farlo.* L'amore non cerca di soddisfare i propri interessi, non chiede d'averla vinta e non cerca il proprio tornaconto. L'amore, come atto di volontà, cerca di servire non di essere servito.

H. *L'AMORE NON S'INASPRISCE, anche quando gli altri cercano di provocarti o sei tentato di colpire qualcuno o qualcosa.* L'amore non si lascia prendere dall'ira. L'amore continua fedelmente e con gentilezza ad ammaestrare gli altri alla giustizia, anche quando essi vengono meno.

I. *L'AMORE NON ADDEBITA IL MALE, anche quando tutti sembrano essere contro di te o quando le persone ti attaccano deliberatamente.* L'amore non serba rancore contro alcuno. L'amore perdona, sceglie di non tirare in ballo errori del passato accusando o restituendo il torto subìto, non risponde al male con il male e non si abbandona alla commiserazione. L'amore copre una moltitudine di peccati.

J. *L'AMORE NON GODE DELL'INGIUSTIZIA, anche quando sembra che una disgrazia sia proprio ciò che l'altra persona meriti.* L'amore è addolorato per il peccato, per i suoi effetti e per la sofferenza che deriva dal vivere in un mondo caduto. L'amore cerca di riconciliare gli altri con Dio.

K. *L'AMORE GIOISCE CON LA VERITÀ, anche quando è più facile ed utile mentire.* L'amore gioisce quando la verità trionfa, anche se ciò comportasse circostanze difficili, ingiurie e persecuzioni.

L. *L'AMORE SOPPORTA OGNI COSA, anche quando le delusioni sono cocenti.* L'amore è tollerante, paziente con le persone difficili sia da comprendere sia da trattare, e affronta le difficoltà con una prospettiva eterna. L'amore si ricorda che Dio ci porta ad una maggiore maturità spirituale attraverso circostanze difficili.

M. *L'AMORE CREDE OGNI COSA, anche quando le azioni degli altri sono ambigue e stenti a fidarti di loro.* L'amore è fiducioso, non giudica i motivi delle persone e crede negli altri fino a che i fatti non provino il contrario. Quando i fatti provano che l'altro non è degno di fiducia, l'amore cerca di riportarlo ad essere di nuovo affidabile.

N. *L'AMORE SPERA OGNI COSA, anche quando niente sembra andare per il verso giusto.* L'amore desidera che il piano di Dio si attui e desidera il meglio per l'altra persona. L'amore affida l'altro al Signore con fiducia affinché Egli compia la Sua perfetta e sovrana volontà nella sua vita.

O. *L'AMORE SOPPORTA OGNI COSA, soprattutto quando pensi di non poter proprio più affrontare persone o circostanze nella tua vita.* L'amore rimane saldo nelle sofferenze e nelle difficoltà, senza arrendersi e, quando sottoposto a prova, benedice.

P. *L'AMORE NON VIENE MAI MENO, anche quando ti senti di averne avuto abbastanza e la situazione sembra senza speranza. L'amore non crollerà sotto le pressioni e le difficoltà. L'amore rimane altruisticamente fedele fino ad arrivare alla morte.*

IV. **L'amore caratterizza la vita di un discepolo di Cristo** *(Giovanni 13:34-35; Efesini 4:1-3; Colossesi 3:14; 1 Giovanni 4:7-8).*

   A. Devi dedicarti completamente ad amare gli altri *(Romani 12:10)*; questo amore deve essere intenso *(1 Pietro 4:8)*, perché Dio ti ha già dato il Suo amore liberamente *(1 Giovanni 4:7, 11, 19)*. Non hai bisogno di chiedere a Dio una misura maggiore di amore per un'altra persona, perché il Suo amore è già stato sparso nel tuo cuore *(Romani 5:5)*.

   B. Devi e puoi mettere in pratica l'amore biblico anche quando non hai voglia di farlo *(Luca 6:27-38; 1 Giovanni 3:16-18, 4:18-21)*.

   C. Devi mettere in pratica l'amore biblico anche quando devi prendere una posizione ferma su principi biblici che potrebbe portare ad incomprensioni o addirittura a ritorsioni *(1 Corinzi 13:8a; Efesini 4:15, 25; 1 Giovanni 4:18)*.

   D. Poiché l'amore divino deve essere la caratteristica dominante della vita del credente *(1 Corinzi 13:13)* e costituire il perfetto vincolo dell'unità *(Colossesi 3:14)*, le caratteristiche dell'amore cristiano devono essere dimostrate anche nelle situazioni difficili in casa, al lavoro e con gli amici *(1 Corinzi 13:8a)*.

   E. L'amore biblico deve essere messo in pratica anche quando nascono delle situazioni difficili che non possono essere ignorate. Metti in pratica l'amore biblico anche quando devi:

   1. ammonire seriamente qualcuno *(1 Tessalonicesi 5:14-15)* o prendere provvedimenti per correggere un credente che sta peccando *(Matteo 18:15-17)*;
   2. stabilire delle ferme regole di comportamento nel trattare con chi si definisce credente e persiste nel peccare *(1 Corinzi 5:11-13)*;
   3. evitare la comunione con un figlio di Dio che si comporta disordinatamente *(2 Tessalonicesi 3:6)*;
   4. evitare (allontanarti da) una persona settaria (che provoca divisioni), nel corpo di Cristo *(Tito 3:10)*;
   5. disciplinare tuo figlio *(Efesini 6:4)*;
   6. ricorrere alla polizia o essere coinvolto in un processo legale *(Romani 13:1-5)*.

Devi affrontare in prima persona ogni situazione con amore biblico, ma, quando necessario e appropriato secondo la Parola, dovresti coinvolgere anche altri credenti.

Ripassa:
RISTABILIMENTO/DISCIPLINA (LA TUA RISPOSTA BIBLICA AL PECCATO DI UN ALTRO CREDENTE) *(Lezione 13, pagine 7-8)*
LINEE GUIDA: IL PROCESSO DI RISTABILIMENTO/DISCIPLINA *(Lezione 13, pagine 9-11)*

RISTABILIMENTO/DISCIPLINA
(LA TUA RISPOSTA BIBLICA
AL PECCATO DI UN ALTRO CREDENTE)

> I singoli individui e la chiesa, come corpo, devono seguire i principi biblici quando è necessario applicare il processo di ristabilimento/disciplina per un credente che pecca. Ciò deve essere fatto con grande amore e con costante e fervente preghiera *(basato su Matteo 18:15-17; Giovanni 13:35; Romani 15:14; Galati 6:1-5; 1 Tessalonicesi 5:17; Giacomo 1:5)*.

Prima di affrontare il peccato di un credente, tu devi continuare a: (1) giudicare te stesso secondo la Paola; (2) perdonare nel tuo cuore colui che ha peccato; (3) riprendere (ammonire) il fratello che sta peccando, con spirito di mansuetudine in modo che egli abbia l'opportunità di riconciliarsi con Dio e con gli altri *(basato su Proverbi 17:17, 20:30, 27:5-6; Matteo 7:1-5; 18:15, 21-35; Marco 11:25-26; Luca 17:3-4; Romani 12:16-19, 15:14; Galati 6:1-2; Efesini 4:29, 32; Colossesi 4:6; 1 Tessalonicesi 5:14-15; Giacomo 5:19-20; 1 Pietro 4:8)*.

Se un credente pecca, va' da lui in privato e riprendilo (esponigli il suo peccato).

> Se si ravvede, devi: 1) concedergli il perdono completo con tutto il cuore; 2) consigliarlo, secondo la Parola, a riconciliarsi con Dio e con gli altri; 3) aiutarlo a ritornare in piena comunione e a un servizio utile nel corpo di Cristo, per quanto possibile secondo la Parola *(basato su Proverbi 11:14, 15:22, 17:9; Matteo 7:1-5; 18:15, 35; Luca 17:3-4; Romani 12:18; 1 Corinzi 12:25-27; Galati 6:1-2; Colossesi 4:6)*.

Se egli sceglie di non ravvedersi, devi: 1) continuare a giudicare te stesso secondo la Parola; 2) perdonarlo con tutto il cuore; 3) mantenere uno spirito di mansuetudine; 4) tornare da lui con uno o due testimoni ed esortarlo a ravvedersi *(basato su Matteo 7:1-5, 18:16, 35; Galati 6:1-2)*.

> Se si ravvede, devi: 1) concedergli il perdono completo con tutto il cuore, 2) consigliarlo secondo la Parola, a riconciliarsi con Dio e con gli altri; 3) aiutarlo a ritornare in piena comunione e a un servizio utile nel corpo di Cristo, per quanto possibile secondo la Parola *(basato su Proverbi 11:14, 15:22, 17:9; Matteo 7:1-5, 18:35; Luca 17:3-4; Romani 12:18; 1 Corinzi 12:25-27; Galati 6:1-2; Colossesi 4:6)*.

Se il credente ancora non si ravvede, devi: 1) continuare a giudicare te stesso secondo la Parola; 2) perdonarlo con tutto il cuore; 3) mantenere uno spirito di mansuetudine; 4) riferire la sua decisione finale di non ravvedersi ai conduttori della chiesa, i quali sono responsabili per la fase finale del processo di disciplina/ristabilimento *(basato su Matteo 7:1-5; 18:17, 35; Galati 6:1-2)*.

> *(continua alla pagina seguente)*

(continua dalla pagina precedente)

Se si ravvede, tu e le altre persone ora coinvolte nel processo di disciplina e ristabilimento dovete: (1) concedergli il perdono completo con tutto il cuore; (2) consigliarlo, basandovi sulla Parola, a riconciliarsi con Dio e con gli altri: (3) confortarlo e riaffermare il vostro amore per lui; (4) aiutarlo a ritornare in piena comunione e ad un servizio utile nel corpo di Cristo per quanto possibile secondo la Parola *(basato su Proverbi 11:14, 15:22, 17:9; Matteo 7:1-5; 18:35; Luca 17:3-4; 1 Corinzi 12:25-27; 2 Corinzi 2:6-8; Galati 6:1-2; Colossesi 4:6).*

In caso contrario

- Non devi più frequentare o mangiare con una persona che non si ravvede e continua a peccare apertamente (non devi avere comunione con lui) *(basato su 1 Corinzi 5:11-13).*

- Ti devi allontanare, ossia cessare la comunione con una persona che non si ravvede e continua a vivere una vita disordinata segnata da una volontaria disubbidienza alla Parola di Dio. Devi prendere nota di tale individuo e ammonirlo non come nemico, ma come fratello *(basato su 2 Tessalonicesi 3:6, 14-15).*

- Dopo un primo e un secondo avviso devi invece respingere (non comunicare più, evitare) il fratello che non si ravvede ed è settario (crea divisioni nel corpo), poiché si condanna da sé *(basato su Tito 3:10-11).*

- Se il fratello che non vuole ravvedersi è un anziano e continua a peccare, deve essere ripreso alla presenza di tutti gli altri credenti della chiesa, affinché anche questi abbiano timore di peccare *(1 Timoteo 5:19-21).*

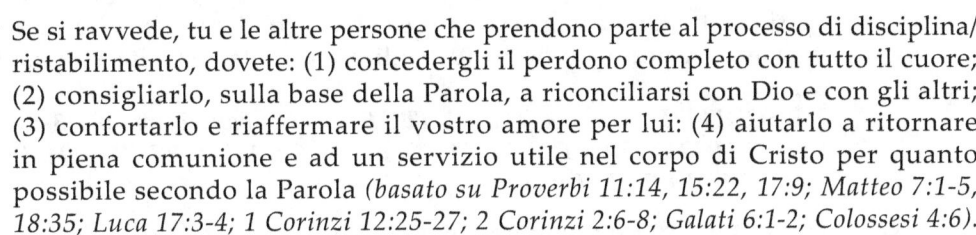

Se si ravvede, tu e le altre persone che prendono parte al processo di disciplina/ristabilimento, dovete: (1) concedergli il perdono completo con tutto il cuore; (2) consigliarlo, sulla base della Parola, a riconciliarsi con Dio e con gli altri; (3) confortarlo e riaffermare il vostro amore per lui: (4) aiutarlo a ritornare in piena comunione e ad un servizio utile nel corpo di Cristo per quanto possibile secondo la Parola *(basato su Proverbi 11:14, 15:22, 17:9; Matteo 7:1-5, 18:35; Luca 17:3-4; 1 Corinzi 12:25-27; 2 Corinzi 2:6-8; Galati 6:1-2; Colossesi 4:6).*

Se, dopo aver seguito fedelmente il processo di ristabilimento/disciplina con spirito di preghiera, egli sceglie di continuare a non ravvedersi allora bisogna considerarlo come chi non appartiene alla famiglia di Dio *(basato su Matteo 18:17; 1 Corinzi 5:13)*

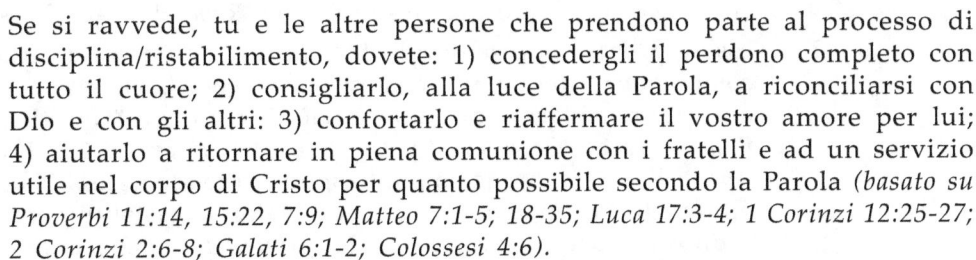

Se si ravvede, tu e le altre persone che prendono parte al processo di disciplina/ristabilimento, dovete: 1) concedergli il perdono completo con tutto il cuore; 2) consigliarlo, alla luce della Parola, a riconciliarsi con Dio e con gli altri: 3) confortarlo e riaffermare il vostro amore per lui; 4) aiutarlo a ritornare in piena comunione con i fratelli e ad un servizio utile nel corpo di Cristo per quanto possibile secondo la Parola *(basato su Proverbi 11:14, 15:22, 7:9; Matteo 7:1-5; 18-35; Luca 17:3-4; 1 Corinzi 12:25-27; 2 Corinzi 2:6-8; Galati 6:1-2; Colossesi 4:6).*

Se la persona impenitente viene a una riunione di credenti (culto d'adorazione, studio biblico ecc.) dopo essere stata ufficialmente allontanata dalla comunione della chiesa, i membri della comunità devono continuare a sollecitarlo al ravvedimento. Questo è l'unico messaggio appropriato che deve sentire, giacché è fuori dalla comunione dei credenti *(basato su Matteo 18:17).*

LINEE GUIDA:
IL PROCESSO DI RISTABILIMENTO/DISCIPLINA

> Dimostri amore biblico quando compi dei passi per reintegrare nella tua comunità un credente sconfitto dal peccato. Ciò non solo lo incoraggerà a ritornare al suo primo amore per Gesù, ma darà l'opportunità anche agli altri credenti, coinvolti nel processo di ristabilimento, di esaminare la profondità del loro amore per il Signore *(basato su Matteo 7:1-5; Giovanni 14:15; 1 Corinzi 13:4-8a; Galati 6:1-2; Colossesi 3:12-13; 1 Tessalonicesi 5:14-15; Ebrei 10:23-25; Apocalisse 2:4-5).*

I. **Passi iniziali da intraprendere per ristabilire un fratello che ha peccato**

   A. Ricordati che il processo del ristabilimento biblico riguarda un credente che pecca in chiara violazione della Parola di Dio. Non devi usare il processo di ristabilimento/disciplina per "rimproverare" gli altri che hanno preferenze od opinioni diverse dalle tue. Per quanto riguarda opinioni e preferenze, la Parola di Dio ti dice di stimare gli altri più importanti di te stesso *(basato su Filippesi 2:3-4)* e di non giudicare un altro credente *(basato su Romani 14:1-19, 15:1-2).*

   B. Tu, come ogni credente, sei in grado di ammonire (rimproverare, consigliare, educare) coloro (conduttori inclusi) che peccano nel corpo di Cristo *(Romani 15:14).* Ricordati che la tua capacità viene da Dio *(2 Corinzi 3:5-6)* e che il Suo Spirito e la Sua Parola ti danno risorse sufficienti affinché tu sia ubbidiente in questo aspetto, come in tutti gli altri, della tua vita spirituale.
   Ripassa:
   LA SCRITTURA È LA TUA AUTORITÀ *(Lezione 3, pagine 3-5)*
   LO SPIRITO SANTO TI METTE IN GRADO DI RISOLVERE I TUOI PROBLEMI *(Lezione 3, pagine 6-8)*

   C. Per ammonire un credente che pecca, devi usare solo la Parola di Dio e non il tuo "buon senso" o la "sapienza" di chicchessia *(basato su Salmo 19:7-11; 119:49-50, 92, 104; Proverbi 6:23; Isaia 55:8-11; 2 Timoteo 3:16-17; Ebrei 4:12).* Nel tuo tentativo ubbidiente di ristabilire un fratello caduto in colpa *(Galati 6:1-2),* devi:

      1. indicargli, in privato, i peccati che deve abbandonare (di cui deve "svestirsi spogliarsi") e indirizzarlo a quei passi della Parola di Dio che mostrano il suo peccato *(basato su Romani 6:1-2; Colossesi 3:1-9);*

      2. essere pronto a presentargli il piano di Dio per essere ristabilito (che comprende ravvedimento, confessione e riconciliazione) e per ricominciare a vivere per piacere al Signore (ciò di cui deve "rivestirsi") *(basato su Romani 12:18; Colossesi 1:9-12, 3:10-24; Giacomo 5:16; 1 Giovanni 1:9; Apocalisse 2:4-5).* A questo punto spesso si rende necessaria la consulenza biblica di credenti maturi per completare il ristabilimento del fratello caduto nel peccato *(basato su Proverbi 11:14, 15:22; Galati 6:1).* Ripassa le Lezioni 5 - 8, che trattano l'argomento del cambiamento biblico.

   D. Che cosa fare indipendentemente dalla reazione del fratello, sia nei tuoi confronti sia in quelli del suo peccato.

      1. Esaminare (giudicare) te stesso, alla luce della Parola, prima di approcciarlo riguardo al suo peccato (o peccati) e devi intraprendere i passi biblici necessari per superare qualsiasi peccato nella tua vita per piacere a Dio ed evitare di essere un ipocrita *(basato su Matteo 7:1-5; 1 Corinzi 11:31; Galati 6:3-5).*

LINEE GUIDA: IL PROCESSO DI RISTABILIMENTO/DISCIPLINA

2. Davanti a Dio, perdonare, il peccato di tuo fratello nel tuo cuore *(Matteo 18:35; Marco 11:26)*. Essere pronto, in ogni momento, a concedergli il perdono quando si ravvede *(Luca 17:3-4)*.

3. Cercare fedelmente di riportare tuo fratello nel giusto rapporto con il Signore e con il resto del corpo di Cristo *(Matteo 18:15; Galati 6:1-2)* esaminando sempre te stesso alla luce della Parola di Dio *(Matteo 7:1-5)*.

4. Mantenere uno spirito di mitezza nel trattare con il fratello che ha peccato. Bada bene che tu stesso non sia tentato mentre cerchi di ristabilire tuo fratello *(basato su Galati 6:1-2; Giacomo 4:7; 1 Pietro 5:8)*. Ricorda sempre che la disciplina è dolorosa *(Ebrei 12:11)*.

5. Pronunciare parole che edificano, secondo il bisogno del momento, per conferire grazia a chi ascolta *(Efesini 4:29; Colossesi 4:6)*. Non spettegolare sul peccato di un altro (informare chiunque non sia coinvolto, secondo la Parola, nel processo di ristabilimento/disciplina) *(basato su Levitico 19:16; Salmo 15:1-3; Proverbi 16:28, 17:9, 20:19, 1 Pietro 4:8)*.

E. Come agire quando il fratello si ravvede, in qualunque momento del processo di ristabilimento/disciplina (vale per tutte le persone coinvolte nel processo).

1. Concedere, di cuore e senza esitare, il completo (totale, pieno) perdono *(Matteo 18:35; Luca 17:3-4)* e parlate sempre con grazia *(Colossesi 4:6)*.

   Ripassa: **IL PERDONO (PERDONARE GLI ALTRI COME DIO TI HA PERDONATO)** *(Lezione 12, pagine 3-5)*.

2. Istruirlo, seguendo la Parola (ossia dare l'aiuto, il sostegno e il consiglio di altri credenti) per aiutarlo a superare il peccato (o i peccati) del momento nella sua vita e a sviluppare un modo di vivere biblico *(basato su Proverbi 11:14, 15:22; 2 Timoteo 3:16-17)*.

   Ripassa: **PASSI PRATICI PER OTTENERE UN CAMBIAMENTO BIBLICO** *(Lezione 8, pagine 8-10);* **LINEE GUIDA: SCHEDA DI LAVORO VITTORIA SUI FALLIMENTI** *(Supplemento 7);* **RICONCILIAZIONE (RIMUOVERE TUTTO CIÒ CHE OSTACOLA L'UNITÀ E LA PACE)** *(Lezione 12, pagine 6-8);* **DOMANDE E RISPOSTE SUL PERDONO BIBLICO** *(Lezione 12, pagine 9-13)*.

3. Aiutarlo, per quanto possibile, secondo la Parola, a ritornare ad una piena comunione e ad un servizio utile nel corpo di Cristo *(basato su 1 Corinzi 12:25-27; Efesini 4:16; Ebrei 10:23-25; 1 Pietro 4:10)*.

4. Continuare a giudicare voi stessi secondo la Parola *(Matteo 7:1-5)*.

II. Passi successivi da seguire nel caso in cui un fratello rifiuti di ravvedersi

A. Se un fratello rifiuta di ravvedersi dopo essere stato incoraggiato a farlo *(Matteo 18:15)*, devi prendere con te uno o due persone per testimoniare il suo persistente rifiuto a ravvedersi *(Matteo 18:16)*.

1. È essenziale che i testimoni siano credenti maturi che capiscano i principi biblici associati al processo di ristabilimento *(vedi sopra I. C)*. I testimoni devono avere la reputazione di essere imparziali per non essere accusati da nessuno di essere "di parte" *(basato su Levitico 19:15; Proverbi 24:23; 1 Timoteo 5:21)*.

2. Per preparare possibili passi successivi di ristabilimento/disciplina, che potrebbero coinvolgere molti altri nella chiesa, è consigliabile che uno dei testimoni sia un conduttore. Egli potrebbe stabilire il passo successivo nel processo di ristabilimento/disciplina *(basato su Ebrei 13:17; 1 Pietro 5:1-7)*.

3. Ogni testimone dovrebbe rivedere e seguire le linee guida di cui al precedente punto: **I. Passi iniziali da intraprendere per ristabilire un fratello che ha peccato**.

B. Se un credente professante, continua a non volersi ravvedere, deve essere portato davanti alla chiesa (ossia ai veri credenti, non a coloro che frequentano semplicemente gli incontri pubblici, perché fra loro potrebbero esserci dei non credenti). Dovrebbero essere riesaminati tutti i passi del processo biblico di ristabilimento *(basato su Matteo 7:1-5; 2 Timoteo 3:16-17; Giacomo 4:17)*. Poi, i credenti, sotto la guida dei responsabili della chiesa, devono incoraggiare colui che è in peccato, a ravvedersi *(basato su Matteo 18:17; Galati 6:1; Ebrei 13:17; Giacomo 5:19-20)*.

C. Che cosa ricordare per interrompere la comunione con un credente professante, impenitente *(1 Corinzi 5:11; 2 Tessalonicesi 3:6, 14-15; Tito 3:10)*.

1. Allontanarsi dalla comunione (tenersi distante) non significa evitare o ignorare, con spirito superbo, tale persona. Nel corso del vivere quotidiano, potresti avere l'occasione di parlare con il credente impenitente. Allora dovresti limitarti a esortarlo a "spogliarsi" del vecchio modo di vivere peccaminoso e di ritornare al Signore e all'ubbidienza della Sua Parola *(basato su Romani 6:1-2; Colossesi 3:3-14; Apocalisse 2:4-5)*.

2. "Notare" una persona impenitente significa essere attento affinché chi è coinvolto nel processo di ristabilimento/disciplina (processo che potrebbe coinvolgere l'intera famiglia della chiesa) faccia, con spirito di preghiera, uno sforzo speciale per ristabilire quell'individuo. "Notare" non significa spettegolare sulla persona che sceglie di non ravvedersi *(basato su Proverbi 17:9)*.

D. Ricorda che un credente impenitente deve essere trattato come chi non appartiene alla famiglia di Dio *(Matteo 18:17)*.

1. Tu e gli altri coinvolti nel processo di ristabilimento/disciplina non dovete ignorare, con malevolenza, la persona impenitente, ma dovete evitare di parlare con essa liberamente come fareste con gli altri credenti della comunità.

2. Una persona impenitente potrebbe scegliere di frequentare le riunioni della chiesa (come fanno i non credenti). Come i non credenti, però, non può avere un ministero, non può rompere il pane della cena del Signore o pretendere di non avere un problema da affrontare.

3. I credenti nella chiesa devono continuare ad ammonirlo. Tuttavia bisognerebbe portarlo a considerare la validità della sua salvezza, giacché continua a scegliere (come un non credente) di non ubbidire alla Parola di Dio *(1 Giovanni 2:3-6, 3:6-9)* e di vivere come chi non ha nessun potere soprannaturale per trionfare sul peccato *(Romani 8:7)*.

E. Ricordati sempre che la disciplina è dolorosa *(Ebrei 12:11a)* anche per chi la esercita. Dio Padre e lo Spirito Santo sono altresì addolorati dal peccato dell'individuo *(basato su Ezechiele 18:23, 30-32; Efesini 4:30)*.

F. I credenti che scelgono di non essere diligenti e fedeli nell'intero processo di ristabilimento/disciplina per il peccato di un altro credente, rischiano la disciplina correttiva del Signore perché:

1. peccano essi stessi disubbidendo alla Parola di Dio la quale dice che i credenti devono rialzare un fratello colto in fallo *(basato su Galati 6:1-2; Giacomo 4:17)*;

2. peccano come gruppo, minimizzando il peccato nel corpo di Cristo e scegliendo di non affrontarlo *(basato su 1 Corinzi 5:1-13; Giacomo 4:17)*.

LA COMUNICAZIONE BIBLICA

> Le tue parole, e il modo che le pronunci, sono fondamentali per avere delle relazioni armoniose. Per imparare a dire la verità con amore, devi anche capire quando parlare, come parlare in modo da edificare, e a chi dovresti parlare. Il potere delle tue parole è enorme perché esse mostrano la condizione del tuo cuore. Nel giorno del giudizio dovrai rendere conto perfino delle tue parole inutili *(basato su Proverbi 12:18, 18:21, 21:23; Matteo 12:34-37; Efesini 4:15, 25, 29; Colossesi 4:6).*

I. **Che cosa rivelano le tue parole?**

   A. Le tue parole sono lo specchio del tuo cuore *(Luca 6:45).*

   B. Le tue parole riflettono il tuo intento di guarire o di ferire *(Proverbi 11:9, 11; 12:18; 14:25; 15:4; 16:24, 28; 18:21).*

   C. Le tue parole indicano la tua maturità spirituale *(basato su Ecclesiaste 10:12-14; 2 Timoteo 2:16; Giacomo 1:26; 3:1-6 spec. il versetto 2).*

   D. Le tue parole rivelano se hai gli occhi fissi su te stesso (perché maledici) o su Dio e gli altri (perché benedici) *(basato su Giacomo 3:9-12; 1 Pietro 3:8-10).*

II. **A chi dovresti parlare?**

   A. Parla per prima cosa al Signore per avere il Suo punto di vista *(Giacomo 1:5).*

   B. Poi parla a te stesso per capire i cambiamenti che devi fare *(basato su Matteo 7:1-5; Romani 2:21).*

   C. Parla al saggio, non allo stolto beffardo *(Proverbi 9:7-9, 19:25, 23:9).*

   D. Parla a chi è sensibile non a chi è litigioso *(Proverbi 17:14; 20:3).*

   E. Parla solo a chi ha bisogno di sapere *(basato su Proverbi 11:13-14).*

   F. Parla a chi ha bisogno di speranza, conforto, ristabilimento o rigenerazione (nuova nascita spirituale) *(basato su Matteo 28:19-20; 2 Corinzi 1:3-4, 5:18-20; 1 Pietro 3:15).*

III. **Quando dovresti parlare?**

   A. Parla dopo aver raccolto i fatti *(Proverbi 18:13, 29:20).*

   1. Ascolta attentamente, piuttosto che pensare a quello che vuoi dire *(Proverbi 10:19, 15:28, 18:2).*

   2. Ascolta tutte le parti; non saltare subito alle conclusioni *(basato su Proverbi 18:13, 17).*

   3. Concentrati sui fatti, non sulle opinioni. Chiedi chi, che cosa, dove, come e non perché *(basato su Proverbi 13:10, 18:15; 2 Timoteo 2:23).*

4. Per capire la situazione, fa' domande che non richiedano come risposta un "sì" o un "no" (*basato su Proverbi 20:5*).

B. Parla dopo aver pensato (*basato su Proverbi 13:3, 15:28, 18:13, 21:23; Giacomo 1:19*).

C. Parla al momento appropriato (*Proverbi 15:23, 25:11*).

1. Approfitta delle opportunità per conferire grazia ed edificare chi ascolta (*Efesini 4:29; Colossesi 4:5-6*).

2. Parla benedicendo anche quando sei insultato o perseguitato (*basato su Proverbi 20:22; Romani 12:14; 1 Pietro 3:8-9*).

3. Quando appropriato, aiuta un'altra persona ammonendola, correggendola e portandola al ravvedimento (*Romani 15:14; Galati 6:1; Colossesi 1:28; 2 Timoteo 2:24-25*).

IV. **Come dovresti parlare?**

A. Parla con amore (*Efesini 4:15*).

1. L'amore è paziente, è benevolo, non invidia, non si vanta, non è arrogante, non si lascia provocare, non tiene in considerazione il male subìto (*1 Corinzi 13:4-5*).

2. L'amore copre le trasgressioni, quando possibile e appropriato, secondo la Parola (*Proverbi 10:12; 1 Pietro 4:8*).

*Vedi: **IL SIGNIFICATO DELL'AMORE BIBLICO** (Lezione 13, pagine 4-6). Nota soprattutto la definizione dell'amore biblico illustrata al punto **III. L'amore ha caratteristiche precise che dimostrano devozione al Signore con le azioni.***

B. Parla controllando le emozioni (*Proverbi 15:1, 16:32, 17:27; Efesini 4:25-27*).

C. Parla senza contendere (*Proverbi 17:14, 20:3; 2 Timoteo 2:24-25*).

D. Parla con dolcezza, gentilezza, grazia e rispetto (*Proverbi 15:1; 16:21, 24; 25:15; Colossesi 4:6; 1 Pietro 3:15*) ma anche con fermezza e autorità (*Tito 2:15, 3:8*).

E. Parla benedicendo in risposta ad insulti (*Proverbi 20:22; Romani 12:14; 1 Pietro 3:9*).

F. Parla in una maniera che sia accetta e gradita a Dio (*Salmo 19:14; 1 Tessalonicesi 2:4*).

V. **Che cosa non dovresti dire?**

A. Non dovresti mentire (*basato su Esodo 20:16; 23:1; Deuteronomio 5:20; Salmo 31:18; Proverbi 4:24; 6:12, 16-19; 8:13; 12:22; 19:5; Efesini 4:25; Colossesi 3:9; Apocalisse 22:15*).

B. Non dovresti usare parole cattive, maldicenti, maliziose o offensive perché questo è il modo di parlare del vecchio io (*Efesini 4:29, 31; Colossesi 3:8*).

C. Non dovresti maledire o parlare con amarezza perché questi sono segni di cattiveria e malvagità (*Salmo 10:2-11, spec. il versetto 7; Romani 3:10-18, spec. il vers. 14*).

D. Non dovresti parlare in maniera sciocca, oscena o volgare perché questo è un comportamento indegno per un figlio di Dio (*Proverbi 26:18-19; Efesini 5:4*).

E. Dovresti evitare le chiacchiere mondane vuote perché conducono all'empietà (*1 Timoteo 6:20; 2 Timoteo 2:16*).

F. Non dovresti parlare troppo o rispondere in modo affrettato perché questo porta inevitabilmente alla trasgressione ed è una caratteristica di una vita indisciplinata *(basato su Salmo 39:1, 141:3; Proverbi 10:19; Giacomo 1:19)*.

G. Non ingannare usando un parlare lusinghevole per ottenere qualcosa, perché questo è dannoso per rapporti armoniosi *(basato su Proverbi 26:28, 29:5; 1 Tessalonicesi 2:3-7, spec. il versetto 5; Giuda 1:16)*.

H. Non dovresti spettegolare, perché ciò rivela uno spirito litigioso e fomenta le contese con gli altri *(Proverbi 18:8, 20:19, 26:20)*.

1. Devi eliminare dalla tua vita il pettegolezzo e non devi frequentare le persone pettegole. *Proverbi 20:19* afferma chiaramente: "Chi va sparlando palesa i segreti; perciò non t'immischiare con chi apre troppo le labbra."

2. Puoi far cessare una contesa smettendo di spettegolare come dice *Proverbi 26:20*: "Quando manca la legna, il fuoco si spegne, e quando non c'è il maldicente, cessano le contese."

I. Non dovresti vantarti di ciò che hai fatto o di che cosa hai in progetto di fare, perché tutto quello che hai compiuto nel passato, e quello che potrai compiere in futuro, è un dono della grazia di Dio. Inoltre il vantarti è segno di arroganza e di negligenza nel riconoscere la sovranità di Dio e la capacità di agire che Egli ti accorda nella vita *(Salmo 75:1-8; Proverbi 27:1; Geremia 9:23-24; Giacomo 4:13-16)*.

VI. **Che cosa dovresti dire?**

A. La verità, sempre *(Efesini 4:15, 25)*.

B. Dovresti usare le parole di Dio piuttosto che le tue opinioni o le filosofie umane *(basato su Proverbi 30:5-6; Isaia 55:8-11; 1 Pietro 1:24-25)*. Non fare appello alla tua autorità dicendo "io penso", "io credo", "non sono d'accordo", ecc.

1. Soltanto le parole che sono giuste (appropriate) alla sana dottrina *(Tito 2:1)*.

2. Parla con salmi, inni e cantici spirituali *(Efesini 5:19; Colossesi 3:16)*.

C. Usa solo parole buone che conferiscano grazia a chi le ascolta *(Proverbi 15:1; Efesini 4:29; Colossesi 4:6)*.

1. Non distruggere o sminuire altri con parole del tipo "questo è stupido" o "ti sbagli sempre", ma adoperati piuttosto ad edificare l'altra persona.

2. Sii attento a soddisfare il bisogno del momento.

D. Parla con l'intento di riconciliare gli altri al Signore *(basato su 2 Corinzi 5:20)*.

E. Parla per testimoniare del Signore *(1 Pietro 3:15)*.

F. Il tuo parlare dovrebbe essere sempre di ringraziamento *(Salmo 9:1; Efesini 5:4, 20; Colossesi 3:17)* e di lode al Signore *(Salmo 145:1-7, 150:1-6)*.

G. Vantati della rettitudine, della misericordia della giustizia di Dio e della Sua opera di grazia attraverso Gesù Cristo *(Salmo 20:7, 44:8; Geremia 9:23-24; 1 Corinzi 1:26-31)*.

I RAPPORTI BIBLICI
(AMARE L'UN L'ALTRO NEL CORPO DI CRISTO)

> Con la nuova nascita spirituale, sei diventato un membro del corpo di Cristo. I credenti in Cristo sono, in modo soprannaturale, fratelli e sorelle. Dovrebbero continuamente sostenersi l'un l'altro e amarsi a vicenda secondo la Parola *(basato su Giovanni 13:35; Romani 12:4-5; 1 Corinzi 10:17; Efesini 1:22-23, 2:11-22, 4:11-16; Colossesi 2:18-19).*

I. **Espressioni di amore biblico nei Vangeli**

   A. Siate mansueti gli uni verso gli altri affinché possiate ereditare la terra *(Matteo 5:5).*

   B. Adoperatevi per la pace gli uni con gli altri affinché possiate essere chiamati figli di Dio *(Matteo 5:9).*

   C. Riconciliatevi gli uni con gli altri affinché possiate essere degni di lodare e servire il Signore *(Matteo 5:23-24).*

   D. Date a chi vi chiede *(Matteo 5:42a).*

   E. Amate i vostri nemici e pregate per quelli che vi perseguitano *(Matteo 5:44).*

   F. Perdonate gli altri affinché Dio perdoni voi *(Matteo 5:14-15).*

   G. Non giudicate gli altri affinché voi non siate giudicati *(Matteo 7:1-2).*

   H. Trattate gli altri come vorreste che gli altri trattassero voi *(Matteo 7:12).*

   I. Riprendete il fratello affinché possa essere riconciliato con voi e con il Signore *(Matteo 18:15-17).*

   J. Servite gli uni gli altri seguendo l'esempio di Cristo *(Matteo 20:26-28; Giovanni 13:13-17).*

   K. Amate il vostro prossimo come amate voi stessi in modo che gli altri sappiano che siete discepoli di Cristo *(Matteo 22:39; Giovanni 13:34).*

II. **Espressioni di amore biblico in Atti e in Romani**

   A. Venite incontro gli uni agli altri mettendo in comune quello che il Signore ha affidato a ciascuno *(Atti 4:32-37).*

   B. Secondo i doni spirituali servite gli uni gli altri come membra attive del corpo di Cristo, edificandovi a vicenda *(Romani 12:3-8).*

   C. Siate ripieni di amore fraterno perché in Cristo, siete membri della famiglia di Dio *(Romani 12:10).*

   D. Abbiate predilezione l'uno per l'altro dimostrando così di onorare il fratello *(Romani 12:10).*

E. Siate di un unico sentimento e non stimatevi savi da voi stessi, invece glorificate Dio attraverso la vostra unità *(Romani 12:16, 15:5-6)*.

F. Amatevi gli uni gli altri, adempiendo così la legge nella sua essenza: "Ama il prossimo tuo come te stesso" *(Romani 13:8-10)*.

G. Non giudicatevi gli uni gli altri, riconoscete che il Signore è sovrano nella vita di ogni fratello *(Romani 14:1-13)*.

H. Cercate le cose che contribuiscono alla pace e alla reciproca edificazione e non siate motivo di caduta per gli altri *(Romani 14:14-19)*.

I. Accettatevi gli uni gli altri seguendo così l'esempio di Cristo che ci ha accolto per la gloria di Dio *(Romani 15:7)*.

J. Ammonitevi gli uni gli altri perché il Signore vi ha reso capaci di farlo *(Romani 15:14)*.

III. **Espressioni di amore biblico in 1 e 2 Corinzi**

A. Abbiate un medesimo modo di pensare per preservare l'unità nel corpo di Cristo *(1 Corinzi 1:10)*.

B. Non siate ingordi, ma quando vi riunite per mangiare aspettatevi gli uni gli altri esprimendo così l'unità del corpo di Cristo *(1 Corinzi 11:17-22, 33)*.

C. Non ci dovrebbero essere divisioni nel corpo, ma i membri dovrebbero avere la stessa cura gli uni per gli altri *(1 Corinzi 12:25)*.

D. Date voi stessi per prima cosa al Signore e poi gli uni agli altri, mostrando così di volervi sostenere a vicenda *(2 Corinzi 8:4-5)*.

IV. **Espressioni di amore biblico in Galati ed Efesini**

A. Servite gli uni gli altri, per mezzo dell'amore *(Galati 5:13)*.

B. Vivete per lo Spirito e non siate vanagloriosi provocandovi e invidiandovi gli uni gli altri *(Galati 5:24-26)*.

C. Rialzate, con mansuetudine, coloro che sono stati vinti dal peccato *(Galati 6:1)*.

D. Portate i pesi gli uni degli altri e adempirete così la legge di Cristo *(Galati 6:2)*.

E. Sopportatevi gli uni gli altri con amore, conservando l'unità dello Spirito nel vincolo della pace *(Efesini 4:2-3)*.

F. Bandite la menzogna perché siete membra gli uni degli altri nel corpo di Cristo *(Efesini 4:25)*.

G. Perdonatevi a vicenda come Cristo vi ha perdonato *(Efesini 4:32)*.

H. Siate benevoli e misericordiosi gli uni verso gli altri e allontanate da voi ogni amarezza, cruccio, ira, clamore e parola offensiva *(Efesini 4:31-32)*.

I. Parlate gli uni agli altri con salmi, inni e cantici spiritual. Cantate e salmeggiate con il vostro cuore al Signore, con rendimento di grazie *(Efesini 5:18-20)*.

J. Sottomettetevi gli uni agli altri nel timore (riverenza) di Cristo, perché vivete una vita controllata dallo Spirito Santo *(Efesini 5:18-21).*

V. **Espressioni di amore biblico in Filippesi e Colossesi**

   A. Abbiate un unico modo di pensare per mantenere la comunione dello Spirito, con affetto e compassione *(Filippesi 2:1-2).*

   B. Ciascuno stimi gli altri più importanti di se stesso, senza egoismo e vanagloria *(Filippesi 2:3).*

   C. Sopportatevi gli uni gli altri con amore perché siete stati scelti da Dio *(Colossesi 3:12-13).*

   D. Perdonatevi a vicenda come il Signore vi ha perdonato *(Colossesi 3:13).*

   E. Istruitevi e ammonitevi, con ogni saggezza, con salmi e inni e cantici spirituali, cantando con gratitudine nei vostri cuori a Dio *(Colossesi 3:16).*

VI. **Espressioni di amore biblico in 1 Tessalonicesi**

   A. Amatevi gli uni gli altri perché il Signore vi fa crescere e abbondare nel Suo amore *(1 Tessalonicesi 3:12, 4:9).*

   B. Confortatevi gli uni gli altri con la promessa del ritorno del Signore affinché non siate tristi come quelli che non hanno speranza *(1 Tessalonicesi 4:13-18).*

   C. Incoraggiatevi gli uni gli altri mentre aspettate il ritorno di Gesù Cristo nostro Signore *(1 Tessalonicesi 5:11).*

   D. Apprezzate e stimate grandemente coloro che vi sono preposti nel Signore e vivete in pace tra di voi *(1 Tessalonicesi 5:12-13).*

   E. Cercate sempre il bene gli uni degli altri e non rendete il male per il male *(1 Tessalonicesi 5:15).*

VII. **Espressioni di amore biblico in Ebrei e Giacomo**

   A. Esortatevi a vicenda affinché nessuno di voi si indurisca per la seduzione del peccato *(Ebrei 3:13, 10:25).*

   B. Stimolatevi gli uni gli altri all'amore e alle buone opere, mantenendo ferma la confessione della vostra speranza senza vacillare *(Ebrei 10:23-24).*

   C. Riunitevi per incoraggiarvi a vicenda perché vedete avvicinarsi il giorno della venuta del Signore Gesù Cristo *(Ebrei 10:25).*

   D. Confessate i vostri peccati gli uni agli altri e pregate gli uni per gli altri affinché siate guariti *(Giacomo 5:16).*

VIII. **Espressioni di amore biblico in 1 Pietro**

   A. Amatevi a vicenda in ubbidienza alla verità, perché l'amore copre una moltitudine di peccati *(1 Pietro 1:22, 4:8).*

   B. Siate di benedizione gli uni agli altri perché siete stati chiamati in Cristo ad ereditare una benedizione *(1 Pietro 3:9).*

C. Siate ospitali gli uni verso gli altri senza mormorare *(1 Pietro 4:9)*.

D. Con amore servitevi a vicenda perché vi è stata data la grazia di farlo *(1 Pietro 4:10)*.

E. Rivestitevi di umiltà gli uni verso gli altri perché Dio resiste ai superbi, ma dà grazia agli umili *(1 Pietro 5:5)*.

IX. **Espressioni di amore biblico in 1 e 2 Giovanni**

A. Abbiate comunione gli uni con gli altri in Cristo perché camminate nella Sua luce *(1 Giovanni 1:7)*.

B. Amatevi a vicenda e siate ubbidienti a Dio in risposta al Suo amore per voi *(1 Giovanni 3:11, 23; 4:7, 11; 2 Giovanni 1:5)*.

C. Aiutate il fratello nel bisogno perché l'amore di Dio è in voi *(1 Giovanni 3:17)*.

SUPERARE I PROBLEMI INTERPERSONALI

> Hai sempre la responsabilità, benché tu sia nato di nuovo spiritualmente, di continuare a morire a te stesso vivere per il Signore e servire efficacemente gli altri *(basato su Matteo 7:12; Marco 10:43-45; Luca 9:23-24; Giovanni 3:30, 12:24-26; Romani 12:3; Filippesi 2:3-4, 3:7-8; Ebrei 12:1-3).*

I. **Ripassa attentamente i seguenti rimandi:**

　A. i requisiti biblici fondamentali per il cambiamento (Lezioni 1 e 2), riconoscere le differenze fra vivere secondo la via dell'uomo e vivere secondo la via di Dio (Lezioni 3 e 4);

　B. gli elementi essenziali del cambiamento biblico (Lezioni 5 - 8); morire a te stesso e vivere per il Signore (Lezioni 9 e 10);

　C. la necessità di affrontare, secondo la Parola, l'ira e l'amarezza nella tua vita (Lezione 11);

　D. superare i problemi interpersonali in relazione ai rapporti familiari (Lezioni 14 - 17);

　E. i possibili legami fra paura, preoccupazione o depressione nella tua vita (Lezioni 18 e 19) e le difficoltà interpersonali;

　F. la gravità dei peccati ripetuti che dominano la vita e il loro rapporto con qualsiasi problema (Lezioni 20 e 21);

　G. il bisogno che hai di stabilire, e mantenere, fedelmente le norme della Parola di Dio in ogni aspetto della tua vita (Lezione 22).

　NOTA. I rimandi sono importanti per affrontare questo specifico problema. Nell'affrontare i problemi secondo la Parola, devi esaminare tutti gli aspetti della tua vita. Per esempio, il problema dell'ira non può essere superato se affrontato come un problema isolato. Piuttosto, ogni specifico problema deve essere affrontato alla luce dei principi biblici per tutti gli aspetti della vita. Come vedi, i rimandi alle lezioni precedenti sono elencati in aggiunta a quelli delle lezioni non ancora svolte.

　Se continuerai nella formazione per la consulenza biblica, scoprirai che le soluzioni di Dio, come sono presentate in questo corso, si applicano a tutti i problemi, anche a quelli non affrontati in questo manuale.

II. **Fa' un elenco delle persone, dei luoghi, dei momenti e delle circostanze in cui un problema particolare della tua vita salta fuori. Ti aiuterà a scoprire quello che ti porta a ripetere questo peccato, o ad essere tentato a farlo.**

III. **Usa la SCHEDA DI LAVORO VITTORIA SUI FALLIMENTI (Supplemento 8). Per compilare le colonne 1-3 segui le istruzioni in LINEE GUIDA: SCHEDA DI LAVORO VITTORIA SUI FALLIMENTI (Supplemento 7).**

IV. **Come compilare la quarta colonna della SCHEDA DI LAVORO VITTORIA SUI FALLIMENTI (Supplemento 8).**

　A. Elabora un **piano base** per superare i peccati che hai riconosciuto nella tua vita riguardo ai tuoi rapporti interpersonali. Nel tuo piano includi le azioni (pensieri, parole e atti) che ti aiuteranno a sviluppare un comportamento simile a quello di Cristo. Tieni conto delle seguenti linee guida:

1. Pensa secondo la Parola
   a. Ricordati che Dio ha promesso di prendersi cura di te in ogni situazione, non importa quanto grave possa sembrare *(Salmo 23:1-6, 37:5; Proverbi 3:25-26; Matteo 10:28-31; Romani 8:28-29, 36-39; 1 Corinzi 10:13)*.
   b. Confessa a Dio tutti i pensieri peccaminosi *(1 Giovanni 1:9)* e chiedi il Suo aiuto per cambiare questa abitudine peccaminosa *(basato su 1 Tessalonicesi 5:17; Ebrei 4:15-16; Giacomo 1:5)*.
   c. Sii gioioso *(1 Tessalonicesi 5:16)*. Ringrazia in ogni, e per ogni, situazione *(Efesini 5:20; 1 Tessalonicesi 5:18)* sapendo che la costanza nelle prove serve a conformarti all'immagine di Cristo *(basato su Romani 5:3-5; Giacomo 1:2-4)*.
   d. Ricordati che il perdono di Dio nei tuoi confronti è la base per perdonare gli altri *(Matteo 18:21-35; Efesini 4:32; Colossesi 3:13)*.
   e. Ricordati che il tuo amore per gli altri mostra il tuo amore per Dio *(1 Giovanni 2:9-11, 3:14-16, 4:7-11, 20-21)*.
   f. Desidera ardentemente, anche nei pensieri, di glorificare e piacere a Dio e di essere di benedizione agli altri, in ogni situazione *(basato su Matteo 22:37-39; Luca 9:23-24; 2 Corinzi 5:9, 15; 10:5; Galati 5:16-17; Filippesi 2:3-4, 4:8; Colossesi 3:2)*.
   g. Nella tua attuale situazione non soffermarti sulle cose che contribuiscono a farti peccare ancora di più, ma disciplina la tua mente a pensare alle cose che piacciono al Signore *(Filippesi 4:8; Colossesi 3:2)*. Ricordati di pregare per quelli che ti perseguitano *(Matteo 5:44)*.
   h. Ripassa i salmi, gli inni e i cantici spirituali che hai imparato a memoria *(basato su Efesini 5:19-20; Colossesi 3:16)*.
   i. Pensa a come puoi incoraggiare, stimolare all'amore e alle buone opere gli altri credenti *(Ebrei 10:23-25)*.

2. Parla secondo la Parola.
   a. Confessa i tuoi peccati attuali al Signore e a quelli che non hai amato secondo la Bibbia, incluso il peccato di non aver adempiuto ai tuoi doveri. Confessa qualsiasi altro peccato di cui ti ricordi e che non hai già confessato *(basato su Salmo 51:1-4; Giacomo 5:16; 1 Giovanni 1:9)*. *Per rivedere come confessare i tuoi peccati a coloro contro i quali hai peccato vedi:*
   LINEE GUIDA: SCHEDA DI LAVORO VITTORIA SUI FALLIMENTI
   (Supplemento 7) al punto **VI. Applicare il cambiamento biblico**, punto D.
   RICONCILIAZIONE (RIMUOVERE TUTTO CIÒ CHE OSTACOLA L'UNITÀ E LA PACE) *(Lezione 12, pagine 6-8)* al punto **II. La confessione**
   b. Non parlare dei tuoi successi del passato *(Proverbi 27:2, 30:32; 2 Corinzi 10:18)* dei tuoi dispiaceri, delle tue sconfitte *(Filippesi 3:13-14)* o delle preoccupazioni per il futuro *(Matteo 6:34)*. Non paragonarti a te stesso e/o ad altri *(2 Corinzi 10:12)*. Non parlare orgogliosamente nemmeno di ciò che farai nel futuro *(Proverbi 27:1; Giacomo 4:13-16)*. Invece, edifica gli altri; parla con gratitudine della bontà del Signore e della differenza che il Suo aiuto fa nell'affrontare, di volta in volta, le diverse situazioni della tua vita *(Luca 10:20; Efesini 4:29; Colossesi 4:6; Ebrei 13:15; 1 Pietro 3:15)*.
   c. Non calunniare, non spettegolare, non litigare né usare parole che non edifichino gli altri *(Proverbi 10:18; Efesini 4:29, 31, 5:4; Colossesi 3:8; 2 Timoteo 2:24; 1 Pietro 2:1)*. Invece sia il tuo parlare

veritiero e pieno di grazia, secondo il bisogno per sapere come tu debba rispondere a ciascuno *(Efesini 4:15, 25, 29; Colossesi 4:6).*

    d. Non tornare sui peccati di un altro per accusarlo o per vendicarti, né con gli altri, né con te stesso, né con colui che ha peccato *(Proverbi 10:18, 17:9, 20:19; Efesini 4:29, 31; Colossesi 3:8; 1 Pietro 2:1).*

    e. Incoraggia la riconciliazione con Dio e con gli altri seguendo le linee guida bibliche *(Matteo 5:9, 23-24; Romani 12:18; 2 Corinzi 2:6-8, 5:18).*
Vedi: **LA RICONCILIAZIONE (RIMUOVERE TUTTO CIÒ CHE OSTACOLA L'UNITÀ E LA PACE)** *(Lezione 12, pagine 6-8).*

3. Agisci secondo la Parola

    a. Perdona gli altri come Dio ti ha perdonato *(Efesini 4:32; Colossesi 3:13).*
Vedi: **IL PERDONO (PERDONARE GLI ALTRI COME DIO TI HA PERDONATO)** *(Lezione 12, pagine 3-5) e rifletti se stai mettendo in pratica il perdono biblico. Altrimenti apporta i cambiamenti necessari.*

    b. Impara a memoria la Scrittura e studia quei brani della Bibbia che parlano specificatamente di come superare i tuoi peccati nei tuoi rapporti interpersonali. Impara a memoria i versetti che parlano di amare gli altri secondo la Parola *(basato su Salmo 119:9, 11, 16; 2 Corinzi 10:5; Filippesi 4:8; 2 Timoteo 2:15).* Impara a memoria salmi, inni e cantici spirituali per poterli usare nel momento opportuno *(basato su Efesini 5:19-20; Colossesi 3:16).*

    c. Prega sempre con ringraziamento *(Filippesi 4:6; 1 Tessalonicesi 5:17-18)* e secondo la volontà di Dio *(1 Giovanni 5:14-15).* Getta sul Signore tutte le tue preoccupazioni *(1 Pietro 5:7)* e prega per quelli che ti perseguitano *(Matteo 5:44).*

    d. Identifica i segnali di pericolo — situazioni, luoghi e contatti personali che ti inducono in tentazione — e compi subito dei passi per eliminare, fuggire o resistere alla tentazione *(basato su Salmo 1:1; Proverbi 27:12; 1 Corinzi 10:13, 15:33; 2 Timoteo 2:22; Giacomo 4:7; 1 Pietro 5:8-9).*

    e. Chiedi perdono per ciò che hai fatto di male e cerca di riconciliarti con chi hai offeso *(basato su Matteo 5:23-24).* Ricordati che, anche se hai già confessato i tuoi peccati *(vedi 2. a. sopra)* devi dimostrare con i fatti la seria intenzione di cambiare.
Vedi: **LA RICONCILIAZIONE (RIMUOVERE TUTTO CIÒ CHE OSTACOLA L'UNITÀ E LA PACE)** *(Lezione 12, pagine 6-8) al punto* **III. La Restituzione** *e* **IV. L'importanza della riconciliazione.**

    f. Benedici gli altri con espressioni concrete e genuine di amore biblico e di servizio (ciò include le tue responsabilità giornaliere come membro di una famiglia, studente, impiegato, vicino, ecc.) *(basato su Matteo 7:12; Romani 12:9-13, 15-16; 13:8-10; 1 Corinzi 13:4-8a; Filippesi 2:3-8; 1 Timoteo 6:17-19; 1 Pietro 3:8-9; 1 Giovanni 3:18).* Devi farlo:

        1) se ne hai voglia o no *(basato su Genesi 4:7; 2 Corinzi 5:14-15; Galati 5:16-17; Filippesi 4:13; Giacomo 4:17);*

        2) specialmente verso coloro che sembrano essere tuoi nemici e quelli contro cui hai peccato *(basato su Matteo 5:23-24, 43-48; Marco 11:25-26; Romani 12:14, 17-21);*

        3) con gentilezza e misericordia verso quelle stesse persone che ti hanno irritato o che ancora ti irritano *(Efesini 4:31-32);*

        4) approfittando delle opportunità per servire gli altri con lo stesso atteggiamento di Cristo *(basato su Matteo 20:25-28; Filippesi 2:3-8; 1 Pietro 4:10);*

5) mettendo in pratica l'amministrazione biblica per onorare il Signore ed essere di aiuto pratico agli altri *(basato su Salmo 24:1; Matteo 25:14-29; 1 Corinzi 4:1-2; Efesini 5:15-17; 1 Timoteo 6:17-19; 1 Pietro 4:10).*
Vedi:
PRINCIPI BIBLICI DI AMMINISTRAZIONE *(Lezione 10, pagine 4-6)*
MORIRE A TE STESSO SERVENDO GLI ALTRI *(Lezione 10, pagine 7-8)*

Per specifici esempi di come e quando esprimere amore biblico, anche nelle situazioni difficili, vedi IL SIGNIFICATO DELL'AMORE BIBLICO (Lezione 13, pagine 4-6).

g. Quando necessario, tieni un "tavolo di discussione" usando le linee guida tracciate in: **SUPERARE I PROBLEMI ATTRAVERSO LA COMUNICAZIONE BIBLICA (USARE UN TAVOLO DI DISCUSSIONE PER LA RICONCILIAZIONE)** *(Lezione 15, pagine 6-9).*

h. Correggi quei difetti nella tua vita dovuti a mancanza di disciplina o a noncuranza *(basato su Colossesi 3:1-17; 1 Timoteo 4:7b; Giacomo 4:17).*

i. Chiedi, se ne hai bisogno, ad un amico cristiano di aiutarti a controllare se stai mettendo in pratica il tuo **piano base** e il tuo **piano di emergenza** fino a che tu non stabilisca un nuovo modello di vita secondo Dio *(Proverbi 27:17; Ecclesiaste 4:9-10; Ebrei 10:23-25).* Se necessario chiedi consulenza biblica ad altri *(Proverbi 11:14, 15:22).*

j. Se un problema interpersonale persiste perché un credente non vuole ravvedersi del suo peccato, fa' i passi necessari per riportare quella persona al Signore e agli altri credenti *(basato su Romani 12:18; Matteo 18:15; Galati 6:1-2).*

Per rivedere i passi necessari da fare per ristabilire un credente impenitente studia:
RISTABILIMENTO/DISCIPLINA (LA TUA RISPOSTA BIBLICA AL PECCATO DI UN ALTRO CREDENTE) *(Lezione 13, pagine 7-8)*
LINEE GUIDA: IL PROCESSO DI RISTABILIMENTO/DISCIPLINA *(Lezione 13, pagine 9-11)*

B. Secondo della necessità, sviluppa un **ELENCO "COSE DA PENSARE E DA FARE"** (Supplemento 10) usando le **LINEE GUIDA: ELENCO "COSE DA PENSARE E DA FARE"** (Supplemento 9).

C. Metti in pratica il tuo **piano base** *(Giacomo 1:22)* e fallo di buon animo come per il Signore *(Colossesi 3:23-24).*

D. Elabora un **piano di emergenza** per affrontare situazioni specifiche che ti tentano a peccare nei rapporti interpersonali. Tieni presenti le seguenti linee guida.
 1. Chiedi immediatamente aiuto a Dio *(1 Tessalonicesi 5:17; Ebrei 4:15-16; Giacomo 1:5).*
 2. Ripassa i versetti imparati a memoria che affrontano i tuoi peccati nei rapporti interpersonali e quelli che parlano dell'amore, secondo Dio, verso gli altri *(basato su Salmo 119:9, 11, 16).*
 3. Cerca immediatamente il punto di vista di Dio.
    a. Considera ogni situazione, indipendentemente dai tuoi sentimenti o dalle circostanze, come un'opportunità per maturare ancora di più sul piano spirituale *(Giacomo 1:2-4),* perché Dio fa sì che tutte le cose cooperino al tuo bene *(basato su Salmo 37; Proverbi 3:5-12; Romani 8:28-29; Efesini 1:3-14; Filippesi 1:6).*
      1) Ricorda a te stesso che puoi ogni cosa in Cristo che ti fortifica *(Filippesi 4:11-13),* perché la tua capacità viene da

Dio e non da una "forza interiore" naturale *(2 Corinzi 3:5)*. Ricordati che non puoi portare frutto senza Gesù Cristo *(Giovanni 15:5)*.

  2) Loda e glorifica Dio perché Egli è forte perfino quanto tu sei debole *(2 Corinzi 12:9-10)*; Egli ti preserverà da ogni caduta e ti farà comparire irreprensibile e con grande gioia davanti alla Sua gloria *(Giuda 1:24-25)*.

 b. Ricorda che Dio guarda al tuo cuore e non alla tua apparenza *(1 Samuele 16:7)*. Devi essere irreprensibile davanti a Lui nei tuoi pensieri, sia che gli altri li conoscano o no *(basato su Atti 23:1, 24:16; Romani 14:12; Efesini 4:1; Filippesi 1:9-11, Colossesi 1:21-22)*.

  1) Se inizi anche solo a formulare pensieri peccaminosi in questa circostanza imprevista, confessali al Signore *(1 Giovanni 1:9)*.

  2) Ricorda che non devi giudicare te stesso sulla base della durata o dell'enormità del tuo peccato (secondo standard umani). La cosa grave è che, anche se momentaneamente, hai smesso di camminare nella via di Dio *(Giacomo 2:10, 4:17)*.

4. Ringrazia Dio che sei Suo servitore nella tua circostanza attuale *(Efesini 5:20; 1 Tessalonicesi 5:18)*. Decidi come rendere gloria a Dio *(1 Corinzi 10:31; 1 Pietro 4:11)* e cerca modi di edificare gli altri servendoli *(Efesini 4:29; Filippesi 2:3-4)*.

5. Agisci secondo il tuo **piano di emergenza** appena ti accorgi della tentazione a peccare nei tuoi rapporti interpersonali *(basato su 1 Tessalonicesi 5:22; 2 Timoteo 2:19-22)*. Poi, inizia a fare di nuovo le cose scritte nel tuo **piano base** *(basato su Proverbi 24:16; Giacomo 1:22-25)*.

LO STUDIO DI UN CASO:
MARIA È STATA ABBANDONATA DAL MARITO

> Indipendentemente dalla gravità della situazione, i passi biblici per trattare ogni difficoltà cominciano sempre col giudicare prima te stesso e poi col reagire in un modo da piacere al Signore *(basato su Matteo 7:1-5; 1 Corinzi 11:31; 2 Corinzi 5:9, 15; Galati 5:17; Colossesi 3:17).*

Dopo che il consulente ha mostrato a Maria che cosa deve fare per ubbidire alla Scrittura e per onorare Dio, l'incontro di consulenza continua.

Consulente: "Bene, Maria. Come ho detto l'ultima volta, il Signore ha delle risposte meravigliose per la tua vita. Vediamo che cosa ha da dire. Per iniziare, vorresti aprire la tua Bibbia a Matteo 22:37-39 e leggere questi versetti ad alta voce?"

Dopo che Maria ha letto i versetti, il consulente spiega come una vita che vuole seguire l'esempio di Cristo, deve dimostrare l'amore per Dio e per gli altri. Il consulente mostra che il problema più serio di Maria è che non non ama Dio, perché, non vive in ubbidienza alla Scrittura.

Maria: **"Ma io amo Dio".**

Consulente: "Come definisci l'amore, Maria?"

Maria: **"Beh, Dio è amore".**

Consulente: "Qualcos'altro?"

Maria, nel cercare di spiegarsi, incespica, ma non riesce a trovare le parole per rispondere adeguatamente.

Consulente: "Maria, vediamo che cosa Dio dice dell'amore. Trova nella tua Bibbia 1 Corinzi 13:4-8. Per favore, leggi questi versetti ad alta voce e fermati dopo la prima frase del versetto 8".

Maria legge i versetti che descrivono la definizione di Dio dell'amore. Il consulente ricorda a Maria il modo in cui ha risposto al marito e ai figli. Nel farlo usa le medesime parole e le descrizioni che lei stessa ha usato nelle sessioni precedenti. Il consulente le mostra come abbia trasgredito numerosi aspetti dell'amore biblico. Maria protesta, ma le sue proteste diventano sempre più deboli davanti all'evidenza dei fatti e alla luce della Parola che le parla attraverso lo Spirito Santo (Ebrei 4:12).

Maria: **"Capisco che cosa vuoi dire. La mia vita è andata a rotoli da quando mi sono allontanata dal Signore. Non posso incolpare nessun altro per questo".**

Il consulente affronta con gentilezza i peccati che Maria ha commesso in violazione alle caratteristiche dell'amore descritte in 1 Corinzi 13:4-8a. Ciò è assolutamente necessario, perché questi peccati non riguardano solo lei, ma hanno ripercussioni su ogni membro della sua famiglia.

Consulente: "Ti rendi conto di aver violato ognuno di questi principi? Potevi camminare ogni volta nella via di Dio, ma hai scelto di camminare nella tua via. Hai basato la tua pace e la tua gioia sulla tua relazione con Tommaso, invece di basarle sulla tua relazione con Gesù. Tommaso potrebbe venir meno, ma Gesù non lo farà mai".

© Biblical Counseling Foundation

*Il consulente sottolinea poi il fatto che l'impegno di Maria dev'essere quello di agire secondo la via di Dio, **che ne abbia voglia oppure no** (2 Corinzi 5:9, 15; Galati 5:17; Colossesi 3:17).*

***NOTA SPECIALE.** È importante non intromettersi tra Maria e Dio. Un consulente potrebbe essere tentato di sentirsi male per Maria e di cercare, erroneamente, di rimuoverla dalla sua situazione, oppure potrebbe cercare di aiutarla a sentirsi meglio o a trovare una giustificazione per le sue azioni. Ciò sarebbe assolutamente sbagliato. Lascia che la Parola faccia il suo lavoro. Gesù è stato crocifisso per Maria. Egli ha mandato lo Spirito Santo per fare la Sua opera in lei, anche nelle situazioni difficili. Non ti intromettere.*

*Il comportamento di Tommaso è un **suo** problema e non può essere trattato fino a quando deciderà di voler cambiare. Ti sarà presto presentata la strada che il Signore potrebbe usare per aiutare Tommaso ad affrontare i suoi problemi secondo la Parola.*

Consulente: "Maria, vediamo da dove il Signore vuole che tu inizi. Vorresti cercare Matteo 7:1-5 e leggere questi versetti?"

Dopo che Maria ha letto i versetti, il consulente l'aiuta a capire che deve affrontare i suoi problemi davanti al Signore. Il consulente chiede a Maria se vuole pregare e confessare la sua ribellione al Signore e chiedere il Suo aiuto per risolvere questo problema secondo la Sua via. Maria è d'accordo e fa una preghiera di confessione e, inoltre, chiede al Signore la Sua saggezza e la Sua forza nel risolvere la situazione secondo la Parola.

*Il consulente poi assegna a Maria i compiti da fare in preparazione del prossimo incontro. Oltre a imparare a memoria la Scrittura, alla meditazione giornaliera e a frequentare la chiesa, Maria deve cominciare a lavorare su una **SCHEDA DI LAVORO VITTORIA SUI FALLIMENTI** (Supplemento 8).*

Maria dovrebbe elencare nella **SCHEDA DI LAVORO VITTORIA SUI FALLIMENTI** almeno cinque elementi, secondo la Parola, di cui deve "spogliarsi" e cinque di cui deve "rivestirsi" per iniziare a ricostruire la sua vita davanti al Signore. Quali sono? Elenca le citazioni bibliche appropriate per ogni elemento.

LEZIONE 13: COMPITI

> Amare gli altri secondo la Parola, comprende i tuoi pensieri, le tue parole e le tue azioni ed è un segno del tuo essere discepolo di Cristo. Amare gli altri secondo la Parola dipende dalla tua consacrazione al Signore Gesù Cristo, non dipende dalle persone, dalle situazioni o dai tuoi sentimenti *(basato su Luca 6:45; Giovanni 13:35, 1 Corinzi 13:4-8a; 2 Corinzi 5:14-15; Filippesi 4:8; 1 Giovanni 4:7-11).*

✔ *compiti completati*

☐ A. * Con parole tue scrivi il significato di *Efesini 4:29* e *Filippesi 2:3-4*. Impara a memoria *Efesini 4:29* e *Filippesi 2:3-4*. Inizia a imparare *Efesini 5:21-22* e *25*. Ripassa i versetti imparati a memoria in precedenza.

☐ B. * Leggi **PRINCIPI BIBLICI: PROBLEMI INTERPERSONALI (SECONDA PARTE)** (Lezione 13, pagine 2-3). Evidenzia nella tua Bibbia i versetti che non hai ancora evidenziato.

☐ C. * Studia **IL SIGNIFICATO DELL'AMORE BIBLICO** (Lezione 13, pagine 4-6). Metti un segno accanto a quelle affermazioni che indicano i cambiamenti che devi apportare.

☐ D. Leggi **I RAPPORTI BIBLICI (AMARE L'UN L'ALTRO NEL CORPO DI CRISTO)** (Lezione 13, pagine 15-18). Metti un segno accanto alle affermazioni che indicano i cambiamenti che devi apportare nei tuoi rapporti con altri credenti.

☐ E. * Completa una **SCHEDA DI LAVORO VITTORIA SUI FALLIMENTI** (Supplemento 8) per ogni persona che non hai amato secondo la Parola ed elabora un piano, per ognuno, per iniziare a praticare l'amore biblico nei confronti di ciascuno. *(Vedi i cambiamenti che devi fare e che hai indicato nei precedenti punti C. e D.)* Studia **SUPERARE I PROBLEMI INTERPERSONALI** (Lezione 13, pagine 19-23) per attuare i tuoi piani.

☐ F. * Studia **RISTABILIMENTO/DISCIPLINA (LA TUA RISPOSTA BIBLICA AL PECCATO DI UN ALTRO CREDENTE)** (Lezione 13, pagine 7-8) e **LINEE GUIDA: IL PROCESSO DI RISTABILIMENTO/DISCIPLINA** (Lezione 13, pagine 9-11).

☐ G. * Studia **LA COMUNICAZIONE BIBLICA** (Lezione 13, pagine 12-14). Evidenzia nella tua Bibbia i versetti di riferimento e metti un segno accanto a quelle affermazioni che indicano i cambiamenti che devi fare nel tuo modo di comunicare.

☐ H. * Leggi **LO STUDIO DI UN CASO: MARIA È STATA ABBANDONATA DAL MARITO** (Lezione 13, pagine 24-25). Nota come la Scrittura mette in risalto che per trattare qualsiasi problema bisogna iniziare con l'esaminare se stessi e con l'amare Dio e gli altri. Elenca cinque cose di cui "spogliarsi" e cinque di cui "rivestirsi" sulla **SCHEDA DI LAVORO VITTORIA SUI FALLIMENTI** (Supplemento 8) di Maria, con le relative citazioni bibliche.

☐ I. * In collegamento con questa lezione, rispondi a quanto richiesto ai punti 21 e 22 del **Test a libro aperto** (Lezione 23, pagina 3).

* *Il completamento dei compiti contrassegnati con un asterisco (*) è essenziale per continuare la formazione per la consulenza biblica.*

© Biblical Counseling Foundation

LEZIONE 13: GUIDA ALLO STUDIO PER LA MEDITAZIONE GIORNALIERA
(COMPRENDE VERSETTI A MEMORIA E COMPITI)

> Amare gli altri secondo la Parola, comprende i tuoi pensieri, le tue parole e le tue azioni ed è un segno del tuo essere discepolo di Cristo. Amare gli altri secondo la Parola dipende dalla tua consacrazione al Signore Gesù Cristo; non dipende dalle persone, dalle situazioni o dai tuoi sentimenti *(basato su Luca 6:45; Giovanni 13:35, 1 Corinzi 13:4-8a; 2 Corinzi 5:14-15; Filippesi 4:8; 1 Giovanni 4:7-11).*

Versetti a memoria

1. Impara a memoria *Efesini 4:29* e *Filippesi 2:3-4*. Inizia a imparare *Efesini 5:21-22 e 25.*
2. Ripassa i versetti delle settimane precedenti, e quelli di questa settimana, nei tuoi momenti liberi durante il giorno. Porta sempre con te i cartoncini.

Guida allo studio per la meditazione giornaliera

PRIMO GIORNO
1. Inizia con la preghiera.
2. * Leggi *Principio 55* in **PRINCIPI BIBLICI: PROBLEMI INTERPERSONALI (SECONDA PARTE)** (Lezione 13, pagine 2-3). Evidenzia i versetti nella tua Bibbia.
3. * Studia **IL SIGNIFICATO DELL'AMORE BIBLICO** (Lezione 13, pagine 4-6) e metti un segno accanto alle affermazioni che indicano i cambiamenti che devi fare.
4. Leggi **I RAPPORTI BIBLICI (AMARE L'UN L'ALTRO NEL CORPO DI CRISTO)** (Lezione 13, pagine 15-18). Metti un segno accanto alle affermazioni che indicano i cambiamenti che dovresti fare nei rapporti con altri credenti.
5. * Con parole tue scrivi il significato di *Efesini 4:29* e *Filippesi 2:3-4.*
6. Termina con la preghiera.

SECONDO GIORNO
1. Inizia con la preghiera.
2. * Leggi *Principio 56* in **PRINCIPI BIBLICI: PROBLEMI INTERPERSONALI (SECONDA PARTE)** (Lezione 13, pagine 2-3). Evidenzia i versetti non evidenziati in precedenza.
3. * Inizia a lavorare su una **SCHEDA DI LAVORO VITTORIA SUI FALLIMENTI** (Supplemento 8) per ogni persona che non hai amato secondo la Parola. Per ogni persona elencata, elabora un piano per iniziare a praticare, nei loro confronti, l'amore biblico *(vedi lo studio del PRIMO GIORNO, ai punti "3" e "4" per quei cambiamenti specifici che hai già deciso di fare).* Porta avanti questo compito per i prossimi sei giorni.
4. * Studia **SUPERARE I PROBLEMI INTERPERSONALI** (Lezione 13, pagine 19-23) per scoprire i passi necessari per amare gli altri secondo la Parola.
5. Termina con la preghiera.

TERZO GIORNO
1. Inizia con la preghiera.
2. * Leggi *Principio 57* in **PRINCIPI BIBLICI: PROBLEMI INTERPERSONALI (SECONDA PARTE)** (Lezione 13, pagine 2-3). Evidenzia nella tua Bibbia i versetti citati.

3. * Continua a lavorare sulla **SCHEDA DI LAVORO VITTORIA SUI FALLIMENTI** (Supplemento 8) per ogni persona che non hai amato secondo la Parola.
4. Studia **RISTABILIMENTO/DISCIPLINA (LA TUA RISPOSTA BIBLICA AL PECCATO DI UN ALTRO CREDENTE)** (Lezione 13, pagine 7-8).
5. Termina con la preghiera.

QUARTO GIORNO
1. Inizia con la preghiera.
2. * Leggi *Principio 58* in **PRINCIPI BIBLICI: PROBLEMI INTERPERSONALI (SECONDA PARTE)** (Lezione 13, pagine 2-3). Evidenzia nella tua Bibbia i versetti citati.
3. * Continua a lavorare sulla **SCHEDA DI LAVORO VITTORIA SUI FALLIMENTI** (Supplemento 8) e sii molto specifico nei tuoi piani per amare gli altri secondo la Parola.
4. * Studia **LINEE GUIDA: IL PROCESSO DI RISTABILIMENTO/DISCIPLINA** (Lezione 13, pagine 9-11).
5. Termina con la preghiera.

QUINTO GIORNO
1. Inizia con la preghiera.
2. * Leggi *Principio 59* in **PRINCIPI BIBLICI: PROBLEMI INTERPERSONALI (SECONDA PARTE)** (Lezione 13, pagine 2-3); nella tua Bibbia evidenzia i versetti citati.
3. * Continua a lavorare sulla **SCHEDA DI LAVORO VITTORIA SUI FALLIMENTI** (Supplemento 8); hai iniziato a mettere in pratica il tuo piano per amare secondo la Parola, coloro che non hai amato in passato?
4. * Studia **LA COMUNICAZIONE BIBLICA** (Lezione 13, pagine 12-14). Metti un segno accanto a qualunque affermazione che indica i cambiamenti che devi apportare nella tua comunicazione e evidenzia i versetti citati. Questo è il primo di uno studio che durerà due giorni.
5. Termina con la preghiera.

SESTO GIORNO
1. Inizia con la preghiera.
2. * Termina il tuo studio di **LA COMUNICAZIONE BIBLICA** (Lezione 13, pagine 12-14).
3. * Continua a lavorare sulla **SCHEDA DI LAVORO VITTORIA SUI FALLIMENTI** (Supplemento 8) per ogni persona che hai scelto di amare secondo la Parola.
4. * Leggi **LO STUDIO DI UN CASO: MARIA È STATA ABBANDONATA DAL MARITO** (Lezione 13, pagine 24-25). Nota come la Scrittura metta in risalto che per trattare qualsiasi problema bisogna iniziare con l'esaminare se stessi e con l'amare Dio e gli altri. Fa' un elenco di cinque cose di cui Maria dovrebbe "spogliarsi" e cinque di cui dovrebbe "rivestirsi" per iniziare a vivere secondo la via di Dio. Cita i versetti per ogni cosa elencata.
5. Termina con la preghiera.

SETTIMO GIORNO
1. Inizia con la preghiera.
2. * Continua a mettere in atto il tuo piano di amare gli altri secondo la Parola che hai elaborato con la **SCHEDA DI LAVORO VITTORIA SUI FALLIMENTI** (Supplemento 8).
3. * In collegamento con questa lezione, rispondi a quanto richiesto ai punti 21 e 22 del **Test a libro aperto** (Lezione 23, pagina 3).
4. Termina con la preghiera.
5. Ripassa i versetti a memoria e chiedi a qualcuno di ascoltarti mentre li ripeti. Spiega il significato di questi versetti e come si applicano alla tua vita.

* *Il completamento dei compiti contrassegnati con un asterisco (*) è essenziale per continuare la formazione per la consulenza biblica.*

LEZIONE 14

IL RAPPORTO MATRIMONIALE (PRIMA PARTE)

"... sottomettendovi gli uni agli altri nel timore di Cristo. Mogli, siate sottomesse ai vostri mariti, come al Signore ..."

"Mariti, amate le vostre mogli, come anche Cristo ha amato la chiesa e ha dato se stesso per lei ..."

Efesini 5:21-22, 25

LEZIONE 14: IL RAPPORTO MATRIMONIALE (PRIMA PARTE)

> Il rapporto matrimoniale deve riflettere quello fra Gesù Cristo e la Sua chiesa *(basato su Efesini 5:21-33)*.

I. Gli obiettivi di questa lezione sono:

    A. presentare il disegno di Dio per il rapporto matrimoniale;

    B. insegnare come affrontare i problemi matrimoniali per piacere al Signore;

    C. applicare i principi della speranza biblica continuando a seguire lo studio di un caso.

II. Il sommario di questa lezione

    A. Esamina te stesso

        1. **PRINCIPI BIBLICI: IL RAPPORTO MATRIMONIALE (PRIMA PARTE)** (Lezione 14, pagina 2)

        2. **IL MODELLO BIBLICO DEL MATRIMONIO** (Lezione 14, pagine 3-4)

        3. **CONFLITTI CONIUGALI (LA VIA DELL'UOMO CONTRAPPOSTA ALLA VIA DI DIO)** (Lezione 14, pagine 5-6)

    B. Passi per la crescita spirituale

        1. **LEZIONE 14: COMPITI** (Lezione 14, pagina 8)

        2. **GUIDA ALLO STUDIO PER LA MEDITAZIONE GIORNALIERA** (Lezione 14, pagine 9-10).

    C. Consulenza biblica

        LO STUDIO DI UN CASO: MARIA È STATA ABBANDONATA DAL MARITO (Lezione 14, pagina 7)

PRINCIPI BIBLICI:
IL RAPPORTO MATRIMONIALE (PRIMA PARTE)

> Il matrimonio secondo Dio, è un impegno che dura tutta la vita, fra un uomo e una donna, basato sui principi biblici dell'amore. Il rapporto fra Gesù Cristo e la Sua chiesa è l'esempio supremo dell'impegno d'amore che il marito e la moglie devono seguire nel loro rapporto *(basato su Ecclesiaste 9:9; Malachia 2:14; Matteo 19:3-6; Marco 10:6-9; 1 Corinzi 13:4-8a; Efesini 5:21-33).*

I. Il punto di vista di Dio

(Principio 60) Il matrimonio non è né una convenienza sociale, né semplicemente un'invenzione per vivere insieme. Esso è ordinato da Dio ed è un patto solenne fra i coniugi di avere comunione, di completarsi a vicenda *(basato su Genesi 2:18, 22-25; Malachia 2:14; Matteo 19:3-6; 1 Corinzi 7:10-11)* e di mantenere pura la loro vita sessuale avendo rapporti fisici esclusivamente l'uno con l'altra *(1 Corinzi 7:2-5).*

(Principio 61) Il rapporto matrimoniale è inteso come un rapporto permanente di unità, di *"una sola carne" (Genesi 2:24; Marco 10:6-9; Efesini 5:31)* e deve riflettere quello amorevole fra Cristo e la Sua chiesa *(Efesini 5:21-33).*

II. La tua speranza

(Principio 62) Se sei sposata la Parola di Dio insegna che devi amare il tuo coniuge *(Efesini 5:25; Tito 2:4)*; e, se sei una credente in Gesù Cristo, sei in grado di farlo *(Romani 5:5)*. Anche se il tuo sposo non dimostra l'amore biblico, puoi avere ugualmente la pace *(Salmo 119:165; Giovanni 14:27, 16:33; Romani 12:18; Galati 5:22-23)* e puoi fare la tua parte per promuoverla nella famiglia *(1 Pietro 3:8-9).* Ricorda che non sei responsabile di cambiare gli altri *(basato su Ezechiele 18:20; Filippesi 1:6, 2:13)*, ma di esaminarti di continuo alla luce della Parola *(Matteo 7:1-5; 1 Corinzi 11:31).*

(Principio 63) Se continuerai ad essere un servitore, in senso biblico, e una benedizione per il tuo coniuge *(basato su Romani 12:9-21; Efesini 5:21-23; Filippesi 2:3-4)*, puoi essere certo/a che ogni cosa, secondo la promessa di Dio, coopererà per il bene del tuo rapporto matrimoniale. Nessuno, neanche un coniuge non credente, ribelle e senza amore, potrà impedirlo *(basato su Romani 8:28-29).*

Vedi i principi elencati in:
***PROBLEMI INTERPERSONALI (PRIMA PARTE) (IMPARARE AD AMARE IL TUO PROSSIMO)** (Lezione 12, pagina 2)*
***PROBLEMI INTERPERSONALI (SECONDA PARTE) (IMPARARE AD AMARE IL TUO PROSSIMO)** (Lezione 13, pagine 2-3)*

© Biblical Counseling Foundation

IL MODELLO BIBLICO DEL MATRIMONIO

> Ci sono pochi passi biblici nella Parola di Dio che si riferiscono specificamente al rapporto matrimoniale. Essi, però, forniscono tutto ciò che è necessario per comprendere l'alto concetto che Dio ha del matrimonio *(basato su Genesi 1:27-28, 2:18-25; Malachia 2:14; Matteo 19:3-6; Marco 10:6-9; 1 Corinzi 7:2-5, 10-16, 27-40; Efesini 5:21-33; Colossesi 3:18-19; Tito 2:4-5; Ebrei 13:4; 1 Pietro 3:1-9).*

I. **Dio ha ordinato il matrimonio.**

   A. Quando ti sposi, ti impegni, con un patto, davanti a Dio di vivere in un rapporto con il tuo coniuge, per tutta la vita *(Malachia 2:14; Proverbi 2:11-19, spec. i versetti 17-18; Marco 10:6-9).*

   1. Il tuo impegno di comunione ha lo scopo di provvedere aiuto reciproco *(Genesi 2:18)* e di unirti al tuo coniuge in ogni aspetto della vita *(Genesi 2:24; Marco 10:8; Efesini 5:31).*

   2. Il tuo impegno matrimoniale è sovranamente ordinato e stabilito da Dio e non dovrebbe mai essere sciolto *(Genesi 2:18, 23-24; Proverbi 18:22; Marco 10:9).* L'unica cosa che può portare alla rottura del vincolo matrimoniale è il peccato e la durezza di cuore di uno dei coniugi *(Matteo 19:8-9; Marco 10:2-11, spec. i versetti 4-5).*

   B. Il rapporto con il tuo coniuge deve essere modellato secondo il rapporto del Signore Gesù con la Sua chiesa *(Efesini 5:21-33, spec. i versetti 24-27).*

II. **Dio ha stabilito la natura del matrimonio.**

   A. L'amore biblico per il coniuge deve essere basato sull'amore di Dio per te *(basato su 1 Giovanni 4:7-11).* Nella pratica, deve scaturire dal desiderio di piacere al Signore *(basato su 2 Corinzi 5:9; Colossesi 1:9-12, 3:17).*

   B. Il matrimonio deve essere un rapporto di "una sola carne", non soltanto in senso fisico. I coniugi devono avere la stessa mente e gli stessi scopi *(Genesi 2:24; Matteo 19:5-6; Marco 10:7-8; Efesini 5:31).*

   C. Davanti a Dio i due coniugi hanno lo stesso valore *(1 Corinzi 11:11-12; Galati 3:28),* ma hanno responsabilità diverse *(Efesini 5:23-25; Tito 2:3-5; 1 Pietro 3:1-7).*

   D. Come in tutti i rapporti basati sulla Bibbia, gli sposi devono ricercare unità di pensiero e di sentimento *(basato su 1 Corinzi 1:10; Filippesi 2:1-7).*

   1. Tutte le decisioni devono essere basate sui principi della Parola di Dio *(Salmo 19:7-11; Isaia 55:8-11; 2 Timoteo 3:16-17; Ebrei 4:12; 2 Pietro 1:3-4).*

   a. Se il tuo coniuge non è credente non ti scoraggiare quando non basa le sue decisioni esclusivamente sulla Parola di Dio, perché la persona naturale (non credente) non può comprendere né accettare le cose di Dio *(1 Corinzi 2:14).* Non è però una situazione impossibile *(Matteo 19:26; Romani 8:28-29; 1 Corinzi 10:13; Filippesi 4:13)* se chiedi la saggezza al Signore *(Giacomo 1:5)* e continui ad avere lo spirito di Cristo nel servire la tua famiglia *(Filippesi 2:3-4).*

b. Il coniuge credente ha la responsabilità di presentare la verità di Dio al coniuge non credente. Lo farà con parole e azioni che onorino Cristo e con spirito di sottomissione *(basato su Atti 1:8; Efesini 4:15, 25, 29; 5:21; 1 Pietro 3:1-9, 15)*.

2. Le chiare direttive della Scrittura devono essere ubbidite senza compromessi *(basato su 1 Samuele 15:22-23a; Atti 5:29)*, però la cosa amorevole da fare, se si tratta di preferenze o di opinioni personali, è di accettare quello che il coniuge non credente desidera *(Romani 12:10; Efesini 5:21; Filippesi 2:3-4; 1 Pietro 3:1, 7)*.

E. Gli sposi devono lasciare il rapporto genitore-figlio con i loro rispettivi genitori, per unirsi (in un legame permanente) l'uno all'altra *(Genesi 2:24; Matteo 19:5; Efesini 5:31)*.

F. Il matrimonio deve essere puro e tenuto in onore da tutti *(Ebrei 13:4)*.

G. Il matrimonio deve essere caratterizzato dal servizio reciproco amorevole dei coniugi *(Efesini 5:21-33)*.

1. Devi servire il tuo coniuge con amore *(1 Corinzi 7:3-4; 1 Pietro 3:1-9)*, come dovresti fare, essendo credente, in qualsiasi rapporto con il tuo prossimo *(Giovanni 13:14-17; 1 Corinzi 13:4-8a; Efesini 5:21; Filippesi 2:3-4; 1 Giovanni 3:18, 4:10-11)*.

2. Devi cercare di essere un aiuto adatto per il tuo coniuge *(basato su Genesi 2:18; Efesini 5:24-25)*.

3. Gesù è l'esempio che devi seguire nel servire il tuo coniuge *(Marco 10:43-45; Efesini 5:24-25)*.

III. **Dio ha stabilito il rapporto matrimoniale come base della società.**

A. Il matrimonio ha lo scopo di dare stabilità alla società nei rapporti e nelle responsabilità *(basato su Genesi 1:28; 2:18, 23-24; Efesini 5:21-33)*.

B. Il matrimonio ha lo scopo di provvedere un ambiente stabile per accogliere e allevare i figli *(basato su Genesi 1:28a; Salmo 127:3)*.

C. Un rapporto matrimoniale biblico è un requisito essenziale per valutare la maturità e la crescita degli uomini che aspirano ad essere anziani nella chiesa *(basato su 1 Timoteo 3:2a, 4-5; Tito 1:5-6)*.

D. Il matrimonio è parte integrante della vita di una chiesa locale *(basato su Efesini 5:21-33; 1 Timoteo 3:2, 4-5; Tito 1:5-6, 2:3-5)*.

IV. **Alcune persone sono scelte e benedette da Dio per rimanere single.**

A. Se sei single hai un ministero unico nella famiglia della chiesa, perché non hai le responsabilità né le potenziali distrazioni delle persone sposate *(basato su 1 Corinzi 7:32-35)*.

B. Dio ha dato ad alcuni il dono del celibato. Egli desidera che coloro i quali sono attualmente single siano appagati e di benedizione; che sfruttino al massimo il loro tempo, i loro beni materiali e le loro energie nel servizio per gli altri *(basato su Romani 12:1-2, 9-21; 1 Corinzi 7:32-35; Efesini 5:16; Filippesi 4:11-13, 19)*.

CONFLITTI CONIUGALI
(LA VIA DELL'UOMO CONTRAPPOSTA ALLA VIA DI DIO)

> Molti conflitti nel matrimonio sorgono perché i coniugi vivono per se stessi invece di piacere al Signore. Questi conflitti si possono risolvere e possono addirittura diventare delle occasioni di crescita spirituale, quando sono affrontati secondo la Parola *(basato su Matteo 5:3-16; Romani 5:3-5, 8:28-29; 2 Corinzi 4:7-10; Filippesi 2:14-15, 3:12-14; Giacomo 1:2-4, 25; 3:16; 4:1-3; 5:16).*

I. Quando i coniugi vivono per far piacere a se stessi, ognuno dei due darà la colpa all'altro per i problemi e le difficoltà, benché entrambi siano colpevoli *(Genesi 3:12-13; Giacomo 4:1).*

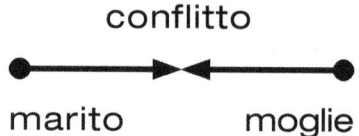

II. Quando marito e moglie vivono per far piacere a se stessi, spesso cercano di risolvere i problemi coniugali secondo la via dell'uomo:

   A. compromettono i principi biblici per risolvere i conflitti;

   B. cercano di barattare, di fare uno scambio di concessioni per ottenere quello che vogliono;

   C. prendono le loro decisioni e agiscono seguendo il concetto, sbagliato, del mondo di stima e di immagine di se stessi;

   D. cercano di trovare qualcuno "più compatibile";

   E. vivono vite separate, hanno interessi diversi anche se continuano a vivere insieme;

   F. imparano a litigare in modo violento;

   G. cercano una ragione per lasciare il coniuge o minacciano di farlo;

   H. sperano, o cercano, di trovarsi meglio con un'altra persona o in un'altra città;

   I. permettono ai "sentimenti" o alle emozioni di determinare le loro azioni;

   J. si tuffano nel lavoro, nella cura dei figli, viaggiano, fanno sport, si danno all'alcol, alla droga, agli amici ecc.

III. Dio desidera che i problemi nel matrimonio siano risolti per il bene di entrambi i coniugi; che ognuno cerchi di vivere per far piacere al Signore nel loro rapporto di coppia *(basato su Salmo 19:7-11, 127:1; Proverbi 2:6, 3:5-6; Isaia 55:8-11; 2 Timoteo 3:16-17; Ebrei 4:12; Giacomo 1:25).*

   A. Dio ordina al coniuge credente di amarLo *(Matteo 22:37-38)* e di ubbidire alla Sua Parola *(Luca 6:46-49; Giovanni 14:15; 1 Giovanni 5:3; 2 Giovanni 1:6).*

B. Il credente *può* mostrare amore per il coniuge, secondo la Parola, quando dal suo cuore trabocca la riconoscenza verso il Signore per l'amore che Egli gli ha dimostrato nel Signore Gesù Cristo *(Matteo 22:37-39; 1 Giovanni 4:7-11, 18-21)*.

C. Quando il credente stima il coniuge superiore a se stesso/a *(basato su Efesini 5:24-25; Filippesi 2:3-4)* affronterà e tratterà le difficoltà in modo da far piacere al Signore *(Luca 9:23-24; Romani 14:7-8; 2 Corinzi 5:9, 14-15; 1 Pietro 4:1-2)*. Ciò porterà ad una maggiore unità di intenti e di scopi, perché entrambi gli sposi riceveranno incoraggiamento dal Signore Gesù *(basato su Filippesi 2:1-2)*.

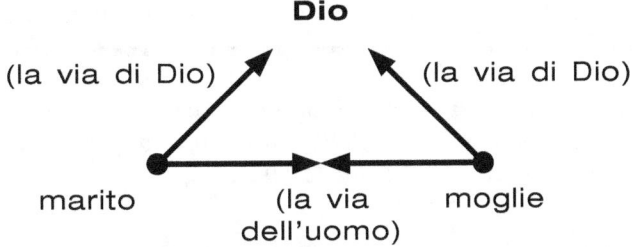

IV. **I coniugi devono avvicinarsi ancora di più al Signore specialmente durante un conflitto.**

A. Quando i coniugi credenti si avvicinano, individualmente, di più a Dio Padre attraverso il Signore Gesù Cristo *(Giovanni 14:6; Ebrei 4:14-16)*, si avvicineranno di più anche l'uno all'altra *(basato su Efesini 4:1-3; 5:1-2, 21-33)*.

B. Se anche uno solo dei coniugi si avvicina di più a Dio, ci sarà più speranza che l'altro/a faccia altrettanto *(basato su Matteo 5:16; 1 Corinzi 7:16; 1 Pietro 3:1)*.

LO STUDIO DI UN CASO: MARIA È STATA ABBANDONATA DAL MARITO

> Se ricomincerai a vivere per te stesso/a, dopo aver preso l'impegno di vivere per il Signore, non avrai la vittoria sui tuoi problemi (*Confronta i seguenti passi: Esodo 19:3-8 con Esodo 32:1-6; 1 Re 18:17-40 con 1 Re 19:1-10; Marco 14:27-29 con Marco 14:66-72; 1 Corinzi 10:12*).

Maria ha confessato il suo peccato al Signore durante l'ultimo incontro, e ha preso l'impegno di esaminare se stessa, alla luce della Parola di Dio, per le sue difficoltà attuali. Ma quando ritorna per la consulenza non ha più le idee chiare.

Consulente: "Maria, è bello rivederti. Abbiamo pregato per te. So che hai dovuto affrontare delle prove questa settimana. Vorremo sapere se hai reagito in modo da piacere al Signore".

I consulenti sono informati delle prove che Maria ha affrontato durante la settimana perché lei ne ha parlato con l'aiuto consulente. Inoltre il gruppo di consulenza ha notato che Maria è andata sì in chiesa la domenica, ma è arrivata tardi ed è andata via prima, senza parlare con nessuno.

Consulente: "Maria, dopo la preghiera, vorremo sapere i progressi che hai fatto svolgendo i compiti di questa settimana".

Dopo la preghiera di uno degli assistenti, Maria inizia a parlare.

Maria: (*Esplode*) **"Anche se mio marito è rimasto a casa, ha fatto solo gli affari suoi. Non si occupa di nessun altro! Va al lavoro la mattina e mi lascia da sola a trattare con due adolescenti e i loro amici, che mettono sottosopra la casa e vuotano il frigo. Non so mai che cosa hanno in mente. Mi sembra di essere un poliziotto e una cameriera senza paga. Come se non bastasse, mia figlia di tre anni mette le mani dappertutto. Pensavo d'aver finito di tirar su figli e invece no, è arrivata pure lei".**

Maria: (*Continua*) **"Tommaso non dà mai una mano! Non mi apprezza e non apprezza quello che faccio! Neanche i figli mi apprezzano. Sono stanca: lavoro per tutti ma non importa nulla a nessuno. Mi trattano come uno zerbino. Sono stufa di essere il capro espiatorio".**

Maria: (*continua*) **"Non mi piace questa faccenda! Ho bisogno solo di allontanarmi da tutto. Tanto a che serve? Mi sento una nullità!"**

Quali passi della Scrittura useresti per aiutare Maria a vedere il suo peccato di egocentrismo?

Quali passi della Scrittura useresti per infonderle speranza?

Che cosa deve fare Maria per perdonare e cercare la riconciliazione?

Quali compiti le assegneresti?

LEZIONE 14: COMPITI

> I **COMPITI** di questa settimana ti aiuteranno a comprendere il piano di Dio per il matrimonio e la necessità, per un credente sposato, di piacere al Signore, servendo il proprio coniuge, secondo la Parola *(basato su Genesi 1:27-28, 2:18-25; Efesini 5:21-33; Filippesi 2:3-4; Colossesi 3:17-19; 1 Pietro 3:1-12)*.

✔ *compiti completati*

☐ A.   * Con parole tue scrivi il significato di *Efesini 5:21-22 e 25*. Impara a memoria *Efesini 5:21-22 e 25*, e inizia a imparare *1 Pietro 3:1 e 7*. Ripassa i versetti precedenti.

☐ B.   * Leggi **PRINCIPI BIBLICI: IL RAPPORTO MATRIMONIALE (PRIMA PARTE)** (Lezione 14, pagina 2). Evidenzia i versetti che non hai evidenziato nelle lezioni precedenti.

☐ C.   * Studia **IL MODELLO BIBLICO DEL MATRIMONIO** (Lezione 14, pagine 3-4). Cerca i versetti elencati nel riquadro a pagina 3 e evidenziali nella tua Bibbia.

☐ D.   * Leggi **CONFLITTI MATRIMONIALI (LA VIA DELL'UOMO CONTRAPPOSTA ALLA VIA DI DIO)** (Lezione 14, pagine 5-6). Nota che il modo di superare i conflitti matrimoniali, è quello di vivere davanti al Signore, seguendo la Sua Parola, e non di cercare di cambiare l'altra persona. I numerosi versetti e principi biblici elencati nelle lezioni precedenti devono essere applicati al rapporto matrimoniale. Elenca i modi in cui devi cambiare, e come intendi procedere per attuare questi cambiamenti biblici. (Se necessario, usa una **SCEDA DI LAVORO VITTORIA SUI FALLIMENTI**, Supplemento 8.)

☐ E.   * Leggi **LO STUDIO DI UN CASO: MARIA È STATA ABBANDONATA DAL MARITO** (Lezione 14, pagina 7). Rispondi alle domande.

☐ F.   * In collegamento con questa lezione, rispondi alla domande 23 del **Test a libro aperto** (Lezione 23, pagina 3).

*   *Il completamento dei compiti contrassegnati con un asterisco (*) è essenziale per continuare la formazione per la consulenza biblica.*

LEZIONE 14: GUIDA ALLO STUDIO PER LA MEDITAZIONE GIORNALIERA
(COMPRENDE VERSETTI A MEMORIA E COMPITI)

> La **GUIDA ALLO STUDIO** di questa settimana ti aiuterà a comprendere il piano di Dio per il matrimonio e la necessità, per un credente sposato, di piacere al Signore, servendo il proprio coniuge, secondo la Parola *(basato su Genesi 1:27-28, 2:18-25; Efesini 5:21-33; Filippesi 2:3-4; Colossesi 3:17-19; 1 Pietro 3:1-12).*

Versetti a memoria

1. * Impara a memoria *Efesini 5:21-22 e 25*. Inizia a imparare *1 Pietro 3:1 e 7*.
2. Porta sempre con te i cartoncini con i versetti delle settimane precedenti e quelli per questa settimana. Ripassa i versetti nei momenti liberi della giornata.

Guida allo studio per la meditazione giornaliera

PRIMO GIORNO

1. Inizia con la preghiera.
2. * Leggi *Principio 60* in **PRINCIPI BIBLICI: IL RAPPORTO MATRIMONIALE (PRIMA PARTE)** (Lezione 14, pagina 2). Evidenzia nella tua Bibbia i versetti elencati.
3. * Con parole tue scrivi il significato di *Efesini 5:21-22 e 25*.
4. Termina con la preghiera.

SECONDO GIORNO

1. Inizia con la preghiera.
2. * Leggi *Principio 61* in **PRINCIPI BIBLICI: IL RAPPORTO MATRIMONIALE (PRIMA PARTE)** (Lezione 14, pagina 2). Evidenzia nella tua Bibbia i versetti elencati.
3. * Studia **IL MODELLO BIBLICO DEL MATRIMONIO** (Lezione 14, pagine 3-4). Questo è il primo di tre studi giornalieri. Cerca i versetti elencati nel riquadro a pagina 3 e evidenziali nella tua Bibbia.
4. Termina con la preghiera.

TERZO GIORNO

1. Inizia con la preghiera.
2. * Leggi *Principio 62* in **PRINCIPI BIBLICI: IL RAPPORTO MATRIMONIALE (PRIMA PARTE)** (Lezione 14, pagina 2). Evidenzia nella tua Bibbia i versetti elencati.
3. * Continua lo studio **IL MODELLO BIBLICO DEL MATRIMONIO** (Lezione 14, pagine 3-4). Probabilmente conosci diversi di questi versetti e sono già evidenziati nella tua Bibbia. Evidenzia quelli che non lo sono.
4. Termina con la preghiera.
5. Hai sempre con te i cartoncini con i versetti a memoria? Hai ripassato o imparato i versetti durante i momenti liberi? Che cosa devi cambiare per crescere spiritualmente anche in questo aspetto?

QUARTO GIORNO

1. Inizia con la preghiera.
2. * Leggi *Principio 63* in **PRINCIPI BIBLICI: IL RAPPORTO MATRIMONIALE (PRIMA PARTE)** (Lezione 14, pagina 2). Evidenzia nella tua Bibbia i versetti elencati.
3. * Termina lo studio **IL MODELLO BIBLICO DEL MATRIMONIO** (Lezione 14, pagine 3-4).
4. Inizia a studiare **CONFLITTI MATRIMONIALI (LA VIA DELL'UOMO CONTRAPPOSTA ALLA VIA DI DIO)** (Lezione 14, pagine 5-6). Questo è il primo di tre studi giornalieri. Numerosi versetti presentati nelle lezioni precedenti si applicheranno ora al rapporto matrimoniale. Nota che il modo di superare le difficoltà nel matrimonio, secondo la Scrittura, è, per ogni sposo/a credente, quello di vivere per il Signore e non di cercare di cambiare l'altra persona. Inizia a elencare i cambiamenti che tu devi operare.
5. Termina con la preghiera.

QUINTO GIORNO

1. Inizia con la preghiera.
2. * Continua lo studio **CONFLITTI MATRIMONIALI (LA VIA DELL'UOMO CONTRAPPOSTA ALLA VIA DI DIO)** (Lezione 14, pagine 5-6). Mentre elenchi i cambiamenti che devi operare, se il caso, usa una **SCEDA DI LAVORO VITTORIA SUI FALLIMENTI** (Supplemento 8), per attuarli nella tua vita.
3. Termina con la preghiera.

SESTO GIORNO

1. Inizia con la preghiera.
2. * Termina lo studio **CONFLITTI MATRIMONIALI (LA VIA DELL'UOMO CONTRAPPOSTA ALLA VIA DI DIO)** (Lezione 14, pagine 5-6). Quando scopri in quali aspetti devi cambiare nel tuo rapporto matrimoniale, passa all'azione per apportare i cambiamenti nella tua vita.
3. * Leggi **LO STUDIO DI UN CASO: MARIA È STATA ABBANDONATA DAL MARITO** (Lezione 14, pagina 7). Inizia a rispondere alle domande alla fine dello studio di un caso.
4. Termina con la preghiera.

SETTIMO GIORNO

1. Inizia con la preghiera.
2. * In riferimento a **LO STUDIO DI UN CASO: MARIA È STATA ABBANDONATA DAL MARITO** (Lezione 14, pagina 7) metti a punto un piano per aiutare Maria rispondendo alle domande che seguono il caso di studio.
3. * In collegamento con questa lezione, rispondi alla domanda 23 del **Test a libro aperto** (Lezione 23, pagina 3).
4. Termina con la preghiera.
5. Valuta la tua costanza durante la settimana, nell'imparare a memoria le Scritture *(Salmo 119:11, 16; 1 Corinzi 4:2; Efesini 5:15-16)*. Prendi del tempo per ripassare i versetti già imparati a memoria. Chiedi a qualcuno di ascoltarti mentre ripeti i versetti di questa settimana. Ricordati di spiegarne il loro significato e come li applichi alla tua vita.

* *Il completamento dei compiti contrassegnati con un asterisco (*) è essenziale per continuare la formazione per la consulenza biblica.*

© Biblical Counseling Foundation

LEZIONE 15

IL RAPPORTO MATRIMONIALE (SECONDA PARTE)

"Anche voi, mogli, siate sottomesse ai vostri mariti perché, se anche ve ne sono che non ubbidiscono alla parola, siano guadagnati, senza parola, dalla condotta dello loro mogli ..."

"Anche voi, mariti, vivete insieme alle vostre mogli con il riguardo dovuto alla donna, come a un vaso più delicato. Onoratele, poiché anch'esse sono eredi con voi della grazia della vita, affinché le vostre preghiere non siano impedite".

1 Pietro 3:1, 7

LEZIONE 15: IL RAPPORTO MATRIMONIALE (SECONDA PARTE)

> Il rapporto matrimoniale riflette quello fra Gesù Cristo e la Sua chiesa, perciò è essenziale che la sottomissione e l'amore biblico siano messi in pratica, in tutti i loro aspetti, fra marito e moglie *(basato su Giovanni 13:12-17; 1 Corinzi 13:4-8a; Efesini 5:21-33; Colossesi 3:19; Tito 2:4; 1 Pietro 4:8; 1 Giovanni 4:7-8, 20).*

I. **Gli obiettivi di questa lezione sono:**

   A. presentare il piano di Dio per il marito e la moglie e per apportare i cambiamenti biblici nella loro relazione matrimoniale;

   B. definire la sottomissione biblica;

   C. aiutarti ad imparare come dimostrare, in ogni situazione, amore al tuo coniuge secondo la Parola;

   D. aiutarti a superare i problemi nel matrimonio attraverso la comunicazione biblica;

   E. presentare un piano biblico sulla comunicazione, seguendo l'esempio dello studio di un caso.

II. **Il sommario di questa lezione**

   A. Esamina te stesso

      1. **PRINCIPI BIBLICI: IL RAPPORTO MATRIMONIALE (SECONDA PARTE)** (Lezione 15, pagina 2)

      2. **LA SOTTOMISSIONE BIBLICA** (Lezione 15, pagina 3)

      3. **PUOI IMPARARE A DIMOSTRARE AMORE AL TUO CONIUGE** (Lezione 15, pagine 4-5)

   B. Passi per la crescita spirituale

      1. **SUPERARE I PROBLEMI ATTRAVERSO LA COMUNICAZIONE BIBLICA (USARE UN TAVOLO DI DISCUSSIONE PER LA RICONCILIAZIONE)** (Lezione 15, pagine 6-9)

      2. **LEZIONE 15: COMPITI** (Lezione 15, pagina 13)

      3. **GUIDA ALLO STUDIO PER LA MEDITAZIONE GIORNALIERA** (Lezione 15, pagine 14-15)

   C. Consulenza biblica

      LO STUDIO DI UN CASO: MARIA È STATA ABBANDONATA DAL MARITO (Lezione 15, pagine 10-12)

PRINCIPI BIBLICI:
IL RAPPORTO MATRIMONIALE
(SECONDA PARTE)

> Il rapporto matrimoniale deve essere modellato secondo il rapporto fra il Signore Gesù Cristo e la Sua chiesa, perciò il comandamento di amare l'un l'altra è di somma importanza. Amare in questa maniera richiede una continua dipendenza dal Signore e un impegno a seguire l'esempio biblico di servizio presentato dal Signore Gesù Cristo *(basato su Matteo 20:25-28; Giovanni 13:12-17, 15:5; Efesini 5:21-33; Filippesi 2:3-8; 1 Giovanni 4:7-8)*.

III. Il tuo cambiamento (l'elenco continua dalla Lezione 14, pagina 2).

(Principio 64) Mariti, smettete di essere duri o amareggiati verso le vostre mogli. Rivestitevi di amore e di comprensione proprio come Cristo, il Quale ha amato la chiesa e ha dato Se stesso per lei *(Efesini 5:25; Colossesi 3:19; 1 Pietro 3:7)*. Per essere un vero leader devi avere un vero atteggiamento e un vero comportamento da servitore *(Matteo 20:25-28; Giovanni 15:11-13; Efesini 5:21, 25-33; Filippesi 2:3-8)*.

(Principio 65) Mogli, smettete di essere litigiose e petulanti nei confronti dei vostri mariti. Rivestitevi di amore, sottomissione e rispetto nei loro confronti *(Proverbi 21:9; Giovanni 15:11-13; Efesini 5:21-24, 33; Colossesi 3:18; Tito 2:3-5; 1 Pietro 3:1-6)*.

(Principio 66) Per amare il proprio coniuge come il Signore comanda *(1 Giovanni 3:23)* bisogna morire, ogni giorno, ai propri desideri egoistici *(Luca 9:23-24*, vivere per piacere a Dio e per servire il coniuge *(Matteo 22:37-39; Efesini 5:21; Filippesi 2:3-8)*.

IV. La tua condotta

Principio 67) Per adempiere fedelmente ai doveri del matrimonio, devi attingere dalla forza del Signore e dalla sapienza della Sua Parola. Non dipendere dalla tua forza né dalla tua sapienza naturale *(basato su Proverbi 3:5-6; Isaia 55:8-11; Giovanni 15:1-5; 2 Timoteo 3:16-17; 1 Giovanni 2:4-6, 3:23-24)*. Nell'adempiere ai tuoi doveri, con fedeltà e amore, dimostri il tuo amore per il Signore *(Matteo 22:37-38; 1 Giovanni 5:3)* e per il tuo coniuge *(1 Corinzi 13:4-8a; 1 Giovanni 3:18, 4:7-8)*.

(Principio 68) Quando non hai amato tua moglie come avresti dovuto, potrai ristabilire la comunione con il Signore e con lei *(basato su Salmo 145:14; Proverbi 24:16; Matteo 5:23-24)*. Per essere riconciliato con il Signore, devi confessarGli il tuo peccato *(Salmo 51:1-4; 1 Giovanni 1:9)* e rinnovare il tuo impegno a vivere per Lui nel modo seguente: a) ricordati da dove sei caduto; b) ravvediti; c) compi di nuovo le opere di prima che dimostrano il tuo amore per Lui *(Giovanni 14:15; 1 Giovanni 5:3; Apocalisse 2:4-5)*.

Vedi le Lezioni 12 e 13 per ricordare i passi da compiere per avere nuovamente piena comunione con il tuo coniuge.

LA SOTTOMISSIONE BIBLICA

> La sottomissione biblica è un atto della volontà e si dimostra nello stimare gli altri più importanti di se stessi e nel servirli. Ciò non significa mettersi sotto il controllo di un'altra persona. Tu devi rendere conto del tuo comportamento direttamente a Dio e nessun'altra persona deve essere la tua suprema autorità *(basato su Matteo 20:26-28; Atti 5:29; Romani 14:12; Filippesi 2:3-4)*.

I. **Devi essere come il Signore Gesù Cristo** *(Matteo 20:26-28; 1 Pietro 2:21)*, **il Quale è l'esempio supremo della sottomissione biblica.**

   A. Egli si è sottomesso alla volontà di Suo Padre *(Giovanni 5:30; Filippesi 2:5-8)*.

   B. Egli ha servito gli altri di cuore, offrendo l'aiuto necessario, lasciandoti un esempio da seguire *(Giovanni 13:12:17)*.

   C. Egli ha sofferto ingiustamente, senza minacciare né fare ritorsioni, rimettendosi invece al Padre Celeste il Quale giudica giustamente *(1 Pietro 2:21-25)*.

II. **La Parola di Dio richiede la tua sottomissione senza uno spirito contenzioso** *(Proverbi 10:12, 28:25; Efesini 4:31; Filippesi 2:14)*. **Sottomissione:**

   A. a Dio:

   1. mettiti continuamente sotto il Suo solo controllo *(Efesini 5:18-20; Giacomo 4:7; 1 Giovanni 5:3)*;

   2. fa' della Sua Parola la tua unica speranza, il tuo metro di vita e la tua sola autorità *(basato su Salmo 19:7-11; 119:49; 2 Timoteo 3:16-17; Ebrei 4:12; 2 Pietro 1:3-4)*;

   3. ricevi la potenza, la forza e la guida del Suo Santo Spirito *(Giovanni 14:26; Romani 8:2-4, 14; 1 Giovanni 4:4)*;

   B. agli altri credenti *(Efesini 5:21; 1 Pietro 5:5b)*;

   C. al tuo coniuge: (il marito si sottomette come un servo ubbidiente alla moglie: *Efesini 5:21, 25-27*; la moglie si sottomette al proprio marito: *Efesini 5:21-24; 1 Pietro 3:1-6*);

   D. ai tuoi genitori: soprattutto quando sono ancora responsabili della tua educazione e della tua disciplina *(Efesini 6:1-2)*;

   E. ai tuoi figli: non provocarli ad ira, ma allevali nella disciplina e nell'istruzione del Signore *(Efesini 6:4)*;

   F. ai tuoi datori di lavoro: servili di buona volontà *(Efesini 6:5-7; 1 Pietro 2:18)*;

   G. ai tuoi impiegati: non minacciarli *(Efesini 6:5-9, spec. il versetto 9)*;

   H. all'autorità riconosciuta nella chiesa *(Ebrei 13:17; 1 Pietro 5:5a)*;

   I. all'autorità del governo civile *(Romani 13:1-7; 1 Pietro 2:13-17)*.

PUOI IMPARARE A DIMOSTRARE AMORE AL TUO CONIUGE

> Molti matrimoni sono finiti male, o stanno per finire, perché il marito e la moglie non sono stati in grado di dimostrare l'amore secondo i principi di Dio. Anche se non hai mai conosciuto né messo in pratica l'amore biblico, Dio, nella Sua bontà desidera mostrarti il Suo quadro dell'amore perfetto *(Giovanni 3:16; 1 Corinzi 13:4-8a; 1 Giovanni 4:8-11)*. Amare in questa maniera è possibile per qualsiasi credente *(Giovanni 13:34; 1 Giovanni 3:23)*. Se non sei riuscito a mettere in pratica l'amore biblico, puoi ristabilire la comunione con il Signore. Ricorda da dove sei caduto, ravvediti dei tuoi peccati e ricomincia a fare le cose che facevi prima e che scaturivano da un cuore pieno di amore *(basato su Apocalisse 2:4-5)*.

I. **Il tuo matrimonio deve essere un patto davanti al Signore di una vita di comunione con il tuo coniuge e di aiuto reciproco *(basato su Proverbi 2:17; Malachia 2:14; Marco 10:7-9)*.**

   A. L'amore per il tuo coniuge non deve essere basato sulle emozioni, sulle circostanze o sul suo modo di reagire *(basato su Matteo 5:43-44; Giovanni 13:34-35; Galati 5:16-17)*. Devi amare il tuo coniuge come atto di ubbidienza al Signore *(basato su Giovanni 14:15)* e come risposta al Suo amore per te *(basato su 1 Giovanni 4:10-11)*. Ricordati che il Signore non ti ordina di amare solo quando ne hai voglia. Egli ti indica di pensare, di parlare e di agire in una maniera amorevole *(1 Giovanni 3:23)* anche quando il tuo coniuge:

   1. sceglie di avere con te solo contatti occasionali, come farebbe un vicino *(Matteo 22:39)*;

   2. si sta comportando, in questo momento, come un nemico *(Matteo 5:44; Luca 6:27, 35)*;

   3. sia un credente *(basato su Giovanni 13:34; Ebrei 13:1; 1 Pietro 4:8; 1 Giovanni 4:7-8)* o no *(basato su 1 Corinzi 7:12-16; Efesini 5:25, 28; Tito 2:3-5)*.

   B. Puoi dimostrare amore per il tuo coniuge nonostante le tue paure *(basato su Filippesi 4:13; 1 Giovanni 5:4)*, perché l'amore perfetto e duraturo di Dio, caccia via la paura *(basato su 1 Giovanni 4:12, 18)*. Non sei ipocrita se ami il tuo coniuge anche se non ne hai voglia *(Romani 12:9)*. Amare anche quando non te la senti è puramente una questione di fedele ubbidienza *(Giovanni 14:15)* ed è il modo giusto di rispondere all'amore che Dio ha per te *(1 Giovanni 4:10-11, 19)*.

   (NOTA. Non è ipocrisia fare qualcosa, anche se non ne hai voglia. Puoi non avere voglia di cucinare o di andare al lavoro, ma lo fai lo stesso perché sai che è il tuo dovere. Sei un ipocrita solo quando fai le cose che non ti senti di fare e dici che ti piace farle).

II. **La soluzione di Dio per i problemi nel tuo matrimonio richiede da parte tua:**

   A. un impegno totale di far piacere al Signore in ogni cosa *(basato su 2 Corinzi 5:9; Efesini 4:1; Colossesi 1:10, 3:17)*;

   B. un esame e un giudizio attento dei tuoi sbagli secondo la Bibbia *(Salmo 139:23-24; Matteo 7:1-5; 1 Corinzi 11:31)*;

C. confessare i tuoi peccati al Signore *(Salmo 51:1-4; 1 Giovanni 1:9)* e confessare le tue mancanze e i tuoi peccati, all'interno del rapporto matrimoniale, al tuo coniuge *(Matteo 5:23-24; Giacomo 5:16)*;

D. cercare di edificare il tuo coniuge, secondo la Parola, e farlo con tutto il cuore come per il Signore *(Proverbi 27:17; Romani 14:19, 15:1-2; Efesini 4:29; Colossesi 3:23-25)*;

E. cercare di risolvere i conflitti e di vivere in pace con il tuo coniuge *(Romani 12:18, 14:19; Galati 6:1-5)*. Se il tuo coniuge si rifiuta di risolvere i problemi secondo la Parola, continua a confidare in Cristo Gesù per la tua pace e la tua gioia *(basato su Giovanni 14:27; 15:11; 16:22, 33)*.

III. **Esercita diligentemente l'amore biblico** *(basato su Giovanni 13:12-17; 1 Corinzi 13:4-8a; 1 Giovanni 3:18, 23; 4:7-8, 10-11, 18-21)*.

A. Ravvediti dei peccati commessi contro Dio e contro il tuo coniuge *(Giacomo 5:16; 1 Giovanni 1:9)*. Rinnova il tuo impegno iniziale di vivere per Lui: a) ricordati da dove sei caduto; b) ravvediti; c) fa' di nuovo le cose che dimostrano il tuo amore per il Signore *(basato su Giovanni 14:15; 1 Giovanni 5:3; Apocalisse 2:4-5)*. Per essere di nuovo in pace con il tuo coniuge, devi confessarle direttamente i tuoi sbagli. Inizierai così il processo di riconciliazione *(Romani 12:18; Giacomo 5:16)* e riprenderai, secondo la Parola, a vivere in modo amorevole *(1 Corinzi 13:4-8a)*.

Vedi: **RICONCILIAZIONE (RIMUOVERE TUTTO CIÒ CHE OSTACOLA L'UNITÀ E LA PACE)** *(Lezione 12, pagine 6-8)*.

B. Trattieniti dal criticare e dal giudicare il tuo coniuge *(basato su Romani 14:10, 13; Efesini 4:29; Filippesi 2:14-15)* invece edificalo/a, con parole gentili e di incoraggiamento *(basato su Romani 15:7; Efesini 4:29-31; Colossesi 4:6)*.

C. Non litigare con il tuo coniuge; invece fa' attenzione ad incoraggiare l'armonia nella casa, considerando il tuo coniuge più importante di te *(basato su Filippesi 2:3-4; 2 Timoteo 2:23-26; 1 Pietro 3:8-9)*.

D. Non cercare di manipolare il tuo coniuge (ossia essere ipocrita nel dimostrare amore), invece vinci il male con una condotta rispettosa e comprensiva *(Romani 12:9-21; 1 Pietro 3:1-9)*.

E. Sii pacifica, comprensiva, gentile, tollerante, umile di spirito con il tuo sposo indipendentemente dal suo comportamento. Non rispondere ad un insulto con un altro insulto, ma benedici *(1 Pietro 3:1-9)*. Sii pronta a fare il primo passo verso la riconciliazione, anche se non sei colpevole *(basato su Matteo 5:23-24; Romani 12:18, 14:19)*.

IV. **Puoi rispondere, secondo la Parola, al coniuge che ti "irrita"** *(Romani 12:10-18; 1 Corinzi 10:13; 2 Corinzi 3:4-5; Galati 5:16-17, 25-26; 1 Pietro 3:8-9)*.

A. L'irritazione è un segnale che **tu** devi cambiare *(2 Timoteo 2:23-26)*. Il modo in cui reagisci rivela quello che hai nel cuore *(Matteo 12:34-37, 15:18-19; Marco 7:20-23)*.

B. La tua pace e la tua gioia nel Signore non dipendono dalle azioni o dall'atteggiamento del tuo coniuge *(Salmo 119:165; Isaia 26:3; Giovanni 14:27, 15:11, 16:33)*.

C. Le persone e le situazioni difficili ti offrono l'opportunità di crescere in Cristo *(Romani 5:3-5; Giacomo 1:2-4)* e di manifestare la gloria di Dio a coloro che ti circondano *(Matteo 5:13-16; 1 Pietro 2:12)*.

SUPERARE I PROBLEMI ATTRAVERSO LA COMUNICAZIONE BIBLICA
(USARE UN TAVOLO DI DISCUSSIONE PER LA RICONCILIAZIONE)

> Individui e famiglie devono avere un mezzo, basato su principi biblici, per risolvere i problemi e la mancanza di comunicazione. Se ubbidirai alla Parola del Signore per comunicare e per risolvere i problemi, sarai incoraggiato. Tuttavia, se non ubbidisci alla Parola del Signore, per mancanza di conoscenza o per aperta disubbidienza, sei in cerca di guai *(basato su Genesi 4:7; Proverbi 12:15, 14:12, 16:20; Colossesi 3:25; Ebrei 12:5-6; Giacomo 1:25, 4:17)*.

I. **Gli obiettivi principali dei tavoli di discussione sono:**

   A. far sì che le persone (individui, coppie, famiglie, coinquilini, colleghi, ecc.) possano comunicare, secondo la Parola, in una situazione strutturata *(basato su Efesini 4:15-32)*;

   B. risanare dei rapporti deteriorati e iniziare un ciclo di perdono e di riconciliazione fra le persone *(basato su Matteo 5:23-24; Marco 11:25-26; Romani 12:14, 18; 14:13, 19; Efesini 4:32)*;

   C. trovare un modo, secondo la Parola, di risolvere le dispute e mantenere l'unità in un rapporto *(basato su Salmo 133:1; 1 Corinzi 1:10; Efesini 4:1-3; Filippesi 2:1-4; Giacomo 1:5)*;

   D. sviluppare l'abitudine quotidiana di prendere decisioni secondo la Parola (p.es. programmare la giornata, decidere sull'uso delle finanze, definire le responsabilità personali e degli altri membri della famiglia, prefiggersi obiettivi biblici, ecc.) *(basato su Proverbi 16:1, 9; Luca 14:28-30; Romani 12:9-13; Efesini 5:15-17)*.

II. **Requisiti essenziali per condurre il primo tavolo di discussione**

   A. Per prima cosa giudica te stesso *(Salmo 139:23-24; Matteo 7:1-5; 1 Corinzi 11:31)*. Per valutare te stesso usa **SUPERARE I PROBLEMI INTERPERSONALI** (Lezione 13, pagine 19-23). Ricordati di compilare tutte e quattro le colonne della **SCHEDA DI LAVORO VITTORIA SUI FALLIMENTI** (Supplemento 8) per ogni persona contro la quale hai peccato.

   B. Chiedi agli altri membri della famiglia (o del gruppo) di aiutarti nello sviluppare un metodo di comunicazione che sia amorevole. Spiega il tuo impegno a voler essere di edificazione per gli altri e ad imparare a parlare in modo da superare i problemi, invece di aggravarli *(basato su Efesini 4:15, 29, 31-32; Colossesi 4:6; 2 Timoteo 2:24-25)*.

   Se necessario ripassa **LA COMUNICAZIONE BIBLICA** *(Lezione 13, pagine 12-14)*

   C. Perdona gli altri membri del tavolo di discussione nel tuo cuore, anche se loro non ti hanno chiesto perdono *(Marco 11:25)*.

   Vedi: **IL PERDONO (PERDONARE GLI ALTRI COME DIO TI HA PERDONATO)** *(Lezione 12, pagine 3-5)*.

D. Prima di iniziare, spiega in modo esauriente ad ogni persona come condurre un tavolo di discussione.

1. Ricorda gli obiettivi del tavolo di discussione (vedi **I. Gli obiettivi principali del tavolo di discussione**).

2. Per condurre un tavolo di discussione ripassa i seguenti principi biblici:

    a. basa ogni cosa sulla Parola di Dio, perché la Scrittura è la sola autorità in materia di fede e di condotta *(Romani 15:4; 2 Timoteo 3:16-17; Ebrei 4:12)*;

    b. sii sincera, non mentire *(Efesini 4:15, 25)*;

    c. sii gentile e amorevole nel tuo parlare, evita di esprimerti in modo da suscitare litigi *(Proverbi 15:1; Efesini 4:15, 5:4; Colossesi 4:6; 2 Timoteo 2:23-24)*;

    d. non usare parole cattive, ma solo parole che edifichino (che aiutino) gli altri *(Romani 14:19; Efesini 4:29)*;

    e. non litigare né contendere *(2 Timoteo 2:23-24; Tito 3:9; Giacomo 4:1-2)*;

    f. adoperati per cambiare te stessa, non per cambiare gli altri *(Ezechiele 18:20; Matteo 7:1-5)*;

    g. perdona *(Matteo 6:14-15; Efesini 4:32; Colossesi 3:12-13)*;

    h. tratta gli altri partecipanti al tavolo di discussione come vorresti essere trattata *(Matteo 7:12)*.

III. Procedure per il primo tavolo di discussione

A. Il marito (o in sua assenza, una persona scelta per essere il leader) deve condurre la riunione *(Efesini 5:21-6:9; 1 Timoteo 3:4-5)* e la moglie (o un'altra persona delegata) deve prendere appunti.

1. Il tavolo di discussione inizia e termina con la preghiera *(Colossesi 4:2; 1 Tessalonicesi 5:17; Giacomo 1:5)*.

2. Durante l'incontro si studia la Bibbia per scoprire la volontà di Dio per risolvere problemi e prendere decisioni. Tutti sono invitati a portare la propria Bibbia. Abbiate pronte sul tavolo delle copie per chi non la portasse *(basato su Giosuè 1:8; Salmo 19:7-11; Proverbi 13:13; 2 Timoteo 2:15, 3:16-17; Ebrei 4:12; 2 Pietro 1:3-4)*.

B. Scegliete un orario, stabilite la durata e la frequenza dei tavoli di discussione che vada bene a tutti *(Efesini 5:15-16)*. La durata suggerita è di un'ora, meno e non di più, per evitare la stanchezza e per incoraggiare tutti a rimanere concentrati sulle questioni da affrontare *(basato su Proverbi 10:19a, 15:23, 25:11-12)*.

C. Scegliete un luogo adatto che sia conduttivo per una comunicazione seria, efficace e senza interruzioni.

1. Scegliete una stanza che offra il minimo di distrazione.

2. Se possibile, scegliete un tavolo grande abbastanza per accomodare tutte le persone, per poter poggiare le Bibbie aperte e per poter prendere delle note. Lo scopo di sedersi intorno ad un tavolo è di far incontrare le persone per risolvere i problemi.

3. Il tragitto fino al tavolo di discussione aiuterà a calmare gli spiriti *(basato su Proverbi 14:17, 29; 15:28)*. Quando si è seduti, è più difficile alzarsi e uscire.

4. Il tavolo di discussione diventerà presto un simbolo di speranza, perché vi si affronteranno e si tratteranno i problemi al loro insorgere secondo la Parola.

D. Preparate un piano per affrontare un comportamento non biblico.
1. Scegliete un segnale silenzioso o calmo (come alzare la mano o alzarsi in piedi) per indicare che il comportamento di un'altra persona, secondo uno o più dei partecipanti alla tavola, non è biblico. Un segnale silenzioso è da preferirsi per non istigare nessuno all'ira *(basato su Proverbi 15:1; Ecclesiaste 3:7b, 8:17; Giacomo 1:19)*.
2. Se la persona, il cui comportamento è in discussione, si ravvede, confessa e ricomincia a parlare e ad agire, in accordo con la Scrittura, il tavolo di discussione potrà continuare. Altrimenti la comunicazione biblica è terminata e così il tavolo di discussione.
3. La discussione può essere ripresa in un altro momento, sia
    a. lo stesso giorno, appena la persona che si è comportata in contrasto con la Parola, lo riconosca e confessi il suo peccato al Signore *(1 Giovanni 1:9)* e agli altri *(Giacomo 5:16)*;
    b. in un altro momento da decidere.

E. Se, durante il tavolo di discussione una persona non riesce a controllare il suo spirito *(Proverbi 25:28)*, questa dovrebbe:
1. usare il segnale prescelto (alzare la mano o alzarsi in piedi), per segnalare il suo bisogno di interrompere la discussione per riguadagnare il controllo sul suo spirito;
2. scusarsi e lasciare il tavolo di discussione fino a che non sia in grado di agire secondo la Parola.

F. Se, al tavolo di discussione, qualcuno continua a obiettare, rifiuta di parlare o fa qualsiasi altra cosa che non sia comunicare secondo la Parola, gli altri si dovrebbero alzare e rimanere in silenzio fino a quando tutti saranno pronti a comportarsi secondo la Parola.

G. La prima sessione comprende diverse attività.
1. Al primo tavolo di discussione, leggere *Efesini 4:17-32 e 1 Corinzi 13:4-8a*.
2. Se non è già stato fatto, lasciate del tempo ad ogni persona per fare un elenco, il più completo possibile, di parole e azioni peccaminose, commesse contro gli altri, specialmente verso coloro che siedono al tavolo di discussione *(Matteo 7:1, 5)*.
3. La moglie (o chi è stato scelto per prendere appunti) scriverà i punti principali trattati al tavolo di discussione (suggerimento: una colonna per gli interventi di ciascuna persona. Gli interventi possono essere: la confessione del proprio peccato; un'offerta di aiuto; la citazione di un versetto a memoria, ecc.) Alla conclusione della riunione, chi ha preso appunti, leggerà ad alta voce le decisioni e gli impegni presi dal gruppo o dai singoli. Dopo la lettura degli appunti, ogni persona è invitata a suggerire qualsiasi cambiamento utile a chiarire qualunque parte degli stessi. I cambiamenti saranno scritti nel documento *(basato su Proverbi 11:14, 15:22, 16:3; Ecclesiaste 4:9-10; Filippesi 2:3-4)*.

Nelle riunioni successive, gli appunti del tavolo di discussione saranno utili per ricordare ad ogni persona i risultati degli incontri precedenti. Serviranno inoltre a ricordare a ciascuno come pregare per questioni specifiche e per ringraziare il Signore per i cambiamenti che Egli sta apportando nella vita dei partecipanti al tavolo di discussione.

H. Siate specifici nel confessare i peccati a un'altra persona *(Matteo 5:23-24; Giacomo 5:16)*.
1. Il marito (o il leader designato) dovrebbe essere il primo a confessare i propri peccati commessi contro i presenti; la moglie confessa subito dopo, poi i figli. (Se i partecipanti al tavolo di discussione non sono membri della stessa famiglia, l'ordine della confessione dei peccati dovrebbe essere decisa di comune accordo).

NOTA. *La confessione dei peccati al tavolo di discussione deve essere volontaria. Nessuno dovrebbe forzare un'altra persona a confessare i propri peccati perché è* *lo Spirito Santo che convince di peccato e spinge alla confessione (Giovanni 14:26; 16:8). Ogni individuo deve avere la volontà e la responsabilità di occuparsi dei propri peccati (Ezechiele 18:20). Ogni persona è responsabile del proprio comportamento peccaminoso (Deuteronomio 24:16) per cui non è permesso scaricare la colpa su altri durante il tavolo di discussione (basato su Genesi 3:12-13, 19; Romani 14:12).*

2. Dopo tre o quattro incontri produttivi, ogni partecipante può invitare gli altri a ricordargli i peccati di cui potrebbe non essersi reso conto *(basato su Proverbi 27:6; Matteo 7:1-5, 18:15; Galati 6:1-2; Efesini 4:15, 25).*

   a. Chi desidera far notare ad un altro i peccati di cui non si è reso conto, deve tenere presente tutti gli aspetti dell'amore e della comunicazione biblica che onorano Cristo *(basato su 1 Corinzi 13:4-8a; Efesini 4:29; Colossesi 4:6).*

   b. Una persona, alla quale sono stati fatti presenti i peccati di cui non si era resa conto, avrà l'opportunità di confessare le proprie azioni peccaminose commesse contro altri *(basato su Matteo 5:9, 23-24; 7:12; Marco 11:25-26; Romani 12:18, 13:8-10, 14:19).*

   Per ripassare come confessare i tuoi peccati a coloro contro i quali hai peccato, vedi:
   LINEE GUIDA: SCHEDA DI LAVORO VITTORIA SUI FALLIMENTI *(Supplemento 7) al punto* **VI. D.**
   RICONCILIAZIONE (RIMUOVERE TUTTO CIÒ CHE OSTACOLA L'UNITÀ E LA PACE) *(Lezione 12, pagine 6-8)* **II. Confessione**

I. Subito dopo la prima riunione, ognuno, individualmente, dovrebbe iniziare a lavorare sulla propria **SCHEDA DI LAVORO VITTORIA SUI FALLIMENTI** (Supplemento 8), un fallimento alla volta, compilando ognuna delle quattro colonne.

Vedi: **SUPERARE I PROBLEMI INTERPERSONALI** *(Lezione 13, pagine 19-23)*

1. Sii fedele a questo proponimento che ti aiuterà a sviluppare e a maturare in modo da onorare Cristo *(basato su Galati 6:9; Efesini 4:1).*

2. Quando richiesto, la famiglia (o il gruppo) che partecipa alla riunione, può aiutare ogni persona ad individuare ciò di cui deve, secondo la Parola, "spogliarsi" e ciò di cui "rivestirsi", oltre a presentare la base biblica per un preciso piano verso un cambiamento *(Galati 6:1-2).* Questo incoraggerà uno studio approfondito della Scrittura e spronerà alla crescita coloro che partecipano al tavolo di discussione *(basato su Proverbi 27:17; 2 Timoteo 2:15; Ebrei 10:24).*

J. Siate costanti *(1 Corinzi 15:58).*

1. Dovete riconoscere che non tutti i problemi si risolvono con la frequenza ad alcuni tavoli di discusssione. Per problemi complessi, fate un programma per lavorare insieme per un certo tempo *(Efesini 5:15-16).*

2. Adoperatevi per sconfiggere il problema *(basato su 2 Corinzi 7:11-12)* e non per distruggere l'altro (o gli altri) *(Romani 12:18-19, 14:19).*

K. Una volta presa l'abitudine di avere un tavolo di discussione per la riconciliazione tra i partecipanti, essa continuerà a essere utile per cercare la soluzione ai conflitti, per prefiggersi degli obiettivi e per prendere decisioni bibliche. Lo scopo finale del tavolo di discussione, è di sviluppare la comunicazione biblica tra le persone, fino a che diventi una regola di vita.

LO STUDIO DI UN CASO: MARIA È STATA ABBANDONATA DAL MARITO

> Non importa quanto sia difficile una situazione tu devi seguire la Parola del Signore in ogni aspetto, affinché la Sua volontà sia compiuta *(Isaia 55:8-11; 2 Timoteo 3:16-17)*.

Maria ha compiuto i passi biblici necessari per superare il suo egocentrismo ed ha adempiuto ai suoi doveri, con amore, verso suo marito e i suoi figli per diverse settimane. Come conseguenza suo marito le ha rivolto delle domande riguardo alla consulenza che stava seguendo e più tardi l'ha accompagnata ad un incontro di consulenza.

Quando Tommaso è arrivato al suo primo incontro di consulenza con Maria, il gruppo di consulenti lo ha accolto calorosamente e lo ha ringraziato per il suo desiderio di assistere alla consulenza di Maria. Il consulente capo ha spiegato a Tommaso che tutti i consigli che il gruppo dà sono basati sulla Parola di Dio, e che Tommaso poteva fare delle domande sulla consulenza in qualsiasi momento dell'incontro. Il consulente capo ha fatto riferimento a diversi argomenti in modo da evidenziare i cambiamenti nella vita di Maria. Nel rispondere alle domande del consulente, Maria ha potuto presentare a Tommaso la base biblica per i cambiamenti che lui ha notato in lei. Il consulente ha fatto domande che riguardavano:

l'impegno di Maria di seguire Gesù Cristo e la pace e la gioia che gliene sono derivate;

il suo impegno di fare le cose alla maniera di Dio invece che alla sua maniera egoista;

il suo "elenco di fallimenti" e la sua determinazione a "spogliarsi" delle azioni della vecchia natura e di "rivestirsi" delle azioni bibliche che dimostrano la sua nuova natura in Gesù Cristo;

il significato biblico del perdono e della riconciliazione;

i benefici personali di imparare a memoria la Scrittura e della meditazione giornaliera.

Tommaso non ha fatto domande durante il primo incontro, ma ha continuato ad accompagnare Maria a quelli successivi. Il gruppo di consulenza ha approfittato di questi incontri per lavorare su vari aspetti della **SCHEDA DI LAVORO VITTORIA SUI FALLIMENTI** *di Maria (Supplemento 8). Ad ogni incontro Tommaso ha partecipato attentamente, senza però intervenire.*

Durante il quarto incontro, Tommaso ha ammesso di non aver mai creduto che ci fosse qualcosa che potesse far cambiare Maria, ma che doveva ricredersi e riconoscere che Maria stava cambiando nonostante i problemi domestici non fossero risolti. Ha anche dimostrato il desiderio di volere l'aiuto di Dio per apportare alcuni cambiamenti nella sua vita.

Il consulente capo, ha spiegato a Tommaso che i cambiamenti nella vita di Maria si stavano verificando perché lei aveva preso l'impegno di piacere al Signore e di ubbidire alla Sua Parola. Questo impegno era iniziato al momento della sua nascita spirituale. Il consulente poi ha presentato chiaramente il piano di Dio della salvezza attraverso Gesù Cristo. Tommaso ha ascoltato attentamente e ha espresso il desiderio di prendere lo stesso impegno verso Gesù Cristo. Ha ammesso il suo peccato, ha chiesto a Dio di perdonarlo per mezzo della morte sacrificale di Suo Figlio, e ha invitato il Signore Gesù Cristo nella sua vita. Nella preghiera Tommaso ha anche chiesto a Dio di aiutarlo a cambiare come marito e come padre.

Al termine dell'incontro gli sono stati assegnati dei compiti che lo avrebbero aiutato a comprendere la sua posizione in Gesù Cristo. Anche lui ha iniziato a lavorare sulla sua **SCHEDA DI LAVORO VITTORIA SUI FALLIMENTI** *(Supplemento 8). Nelle settimane successive, Tommaso ha completato fedelmente i suoi compiti che comprendevano la meditazione giornaliera, l'imparare a memoria i versetti e frequentare con la sua famiglia il culto di adorazione. Anche Maria, durante questo periodo, ha fedelmente eseguito i compiti assegnati.*

Tommaso e Maria stanno veramente crescendo in Cristo, ma ci sono ancora diverse faccende non risolte nella loro famiglia. Perciò, l'incontro successivo sarà mirato a elaborare un piano per superare questi problemi. Dopo aver controllato i compiti di Tommaso e di Maria, il consulente capo rivede lo scopo di un tavolo di discussione e come condurlo.

Consulente:	"Tommaso e Maria, ricordate che lo scopo del tavolo di discussione è di provvedere una situazione strutturata per sviluppare l'abitudine ad affrontare e trattare i problemi secondo la Parola. Essa vi aiuterà a comunicare in maniera molto più biblica e a far piacere al Signore. Ora, Tommaso, siccome tu sei il capo famiglia, è tua responsabilità condurre ogni incontro".
Maria:	**"Se lui è il capo, io che cosa faccio?"**
Consulente:	"Tu prenderai appunti. Ciò vi aiuterà a ricordare quello che è stato detto. Adesso seguiamo lo schema '**SUPERARE I PROBLEMI ATTRAVERSO LA COMUNICAZIONE BIBLICA**'. Lo trovate nella lezione 15, pagine 6-9 del manuale *Esamina te stesso*. Vi siete già esaminati alla luce della Parola, perciò ripassiamo i principi per condurre un tavolo di discussione. Poi seguiremo le procedure elencate nella parte **III. Procedure per il tavolo di discussione**".
Tommaso:	*(Pausa)* **"Dato che il tavolo di discussione deve iniziare con la preghiera, preghiamo per chiedere al Signore l'aiuto per mettere in pratica queste procedure".**
	Il consulente capo chiede ad uno degli assistenti di pregare. Subito dopo l'"amen" Tommaso inizia a parlare.
Tommaso:	**"Maria, quando pensi che dovremo avere il tavolo di discussione a casa nostra?"**
Maria:	*(In tono sarcastico)* **"Decidi tu, visto che *sei tu* il capo!!!"**
Consulente:	*(Interrompendo)* "Scusami, Maria. Ricorda: l'amore è benevolo. Tommaso ha chiesto la tua opinione e, come aiuto amorevole, dovresti contribuire con gentilezza".
Maria:	*(Sembra un po' imbarazzata, ma risponde con calma)* **"Penso che lunedì e mercoledì sera, dopo che i ragazzi sono andati a letto, potrebbe andare bene".**
Tommaso:	**"Che ne dici dalle 9,30 alle 10,30, in quelle sere, nella sala da pranzo?"**
Maria:	**"D'accordo".**
	Il consulente continua a spiegare la procedura. Quando ricorda che cosa fare, in caso si verificasse un comportamento non biblico, Tommaso guarda Maria e prende la parola:
Tommaso:	**"Che segnale dovremmo usare, se uno di noi s'infuria?"**
Maria:	**"Che ne dici di alzare la mano?"**
Tommaso:	**"Va bene, proviamo. Dividi un foglio di carta in due colonne e metti il mio nome in cima ad una colonna e il tuo in cima all'altra".** *(Pausa)* **"Ora, credo che dovremmo iniziare a leggere Efesini 4:17-32".**
Consulente:	*(Interrompe)* "Lo scopo della lettura di questi versetti è di aiutarvi a ricordare i peccati che avete commesso l'uno contro l'altra e per rivedere le basi bibliche per condurre un tavolo di discussione. So che entrambi avete lavorato sulla **SCHEDA DI LAVORO VITTORIA SUI FALLIMENTI**. Maria che ne dici di iniziare?"

Lezione 15, pagina 11

Maria:	*(Esitando)* **"D'accordo! Spero di fare bene** *(guardando il marito, continua)* **Tommaso, sono stata priva di riguardo".**
Consulente:	*(Interrompe)* "Scusami, Maria, ma come dovresti sapere dai compiti che hai svolto, che questa confessione è troppo generica. Per cambiare, bisogna essere precisi. Che cosa hai fatto per essere priva di riguardo?"
Maria:	*(Esitando)* **"Non ti preparo la colazione, perché non apprezzi mai quello che faccio per te".**
Consulente:	"Maria, questo è preciso, ma sei andata a finire nella colonna di Tommaso. Devi elencare i *tuoi* peccati, non quelli di Tommaso".
Tommaso:	*(In modo tagliente)* **"Giusto! Mi dà sempre la colpa ... dice che non l'apprezzo ... non sono un buon marito ... non mi occupo dei ragazzi ... anche se ultimamente è cambiata, non è certo diventata un angelo".**
	Tommaso continua ad alzare il volume della voce, il consulente con calma alza la mano e fa cenno a Maria di fare lo stesso.
Consulente:	*(Dopo che Tommaso ha notato le mani alzate)* "Ora, Tommaso e Maria, abbiamo appena visto come interrompere piuttosto velocemente un litigio. *(Pausa)* Maria, ricominciamo, e questa volta elenca *solo* i peccati che tu hai commesso contro Tommaso".
	Maria specifica i peccati che ha commesso contro Tommaso dall'ultima volta che ha chiesto il suo perdono. Tommaso ha bisogno d'aiuto nell'essere specifico riguardo ai peccati che ha commesso contro Maria. Dopo aver elencato un certo numero di peccati specifici, anche Tommaso chiede il perdono di Maria. Entrambi in preghiera prendono l'impegno di vivere in una maniera più biblica nella loro casa. Il consulente assegna loro altri compiti da svolgere durante la settimana.

Quali compiti assegneresti loro se tu fossi il consulente?

LEZIONE 15: COMPITI

> I **COMPITI** di questa settimana aiutano i mariti e le mogli ad amarsi, secondo la Parola. Se un coniuge viola la Scrittura, e non pratica l'amore biblico, bisogna seguire il piano di Dio per ristabilirlo nel giusto rapporto con Lui e con il proprio coniuge *(basato su Isaia 55:8-11: Giovanni 13:35; 1 Pietro 3:1-9; 1 Giovanni 1:9, 4:18-21; Apocalisse 2:4-5).*

✔ *compiti completati*

☐ A. * Con parole tue scrivi il significato di *1 Pietro 3:1 e 7*. Impara a memoria *1 Pietro 3:1 e 7* ed inizia a imparare *Ezechiele 18:20* e *Efesini 6:4*. Ripassa i versetti già imparati.

☐ B. * Leggi **PRINCIPI BIBLICI: IL RAPPORTO MATRIMONIALE (SECONDA PARTE)** (Lezione 15, pagina 2). Evidenzia i versetti elencati nella tua Bibbia.

☐ C. Studia **LA SOTTOMISSIONE BIBLICA** (Lezione 15, pagina 3). Nota la definizione di sottomissione biblica e i rapporti nei quali deve essere praticata.

☐ D. Leggi **PUOI IMPARARE A DIMOSTRARE AMORE AL TUO CONIUGE** (Lezione 15, pagine 4-5). Nota come l'amore biblico fra marito e moglie deve essere basato sull'impegno individuale verso Dio e sul patto che essi hanno stretto l'uno verso l'altra. La mancanza di amore biblico verso il tuo coniuge non può essere attribuita ai sentimenti, alle circostanze o alle persone. Invece, non amare secondo la Parola, è la negazione dell'amore che Dio ha per te, in Cristo Gesù *(basato su Matteo 18:21-35, spec. i versetti 32-33; 1 Giovanni 4:7-8).* Contrassegna quelle affermazioni che indicano i cambiamenti che devi apportare nel tuo rapporto matrimoniale.

☐ E. * Leggi **SUPERARE I PROBLEMI ATTRAVERSO LA COMUNICAZIONE BIBLICA (USARE UN TAVOLO DI DISCUSSIONE PER LA RICONCILIAZIONE)** (Lezione 15, pagine 6-9). Compilare, in vista del primo tavolo di discussione, una **SCHEDA DI LAVORO VITTORIA SUI FALLIMENTI** (Supplemento 8) per ogni persona contro la quale hai peccato.

☐ F. * Questa settimana, seguendo le indicazioni fornite, tieni almeno un tavolo di discussione, con la tua famiglia (o con altri con cui hai un rapporto stretto). Sulla **SCHEDA DI LAVORO VITTORIA SUI FALLIMENTI** (Supplemento 8), metti un segno per ogni peccato confessato.

☐ G. * Leggi **LO STUDIO DI UN CASO: MARIA È STATA ABBANDONATA DAL MARITO** (Lezione 15, pagine 10-12). Rispondi alle domande alla fine del caso di studio.

☐ H. * In collegamento con questa lezione, prepara una breve descrizione di quanto richiesto al punto 24 del **Test a libro aperto** (Lezione 23, pagina 3).

* *Il completamento dei compiti contrassegnati con un asterisco (*) è essenziale per continuare la formazione per la consulenza biblica.*

LEZIONE 15: GUIDA ALLO STUDIO PER LA MEDITAZIONE GIORNALIERA
(COMPRENDE VERSETTI A MEMORIA E COMPITI)

> La **GUIDA ALLO STUDIO** di questa settimana aiuta i mariti e le mogli ad amarsi, secondo la Parola. Se un coniuge viola la Scrittura, e non pratica l'amore biblico, bisogna seguire il piano di Dio per ristabilirlo nel giusto rapporto con Lui e con il proprio coniuge *(basato su Isaia 55:8-11: Giovanni 13:35; 1 Pietro 3:1-9; 1 Giovanni 1:9, 4:18-21; Apocalisse 2:4-5).*

Versetti a memoria

1. * Impara a memoria *1 Pietro 3:1* e *7*. Inizia a imparare *Ezechiele 18:20* e *Efesini 6:4*.
2. Porta sempre con te i cartoncini con i versetti a memoria delle settimane precedenti e aggiungi quelli di questa settimana. Ripassa i versetti nei momenti liberi durante la giornata.

Guida allo studio per la meditazione giornaliera

PRIMO GIORNO
1. Inizia con la preghiera.
2. * Leggi *Principio 64* in **PRINCIPI BIBLICI: IL RAPPORTO MATRIMONIALE (SECONDA PARTE)** (Lezione 15, pagina 2). Evidenzia i versetti nella tua Bibbia.
3. * Scrivi il significato di *1 Pietro 3:1* e *7* con parole tue.
4. Studia **LA SOTTOMISSIONE BIBLICA** (Lezione 15, pagina 3). Nota la definizione della sottomissione biblica e come applicarla nelle varie relazioni.
5. Termina con la preghiera.

SECONDO GIORNO
1. Inizia con la preghiera.
2. * Leggi *Principio 65* in **PRINCIPI BIBLICI: IL RAPPORTO MATRIMONIALE (SECONDA PARTE)** (Lezione 15, pagina 2). Evidenzia i versetti elencati nella tua Bibbia.
3. Studia **PUOI IMPARARE A DIMOSTRARE AMORE AL TUO CONIUGE** (Lezione 15, pagine 4-5). Nota come l'amore biblico fra marito e moglie deve essere basato sull'impegno individuale verso Dio e sul patto che essi hanno stretto l'uno con l'altra. La mancanza di amore biblico verso il tuo coniuge non può essere attribuita ai sentimenti, alle circostanze o alle persone. Invece, non amare secondo la Parola, è la negazione dell'amore che Dio ha per te, in Cristo Gesù *(basato su Matteo 18:21-35, spec. i versetti 32-33; 1 Giovanni 4:7-8)*. Segna quelle affermazioni che indicano i cambiamenti che devi apportare nel tuo rapporto matrimoniale.
4. Termina con la preghiera.

TERZO GIORNO
1. Inizia con la preghiera.
2. * Leggi *Principio 66* in **PRINCIPI BIBLICI: IL RAPPORTO MATRIMONIALE (SECONDA PARTE)** (Lezione 15, pagina 2). Evidenzia i versetti elencati nella tua Bibbia.
3. * Inizia una **SCHEDA DI LAVORO VITTORIA SUI FALLIMENTI** (Supplemento 8) per ogni persona contro la quale hai peccato, in preparazione del primo tavolo di discussione.

© Biblical Counseling Foundation

4. Termina con la preghiera.

QUARTO GIORNO

1. Inizia con la preghiera.
2. * Leggi *Principio 67* in **PRINCIPI BIBLICI: IL RAPPORTO MATRIMONIALE (SECONDA PARTE)** (Lezione 15, pagina 2). Evidenzia i versetti elencati nella tua Bibbia.
3. * Completa la tua **SCHEDA DI LAVORO VITTORIA SUI FALLIMENTI** (Supplemento 8) per ogni persona contro la quale hai peccato e che parteciperà al primo tavolo di discussione.
4. Termina con la preghiera.

QUINTO GIORNO

1. Inizia con la preghiera.
2. * Leggi *Principio 68* in **PRINCIPI BIBLICI: IL RAPPORTO MATRIMONIALE (SECONDA PARTE)** (Lezione 15, pagina 2). Evidenzia i versetti elencati nella tua Bibbia.
3. * Per preparare il tuo primo tavolo di discussione, studia **SUPERARE I PROBLEMI ATTRAVERSO LA COMUNICAZIONE BIBLICA (USARE UN TAVOLO DI DISCUSSIONE PER LA RICONCILIAZIONE)** (Lezione 15, pagine 6-9). Questo è il primo di due studi,. Metti da parte del tempo per avere almeno un tavolo di discussione questa settimana, con la tua famiglia o con altri con cui hai un rapporto stretto.
4. Termina con la preghiera.
5. Sei costante nell'imparare a memoria i versetti della Scrittura per questa settimana? Nei momenti liberi, approfitta per ripassare i versetti di quelle precedenti.

SESTO GIORNO

1. Inizia con la preghiera.
2. * Termina il tuo studio **SUPERARE I PROBLEMI ATTRAVERSO LA COMUNICAZIONE BIBLICA (USARE UN TAVOLO DI DISCUSSIONE PER LA RICONCILIAZIONE)** (Lezione 15, pagine 6-9). Fissa il momento per la tua prima tavolo di discussione e tienila. Sulla tua **SCHEDA DI LAVORO VITTORIA SUI FALLIMENTI** che hai preparato per il tavolo di discussione, ricorda di segnare ogni peccato che hai confessato.
3. Termina con la preghiera.

SETTIMO GIORNO

1. Inizia con la preghiera.
2. * Con uno spirito di preghiera, valuta i risultati del primo tavolo di discussione. Metti in programma almeno un altro tavolo di discussione per la settimana successiva durante la quale tu e gli altri partecipanti potrete affrontare e trattare i problemi come piace al Signore.
3. * Leggi **LO STUDIO DI UN CASO: MARIA È STATA ABBANDONATA DAL MARITO** (Lezione 15, pagine 10-12). Rispondi alle domande alla fine del caso di studio.
4. * In collegamento con questa lezione, prepara una breve descrizione di quanto richiesto al punto 24 del **Test a libro aperto** (Lezione 23, pagina 3).
5. Termina con la preghiera.
6. Valuta se sei stato fedele nell'imparare a memoria i versetti della Scrittura di questa settimana *(Salmo 119:11, 16; 1 Corinzi 4:2; Efesini 5:15-16)*. Prendi del tempo per ripassare i versetti precedenti. Chiedi a qualcuno di ascoltarti mentre ripeti i versetti di questa settimana e spieghi il modo in cui li applichi alla tua vita.

* *Il completamento dei compiti contrassegnati con un asterisco (*) è essenziale per continuare la formazione per la consulenza biblica.*

LEZIONE 16

I RAPPORTI GENITORE-FIGLIO (PRIMA PARTE)

"La persona che pecca è quella che morirà, il figlio non pagherà per l'iniquità del padre, e il padre non pagherà per l'iniquità del figlio: la giustizia del giusto sarà sul giusto, l'empietà dell'empio sarà sull'empio".

Ezechiele 18:20

"E voi, padri, non irritate i vostri figli, ma allevateli nella disciplina e nell'istruzione del Signore".

Efesini 6:4

LEZIONE 16: I RAPPORTI GENITORE-FIGLIO (PRIMA PARTE)

> I genitori hanno un gran privilegio e una solenne responsabilità davanti al Signore: quella di allevare i propri figli in una maniera che Gli faccia piacere, e di educarli alla comprensione dei principi della Scrittura. Adempiere questo dovere secondo la Parola, avrà come risultato le benedizioni del Signore. Non allevare i figli secondo la Parola invece avrà come risultato dolori e dispiaceri *(basato su Deuteronomio 6:6-7; Proverbi 10:1, 13:18, 17:25, 22:6, 29:17; Colossesi 1:10; Giacomo 1:25).*

I. **Gli obiettivi di questa lezione sono:**

   A. presentare il piano divino per i rapporti genitore-figlio;

   B. contrapporre, per allevare i figli, le filosofie umane alle direttive di Dio;

   C. presentare la norma biblica per allevare i figli nell'istruzione e nella disciplina del Signore;

   D. rivedere i modi più frequenti con cui i genitori provocano all'ira i propri figli;

   E. mostrare ai genitori l'importanza di istruire i propri figli secondo la Parola.

II. **Il sommario di questa lezione**

   A. Esamina te stesso

   1. **PRINCIPI BIBLICI: I RAPPORTI GENITORE-FIGLIO (PRIMA PARTE)** (Lezione 16, pagina 2)

   2. **LE TEORIE E LE USANZE DEGLI UOMINI PER ALLEVARE I FIGLI** (Lezione 15, pagine 3-6)

   3. **LINEE GUIDA PER ALLEVARE I FIGLI** (Lezione 16, pagine 7-9)

   4. **MODI CON CUI I GENITORI PROVOCANO ALL'IRA I LORO FIGLI** (Lezione 16, pagine 10-12)

   5. **COMPRENDERE L'ISTRUZIONE BIBLICA DEI FIGLI** (Lezione 16, pagine 13-16)

   B. Passi per la crescita spirituale

   1. **LEZIONE 16: COMPITI** (Lezione 16, pagina 17)

   2. **GUIDA ALLO STUDIO PER LA MEDITAZIONE GIORNALIERA** (Lezione 16, pagine 18-19)

   C. Consulenza biblica

   (Lo studio di un caso riprende alla Lezione 18)

PRINCIPI BIBLICI:
I RAPPORTI GENITORE-FIGLIO (PRIMA PARTE)

> I principi e i precetti del Signore si applicano indistintamente ai genitori e ai figli. I genitori devono avere lo stesso intento nell'insegnare la Scrittura ai loro figli come vuole il Signore. I figli devono essere fedeli nel rispondere all'insegnamento, come al Signore *(basato su Deuteronomio 6:6-7; Salmo 19:7-11; Proverbi 22:6; 1 Corinzi 1:10; Efesini 6:1-4; Colossesi 3:20; 2 Timoteo 3:16-17; 2 Pietro 1:3-4).*

I. Il punto di vista di Dio

(Principio 69) I figli sono un dono (un'eredità) del Signore *(Salmo 127:3)*. Devono essere allevati secondo le direttive della Parola di Dio *(basato su Salmo 19:7-11; 2 Timoteo 3:14-17)* e non secondo le decisioni arbitrarie dei genitori né secondo le filosofie dell'uomo *(Proverbi 3:5, 16:2; Isaia 55:8-11; 1 Corinzi 3:18-20)*. I genitori devono istruire i figli nella disciplina e nell'ammonizione del Signore *(Deuteronomio 4:9; 6:6-7, 20-25; Proverbi 22:6; Efesini 6:4)*.

(Principio 70) I figli devono onorare ed ubbidire ai genitori come al Signore, perché questo è giusto e Gli fa piacere *(Deuteronomio 5:16; Marco 7:8-10; Efesini 6:1-2; Colossesi 3:20)*.

II. La tua speranza

(Principio 47, modificato dalla Lezione 11, pagina 2) Dio può e fa sì che tutte le cose cooperino al bene di coloro che Gli appartengono e che Lo amano. Nessuno, nemmeno i tuoi figli o i tuoi genitori, può impedire la Sua opera nella tua vita *(basato su Romani 8:28-29; Filippesi 1:6)*.

(Principio 71) Man mano che studi e applichi la Parola di Dio nella tua vita e nell'educazione dei tuoi figli *(basato su Ecclesiaste 12:15-16; Isaia 55:8-11; 2 Timoteo 2:15; 3:16-17)* e smetti di avere fiducia in te stesso, nel tuo retroterra, nel modo in cui sei stato tirato su *(Proverbi 3:5, 14:12, 28:26a; 1 Corinzi 3:20)*, avrai la saggezza e la guida necessarie per essere un genitore timorato di Dio *(basato su Proverbi 3:5-6, 15:33; Giacomo 1:25)*.

(Principio 72) Figli, il Signore vi benedirà *(Efesini 6:2-3)* quando smetterete di essere disubbidienti, testardi e ribelli *(basato su Deuteronomio 21:18-21; Romani 1:28-32, spec. il versetto 30; 2:5-11; 2 Timoteo 3:1-5, spec. il versetto 2; Tito 1:6)* e comincerete a onorare e a ubbidire a Lui e ai vostri genitori *(Efesini 6:1-2; Colossesi 3:20)*. Prendete sul serio (prestate attenzione) l'istruzione e la disciplina dei vostri genitori, per essere saggi *(basato su Proverbi 13:1, 19:20, 23:19)*.

LE TEORIE E LE USANZE DEGLI UOMINI PER ALLEVARE I FIGLI

> Molte delle filosofie dell'uomo per allevare i figli scaturiscono, in genere, da esperienze individuali. Nell'educare i figli, purtroppo, perfino i credenti, spesso, seguono i consigli del mondo o il "buon senso", piuttosto che la norma, completa ed esauriente, della Scrittura, la sola autorità in materia *(basato su Deuteronomio 4:9; 6:6-9, 13-14, 17, 20-25; Efesini 4:11-20; 2 Timoteo 3:16-17; Tito 1:10-11; 2 Pietro 1:3-10).*

I. **Caratteristiche delle teorie e delle usanze dell'uomo per allevare i figli**

Il centro delle moderne teorie dell'uomo sull'educazione dei figli è l'esaltazione dell'io e l'importanza delle emozioni dei figli e dei genitori. La sapienza del mondo ti insegna che devi allevare i tuoi figli in modo che abbiano una "buona immagine di sé" e che tu e i tuoi figli dovete "essere in sintonia" con i vostri sentimenti (il che spesso significa vivere secondo le proprie emozioni).

II. **Alcune spiegazioni errate dell'uomo dei problemi fra genitori e figli**

   A. La "saggezza dell'uomo" offre molte spiegazioni, o scuse, per il fallimento dei genitori nell'allevare i figli, del tipo:

   1. i genitori non hanno la competenza per "essere genitori";
   2. i genitori non hanno la competenza per "risolvere i conflitti";
   3. i genitori non hanno ricevuto affetto e un "modello adeguato" dalla propria madre e dal proprio padre, perciò non sono in grado di amare e di allevare i propri figli;
   4. i genitori che maltrattano i loro figli, verbalmente e fisicamente, cercano di scaricare la responsabilità delle loro azioni sui propri genitori, che, a loro volta, li hanno maltrattati verbalmente e fisicamente quando erano bambini;
   5. uno dei genitori non riceve "sostegno" dall'altro per le decisioni che riguardano i figli;
   6. un genitore solo, divorziato, non ha nessuno che lo aiuti nel suo compito di allevare i figli in modo appropriato;
   7. un genitore con poco denaro non può dare ai figli benefici materiali;
   8. i genitori hanno un figlio che non li rispetta, nonostante i loro sforzi;
   9. i genitori oggi non hanno la necessaria "qualità" di tempo per allevare i figli come si deve;
   10. i genitori non capiscono tutte le "pressioni" cui sono sottoposti i loro figli e i giovani di oggi;
   11. i genitori non riescono nel loro compito perché hanno "poca stima di se stessi".

   B. La sapienza terrena offre molte "scuse" anche per le mancanze dei figli, del tipo:

   1. i genitori non sono all'altezza del loro compito;

2. l'"atmosfera familiare" non è "abbastanza libera" per potersi esprimere;
3. hanno ereditato "problemi di personalità";
4. non hanno vantaggi economici, sociali o educativi;
5. sono sopraffatti dalla pressione dei coetanei;
6. non ci si può aspettare che capiscano perché devono ubbidire, e, spesso, sono troppo piccoli perché siano ritenuti responsabili del loro comportamento;
7. nel loro "albero genealogico" ci sono casi d'abuso di droghe e di alcol (dipendenza da sostanze chimiche);
8. hanno una "immagine di se stessi" inadeguata.

III. Alcuni futili tentativi dell'uomo, per risolvere i problemi genitore-figlio

A. Soluzioni per i genitori:
1. leggete libri e partecipate a seminari sull'argomento;
2. non fissate delle regole restrittive per i vostri figli, invece permettete loro di imparare dai propri errori e dalle proprie esperienze;
3. andate dallo psicologo, o dall'analista, perché dovete essere aiutati a superare il fatto che i vostri genitori non vi hanno amato;
4. cercate qualcuno che ascolti i problemi che avete con il vostro coniuge e con i vostri figli;
5. divorziate dal coniuge che non collabora al buon andamento familiare; poi, se possibile, sposate qualcuno che vi aiuti ad allevare i vostri figli;
6. cercate qualcuno che vi sia di "sostegno morale";
7. Allontanatevi dai figli e dedicate del tempo a voi stessi;
8. non danneggiate, per alcuna ragione al mondo, il "concetto di sé" che hanno i vostri figli;
9. non fate mai la morale; fate attenzione a non presentare troppo presto ai vostri figli la norma di Dio per la loro vita: non vorrete mica "far loro il lavaggio del cervello" con la Bibbia;
10. lasciate che i figli facciano quello che vogliono, dato che lo fanno in ogni caso;
11. partecipate a un gruppo di sostegno o di terapia per genitori con simili problemi.

B. Soluzioni per i figli:
1. cercatevi un adulto che possa fungere da "sostituto genitore";
2. comportatevi gentilmente, ma fate sempre quello che vi pare, perché solo voi sapete quello che è meglio per voi;
3. ignorate i vostri genitori;
4. andate via di casa se i vostri genitori sono troppo severi;
5. accettate il "fatto" che probabilmente avrete gli stessi problemi dei vostri genitori;
6. siate più risoluti nell'esprimere ai vostri genitori esattamente come vi sentite e rispettateli solo nella misura in cui essi guadagnano il vostro rispetto;
7. scrivete i vostri sentimenti in un diario e sviluppate il vostro mondo fantastico per sfuggire alla mancanza di comprensione dei vostri genitori;
8. ricordate ai vostri genitori i loro sbagli per evidenziare che non possono certo "farvi la morale";

9. migliorate l'"immagine che avete di voi stessi" eccellendo in qualche specialità o arrivando allo scopo che vi siete prefissi;
10. concentratevi sul vostro sviluppo e imparate "a essere voi stessi";
11. Prendete parte ad un gruppo di terapia per ragazzi come voi.

Per esaminare perché questi approcci ai problemi genitore-figlio non sono biblici, vedi:
IL PUNTO DI VISTA BIBLICO SULL'IO *(Lezione 4, pagine 5-10)*
GLI APPROCCI BASILARI PER RISOLVERE I PROBLEMI PERSONALI *(Lezione 4, pagina 11)*
PRINCIPI BIBLICI: AFFRONTARE TE STESSO (PRIMA PARTE) *(Lezione 9, pagine 2-3)*
SOTTOVALUTAZIONE, ESALTAZIONE E COMMISERAZIONE DI SÉ *(Lezione 9, pagine 4-5)*
PRINCIPI BIBLICI: AFFRONTARE TE STESSO (SECONDA PARTE) *(Lezione 10, pagine 2-3)*
SUPERARE LA PREOCCUPAZIONE DI SÉ *(Lezione 10, pagine 9-12)*

IV. **Alcune opinioni non bibliche, all'interno della chiesa, sull'educazione dei figli**

   A. "Consigli" o "suggerimenti" non biblici per i genitori.
   1. Dovete imparare a fare i genitori da coloro che hanno avuto le stesse vostre esperienze, perché solo loro possono veramente capire le vostre difficoltà *(non tiene conto di Proverbi 14:12; Romani 15:14)*.
   2. Insegnate ai vostri figli ad avere fiducia in voi prima di tutto, poi potrete insegnare loro ad avere fiducia nel Signore. È essenziale che guadagniate la loro fiducia prima che possano fidarsi del Signore *(non tiene conto di Proverbi 3:5-6)*.
   3. Non usate continuamente la Bibbia quando parlate con i vostri figli della loro vita. Usare troppo la Scrittura potrebbe irritarli ed allontanarli da essa *(non tiene conto di Deuteronomio 6:5-9; Salmo 19:7-11; 2 Timoteo 3:16-17)*.
   4. Quando si tratta del come tirar su i figli, l'unica cosa di cui avete veramente bisogno è del semplice buon senso *(non tiene conto di Proverbi 14:12; Geremia 17:9)*.
   5. Se i vostri figli disubbidiscono alle vostre regole, puniteli duramente. Devono sapere che non la passeranno liscia, se infrangeranno i vostri ordini *(non tiene conto di Efesini 6:4)*.
   6. Voi esemplificate il Signore per i vostri figli. Il modo in cui i vostri figli vi vedono è il modo in cui vedranno Dio *(non tiene conto di Matteo 11:27; Giovanni 14:9; 2 Corinzi 4:3-6; Colossesi 1:15; Ebrei 1:1-3, spec. il versetto 3a)*.
   7. Tutti i figli "corrono la cavallina". È una fase che devono attraversare, ma non vi preoccupate, non durerà per sempre *(non tiene conto di Proverbi 19:18, 20:11)*.

   B. "Consigli" o "suggerimenti" non biblici, per i figli.
   1. Siete voi i padroni del vostro destino per il potenziale che avete in voi. Nessuno, nemmeno i vostri genitori, ha alcun diritto di comandarvi *(non tiene conto di Proverbi 16:18; Isaia 64:6; 1 Corinzi 10:12)*.
   2. Dio vuole che siate contenti di voi stessi. Scegliete qualcosa che sapete fare bene, ed eccellete nel farla *(non tiene conto di Proverbi 21:2-4)*.
   3. Guardate che disastro è la vita dei vostri genitori! Come possono minimamente pensare di essere una valida guida per voi *(non tiene conto di Proverbi 20:9-10; Matteo 7:1-5; Romani 15:14; 2 Corinzi 3:5)*?
   4. Ci saranno certamente dei momenti in cui voi e i vostri genitori arriverete ai ferri corti. Quando succede, imparate a scrivere delle storie su come vi sentite e come vi piacerebbe trattare i vostri genitori. Scrivete su carta, la vostra collera. Vi sentirete molto meglio perché vi libererete dei vostri sentimenti d'ira *(non tiene conto di Proverbi 18:17, 25:28; Efesini 4:15; Filippesi 4:6-9)*.

5. Spiegate ai vostri genitori quanto siete frustrati perché non vi permettono di avere o di fare quello che volete. Dite loro in che modo, secondo voi, vi hanno maltrattato *(non tiene conto di Filippesi 2:3-4, 14; 4:11)*.

6. Scaricate la vostra collera in qualche attività fisica energica *(non tiene conto di Proverbi 16:32, 25:28; Efesini 4:31-32)*.

7. Ci sono altri adulti che sono più gentili e comprensivi dei vostri genitori. Trovate un adulto nella chiesa o nella scuola che frequentate, e raccontategli i vostri problemi. Se necessario, andate da un consulente professionista. Se i vostri genitori non capiscono, non è necessario cercare di comunicare con loro *(non tiene conto di Efesini 4:25, 6:2; Colossesi 4:6)*.

8. Se niente funziona per risolvere i problemi a casa, andatevene. Non dovete per forza sopportare la frustrazione e il dolore *(non tiene conto di Romani 8:28-29; Giacomo 1:2-4)*.

9. Nessuno deve essere obbligato a ubbidire sempre ai genitori. Ci sono dei momenti in cui dovete "chiarire i vostri valori" e giudicare voi quale sia la "verità" *(non tiene conto di Efesini 6:1; Colossesi 3:20; 2 Timoteo 3:16-17)*.

LINEE GUIDA PER ALLEVARE I FIGLI

> Genitori, nel guidare i vostri figli nelle vie del Signore, esaminate diligentemente il vostro cammino in Gesù Cristo, Prima ancora che i vostri figli nascano, discutete e decidete come allevarli. Nell'imparare e nel mettere in pratica le direttive della Scrittura per l'educazione dei figli, abbiate sempre uno spirito di preghiera. Dopo la nascita dei vostri figli, attenetevi fermamente al proposito di seguire la Parola di Dio. Istruite ciascun figlio secondo l'età e la formazione di cui ha bisogno *(basato su Salmo 37:4-5; Proverbi 16:3, 22:6; Matteo 7:1-5; 1 Corinzi 1:10; Efesini 4:1-3, 6:4; 1 Tessalonicesi 5:17).*

I. L'impegno di un genitore verso il Signore

A. Per comprendere i principi biblici sull'educazione dei figli è necessario essere nato di nuovo *(1 Corinzi 2:14).*

B. I genitori devono dimostrare il loro impegno e il loro amore verso il Signore allevando i propri figli in un modo che Gli faccia piacere *(basato su Colossesi 1:10, 3:17).*

II. L'impegno di un genitore di seguire la Parola di Dio

A. La Scrittura è l'unica autorità per la vita ed è l'unica base per educare i figli in modo che questi conducano una vita che faccia piacere al Signore *(2 Timoteo 3:14-17).* La via dell'uomo è del tutto inadeguata *(Proverbi 14:12; Isaia 55:8-11).*

B. I genitori devono esaminare loro stessi e assicurarsi di ubbidire alla Parola per quello che concerne le cose del Signore *(Giacomo 1:22)* e per evitare l'ipocrisia nel correggere i loro figli *(Matteo 7:1-5).*

III. L'impegno reciproco dei genitori

A. I genitori credenti devono avere lo stesso modo di pensare e di sentire *(basato su 1 Corinzi 1:10; Filippesi 2:2).* Anche se il tuo coniuge non è credente, il tuo impegno amorevole nel rapporto matrimoniale di una sola carne, è scelto da Dio per unire te e il tuo coniuge. Ciò avrà un'influenza divina nella vita dei vostri figli *(basato su Genesi 2:18, 24; Matteo 19:5-6; Marco 10:6-8; 1 Corinzi 7:10-14, spec, il versetto 14; Efesini 5:31).*

B. Ciascun genitore, come credente impegnato in Cristo, deve essere sottomesso *(Efesini 5:21),* amare *(Efesini 5:25, 28; Tito 2:4)* e stimare l'altro più di se stesso *(Filippesi 2:3-4).* Tuttavia, con uno spirito di amorevole servizio *(Giovanni 13:14-16; Filippesi 2:3-8)* il padre, come capo famiglia, deve assumersi la responsabilità di guida nell'allevare i figli *(Efesini 5:2, 6:4; Colossesi 3:21).*

IV. L'impegno dei genitori credenti verso i loro figli

   A. Come servitori timorati di Dio i genitori devono adempiere ai loro doveri verso i figli, seguendo l'esempio del Signore Gesù Cristo *(Matteo 20:25-28; Giovanni 13:12-17; Filippesi 2:3-8)*.

      1. Una famiglia di credenti è una piccola unità del corpo di Cristo, perciò i membri (genitori e figli) devono seguire tutte le direttive della Parola di Dio. I genitori devono essere degli esempi fedeli per i loro figli *(basato su Deuteronomio 4:9, 6:8-9; Matteo 18:5-7; 1 Corinzi 4:14-16, 11:1; 1 Timoteo 4:12; Tito 2:7)*, e indirizzarli verso Gesù Cristo come il supremo esempio da seguire *(Giovanni 13:12-17; Filippesi 2:5-8; Ebrei 12:1-3; 1 Pietro 2:21)*.

      2. I genitori devono considerare i figli più importanti di loro stessi e mettere da parte i propri interessi egoistici. I genitori devono mostrarsi amorevoli verso i figli e provvedere per loro nella maniera che fa piacere al Signore *(1 Corinzi 13:4-8a; 2 Corinzi 12:14; Filippesi 2:3-4)*.

      3. I genitori non devono essere litigiosi, né tra di loro né con i loro figli; devono invece essere gentili, cortesi e pazienti in ogni cosa. Devono insegnare la Parola di Dio e come applicarla alla vita: se necessario devono correggere i loro figli quando questi violano la Parola *(Proverbi 15:10; 2 Timoteo 2:24-26)*.

   B. Quando i genitori peccano contro i loro figli, devono confessare le loro trasgressioni al Signore e ai figli *(basato su Giacomo 5:16; 1 Giovanni 1:9)*.

   *Vedi: **RICONCILIAZIONE (RIMUOVERE TUTTO CIÒ CHE OSTACOLA L'UNITÀ E LA PACE)** (Lezione 12, pagine 6-8), punto **II. Confessione**.*

   C. I genitori non devono irritare i loro figli, ma allevarli nella disciplina e nell'istruzione del Signore *(Efesini 6:4; Colossesi 3:21)*. Fate affidamento sulla Parola di Dio e siate fedeli nell'aiutare i vostri figli a essere ben preparati per compiere ogni buona azione. Insegnate loro a vivere giustamente attraverso l'istruzione, la riprensione e la correzione *(basato su 2 Timoteo 3:16-17)*.

      1. Allevare i vostri figli nell'istruzione del Signore, insegnando loro la necessità di ubbidire alla Parola di Dio e le conseguenze della disubbidienza, nel modo seguente:

         a. mostrate ai vostri figli con la condotta, la vostra fedele ubbidienza al Signore *(basato su Deuteronomio 6:5-7; 1 Corinzi 11:1; 1 Timoteo 4:12; 2 Timoteo 1:5)*;

         b. insegnate (istruite) ai vostri figli la Parola di Dio e la Sua via durante i vari momenti della routine quotidiana *(Deuteronomio 6:6-7; 2 Timoteo 3:16)*;

         c. quando i vostri figli dimostrano crescente costanza e maggiori capacità, affidate loro altre responsabilità *(basato su Matteo 25:14-29; Luca 16:10)*.

      2. Allevare i vostri figli nella disciplina del Signore, istruendoli gentilmente attraverso la riprensione e la correzione nel modo seguente:

         a. stabilite delle regole, semplici e chiare, e le conseguenze che deriveranno dal non rispettarle, come Dio fece con il Suo popolo *(basato su Genesi 2:16-17; Esodo 20:3-17; Deuteronomio 11:26-28)*. Spiegate chiaramente queste regole di condotta, basate sulla Scrittura, per evitare confusione e incomprensioni *(basato su Esodo 31:18, 34:1; Deuteronomio 4:13-14; Matteo 22:37-39; Giovanni 14:15)*;

b. applicate la disciplina in modo amorevole *(basato su Proverbi 6:23, 15:10, 19:18, 22:15, 23:13; 1 Corinzi 13:4-8a; Ebrei 12:5-11; Apocalisse 3:19)* e veloce *(Ecclesiaste 8:11)* per ristabilire vostro figlio quando c'è ancora speranza *(basato su Proverbi 19:18, 23:14; Ebrei 12:11)*;

c. adattate la severità della disciplina alla volontà di vostro figlio di ravvedersi e di tornare a seguire la via del Signore *(basato su Proverbi 15:10)*.

    1) Se un figlio perdura nella sua stoltezza (dimostrata nella continua disubbidienza e mancanza di rispetto), usate la verga come strumento di ristabilimento e non di punizione *(Proverbi 22:15, 29:15)*.

    Vedi: **COMPRENDERE LA DISCIPLINA BIBLICA** *(Lezione 17, pagine 8-10) al punto* **III. Come e quando applicare la disciplina?**

    2) Se un figlio si ravvede del suo comportamento sbagliato, dimostrategli la stessa compassione benevola che Dio dimostra a coloro che peccano e si ravvedono *(basato su Salmo 103:10-14)*.

V. L'impegno dei figli verso il Signore

A. La necessità della nuova nascita è uguale per tutti; essa inizia all'età della comprensione. Di fatto i bambini dimostrano di essere particolarmente sensibili verso il Signore *(Matteo 18:2-6; Marco 9:35-37; Luca 17:2)*.

B. I figli devono dimostrare la loro dedizione al Signore con il contegno, le parole e le azioni *(basato su Esodo 20:12; Proverbi 20:11; Efesini 6:1-2; Colossesi 3:20; 1 Timoteo 4:12; 2 Timoteo 3:15)*.

VI. L'impegno dei figli verso i genitori

A. I figli che hanno preso l'impegno di essere fedeli nel far piacere al Signore in ogni cosa *(2 Corinzi 5:9; Colossesi 1:10)*, non devono mancare di rispetto ai genitori; devono invece onorare il padre e la madre *(Esodo 20:12; Proverbi 23:22; Marco 7:10; Efesini 6:2)*.

B. I figli, per l'impegno preso di far piacere al Signore in ogni cosa, devono ubbidire ai loro genitori *(Proverbi 6:20; Efesini 6:1; Colossesi 3:20)*.

MODI CON CUI I GENITORI PROVOCANO ALL'IRA I LORO FIGLI

> I genitori provocano all'ira i loro figli quando non mettono in pratica l'amore biblico, non considerano i loro figli più importanti di loro stessi e non muoiono a loro stessi per diventare servi del Signore Gesù Cristo *(basato su Matteo 5:43-48; Marco 10:42-45; Luca 9:23-24; 1 Corinzi 13:4-8a; Galati 5:14; Efesini 6:4; Filippesi 2:3-4; Colossesi 3:21; 1 Pietro 4:8; 1 Giovanni 4:7-8).*

I. **Tu puoi irritare tuo figlio quando non gli dimostri l'amore biblico** *(1 Corinzi 13:4-8a)* **attraverso:**

   A. impazienza (p.es. non hai pazienza di aspettare che tuo figlio finisca un lavoro o pretendi che faccia qualcosa al di là delle sue capacità) *(violi 1 Corinzi 13:4; Galati 5:22, Efesini 4:1-2; Colossesi 1:9-12, 3:12);*

   B. cattiveria (p.es. non provvedi ai bisogni fisici di tuo figlio, perché sei troppo occupato con i tuoi affari) *(violi 1 Corinzi 13:4; Galati 5:22; Efesini 4:32; Filippesi 2:3-4; 2 Timoteo 2:24; Tito 2:4-5);*

   C. gelosia (p.es. cerchi di dimostrare a tuo figlio che puoi fare qualcosa meglio di lui) *(violi 1 Corinzi 13:4; Galati 5:19-20; Giacomo 3:13-18);*

   D. vanto (p.es. dire cose come: "La mia vita era molto più dura quando avevo la tua età") *(violi Proverbi 27:2; Romani 1:30; 1 Corinzi 13:4; 2 Corinzi 10:18);*

   E. arroganza (p.es. dire: "Si fa a modo mio perché sono più in gamba e più grande di te") *(violi Romani 1:30; 1 Corinzi 13:4);*

   F. comportamento scorretto (p.es. imbarazzare e umiliare di proposito tuo figlio di fronte agli altri, raccontando i suoi sbagli e i suoi difetti) *(violi 1 Corinzi 13:5; Efesini 4:29);*

   G. prepotenza (p.es. insistere che tuo figlio o la tua famiglia faccia solo quello che vuoi tu) *(violi 1 Corinzi 13:5; Filippesi 2:3-4);*

   H. rivangare gli errori (p.es. ricordare a tuo figlio, in tono di accusa, i suoi sbagli passati, dicendo cose del tipo: "Te l'ho già detto migliaia di volte ...") *(violi 1 Corinzi 13:5; Efesini 4:32; Colossesi 3:12-13);*

   I. godere di cose sbagliate (p.es. incoraggiare tuo figlio a vendicarsi quando qualcuno gli ha fatto del male) *(violi 1 Corinzi 13:6; 2 Tessalonicesi 2:12);*

   J. non gioire della verità (p.es. non elogiare tuo figlio per essersi dimostrato onesto in una situazione difficile) *(violi 1 Corinzi 13:6; 1 Tessalonicesi 5:16; 1 Pietro 4:13; 2 Giovanni 1:4; 3 Giovanni 1:3);*

   K. mancanza di sopportazione (p.es. evitare, criticare, trascurare tuo figlio perché non si è comportato esattamente secondo le tue aspettative) *(violi 1 Corinzi 13:7; Galati 6:2);*

L. non credere o sperare ogni cosa (p.es. metti continuamente in dubbio quello che tuo figlio dice, prima ancora di conoscere tutti i fatti) *(violi 1 Corinzi 13:7)*;

M. mancanza di tolleranza (p.es. rispondi adirato a tuo figlio perché sei preso dalle tue difficoltà) *(violi 1 Corinzi 13:7; Giacomo 1:2-4)*.

II. **Puoi irritare tuo figlio quando, come credente, sei un cattivo esempio *(1 Timoteo 4:12)* se:**

A. agisci da ipocrita (p.es. giudichi il comportamento di tuo figlio quando tu stesso non esamini continuamente la tua vita alla luce della Parola di Dio) *(violi Matteo 7:1-5)*;

B. menti a tuo figlio o gli chiedi di mentire per te *(violi Romani 14:13; Efesini 4:15, 25)*;

C. litighi con tuo figlio o con il tuo coniuge di fronte a tuo figlio *(violi Proverbi 20:3; Filippesi 2:14-16; Colossesi 4:6; 2 Timoteo 2:24-25)*;

D. prendi in giro tuo figlio (p.es. lo stuzzichi fino a farlo piangere o lo canzoni quando è in difficoltà o non riesce in un'impresa *(violi Efesini 6:4; Colossesi 3:12)*;

E. parli a tuo figlio in modo riprovevole (p.es. lo insulti o gli gridi la tua collera) *(violi Efesini 4:29; Colossesi 4:6)*;

F. fai preferenze fra un figlio e l'altro *(violi Proverbi 24:23; vedi anche Genesi 25:24-34, spec. il versetto 28 e Genesi 27:1 - 28:9. Questi sono esempi di cattiveria istigata dai genitori che preferivano un figlio agli altri)*.

III. **Puoi irritare tuo figlio quando cerchi di essere la suprema autorità nella sua vita invece di mostrargli l'importanza di seguire il Signore *(basato su Ezechiele 18:4-20, spec. i versetti 4 e 20; 2 Corinzi 3:5-6; 2 Timoteo 3:16-17; Giacomo 1:22-25)* se:**

A. hai una doppia misura e richiedi che tuo figlio ti serva di continuo, mentre tu non servi tuo figlio né gli altri *(violi Matteo 20:25-28; Marco 9:35, 10:42-45)*;

B. tratti tuo figlio come fosse tua proprietà o gli imponi le tue aspirazioni (p.es. insisti che raggiunga gli obiettivi che tu hai prefisso, arbitrariamente, per la sua vita) *(violi Deuteronomio 6:6-7; Salmo 24:1, 127:3; Efesini 6:4)*;

C. imprechi contro tuo figlio o usi un linguaggio duro e litigioso quando non raggiunge certi livelli *(violi Proverbi 12:18, 20:3; Efesini 4:15, 29, 31; Colossesi 4:6; Giacomo 3:2-12)*;

D. confronti tuo figlio con te stesso o con altri per evidenziare la sua incapacità ad arrivare ai tuoi livelli *(violi 2 Corinzi 10:12, 17-18)*.

IV. **Puoi irritare tua figlia quando ti comporti con lei, o nei suoi confronti, in modo contraddittorio:**

A. non mantieni la parola e così non sei più degno di fiducia (p.es. prometti di portarla da qualche parte e poi cambi i piani, secondo il tuo capriccio, per fare qualcosa che ti interessa) *(violi Matteo 5:37; Efesini 4:15, 25; Colossesi 3:9)*;

- B. non disciplini, secondo la Parola, quando necessario *(violi Proverbi 13:24, 23:13; Ebrei 12:7-8)* o disciplini quando sei stato provocato o quando sei infuriato *(violi 1 Corinzi 13:5; Efesini 4:31);*

- C. sei imprevedibile e incostante nel tuo parlare e nelle tue azioni (p.es. una volta lasci correre quando tua figlia disubbidisce e un'altra invece ti infuri, usi parole scortesi e punisci piuttosto che disciplinare) *(violi Proverbi 15:1; Galati 6:1; Efesini 4:15, 29; Colossesi 4:6);*

- D. non confessi i tuoi peccati contro tua figlia e cerchi di scusare il tuo comportamento peccaminoso per giustificarti *(violi Matteo 5:23-24; Romani 12:18; Giacomo 5:16);*

- E. rifiuti di perdonare tua figlia (p.es. fai delle affermazioni del tipo: "Non potrò mai perdonarti per quello che mi hai fatto") ma vuoi che lei perdoni gli altri per quello che le hanno fatto *(violi Matteo 5:23-24, 18:21-22; Marco 11:25-26; Efesini 4:32; Colossesi 3:12-13).*

V. **Puoi irritare tuo figlio quando lo trascuri nei seguenti modi:**

- A. non passi del tempo con lui per mostrargli come applicare la Parola del Signore nella vita di tutti giorni *(violi Deuteronomio 6:6-7);*

- B. non ascolti pazientemente quando tuo figlio ti parla perché sei "troppo occupato" nelle tue cose *(violi 1 Corinzi 13:4-5; Filippesi 2:3-4; Giacomo 1:19);*

- C. non disciplini tuo figlio, seguendo la Parola, o al momento giusto perché "non ne hai voglia" o perché vuoi disciplinarlo quando ha accumulato un certo numero di azioni sbagliate *(violi Proverbi 13:24, 19:18; Ecclesiaste 8:11).*

COMPRENDERE L'ISTRUZIONE BIBLICA DEI FIGLI

> Per istruire i figli secondo il Signore bisogna che tu viva ogni momento della tua vita in modo preciso e attento per piacerGli in ogni cosa. Nell'insegnare ai figli, devi tener conto del livello spirituale e della capacità di comprensione di ciascuno di loro *(basato su Deuteronomio 6:6-9; Proverbi 22:6; Romani 12:1-2; 1 Tessalonicesi 2:5-8, spec. i versetti 7-8; 1 Timoteo 1:5; 3 Giovanni 1:4)*.

I. **Che cosa significa l'istruzione biblica?**

   A. Nel Vecchio Testamento, il significato principale della parola "istruzione" è "insegnare", "disciplinare" e "ammonire"

   B. Nel Nuovo Testamento, diverse parole esprimono il concetto di "istruzione" e di "disciplina". Per "l'istruzione" che i genitori devono impartire ai loro figli la parola usata in *Efesini 6:4* può essere tradotta con "ammaestrare" o "ammonire" e racchiude in sé l'idea di consigliare secondo la Bibbia. Comprende:

      1. il fondamento biblico per l'ammonizione *(basato su 1 Corinzi 10:11; Colossesi 3:16)*;

      2. un rapporto affettivo *(basato su Atti 20:31; 1 Corinzi 4:14; 2 Tessalonicesi 3:15)*;

      3. la saggezza *(Colossesi 1:28, 3:16)* e l'esercizio della pazienza *(basato su Atti 20:31; 1 Tessalonicesi 5:14)*;

      4. lo scopo di vedere l'altro completo in Cristo *(Colossesi 1:28)*;

      5. la cura individuale *(basato su Atti 20:31; 1 Tessalonicesi 5:14; 2 Tessalonicesi 3:15)*;

      6. il senso di responsabilità propria di un leader spirituale *(1 Tessalonicesi 5:12)*.

   C. Il concetto di "istruzione" è compreso nel significato più ampio di "insegnamento" *(Colossesi 1:28, 3:16)*, che serve da base per questo studio.

II. **Perché l'istruzione biblica è necessaria sia per i genitori sia per i figli?**

   A. Aiuta ad avere discernimento e vera comprensione *(Proverbi 1:2, 4:1)* che inizia con la conoscenza e con il timore di Dio *(Proverbi 9:10)*.

   B. È vita per chi ne fa tesoro *(Proverbi 4:13)*.

   C. Insegna il buon senso, la rettitudine, la giustizia e l'equità *(Proverbi 1:3)*.

   D. Dà intendimento al semplice e conoscenza e accortezza ai giovani *(Proverbi 1:4)*.

   E. Permette di ottenere saggezza e di aumentare il proprio sapere *(Proverbi 1:5)*.

   F. Impedisce la stoltezza *(Proverbi 1:7)*.

   G. Mantiene sulla via della vita *(Salmo 27:11; Proverbi 10:17)* e aiuta a trovare la vita *(Proverbi 8:32-36, spec. il versetto 35)*.

H. Permette di insegnare ad altri *(basato su Matteo 28:19-20; Romani 15:14; 2 Timoteo 2:2, 3:16-17)*.

I. Dà discernimento (discrezione) *(Salmo 119:66; Proverbi 5:1-2)*.

J. Dà speranza *(Romani 15:4)*.

III. Chi deve impartire l'insegnamento biblico e chi deve riceverlo?

A. Tutti i credenti devono:
1. insegnare l'un l'altro *(Matteo 28:19-20; Romani 15:14)*;
2. istruire coloro che disubbidiscono alla Parola *(2 Timoteo 2:24-26)*;
3. essere pronti a spiegare ai non credenti la ragione della speranza che è in loro *(Salmo 51:12-13; 1 Pietro 3:15)*.

B. I pastori, gli insegnanti *(Romani 12:6-8, spec. il versetto 7; Efesini 4:11-12)* e gli anziani *(1 Timoteo 3:2; Tito 2:1)* devono condurre e istruire il gregge.

C. Le donne più anziane devono insegnare alle giovani *(Tito 2:3-5)*.

D. I genitori (il padre deve essere responsabile della guida) devono insegnare ai loro figli *(Deuteronomio 4:9, 6:6-9; Proverbi 1:8; Efesini 6:4)*.

IV. Che cosa devi insegnare ai tuoi figli?

A. Devi annunciare il vangelo (la buona notizia della salvezza per mezzo del Signore Gesù Cristo) ai tuoi figli come ad ogni altra persona che non abbia avuto una nuova nascita spirituale *(Matteo 28:18-20)*.

Per aiutarti a presentare il piano di Dio per la nuova nascita spirituale, vedi **TU PUOI CAMBIARE SECONDO LA PAROLA (PRIMA PARTE)** *(Lezione 1, pagine 3-7)*.

B. Devi insegnare loro le Scritture *(Deuteronomio 6:6-9)*.
1. Impiega del tempo per insegnare ai tuoi figli come studiare la Parola *(basato su 2 Timoteo 2:15)*.
2. Inoltre insegna ai tuoi figli la Parola del Signore ogni volta che se ne presenti l'occasione durante la giornata *(Deuteronomio 6:7; Proverbi 25:11-12)*.
3. Devi insegnare loro l'importanza di avere fiducia nel Signore *(Proverbi 3:1-12)* e di mettere in pratica la Parola di Dio *(Matteo 7:24-27)*.

Vedi: **L'IMPORTANZA DI METTERE IN PRATICA LA PAROLA** *(Lezione 5, pagine 6-9)*

C. Devi aiutarli a imparare l'importanza di ricominciare a ubbidire, quando il Signore li disciplina. Quando i tuoi figli disubbidiscono alle direttive del Signore, insegna loro che cosa è la disciplina biblica e, con amore e costanza, disciplinali *(Proverbi 3:11-12, 22:15; Ebrei 12:11)*. Nel farlo, ricorda che:
1. la disciplina è dolorosa per chi la riceve, ma il peccato della persona rattrista anche lo Spirito Santo *(basato su Ezechiele 18:23, 30:32; Efesini 4:30; Ebrei 12:11)*;
2. devi giudicare sempre te stesso secondo la Parola *(Matteo 7:1-5; Galati 6:4)* e, avere, nel cuore, sempre uno spirito di perdono per tutti i peccati dei tuoi figli *(basato su Matteo 18:21-22, 35)*. Concedi immediatamente il perdono quando i tuoi figli dimostrano ravvedimento *(Luca 17:3-4)*.

Vedi:
COMPRENDERE LA DISCIPLINA BIBLICA (Lezione 17, pagine 8-10)
RICONCILIAZIONE (RIMUOVERE TUTTO CIÒ CHE OSTACOLA L'UNITÀ E LA PACE) (Lezione 12, pagine 6-8)
RISTABILIMENTO/DISCIPLINA (LA TUA RISPOSTA BIBLICA AL PECCATO DI UN ALTRO CREDENTE) (Lezione 13, pagine 7-8)
LINEE GUIDA: IL PROCESSO DI RISTABILIMENTO/DISCIPLINA (Lezione 13, pagine 9-11)

D. Devi insegnare loro ad amare il Signore e gli altri *(basato su Matteo 22:37-39; 1 Corinzi 13:4-8a)* e come dimostrare tale amore *(basato su Giovanni 14:15; 1 Corinzi 13:4-8a; 1 Giovanni 4:7-8, 5:3).*
Vedi:
MORIRE A TE STESSO SERVENDO GLI ALTRI (Lezione 10, pagine 7-8)
IL SIGNIFICATO DELL'AMORE BIBLICO (Lezione 13, pagine 4-6)

V. **Come devi ricevere l'istruzione, in quanto credente, e come devi agire di conseguenza?**

   A. Ricevere la Parola con umiltà *(Giacomo 1:21).*

   B. Tenere alta la Parola della vita *(Filippesi 2:12-16, spec. il versetto 16).*

   C. Condividere tutte le cose buone con coloro che ti insegnano *(Galati 6:6).*

   D. Avere un'alta stima di coloro che sono responsabili di te e che ti istruiscono *(1 Tessalonicesi 5:12-13).*

   E. Conservare l'istruzione nel tuo cuore e non allontanartene *(Proverbi 4:20-21).*

   F. Fare molta attenzione (ascoltare) all'istruzione, non trascurarla, per essere saggio e ricevere benedizioni *(Proverbi 8:32-35).*

   G. Allontanarti dalla presenza degli stolti, perché non proferiscono parole di conoscenza *(Proverbi 14:7).*

   H. Essere saggio, ponderare i tuoi passi, non credere ingenuamente a tutto e a tutti, come fanno i semplici (coloro che non hanno reverenza per Dio) *(Salmo 19:7; Proverbi 14:15; 1 Giovanni 4:1).*

   I. Essere un esecutore della Parola per ricevere le benedizioni del Signore *(Matteo 7:24-27; Giacomo 1:22-25).*

VI. **Come devi istruire i tuoi figli?**

   A. Come credente devi essere di esempio *(basato su 1 Corinzi 11:1; Efesini 4:1-3; Colossesi 2:6-7; 1 Timoteo 4:12)* e dimostrare l'amore biblico in ogni situazione *(basato su 1 Corinzi 13:4-8a; Giovanni 13:34-35; 1 Giovanni 4:7-8).*

   B. Devi essere diligente nell'istruire i tuoi figli in ogni momento e in ogni situazione *(basato su Deuteronomio 6:7, 11:19).*

   C. Il tuo atteggiamento verso i tuoi figli deve essere quello di un servo (ossia devi considerarli più importanti di te stesso) *(Filippesi 2:3-8)* senza imporre loro, in modo arrogante, la tua autorità *(vedi l'esempio di Gesù quando ha lavato i piedi dei discepoli in Giovanni 13:12-17 e l'esempio di Paolo, il quale aveva cura degli altri e insegnava loro le vie del Signore come leggiamo in 1 Tessalonicesi 2:6-8).*

D. Devi insegnare loro senza ipocrisia, senza discorsi adulatori e senza manipolarli per ottenere i tuoi scopi egoistici *(basato su Romani 12:9; 1 Tessalonicesi 2:1-8, spec. il versetto 5)*.

E. Non devi cercare la tua gloria quando istruisci i tuoi figli, ma devi dare la gloria al Signore attraverso la tua vita e il tuo insegnamento *(Salmo 115:1; 1 Corinzi 10:31)*.

F. Devi trattenerti dal litigare: sii invece gentile, paziente, anche quando sei stato trattato male, e amorevole quando correggi i tuoi figli *(basato su 2 Timoteo 2:24-25, 4:2)*. Devi dedicare la tua vita a impartire gli insegnamenti della Parola di Dio ai tuoi figli, teneramente e con affetto, come fa una madre che allatta *(1 Tessalonicesi 2:7-8)*.

G. Devi insegnare ai tuoi figli a essere dei discepoli fecondi di Cristo *(basato su Matteo 28:19-20; Efesini 6:4b)*. Ricordati che tutti i principi biblici che si applicano al tuo servizio per gli altri, valgono anche per l'istruzione dei tuoi figli.

1. Per allevare i tuoi figli secondo la via del Signore, la tua sola autorità è la Parola di Dio *(2 Timoteo 3:16-17; Ebrei 4:12; 2 Pietro 1:3-4)*; devi seguire l'esempio del Signore Gesù Cristo *(basato su Giovanni 13:12-17, spec. il versetto 15; Efesini 5:1-2; Ebrei 5:8-9, 12:1-3; 1 Pietro 2:21-24, spec. il versetto 21)*.

2. Per ogni impegno e ogni dovere che ogni tuo figlio deve adempiere, istruiscilo.

    a. Insegna ai tuoi figli, chiaramente, dalla Parola, come Dio intende la vita, ciò che le persone devono fare per rispondere al Signore e ciò che Egli può compiere nella vita dei singoli individui (ossia mostra loro perché devono ubbidire) *(come mostrato da Gesù quando ha chiamato i Suoi discepoli in Matteo 4:18-22, 9:9-13; Marco 1:16-17; Luca 5:1-10; Giovanni 1:35-51)*.

    b. Mostra ai tuoi figli come ubbidire alla Parola del Signore con il tuo esempio; aiutali ad affrontare ogni nuova situazione *(basato sull'esempio di come Gesù ha istruito i Suoi discepoli in Matteo 8:18-27; Marco 3:20-6:6; Giovanni 13:3-12)*.

    c. Per ogni impegno, insegna ai tuoi figli come fare piani per ubbidire alla Parola del Signore e come essere fedeli nel metterli in pratica *(basato sull'esempio di Gesù, il quale mostrò ai Suoi discepoli come servire e poi li mandò a operare in altre località senza di Lui, come descritto in Matteo 10:1-11:1; Marco 6:7-13; Luca 9:1-6)*.

    d. Quando i tuoi figli inizieranno ad adempiere ai loro doveri, sorveglia il loro operato e aiutali, se necessario, incoraggiandoli nella via del Signore *(basato sull'esempio di Gesù il quale aiutò i Suoi discepoli rispondendo alle loro domande e aiutandoli nelle difficoltà come presentato in Matteo 14:13-21; Marco 6:45-52, 7:17-23, 9:14-29)*.

    e. Quando i tuoi figli inizieranno ad agire secondo un modello biblico, spronali, incoraggiali, istruiscili e aiutali a cercare le occasioni per discepolare gli altri *(basato sul mandato di Gesù ai Suoi discepoli in Matteo 28:19-20; Marco 16:15-18; Giovanni 20:21, 21:14-22; Atti 1:8)*.

LEZIONE 16: COMPITI

> I **COMPITI** di questa settimana presentano il piano di Dio affinché genitori e figli vivano per compiacere al Signore. Evidenziano gli errori comuni che i genitori commettono nell'allevare i propri figli (*basato su Deuteronomio 6:6-7; Proverbi 6:23, 22:6; Matteo 7:1-5; 1 Corinzi 13:4-8a; Efesini 6:1-4; Colossesi 3:12-21*).

✔ *compiti completati*

☐ A. * Con parole tue scrivi il significato di *Ezechiele 18:20* e *Efesini 6:4*. Impara a memoria *Ezechiele 18:20* e *Efesini 6:4*. Inizia a imparare *Efesini 6:1-3*. Ripassa i versetti precedenti.

☐ B. * Leggi **PRINCIPI BIBLICI: I RAPPORTI GENITORE-FIGLIO (PRIMA PARTE)** (Lezione 16, pagina 2). Nota i principi e i versetti biblici dalle lezioni precedenti che si possono applicare in questi rapporti. Durante lo studio di nuovi principi, evidenzia i versetti citati nella tua Bibbia.

☐ C. * Studia **LE TEORIE E LE USANZE DEGLI UOMINI PER ALLEVARE I FIGLI** (Lezione 16, pagine 3-6), e valuta ciò che credi e pratichi nell'allevare i tuoi figli. Metti un segno accanto ad ogni teoria o usanza non biblica che devi abbandonare.

☐ D. * Studia **LINEE GUIDA PER ALLEVARE I FIGLI** (Lezione 16, pagine 7-9). Osserva come i rapporti genitore-figlio dipendono dagli impegni presi con il Signore e l'uno con l'altro. Negli aspetti in cui è necessario un cambiamento biblico, usa una **SCHEDA DI LAVORO VITTORIA SUI FALLIMENTI** (Supplemento 8). Se necessario fa' riferimento a **LINEE GUIDA: SCHEDA DI LAVORO VITTORIA SUI FALLIMENTI** (Supplemento 7).

☐ E. * Leggi **MODI CON CUI I GENITORI PROVOCANO ALL'IRA I LORO FIGLI** (Lezione 16, pagine 10-12). Se sei genitore, metti un segno accanto alle affermazioni che si riferiscono agli aspetti nei quali sei mancante. Confessa questi peccati al Signore. Poi, se è necessario, confessali ai tuoi figli, seguendo le istruzioni in **SUPERARE I PROBLEMI INTERPERSONALI** (Lezione 13, pagine 19-23).

☐ F. * Leggi **COMPRENDERE L'ISTRUZIONE BIBLICA DEI FIGLI** (Lezione 16, pagine 13-16). Osserva come l'istruzione biblica deve insegnarci a seguire la via di Dio invece che la via dell'uomo. In modo particolare studia il metodo che Gesù ha usato per istruire i Suoi discepoli.

Scegli una mansione che tuo figlio dovrebbe svolgere regolarmente (per esempio imparare a memoria la Scrittura, lavori domestici, aiutare persone della chiesa o del vicinato). Poi, appronta un piano per insegnare a tuo figlio di portare a compimento i suoi impegni, come Gesù ha fatto con i Suoi discepoli.

☐ G. * In collegamento con questa lezione, inizia a rispondere alla domanda 25 del **Test a libro aperto** (Lezione 23, pagina 3).

* *Il completamento dei compiti contrassegnati con un asterisco (*) è essenziale per continuare la formazione per la consulenza biblica.*

LEZIONE 16: GUIDA ALLO STUDIO PER LA MEDITAZIONE GIORNALIERA
(COMPRENDE VERSETTI A MEMORIA E COMPITI)

> La **GUIDA ALLO STUDIO** di questa settimana presenta il piano di Dio affinché genitori e figli vivano per compiacere al Signore. Evidenzia gli errori comuni che i genitori commettono nell'allevare i propri figli *(basato su Deuteronomio 6:6-7; Proverbi 6:23, 22:6; Matteo 7:1-5; 1 Corinzi 13:4-8a; Efesini 6:1-4; Colossesi 3:12-21).*

Versetti a memoria

1. * Impara a memoria *Ezechiele 18:20* e *Efesini 6:4*. Inizia a imparare *Efesini 6:1-3*.
2. Porta con te i cartoncini con i versetti imparati a memoria nelle settimane precedenti insieme a quelli di questa settimana. Ripassa i versetti a memoria nei momenti liberi durante la giornata.

Guida allo studio per la meditazione giornaliera

PRIMO GIORNO
1. Inizia con la preghiera.
2. * Leggi *Principio 69* in **PRINCIPI BIBLICI: I RAPPORTI GENITORE-FIGLIO (PRIMA PARTE)** (Lezione 16, pagina 2). Evidenzia nella tua Bibbia i versetti elencati.
3. Leggi **LE TEORIE E LE USANZE DEGLI UOMINI PER ALLEVARE I FIGLI** (Lezione 16, pagine 3-6), e considera ciò che credi e che pratichi nell'allevare i tuoi figli. Metti un segno accanto ad ogni teoria o usanza non biblica che devi abbandonare.
4. * Scrivi il significato di *Ezechiele 18:20* e *Efesini 6:4* con parole tue.
5. Termina con la preghiera.

SECONDO GIORNO
1. Inizia con la preghiera.
2. Leggi *Principio 70* in **PRINCIPI BIBLICI: I RAPPORTI GENITORE-FIGLIO (PRIMA PARTE)** (Lezione 16, pagina 2). Evidenzia i versetti elencati nella tua Bibbia se non lo hai già fatto.
3. * Studia **LINEE GUIDA PER ALLEVARE I FIGLI** (Lezione 16, pagine 7-9). Osserva come i rapporti genitore-figlio dipendono dagli impegni presi con il Signore e l'uno con l'altro. Questo è il primo di due studi.
4. Termina con la preghiera.

TERZO GIORNO
1. Inizia con la preghiera.
2. * Leggi *Principio 47*, modificato, in **PRINCIPI BIBLICI: I RAPPORTI GENITORE-FIGLIO (PRIMA PARTE)** (Lezione 16, pagina 2). Evidenzia nella tua Bibbia i versetti elencati.
3. * Termina il tuo studio **LINEE GUIDA PER ALLEVARE I FIGLI** (Lezione 16, pagine 7-9). Negli aspetti che hanno bisogno di cambiamento biblico, usa la **SCHEDA DI LAVORO VITTORIA SUI FALLIMENTI** (Supplemento 8). Fa' riferimento se necessario, a **LINEE GUIDA: SCHEDA DI LAVORO VITTORIA SUI FALLIMENTI** (Supplemento 7).
4. Termina con la preghiera.

© Biblical Counseling Foundation

QUARTO GIORNO

1. Inizia con la preghiera.
2. * Leggi *Principio 71* in **PRINCIPI BIBLICI: I RAPPORTI GENITORE-FIGLIO (PRIMA PARTE)** (Lezione 16, pagina 2). Evidenzia nella tua Bibbia i versetti elencati.
3. * Leggi **MODI CON CUI I GENITORI PROVOCANO ALL'IRA I LORO FIGLI** (Lezione 16, pagine 10-12). Se sei genitore, metti un segno accanto alle affermazioni che si riferiscono ad aspetti nei quali sei mancante. Confessa questi peccati al Signore. Poi, se necessario, confessa queste azioni sbagliate a tuo figlio, seguendo le istruzioni in **SUPERARE I PROBLEMI INTERPERSONALI** (Lezione 13, pagine 19-23).
4. Termina con la preghiera.

QUINTO GIORNO

1. Inizia con la preghiera.
2. * Leggi *Principio 72* in **PRINCIPI BIBLICI: I RAPPORTI GENITORE-FIGLIO (PRIMA PARTE)** (Lezione 16, pagina 2). Evidenzia nella tua Bibbia i versetti elencati.
3. * Studia **COMPRENDERE L'ISTRUZIONE BIBLICA DEI FIGLI** (Lezione 16, pagine 13-16). Questo è il primo di due studi giornalieri. Osserva che l'istruzione biblica deve insegnarci a seguire la via di Dio invece di quella dell'uomo. Se sei genitore, metti un segno accanto ad ogni affermazione che descrive come hai mancato di istruire tuo figlio secondo la Parola.
4. Termina con la preghiera.

SESTO GIORNO

1. Inizia con la preghiera.
2. * Termina il tuo studio **COMPRENDERE L'ISTRUZIONE BIBLICA DEI FIGLI** (Lezione 16, pagine 13-16). Facendo riferimento alle affermazioni che hai segnato ieri, approntA un piano biblico per superare le tue mancanze nell'impartire l'istruzione biblica. Poi, fissa un tempo preciso per spiegare ai tuoi figli come intendi metterlo in pratica.
3. Termina con la preghiera.

SETTIMO GIORNO

1. Inizia con la preghiera.
2. Studia *Ebrei 12:4-11,* che spiega lo scopo di Dio per la disciplina.
3. Scegli una mansione che tuo figlio dovrebbe svolgere regolarmente (per esempio imparare a memoria la Scrittura, lavori domestici, aiutare persone della chiesa o del vicinato). Poi, approntA un piano per addestrare tuo figlio nel portare a compimento i suoi impegni, come Gesù ha fatto con i Suoi discepoli.
4. * In collegamento con questa lezione, inizia a rispondere alla domanda 25 del **Test a libro aperto** (Lezione 23, pagina 3).
5. Termina con la preghiera.
6. Chiedi ad una persona amica di ascoltarti mentre ripeti i versetti a memoria di questa settimana. Spiega come questi versetti si applicano alla tua vita.

* *Il completamento dei compiti contrassegnati con un asterisco (*) è essenziale per continuare la formazione per la consulenza biblica.*

LEZIONE 17

I RAPPORTI GENITORE-FIGLIO (SECONDA PARTE)

"Figli, ubbidite nel Signore ai vostri genitori, perché ciò è giusto. Onora tuo padre e tua madre (questo è il primo comandamento con promessa), affinché tu sia felice e abbia lunga vita sulla terra".

Efesini 6:1-3

LEZIONE 17: I RAPPORTI GENITORE-FIGLIO (SECONDA PARTE)

> Il Signore, attraverso tutta la Scrittura, indica chiaramente quali sono le Sue norme. Se tu, e ogni membro della tua famiglia, le seguirete, riceverete le benedizioni del Signore. D'altra parte, coloro che trascurano o disubbidiscono alle norme di Dio, saranno da Lui giudicati e sottoposti alla Sua disciplina correttiva *(basato su Ecclesiaste 12:13-14; Matteo 5:2-12; Luca 11:28; Giovanni 13:12-17; 1 Corinzi 11:31-32; Ebrei 12:5-11; Giacomo 1:22-25).*

I. **Gli obiettivi di questa lezione sono:**

   A. presentare i principi del discepolato biblico nella famiglia;

   B. rivedere la necessità, per i genitori, di disciplinare i loro figli secondo la Parola;

   C. presentare linee guida e suggerimenti per il culto di famiglia;

   D. presentare un piano biblico esauriente per allevare i figli nell'istruzione e nella disciplina del Signore.

II. **Il sommario di questa lezione**

   A. Esamina te stesso

      1. **PRINCIPI BIBLICI: I RAPPORTI GENITORE-FIGLIO (SECONDA PARTE)** (Lezione 17, pagine 2-3)

      2. **ISTRUIRE I FIGLI A ESSERE FEDELI (DISCEPOLATO BIBLICO NELLA FAMIGLIA)** (Lezione 17, pagine 4-7)

      3. **COMPRENDERE LA DISCIPLINA BIBLICA** (Lezione 17, pagine 8-10)

      4. **UN PIANO COMPLETO PER ALLEVARE I FIGLI** (Lezione 17, pagine 16-21)

   B. Passi per la crescita spirituale

      1. **CULTO DI FAMIGLIA E ADORAZIONE (LINEE GUIDA E SUGGERIMENTI)** (Lezione 17, pagine 11-15)

      2. **LEZIONE 17: COMPITI** (Lezione 17, pagina 22)

      3. **GUIDA ALLO STUDIO PER LA MEDITAZIONE GIORNALIERA** (Lezione 17, pagine 23-24)

   C. Consulenza biblica

      (Lo studio di un caso riprende alla Lezione 18)

PRINCIPI BIBLICI:
I RAPPORTI GENITORE-FIGLIO
(SECONDA PARTE)

> Le norme e gli scopi di Dio sono gli stessi sia per te sia per i tuoi figli. Essi sono presentati nella Parola di Dio; hanno lo scopo di sviluppare, in te e in ogni membro della tua famiglia, un carattere simile a quello di Cristo *(basato su Isaia 55:8-11; Luca 6:40; Romani 8:29; 2 Timoteo 3:16-17; 1 Pietro 1:14-16; 2 Pietro 1:3-10).*

III. **Il tuo cambiamento** (continua dalla Lezione 16, pagina 2)

(Principio 73) Genitori, smettete di provocare i vostri figli all'ira *(Efesini 6:4; Colossesi 3:21),* invece provvedete per loro l'istruzione e la disciplina del Signore *(Deuteronomio 6:6-7; Efesini 6:4).* Giudicate continuamente voi stessi in tutti gli aspetti della vita *(Matteo 7:1-5)* e nello stesso tempo istruite i vostri figli *(Proverbi 22:6; Efesini 6:4)* a rallegrarsi nel Signore e a camminare fedelmente nelle Sue vie *(basato su Salmo 1:1-6; Efesini 4:1-3; 2 Timoteo 3:14-17).*

(Principio 74) Come genitori, dovete servire i vostri figli con amore *(basato su Filippesi 2:3-4)* insegnando e disciplinando fedelmente secondo la Parola *(basato su Deuteronomio 4:9, 6:4-9; 1 Corinzi 4:14-16, 11:1; Filippesi 3:15-17; 2 Tessalonicesi 3:7)* per allevarli nelle vie del Signore *(basato su Proverbi 4:1-4, 22:6; Efesini 6:4).* Non dovete pretendere la loro ubbidienza solamente sulla base della vostra autorità di genitori, né dovete affidarvi alla vostra capacità come se provenisse da voi stessi. Piuttosto, dovete servire i vostri figli fedelmente come servitori del Signore Gesù Cristo *(basato su Giovanni 13:12-17; 2 Corinzi 3:5-6).*

(Principio 75) Figli, dovete imparare volenterosamente dai vostri genitori i precetti, i principi e le vie del Signore *(Proverbi 1:2-5, 2:1-9, 6:20-23).* Prestate attenzione all'insegnamento, ai rimproveri e alla disciplina dei vostri genitori o di altre persone spiritualmente mature, come se fossero dal Signore. Comportandovi così acquisterete sapienza e non sarete irretiti dalla cattiveria e dall'inganno di altri né sedotti dai loro modi mendaci *(basato su Proverbi 2:10-15, 3:13-26, 4:10-27, 5:1-23, 13:1, 20:11; Colossesi 1:9-12).* Smettete di confidare nella vostra saggezza *(Proverbi 12:15, 21:2)* e abbiate invece timore (riverenza) e amore per il Signore, che derivano dall'ubbidienza alla Sua Parola *(Salmo 111:10; Proverbi 3:5-7; Giovanni 14:15-21; 1 Giovanni 5:3).* Inoltre smettete di negligere o abbandonare l'insegnamento dei vostri genitori e iniziate a prestare attenzione alla loro istruzione e alla loro ammonizione *(basato su Proverbi 4:1-6, 15:32-33, 19:26; Efesini 6:1; Colossesi 3:20).*

(Principio 4, modificato dalla Lezione 3, pagina 2). Sia tu genitore o figlio, la Parola di Dio è la tua sola autorità, in materia di fede e di condotta e deve essere il tuo metro assoluto di valutazione. Non devi fidarti di nessun'altra fonte, perché solo la Parola di Dio ti dà speranza e ti indica come cambiare nei diversi aspetti della tua vita (pensieri, parole e azioni). La Scrittura è sufficiente per aiutarti a essere il genitore, o il figlio, che dovresti essere *(basato su Salmo 19:7-11; Proverbi 30:5-6; Colossesi 2:8; 2 Timoteo 3:16-17; Ebrei 4:12; 2 Pietro 1:3-4).* Ubbidendo alla Parola di Dio, svilupperai un atteggiamento di servizio, simile a quello di Cristo, verso i membri della tua famiglia e verso altri *(basato su Matteo 20:25-28; Giovanni 13:12-17; Filippesi 2:3-8; 1 Tessalonicesi 2:13).*

IV. La tua condotta

(Principio 76) In qualità di genitore, devi definire, sulla base della norma di Dio per la vita come rivelata nella Sua Parola *(Salmo 19:7-11; 119:105, 160; 2 Timoteo 3:16-17; 2 Pietro 1:3-4)*, gli incarichi e i doveri biblici che aiuteranno te e i tuoi figli, a essere disciplinati e ad arrivare a una vita santa *(basato su 1 Timoteo 4:7-8; 2 Pietro 1:3-10)* per la gloria di Dio *(basato su Salmo 29:1-2, 145:10-13; Matteo 5:16; 1 Pietro 1:7).*

(Principio 77) Anche se non sei ancora un adulto, devi vivere per far piacere al Signore e cercare di essere un esempio di credente timorato di Dio *(basato su Proverbi 20:11; Colossesi 1:10; 1 Timoteo 4:12).* La testardaggine e la ribellione non devono far parte della tua vita perché onori e ubbidisci continuamente ai tuoi genitori *(basato su Efesini 6:1-2; Filippesi 2:14-16; Colossesi 3:20).* Sii un buon amministratore, anche nella tua gioventù, di tutto ciò che il Signore ti ha dato, dimostrando così la tua fedeltà verso di Lui *(basato su 1 Corinzi 4:2; Colossesi 3:23-24).*

ISTRUIRE I FIGLI A ESSERE FEDELI
(DISCEPOLATO BIBLICO NELLA FAMIGLIA)

> Genitori, potete avere fiducia nella Parola di Dio per allevare i vostri figli. Nel tirarli su, dovete ricordare che non sono vostra "proprietà", ma sono il dono di Dio per voi. Dovete comportarvi come degli amministratori fedeli nei loro confronti *(basato su Salmo 19:7-11, 24:1, 127:3-5a; Proverbi 22:6; Ezechiele 18:4, 20; 1 Corinzi 4:2; Efesini 6:4; 1 Tessalonicesi 2:3-13)*.

I. **Principi per istruire i figli a essere fedeli al Signore**

Nel tirare su i vostri figli, ricordate che li state allevando per diventare persone in grado di camminare in modo degno del Signore per piacerGli in ogni cosa *(Proverbi 20:11, 22:6; Efesini 6:4; Colossesi 1:10)*. Allevate i vostri figli a essere fedeli al Signore.

A. Dovete guidarli e insegnare loro la via da seguire per vivere, perché "per natura" non sono inclini a farlo *(Salmo 14:2-3; Proverbi 22:15a; Geremia 17:9; Romani 3:10-12)*. Ogni individuo nasce con una natura peccaminosa *(basato su Salmo 51:5; Proverbi 20:9; Romani 3:23, 5:12-14)* perciò i vostri figli devono, innanzitutto, essere rigenerati (avere una nuova nascita spirituale) *(Giovanni 1:12, 3:16-18; Atti 4:12; Romani 6:23; 1 Giovanni 5:11-13)* e poi, con la potenza dello Spirito Santo, camminare nella via del Signore *(Romani 8:1-10; Colossesi 1:10, 2:6-7; 1 Giovanni 2:3-6)*. Ciò significa:

1. Non dovete attingere ad alcuna fonte mondana per avere consiglio sul come allevare i vostri figli. La vostra fiducia nella Parola del Signore deve essere incrollabile, perché la Scrittura dona la vera saggezza per istruire i vostri figli *(basato su Isaia 55:8-11; Geremia 29:11-14a; 2 Timoteo 3:14-17; Giacomo 1:5, 22-25; 1 Giovanni 5:14)*.

2. Dovete riconoscere che non siete la suprema autorità nella vita dei vostri figli. Essi sono il dono di Dio per voi, e vi sono affidati temporaneamente *(basato su Salmo 24:1, 127:3; Ezechiele 18:4)*. Aiutate i vostri figli a vedere la necessità di diventare figli di Dio, attraverso la salvezza *(basato su Romani 6:23; 2 Corinzi 5:14-21)* la quale li porterà a vivere in ubbidienza alla Parola di Dio *(basato su Luca 11:28; Giovanni 14:23-24; 1 Corinzi 2:9-12; 2 Pietro 1:3-10)*.

3. Non importa quanto amate i vostri figli, dovete ammettere che Dio Padre li ama molto più di voi *(basato su Giovanni 3:16; Romani 5:8)*. Per i vostri figli credenti:

    a. Egli fa sì che tutte le circostanze, tutti i rapporti e tutte le cose della loro vita cooperino al loro bene *(basato su Geremia 29:11-14a; Romani 8:28-29)*.

    b. Benché desideriate con tutto il cuore allontanare da loro le avversità, avete la responsabilità di insegnare ai vostri figli di essere pronti per le prove *(1 Pietro 4:12-13)*, di gioire quando si trovano ad affrontarle *(Giacomo 1:2-4)* per crescere nella somiglianza di Cristo, imparando l'ubbidienza per mezzo della fedeltà *(Romani 5:3-5; Giacomo 1:2-4)*.

    c. Ricordate ai vostri figli che il Signore dona, di continuo, a ognuno di loro, la forza per non peccare *(basato su Salmo 121; 1 Corinzi 10:13; 2 Tessalonicesi 3:3; 1 Pietro 1:3-9; Giuda 1:24-25)*.

B. Dovete tenere presente che, dal loro concepimento, Dio, nella Sua sovranità, ha dato a ognuno dei vostri figli capacità e talenti diversi *(basato su Salmo 139:13-16)*. Un figlio nato di nuovo ha almeno un dono spirituale che deve essere usato al servizio del Signore *(Romani 12:3-8, spec. il versetto 6a; 1 Corinzi 12:4-7, 11)*. Dovete istruire ognuno dei vostri figli secondo:
   1. il modo in cui Dio ha operato nella vita di ciascun figlio *(basato su Proverbi 22:6)*;
   2. la sua fede nel Signore per la salvezza *(Giovanni 1:12, 3:36; 1 Pietro 1:3-5; 1 Giovanni 5:11-13)*, che sarà dimostrata dalla fedele e amorevole ubbidienza alla Sua Parola *(basato su 1 Samuele 15:22-23a; Salmo 112:1; Giovanni 14:15, 21; Giacomo 1:22; 1 Giovanni 5:3)*.

C. Dovete insegnare ai vostri figli a morire a loro stessi giornalmente *(Luca 9:23-25)* a vivere una vita di dedizione altruista per la gloria di Dio *(basato su Matteo 5:16; Giovanni 3:27-36, spec. il versetto 30; 1 Corinzi 10:31; Colossesi 1:10; 1 Pietro 2:12)* e a edificare gli altri *(basato su Matteo 28:19-20; Romani 14:13, 19; 15:1-2; Galati 5:13-14; 6:2, 10; Efesini 4:15-16; Ebrei 10:23-25)*. Questo modo di istruire, secondo la Parola, è contrario a quello del mondo che esalta l'"amore di sé". Per questa ragione:
   1. dovete essere attenti e usare ogni opportunità per insegnare ai vostri figli le vie del Signore *(Deuteronomio 6:6-9; Proverbi 25:11-12)*;
   2. dovete aiutarli a essere forti nel Signore e a rimanere saldi contro le insidie del mondo *(1 Giovanni 2:15-17)* e contro Satana, il quale cerca sempre di sconfiggerli e di accusarli *(Efesini 6:10-11; 1 Pietro 5:8-9; Apocalisse 12:10)*.

II. **Aspetti della vita dei vostri figli in cui l'insegnamento biblico deve essere impartito per mezzo dell'esempio, dell'istruzione e della disciplina**

   A. Nella loro vita personale, dovete istruire i vostri figli attraverso l'esempio, l'insegnamento, l'incoraggiamento, il sostegno, la riprensione e la disciplina. Ecco degli esempi:
      1. Per quanto riguarda l'impegno:
         a. dovete desiderare ardentemente la salvezza dei vostri figli ed essere il principale strumento per presentare loro il Vangelo di Gesù Cristo *(basato su Matteo 28:19; Atti 1:8; 2 Corinzi 5:14-21; Efesini 6:4)*;
         b. dovete insegnare loro continuamente la Parola di Dio e incoraggiarli a metterla in pratica, in modo che, come sacrifici viventi, possano camminare in una maniera degna del Signore *(basato su Deuteronomio 6:6-9; Matteo 28:20; Romani 12:1-2; Efesini 4:1; Colossesi 1:10)*. Per adempiere ciò:
            1) insegnate ai vostri figli come avere un periodo giornaliero di meditazione personale.
               Per ulteriore aiuto in questo campo, fate riferimento a: **LA BASE BIBLICA PER LA MEDITAZIONE GIORNALIERA E PER IMPARARE A MEMORIA LA SCRITTURA** *(Lezione 2, pagine 9-11)*;
            2) insegnate ai vostri figli la Parola del Signore e come metterla in pratica attraverso la meditazione e l'adorazione in famiglia
               Per ulteriore aiuto, vedi: **CULTO DI FAMIGLIA E ADORAZIONE (LINEE GUIDA E SUGGERIMENTI)** *(Lezione 17, pagine 11-15)*;
            3) aiutate i vostri figli a sviluppare l'arte di imparare a memoria i versetti.
               Per ulteriore aiuto in questo campo, vedi: **QUATTRO METODI PER IMPARARE A MEMORIA LA SCRITTURA** *(Lezione 2, pagine 12-13)*;
            4) insegnate loro a pregare regolarmente. Pregate con loro la mattina, prima dei pasti, al momento di andare a letto e durante la giornata quando sorgono problemi o necessità, ecc.

Vedi: LA PREGHIERA PROVVEDE LA COMUNICAZIONE CON DIO (Lezione 3, pagine 9-12);

    5) date ai vostri figli un fondamento solido di conoscenza delle Scritture con il vostro esempio e insegnate loro come studiare, per proprio conto, la Parola di Dio.

Vedi: **SCHEDA DI LAVORO STUDIO BIBLICO E APPLICAZIONE** *(Supplemento 3)*
COME USARE UNA CHIAVE BIBLICA *(Supplemento 5)*

    6) insegnate ai vostri figli l'importanza di radunarsi con altri credenti per adorare, ascoltare la predicazione della Parola, avere comunione, studiare la Bibbia e pregare. A questo fine frequentate riunioni d'adorazione, gruppi di studio biblico, riunioni nelle case ecc.

Vedi: **PRINCIPI BIBLICI DI AMMINISTRAZIONE** *(Lezione 10, pagine 4-6)*
MORIRE A TE STESSO SERVENDO GLI ALTRI *(Lezione 10, pagine 7-8)*

2. Nella vita giornaliera dovete insegnare ai vostri figli ad accettare, e a portare a termine, fedelmente i loro incarichi e ad adempiere ai loro doveri, anche se non ne hanno voglia. Insegnate ai vostri figli credenti di piacere e glorificare il Signore *(Salmo 115:1; 2 Corinzi 5:9)* e non di piacere agli uomini (nemmeno ai genitori) *(basato su Galati 1:10; Efesini 6:6-8; 1 Tessalonicesi 2:4)*. Usate gli esempi riportati di seguito, per istruirli, addestrarli e guidarli nell'adempiere ai loro doveri. Per far ciò devono imparare:

    a. L'importanza di portare diligentemente a termine i loro incarichi sia i lavori di casa sia i compiti di scuola *(basato su 1 Tessalonicesi 4:10b-12; 2 Tessalonicesi 3:10-13)*.

    b. A essere dei buoni amministratori di tutto ciò che viene loro affidato nel modo seguente:

        1) usare bene il loro tempo per compiere tutti i loro incarichi, per avere del tempo libero per giocare, da trascorrere con la famiglia e con gli amici *(basato su Efesini 5:15-16)*;

        2) avere cura del loro corpo ed essere disciplinati per quanto riguarda il nutrimento, il riposo, l'esercizio fisico, la pulizia, il modo di vestire e la purezza sessuale *(basato su 1 Corinzi 6:12-20; 1 Tessalonicesi 4:3-7)*;

        3) gestire bene i loro beni materiali (giocattoli, strumenti, oggetti di casa, denaro e beni della famiglia), ma non con attaccamento *(basato su Luca 16:10-13; 2 Corinzi 8:1-5; Filippesi 2:3-4, 4:11-13; 1 Timoteo 6:6, 17-19; Giacomo 2:15-16)*.

Vedi: **PRINCIPI BIBLICI DI AMMINISTRAZIONE** *(Lezione 10, pagine 4-6);*

        4) usare le loro capacità (aiutare i genitori e gli altri nei loro incarichi), i loro talenti (suonare uno strumento musicale, cantare, comunicare, praticare uno sport, ecc.) e i loro doni spirituali (aiuto, opere di misericordia, dare, insegnare, ecc.) per aiutare ed edificare gli altri invece di soddisfare i loro interessi o i loro desideri egoistici *(basato su Matteo 25:14-30; Luca 9:23-24, 12:13-48, 16:10-13; Romani 14:19, 15:1-2; 1 Corinzi 4:1-2; Efesini 5:15-17; 1 Pietro 4:10)*.

Per un ulteriore aiuto, vedi:
COMPIACERE A TE STESSO O PIACERE A DIO *(Lezione 9, pagine 10-11)*
MORIRE A TE STESSO SERVENDO GLI ALTRI *(Lezione 10, pagine 7-8)*

B. Nei loro rapporti interpersonali, dovete istruire i vostri figli a:
    1. ubbidire e onorare i genitori *(Efesini 6:1-3; Colossesi 3:20)*;

2. essere soggetti e rispettare tutte le autorità, in chiesa, a scuola e dovunque si trovino *(basato su Romani 13:1-5; Efesini 6:1-8; 1 Pietro 2:11-25)*;

3. prendersi cura e aiutare i loro fratelli e sorelle *(basato su Matteo 22:37-39, spec. il versetto 39; Romani 12:9-21, 14:19, 15:1-2; 1 Corinzi 13:4-8a; Filippesi 2:3-4; 2 Timoteo 2:24-26)*;

4. affrontare problemi interpersonali regolarmente. Nel farlo devono prima giudicare loro stessi, poi perdonare e cercare la riconciliazione con gli altri *(basato su Matteo 5:23-24, 7:1-5; Marco 11:25-26)*;

5. servire i membri della famiglia e della chiesa *(basato su Galati 6:10; Filippesi 2:3-8)*;

6. vivere come ambasciatori di Gesù Cristo nel mondo *(2 Corinzi 5:20)*, perché la loro vita deve essere sale, luce *(Matteo 5:13-16)* e il profumo soave di Cristo Gesù *(2 Corinzi 2:14-17)*;

7. vivere in pace con tutti gli uomini, per quanto dipenda da loro (i vostri figli) *(basato su Romani 12:18)*.

COMPRENDERE LA DISCIPLINA BIBLICA

> Disciplinare con costanza (istruire, educare e correggere) tuo figlio secondo il Signore è un'espressione d'amore biblico. Inoltre è un passo d'ubbidienza da parte tua, genitore, ed è utile per indirizzare tuo figlio verso il Signore *(basato su Proverbi 13:24, 19:18, 23:13; Ebrei 12:5-13).*

I. **Che cosa significa "disciplina"?**

La Parola di Dio evidenzia che lo scopo della disciplina biblica è insegnare come seguire la via del Signore invece di quella dell'uomo *(Ebrei 12:9-11)*. Nell'Antico Testamento la parola primaria tradotta con "disciplina" è spesso resa anche con "istruzione". Nel Nuovo Testamento, la parola primaria tradotta con "disciplina" è resa con "addestramento" o "correzione".

II. **Perché la disciplina è necessaria?**

A. Il Signore usa la riprensione come disciplina, per aiutare voi e i vostri figli a non perseverare nel peccato e nella disubbidienza *(Salmo 119:67; Proverbi 5:23, 6:23, 10:17)*.

B. La disciplina del Signore, spesso impartita ai figli dai genitori, è per il bene degli individui *(basato su Ebrei 12:10)*. Fa sì che essi non siano condannati con il mondo *(1 Corinzi 11:32)* e produce un carattere retto in coloro che sono da essa ammaestrati *(Ebrei 12:10-11)*.

C. Il Signore ordina ai genitori di disciplinare i loro figli *(Proverbi 23:13; Efesini 6:4)*; se non lo fanno, peccano *(Giacomo 4:17)*.

D. La follia di un figlio, lasciato senza disciplina, lo condurrà alla miseria, alla vergogna e a una vita egocentrica. Questo figlio sarà la vergogna dei genitori *(Proverbi 13:18, 22:15, 29:15)*.

III. **Come e quando applicare la disciplina?**

I genitori devono disciplinare i figli con amore *(basato su Proverbi 13:24; 1 Corinzi 13:4-8a)* seguendo l'esempio del Signore il Quale disciplina i Suoi figli con amore. La disciplina biblica ha lo scopo di produrre un carattere simile a quello di Cristo *(Ebrei 12:10-11)*, perciò genitori:

A. Chiedete al Signore la saggezza e studiate diligentemente la Sua Parola per decidere, nello specifico, come disciplinare *(basato su 2 Timoteo 2:15, 3:16-17; Giacomo 1:5)*. Stabilite delle regole semplici e precise come il Signore ha fatto per il Suo popolo *(basato su Genesi 2:16-17; Esodo 20:3-17; Deuteronomio 11:26-28)*.

B. Spiegate chiaramente la norma biblica di condotta, per evitare confusione o malintesi *(basato su Esodo 31:18, 34:1; Deuteronomio 4:13-14; Matteo 22:37-39; Giovanni 14:15)*.

C. Illustrate le benedizioni che derivano dall'ubbidienza *(basato su Salmo 18:20-36; Matteo 5:3-12; Ebrei 5:14, 12:11; Giacomo 1:25)* e la disciplina che segue la disubbidienza *(basato su Deuteronomio 11:26-28; Proverbi 3:12; Matteo 7:26-27;*

1 Corinzi 11:31-32; Colossesi 3:25; Ebrei 12:5-11). Ricordate ai vostri figli che il Signore userà le prove per sviluppare nella loro vita il carattere di Cristo *(Giacomo 1:2-4)*.

D. Quando i vostri figli disubbidiscono, spiegate loro chiaramente in che modo hanno disubbidito alla Scrittura e ciò che invece devono fare *(basato su Deuteronomio 6:6-7; 1 Corinzi 13:4-8a; Galati 6:1-2; Colossesi 3:5-17; 2 Timoteo 3:16-17)*. Lo scopo della disciplina è di riportare la persona sulla retta via *(basato su Ebrei 12:4-13)*.

1. Incoraggiate i vostri figli, tenendo presente il loro livello di maturità e di comprensione (sia spirituale sia fisica) ad affrontare, secondo Dio, lo sbaglio commesso e a essere di nuovo esecutori della Parola *(basato su 1 Corinzi 11:31; Efesini 6:4; 2 Timoteo 2:15; Giacomo 1:22-25)*. Insegnate loro a confessare i peccati al Signore *(1 Giovanni 1:9)* e agli altri *(Giacomo 5:16a)*.

2. La disciplina deve diventare più dura solo nel caso di un figlio incorreggibile, per salvarlo dalla distruzione finale *(basato su Proverbi 15:10, 23:13-14)*. La disciplina deve essere amministrata quando c'è ancora speranza *(Proverbi 19:18)*, e senza indugio *(Ecclesiaste 8:11)*.

   NOTA. *Se vostro figlio decide di non ravvedersi, ricordate che durante tutto il processo di disciplina dovete: 1) giudicare voi stessi secondo la Parola; 2) perdonarlo di cuore; 3) ammonirlo con spirito di gentilezza.*

   a. Per un figlio che dimostra la sua stoltezza, la disciplina deve essere severa *(basato su Proverbi 14:3, 22:15, 26:3)*. Un figlio stolto manca di comprensione e:

      1) usa un linguaggio litigioso *(Proverbi 20:3)*, perverso *(Proverbi 19:1)*, rovinoso *(Proverbi 10:14)* e diffamatorio *(Proverbi 10:18)*;

      2) mostra e persiste nella sua follia *(Proverbi 13:16, 26:11)*, si burla del peccato *(Proverbi 14:9)* considera la malvagità un divertimento *(Proverbi 10:23)*;

      3) è facile all'ira *(Proverbi 14:17, 29:11)* e predisposto all'irritazione *(Ecclesiaste 7:9)*;

      4) è autorità a se stesso *(Proverbi 12:15, 28:26)*;

      5) disprezza la saggezza e l'istruzione *(Proverbi 1:7)*, odia la conoscenza *(Proverbi 1:22)*, prova piacere non nella prudenza, ma nel manifestare ciò che ha nel cuore *(Proverbi 18:2)*;

      6) è arrogante e presuntuoso *(Proverbi 14:16)*; fa trapelare la sua scelleratezza *(Proverbi 3:35)*, è falso *(Proverbi 14:8)*;

      7) disprezza sua madre *(Proverbi 14:16)*, rifiuta la disciplina di suo padre *(Proverbi 15:5)* ed è fonte di dolore per i suoi genitori *(Proverbi 10:1, 17:25)*.

   b. La disciplina più severa a disposizione dei genitori è la "verga" *(Proverbi 23:13-14)* da usare per un figlio che manca di saggezza *(basato su Proverbi 10:13)* e ha bisogno di impararla *(basato su Proverbi 29:15)*.

   c. Siccome la disciplina produce tristezza *(Ebrei 12:11)* dopo averla impartita, riaffermate il vostro amore al figlio. Se vostro figlio si ravvede del male fatto, siate benevoli e misericordiosi come lo è il Signore verso coloro che peccano e si ravvedono *(basato su Salmo 103:10-14)*. Facendo così seguirete l'esempio del Signore nel trattare i Suoi figli *(Lamentazioni 3:32; 2 Corinzi 1:3-4)* e mostrerete il modello biblico del perdono *(2 Corinzi 2:6-8)*.

E. Valutate, secondo la Parola come disciplinate ogni figlio e apportate i necessari cambiamenti *(basato su Proverbi 3:5-6, 16:9; 2 Timoteo 2:15, 3:16-17; Giacomo 1:5)*.

F. La disciplina biblica non deve essere associata all'ira *(Efesini 4:31-32; 6:4; Colossesi 3:8)* perciò se i genitori disciplinano con ira, devono confessare il loro peccato ai figli *(Giacomo 5:16)*. Dopo averlo fatto, i genitori devono compiere i passi necessari per essere riconciliati, secondo la Parola, con i loro figli *(Matteo 5:23-24; Marco 11:25-26; Romani 12:18)*. Se i genitori hanno sbagliato nel passato nell'amministrare la disciplina (e si sono riconciliati con i loro figli), non devono però smettere di amministrarla, nel modo giusto, quando necessario nel presente.

*Vedi anche: **RICONCILIAZIONE (RIMUOVERE TUTTO CIÒ CHE OSTACOLA L'UNITÀ E LA PACE)** (Lezione 12, pagine 6-8) punto **II. Confessione**.*

IV. Che cosa mostra la disciplina?

A. Un amore per la disciplina mostra coloro che hanno un vero amore per la conoscenza *(Proverbi 12:1)*. Il rifiuto della disciplina invece mostra coloro che sono insensati *(Proverbi 1:7, 15:5)*.

B. La disciplina del Signore per i Suoi figli dimostra il Suo profondo amore, perché Egli stesso prende l'iniziativa per il loro ristabilimento *(Proverbi 3:12; Lamentazioni 3:32; Ebrei 12:6-8; Apocalisse 3:19)*. Nello stesso modo, il genitore che disciplina suo figlio, secondo la Parola, dimostra l'amore per Dio e per il figlio. Un genitore che applica la disciplina biblica dà l'esempio al figlio di una correzione amorevole *(Proverbi 3:12, 13:24; Ebrei 12:5-11)*.

C. Il genitore che non disciplina suo figlio gli dimostra il proprio odio *(Proverbi 13:24)*.

V. Qual è il risultato della disciplina?

A. Per il genitore che applica la disciplina biblica:
1. è il modo di mostrare ai figli disubbidienti un interesse amorevole nel volerli ristabilire *(Proverbi 13:24, 19:18; 23:13-14)*;
2. essa dimostrerà l'amore per il Signore e il desiderio di piacerGli, indipendentemente da fastidi e sentimenti personali *(basato su Giovanni 14:15, 21; Efesini 6:4; Colossesi 1:9-10)*;
3. ci sarà gioia e sarà confortato dai figli che sono stati da essa ammaestrati *(Proverbi 29:17)*.

B. Per il figlio che accetta la disciplina e la correzione, essa:
1. produrrà un frutto di pace e di giustizia *(Ebrei 12:11)*;
2. porterà alla santità *(Ebrei 12:10)*;
3. allontanerà la follia dal suo cuore *(Proverbi 22:15)*;
4. porterà alla prudenza e all'assennatezza *(Proverbi 15:5, 32)*;
5. porterà al rispetto dei genitori *(Ebrei 12:9)*.

VI. Chi deve essere disciplinato?

A. Il Signore disciplina tutti i Suoi figli che non camminano fedelmente nelle Sue vie *(Salmo 119:75; 1 Corinzi 11:29-32; Ebrei 12:5)*.

B. I figli disubbidienti devono essere disciplinati dai genitori per il loro bene e per scampare alla distruzione *(Proverbi 13:24, 19:18, 23:13-14)*.

CULTO DI FAMIGLIA E ADORAZIONE
(LINEE GUIDA E SUGGERIMENTI)

> Oltre a insegnare ai vostri figli, durante tutta la giornata, dovete, come famiglia, mettere da parte del tempo per adorare il Signore e per imparare dalla Sua Parola. Il culto di famiglia richiede pianificazione e diligenza, se volete che questa pratica spirituale diventi una norma nella vostra famiglia *(basato su Deuteronomio 4:9; Salmo 95:6-7a, 145:1-7; Matteo 28:20a; Giovanni 4:23-24; Efesini 5:15-17; Colossesi 3:16; 2 Timoteo 2:1-2, 3:14-15).*

I. **Elementi da considerare nel pianificare il culto di famiglia**

   A. L'età dei membri che prenderanno parte al culto di famiglia è varia, perciò chiedete al Signore di aiutarvi a determinare che cosa edificherà (formerà) ognuno dei partecipanti *(basato su Deuteronomio 6:6-7; Salmo 111:1-2, 119:30; Proverbi 1:2-9; Romani 15:1-2; Efesini 4:29; Colossesi 4:6; 2 Timoteo 3:14-15; Giacomo 1:5).*

   B. Il vostro culto di famiglia dovrebbe comprendere insegnamento, lode, preghiera, ringraziamento, comunione e incoraggiamento *(basato su Salmo 30:4, 33:1-3, 34:1-3; Colossesi 3:16; 1 Tessalonicesi 5:16-18; Ebrei 10:24-25).*

   C. Il culto dovrebbe insegnare alla famiglia a essere devota al Signore e l'uno all'altro *(come facevano i primi credenti nelle loro case in Atti 2:42-47, 4:32, 5:42).*

II. **Il culto di famiglia dovrebbe contenere tutti gli elementi utili per la partecipazione e lo sviluppo dei credenti**

   A. Lode *(Salmo 63:3-4)* e preghiera *(Colossesi 4:2)*

      1. Ci dovrebbe essere del tempo per adorare il Signore attraverso il canto *(basato su Efesini 5:19; Colossesi 3:16)* e per parlare della Sua bontà e delle Sue opere *(basato su Salmo 95:6-7a; Salmi 103, 104 e 147).*

      2. Una parte del tempo dovrebbe essere dedicata al ringraziamento e all'intercessione presso il Signore per richieste specifiche, per singoli membri o per tutta la famiglia *(basato su Salmo 9:1-2; 142; Efesini 5:19-20; Filippesi 4:6-7; Colossesi 4:2; 1 Tessalonicesi 5:16-18; Giacomo 5:13).*

      3. Trascorrete del tempo in preghiera per gli altri (capi di governo, amici, insegnanti, vicini, colleghi, anziani di chiesa, credenti nella vostra assemblea, credenti in altri paesi, missionari, ecc.) *(basato su Luca 10:2; Efesini 6:18; Filippesi 4:6-7; 1 Timoteo 2:1-4; Ebrei 13:17-18).*

   B. Insegnamento biblico *(2 Timoteo 3:14-17)*

      1. Studiate, dalla Parola del Signore, argomenti utili all'intera famiglia *(basato su Proverbi 1:2-5; 2 Timoteo 2:15).*

         Per ulteriore aiuto, vedi **COMPRENDERE L'ISTRUZIONE BIBLICA DEI FIGLI** *(Lezione 16, pagine 13-16)*

2. Incoraggiate a imparare a memoria i versetti e a recitarli, scegliendo quelli che sono necessari per aiutare lo sviluppo dei singoli o dell'intera famiglia *(basato su Salmo 119:11, 16)*.

3. Insegnate e ammonite l'un l'altro, se necessario e se appropriato *(basato su Matteo 7:1-5; Galati 6:1-2; Colossesi 3:16)*.

C. Comunione *(1 Giovanni 1:7)* e servizio *(1 Pietro 4:10)*

1. Come servitori fedeli di Gesù Cristo *(Matteo 20:25-28; Giovanni 13:12-17)*, incoraggiatevi a vicenda *(Ebrei 10:23-25)*, edificate l'un l'altro *(Romani 14:19, 15:1-2; Efesini 4:29)*, confessate i peccati commessi contro l'altro *(Giacomo 5:16a)* e perdonatevi l'un l'altro *(Marco 11:25-26; Efesini 4:32)*.

2. Trovate, e attuate, il modo di aiutare chi è nel bisogno *(basato su 2 Corinzi 8:1-5, 12:15; Giacomo 1:27, 2:15-17)*.

3. Decidete come coinvolgere la vostra famiglia nella proclamazione della Buona Notizia di Gesù Cristo sia nel vostro Paese sia all'estero *(basato su Matteo 28:18-20; Luca 10:2; Atti 1:8; 1 Pietro 3:15)*.

4. Incoraggiate il servizio d'ogni singolo membro della famiglia. Scegliete anche delle attività di servizio che potete rendere come nucleo familiare *(basato su Romani 12:3-6a, 14:19; Efesini 5:15-17; Ebrei 10:24-25; 1 Pietro 4:10)*.

III. **Quando dovreste avere il culto di famiglia**

A. Decidete un momento preciso, in modo che i membri della famiglia possano organizzare le loro attività e i loro impegni in altri momenti *(basato su Luca 14:28-30; Efesini 5:15-17)*. Per aiutarvi a questo scopo, troverete di seguito alcuni suggerimenti.

1. Scegliete di avere il culto di famiglia alla fine di un pasto, quando la maggior parte dei membri è presente (in genere è meglio dopo il pranzo o la cena).

2. Scegliete un momento in cui i membri della famiglia non sono stanchi e sono liberi da altri impegni (per esempio evitate di radunarvi quando i più piccoli sono assonnati e pronti per andare a letto).

3. Decidete la durata dello studio e dell'adorazione, ma siate flessibili. Regolate il tempo secondo le necessità e gli eventuali interventi (per esempio famiglie con bambini piccoli potrebbero passare più tempo nel canto, nelle testimonianze e nella preghiera, piuttosto che nello studio).

4. Scegliete dei giorni e dei momenti che non sono particolarmente impegnati in modo che tutti possano essere attenti e senza distrazioni.

5. Tenete il culto di famiglia durante passeggiate, escursioni, viaggi in auto, approfittando della creazione per insegnare la gloria e la maestà del Signore.

B. A volte sarà difficile avere il culto di famiglia a causa delle circostanze (malattia, emergenze, altre occasioni di servizio, membri di famiglia non credenti che lo proibiscono, ecc.). Ricordate che il momento del culto di famiglia non deve diventare un rito legalista per la crescita spirituale *(basato su 2 Corinzi 3:6)*. Il culto di famiglia serve semplicemente per dare l'opportunità a ogni partecipante di adorare il Signore in spirito e verità *(basato su Giovanni 4:23-24)*, per edificare l'un l'altro nell'amore *(Efesini 4:14-16, spec. il versetto 16)* e per servire il Signore servendo a vicenda *(basato su Romani 12:9-13)*.

IV. **Argomenti e attività consigliate per il culto di famiglia**

   A. Il culto di famiglia, centrato sulla Parola del Signore, dovrebbe essere utile a tutti i membri e inerente all'opera che il Signore sta compiendo nella vita di ciascuno *(basato su Salmo 145:14; Filippesi 1:6, 9-11; 2:12-13; Colossesi 1:9-12; 1 Pietro 3:15)*. Ecco alcuni esempi.

   1. Cercate nella Scrittura come il Signore ha aiutato le persone ad affrontare problemi (persecuzione, pericolo, tentazione, ecc.) e a prendere decisioni difficili (ubbidire al Signore o cercare l'approvazione del mondo, essere fedeli o seguire gli istinti sensuali, avere fiducia nel Signore o fare affidamento sulla saggezza e sulla forza umane, ecc.) Questo tipo di studio è particolarmente utile se la vostra famiglia sta affrontando simili situazioni.

   2. Usate il manuale *Esamina te stesso* come base per lo studio di argomenti specifici utili a superare i problemi.

   3. Investigate le Scritture per avere una prospettiva biblica su soggetti come la salvezza per grazia, il battesimo, la cena del Signore, il cielo. Esaminate la nascita, la vita, la crocifissione e l'imminente ritorno del Signore Gesù Cristo. Se i vostri figli sono maturi per farlo, potreste studiare anche il punto di vista biblico su argomenti di attualità (per esempio l'aborto, il divorzio, l'omosessualità, la povertà, i doni spirituali, le false religioni). Questi argomenti sono di estremo beneficio per tutta la famiglia, soprattutto quando sono studiati alla luce di situazioni o di problemi attuali.

   B. Imparare a memoria i versetti della Scrittura è una parte essenziale del culto di famiglia e dell'adorazione *(basato su Salmo 119:11-16)*, soprattutto perché vi incoraggerete a vicenda recitando i versetti *(basato su Proverbi 27:17; Ebrei 10:24-25)*. Ecco alcuni suggerimenti per imparare a memoria la Scrittura.

   1. Tutta la famiglia impara lo stesso versetto recitandolo insieme. Questo è un sistema adatto al culto di famiglia, soprattutto se si scelgono versetti utili per quei membri che hanno bisogno d'insegnamento e di crescita.

   2. Quando le diverse persone nella famiglia hanno preso l'abitudine di imparare a memoria la Scrittura, lasciate a ciascuno la scelta dei versetti da imparare. Ognuno reciterà al resto della famiglia, durante il culto, quello che ha imparato nel corso della settimana. Chi recita dovrebbe anche spiegare come i versetti si applicano alla propria vita.

   3. Ogni membro della famiglia impara a memoria i versetti per le varie attività o i diversi corsi in cui è impegnato (attività per i bambini, questo stesso Corso Esamina te stesso, corsi sull'evangelizzazione, ecc.) Ciascuno poi reciterà questi versetti durante il culto di famiglia.

   C. Abbiate cura di sviluppare la lode, la preghiera e il ringraziamento durante il culto di famiglia *(basato su Efesini 5:19-20; Colossesi 3:16)*. Di seguito troverete alcuni suggerimenti per includere lode, preghiera e ringraziamento nel vostro incontro.

   1. Scegliete un giorno la settimana per permettere a ogni membro della famiglia di lodare' il Signore e di fare richieste specifiche di preghiera. Potreste iniziare a scrivere su un quaderno le varie richieste e gli argomenti di lode.

   2. Scegliete un giorno per ringraziare il Signore per quello che è avvenuto, e ciò che Egli ha fatto nella vita d'ogni membro della famiglia. Per variare il momento del ringraziamento potete usare delle attività creative e utili. Per esempio potete scegliere un tema per la serata e cantare

inni di ringraziamento o scrivere insieme un salmo di lode. Eventuali ospiti possono partecipare al culto di famiglia.

    3. Destinate un giorno per cantare insieme salmi, inni e cantici spirituali. Scegliete diversi membri della famiglia per guidare il canto, oppure scegliete un giorno per cantare i cantici e gli inni preferiti. Potete leggere un *Salmo* in modo dialogato: i genitori leggono un versetto, i figli il successivo ecc. Di nuovo, questo è un modo per coinvolgere anche gli ospiti.

D. Nel culto di famiglia spesso sono trascurate le missioni e i servizi, ma questi sono un aspetto essenziale della vita comunitaria dei credenti *(basato su Matteo 28:18-20; Luca 10:2; Atti 1:8)*. Ecco alcuni suggerimenti.

    1. Mettete da parte un giorno la settimana per evidenziare l'importanza delle missioni durante il culto di famiglia. Leggete lettere di missionari che la vostra famiglia sostiene finanziariamente o in preghiera. Se la vostra famiglia non sostiene nessun missionario, decidete insieme per chi pregare e, se possibile, sostenere finanziariamente. Pregate per missionari e servitori che svolgono un servizio al di fuori della vostra assemblea locale, sia in patria sia all'estero. Fate un elenco dei missionari che la vostra famiglia, o la vostra chiesa sostengono.

    2. Come famiglia fate qualcosa di utile per aiutate i vostri missionari. Scrivete una lettera, spedite un pacco con cose necessarie, aprite un fondo per fare loro un regalo.

    3. Elencate le cose che potete fare insieme per servire gli altri, come preparare pasti e sbrigare le faccende per persone malate o che non possono uscire di casa, scrivete un biglietto d'incoraggiamento a qualcuno, visitate le persone anziane, ecc. Aggiornate l'elenco e, con uno spirito di preghiera, portate avanti questo progetto una volta la settimana.

E. Gli incontri di adorazione in casa e nella vostra chiesa locale sono utili per edificare ogni membro della famiglia *(basato su Ebrei 10:23-25)*. Oltre al beneficio di adorare insieme ad altri credenti, migliorerete e stimolerete il vostro tempo d'adorazione.

    1. Subito dopo aver partecipato a un incontro d'adorazione con il vostro gruppo locale di credenti in Cristo, lasciate che ogni membro della famiglia condivida quello che ha imparato. Permettete a ognuno di dire come intende rispondere al Signore e agli altri come risultato di quel momento d'adorazione.

    2. Diversi membri della famiglia possono organizzare e condurre una parte dei momenti d'adorazione in casa. Potete anche stabilire il vostro ordine dell'incontro. Esso dovrebbe includere la lettura della Parola, il canto, il dare per soddisfare un bisogno specifico, la preghiera e perfino l'ascolto di un mini-sermone da parte di uno della famiglia. I bambini, in modo particolare, amano condurre parte degli incontri e fungere da assistenti. Gli incontri d'adorazione in casa sono ideali per chiedere ad altri parenti di unirsi a voi, perché tutti sono invitati e incoraggiati a partecipare indipendentemente dall'età.

V. Suggerimenti per organizzare e strutturare il culto di famiglia e l'adorazione

A. *Primo suggerimento* — Programma settimanale

Primo giorno — Missioni
Secondo giorno — Recitazione dei versetti a memoria
Terzo giorno — Lode, preghiera e canto
Quarto giorno — Studio della Parola di Dio
Quinto giorno — Ringraziamento e testimonianze
Sesto giorno — Tempo di servizio "programmare e fare"
Settimo giorno — Incontro d'adorazione "in casa"

B. *Secondo suggerimento* — Mettete da parte del tempo per esaminare bisogni, o problemi, particolari da un punto di vista biblico. Per esempio:
   1. Durante la prima settimana, esaminate e investigate insieme la Scrittura per l'argomento che avete scelto.
   2. Durante la seconda settimana, sviluppate un piano per mettere in pratica quello che avete imparato insieme e iniziate, fedelmente, ad attuarlo.
   3. Durante il culto di famiglia della terza settimana, ognuno darà un resoconto di come ha seguito il piano stabilito. Ciascuno impara a memoria dei versetti pertinenti all'argomento, li recita durante l'incontro e spiega come li applicherà personalmente.
   4. Durante la quarta settimana, ritornate al vostro programma regolare di meditazione e d'adorazione. Nel giorno stabilito per la preghiera e la lode, mettete l'accento su quello che ogni membro ha imparato. Recitate, nel giorno stabilito, i versetti imparati a memoria.

C. *Terzo suggerimento* — Studiate la Parola di Dio per un certo periodo (una o più settimane) per argomenti o eventi di attualità. Prendete nota di ciò che avete imparato come famiglia.

D. *Quarto suggerimento* — Studiate un personaggio biblico per una settimana, evidenziando un problema o un esempio particolare di consacrazione che risalti dalla sua vita. La settimana successiva fate una scenetta per illustrare un evento specifico nella vita del personaggio scelto, incoraggiando la partecipazione di ogni membro della famiglia.

E. *Quinto suggerimento* — Sviluppate un vostro programma.

VI. Conclusione sul culto di famiglia e l'adorazione

A. Il culto di famiglia può diventare per tutti un tempo meraviglioso, per imparare le verità del Signore e metterle poi in pratica *(basato su Deuteronomio 6:6-7; Salmo 111:1-2; Ebrei 10:23-25)*.

B. Il servizio e il discepolato non devono essere separati dal culto di famiglia e dall'adorazione *(basato sull'opera che il Signore Gesù ha svolto nella vita dei Suoi discepoli)*.

UN PIANO COMPLETO PER ALLEVARE I FIGLI

> La Parola del Signore si applica a tutte le persone di qualsiasi età, per cui ogni membro della famiglia deve comprendere che la Bibbia è l'unica autorità per la vita. La Scrittura è pienamente sufficiente per guidare in ogni aspetto della vita, perciò anche nei rapporti genitore-figlio. Nessun'altra autorità deve prendere il suo posto o mettere in discussione il suo insegnamento *(basato su Deuteronomio 6:5-7; Salmo 19:7-11; 119:89, 105, 130; Proverbi 30:5-6; Isaia 55:6-11; 1 Corinzi 3:19-20; 2 Timoteo 3:14-17; Ebrei 4:12; 2 Pietro 1:3-4).*

I. **Ripassare attentamente i seguenti rimandi:**

   A. i requisiti biblici fondamentali per il cambiamento (Lezioni 1 e 2), riconoscere le differenze fra vivere secondo la via dell'uomo e vivere secondo la via di Dio (Lezioni 3 e 4);

   B. gli elementi essenziali del cambiamento biblico (Lezioni 5 - 8); morire a te stesso e vivere per il Signore (Lezioni 9 e 10);

   C. la necessità di affrontare, secondo la Parola, l'ira e l'amarezza nella propria vita (Lezione 11);

   D. l'applicazione dei principi biblici nell' amare il prossimo (Lezioni 12 e 13) e per onorare Cristo nei rapporti familiari (Lezioni 14 - 17);

   E. i possibili legami fra paura, preoccupazione o depressione nella tua vita (Lezioni 18 e 19) e i problemi di rapporto con i tuoi figli;

   F. la gravità dei peccati ripetuti che dominano la vita e il loro rapporto con i problemi fra genitori e figli (Lezioni 20 e 21);

   G. la necessità per te e per gli altri membri della famiglia di stabilire, secondo la Parola di Dio, gli standard per ogni aspetto della vita e come metterli in pratica (Lezione 22).

   NOTA. I rimandi elencati sopra sono importanti nel trattare i problemi di rapporti genitore-figlio. Nell'affrontare i problemi, secondo la Parola, esamina ogni aspetto della tua vita. Per esempio, ogni problema fra genitori e figli non può essere superato se è trattato come un problema a sé. Piuttosto va affrontato, alla luce dei principi biblici per la vita, per cambiare e diventare sempre più conformi all'immagine di Cristo. Come noterai sono elencati rimandi sia a lezioni ancora da svolgere sia a quelle già studiate.

   Se continuerai nella preparazione per la consulenza biblica, scoprirai che le soluzioni proposte da Dio, presentate in questo corso, si applicano a qualsiasi problema, anche a quelli non affrontati in questo manuale.

II. **Aiutare ciascun figlio a essere consapevole di peccati e tentazioni ricorrenti nella sua vita.** Spiegate ai vostri figli l'importanza di fare un elenco di persone, di luoghi, di momenti, di circostanze che costituiscono un problema ricorrente nella loro vita. *I genitori possono scrivere per i figli più piccoli, ma dovrebbero scrivere solo quello che essi dicono volontariamente nel giudicarsi secondo la Parola.*

III. Usare la SCHEDA DI LAVORO VITTORIA SUI FALLIMENTI (Supplemento 8). Per compilare le colonne 1-3, seguite le istruzioni riportate in LINEE GUIDA: SCHEDA DI LAVORO VITTORIA SUI FALLIMENTI (Supplemento 7). *Genitori dovete continuamente esaminare voi stessi, secondo la Parola, mentre insegnate ai vostri figli (basato su Matteo 7:1-5; Romani 2:21a; 2 Timoteo 2:15; Giacomo 3:1).*

IV. Come compilare la quarta colonna della SCHEDA DI LAVORO VITTORIA SUI FALLIMENTI (Supplemento 8, pagine 1-2).

   A. Voi e ognuno dei vostri figli, dovete elaborare, un **piano base** per superare i peccati personali che influiscono sui rapporti familiari. In ogni piano, includete le azioni (pensieri, parole e atti) che aiuteranno ciascuno a sviluppare un modo di agire secondo Cristo, tenendo presente le indicazioni che seguono. ***NOTA.** Queste indicazioni si applicano solo ai quei membri della famiglia che sono nati di nuovo (basato su 1 Corinzi 2:9-14).*

   1. Pensate secondo la Parola

      a. Ricordate che Dio ha promesso di prendersi cura di voi e di ogni altro credente in qualsiasi situazione, non importa quanto difficile sia *(Salmo 23:1-6, 37:5; Proverbi 3:25-26; Matteo 10:28-31; Romani 8:36-39; 1 Corinzi 10:13).*

      b. Confessate tutti i pensieri peccaminosi al Signore *(1 Giovanni 1:9)* e chiedete il Suo aiuto per cambiare questa abitudine peccaminosa *(basato su 1 Tessalonicesi 5:17; Ebrei 4:15-16; Giacomo 1:5).*

      c. Rallegratevi *(1 Tessalonicesi 5:16)* e ringraziate in ogni situazione *(Efesini 5:20; 1 Tessalonicesi 5:18),* sapendo che la sopportazione nella prova serve a conformarvi all'immagine di Cristo Gesù *(Romani 5:3-5; Giacomo 1:2-4).*

      d. Ricordate che il perdono del Signore per voi è la base per perdonare gli altri *(Matteo 18:21-35; Efesini 4:32; Colossesi 3:13).*

      e. Ricordate che il vostro amore per gli altri dimostra l'amore che avete per il Signore *(1 Giovanni 2:9-11; 3:14-16; 4:7-11, 20-21).*

      f. Abbiate come obiettivo di glorificare e piacere al Signore e di essere una benedizione per gli altri in tutte le situazioni *(basato su Matteo 22:37-39; Luca 9:23-24; 2 Corinzi 5:9, 15; 10:5; Galati 5:16-17; Filippesi 2:3-4, 4:8; Colossesi 3:2).*

      g. Nella situazione in cui vi trovate, non vi soffermate su cose che possono contribuire ad altri peccati. Invece disciplinate la vostra mente a pensare cose che piacciono al Signore *(Filippesi 4:8; Colossesi 3:2).* Ricordatevi di pregare per coloro che vi perseguitano *(Matteo 5:44).*

      h. Ripassate salmi, inni e cantici spirituali imparati a memoria *(basato su Efesini 5:19-20; Colossesi 3:16).*

      i. Pensate modi con cui incoraggiare all'amore e alle opere buone gli altri membri credenti della famiglia *(basato su Ebrei 10:23-25).*

   2. Parlate secondo la Parola

      a. Confessate i vostri peccati attuali a coloro che non avete amato, secondo la Parola, incluso il peccato di non aver adempiuto ai vostri doveri. Confessate ogni altro peccato che ricordate e che non avete già confessato *(basato su Salmo 51:1-4; Giacomo 5:16; 1 Giovanni 1:9).*

      Per ripassare come confessare i vostri peccati a coloro contro i quali avete peccato, fate riferimento a:

      LINEE GUIDA: SCHEDA DI LAVORO VITTORIA SUI FALLIMENTI *(Supplemento 7) al punto **VI. Applicare il cambiamento biblico** punto D.*

RICONCILIAZIONE (RIMUOVERE TUTTO CIÒ CHE OSTACOLA L'UNITÀ E LA PACE) (Lezione 12, pagine 6-8) sotto II. Confessione

b. Non parlate dei vostri successi *(Proverbi 27:2, 30:32; 2 Corinzi 10:18)*, dei dispiaceri o delle sconfitte del passato *(Filippesi 3:13-14)*, delle preoccupazioni per il futuro *(Matteo 6:34)*, non paragonate voi stessi a voi stessi né ad altri *(2 Corinzi 10:12)*, non asserite con arroganza quello che farete nel futuro *(Proverbi 27:1; Giacomo 4:13-16)*. Invece, edificate gli altri parlando con ringraziamento della bontà del Signore e della differenza che Egli ha fatto nella vostra vita, specialmente quando avete incontrato delle difficoltà *(Luca 10:20; Efesini 4:29; Colossesi 4:6; Ebrei 13:15; 1 Pietro 3:15)*.

c. Non calunniate, non spettegolate, non discutete non usate parole che non siano di edificazione agli altri *(Proverbi 10:18; Efesini 4:29, 31; 5:4; Colossesi 3:8; 2 Timoteo 2:24; 1 Pietro 2:1)*. I vostri discorsi invece devono essere onesti e benevoli, secondo il bisogno del momento, affinché sappiate come rispondere a ogni persona *(Efesini 4:15, 25, 29; Colossesi 4:6)*.

d. Non rivangate i peccati di un'altra persona per accusarla o per vendicarvi, né con gli altri né con voi stessi né con la persona che ha peccato *(Proverbi 10:18, 17:9, 20:19; Efesini 4:29, 31; Colossesi 3:8; 1 Pietro 2:1)*.

e. Incoraggiate la riconciliazione con Dio e con gli altri, avendo cura di seguire le indicazioni della Bibbia *(Matteo 5:9, 23-24; Romani 12:18; 2 Corinzi 2:6-8, 5:18)*.
Vedi: **RICONCILIAZIONE (RIMUOVERE TUTTO CIÒ CHE OSTACOLA L'UNITÀ E LA PACE)** *(Lezione 12, pagine 6-8)*.

f. Insegnate tutti i principi dell'istruzione e della disciplina bibliche, a ogni membro della vostra famiglia *(basato su Deuteronomio 6:5-7; Efesini 6:4)*.
Vedi:
COMPRENDERE L'ISTRUZIONE BIBLICA DEI FIGLI *(Lezione 16, pagine 13-16)*
COMPRENDERE LA DISCIPLINA BIBLICA *(Lezione 17, pagine 8-10)*
Genitori: Confessate ai vostri figli le affermazioni e le filosofie non bibliche che avete usato nell'allevarli. Spiegate loro perché non sono bibliche e chiedete il loro perdono.
Vedi:
LE TEORIE E LE USANZE DEGLI UOMINI PER ALLEVARE I FIGLI *(Lezione 16, pagine 3-6)*
LINEE GUIDA PER ALLEVARE I FIGLI *(Lezione 16, pagine 7-9)*

3. Agite secondo la Parola

a. Perdonate gli altri come Dio ha perdonato voi *(Efesini 4:32; Colossesi 3:13)*.
Vedi: **IL PERDONO (PERDONARE GLI ALTRI COME DIO TI HA PERDONATO)** *(Lezione 12, pagine 3-5) e controllate se state mettendo in pratica il perdono secondo la Bibbia. Apportate i necessari cambiamenti.*

b. Imparate a memoria i versetti e studiate i passi della Scrittura che sono pertinenti ai problemi specifici della vostra famiglia *(basato su Salmo 119:9, 11, 16; 2 Corinzi 10:5; Filippesi 4:8; 2 Timoteo 2:15)*. Imparate a memoria salmi, inni e cantici spirituali che potranno essere utili nel futuro in tempi di bisogno *(basato su Efesini 5:19-20; Colossesi 3:16)*.

c. Pregate sempre con spirito di ringraziamento *(Filippesi 4:6; 1 Tessalonicesi 5:17-18)* e secondo la volontà del Signore *(1 Giovanni 5:14-15)*. Gettate ogni vostro peso sul Signore *(1 Pietro 5:7)* e pregate per coloro che vi perseguitano *(Matteo 5:44)*.

d. Individuate i segnali di pericolo; situazioni, luoghi, contatti personali che costituiscono tentazione. Agite immediatamente per eliminarli per fuggire o per resistere alla tentazione *(basato su Salmo 1:1; Proverbi 27:12; 1 Corinzi 15:33; 2 Timoteo 2:22; Giacomo 4:7; 1 Pietro 5:8-9).*

e. Fate ammenda degli sbagli e cercate la riconciliazione con coloro che avete offeso *(basato su Matteo 5:23-24).* Ricordate che anche se avete confessato i vostri peccati *(vedi 2. a.)* dovete dimostrare la vostra determinazione a cambiare.
Vedi: **RICONCILIAZIONE (RIMUOVERE TUTTO CIÒ CHE OSTACOLA L'UNITÀ E LA PACE)** *(Lezione 12, pagine 6-8) punto III. Restituzione e punto IV. L'importanza della riconciliazione.*
Genitori: Ripassate **MODI CON CUI I GENITORI PROVOCANO ALL'IRA I LORO FIGLI** *(Lezione 16, pagine 10-12) per vedere se avete peccato, o peccate, contro il Signore e contro i vostri figli nei modi elencati. Confessate qualsiasi peccato in questo ambito al Signore e ai vostri figli.*

f. Benedite gli altri con espressioni sincere e tangibili di amore e di servizio biblici (ciò include le vostre responsabilità quotidiane come membro di una famiglia, studente, impiegato, coinquilino, ecc.) *(basato su Matteo 7:12; Romani 12:9-13, 15-16; 13:8-10; 1 Corinzi 13:4-8a; Filippesi 2:3-8; 1 Timoteo 6:17-19; 1 Pietro 3:8-9; 1 Giovanni 3:18).*
Per esempi specifici di come e quando, esprimere l'amore biblico, anche in situazioni difficili, vedi: **IL SIGNIFICATO DELL'AMORE BIBLICO** *(Lezione 13, pagine 4-6).*
L'amore biblico dovrebbe essere dimostrato:
1) indipendentemente dai tuoi sentimenti *(basato su Genesi 4:7; 2 Corinzi 5:14-15; Galati 5:16-17; Filippesi 4:13; Giacomo 4:17);*
2) specialmente a coloro che sembrano essere tuoi nemici o coloro che hanno peccato contro di te *(basato su Matteo 5:23-24, 43-48; Marco 11:25-26; Romani 12:14, 17-21);*
3) con gentilezza e benevolenza proprio verso quelle persone con cui siete stati o siete ancora irritati *(Efesini 4:31-32);*
4) cogliendo le occasioni di servizio specialmente quelle che vi aiutano a mantenere un atteggiamento di servizio, simile a quello di Cristo, verso gli altri *(basato su Matteo 20:25-28; Filippesi 2:3-8; 1 Pietro 4:10);*
5) nel praticare l'amministrazione biblica per onorare il Signore e per aiutare in modo pratico gli altri *(basato su Salmo 24:1; Matteo 25:14-29; 1 Corinzi 4:1-2; Efesini 5:15-17; 1 Timoteo 6:17-19; 1 Pietro 4:10).*
Vedi:
PRINCIPI BIBLICI DI AMMINISTRAZIONE *(Lezione 10, pagine 4-6)*
MORIRE A TE STESSO SERVENDO GLI ALTRI *(Lezione 10, pagine 7-8)*

g. Quando è necessario, conducete un tavolo di discussione, seguendo il piano presentato in **SUPERARE I PROBLEMI ATTRAVERSO LA COMUNICAZIONE BIBLICA (USARE UN TAVOLO DI DISCUSSIONE PER LA RICONCILIAZIONE)** *(Lezione 15, pagine 6-9).*

h. Correggete quei difetti nella vostra vita dovuti alla mancanza di disciplina o alla negligenza *(basato su Colossesi 3:1-17; Giacomo 4:17; 1 Timoteo 4:7b).*

i. Siate fedeli e costanti nel culto di famiglia e nell'adorazione *(basato su Efesini 5:15-17).*
Vedi: per ulteriore aiuto **CULTO DI FAMIGLIA E ADORAZIONE (LINEE GUIDA E SUGGERIMENTI)** *(Lezione 17, pagine 11-15).*

j. Seguite il metodo usato da Gesù per addestrare i Suoi discepoli, per istruire vostro figlio a portare a termine i suoi doveri quotidiani.

*Vedi: **COMPRENDERE L'ISTRUZIONE BIBLICA DEI FIGLI** (Lezione 16, pagine 13-16) sotto **VI. G.***

k. Se necessario, chiedete a un amico credente di controllare se state seguendo il **piano di base** e il **piano di emergenza** fino a che non avrete sviluppato un modo di vivere che piaccia al Signore *(Proverbi 27:17; Ecclesiaste 4:9-10; Ebrei 10:23-25)*. Se opportuno, chiedete il consiglio biblico di altri *(Proverbi 11:14, 15:22)*.

l. Siate costanti nell'applicare la disciplina secondo la Parola.
*Vedi: **COMPRENDERE LA DISCIPLINA BIBLICA** (Lezione 17, pagine 8-10).*

m. Se un membro credente della vostra famiglia non risponde al processo biblico di ristabilimento, dopo essere stato redarguito, per il suo (o i suoi) peccato continuate il processo di ristabilimento come presentato in **RISTABILIMENTO/DISCIPLINA (LA TUA RISPOSTA BIBLICA AL PECCATO DI UN ALTRO CREDENTE)** (Lezione 13, pagine 7-8).
*Ripassa: **LINEE GUIDA: IL PROCESSO DI RISTABILIMENTO/ DISCIPLINA** (Lezione 13, pagine 9-11).*

B. Se necessario, aiutate i vostri figli a preparare un elenco **"COSE DA PENSARE E DA FARE"** (Supplemento 10) usando **LINEE GUIDA: ELENCO "COSE DA PENSARE E DA FARE"** (Supplemento 9).

C. Incoraggiate e aiutate ciascun figlio a mettere in pratica il proprio **piano base** *(Giacomo 1:22)* di buon animo, come per il Signore *(Colossesi 3:23-24)*.

D. Aiutate ciascun figlio a elaborare un **piano di emergenza** per affrontare situazioni inattese che costituiscano occasione di peccato, specialmente nelle relazioni familiari. Tenete presente le seguenti linee guida.

1. Chiedete immediatamente aiuto a Dio *(1 Tessalonicesi 5:17; Ebrei 4:15-16; Giacomo 1:5)*.

2. Ripassate i versetti a memoria che si riferiscono direttamente al peccato, o ai peccati, presente nella tua vita *(basato su Salmo 119:9, 11, 16)*.

3. Cercate immediatamente il punto di vista di Dio.

   a. Indipendentemente dai sentimenti, o dalle circostanze, considerate la situazione come un'opportunità di crescita spirituale *(Giacomo 1:2-4)* perché il Signore fa cooperare tutte le cose per il vostro bene *(basato su Salmo 37; Proverbi 3:5-12; Romani 8:28-29; Efesini 1:3-14; Filippesi 1:6)*.

      1) Ricordate a voi stessi che potete ogni cosa in Cristo che vi fortifica *(Filippesi 4:11-13)* perché la vostra capacità viene dal Signore e non da una "forza interiore" naturale *(2 Corinzi 3:5)*. Ricorda che non potete portare frutto senza Gesù Cristo *(Giovanni 15:5)*.

      2) Lodate e glorificate il Signore perché Egli è forte quando siete deboli *(2 Corinzi 12:9-10)*; Egli vi preserverà da ogni caduta e vi farà comparire irreprensibili e con grande gioia davanti alla Sua gloria *(Giuda 1:24-25)*.

   b. Ricordate che Dio guarda al cuore e non all'esteriore *(1 Samuele 16:7)*. Dovete essere irreprensibili davanti a Lui nei pensieri sia che gli altri li conoscano o no *(basato su Atti 23:1, 24:16; Romani 14:12; Efesini 1:4, 4:1; Filippesi 1:9-11; Colossesi 1:21-22)*.

      1) Se iniziate anche solo a formulare pensieri peccaminosi in questa circostanza imprevista, confessateli al Signore *(1 Giovanni 1:9)*.

2) Ricordate che non dovete giudicare voi stessi sulla base della durata o dell'enormità del vostro peccato (secondo standard umani). La cosa grave è che, anche se momentaneamente, avete smesso di camminare nella via di Dio *(Giacomo 2:10, 4:17)*.

4. Ringraziate il Signore che siete Suoi servitori nella vostra circostanza attuale *(Efesini 5:20; 1 Tessalonicesi 5:18)*. Decidete come rendere gloria a Dio *(1 Corinzi 10:31; 1 Pietro 4:11)* e cercate modi di edificare gli altri, servendoli *(Efesini 4:29; Filippesi 2:3-4)*.

5. Agite secondo il **piano di emergenza** appena vi rendete conto di essere tentato a peccare in qualsiasi settore della vostra vita *(basato su 1 Tessalonicesi 5:22; 2 Timoteo 2:19-22)*. Ricominciate subito a fare le cose scritte nel vostro **piano base** *(basato su Proverbi 24:16; Giacomo 1:22-25)*.

LEZIONE 17: COMPITI

> I **COMPITI** di questa settimana aiuteranno ogni membro della famiglia a dimostrare la propria fede in Gesù Cristo, tramite l'ubbidienza alla Bibbia nei rapporti genitore-figlio *(basato su Deuteronomio 4:9, 6:6-7; Salmo 119:105; Giovanni 14:15; Efesini 6:1-4; Colossesi 3:20-21; 2 Timoteo 3:16-17; Giacomo 1:22-25)*.

✔ *compiti completati*

☐ A. * Con parole tue scrivi il significato di *Efesini 6:1-3*. Impara a memoria *Efesini 6:1-3* e inizia a imparare *Genesi 4:7* e *Giacomo 1:22*. Ripassa i versetti precedenti.

☐ B. * Leggi **PRINCIPI BIBLICI: I RAPPORTI GENITORE-FIGLIO (SECONDA PARTE)** (Lezione 17, pagine 2-3). Evidenzia i versetti citati nella tua Bibbia.

☐ C. Studia **ISTRUIRE I FIGLI A ESSERE FEDELI (DISCEPOLATO BIBLICO NELLA FAMIGLIA)** (Lezione 17, pagine 4-7). Nota come il Signore ha operato, tramite il Suo insegnamento, in aspetti specifici della tua vita e in quella di altri membri della tua famiglia. Scrivi questi risultati nel tuo elenco di lode e condividili con gli altri durante il tempo di meditazione e adorazione *(basato su Salmo 34:1-3, 115:1; 1 Corinzi 1:26-31)*. Evidenzia anche i cambiamenti che devi apportare. Compila una **SCHEDA DI LAVORO VITTORIA SUI FALLIMENTI** (Supplemento 8) ed elabora un piano per apportare questi cambiamenti nella tua vita.

☐ D. Studia **COMPRENDERE LA DISCIPLINA BIBLICA** (Lezione 17, pagine 8-10). Se non lo hai già fatto, stabilisci un piano biblico di disciplina che verrà seguito fedelmente nella tua casa. Prendi del tempo per spiegare ai tuoi figli che seguirete questo piano nella vostra famiglia. Se non hai disciplinato i tuoi figli secondo la Parola, confessalo al Signore e ai tuoi figli *(basato su 1 Giovanni 1:9; Giacomo 5:16)*. Poi, se necessario, fa' i passi utili per una riconciliazione biblica. *Vedi:* **LA RICONCILIAZIONE (RIMUOVERE TUTTO CIÒ CHE OSTACOLA L'UNITÀ E LA PACE** (Lezione 12, pagine 6-8).

☐ E. Leggi **CULTO DI FAMIGLIA E ADORAZIONE (LINEE GUIDA E SUGGERIMENTI)** (Lezione 17, pagine 11-15). Evidenzia le parti di questo studio che desideri usare nel culto di famiglia e nell'adorazione nella tua casa. Se non hai ancora scelto un momento per il culto di famiglia, fallo ora.

☐ F. Studia **UN PIANO COMPLETO PER ALLEVARE I FIGLI** (Lezione 17, pagina 16-21). Nota le caratteristiche che questo piano ha in comune con i passi basilari per la crescita spirituale d'ogni credente. Evidenzia le affermazioni che indicano quei cambiamenti necessari per tirar su bene i tuoi figli. Stabilisci un piano per iniziare e portare avanti questi cambiamenti.

☐ G. * In collegamento con questa lezione, rispondi alle domande 25 e 26 del **Test a libro aperto** (Lezione 23, pagina 3).

* *Il completamento dei compiti contrassegnati con un asterisco (*) è essenziale per continuare la formazione per la consulenza biblica.*

© Biblical Counseling Foundation

LEZIONE 17: GUIDA ALLO STUDIO PER LA MEDITAZIONE GIORNALIERA
(COMPRENDE VERSETTI A MEMORIA E COMPITI)

> La **GUIDA ALLO STUDIO** di questa settimana aiuterà ogni membro della famiglia a dimostrare la propria fede in Gesù Cristo tramite l'ubbidienza alla Bibbia nei rapporti genitore-figlio *(basato su Deuteronomio 4:9, 6:6-7; Salmo 119:105; Giovanni 14:15; Efesini 6:1-4; Colossesi 3:20-21; 2 Timoteo 3:16-17; Giacomo 1:22-25)*.

Versetti a memoria

1. * Impara a memoria *Efesini 6:1-3*. Inizia a imparare *Genesi 4:7* e *Giacomo 1:22*.
2. Porta con te i cartoncini con i versetti imparati nelle settimane precedenti insieme a quelli di questa settimana. Ripassa i versetti a memoria nei momenti liberi durante la giornata

Guida allo studio per la meditazione giornaliera

PRIMO GIORNO

1. Inizia con la preghiera.
2. * Leggi *Principio 73* in **PRINCIPI BIBLICI: I RAPPORTI GENITORE-FIGLIO (SECONDA PARTE)** (Lezione 17, pagine 2-3). Evidenzia nella tua Bibbia i versetti citati.
3. * Con parole tue scrivi il significato di *Efesini 6:1-3*.
4. Studia **ISTRUIRE I FIGLI A ESSERE FEDELI (DISCEPOLATO BIBLICO NELLA FAMIGLIA)** (Lezione 17, pagine 4-7). Nota come il Signore ha operato, tramite il Suo insegnamento, in settori specifici della tua vita e in quella di altri membri della tua famiglia. Scrivi questi risultati nel tuo elenco di lode e condividili con gli altri durante il tempo di meditazione e adorazione *(Salmo 34:1-3, 115:1; 1 Corinzi 1:26-31)*. Evidenzia anche i cambiamenti che devi apportare. Questo è il primo di due studi.
5. Inizia a compilare una **SCHEDA DI LAVORO VITTORIA SUI FALLIMENTI** (Supplemento 8) ed elabora un piano per apportare questi cambiamenti nella tua vita.
6. Termina con la preghiera.

SECONDO GIORNO

1. Inizia con la preghiera.
2. * Leggi *Principio 74* in **PRINCIPI BIBLICI: I RAPPORTI GENITORE-FIGLIO (SECONDA PARTE)** (Lezione 17, pagine 2-3) e evidenzia i versetti citati nella tua Bibbia, se non lo hai già fatto.
3. Termina il tuo studio **ISTRUIRE I FIGLI A ESSERE FEDELI (DISCESPOLATO BIBLICO NELLA FAMIGLIA)** (Lezione 17, pagine 4-7).
4. Completa la tua **SCHEDA DI LAVORO VITTORIA SUI FALLIMENTI** (Supplemento 8) evidenziando i cambiamenti che devi apportare.
5. Termina con la preghiera.

TERZO GIORNO

1. Inizia con la preghiera.
2. * Leggi *Principio 75* in **PRINCIPI BIBLICI: I RAPPORTI GENITORE-FIGLIO (SECONDA PARTE)** (Lezione 17, pagine 2-3) ed evidenzia nella tua Bibbia i versetti citati.

3. Studia **COMPRENDERE LA DISCIPLINA BIBLICA** (Lezione 17, pagine 8-10). Se non lo hai già fatto, stabilisci un piano di disciplina, secondo Dio, che sarà seguito fedelmente nella tua casa. Prendi del tempo per spiegare ai tuoi figli che lo seguirete nella vostra famiglia. Se non hai disciplinato i tuoi figli secondo la Parola, confessalo al Signore e ai tuoi figli *(basato su 1 Giovanni 1:9; Giacomo 5:16)*. Se necessario, compi i passi utili per una riconciliazione biblica con i tuoi figli. Vedi *RICONCILIAZIONE (RIMUOVERE TUTTO CIÒ CHE OSTACOLA L'UNITÀ E LA PACE) (Lezione 12, pagine 6-8)*.
4. Termina con la preghiera.

QUARTO GIORNO

1. Inizia con la preghiera.
2. * *Leggi Principio 4, modificato dalla Lezione 3* in **PRINCIPI BIBLICI: I RAPPORTI GENITORE-FIGLIO (SECONDA PARTE)** (Lezione 17, pagine 2-3).
3. Termina il tuo studio **COMPRENDERE LA DISCIPLINA BIBLICA** (Lezione 17, pagine 8-10). Prendi del tempo per insegnare ai tuoi figli il modo in cui il Signore disciplina e per spiegare come intendi applicare la disciplina biblica nella vostra famiglia.
4. Termina con la preghiera.

QUINTO GIORNO

1. Inizia con la preghiera.
2. * Leggi *Principio 76* in **PRINCIPI BIBLICI: I RAPPORTI GENITORE-FIGLIO (SECONDA PARTE)** (Lezione 17, pagine 2-3) ed evidenzia nella tua Bibbia i versetti citati.
3. Leggi **CULTO DI FAMIGLIA E ADORAZIONE (LINEE GUIDA E SUGGERIMENTI)** (Lezione 17, pagine 11-15). Evidenzia le parti di questo studio che desideri usare nel culto di famiglia e nell'adorazione nella tua casa. Se non hai ancora scelto un momento per il culto di famiglia, fallo ora.
4. Termina con la preghiera.

SESTO GIORNO

1. Inizia con la preghiera.
2. * Leggi *Principio 77* in **PRINCIPI BIBLICI: I RAPPORTI GENITORE-FIGLIO (SECONDA PARTE)** (Lezione 17, pagine 2-3) ed evidenzia nella tua Bibbia i versetti citati.
3. Studia **UN PIANO COMPLETO PER ALLEVARE I FIGLI** (Lezione 17, pagine 16-21). Evidenzia le affermazioni che indicano quei cambiamenti necessari per tirar su bene i tuoi figli. Questo è il primo di due studi.
4. Termina con la preghiera.

SETTIMO GIORNO

1. Inizia con la preghiera.
2. Termina il tuo studio **UN PIANO COMPLETO PER ALLEVARE I FIGLI** (Lezione 17, pagine 16-21). Prepara un piano per iniziare e portare avanti i cambiamenti che devi fare come genitore.
3. * In collegamento con questa lezione, rispondi alle domande 25 e 26 del **Test a libro aperto** (Lezione 23, pagina 3).
4. Termina con la preghiera.
5. Ripassa i versetti imparati a memoria e recitali a un amico o a un familiare. Ricordati di spiegare il significato di questi versetti e come si applicano alla tua vita.

* *Il completamento dei compiti contrassegnati con un asterisco (*) è essenziale per continuare la formazione per la consulenza biblica.*

LEZIONE 18

LA DEPRESSIONE

"Se agisci bene, non rialzerai il volto? Ma se agisci male, il peccato sta spiandoti alla porta, e i suoi desideri sono rivolti contro di te; ma tu dominalo!"

Genesi 4:7

"Ma mettete in pratica la parola e non ascoltatela soltanto, illudendo voi stessi".

Giacomo 1:22

LEZIONE 18: LA DEPRESSIONE

> La depressione non è una malattia. Alcune disfunzioni biologiche potrebbero scatenarla, ma molti sintomi e malesseri definiti come depressione (sia transitoria sia cronica) sono la conseguenza di abitudini non bibliche e/o di reazioni peccaminose nei confronti delle circostanze e delle altre persone. La depressione, che deriva da uno stile di vita non biblico, può essere superata quando decidi di affrontare i tuoi peccati secondo la Parola e di vivere risolutamente in modo da piacere al Signore *(basato su Genesi 4:3-7, spec. il versetto 7; Salmo 32:1-5; 42:11; 55:22; 119:28, 50, 75-77, 143, 165; Giovanni 15:10-11; 2 Corinzi 1:3-6; Giacomo 1:22-25).*

I. **Gli obiettivi di questa lezione sono:**

   A. aiutarti a capire che la depressione non è la scusa per vivere senza seguire la Parola;

   B. ricordarti che chiunque può sperimentare la depressione che va affrontata però, non dal proprio punto di vista o dal pensiero di altri, ma dal punto di vista di Dio;

   C. presentare un piano biblico per superare la depressione;

   D. fornirti delle opportunità per aiutare gli altri ad affrontare sentimenti di depressione continuando lo studio di un caso.

II. **Il sommario di questa lezione**

   A. Esamina te stesso

      1. **PRINCIPI BIBLICI: LA DEPRESSIONE** (Lezione 18, pagine 2-3)

      2. **COMPRENDERE LA DEPRESSIONE** (Lezione 18, pagine 4-7)

   B. Passi per la crescita spirituale

      1. **SUPERARE LA DEPRESSIONE** (Lezione 18, pagine 8-13)

      2. **IL MIO PROGRAMMA ATTUALE** (Supplemento 14)

      3. **IL PROGRAMMA BIBLICO CHE MI PROPONGO** (Supplemento 15)

      4. **LEZIONE 18: COMPITI** (Lezione 18, pagina 15)

      5. **GUIDA ALLO STUDIO PER LA MEDITAZIONE GIORNALIERA** (Lezione 18, pagine 16-17)

   C. Consulenza biblica

      LO STUDIO DI UN CASO: MARIA È STATA ABBANDONATA DAL MARITO (Lezione 18, pagina 14)

PRINCIPI BIBLICI: LA DEPRESSIONE

> Anche se ti senti depresso, sei comunque chiamato a vivere secondo la Parola *(basato su Salmo 19:7-11; 119:92-93, 143; Giovanni 15:8-12, 16-17; 1 Corinzi 13:4-8a; Filippesi 4:13; Colossesi 3:17; Giacomo 1:22-25; 1 Giovanni 2:6)*. Sei chiamato a edificare gli altri, a glorificare Dio con i tuoi pensieri, le tue parole e le tue azioni in ogni situazione e a ubbidire alla Parola di Dio anche quando non "ti senti di farlo" *(basato su 1 Corinzi 10:31; 2 Corinzi 10:5; Efesini 4:29; Filippesi 2:3-4, 4:8-9; Colossesi 4:6)*.

I. Il punto di vista di Dio

(Principio 78) I sintomi definiti con la parola "depressione" a volte sono provocati dal peccato *(basato su Genesi 4:3-14; Salmo 32:3-5, 38:1-10)*; ciò significa che stai vivendo per piacere a te stesso invece che al Signore. Se non ti ravvedi, non confessi il tuo egocentrismo e non torni a vivere secondo la Parola, avrai difficoltà maggiori *(basato su Salmo 32:3-4, 38:1-4; Colossesi 3:25; Ebrei 12:5-11)*.

(Principio 79) Se vuoi amare la vita e vedere giorni felici, devi allontanarti dal fare il male e devi essere ubbidiente alla Parola di Dio *(1 Pietro 3:10-12)*. Puoi vivere secondo la Parola nonostante "ti senta depresso", grazie alle risorse divine che Dio, nella Sua grazia, ti fornisce *(basato su Salmo 19:7-11; 34:18-19; 119:28, 105, 143; 145:14; Matteo 11:28-30; Romani 8:11-14, 26; 2 Corinzi 12:9-10; Filippesi 4:6-7, 13; Ebrei 4:15-16)*.

Altri principi inerenti all'argomento:

(Principio 16, dalla Lezione 6, pagina 2) Come ti senti e come vedi te stesso, i tuoi rapporti e le tue circostanze, spesso indicano se stai vivendo per piacere a te stesso o per piacere a Dio *(Genesi 4:6-7; Salmo 119:165; Giovanni 14:27, 15:10-11; Romani 14:17-18; 2 Corinzi 7:10; Filippesi 4:6-7; 1 Giovanni 4:18-21)*.

II. La tua speranza

(Principio 80) Non importa quanto difficile una situazione possa apparire, il Signore Gesù Cristo l'ha superata *(Giovanni 16:33)*. Dio non permetterà nulla nella tua vita che vada oltre il Suo controllo oppure oltre la tua capacità di sopportare, senza peccare *(basato su Genesi 50:20; Geremia 29:11; Romani 8:28-29; 1 Corinzi 10:13; 2 Corinzi 12:9-10; Filippesi 4:13)*. Le prove servono per il tuo bene *(Romani 5:3-5; Giacomo 1:2-4; 1 Pietro 1:6-7)* e, nella misura in cui tu reagisci secondo la Parola, dai la possibilità alla potenza di Dio di mostrarsi sempre di più nella tua vita *(2 Corinzi 4:7-18, 12:9-10)*.

(Principio 81) Nelle difficoltà, il conforto di Dio *(Salmo 119:50; 2 Corinzi 1:3-5, 7:6a)* ed il Suo amorevole sostegno sono a tua disposizione *(Salmo 34:8, 42:11, 46:1-3, 55:22, 145:14; Lamentazioni 3:32; Matteo 11:28-30; Ebrei 4:15-16)*.

III. Il tuo cambiamento

(*Principio 82*) Spògliati della disubbidienza alla Parola di Dio; rivèstiti, invece, di una vita disciplinata, fedele e ubbidiente (*Genesi 4:7; Romani 6:11-13, 19; 1 Timoteo 4:7-11*) per l'impegno preso di piacere a Dio invece che a te stesso (*2 Corinzi 5:14-15; Galati 5:16-17*).

Altri Principi inerenti all'argomento:

(*Principio 28, dalla Lezione 7, pagina 2*) Per spogliarti delle vecchie abitudini peccaminose le devi innanzitutto identificare esaminando (giudicando) la tua vita alla luce della Parola di Dio (*Matteo 7:1-5; 1 Corinzi 11:28-31; 2 Timoteo 3:16-17; Ebrei 4:12*). Una volta identificati i peccati specifici nella tua vita devi ravvederti (*Proverbi 28:13; 2 Corinzi 7:9-10; Apocalisse 2:5*), confessarli (*1 Giovanni 1:9*) e abbandonarli immediatamente (*Romani 6:12-13a; 2 Corinzi 10:5; Efesini 4:25, 29 e 31, 5:4; Colossesi 3:2, 5-9*).

(*Principio 29, dalla Lezione 7, pagina 2*) Nella misura in cui ti rivesti di azioni giuste (*Tito 2:11-12*) nella potenza dello Spirito Santo (*Galati 5:16; Efesini 3:16-21, 5:18*), glorificherai Dio (*1 Corinzi 10:31; 1 Pietro 4:11*), dimostrerai il tuo amore per Lui (*Deuteronomio 10:12; Matteo 22:37; 1 Giovanni 5:3; 2 Giovanni 1:6*), e Gli farai piacere in ogni cosa (*2 Corinzi 5:9; Colossesi 1:10*).

IV. La tua condotta

(*Principio 83*) Stabilisci un programma biblico per adempiere ai doveri che Dio ti dà e mantienilo, senza tenere conto di possibili sentimenti di depressione (*Efesini 5:15-17; Giacomo 4:17*). Assolvi tutti i tuoi incarichi e doveri di cuore, come per il Signore e per la Sua gloria (*Matteo 5:16; 1 Corinzi 10:31; Colossesi 3:17, 23-24*). Se pecchi, confessalo al Signore (*1 Giovanni 1:9*) e, seguendo le linee guida bibliche, confessa i tuoi peccati anche a coloro contro i quali hai peccato (*Giacomo 5:16*).

Altri principi inerenti all'argomento:

(*Principio 14, modificato dalla Lezione 5, pagina 2*) Devi esaminarti scrupolosamente secondo la Scrittura (*Matteo 7:1-5; 1 Corinzi 11:31*) e devi ubbidire in modo coerente alla Parola di Dio (*1 Giovanni 2:3-6*) per crescere sempre di più nella pietà (*1 Timoteo 4:7-8; 2 Pietro 1:3-11,*) e sperimentare la vera pace (*Salmo 119:165; Giovanni 16:33*) e la vera gioia (*Giovanni 15:10-11*).

(*Principio 39, modificato dalla Lezione 10, pagina 2*) Devi smettere di vivere per compiacere a te stesso nelle situazioni quotidiane, nei tuoi rapporti con gli altri e nell'adempimento dei tuoi doveri (*Luca 9:23-24; Giovanni 3:30, 12:24-26; Romani 12:3, 14:7-8; 2 Corinzi 5:15*). Piuttosto devi seguire i comandamenti di Dio (*Matteo 22:37-39*). Invece di vivere per compiacere a te stesso, devi considerare gli altri più importanti di te e devi essere un servo di Dio e degli altri (*Matteo 20:26-28; Luca 4:8; Giovanni 13:3-17, spec. i versetti 14-15; Romani 15:1-3; 1 Corinzi 9:19; 10:24, 32-33; Filippesi 2:3-7; Colossesi 3:23-24; 1 Pietro 4:10*).

COMPRENDERE LA DEPRESSIONE

> Sentirsi depresso non è un fenomeno nuovo, infatti, i sintomi che oggi sono definiti come "depressione", hanno, a volte, caratterizzato i personaggi della Bibbia. La Parola di Dio non solo ti aiuta ad affrontare questo problema, ma ti mostra inoltre come essere più che vincitore anche quando ti senti depresso *(basato su Salmo 19:7-14, 119:165; Proverbi 16:25; 1 Corinzi 1:25, 3:18-20, 10:13; 2 Timoteo 3:16-17; 2 Pietro 1:2-10; 1 Giovanni 5:4-5).*

I. **Cos'è la "depressione"?**

   A. Molti definiscono la "depressione" come una condizione caratterizzata da sentimenti di sconforto e/o di colpa. Il risultato è l'avvilimento e la cessazione di ogni attività. Spesso è classificata come "malattia" da alcuni medici; si ritiene che oggigiorno sia il disturbo più frequente riscontrato dai medici di famiglia. Tuttavia, malgrado il dilagare della "depressione", la scienza medica ammette che le sue cause sono ancora, in gran parte, sconosciute.

   B. Nella Scrittura i sentimenti associati con l'essere depresso sono descritti con: avere un volto abbattuto *(Genesi 4:7)*, uno spirito abbattuto *(Proverbi 17:22, 18:14)*, essere triste *(Proverbi 15:13)*, disperato *(Salmo 42:11)*, avere il cuore spezzato *(Salmo 147:3)*, essere oppresso dal peso del peccato *(Salmo 38:4)*, curvo *(Salmo 38:6)*, abbattuto *(Salmo 38:6)*, addolorato *(Salmo 119:28)*, perdersi d'animo (scoraggiarsi o stancarsi) *(Efesini 3:13; Ebrei 12:3)*.

   C. Davide descrisse molti dei sintomi e dei sentimenti dell'"essere depresso" nel *Salmo 38*, dove dice: *"... Non c'è nulla d'intatto nel mio corpo a causa della Tua ira; non c'è requie per le mie ossa a causa del mio peccato ... Sono curvo e abbattuto, triste vado in giro tutto il giorno ... Sono sfinito e depresso; ruggisco per il fremito del mio cuore ... Il mio cuore palpita, la mia forza mi lascia; anche la luce dei miei occhi m'è venuta meno ... Perché io sto per cadere, il mio dolore è sempre davanti a me"* *(estratto dai versetti 3-17).*

II. **Chi può sperimentare sentimenti di depressione?**

   A. Nessuno è completamente immune da sentimenti di depressione *(basato su 1 Corinzi 10:12-13)*. Personaggi biblici hanno anche sperimentato quella che oggi sarebbe classificata come "depressione". Come vedrai dagli esempi che seguono, il fattore scatenante, per un simile stato d'animo, era l'eccessiva attenzione che dedicavano a loro stessi, che li portò a peccare e come conseguenza alla "depressione":

   1. Elia reagì alle minacce di Izebel temendo per la sua vita, arrendendosi alla disperazione e scappando, nonostante la grande vittoria che aveva riportato il giorno precedente *(1 Re 19:1-4)*;

   2. Davide commise peccato, non si pentì, e così perse la speranza *(Salmo 38)*;

   3. Giona, contrariato dalle opere sovrane di Dio, si adirò con Dio e questo suscitò in lui il desiderio di morire *(Giona 4:1-11)*;

   4. Pietro rinnegò il Signore mentendo e imprecando, il che lo portò a piangere a dirotto *(Matteo 26:69-75)*;

5. Giuda tradì Gesù e in seguito provò rimorso. Dopo aver gettato i trenta sicli d'argento nel tempio, si impiccò *(Matteo 27:1-5)*.

B. Dal momento che puoi sperimentare la "depressione" come conseguenza di un peccato, gli esempi della Scrittura sono riportati per tua istruzione, affinché tu possa perseverare (essere ubbidiente alla Parola di Dio) e avere speranza *(basato su Romani 15:4)*.

III. Quali sono i fattori che possono portare alla "depressione"?

Molti possono essere i fattori che contribuiscono al tuo "essere depresso". Ci sono numerosi fattori fisici che non riguardano il peccato. In ogni caso, devi fare attenzione a non reagire in opposizione alla Scrittura, anche se hai un problema fisico. Sebbene l'elenco che segue non sia esaustivo, presenta però l'importanza di fare un'attenta biblica valutazione di sé, per stabilire quali siano i cambiamenti che il Signore vuole che apporti nella tua vita *(Proverbi 11:14, 18:13; Isaia 55:8-11; Matteo 7:1-5; 1 Corinzi 11:31; Filippesi 4:6-7; Giacomo 1:5, 22-25)*.

A. **Fattori fisici:** malattia, parto, intervento chirurgico e convalescenza, squilibri ormonali o chimici, disfunzioni organiche, insonnia, diete malsane, fatica, ciclo mestruale o patologie (ossia ipoglicemia, diabete, disfunzioni ghiandolari).

È importante che la diagnosi sia fatta dal medico personale e che, in alcuni casi, sia mantenuto il controllo medico. Al tempo stesso, devi, comunque, apportare dei cambiamenti biblici nella tua vita, in modo che tu possa imparare a vivere, secondo la Parola, anche in mezzo a problemi di salute e mentre assumi dei farmaci. Ricorda, Dio è sovrano e non permetterà mai che nella tua vita sorga un problema fisico che t'impedisca di ubbidire alla Sua Parola.

B. **Reazioni non bibliche alle situazioni della vita come:** "handicap" fisici (ossia paralisi, amputazione di un arto, cecità, sordità), perdita del lavoro, divorzio, morte di una persona cara, fine di un rapporto, difficoltà finanziarie, incidenti, conflitti interpersonali, figli che lasciano la casa alla maggiore età, pensionamento, persecuzione, presunte crisi, traumi o trattamenti medici per te o per i tuoi cari.

C. **Disubbidienza biblica riguardo a:** disordini alimentari, lavoro eccessivo, riposo insufficiente, abitudini malsane del dormire, abuso di sostanze (droga, alcol, medicinali), mancanza di esercizio fisico, non adempiere ai propri doveri (come lavori domestici, cura del giardino, incarichi al lavoro, cura dei figli), meditazione giornaliera, vita di preghiera incostante, rifiuto di perdonare gli altri o di ripristinare un rapporto, comunione inesistente con gli altri credenti, svolgimento del proprio servizio come membro del corpo di Cristo, confessione dei propri peccati al Signore e agli altri in maniera precisa.

D. **Pensieri e modi di pensare non biblici, inclusi:** amarezza, preoccupazione, ansia, invidia, gelosia, autocommiserazione, animo non disposto a perdonare, impazienza, procrastinazione, pensieri libidinosi, rancore, modo orgoglioso di pensare, ira, stimarsi superiore agli altri.

Uno qualsiasi dei fattori elencati sopra, se non affrontato alla luce della Parola, può indurti a perseverare nella "spirale discendente"; ciò potrebbe scatenare sentimenti di depressione (vedi **I. B.** per le definizioni bibliche che descrivono questa situazione).

Per una spiegazione più ampia, vedi:
LA SPIRALE DISCENDENTE: TRASCURARE O RIFIUTARE LA VIA DI DIO
   (Lezione 5, pagina 3)
IL PERCORSO ASCENDENTE: CAMMINARE NELLA VIA DI DIO *(Lezione 5, pagina 5)*

COMPRENDERE LA DEPRESSIONE

IV. **Qual è il punto di vista biblico riguardo ai fattori che contribuiscono alla "depressione"?**

   A. **Fattori fisici**

   1. Il Signore ha fatto il tuo corpo in modo stupendo *(Salmo 139:14)*. Come credente, sei stato redento a caro prezzo e ora sei chiamato a esaltare Cristo e a glorificare Dio con il tuo corpo *(1 Corinzi 6:20; Filippesi 1:20)*. Una giusta cura del tuo corpo è essenziale per raggiungere questo obiettivo. Sei chiamato a presentare il tuo corpo in sacrificio vivente e santo a Dio, perché questo è il tuo culto spirituale *(Romani 12:1)*.

   2. Alcune condizioni fisiche (per esempio: squilibri ormonali o disfunzioni organiche e ghiandolari) possono contribuire a farti sentire depresso, perciò è importante avere una diagnosi medica. Se fosse riscontrata, o se si sospettasse, la presenza di una di queste condizioni, è necessaria una cura adeguata. In ogni caso, tu sei sempre responsabile di reagire in ogni difficoltà, secondo la Parola, senza tener conto dei tuoi sentimenti *(come fece Geremia in Lamentazioni 3:31-32, 38-40 o l'apostolo Paolo in 2 Corinzi 12:7-10)*.

   3. Nel mezzo di difficoltà fisiche, se ti sforzi di essere responsabile (che significa anche cercare aiuto medico) e pratichi l'amore biblico in tutti i tuoi rapporti, farai piacere a Dio e riceverai la Sua forza e la Sua cura amorevole *(basato su Genesi 4:7; Salmo 34:19; 37:23-24; 119:143; 147:3, 6a; 2 Corinzi 12:9-10; Filippesi 2:3-8; 4:13, 19; Giacomo 1:25)*.

   Si possono anche applicare i seguenti principi:

   (Principio 34, modificato dalla Lezione 9, pagina 2) Ricordati della tua posizione in Cristo Gesù *(Romani 8:14-17; Efesini 1:3-14; Colossesi 2:9-12; 1 Pietro 2:9-10)*. Come figlio di Dio, hai la certezza che il tuo Padre Celeste, nella Sua grazia e misericordia, si occupa attivamente della tua vita *(Filippesi 1:6, 2:13; 1 Pietro 2:9-10; 2 Pietro 1:3-4)* nonostante la tua naturale incapacità *(Salmo 62:9; Isaia 64:6; Giovanni 15:4-5; 2 Corinzi 3:5)*. Sebbene tu non sia in grado di vivere secondo la via di Dio con le tue proprie forze, Egli ti ha scelto per essere una testimonianza della Sua forza nel mondo *(Matteo 5:16; 1 Corinzi 1:26-31)*, mentre ti conforma all'immagine del Signore Gesù Cristo *(Romani 8:28-29; 2 Corinzi 3:18)*.

   (Principio 43, modificato dalla Lezione 10, pagina 3) Ringrazia Dio per ogni circostanza o condizione fisica che non puoi cambiare *(basato su 2 Corinzi 12:7-10; Efesini 5:20; 1 Tessalonicesi 5:18)* e correggi tutte le debolezze reali nella tua vita che ti impediscono di servire Dio e di edificare gli altri *(basato su Matteo 22:37-39; Romani 6:19, 14:12-13; 1 Corinzi 10:31-33; Filippesi 2:12-16; Colossesi 3:2-15; Ebrei 12:1-2; Giacomo 4:8, 17)*.

   B. **Tutti gli altri fattori**

   1. Tutte le cose cooperano al bene di quelli che amano Dio, i quali sono chiamati secondo il Suo disegno *(Romani 8:28)*. Dio ha iniziato la Sua opera in te e la porterà a compimento *(Filippesi 1:6)*, quindi abbi fiducia in Lui *(Proverbi 3:5-6)*, perché Egli ha intenzione di renderti conforme all'immagine di Suo Figlio *(Romani 8:29)*. Egli usa le prove della vita proprio per raggiungere questo scopo *(Romani 5:3-5; Giacomo 1:2-4)* e per provare l'autenticità della tua fede *(1 Pietro 1:6-7)*.

   2. Qualsiasi cosa accada nella tua vita, la tua amorevole ubbidienza alla Parola di Dio *(Giovanni 14:15)* ti offre l'opportunità di morire a te

stesso e di vivere per Cristo *(Luca 9:23-24; Galati 2:20)*. Dio ha promesso che si prenderà cura di tutti i tuoi bisogni, se cercherai prima il Suo Regno e la Sua giustizia *(Matteo 6:33)*, e hai gli occhi sempre fissi su Gesù Cristo *(Ebrei 12:1-2)* e segui i Suoi passi *(Matteo 11:29; Giovanni 13:12-17; 1 Pietro 2:21-25)*.

NOTA. La Parola di Dio non ti ordina di cambiare i tuoi sentimenti, ma ti ordina di cambiare le tue azioni (pensieri, parole e atti) in ubbidienza alla Scrittura. I comandamenti di Dio non sono gravosi (1 Giovanni 5:3). La tua ubbidienza alla Parola di Dio si basa sul tuo amore per il Signore Gesù Cristo e non sui tuoi, imprevedibili, sentimenti (basato su Giovanni 14:21, 23; 2 Corinzi 5:14-15; Galati 5:16-17; 1 Giovanni 5:3).

3. In ogni aspetto della tua vita è necessario che valuti te stesso secondo la Parola *(Matteo 7:1-5; 1 Corinzi 11:31)*; valuta le tue azioni *(Matteo 7:24-27; 1 Corinzi 13:4-8a)*, i tuoi rapporti con gli altri *(Efesini 5:21; Filippesi 2:3-4)*, le tue parole *(Matteo 12:36-37; Efesini 4:29; Colossesi 4:6)* e la tua vita di pensiero *(2 Corinzi 10:5; Colossesi 3:2)*. Quando ubbidisci alla Parola di Dio in ogni aspetto della tua vita, riceverai le benedizioni del Signore *(Giacomo 1:25)*. Ma se non sei ubbidiente alla Scrittura, riceverai la disciplina correttiva del Signore *(1 Corinzi 11:32; Ebrei 12:5-11)*. Devi fare particolare attenzione a:

   a. confessare regolarmente i peccati al Signore *(1 Giovanni 1:9)* e, al momento giusto, a coloro contro cui hai peccato *(Giacomo 5:16)*;

   b. perseverare nella preghiera *(Colossesi 4:2; 1 Tessalonicesi 5:17)*;

   c. essere diligente nello studio *(2 Timoteo 2:15)*, nella meditazione *(Giosuè 1:8; Salmo 1:2)*, e nell'imparare a memoria la Parola di Dio *(Salmo 119:11, 16)*;

   d. avere comunione con altri fratelli e sorelle in Cristo *(Ebrei 10:23-25)*;

   e. essere costante nel ministero come servo del Signore Gesù Cristo *(1 Pietro 4:10)*.

*Vedi: **ESAMINA TE STESSO SECONDO LA PAROLA: UN ELEMENTO INDISPENSABILE PER ESSERE DISCEPOLO** (Lezione 2, pagina 6).*

SUPERARE LA DEPRESSIONE

> Sentimenti di depressione possono derivare da disfunzioni organiche che la medicina può diagnosticare e curare. Tuttavia sono molti i fattori che possono contribuire a questa situazione: Qualsiasi sia il fattore che contribuisca alla depressione, non devi basare le tue azioni (pensieri, parole e atti) sui tuoi sentimenti. Piuttosto, devi disciplinarti per vivere sempre di più in modo santo. Ciò significa ubbidire alle Scritture in tutte le circostanze *(basato su Matteo 5:16; 20:26-28; 2 Corinzi 5:14-15; Efesini 5:15-16; Filippesi 2:3-4, 14-15; 4:8-9, 11; Colossesi 1:9-12, 2:6, 3:17; 1 Tessalonicesi 5:15-18; 1 Timoteo 4:7-8; Giacomo 1:2-4).*

I. **Ripassa attentamente i seguenti rimandi:**

   A. i requisiti biblici fondamentali per il cambiamento (Lezioni 1 e 2), riconoscere le differenze fra vivere secondo la via dell'uomo e vivere secondo la via di Dio (Lezioni 3 e 4);

   B. gli elementi essenziali per un cambiamento biblico (Lezioni 5 - 8) nel morire a te stesso e nel vivere per il Signore (Lezioni 9 e 10);

   C. la necessità di affrontare nella tua vita, l'ira e l'amarezza, secondo la Parola (Lezione 11);

   D. come applicare nella tua situazione l'amore per il tuo prossimo (Lezioni 12 e 13) e nei rapporti familiari (Lezioni 14 - 17);

   E. i possibili legami fra paura e preoccupazione (Lezione 19) e il sentirsi depressi;

   F. la gravità dei peccati che dominano la vita e il loro rapporto con i sentimenti di depressione (Lezioni 20 e 21);

   G. il tuo bisogno di stabilire, e di mantenere fedelmente, standard specifici secondo la Parola di Dio, in ogni aspetto della tua vita (Lezione 22).

   *NOTA. Se la diagnosi medica rileva disfunzioni organiche (fisiologiche), avvisa il tuo medico che desideri seguire questo piano **SUPERARE LA DEPRESSIONE**, contemporaneamente alle cure mediche.*

   I rimandi elencati sopra sono importanti per affrontare questo specifico problema. Nell'affrontare i problemi alla luce della Parola, devi esaminare tutti gli aspetti della tua vita. Per esempio, il problema della depressione non può essere risolto se isolato dagli altri. Piuttosto, ogni problema deve essere affrontato alla luce dei principi biblici per tutti i settori della vita. Come puoi vedere, i rimandi alle lezioni precedenti sono elencati con quelli delle lezioni non ancora svolte.

   Se procedi nel corso di formazione per la consulenza biblica, scoprirai che le soluzioni di Dio presentate in questo corso si applicano a tutti i problemi, compresi quelli che non sono trattati in questo manuale.

II. **Per aiutarti a riconoscere momenti e circostanze specifiche in cui ti senti depresso, fa' un elenco delle persone, dei luoghi, dei momenti o delle circostanze in cui sono evidenti problemi ricorrenti nella tua vita.**

© Biblical Counseling Foundation

III. Usa una SCHEDA DI LAVORO VITTORIA SUI FALLIMENTI (Supplemento 8). Per compilare le colonne 1-3, segui le istruzioni delle LINEE GUIDA: SCHEDA DI LAVORO VITTORIA SUI FALLIMENTI (Supplemento 7).

IV. Come compilare la quarta colonna della SCHEDA DI LAVORO: VITTORIA SUI FALLIMENTI (Supplemento 8).

   A. Elabora un **piano base** per superare i peccati che hai riconosciuto. Nel tuo piano includi le azioni (pensieri, parole e atti) che ti aiuteranno a sviluppare un comportamento simile a quello di Cristo. Tieni conto delle seguenti linee guida:

   1. Pensa secondo la Parola

      a. Ricorda che Dio ha promesso di prendersi cura di te in ogni situazione, non importa quanto sconvolgente possa sembrare *(Salmo 23:1-6, 37:5; Proverbi 3:25-26; Matteo 10:28-31; 1 Corinzi 10:13; Romani 8:36-39).*

      b. Confessa a Dio tutti i pensieri peccaminosi *(1 Giovanni 1:9)* e chiedi il Suo aiuto per cambiare questa abitudine peccaminosa *(basato su 1 Tessalonicesi 5:17; Ebrei 4:15-16; Giacomo 1:5).* Sappi che tutti i peccati che hai sinceramente confessato al Signore sono completamente perdonati ai Suoi occhi *(Salmo 103:10-14; 1 Giovanni 1:9).*

      c. Gioisci *(1 Tessalonicesi 5:16)* e ringrazia in e per, ogni situazione *(Efesini 5:20; 1 Tessalonicesi 5:18),* sapendo che la sopportazione della prova serve a conformarti all'immagine di Gesù Cristo *(basato su Romani 5:3-5; Giacomo 1:2-4).*

      d. Ricorda che il perdono di Dio per te è la base per perdonare gli altri *(Matteo 18:21-35; Efesini 4:32; Colossesi 3:13).*

      e. Ricorda che il tuo amore per gli altri dimostra l'amore che tu hai per Dio *(1 Giovanni 2:9-11, 3:14-16; 4:7-11, 20-21).*

      f. Concentra i tuoi pensieri nel glorificare e piacere a Dio e nell'essere una benedizione per gli altri in tutte le situazioni *(basato su Matteo 22:37-39; Luca 9:23-24; 1 Corinzi 10:31; 2 Corinzi 5:9, 15; 10:5; Galati 5:16-17; Filippesi 2:3-4, 4:8; Colossesi 3:1-2).* Decidi specifici modi in cui tu puoi aiutare gli altri come servo di Gesù Cristo *(Matteo 5:16, 7:12, 20:26-28; 1 Pietro 4:10).*

      g. Proprio nella situazione in cui ti trovi non persistere nelle cose che ti portano a peccare. Piuttosto, disciplina la tua mente a pensare alle cose che piacciono al Signore *(Filippesi 4:8; Colossesi 3:2).* Ricorda di pregare per coloro che ti perseguitano *(Matteo 5:44).*

      h. Ripassa salmi, inni e cantici spirituali che hai imparato a memoria *(basato su Efesini 5:19-20; Colossesi 3:16).*

      i. Pensa a modi in cui puoi incoraggiare altri credenti, esortandoli all'amore e alle buone opere *(Ebrei 10:23-25).*

      j. Ricorda che quando vieni meno nell'adempiere le tue responsabilità, secondo la Parola, avrai sensi di colpa *(Genesi 3:1-8, spec. i versetti 7-8; Romani 7:18-24),* i quali, se non affrontati, alla luce della Scrittura, porteranno a ulteriori sensi di colpa e a possibili sintomi o sentimenti di depressione *(Salmo 32:3-4).*

   2. Parla secondo la Parola

      a. Confessa i tuoi peccati attuali a coloro che non hai amato secondo la Parola, incluso il peccato di non aver adempiuto i tuoi doveri. Confessa ogni altro peccato di cui sei consapevole e che non hai ancora confessato *(basato su Salmo 51:1-4; Giacomo 4:17, 5:16; 1 Giovanni 1:9).*

Per ripassare come confessare i tuoi peccati a coloro verso i quali hai peccato, vedi:
LINEE GUIDA: SCHEDA DI LAVORO VITTORIA SUI FALLIMENTI
*(Supplemento 7) punto **VI. Applicare il cambiamento biblico**, punto D.*
LA RICONCILIAZIONE (RIMUOVERE TUTTO CIÒ CHE OSTACOLA L'UNITÀ E LA PACE) *(Lezione 12, pagine 6-8) punto **II. Confessione***

    b. Non ti lamentare della tua situazione attuale o dei tuoi sentimenti di depressione *(Filippesi 2:14-15)*. Non parlare dei tuoi risultati del passato *(Proverbi 27:2, 30:32; 2 Corinzi 10:18)*, dei tuoi dispiaceri o delle tue sconfitte *(Filippesi 3:13-14)*, né delle preoccupazioni per il futuro *(Matteo 6:34)*, confrontandoti con te stesso e/o con gli altri *(2 Corinzi 10:12)*, o presentando, con orgoglio, ciò che farai in futuro *(Proverbi 27:1; Giacomo 4:13-16)*. Piuttosto, edifica gli altri parlando con riconoscenza della bontà del Signore e della recente differenza che Egli fa nella tua vita nella situazione attuale *(Luca 10:20; Efesini 4:29; Colossesi 4:6; Ebrei 13:15; 1 Pietro 3:15)*.

    c. Non calunniare, non fare pettegolezzi, non litigare e non usare parole che non edificano gli altri *(Proverbi 10:18; Efesini 4:29, 31; 5:4; Colossesi 3:8; 2 Timoteo 2:24; 1 Pietro 2:1)*. Piuttosto, le tue parole siano piene di verità e di grazia, secondo il bisogno del momento, in modo da sapere come rispondere ad ogni persona *(Efesini 4:15, 25, 29; Colossesi 4:6)*.

    d. Non tirare fuori il peccato di un altro per accusarlo o per vendicarti, né con gli altri, né con te stesso né con la persona che ha peccato *(Proverbi 10:18, 17:9, 20:19; Efesini 4:29, 31; Colossesi 3:8; 1 Pietro 2:1)*.

    e. Sii tu ad iniziare e ad incoraggiare gli altri a riconciliarsi con Dio e con te, avendo cura di seguire le linee guida bibliche *(Matteo 5:9, 23-24; Romani 12:18; 2 Corinzi 2:6-8, 5:18)*.
Vedi: LA RICONCILIAZIONE (RIMUOVERE TUTTO CIÒ CHE OSTACOLA L'UNITÀ E LA PACE) *(Lezione 12, pagine 6-8)*.

3. Agisci secondo la Parola

    a. Poiché i sintomi o i sentimenti di depressione possono derivare da diversi fattori, cerca di scoprire ciò che può aver contribuito alla tua attuale situazione *(Proverbi 18:15; 1 Corinzi 11:31; Giacomo 1:5)*. *Per i punti che seguono, vedi:* **LE NORME DI DIO PER TE** *(Lezione 22, pagine 4-6) punto **III. Assimila le norme di Dio nel tuo vivere quotidiano.***

        1) Leggi **COMPRENDERE LA DEPRESSIONE** *(Lezione 18, pagine 4-7)*. Tieni conto di tutto quello che fai questa settimana usando **IL MIO PROGRAMMA ATTUALE** *(Supplemento 14)*. Alla fine della settimana, considera le tue attività e decidi quali devi eliminare.

        2) Determina anche quali responsabilità e incarichi biblici hai trascurato che devi invece includere nel tuo programma della prossima settimana.

        3) Usa **IL PROGRAMMA BIBLICO CHE MI PROPONGO** *(Supplemento 15)* per programmare le tue attività, davanti al Signore, per la prossima settimana.

    b. Perdona gli altri come Dio ti ha perdonato *(Efesini 4:32; Colossesi 3:13)*.
Vedi: IL PERDONO (PERDONARE GLI ALTRI COME DIO TI HA PERDONATO) *(Lezione 12, pagine 3-5) e vedi se stai praticando il perdono biblico. Se necessario, apporta dei cambiamenti.*

    c. Impara a memoria versetti della Scrittura e studia passi biblici relativi proprio ai sentimenti di depressione, alle tue responsabilità, a una vita disciplinata e al piano sovrano di cura di Dio per te *(basato su Salmo 119:9, 11, 16; 2 Corinzi 10:5; Filippesi 4:8; 2 Timoteo 2:15)*. *Per versetti specifici da imparare a memoria, vedi quelli elencati in* **PRINCIPI BIBLICI: LA DEPRESSIONE** *(Lezione 18, pagine 2-3)*.

d. Impara a memoria salmi, inni e cantici spirituali da usare al momento giusto, specialmente quando ti senti depresso *(basato su Efesini 5:19-20; Colossesi 3:16)*.

e. Prega sempre con rendimento di grazie *(Filippesi 4:6; 1 Tessalonicesi 5:17-18)* e secondo la volontà di Dio *(1 Giovanni 5:14-15)*. Getta tutte le tue preoccupazioni sul Signore *(1 Pietro 5:7)*, non essere in ansia per nessuna cosa *(Filippesi 4:6-7)* e prega per coloro che ti perseguitano *(Matteo 5:44)*. Essere costante nella preghiera ti aiuterà a non scoraggiarti *(Luca 18:1)*.
Vedi: **LA PREGHIERA PROVVEDE LA COMUNICAZIONE CON DIO** *(Lezione 3, pagine 9-12)*.

f. Identifica tutti i segnali di pericolo (situazioni, luoghi e contatti personali che costituiscono una tentazione) e compi subito dei passi per eliminare, resistere o evitare la tentazione *(basato su Salmo 1:1; Proverbi 27:12; 1 Corinzi 10:13, 15:33; 2 Timoteo 2:22; Giacomo 4:7; 1 Pietro 5:8-9)*.

g. Fa' ammenda per gli sbagli e cerca la riconciliazione con coloro che hai offeso *(basato su Matteo 5:23-24)*. Ricorda che anche se hai già confessato i tuoi peccati *(vedi 2. a. sopra)*, devi dimostrare la tua seria intenzione di cambiare.
Vedi: **RICONCILIAZIONE (RIMUOVERE TUTTO CIÒ CHE OSTACOLA L'UNITÀ E LA PACE)** *(Lezione 12, pagine 6-8) punto III. Restituzione e punto IV. L'importanza della riconciliazione.*

h. Benedici gli altri attraverso un'espressione tangibile e genuina di amore e di servizio biblici (comprese le tue responsabilità quotidiane come membro di una famiglia, studente, datore di lavoro, dipendente, coinquilino, ecc.) *(basato su Matteo 7:12; Romani 12:9-13, 15-16; 13:8-10; 1 Corinzi 13:4-8a; Filippesi 2:3-8; 1 Timoteo 6:17-19; 1 Pietro 3:8-9; 1 Giovanni 3:18)*. Devi farlo:

1) senza badare ai tuoi sentimenti *(basato su Genesi 4:7; 2 Corinzi 5:14-15; Galati 5:16-17; Filippesi 4:13; Giacomo 4:17)*;

2) specialmente nei confronti di coloro che sembrano tuoi nemici o contro cui hai peccato *(basato su Matteo 5:23-24, 43-48; Marco 11:25-26; Romani 12:14, 17-21)*;

3) con gentilezza e mansuetudine verso ogni persona con cui sei, o sei stato, irritato *(Efesini 4:31-32)*;

4) approfittando delle opportunità per aiutare, specialmente quando ciò ti mantenga in un atteggiamento di servizio conforme a quello di Cristo nei confronti degli altri *(basato su Matteo 20:25-28; Filippesi 2:3-8; 1 Pietro 4:10)*;

5) essendo un buon amministratore, in senso biblico, per onorare il Signore ed essere di aiuto pratico agli altri *(basato su Salmo 24:1; Matteo 25:14-29; 1 Corinzi 4:1-2; Efesini 5:15; 1 Timoteo 6:17-19; 1 Pietro 4:10)*.
Vedi:

PRINCIPI BIBLICI DI AMMINISTRAZIONE (Lezione 10, pagine 4-6)
MORIRE A TE STESSO SERVENDO GLI ALTRI (Lezione 10, pagine 7-8)
Per esempi specifici di come e quando esprimere l'amore biblico, anche nelle situazioni difficili, vedi: **IL SIGNIFICATO DELL'AMORE BIBLICO** *(Lezione 13, pagine 4-6)*.

i. Ogni volta che è necessario, convoca un "tavolo di discussione". Usa il piano tracciato in **SUPERARE I PROBLEMI ATTRAVERSO LA COMUNICAZIONE BIBLICA (USARE UN TAVOLO DI DISCUSSIONE PER LA RICONCILIAZIONE)** (Lezione 15, pagine 6-9).

j. Correggi le lacune che esistono nella tua vita a causa di negligenza o di mancanza di disciplina *(basato su Colossesi 3:1-17; 1 Timoteo 4:7b; Giacomo 4:17)*.

k. Comincia a fare ciò che Dio vuole da te per farGli piacere, che tu te la senta o meno *(Genesi 4:6-7; Efesini 4:1; Colossesi 1:10; Giacomo 4:17)*. Ripassa responsabilità e incarichi biblici che hai elencato in **IL PROGRAMMA BIBLICO CHE MI PROPONGO** (Supplemento 15) e mantieni questo programma diligentemente durante la prossima settimana *(basato su Efesini 5:15-17; Colossesi 3:17, 23-24)*.

NOTA. *Dio benedirà la tua ubbidienza alla Sua Parola (Giacomo 1:25). L'ubbidienza non necessariamente produrrà entusiasmo; in ogni caso, per prima cosa devi ubbidire e non aspettare che cambino i tuoi sentimenti. Se aspetti che cambino i tuoi sentimenti, non inizierai mai ad adempiere le tue responsabilità, figuriamoci portarle a termine. Inoltre, non provare a cambiare i tuoi sentimenti: non puoi. Dio non ti ordina mai di "sentirti" in un certo modo, ma ti dice di vivere una vita di ubbidienza alle Scritture (Giovanni 14:15, 21; 1 Giovanni 5:3; 2 Giovanni 1:6).*

l. Se hai bisogno di aiuto, chiedi ad un amico credente di controllare se stai seguendo il tuo **piano di base** e il tuo **piano di emergenza** fino a che non avrai sviluppato un modo di vivere che piaccia al Signore *(Proverbi 27:17; Ecclesiaste 4:9-10; Ebrei 10:23-25)*. Se necessario, chiedi consigli basati sulla Parola, ad altri *(Proverbi 11:14, 15:22)*.

B. Secondo la necessità, sviluppa un **ELENCO "COSE DA PENSARE E DA FARE"** (Supplemento 10) usando le **LINEE GUIDA: ELENCO "COSE DA PENSARE E DA FARE"** (Supplemento 9).

C. Metti in pratica il tuo **piano base** *(Giacomo 1:22)* e fallo di buon animo come per il Signore *(Colossesi 3:23-24)*.

D. Elabora un **piano di emergenza** per affrontare situazioni insolite che costituiscono una tentazione a peccare, facendoti venire meno nell'adempiere le tue responsabilità o trascurando di confessare i tuoi peccati a Dio e a coloro contro cui hai peccato *(basato su Salmo 1:1; Proverbi 27:12; 2 Timoteo 2:22; Giacomo 4:17, 5:16; 1 Giovanni 1:9)*. Tieni presenti le seguenti linee guida:

1. Chiedi immediatamente aiuto a Dio *(1 Tessalonicesi 5:17; Ebrei 4:15-16; Giacomo 1:5)*.

2. Ripassa i versetti imparati a memoria che descrivono ciò che Dio ti mette a disposizione per affrontare la situazione attuale e per evitare di peccare concentrandoti su te stesso *(basato su Salmo 119:9, 11, 16)*.

3. Cerca immediatamente il punto di vista di Dio.

   a. La tua pace e la tua gioia devono essere nel Signore e non devono dipendere da altre persone o dalle circostanze della tua vita *(Salmo 119:165; Isaia 26:3; Giovanni 14:27, 15:11, 16:33; Romani 14:17)*.

   b. Senza badare ai tuoi sentimenti o alle circostanze, vedi questa situazione come un'opportunità per una maggiore crescita spirituale *(Giacomo 1:2-4)* perché Dio farà cooperare, nella tua vita, ogni cosa per il bene *(basato su Salmo 37; Proverbi 3:5-12; Romani 8:28-29; Efesini 1:3-14; Filippesi 1:6)*.

   1) Ricorda a te stesso che puoi ogni cosa in Cristo che ti fortifica *(Filippesi 4:11-13)*, perché la tua capacità viene da Dio e non da qualche "forza interiore" naturale *(2 Corinzi 3:5)*. Ricordati che non puoi portare frutto senza Gesù Cristo *(Giovanni 15:5)*.

2) Loda e glorifica Dio perché Egli è forte perfino quando tu sei debole *(2 Corinzi 12:9-10)*; Egli ti preserverà da ogni caduta e ti farà comparire irreprensibile e con grande gioia davanti alla Sua gloria *(Giuda 1:24-25)*.

c. Ricorda che Dio guarda al tuo cuore e non alla tua apparenza *(1 Samuele 16:7)*. Devi essere irreprensibile davanti a Lui nei tuoi pensieri, sia che gli altri li conoscano o no *(basato su Atti 23:1, 24:16; Romani 14:12; Efesini 1:4, 4:1; Filippesi 1:9-11; Colossesi 1:21-22)*.

1) Se inizi anche solo a formulare pensieri peccaminosi in questa circostanza imprevista (come dubitare dell'amorevole cura di Dio o a commiserare te stesso), confessali al Signore *(1 Giovanni 1:9)*.

2) Ricorda che non devi giudicare te stesso sulla base della durata o dell'enormità del tuo peccato (secondo standard umani). La cosa grave è che, anche se momentaneamente, hai smesso di camminare nella via di Dio *(Giacomo 2:10, 4:17)*.

4. Ringrazia Dio che sei Suo servitore nella tua circostanza attuale *(basato su Efesini 5:20; 1 Tessalonicesi 5:18)*. Decidi come rendere gloria a Dio *(1 Corinzi 10:31; 1 Pietro 4:11)* e cerca modi di edificare gli altri, servendoli o usando parole buone e incoraggianti, indipendentemente dai tuoi sentimenti *(Efesini 4:29; Filippesi 2:3-4)*.

5. Segui il tuo **piano di emergenza** se necessario. Poi, inizia di nuovo a fare le cose scritte nel tuo **piano di base** *(basato su Proverbi 24:16; Giacomo 1:22-25)*.

LO STUDIO DI UN CASO:
MARIA È STATA ABBANDONATA DAL MARITO

Maria entra per il suo incontro di consulenza con la testa china. Cammina molto più lentamente rispetto alle settimane precedenti.

Consulente: "Maria, sembri un po' pallida oggi, non sembri gioiosa come quando ci siamo incontrati la volta scorsa. Dov'è Tommaso?"

Maria: "Tommaso è arrabbiato con me, e non verrà ... ma non vedo che colpa ne ho io. Questa settimana ho avuto la febbre alta per circa quattro giorni. Ho trascorso molto tempo a letto perciò non ho potuto sbrigare le faccende di casa. Quando alla fine sono riuscita ad alzarmi dal letto ho trovato un disastro! I ragazzi e Tommaso, avevano totalmente distrutto la casa. C'era cibo dappertutto, il pavimento era ricoperto di vestiti e giornali ... per non parlare del mucchio delle camicie di Tommaso da lavare e stirare! Non riuscivo a trovare niente! Da un capo all'altro della casa c'erano vestiti sporchi e cose fuori posto".

Consulente: "Come hai reagito?"

Maria: "Non avevo voglia di affrontare quel disastro, così mi sono girata e sono tornata a letto. Dopo tutto il lavoro che avevo fatto in precedenza col mio programma e gli elenchi delle priorità, non ce l'ho fatta al pensiero di dover ricominciare tutto da capo! Non ho neanche dormito bene le ultime due notti. Mi assilla il pensiero di come farò per far tornare le cose alla normalità. Quando mi sveglio al mattino non ho voglia di affrontare la giornata. Questa mattina, quando sono andata in cucina per prepararmi del tè non sono riuscita a trovare nemmeno una tazza pulita in tutta la casa. C'erano i piatti sporchi dappertutto. La piccola aveva messo le mani nella spazzatura e l'immondizia era sparsa sul pavimento. Sono stata a letto tutta la mattina. Non posso pulire quella casa! È proprio troppo per me! Non so da che parte iniziare e non ho nessuna voglia di farlo. Tremo al pensiero di ritornare in quel disordine. Dopo questo incontro. Penso che tornerò a letto e spererò che tutto scompaia. Sembra proprio un incubo!"

Come consiglieresti Maria per aiutarla: 1) a riconoscere che in questa situazione ha pensato, peccando, solo a se stessa; 2) a vedere le conseguenze del suo peccato e le altre difficoltà che inevitabilmente incontrerà; 3) ad affrontare gli altri membri della famiglia con le loro azioni poco amorevoli e per la loro mancanza di fedeltà nell'adempiere i loro doveri?

Quali versetti potrebbero dare a Maria la speranza biblica di cui ha bisogno in questa situazione?

Quali compiti le assegneresti in modo che possa fare i passi necessari per apportare cambiamenti biblici?

Che cosa faresti per agire, secondo la Parola, nei confronti di Tommaso?

LEZIONE 18: COMPITI

> I **COMPITI** di questa lezione ti aiuteranno a comprendere che in ogni situazione c'è speranza (persino durante un periodo di depressione) nella misura in cui vivi per piacere al Signore invece che a te stesso *(basato su Salmo 145:14; Giovanni 16:33; 2 Corinzi 4:16-18; Efesini 5:15-17; Colossesi 1:9-12; 1 Timoteo 4:7-11; Ebrei 4:15-16; Giacomo 1:2-4, 2:22-25).*

✔ *compiti completati*

☐ A. * Con parole tue scrivi il significato di *Genesi 4:7* e *Giacomo 1:22*. Impara a memoria *Genesi 4:7* e *Giacomo 1:22* e inizia ad imparare *Matteo 6:33-34* e *1 Giovanni 4:18*. Ripassa i versetti precedenti.

☐ B. * Leggi **PRINCIPI BIBLICI: LA DEPRESSIONE** (Lezione 18, pagine 2-3). Evidenzia i versetti elencati che non hai evidenziato negli studi precedenti.

☐ C. * Studia **COMPRENDERE LA DEPRESSIONE** (Lezione 18, pagine 4-7). Rifletti su come la Parola di Dio ti dia speranza e ti guidi durante i periodi in cui potresti sentirti depresso. Anche se segui una cura medica, puoi sempre vivere (non importa se ne hai voglia o no) ubbidendo alla Parola di Dio. Evidenzia i versetti adatti.

☐ D. * Studia **SUPERARE LA DEPRESSIONE** (Lezione 18, pagine 8-13). Se necessario, usa la **SCHEDA DI LAVORO VITTORIA SUI FALLIMENTI** (Supplemento 8) e inizia a fare i passi necessari per superare la depressione (specialmente in relazione al problema sul quale il Signore vuole che tu lavori durante questo corso).

☐ E. * Leggi **LO STUDIO DI UN CASO: MARIA È STATA ABBANDONATA DAL MARITO** (Lezione 18, pagina 14). Rispondi alle domande alla fine dello studio.

☐ F. * In collegamento con questa lezione, rispondi alla domanda 27 del **Test a libro aperto** (Lezione 23, pagina 3).

* *Il completamento dei compiti contrassegnati con un asterisco (*) è essenziale per continuare la formazione per la consulenza biblica.*

LEZIONE 18: GUIDA ALLO STUDIO PER LA MEDITAZIONE GIORNALIERA
(COMPRENDE VERSETTI A MEMORIA E COMPITI)

> La **GUIDA ALLO STUDIO** di questa settimana ti aiuterà a comprendere che in ogni situazione c'è speranza (persino durante un periodo di depressione) nella misura in cui vivi per piacere al Signore invece che a te stesso (*basato su Salmo 145:14; Giovanni 16:33; 2 Corinzi 4:16-18; Efesini 5:15-17; Colossesi 1:9-12; 1 Timoteo 4:7-11; Ebrei 4:15-16; Giacomo 1:2-4, 2:22-25*).

Versetti a memoria

1. * Impara *Genesi 4:7* e *Giacomo 1:22*. Inizia a imparare *Matteo 6:33-34* e *1 Giovanni 4:18*.
2. Porta con te i cartoncini con i versetti imparati nelle settimane precedenti con quelli di questa settimana. Ripassa i versetti nei tuoi momenti liberi durante la giornata.

Guida allo studio per la meditazione giornaliera

PRIMO GIORNO

1. Inizia con la preghiera.
2. * Leggi *Principio 78* in **PRINCIPI BIBLICI: LA DEPRESSIONE** (Lezione 18, pagine 2-3). Evidenzia nella tua Bibbia i versetti elencati.
3. * Con parole tue scrivi il significato di *Genesi 4:7* e *Giacomo 1:22*.
4. Termina con la preghiera.

SECONDO GIORNO

1. Inizia con la preghiera.
2. * Leggi *Principio 79* in **PRINCIPI BIBLICI: LA DEPRESSIONE** (Lezione 18, pagine 2-3). Evidenzia nella tua Bibbia i versetti elencati. *Inoltre ripassa e considera quanto il Principio 16 (Lezione 6, pagina 2) sia applicabile a questo problema.*
3. * Studia **COMPRENDERE LA DEPRESSIONE** (Lezione 18, pagine 4-7). Questo è il primo di uno studio che durerà due giorni. Evidenzia ogni frase che indica i cambiamenti che hai bisogno di fare nella tua vita. Evidenzia ogni versetto che può essere applicato in modo specifico a te stesso.
4. Termina con la preghiera.

TERZO GIORNO

1. Inizia con la preghiera.
2. * Leggi *Principio 80* in **PRINCIPI BIBLICI: LA DEPRESSIONE** (Lezione 18, pagine 2-3). Evidenzia nella tua Bibbia i versetti elencati.
3. * Termina lo studio **COMPRENDERE LA DEPRESSIONE** (Lezione 18, pagine 4-7).
4. Termina con la preghiera.

QUARTO GIORNO

1. Inizia con la preghiera.
2. * Leggi *Principio 81* in **PRINCIPI BIBLICI: LA DEPRESSIONE** (Lezione 18, pagine 2-3). Evidenzia nella tua Bibbia i versetti elencati.

3. * Studia **SUPERARE LA DEPRESSIONE** (Lezione 18, pagine 8-13). Se può esserti utile, usa una **SCHEDA DI LAVORO: VITTORIA SUI FALLIMENTI** (Supplemento 8) e inizia a fare i passi necessari per superare la depressione (specialmente in relazione al problema sul quale il Signore vuole che tu lavori durante questo corso). Questo è il primo di uno studio che durerà tre giorni.
4. Termina con la preghiera.

QUINTO GIORNO

1. Inizia con la preghiera.
2. * Leggi *Principio 82* in **PRINCIPI BIBLICI: LA DEPRESSIONE** (Lezione 18, pagine 2-3). Evidenzia nella tua Bibbia i versetti elencati. *Inoltre ripassa i Principi 28 e 29 (Lezione 7, pagina 2) e considera come applicarli alla tua vita.*
3. * Continua a studiare **SUPERARE LA DEPRESSIONE** (Lezione 18, pagine 8-13).
4. Termina con la preghiera.

SESTO GIORNO

1. Inizia con la preghiera.
2. * Leggi *Principio 83* in **PRINCIPI BIBLICI: LA DEPRESSIONE** (Lezione 18, pagine 2-3). Evidenzia nella tua Bibbia i versetti elencati.
3. * Termina lo studio **SUPERARE LA DEPRESSIONE** (Lezione 18, pagine 8-13).
4. Termina con la preghiera.

SETTIMO GIORNO

1. Inizia con la preghiera.
2. * Ripassa *Principio 14, modificato dalla Lezione 5, pagina 2* e *Principio 39, modificato dalla Lezione 10, pagina 2*. Entrambi questi principi modificati sono a pagina 3 della Lezione 18.
3. * Leggi **LO STUDIO DI UN CASO: MARIA È STATA ABBANDONATA DAL MARITO** (Lezione 18, pagina 14). Rispondi alle domande alla fine dello studio.
4. * In collegamento con questa lezione, rispondi alla domanda 27 del **Test a libro aperto** (Lezione 23, pagina 3).
5. Termina con la preghiera.
6. Chiedi ad un amico di ascoltarti mentre reciti i versetti a memoria di questa settimana. Spiegagli come applichi questi versetti alla tua vita.

* *Il completamento dei compiti contrassegnati con un asterisco (*) è essenziale per continuare la formazione per la consulenza biblica.*

LEZIONE 19

LA PAURA E LA PREOCCUPAZIONE

"Cercate prima il regno e la giustizia di Dio, e tutte queste cose vi saranno date in più. Non siate dunque in ansia per il domani, perché il domani si preoccuperà di se stesso. Basta a ciascun giorno il suo affanno".

Matteo 6:33-34

"Nell'amore non c'è paura; anzi l'amore perfetto caccia via la paura, perché chi ha paura teme un castigo. Quindi chi ha paura non è perfetto nell'amore".

1 Giovanni 4:18

LEZIONE 19: LA PAURA E LA PREOCCUPAZIONE

> La tentazione ad aver paura e a preoccuparsi è piuttosto comune, ma si può superare con la fiducia in Dio per ogni cosa e in ogni circostanza. Se ubbidisci alle Scritture, non sarai ostacolato dalla paura e dalla preoccupazione. Sperimenterai invece la pace e la gioia che Dio ti dà per mezzo del Signore Gesù Cristo *(basato su Salmo 37:1-5, 56:11; Matteo 6:33-34; Giovanni 14:27, 15:10-11, 16:33; 1 Corinzi 10:13, 31; Romani 8:28-29; Filippesi 4:6-9; 1 Pietro 3:13-16; 1 Giovanni 4:18, 5:4-5).*

I. Gli obiettivi di questa lezione sono:

   A. ricordarti l'aiuto che Dio ti mette a disposizione per superare la paura e la preoccupazione;

   B. aiutarti a riconoscere le situazioni in cui sei tentato ad aver paura e a essere preoccupato;

   C. mostrarti come l'amore simile a quello di Cristo, una vita ubbidiente e una preghiera risoluta, contribuiscono a superare la paura e la preoccupazione;

   D. presentarti un piano scritturale per superare la paura e la preoccupazione;

   E. offrirti l'opportunità di aiutare qualcuno a superare la paura e la preoccupazione, continuando lo studio di un caso.

II. Il sommario di questa lezione

   A. Esamina te stesso
      1. **PRINCIPI BIBLICI: LA PAURA E LA PREOCCUPAZIONE** (Lezione 19, pagine 2-3)
      2. **TENTAZIONI ALLA PAURA E ALLA PREOCCUPAZIONE** (Lezione 19, pagine 4-5)
      3. **L'AMORE CONTRAPPOSTO ALLA PAURA (LA VIA DI DIO CONTRAPPOSTA ALLA VIA DELL'UOMO)** (Lezione 19, pagine 6-7)

   B. Passi per la crescita spirituale
      1. **SUPERARE LA PAURA E LA PREOCCUPAZIONE** (Lezione 19, pagine 8-12)
      2. **LEZIONE 19: COMPITI** (Lezione 19, pagina 14)
      3. **GUIDA ALLO STUDIO PER LA MEDITAZIONE GIORNALIERA** (Lezione 19, pagine 15-16)
      4. **LINEE GUIDA: LIBERTÀ DALL'ANSIA (AGIRE SECONDO LA PAROLA E PIANO PER LA PREGHIERA)** (Supplemento 16)
      5. **LIBERTÀ DALL'ANSIA (AGIRE SECONDO LA PAROLA E PIANO PER LA PREGHIERA)** (Supplemento 17)

   C. Consulenza biblica
      LO STUDIO DI UN CASO: MARIA È STATA ABBANDONATA DAL MARITO (Lezione 19, pagina 13)

PRINCIPI BIBLICI:
LA PAURA E LA PREOCCUPAZIONE

> Paura, preoccupazione e ansia sono peccati che possono paralizzare la tua mente, immobilizzare il tuo corpo e ostacolare la tua crescita in Cristo. Adamo ed Eva, nel principio, commisero questi peccati nel giardino dell'Eden dopo aver creduto alle menzogne di Satana ed aver scelto, di conseguenza, di disubbidire a Dio. Satana, non Dio, sta dietro questi ostacoli alla maturità spirituale, ma Dio ti dà, per grazia, tutto ciò che è necessario per superarli *(basato su Genesi 3:9-10; Matteo 6:25-34; Filippesi 4:6-9; 2 Timoteo 1:7; 1 Giovanni 4:18, 5:4-5).*

I. Il punto di vista di Dio

(Principio 84) La paura e la preoccupazione che ti affliggono, sono il risultato di vivere per piacere a te stesso invece che al Signore *(basato su Matteo 6:25-34; 25:14-30, spec. i versetti 25-26; Luca 12:4; 1 Pietro 3:13-16; 1 Giovanni 4:15-19)*. Invece di riversare tutta la tua attenzione su te stesso, peccando, devi temere (riverire) Dio *(Deuteronomio 5:29, 13:4; Salmo 25:14, 33:8, 147:11; Proverbi 10:27; Luca 1:50, 12:5; 2 Corinzi 7:1; 1 Pietro 2:17)* e avere un'attenzione sollecita (cura) per gli altri *(basato su 1 Corinzi 12:25; 2 Corinzi 11:24-30, spec. il versetto 28; Filippesi 4:10)*.

II. La tua speranza

(Principio 85) Dio non ti ha dato uno spirito di timidezza (paura), ma di potenza, di amore e di disciplina (autocontrollo) *(2 Timoteo 1:7)*.

(Principio 86) Dio ha promesso di provvedere a tutte le necessità della vita mentre cerchi di piacerGli *(Proverbi 3:5-10; Luca 12:22-34; Filippesi 4:19)*. Dio è sempre disponibile ad aiutarti *(Salmo 55:22, 94:17-19, 145:14)* e ha il saldo controllo di ogni aspetto della tua vita *(basato su Salmo 139:1-18; Geremia 17:7-8, 29:11; Lamentazioni 3:32; Romani 8:28-29, 35-39)*.

III. Il tuo cambiamento

(Principio 87) Spogliati dei pensieri di timidezza, di paura e di ansia. Rivestiti di amore e autocontrollo nella potenza dello Spirito Santo *(basato su 2 Timoteo 1:7; 1 Giovanni 4:9-19, spec. il versetto 18)*. Ricorda che in Cristo Gesù hai pace *(Giovanni 14:27, 16:33)*.

(Principio 88) Spogliati della preoccupazione per il futuro centrata su te stesso *(Matteo 6:25, 34; Luca 12:22-34, spec. i versetti 22-23)*. Rivestiti della "pratica della Parola" *(basato su Salmo 119:165; Matteo 6:33-34; Filippesi 4:9; Ebrei 5:14; Giacomo 1:22-25)*, soprattutto della preghiera con ringraziamento *(Filippesi 4:6-7; 1 Tessalonicesi 5:17-18)* e le cose di Dio siano oggetto dei tuoi pensieri *(Filippesi 4:8; Colossesi 3:2)*.

© Biblical Counseling Foundation

IV. **La tua condotta**

(Principio 89) Per affrontare, secondo la Parola, la paura devi confessare la paura, centrata su te stesso, al Signore *(1 Giovanni 1:9)* e adempiere ai tuoi doveri nell'amore cristiano *(1 Corinzi 13:4-8a; Colossesi 3:12-14)*, senza badare ai tuoi sentimenti *(basato su 2 Corinzi 5:14-15; Filippesi 4:6-9; 1 Giovanni 4:18)*.

(Principio 90) Per superare la preoccupazione, elabora un piano per adempiere i tuoi doveri di oggi e porta avanti ogni dovere, di cuore come per il Signore *(Proverbi 16:9; Efesini 5:15-17; Filippesi 4:6-9; Colossesi 3:17, 23-24)*.

TENTAZIONI ALLA PAURA E ALLA PREOCCUPAZIONE

> Quando vivi per piacere a te stesso, le circostanze che Dio vuole usare per insegnarti a confidare e a ubbidire a Lui, diventano invece per te delle tentazioni alla paura e alla preoccupazione *(basato su Salmo 31:1-5, 13-15; 56:4, 11; Isaia 12:2; Lamentazioni 3:22-24; Luca 12:29-31; Filippesi 4:6-9; Giacomo 1:2-4; 1 Pietro 5:5-7).*

I. Situazioni che ti tentano ad aver paura e preoccupazione (esempi — da leggere in colonna e non da sinistra a destra)

Circostanze della vita	Mentali/Spirituali
Incombenza della morte	Rifiuto della salvezza in Cristo Gesù
Bollette inaspettate	Intenzione a peccare o a nascondere peccati del passato
Diminuzione o perdita del salario	Procrastinazione, indecisione
Lesioni invalidanti, malattia lunga	Mancanza di preghiera
Intervento chirurgico imminente	Non conoscere il futuro
Paura della fine di un rapporto	Concentrarsi per cambiare gli altri
Ricerca di una nuova chiesa, di un nuovo lavoro o di una nuova casa	Negligenza nell'affrontare il peccato di un altro, secondo la Parola
Persecuzione, minacce	Rifiuto di perdonare un'altra persona
Figli che lasciano la casa	Volere fare sempre a modo proprio
Situazione difficile al lavoro o in casa	Aspettare la perfezione dagli altri

II. La tua risposta biblica alle situazioni che ti tentano alla paura e alla preoccupazione

    A. Devi temere (riverire) Dio *(Salmo 33:8; Proverbi 23:17; Ecclesiaste 12:13; Matteo 10:28);* il risultato sarà (esempi):

        1. salvezza *(Salmo 85:9);*

        2. saggezza e conoscenza *(Salmo 111:10; Proverbi 1:7, 2:5; Isaia 33:6);*

        3. fermezza *(Salmo 112:7);*

        4. miglioramento della salute *(Proverbi 3:7-8);*

        5. prolungamento della vita *(Proverbi 10:27);*

        6. vigore (fonte di vita) *(Proverbi 14:27);*

        7. benevolenza e bontà di Dio nei tuoi confronti *(Salmo 31:19; 103:11, 13, 17);*

        8. ricompensa eterna *(Apocalisse 11:18);*

        9. vigilanza e protezione di Dio su di te *(Salmo 33:18-22; 34:7, 9);*

        10. benedizioni del Signore *(Salmo 115:13);*

11. ubbidienza e motivazione a servire il Signore *(Deuteronomio 10:12; 2 Corinzi 7:1)*;

12. sonno tranquillo *(Proverbi 19:23)*;

13. grande sicurezza *(Proverbi 14:26)*.

B. Non devi temere quello che l'uomo potrebbe farti *(Numeri 14:9; Deuteronomio 1:16-17; Salmo 46:1-3; Proverbi 3:25-26; Matteo 10:24-28)*. Piuttosto, devi confidare in Dio *(Salmo 23:4, 56:11, 118:6)* e rispondere con azioni motivate da interessamento amorevole *(per esempio: 1 Samuele 17:11, 24, 32; Ester 4:11-5:2; Atti 16:19-32; 2 Corinzi 11:23-29, spec. i versetti 28-29)*.

C. Non devi preoccuparti (essere ansioso) poiché questo rivela una mancanza di fiducia in Dio e ti impedirà di portare frutti spirituali *(basato su Matteo 6:25-34; Luca 8:14)*.

*Vedi: **COMPIACERE A TE STESSO O PIACERE A DIO** (Lezione 9, pagine 10-11) Ricordati che l'intensità di un'emozione non la rende giusta. Il punto chiave, piuttosto, è la tua reazione all'emozione, che rivelerà se stai vivendo per te stesso o per il Signore.*

L'AMORE CONTRAPPOSTO ALLA PAURA
(LA VIA DI DIO CONTRAPPOSTA ALLA VIA DELL'UOMO)

> L'uomo, di solito, teme le conseguenze delle sue azioni e la "punizione" della vita in generale, perché non è ancora diventato perfetto (maturo, completo) nell'amore di Dio. L'amore di Dio è veramente perfetto in te quando credi sinceramente nel Signore Gesù Cristo, continui a ubbidire alla Parola di Dio e ad amare gli altri nel corpo di Cristo. L'amore reso perfetto in questo modo scaccia via ogni tua paura *(basato su Romani 8:35-39; 1 Corinzi 13:4-8a; 1 Giovanni 2:3-5; 4:7-8, 12, 15-21).*

I. Il contrasto tra l'amore e la paura (esempi)

LA VIA DI DIO (AMORE)	LA VIA DELL'UOMO (PAURA)
A. L'amore cerca le opportunità per dare *(Giovanni 3:16; 1 Giovanni 3:16-18).*	La paura tiene conto delle possibili conseguenze di un impegno.
B. L'amore dà la sua vita per gli altri *(1 Giovanni 3:16).*	La paura non vuole correre rischi personali per aiutare gli altri.
C. L'amore crede ogni cosa *(1 Corinzi 13:7).*	La paura è molto sospettosa.
D. L'amore non viene mai meno *(1 Corinzi 13:8a).*	La paura causa altra paura: non assumersi delle responsabilità, causa la paura delle conseguenze per aver agito irresponsabilmente.

*Ripassa: **IL SIGNIFICATO DELL'AMORE BIBLICO** (Lezione 13, pagine 4-6). Osserva come per ogni elemento dell'amore biblico, la paura, concentrata su te stesso, ti dice di fare esattamente l'opposto.*

II. L'amore potente di Gesù Cristo disarma la paura

   A. Il Signore Gesù, sconfiggendo la morte, ha liberato quelli che si fidano di (credono in) Lui dalla paura della morte e ha spezzato i legami della schiavitù del peccato e di Satana *(basato su Romani 6:5-7; Ebrei 2:14-15).*

   B. L'amore di Dio per te, dimostrato con la morte di Suo Figlio sulla croce per i tuoi peccati, ti fa entrare nella Sua famiglia eterna, attraverso Gesù Cristo; ti libera così dalla paura *(Romani 5:8, 8:15).*

   C. L'amore di Cristo ti rende capace di essere più che vincitore in ogni situazione della vita *(Romani 8:35-39)*, quando metti in atto la tua fede in Lui e attraverso Lui *(1 Giovanni 5:4-5).*

   D. Attraverso Gesù Cristo, Dio ti ha concesso la potenza, l'amore e la disciplina (autocontrollo), che non possono coesistere con uno spirito di paura *(2 Timoteo 1:7).*

III. L'amore perfetto caccia via la paura

   A. L'amore perfetto è dimostrato nel dono di Dio del Suo unico Figlio, Gesù Cristo *(basato su Giovanni 3:16-17; Romani 5:8; 1 Giovanni 3:1, 16; 4:9-10).*

1. La tua capacità di amare gli altri è fondata sull'amore di Dio per te attraverso il Signore Gesù Cristo *(Giovanni 13:34-35, 15:12; 1 Giovanni 4:7-11, 19-21)*.

2. Tu devi seguire l'esempio del tuo Padre Celeste e mettere in pratica l'amore perfetto verso gli altri, anche nelle circostanze difficili *(basato su Matteo 5:43-48)*.

3. La tua risposta amorevole al grande amore di Dio, dimostrato attraverso Gesù, è l'ubbidienza alla Sua Parola in ogni cosa *(Giovanni 14:15, 21, 23-24; 1 Giovanni 5:3; 2 Giovanni 1:6)* e l'amore per gli altri *(1 Giovanni 3:10-18; 4:7-8, 20-21)*.

B. L'amore di Dio attraverso Gesù Cristo è reso perfetto (maturo, completo) in te se rimani in Lui *(1 Giovanni 4:15-17)*. Puoi essere sicuro che rimani in Lui quando:

1. confessi Gesù come Figlio di Dio *(1 Giovanni 2:22-25; 4:9, 14-15)*;

2. osservi (ubbidisci) la Parola di Dio *(1 Giovanni 2:5, 3:24)*;

3. pratichi l'amore bilico verso gli altri *(1 Giovanni 4:12)*.

Vedi: **IL SIGNIFICATO DELL'AMORE BIBLICO** *(Lezione 13, pagine 4-6)*.

C. Nella misura in cui l'amore di Dio è reso perfetto in te (vedi **III. B.** sopra), sarai capace di superare la paura *(basato su 1 Giovanni 4:18)*.

SUPERARE LA PAURA E LA PREOCCUPAZIONE

> In tutte le circostanze della vita, puoi scegliere di seguire la via dell'uomo (facendo affidamento su te stesso e sulla sapienza del mondo) o la via di Dio (avendo fiducia in Dio e nella Sua saggezza). Per superare ogni problema, inclusi la paura e la preoccupazione, devi disciplinare te stesso ed esercitarti alla pietà *(basato su 1 Corinzi 3:19-20; Filippesi 4:6-9; 1 Timoteo 4:7-8; 2 Timoteo 1:7; Giacomo 1:22-25, 4:17; 1 Giovanni 4:18).*

I. **Ripassa attentamente i seguenti rimandi:**

   A. i requisiti biblici fondamentali per il cambiamento (Lezioni 1 e 2), riconoscere le differenze fra vivere secondo la via dell'uomo e vivere secondo la via di Dio (Lezioni 3 e 4);

   B. gli elementi essenziali del cambiamento biblico (Lezioni 5 - 8); morire a te stesso e vivere per il Signore (Lezioni 9 e 10);

   C. la necessità di affrontare, secondo la Parola, ogni ira e amarezza nella tua vita (Lezione 11);

   D. amare il tuo prossimo (Lezioni 12 e 13) e avere buone relazioni famigliari (Lezioni 14 - 17) nella situazione in cui ti trovi;

   E. il possibile legame fra il sentirsi depresso (Lezione 18) e la paura e la preoccupazione;

   F. la gravità dei peccati ripetuti che dominano la vita e il loro rapporto con la paura e la preoccupazione (Lezioni 20 e 21);

   G. la necessità che hai di stabilire, e mantenere fedelmente, le norme precise della Parola di Dio in ogni aspetto della tua vita (Lezione 22).

   NOTA. I rimandi elencati sopra sono importanti per affrontare la paura e la preoccupazione. Per affrontare i problemi, secondo la Parola, devi esaminare tutti gli aspetti della tua vita. Per esempio, il problema della paura non può essere superato se affrontato da solo. Piuttosto, ogni specifico problema deve essere esaminato alla luce dei principi della Scrittura per la vita. Come puoi vedere, i rimandi elencati sopra riguardano sia le lezioni svolte sia quelle ancora da svolgere.

   Se prosegui nella formazione per la consulenza biblica, scoprirai che le soluzioni di Dio come presentate in questo corso si applicano a tutti i problemi, inclusi quelli non affrontati in questo manuale.

II. **Per riconoscere i modi in cui continui a peccare, o sei tentato a farlo, riguardo alla paura e alla preoccupazione, fa' un elenco di persone, luoghi, momenti e circostanze che evidenziano la presenza di questi problemi nella tua vita.**

III. **Usa la SCHEDA DI LAVORO VITTORIA SUI FALLIMENTI (Supplemento 8). Per compilare le colonne 1-3, segui le istruzioni in LINEE GUIDA: SCHEDA DI LAVORO VITTORIA SUI FALLIMENTI (Supplemento 7).**

IV. **Come compilare la quarta colonna della SCHEDA DI LAVORO VITTORIA SUI FALLIMENTI (Supplemento 8).**

A. Elabora un **piano base** per superare i peccati che hai riconosciuto. Nel tuo piano, includi le azioni (pensieri, parole e atti) che ti aiuteranno a sviluppare un comportamento simile a quello di Cristo. Tieni conto delle seguenti linee guida:
   1. Pensa secondo la Parola
      a. Ricorda che Dio ha promesso di prendersi cura di te in ogni situazione, non importa quanto sconvolgente possa sembrare *(Salmo 23:1-6, 37:5; Proverbi 3:25-26; Matteo 10:28-31; 1 Corinzi 10:13; Romani 8:36-39)*.
      b. Confessa a Dio tutti i pensieri peccaminosi *(1 Giovanni 1:9)* e chiedi il Suo aiuto per cambiare questa abitudine peccaminosa *(basato su 1 Tessalonicesi 5:17; Ebrei 4:15-16; Giacomo 1:5)*.
      c. Rallegrati *(1 Tessalonicesi 5:16)* e ringrazia in e per ogni situazione *(Efesini 5:20; 1 Tessalonicesi 5:18)*; come sai, la pazienza nelle difficoltà è utile per diventare conforme all'immagine di Cristo *(basato su Romani 5:3-5; Giacomo 1:2-4)*.
      d. Ricorda che il perdono di Dio per te è la base sulla quale devi a tua volta perdonare gli altri *(Matteo 18:21-35; Efesini 4:32; Colossesi 3:13)*.
      e. Ricorda che il tuo amore per gli altri dimostra l'amore che hai per Dio *(1 Giovanni 2:9-11; 3:14-16; 4:7-11, 20-21)*.
      f. Concentra i tuoi pensieri nel glorificare e piacere a Dio, e nell'essere una benedizione per gli altri, in tutte le situazioni *(basato su Matteo 22:37-39; Luca 9:23-24; 2 Corinzi 5:9, 15; 10:5; Galati 5:16-17; Filippesi 2:3-4, 4:8; Colossesi 3:1-2)*.
      g. Proprio nella situazione in cui ti trovi, non indugiare sulle cose che ti portano a peccare. Al contrario, disciplina la tua mente a pensare alle cose che fanno piacere al Signore *(Filippesi 4:8; Colossesi 3:2)*. Ricorda di pregare per quelli che ti perseguitano *(Matteo 5:44)*.
      h. Ripassa salmi, inni, e cantici spirituali imparati a memoria *(basato su Efesini 5:19-20; Colossesi 3:16)*.
      i. Pensa ai modi in cui puoi incoraggiare gli altri credenti e stimolarli all'amore e alle buone opere *(Ebrei 10:23-25)*.
   2. Parla secondo la Parola
      a. Confessa al Signore i tuoi peccati di paura e preoccupazione. Confessa i tuoi peccati a coloro che non hai amato secondo la Parola, compresi i peccati di non aver portato a termine le tue responsabilità. Confessa ogni altro peccato di cui ti sei ricordato e che non hai già confessato *(basato su Salmo 51:1-4; Giacomo 5:16; 1 Giovanni 1:9)*.
      Per ripassare come confessare i peccati a coloro contro i quali hai peccato, vedi:
      LINEE GUIDA: SCHEDA DI LAVORO VITTORIA SUI FALLIMENTI
         (Supplemento 7) punto **VI. Applicare il cambiamento biblico**, *sottopunto D.*
      RICONCILIAZIONE (RIMUOVERE TUTTO CIÒ CHE OSTACOLA L'UNITÀ E LA PACE) *(Lezione 12, pagine 6-8)* punto **II. Confessione**
      b. Non parlare dei tuoi successi del passato *(Proverbi 27:2, 30:32; 2 Corinzi 10:18)*, dei tuoi dispiaceri o delle tue sconfitte (specialmente quelli legati alla paura e alla preoccupazione) *(Filippesi 3:13-14)*, dell'ansia per il futuro *(Matteo 6:34)*, paragonandoti a te stesso e/o agli altri *(2 Corinzi 10:12)*, o presentando, con orgoglio, ciò che farai in futuro *(Proverbi 27:1; Giacomo 4:13-16)*. Piuttosto, edifica gli altri parlando con riconoscenza della bontà del Signore e della recente differenza che Egli ha fatto nella tua vita *(Luca 10:20; Efesini 4:29; Colossesi 4:6; Ebrei 13:15; 1 Pietro 3:15)*.

SUPERARE LA PAURA E LA PREOCCUPAZIONE

c. Non calunniare, spettegolare, litigare o usare parole che non edificano gli altri *(Proverbi 10:18; Efesini 4:29, 31; 5:4; Colossesi 3:8; 2 Timoteo 2:24; 1 Pietro 2:1)*. Al contrario, fa sì che il tuo parlare sia sempre sincero e con grazia, secondo il bisogno del momento, e che tu sappia come rispondere ad ogni persona *(Efesini 4:15, 25, 29; Colossesi 4:6)*.

d. Non tirare fuori il peccato di un altro per accusarlo o per vendicarti, né con gli altri, né con te stesso né con la persona che ha peccato *(Proverbi 10:18, 17:9, 20:19; Efesini 4:29, 31; Colossesi 3:8; 1 Pietro 2:1)*.

e. Sii tu ad iniziare e a incoraggiare gli altri a riconciliarsi con Dio e con te, avendo cura di seguire le linee guida bibliche *(Matteo 5:9, 23-24; Romani 12:18; 2 Corinzi 2:6-8, 5:18)*.
Vedi: **RICONCILIAZIONE (RIMUOVERE TUTTO CIÒ CHE OSTACOLA L'UNITÀ E LA PACE)** *(Lezione 12, pagine 6-8)*.

3. Agisci secondo la Parola

a. Perdona gli altri come Dio ha perdonato te *(Efesini 4:32; Colossesi 3:13)*.
Vedi: **IL PERDONO (PERDONARE GLI ALTRI COME DIO TI HA PERDONATO)** *(Lezione 12, pagine 3-5) e vedi se stai praticando il perdono biblico. Se necessario, apporta dei cambiamenti.*

b. Impara a memoria i versetti della Scrittura e studiane quei brani specifici connessi a paura, preoccupazione, amore biblico, dimorare in Dio e avere fiducia in Lui *(basato su Salmo 119:9, 11, 16; 2 Corinzi 10:5; Filippesi 4:8; 2 Timoteo 2:15)*. Impara a memoria salmi, inni e cantici spirituali da usare ogni qualvolta sei tentato di aver paura o di preoccuparti *(basato su Efesini 5:19-20; Colossesi 3:16)*.
Molte promesse della Scrittura utili a chi è depresso sono altrettanto benefiche per aiutare a superare la paura e la preoccupazione. Per i versetti specifici da imparare a memoria, vedi:
PRINCIPI BIBLICI: LA DEPRESSIONE *(Lezione 18, pagine 2-3)*
PRINCIPI BIBLICI: LA PAURA E LA PREOCCUPAZIONE *(Lezione 19, pagine 2-3)*

c. Prega sempre con ringraziamento *(Filippesi 4:6; 1 Tessalonicesi 5:17-18)* e secondo la volontà di Dio *(1 Giovanni 5:14-15)*. Sottomettiti umilmente ad altri credenti della tua comunità *(1 Pietro 5:5)* e al Signore *(1 Pietro 5:6)*; getta tutte le tue preoccupazioni su di Lui *(1 Pietro 5:7)* e prega per coloro che ti perseguitano *(Matteo 5:44)*.
Vedi: **LINEE GUIDA: LIBERTÀ DALL'ANSIA (AGIRE SECONDO LA PAROLA E PIANO PER LA PREGHIERA)** *(Supplemento 16)*
LIBERTÀ DALL'ANSIA (AGIRE SECONDO LA PAROLA E PIANO PER LA PREGHIERA) *(Supplemento 17)*.

d. Identifica tutti i segnali di pericolo: situazioni, luoghi e contatti personali che costituiscono una tentazione; compi subito dei passi per eliminare, resistere o fuggire la tentazione *(basato su Salmo 1:1; Proverbi 27:12; 1 Corinzi 15:33; 2 Timoteo 2:22; Giacomo 4:7; 1 Pietro 5:8-9)*.

e. Fa' ammenda per gli sbagli e cerca la riconciliazione con coloro che hai offeso *(basato su Matteo 5:23-24)*. Ricorda che anche se hai già confessato i tuoi peccati *(vedi 2. a. sopra)*, devi dimostrare la seria intenzione di cambiare.
Vedi: **RICONCILIAZIONE (RIMUOVERE TUTTO CIÒ CHE OSTACOLA L'UNITÀ E LA PACE)** *(Lezione 12, pagine 6-8) punto III. Restituzione e IV. L'importanza della riconciliazione.*

f. Benedici gli altri attraverso un'espressione tangibile e genuina di amore e di servizio biblici (adempiendo le tue responsabilità quotidiane come membro di una famiglia, studente, datore di lavoro, dipendente, coinquilino, ecc.) *(basato su Matteo 7:12; Romani 12:9-13, 15-16; 13:8-10; 1 Corinzi 13:4-8a; Filippesi 2:3-8; 1 Timoteo 6:17-19; 1 Pietro 3:8-9; 1 Giovanni 3:18)*. Devi farlo:

1) senza badare ai tuoi sentimenti *(basato su Genesi 4:7; 2 Corinzi 5:14-15; Galati 5:16-17; Filippesi 4:13; Giacomo 4:17)*;

2) specialmente nei confronti di coloro che sembrano tuoi nemici o contro cui hai peccato *(basato su Matteo 5:23-24, 43-48; Marco 11:25-26; Romani 12:14, 17-21)*;

3) con gentilezza e mansuetudine verso ogni persona con cui sei, o sei stato irritato *(Efesini 4:31-32)*;

4) approfittando delle opportunità per aiutare, specialmente nei casi che ti mantengono in un atteggiamento di servizio conforme a quello di Cristo nei confronti degli altri *(basato su Matteo 20:25-28; Filippesi 2:3-8; 1 Pietro 4:10)*;

5) praticando l'amministrazione biblica per onorare il Signore ed essere di aiuto pratico agli altri *(basato su Salmo 24:1; Matteo 25:14-29; 1 Corinzi 4:1-2; Efesini 5:15-17; 1 Timoteo 6:17-19; 1 Pietro 4:10)*. Vedi:

PRINCIPI BIBLICI DI AMMINISTRAZIONE *(Lezione 10, pagine 4-6)*
MORIRE A TE STESSO SERVENDO GLI ALTRI *(Lezione 10, pagine 7-8)*
Per esempi specifici di come e quando esprimere l'amore biblico, anche nelle situazioni difficili, vedi: **IL SIGNIFICATO DELL'AMORE BIBLICO** *(Lezione 13, pagine 4-6)*.

g. Ogni volta che è necessario, convoca un "tavolo di discussione"; usa il piano tracciato in **SUPERARE I PROBLEMI ATTRAVERSO LA COMUNICAZIONE BIBLICA (USARE UN TAVOLO DI DISCUSSIONE PER LA RICONCILIAZIONE)** (Lezione 15, pagine 6-9).

h. Correggi le lacune che esistono nella tua vita per negligenza o per mancanza di disciplina *(basato su Colossesi 3:1-17; 1 Timoteo 4:7b; Giacomo 4:17)*.

i. Se hai bisogno di aiuto, chiedi ad un amico credente di controllare se stai seguendo il tuo **piano di base** e il tuo **piano di emergenza** fino a che non avrai sviluppato un modo di vivere che piaccia al Signore *(Proverbi 27:17; Ecclesiaste 4:9-10; Ebrei 10:23-25)*. Se necessario, chiedi ad altri un consiglio biblico *(Proverbi 11:14, 15:22)*.

j. Riempi subito i numerosi vuoti creati dal tuo "spogliare" il vecchio modo di vivere, dominato da paura e preoccupazione, con la ricerca attiva di un modo di vivere giusto e pieno di comunione con gli altri credenti *(2 Timoteo 2:22; Ebrei 10:23-25)*.

Per i tre punti che seguono, vedi: **LE NORME DI DIO PER TE** *(Lezione 22, pagine 4-6) punto III.* **Assimila le norme di Dio nel tuo vivere quotidiano.**

k. Controlla quello che fai in questa settimana; usa **IL MIO PROGRAMMA ATTUALE** (Supplemento 14). Alla fine della settimana, valuta le tue attività e poi decidi quali devono essere eliminate.

l. Vedi quali compiti e quali responsabilità bibliche sono state trascurate e devono essere incluse nel tuo programma della settimana prossima.

m. Usa **IL PROGRAMMA BIBLICO CHE MI PROPONGO** (Supplemento 15) per pianificare la tua settimana davanti al Signore.

B. Se necessario, prepara un **ELENCO "COSE DA PENSARE E DA FARE"** (Supplemento 10) usando le **LINEE GUIDA: ELENCO "COSE DA PENSARE E DA FARE"** (Supplemento 9).

C. Metti in pratica il tuo **piano base** *(Giacomo 1:22)* e fallo di buon animo come per il Signore *(Colossesi 3:23-24)*.

D. Elabora un **piano di emergenza** per affrontare situazioni impreviste che ti tentano ad aver paura o a preoccuparti. Tieni presenti le seguenti linee guida:

1. Chiedi immediatamente aiuto a Dio *(Ebrei 4:15-16; Giacomo 1:5)*.

2. Ripassa i versetti della Scrittura imparati a memoria che riguardano specificamente la paura e la preoccupazione *(basato su Salmo 119:9, 11, 16)*.

3. Cerca immediatamente il punto di vista di Dio.

   a. Senza badare ai tuoi sentimenti, o alle circostanze, vedi questa situazione come un'opportunità per una maggiore crescita spirituale *(Giacomo 1:2-4)* perché Dio farà cooperare, nella tua vita, ogni cosa per il bene *(basato su Salmo 37; Proverbi 3:5-12; Romani 8:28-29; Efesini 1:3-14; Filippesi 1:6)*.

      1) Ricorda a te stesso che puoi ogni cosa in Cristo che ti fortifica *(Filippesi 4:11-13)*, perché la tua capacità viene da Dio e non da qualche "forza interiore" naturale *(2 Corinzi 3:5)*. Ricordati che non puoi portare frutto senza Gesù Cristo *(Giovanni 15:5)*.

      2) Loda e glorifica Dio perché Egli è forte perfino quando tu sei debole *(2 Corinzi 12:9-10)*; Egli ti preserverà da ogni caduta e ti farà comparire irreprensibile e con grande gioia davanti alla Sua gloria *(Giuda 1:24-25)*.

   b. Ricorda che Dio guarda al tuo cuore e non alla tua apparenza *(1 Samuele 16:7)*. Sii irreprensibile davanti a Lui nei tuoi pensieri (compresi quelli che si soffermano sulla paura e sulla preoccupazione) sia che gli altri li conoscano o no *(basato su Atti 23:1, 24:16; Romani 14:12; Efesini 1:4, 4:1; Filippesi 1:9-11; Colossesi 1:21-22)*.

      1) Se inizi anche solo a formulare pensieri peccaminosi (specialmente di paura e di preoccupazione) in questa circostanza imprevista, confessali al Signore *(1 Giovanni 1:9)*.

      2) Ricorda che non devi giudicare te stesso sulla base della durata o dell'enormità del tuo peccato (secondo standard umani). La cosa grave è che, anche se momentaneamente, hai smesso di camminare nella via di Dio *(Giacomo 2:10, 4:17)*.

4. Ringrazia il Signore perché, anche nella tua attuale situazione, sei un Suo servo *(basato su Efesini 5:20; 1 Tessalonicesi 5:18)*. Decidi come darai gloria al Signore invece che lasciarti prendere dalla paura e dalla preoccupazione *(basato su 1 Corinzi 10:31; 1 Pietro 4:11)*. Cerca dei modi per edificare e servire gli altri, specialmente coloro, nei confronti dei quali sei tentato ad aver paura e preoccupazione *(Efesini 4:29; Filippesi 2:3-4)*.

5. Agisci secondo il tuo **piano di emergenza** appena sei tentato ad aver paura o a preoccuparti. Poi, inizia di nuovo a fare le cose scritte nel tuo **piano di base** *(basato su Proverbi 24:16; Giacomo 1:22-25)*.

LO STUDIO DI UN CASO:
MARIA È STATA ABBANDONATA DAL MARITO

> Ricorda la fedeltà di Dio e il Suo perdono per i tuoi peccati, ogni qualvolta fallisci nell'ubbidire alla Sua Parola (2 Timoteo 2:11-13, spec. il versetto 13; 1 Giovanni 1:9).

Questa settimana sia Maria sia suo marito Tommaso vengono all'incontro. Dopo essere entrati nella stanza Tommaso comincia a parlare:

Tommaso: **"Ho già chiesto al Signore e a Maria di perdonarmi perché non sono stato fedele a partecipare agli incontri, non prendendo parte all'ultimo. Entrambi mi hanno perdonato. Ora, chiedo perdono a voi per il mio comportamento egocentrico a causa del quale ho saltato l'ultimo incontro".**

Ogni membro della squadra di consulenza concede verbalmente il perdono a Tommaso. Il consulente capo continua:

Consulente: "Hai agito secondo la Parola, confessando i tuoi peccato al Signore e agli altri. Ora prendiamo del tempo per rivedere ciò che devi fare per dimostrare la tua volontà di riconciliarti con il Signore e con Maria".

Il consulente riesamina i passi per la riconciliazione che dimostrano il rinnovato impegno di Tommaso a vivere di nuovo per piacere a Dio. Tommaso, molto emozionato, racconta come ha già ubbidito alla Parola di Dio a questo proposito e Maria conferma la sua testimonianza, ma con fare perplesso. Abbassa la testa e comincia a parlare in modo piuttosto incerto.

Maria: **"Ho pregato per parecchio tempo che la nostra potesse essere una famiglia cristiana ... veramente sono perplessa. Che cosa succede se questo non dura e se le cose non funzionano? Supponiamo che Tommaso diventi un marito più affettuoso e poi torni ai suoi vecchi modi? E se poi dovesse decidere di continuare a peccare e a confessare i suoi peccati come ha fatto ora, ma senza cambiare veramente? Mi spaventa che cosa potrebbe succedere nella nostra casa in futuro".**

Come puoi consigliare Maria a questo punto?

Come puoi aiutare Maria a vedere il suo egocentrismo che la sta portando ad aver paura?

Quali versetti possono dare speranza a Maria?

Quali compiti dovrebbero essere assegnati a Maria?

LEZIONE 19: COMPITI

> I **COMPITI** di questa lezione ti insegnano come superare la paura e la preoccupazione secondo i principi biblici *(basato su Salmo 118:6; Proverbi 3:7; Lamentazioni 3:22-24, 32-33; Matteo 6:25-34; Filippesi 4:6-9; 2 Timoteo 1:7; 1 Pietro 5:6-7; 1 Giovanni 4:18, 5:4-5).*

✔ *compiti completati*

☐ A. * Con parole tue scrivi il significato di *Matteo 6:33-34* e *1 Giovanni 4:18*. Impara a memoria *Matteo 6:33-34* e *1 Giovanni 4:18* e inizia ad imparare *Romani 6:22* e *Efesini 6:10-11*.

☐ B. * Leggi **PRINCIPI BIBLICI: LA PAURA E LA PREOCCUPAZIONE** (Lezione 19, pagine 2-3). Evidenzia nella tua Bibbia i versetti elencati se non li hai già evidenziati negli studi precedenti.

☐ C. * Studia **SUPERARE LA PAURA E LA PREOCCUPAZIONE** (Lezione 19, pagine 8-12). Se è il caso, usa una **SCHEDA DI LAVORO VITTORIA SUI FALLIMENTI** (Supplemento 8) e comincia a fare i passi necessari per superare la paura e la preoccupazione (specialmente riguardo al problema sul quale il Signore vuole che tu lavori durante questo corso).

☐ D. Leggi **TENTAZIONI ALLA PAURA E ALLA PREOCCUPAZIONE** (Lezione 19, pagine 4-5). Metti un segno accanto ad ogni affermazione che descrive situazioni che ti tentano ad aver paura o ad essere preoccupato. Aggiungi a questo elenco qualunque altra situazione in cui provi paura o preoccupazione e sviluppa dei piani biblici per essere vincitore in questi aspetti. *Ripassa, se necessario, SUPERARE LA PAURA E LA PREOCCUPAZIONE (Lezione 19, pagine 8-12).*

☐ E. Studia **L'AMORE CONTRAPOSTO ALLA PAURA (LA VIA DI DIO CONTRAPPOSTA ALLA VIA DELL'UOMO)** (Lezione 19, pagine 6-7). Man mano che ripassi i contrasti tra l'amore biblico e la paura, considera in modo specifico come essa è scacciata dall'amore perfetto e come il dimorare in Cristo sia legato al suo superamento.

☐ F. Studia **LINEE GUIDA: LIBERTÀ DALL'ANSIA (AGIRE SECONDO LA PAROLA E PIANO PER LA PREGHIERA)** (Supplemento 16) e, se necessario, inizia ad usare il piano tracciato in **LIBERTÀ DALL'ANSIA (AGIRE SECONDO LA PAROLA E PIANO PER LA PREGHIERA)** (Supplemento 17) come parte della tua meditazione giornaliera.

☐ G. * Leggi **LO STUDIO DI UN CASO: MARIA È STATA ABBANDONATA DAL MARITO** (Lezione 19, pagina 13). Rispondi alle domande alla fine dello studio del caso.

☐ H. * In collegamento con questa lezione, esegui quanto richiesto al punto 28 del **Test a libro aperto** (Lezione 23, pagina 3).

* *Il completamento dei compiti contrassegnati con un asterisco (*) è essenziale per continuare la formazione per la consulenza biblica.*

LEZIONE 19: GUIDA ALLO STUDIO PER LA MEDITAZIONE GIORNALIERA
(COMPRENDE VERSETTI A MEMORIA E COMPITI)

> La **GUIDA ALLO STUDIO** di questa settimana ti insegna come superare la paura e la preoccupazione secondo i principi biblici *(basato su Salmo 118:6; Proverbi 3:7; Lamentazioni 3:22-24, 32-33; Matteo 6:25-34; Filippesi 4:6-9; 2 Timoteo 1:7; 1 Pietro 5:6-7; 1 Giovanni 4:18, 5:4-5).*

Versetti a memoria

1. * Impara a memoria *Matteo 6:33-34* e *1 Giovanni 4:18*. Inizia a imparare *Romani 6:22* e *Efesini 6:10-11*.
2. Porta con te i cartoncini con i versetti delle settimane precedenti e quelli di questa settimana. Ripassa i versetti nei tuoi momenti liberi, durante la giornata.

Guida allo studio per la meditazione giornaliera

PRIMO GIORNO

1. Inizia con la preghiera.
2. * Leggi *Principio 84* in **PRINCIPI BIBLICI: LA PAURA E LA PREOCCUPAZIONE** (Lezione 19, pagine 2-3). Evidenzia nella tua Bibbia i versetti elencati.
3. * Con parole tue scrivi il significato di *Matteo 6:33-34* e *1 Giovanni 4:18*.
4. Termina con la preghiera.

SECONDO GIORNO

1. Inizia con la preghiera.
2. * Leggi *Principio 85* in **PRINCIPI BIBLICI: LA PAURA E LA PREOCCUPAZIONE** (Lezione 19, pagine 2-3). Evidenzia nella tua Bibbia i versetti elencati.
3. * Studia **SUPERARE LA PAURA E LA PREOCCUPAZIONE** (Lezione 19, pagine 8-12). Se necessario usa una **SCHEDA DI LAVORO VITTORIA SUI FALLIMENTI** (Supplemento 8) e inizia a fare i passi necessari per superare la paura e la preoccupazione (specialmente riguardo al problema sul quale il Signore vuole che tu lavori durante questo corso). Questo è il primo di uno studio che durerà tre giorni.
4. Termina con la preghiera.

TERZO GIORNO

1. Inizia con la preghiera.
2. * Leggi *Principio 86* in **PRINCIPI BIBLICI: LA PAURA E LA PREOCCUPAZIONE** (Lezione 19, pagine 2-3). Evidenzia nella tua Bibbia i versetti elencati.
3. * Continua a studiare **SUPERARE LA PAURA E LA PREOCCUPAZIONE** (Lezione 19, pagine 8-12). Applicati a sviluppare un piano biblico che ti aiuti a superare questi problemi nella tua vita.
4. Termina con la preghiera.
5. Continui ad essere fedele nell'imparare a memoria i versetti della Scrittura? Fa' delle modifiche al tuo programma, se necessario. *Usa* **IL PROGRAMMA BIBLICO CHE MI PROPONGO** *(Supplemento 15) per aiutarti ad essere più disciplinato in questo aspetto della crescita spirituale.*

QUARTO GIORNO

1. Inizia con la preghiera.
2. * Leggi *Principio 87* in **PRINCIPI BIBLICI: LA PAURA E LA PREOCCUPAZIONE** (Lezione 19, pagine 2-3). Evidenzia nella tua Bibbia i versetti elencati.
3. * Termina lo studio di **SUPERARE LA PAURA E LA PREOCCUPAZIONE** (Lezione 19, pagine 8-12). Nel ripassare il tuo piano biblico, stabilisci, con spirito di preghiera, i passi specifici che dovresti iniziare a fare per superare la paura o la preoccupazione.
4. Termina con la preghiera.

QUINTO GIORNO

1. Inizia con la preghiera.
2. * Leggi *Principio 88* in **PRINCIPI BIBLICI: LA PAURA E LA PREOCCUPAZIONE** (Lezione 19, pagine 2-3). Evidenzia nella tua Bibbia i versetti elencati.
3. Leggi **TENTAZIONI ALLA PAURA E ALLA PREOCCUPAZIONE** (Lezione 19, pagine 4-5). Metti un segno accanto ad ogni affermazione che descrive situazioni che ti tentano ad aver paura o ad essere preoccupato. Aggiungi a questo elenco qualunque altra situazione in cui sperimenti la paura o la preoccupazione e sviluppa dei piani biblici per essere vincitore in questi aspetti. *Ripassa* **SUPERARE LA PAURA E LA PREOCCUPAZIONE** *(Lezione 19, pagine 8-12) se necessario.*
4. Termina con la preghiera.

SESTO GIORNO

1. Inizia con la preghiera.
2. * Leggi *Principio 89* in **PRINCIPI BIBLICI: LA PAURA E LA PREOCCUPAZIONE** (Lezione 19, pagine 2-3). Evidenzia nella tua Bibbia i versetti elencati.
3. Studia **L'AMORE CONTRAPPOSTO ALLA PAURA (LA VIA DI DIO CONTRAPPOSTA ALLA VIA DELL'UOMO)** (Lezione 19, pagine 6-7). Man mano che ripassi i contrasti tra l'amore biblico e la paura, osserva specialmente come essa sia scacciata dall'amore perfetto e come il dimorare in Cristo sia collegato al suo superamento.
4. Termina con la preghiera.

SETTIMO GIORNO

1. Inizia con la preghiera.
2. * Leggi *Principio 90* in **PRINCIPI BIBLICI: LA PAURA E LA PREOCCUPAZIONE** (Lezione 19, pagine 2-3). Evidenzia nella tua Bibbia i versetti elencati.
3. * Leggi **LO STUDIO DI UN CASO: MARIA È STATA ABBANDONATA DAL MARITO** (Lezione 19, pagina 13). Rispondi alle domande alla fine dello studio del caso.
4. Studia **LINEE GUIDA: LIBERTÀ DALL'ANSIA (AGIRE SECONDO LA PAROLA E PIANO PER LA PREGHIERA)** (Supplemento 16) e, se necessario, inizia ad usare il piano tracciato in **LIBERTÀ DALL'ANSIA (AGIRE SECONDO LA PAROLA E PIANO PER LA PREGHIERA)** (Supplemento 17) come parte della tua meditazione giornaliera.
5. * In collegamento con questa lezione, esegui quanto richiesto al punto 28 del **Test a libro aperto** (Lezione 23, pagina 3).
6. Termina con la preghiera.
7. Chiedi ad un amico di ascoltarti mentre reciti i versetti a memoria di questa settimana. Spiegagli come questi versetti si applicano alla tua vita.

* *Il completamento dei compiti contrassegnati con un asterisco (*) è essenziale per continuare la formazione per la consulenza biblica.*

LEZIONE 20

I PECCATI RIPETUTI CHE DOMINANO LA VITA (PRIMA PARTE)

"Ma ora liberati dal peccato e fatti servi di Dio, avete per frutto la vostra santificazione e per fine la vita eterna ..."

Romani 6:22

"Del resto, fortificatevi nel Signore e nella forza della Sua potenza. Rivestitevi della completa armatura di Dio, affinché possiate stare saldi contro le insidie del diavolo ..."

Efesini 6:10-11

LEZIONE 20: I PECCATI RIPETUTI CHE DOMINANO LA VITA (PRIMA PARTE)

> Quando sei, volente o nolente, sotto il controllo di qualche potenza che non sia quello dello Spirito Santo di Dio (p. es. droghe, alcol, sesso, un'altra persona, i tuoi amici, una falsa religione, abitudini egocentriche come pettegolezzi, pigrizia, o una ricerca egoistica e ossessiva di potere, di cibo o di ricchezze), sei sotto la schiavitù del peccato. Tuttavia, Dio ha spezzato il potere del peccato per mezzo del Signore Gesù Cristo, e, quindi, puoi superare le abitudini peccaminose perché puoi dipendere dalla Sua forza e puoi ubbidire alla Sua Parola *(basato su Giovanni 8:34-36; Romani 6:1-7, 11-22; 8:11-15; Galati 5:16; 2 Pietro 2:19b; 1 Giovanni 3:23-24, 5:1-5).*

I. Gli obiettivi di questa lezione sono:

   A. aiutarti a riconoscere i peccati ripetuti che dominano la tua vita;

   B. elencare alcune soluzioni e teorie, inadeguate, dell'uomo per affrontare i peccati ripetuti che dominano la vita;

   C. mostrare come un peccato che domina la vita influenzi ogni aspetto della vita di una persona;

   D. mettere a confronto il potere di Dio, che vince il peccato, con il potere, già sconfitto, di Satana che cerca di renderti schiavo del peccato.

II. Il sommario di questa lezione

   A. Esamina te stesso

   1. **PRINCIPI BIBLICI: I PECCATI RIPETUTI CHE DOMINANO LA VITA (PRIMA PARTE)** (Lezione 20, pagina 2)

   2. **RICONOSCERE I PECCATI RIPETUTI CHE DOMINANO LA VITA** (Lezione 20, pagine 3-7)

   3. **GLI EFFETTI DEI PECCATI RIPETUTI CHE DOMINANO LA VITA (IL CERCHIO DELLA VITA)** (Lezione 20, pagina 8)

   4. **DIO HA SPEZZATO IL POTERE DI SATANA** (Lezione 20, pagine 9-11)

   B. Passi per la crescita spirituale

   1. **LEZIONE 20: COMPITI** (Lezione 20, pagina 12)

   2. **GUIDA ALLO STUDIO PER LA MEDITAZIONE GIORNALIERA** (Lezione 20, pagine 13-14)

   C. Consulenza biblica

   (Lo studio di un caso riprende alla Lezione 21).

PRINCIPI BIBLICI: I PECCATI RIPETUTI CHE DOMINANO LA VITA (PRIMA PARTE)

> Quando commetti ripetutamente un particolare peccato, ti poni sotto il suo controllo e ne diventi schiavo. Se sei schiavo del peccato, non puoi, in verità, pretendere di seguire Gesù Cristo con tutto il cuore. Se ti ostini a compiere quel peccato, se non fai dei passi biblici per superarlo, dovresti seriamente dubitare dell'autenticità della tua salvezza. Ma, come credente sincero, nonostante la tua incapacità di liberarti dalla schiavitù che domina la tua vita, Dio ha provveduto per te la Sua grazia, misericordia e potenza per superare qualsiasi peccato. Inoltre, quando superi il potere del peccato con la forza del Signore, si forma in te il carattere di Cristo *(basato su Salmo 119:9-11, Romani 6:1-14, 8:2; 1 Corinzi 6:9-20; Efesini 2:1-10; 2 Timoteo 2:22; Ebrei 10:26-27; 2 Pietro 1:2-10; 1 Giovanni 1:6-2:6; 3:4-10; 4:4; 5:5).*

I. **Il punto di vista di Dio**

(*Principio 91*) Dio ti ritiene responsabile di tutte le tue azioni (pensieri, parole e atti), incluse quelle che dominano la vita o che sono considerate conseguenti ad una "predisposizione genetica" o da "dipendenza" *(basato su Ecclesiaste 12:13-14; Ezechiele 18:2-20, spec. il versetto 20; Matteo 12:35-37; Romani 2:1-11; 1 Corinzi 3:8; 2 Corinzi 5:10; Colossesi 3:23-25; 1 Pietro 1:17; Apocalisse 22:12).* Diventi schiavo di qualunque cosa abbia il controllo su di te *(Romani 6:16-18; 2 Pietro 2:19b).*

II. **La tua speranza**

(*Principio 92*) Non importa la gravità o la durata del tuo peccato, esso può essere superato completamente e in brevissimo tempo se segui il piano di Dio per l'intera tua vita *(basato su Romani 6:17-18; 1 Corinzi 6:9-11, spec. il versetto 11; 10:13; 2 Corinzi 5:17; 2 Timoteo 3:16-17; 1 Giovanni 5:3-5).*

Altri principi inerenti all'argomento

Principi 20-26 in **PRINCIPI BIBLICI: BASE BIBLICA PER IL CAMBIAMENTO** *(Lezione 6, pagine 2-3), punto II. La tua speranza nel mezzo delle prove.*

(*NOTA della Lezione 9, pagina 3*). Il tuo Padre celeste è il Dio Sovrano dell'universo e vuole il meglio per te *(Geremia 29:11; Romani 8:28).* Egli compirà il Suo piano nella tua vita *(Isaia 46:9-11; Romani 8:29; Filippesi 1:6; 2:13).* Egli ha promesso di fornirti tutto il necessario per compiere ogni opera buona *(1 Corinzi 12:7; 2 Timoteo 3:16-17; 1 Pietro 4:9-10),* e di esserti a fianco in ogni circostanza della tua vita *(Salmo 23:1-6; 121:1-8; 2 Timoteo 4:18; 1 Giovanni 5:18).*

RICONOSCERE I PECCATI RIPETUTI CHE DOMINANO LA VITA

> Sarai capace di riconoscere, e superare, i peccati ripetuti che dominano la tua vita, per far piacere al Signore e darGli gloria, solo dopo aver sperimentato la nuova nascita spirituale e nella continua ubbidienza alla Sua Parola *(basato su Romani 6:6-7, 11, 16-18; 8:8; 1 Corinzi 2:14; 6:9-12, 19-20; 1 Tessalonicesi 4:1-8; Ebrei 5:14, 13:20-21; Giacomo 1:21-25; 1 Pietro 2:2-3, 12; 2 Pietro 1:2-11).*

I. **Le caratteristiche di un peccato ripetuto che domina la vita**

   A. Commetti questo peccato sebbene tu abbia cercato più volte di superarlo *(non tieni conto di Romani 6:1-2, 6-7, 11-13; 1 Corinzi 6:12, 19-20; Galati 5:16-17).*

   B. Commetti questo peccato e incolpi gli altri o le circostanze, per la tua incapacità a superarlo *(non tieni conto di Ezechiele 18:4, 20; Marco 7:20-23; Romani 14:12; 2 Corinzi 5:10).*

   C. Neghi che ciò che stai facendo sia peccato *(non tieni conto di 1 Pietro 1:16; 1 Giovanni 1:8).*

   D. Sei certo di non essere schiavo di questo peccato e di "poter smettere in qualunque momento"; però continui a commetterlo *(non tieni conto di Giovanni 8:34; Romani 6:1-2, 16; 2 Timoteo 2:22; Giacomo 2:10, 4:17; 1 Giovanni 3:3).*

   E. Ti convinci che questo peccato non ha potere su di te poiché non lo commetti più tanto quanto una volta *(non tieni conto di Giovanni 14:15; Romani 6:12-16; 1 Corinzi 6:12; 1 Tessalonicesi 4:7, 5:22; 2 Timoteo 2:22).*

   F. Ripeti questo peccato sebbene qualsiasi piacere o soddisfazione personale siano di corta durata, mentre il danno per te e gli altri è serio e dura nel tempo *(non tieni conto di Romani 6:16, 21; 14:7-8, 19; 15:2; 1 Corinzi 6:19-20; 2 Corinzi 5:15; Galati 5:16-17; Giacomo 1:14-15; 1 Pietro 4:3-6).*

   G. Cerchi di nascondere il tuo peccato *(non tieni conto di Salmo 32:1-5; Giovanni 3:19-21; Efesini 5:8-17; Giacomo 5:16)*:

   1. hai "cerchie" separate di amici e conoscenze (ossia vivi una "doppia vita"); ti assicuri di non far sapere agli uni l'esistenza degli altri *(non tieni conto di Matteo 5:13-16; Romani 12:9; 1 Corinzi 15:33; 2 Corinzi 6:14-18; Efesini 5:11);*

   2. menti regolarmente per coprirlo *(non tieni conto di Proverbi 6:16-19, 12:22, 28:13; Colossesi 3:9-10);*

   3. cerchi di far credere agli altri che stai vivendo nella via di Dio *(non tieni conto di Proverbi 6:12-15; Marco 7:20-23, spec. il versetto 22; 2 Timoteo 3:13; Giacomo 3:17; 1 Pietro 2:1-3);*

   4. ti indigni, o sei sorpreso, quando qualcuno scopre delle incoerenze nella tua vita che lo portano a sospettare il tuo problema *(non tieni conto di Proverbi 14:8, 27:6a, 29:9; Giacomo 1:22-24);*

   5. sei polemico e cerchi di creare fazioni tra i credenti incoraggiando alcuni a sostenere la tua causa, contro il resto del corpo di Cristo *(non tieni conto di Romani 16:17-18; Efesini 4:1-3; Ebrei 12:14).*

H. Insulti, o diffami, proprio le persone che cercano di riconciliarti con il Signore e con gli altri *(non tieni conto di Salmo 15:1-3; Proverbi 10:16-17, 16:28; Matteo 15:19; Marco 7:20-23, spec. il versetto 22; Efesini 4:31-32; Giacomo 5:9; 1 Pietro 2:1-3).*

I. Perseveri in questo peccato, anche se sai che non è edificante comportarsi così *(non tieni conto di Romani 15:2; 1 Corinzi 6:12, 10:23-24).*

J. Continui a commettere questo peccato, anche se sai che esso offusca la testimonianza di Gesù Cristo nella tua vita ed è una pietra di inciampo per gli altri *(non tieni conto di Matteo 5:16; Romani 14:13; 1 Pietro 2:11-12, 24; 3:15-16).*

K. Perseveri in questo peccato, nonostante la Parola di Dio ti dica di smettere di peccare, e il Signore ti metta a disposizione tutto il necessario per liberarti da questa schiavitù *(non tieni conto di Romani 6:5-7, 12-14, 22; 1 Corinzi 10:13; Galati 5:16-17; 2 Timoteo 3:16-17; Giacomo 4:17; 1 Giovanni 4:4).*

L. Commetti ripetutamente questo peccato pur sapendo che questo non piace al Signore né Gli porta gloria *(non tieni conto di 1 Corinzi 6:20, 10:31; 2 Corinzi 5:9; Colossesi 1:10; 1 Pietro 2:11-12).*

M. Perseveri in questo peccato anche se sai che le tue azioni (pensieri, parole e atti) non sono conformi al carattere di Cristo *(non tieni conto di 2 Corinzi 10:5; Galati 2:20, 5:22-24; Colossesi 3:1-11; 1 Pietro 1:14-16; 1 Giovanni 3:2-3).*

II. **Il punto di vista dell'uomo riguardo ai peccati ripetuti che dominano la vita**

A. La filosofia di questo mondo spesso insegna che un "comportamento indesiderabile" (ciò che la Bibbia chiama peccato) è causato da una "malattia" o da una "predisposizione" con cui si deve imparare a convivere ("sopportare"). Per aiutarti a sopportarlo, spesso si ricorre a psicofarmaci, alla psicoanalisi o addirittura a incoraggiare uno "stile di vita alternativo". Vediamo così che la saggezza naturale dell'uomo cerca di affrontare i problemi della vita "ridefinendo" il peccato e/o incoraggiando ad accettarlo. Il risultato è il rifiuto della Parola di Dio come autorità, per tutti gli aspetti della vita, rifiuto che procura maggiore angoscia, infelicità e illusione.

B. Il mondo riconosce che alcuni problemi che dominano la vita sono nocivi (p. es.: atti criminali, procrastinazione, pigrizia, "fobie") e le persone sono incoraggiate ad affrontarli. Tuttavia, i metodi per superare questi problemi sono basati sulla saggezza umana e non tengono conto della potenza di Dio e delle linee guida della Sua Parola. Tali "soluzioni" esaltano l'uomo e non insegnano a una persona a far piacere a Dio in ogni cosa.

III. **Alcune spiegazioni umane errate per i peccati ripetuti che dominano la vita**

A. Alcuni individui hanno una predisposizione genetica a certe "preferenze" e non possono farci nulla; perciò non sono responsabili delle loro azioni *(spesso usato per spiegare l'omosessualità).*

B. Certi problemi che controllano gli individui sono "malattie" e, come tali, devono essere trattate *(spesso usato per spiegare depressione, paure o "fobie", abuso di droga o di alcol, "disturbi della personalità").*

C. A causa del "tipo di personalità" di un individuo, egli tenderà ad agire in determinati modi; è semplicemente un aspetto del suo personale modo di essere *(spesso usato per spiegare ira estrema, depressione, preoccupazione, paura, "umore altalenante").*

D. Una persona, schiava di un problema, dimostra semplicemente di avere una bassissima "stima di sé" *(spesso usato per spiegare anoressia, bulimia, depressione, adulterio, violenza tra bande, rapine, omicidi, fornicazione, che può sfociare nella pornografia, nella prostituzione o nella perversione sessuale).*

E. Un individuo può essere schiavo di un problema per il modo in cui è stato trattato da bambino. Se è stato trattato in una certa maniera dai suoi genitori, o da chi aveva autorità su di lui, molto probabilmente agirà verso gli altri allo stesso modo *(spesso usato per spiegare violenza fisica, scoppi verbali violenti d'ira, menzogne, furti, abuso su minori, atti vandalici).*

F. Per qualcuno, essere dominato da un problema, potrebbe essere una reazione, o una vendetta, per gravi ingiustizie subite nel passato *(spesso usato per spiegare: omicidi, stupri, adulterio, pedofilia, ritorno a comportamenti infantili, il non accettare le responsabilità della vita che si esprimono nella "catatonia", nello stare perennemente a letto o nel non prendere alcuna iniziativa).*

IV. Alcuni tentativi dell'uomo per affrontare i problemi che rendono schiavi gli individui

A. Ricoverare la persona "malata" in un centro specializzato per curare la sua "malattia" (Il programma spesso includerà psicoterapia estesa, chiaro antagonismo alla Parola di Dio, comunicazione non biblica e numerosi approcci ai problemi, in contrasto con la Scrittura, che esaltano la saggezza dell'uomo invece di quella di Dio).

NOTA. Alcune strutture specializzate nel trattare una specifica "malattia" aiutano, di fatto una persona a smettere di commettere un particolare peccato (come abuso di droga o di alcol). Tuttavia, l'autocontrollo in un solo aspetto della vita non risolve il problema del cuore di una persona davanti a Dio e, perciò, non può aiutarla a vivere in maniera da piacere al Signore in ogni cosa. (Ripassa le Lezioni 1 e 2).

B. Alcuni programmi usano principi "spirituali", che si trovano nella Parola di Dio, per aiutare le persone a liberarsi dal controllo del problema che li domina. Cercano, però, di non "offendere" nessuno, e perciò non citano la Bibbia come fonte di questi principi.

NOTA. Vari programmi di cura o di ricupero seguono principi della Parola di Dio (spesso senza saperlo) per cercare di aiutare le persone a liberarsi di un problema o di un'abitudine (un peccato) dominante. Questi programmi usano termini che si trovano nella Bibbia, come "non essere in grado", "perdonare gli altri", "confessare gli sbagli", "restituire o fare ammenda" e "edificare gli altri". Tuttavia, questi "programmi spirituali" non riconoscono la Bibbia come l'autorità per tutti i problemi della vita. Inoltre permettono a chi ne prende parte di scegliere il proprio "dio" (il loro "potere supremo"). Come risultato, questi programmi di ricupero minimizzano, o si oppongono, all'eterno, essenziale bisogno di avere un rapporto personale con Dio attraverso il Signore Gesù Cristo e, perciò, non possono insegnare a ubbidire alla Parola di Dio in ogni aspetto della vita. Quando qualcuno cerca di affrontare un problema per un fine personale, piuttosto che per piacere a Dio, non avrà a disposizione le risorse di Dio né la Sua costante pace e gioia. (Ripassa le Lezioni 1 - 4).

C. Prescrivere medicinali per alterare l'umore. L'intento è di aiutare l'individuo a "sentirsi meglio" nei confronti del proprio problema (ossia mitigare i sintomi) e allo stesso tempo fornire "consulenza professionale" per aiutare la persona a "capire il suo problema" e imparare stili di vita "meno stressanti" e "più salutari".

NOTA. Alcune disfunzioni fisiologiche (organiche e ghiandolari) devono essere curate da un medico che potrebbe prescrivere dei medicinali da assumere sotto la sua sorveglianza. Tuttavia, qualsiasi consiglio riguardo al pensare e al vivere, basato sulla saggezza dell'uomo invece che su quella di Dio, rivelata in Gesù Cristo e nella Sua Parola, è inadeguato e deve essere evitato. (Ripassa le Lezioni 3 - 8).

D. Far frequentare all'individuo un "gruppo di sostegno" laico, composto di persone che hanno sperimentato lo stesso problema e che, quindi, possono comprendere ciò che l'individuo sta attraversando meglio di chiunque altro.

> *NOTA. Coloro che fanno parte di un "gruppo di sostegno" non cristiano sono di solito consapevoli delle conseguenze del loro comportamento sbagliato (peccaminoso) per cui possono mettere in guardia gli altri. Tuttavia la "comprensione" e il conseguente "aiuto" viene dalle persone del gruppo invece che da Gesù Cristo (vedi Ebrei 4:15-16) e dalla Parola di Dio (vedi 2 Timoteo 3:16-17; Ebrei 4:12). Senza le linee guida bibliche, la "comunicazione" in gruppi del genere spesso comporta espressioni peccaminose delle emozioni, scontri furiosi, rivangare i vecchi peccati, pettegolezzi, bestemmie e "soluzioni" non bibliche ai problemi. Inoltre, la concentrazione sul proprio io è, spesso, d'importanza primaria per "fare progressi" come membro di un gruppo di sostegno laico. (Ripassa le Lezioni 4 - 13).*

E. Insegnare all'individuo a "piacersi" e a essere il migliore amico di se stesso (ossia sviluppare una "buona immagine di sé"). Così facendo, lo si aiuterà ad affrontare e a gestire il suo problema per il suo bene. *(Ripassa le Lezioni 4, 9 e 10).*

F. Aiutare l'individuo a trovare altri modi per dar sfogo ("scaricare") alle proprie emozioni in relazione al suo problema. Questo tipo di "terapia" spesso è praticata attraverso una "consulenza professionale" e/o tecniche di "ricompensa" e "punizione".

> *NOTA. Questa "terapia" può reindirizzare, almeno temporaneamente, a un comportamento meno dannoso per sé e per gli altri; non affronta, però, il problema di base, cioè la mancanza di un impegno, senza riserve, verso Dio attraverso Gesù Cristo. Senza una relazione personale con il Signore è impossibile l'ubbidienza alla Scrittura. "Nuove direzioni o espressioni" del problema sono spesso, di per sé, peccaminose. Questo approccio per risolvere i problemi, non affronta la sfida più grande che è quella di morire a se stessi per piacere a Dio in ogni cosa e di edificare gli altri attraverso il servizio e le espressioni dell'amore biblico. (Ripassa le Lezioni 4 – 10).*

G. Insegnare all'individuo che, sebbene la sua "malattia" o "predisposizione genetica" non cambierà mai, egli può smettere di compiere le varie attività a essa collegate.

> *NOTA. Accentuare la responsabilità personale è in sé un concetto biblico, benché il suo legame con la Scrittura sia, in genere, sconosciuto o evitato di proposito. Spesso associato a questo modo di affrontare i problemi è il dover rendere conto ad altri del proprio comportamento. Anche ciò è basato su dei principi scritturali spesso, però, il fondamento della Parola di Dio è sorvolato o disconosciuto. Di solito questo approccio evidenzia che, umanamente, non si ha abbastanza forza naturale per essere responsabili o per rispondere ad altri del proprio comportamento (altro concetto biblico che spesso non riceve il giusto credito), ma "il potere o la forza necessari" vengono dal sostegno degli altri o da una non meglio definita "sorgente divina". Smettere di compiere azioni peccaminose è lodevole, ma l'attenzione è sull'uomo, non su Dio. Non si potrà raggiungere, né sperimentare, il cambiamento completo e soprannaturale, senza la potenza di Gesù Cristo (vedi 2 Corinzi 5:17). Senza la nuova nascita spirituale, una persona non avrà la forza, data dallo Spirito Santo, di cambiare e non potrà comprendere la Parola di Dio. (Ripassa le Lezioni 1 - 8).*

H. Imparare a "separare se stessi" dal problema che domina la vita di un altro (ossia cessare di essere "codipendente").

> *NOTA. I programmi concepiti per le persone "codipendenti" indicano, giustamente, l'errore di adattarsi al comportamento "malato" (peccaminoso) di una persona sotto la schiavitù di un problema che la domina. Tuttavia, anche la persona "codipendente"*

è definita "malata" perché continua ad avere relazioni con chi è sotto la schiavitù di un problema. Di solito, questi programmi mettono l'accento sulla necessità di concentrarsi sulla propria vita e non coprire, o partecipare, al comportamento "malato" di un altro. Questa affermazione sembrerebbe simile ai principi biblici, ma il modo di concentrarsi sulla propria vita e il rifiuto di condonare, o di adattarsi ai peccati di un altro è basato sulla saggezza umana ed è contrario alla Scrittura. Per esempio, al centro della maggior parte dei programmi laici per le persone "codipendenti", si pone l'accento sull'io (ossia "tu fai questo per te stesso e per nessun altro"). In effetti, i programmi laici per "codipendenti" promuovono il "sostegno" tra i membri e non permettono che si scarichino sugli altri le proprie colpe. Tuttavia, in questi programmi non è mai posto l'accento sull' imparare a vivere per Dio e a edificare gli altri secondo la Parola (vedi 1 Corinzi 2:14). Spesso sono permesse, e addirittura incoraggiate, numerose altre violazioni alla Scrittura (per esempio: esplosioni di rabbia, ricordo dei peccati passati, pettegolezzi, incoraggiamento al divorzio, espressioni di amarezza, mancanza di perdono biblico o non mettere in pratica l'amore biblico). (Ripassa tutte le lezioni).

V. Alcune conseguenze del rimanere schiavo del peccato

A. Dio non ti assicura che ascolterà o risponderà alle tue preghiere *(basato su Salmo 66:18; Proverbi 15:29, 28:9; Isaia 59:1-2; 1 Pietro 3:12).*

B. Avrai conseguenze sia spirituali sia fisiche *(basato su Salmo 32:3-5, 38:1-10, 51:3; 1 Corinzi 5:3-5, 11:28-30; Colossesi 3:25; Ebrei 12:5-11).*

C. Perderai la gioia della tua salvezza *(basato su Salmo 51:8-12; 1 Giovanni 1:4)*; potresti dubitare di avere mai avuto un rapporto rigenerativo col Signore (dubiterai di essere un credente) *(basato su 1 Corinzi 6:9-10; 1 Giovanni 2:4; 3:4-10).*

D. Sarai sempre più infelice e la tua vita sarà più difficile *(basato su Proverbi 1:24-32; 13:15, 21a; 28:13-14)*, perché farai posto, nella tua vita, a Satana *(basato su 2 Corinzi 2:10-11, 10:5; Efesini 4:26-27, spec. il versetto 27; 2 Pietro 2:19b-22; 1 Giovanni 3:4-9).*

E. Sarai sotto la disciplina correttiva del Signore *(Ebrei 12:5-11)*, e la severità della stessa aumenterà per indurti a riconciliarti col Signore e con gli altri *(basato su Proverbi 15:10; Matteo 18:15-20).*

F. Tu, attraverso le tue azioni, intralcerai la vera comunione con gli altri membri del corpo di Cristo *(basato su 1 Corinzi 5:9-11; 2 Tessalonicesi 3:11-15).*

G. Vivrai in un'illusione spirituale perché sarai soltanto un ascoltatore della Parola, non uno che la metta in pratica *(basato su Giacomo 1:22-24)* e non potrai discernere chiaramente tra bene e male *(basato su Ebrei 5:14).*

GLI EFFETTI DEI PECCATI RIPETUTI CHE DOMINANO LA VITA (IL CERCHIO DELLA VITA)

> Per determinare gli effetti di un peccato che domina la tua vita, devi esaminare i vari modi in cui esso si manifesta. Se commetti un tale peccato, alla fine esso influirà su tutti i tuoi rapporti e tutte le tue responsabilità. Spesso, per "coprire" questo peccato, ne aggiungerai altri (imbroglierai) *(basato su Salmo 36:1-4; Proverbi 1:24-32, 2:11-15, 4:19, 5:22-23, 12:20a, 13:6, 14:14a; Romani 6:16; Galati 5:16-21; Giacomo 1:22-24; 2 Pietro 2:20-22; 1 Giovanni 3:4-9).*

© Biblical Counseling Foundation

DIO HA SPEZZATO IL POTERE DI SATANA

> Satana, il primario avversario di Dio e dell'uomo, come principe di questo mondo ha un potere grande e malvagio. Parte del suo piano diabolico è ingannare tutta l'umanità, accusare i credenti davanti al Signore e rovinare i figli di Dio esortandoli a peccare. Gesù Cristo, attraverso la Sua morte redentrice e la Sua resurrezione vittoriosa, ha sconfitto il potere di Satana. Questa vittoria si estende ed è a disposizione di coloro che sono in Cristo (i credenti) *(basato su Romani 6:5-6; 2 Corinzi 4:4; Efesini 2:2, 6:12; 1 Tessalonicesi 3:5; Ebrei 2:14-15; 1 Pietro 5:8; 1 Giovanni 3:8; 4:4; 5:4-5, 18-19; Apocalisse 12:10).*

I. **Le caratteristiche di Satana e il suo potere**

A. Satana (chiamato nella Scrittura anche diavolo, avversario, nemico, distruttore, dragone, accusatore, serpente e tentatore) è il capo degli esseri celesti caduti; è il nemico per eccellenza di Dio e dell'uomo *(basato su Giobbe 1:6-11, 2:1-7; Zaccaria 3:1; Matteo 25:41; Efesini 6:11-12; 1 Pietro 5:8; Apocalisse 12:7-9).*

B. Satana è descritto nella Scrittura come:

1. peccatore fin dal principio *(1 Giovanni 3:8);*

2. omicida fin dal principio e padre della menzogna *(Giovanni 8:44);*

3. un impostore, travestito da angelo di luce *(2 Corinzi 11:14),* ma ripieno di male *(Giovanni 17:15; 1 Giovanni 2:13-14, 5:18-19);*

4. il tentatore *(Matteo 4:3; 1 Tessalonicesi 3:5)* diabolicamente astuto *(2 Corinzi 11:3; Efesini 6:11);*

5. l'istigatore della caduta dell'uomo *(Genesi 3:1-6);*

6. un leone ruggente *(1 Pietro 5:8),* un serpente *(Genesi 3:1-4; Apocalisse 12:9, 20:2)* e un dragone *(Apocalisse 12:3, 7, 9).*

C. Il potere di Satana è enorme, giacché egli:

1. comanda un vasto regno di angeli caduti e di esseri demonìaci *(basato su Matteo 12:26-29, 25:41; Efesini 6:12; Apocalisse 12:4, 7, 9);*

2. è il principe della potenza dell'aria *(Efesini 2:2)* e ha l'intero mondo (il suo sistema o ordine) in suo potere *(1 Giovanni 5:19b);*

3. è il dio *(2 Corinzi 4:4),* il principe *(Giovanni 12:31, 14:30, 16:11)* e il seduttore del mondo intero *(Apocalisse 12:9, 20:3);*

4. ogni persona che non è "in Cristo" (un credente) è un "suo figlio" *(Matteo 13:24-30, 36-42, spec. il versetto 38; Efesini 2:2-3; 1 Giovanni 3:7-10, spec. il versetto 10)* e sotto il suo potere *(Efesini 2:2-3; 2 Timoteo 2:24-26, spec. il versetto 26);*

5. ha sempre contrastato e continuerà a contrastare l'opera di Dio:

   a. porta via la Parola di Dio dai cuori dei non credenti perché non credano nel Signore Gesù Cristo e non siano salvati *(Luca 8:11-12);*

b. acceca le menti dei non credenti affinché essi non vedano la luce della Buona Notizia di Gesù Cristo *(2 Corinzi 4:4)*;

c. usa falsi messaggeri (falsi profeti, falsi apostoli, falsi insegnanti, falsi Messia) in grado di compiere grandi segni e meraviglie *(basato su Matteo 7:15-23; 24:4-5, 11, 23-24; Marco 13:6, 21-22; 2 Corinzi 11:13-15; 2 Tessalonicesi 2:8-10; 2 Pietro 2:1-3, 12-22, 1 Giovanni 4:1)*;

d. distorce la Parola di Dio *(basato su Genesi 3:1-5; Matteo 4:3, 6; 2 Pietro 1:20-2:1)*;

e. usa un potere demonìaco per rendere schiavi i non credenti ad una falsa adorazione *(basato su Salmo 106:34-39, spec. il versetto 37; 1 Corinzi 10:19-20; 1 Timoteo 4:1; Apocalisse 9:20)* e per affliggerli fisicamente *(basato su Matteo 9:32, 12:22, 17:15-18; Marco 5:1-5, 9:17-22)*;

f. semina zizzanie (falsi credenti) fra coloro che sono nel corpo di Cristo *(basato su Matteo 13:24-30, 36-43)*;

g. tenta i credenti per indurli a peccare *(basato su Atti 5:3; 1 Corinzi 7:5; 1 Tessalonicesi 3:5)*;

h. accusa continuamente i credenti davanti a Dio *(Apocalisse 12:10)*;

i. trama contro i figli di Dio e cerca di sviarli *(basato su Matteo 24:24; 2 Corinzi 11:3; Efesini 6:11; 1 Tessalonicesi 2:18)*;

j. porta la sofferenza nella vita dei figli di Dio (ma sempre nei limiti imposti da Dio) *(basato su Giobbe 1:8-12, spec. il versetto 12; 2:3-6, spec. il versetto 6; Luca 22:31-32; Apocalisse 2:10)*.

II. I limiti di Satana e il giudizio che lo attende

A. Il potere e le abilità di Satana non sono uguali a quelle di Dio, giacché Satana è un essere creato *(basato su Colossesi 1:13-17, spec. il versetto 16)*. Ogni cosa creata, non importa quanto potente, è sottomessa al potere del Signore Gesù Cristo risorto *(Matteo 28:18; Efesini 1:19-23, spec. i versetti 21-22; Colossesi 1:16; 2:9-10, spec. il versetto 10)*.

B. Satana può fare, e avere, solo ciò che Dio permette *(basato su Giobbe 1:7-12, 2:1-7; Luca 4:6, 22:31-32; 2 Tessalonicesi 2:1-12, spec. il versetto 7; Apocalisse 2:10)*.

C. Satana è stato maledetto da Dio *(Genesi 3:14-15)*, è già stato giudicato *(Giovanni 12:31; 16:7-11, spec. il versetto 11)*, sarà infine gettato nel fuoco eterno con i suoi angeli *(Matteo 25:41)*, gli altri suoi seduttori *(Apocalisse 20:10)* e i non credenti *(Apocalisse 20:15)*.

D. Gesù è venuto sulla terra per distruggere pubblicamente (rendere inoperose, porre fine, annientare) le opere del diavolo *(basato su Genesi 3:15; 1 Giovanni 3:8)* e disarmare i principati e le potenze che sono sotto il controllo di Satana *(basato su Luca 10:17-19; Colossesi 2:13-15, spec. il versetto 15)*.

1. Gesù fu più che vittorioso sulle tentazioni di Satana *(Matteo 4:1-11; Luca 4:1-13)*.

2. Mentre era sulla terra, Gesù mostrò di poter sconfiggere Satana *(Marco 3:22-27, spec. il versetto 27)*; infatti, esercitò il Suo potere sui demòni *(Matteo 9:32-33, 12:22, 17:14-18; Marco 5:1-13, spec. i versetti 8 e 13; Marco 9:17-27, spec. il versetto 25; Luca 11:14, 20)*, i quali riconobbero l'autorità che Egli aveva su di loro *(Marco 5:7-12, spec. i versetti 7, 10, 12)*.

E. Con la Sua morte sacrificale, Gesù ha spezzato il potere di Satana sulla morte e ha liberato coloro che erano sotto la schiavitù del diavolo *(Atti 26:14-18, spec. il versetto 18; Ebrei 2:14-15)*; ha cancellato il debito del loro peccato *(Colossesi 2:13-14)*; ha dato loro la vita eterna e li ha posti sotto la Sua cura e protezione *(Giovanni 10:27-29)*.

F. Sebbene Satana possa tentare il credente a peccare *(1 Corinzi 7:5; 1 Tessalonicesi 3:5)*, egli ha dentro di sé il potere più grande del Cristo risorto *(1 Giovanni 4:4)* per cui, ogni volta che è tentato, può sconfiggere Satana rifiutandosi di peccare *(Romani 6:6-14, 17-18; 8:9-18; 1 Corinzi 10:13; 1 Pietro 2:24-25)*.

   1. Malgrado il grande potere di Satana, il credente, può riconoscerne le sue insidie perché dipende dalla potenza, dalle risorse e dalla vittoria già riportata su di esso dal Signore *(2 Corinzi 2:11)* e rimanere saldo *(Efesini 6:10-18)*.

   2. Un credente che si sottomette a Dio, può resistere al diavolo e essere più che vincitore in Gesù Cristo *(Romani 8:31-39; Giacomo 4:7; 1 Pietro 5:8-10; Apocalisse 12:10-11, spec. il versetto 11)*.

G. I seguaci di Gesù Cristo saranno contrastati da Satana, soprattutto quando proclameranno il messaggio liberatorio della Buona Notizia di Gesù Cristo. Tuttavia, anche di fronte alla formidabile opposizione delle potenze demonìache, i veri discepoli di Cristo hanno ricevuto la Sua autorità sopra i servi infernali di Satana *(basato su Matteo 10:1; Marco 9:38-40, 16:15-18; Luca 10:17-20; Atti 5:12-16, spec. il versetto 16; 8:4-8; 16:16-18; Romani 6:16-19, 8:35-39; 2 Corinzi 12:7-10; 1 Giovanni 4:4)*.

III. **Devi cessare qualsiasi contatto con Satana nella tua vita**

   A. Il culto a Satana, o il coinvolgimento in qualsiasi attività perversa, è un abominio per il Signore che lo proibisce *(basato su Levitico 17:7, 19:31, 20:6; Deuteronomio 18:9-14; 2 Re 21:1-6, spec. il versetto 6; 1 Cronache 10:13-14; Salmo 106:34-40; Matteo 4:8-10; 1 Corinzi 10:19-21; 1 Timoteo 4:1; Apocalisse 21:8)*.

   1. Devi distruggere qualsiasi oggetto, manufatto, ciondolo, scritto, strumento, raffigurazione, o qualsiasi altra cosa, ancora in tuo possesso, che ricordi il culto satanico, il demonismo, lo spiritismo o altre pratiche occulte *(basato su 1 Re 15:12; 2 Re 10:18-31, spec. i versetti 25-28; 23:4-20; Geremia 4:1; Atti 19:18-20, spec. il versetto 19; 1 Corinzi 10:14, 19-20, 23; Filippesi 4:8; Colossesi 3:2)*.

   2. Non devi avere contatti con coloro che sono coinvolti in pratiche sataniche *(basato su 1 Corinzi 15:33; 2 Corinzi 6:15-18; Efesini 5:11-12; 2 Giovanni 1:7-11)*.

   B. Il semplice allontanamento da qualsiasi legame con pratiche sataniche, non ti darà il potere di liberarti dal peccato, né ti permetterà di vedere dei cambiamenti nella tua vita. Avrai a tua disposizione questo potere solamente con la nuova nascita spirituale *(Giovanni 3:3)*, con una costante dipendenza da Gesù Cristo *(Giovanni 15:5; 1 Giovanni 4:4)* e con una fedele ubbidienza alla Parola di Dio *(Salmo 19:7-11; 2 Timoteo 3:16-17; 2 Pietro 1:2-11) (vedi sopra II.)*.

Vedi anche:

***IL PUNTO DI VISTA BIBLICO SULLE PROVE E SULLE TENTAZIONI** (Lezione 8, pagine 3-7)*
***PASSI PRATICI PER OTTENERE UN CAMBIAMENTO BIBLICO** (Lezione 8, pagine 8-10)*
***INDOSSARE LA COMPLETA ARMATURA DI DIO** (Lezione 21, pagine 4-12)*
***SUPERARE I PECCATI RIPETUTI CHE DOMINANO LA VITA** (Lezione 21, pagine 13-19)*

LEZIONE 20: COMPITI

> I **COMPITI** di questa settimana hanno lo scopo di incoraggiarti a ricordare che Dio ti ha messo a disposizione risorse e potenza sufficienti per superare qualunque peccato che domina la tua vita attraverso il Signore Gesù Cristo *(basato su Romani 6:1-7, 8:11-18; 2 Timoteo 3:16-17; Ebrei 2:14-15; 2 Pietro 1:2-11; 1 Giovanni 4:4; 5:4-5, 18).*

✔ *compiti completati*

☐ A. * Con parole tue scrivi il significato di *Romani 6:22* ed *Efesini 6:10-11*. Impara a memoria *Romani 6:22* ed *Efesini 6:10-11* e inizia ad imparare *Efesini 5:18* e *6:12-13*. Ripassa i versetti precedenti.

☐ B. * Leggi **PRINCIPI BIBLICI: PECCATI RIPETUTI CHE DOMINANO LA VITA (PRIMA PARTE)** (Lezione 20, pagina 2). Evidenzia nella tua Bibbia i versetti elencati.

☐ C. * Studia **RICONOSCERE I PECCATI RIPETUTI CHE DOMINANO LA VITA** (Lezione 20, pagine 3-7). Ripassa le caratteristiche di un peccato che domina la vita. Con spirito di preghiera esaminati per vedere se ci sono tali peccati in te. Osserva le spiegazioni ed i tentativi che l'uomo naturale usa per affrontare i problemi (peccati) che dominano la vita. Metti un segno accanto a quelli che riconosci come "veri". Nota soprattutto quali sono i risultati per chi continua a commettere un peccato che domina la vita.

Se riconosci un peccato che domina la tua vita, oltre a quello che il Signore vuole che tu superi durante questo corso, confessalo al Signore e compi immediatamente i passi biblici per superarlo. *Ripassa le Lezioni 5 - 8.*

☐ D. * Ripassa **GLI EFFETTI DEI PECCATI RIPETUTI CHE DOMINANO LA VITA (IL CERCHIO DELLA VITA)** (Lezione 20, pagina 8). Se riconosci che un qualunque peccato abbia influito su aspetti specifici della tua vita, compi i passi biblici necessari per ristabilire il tuo rapporto con il Signore e con gli altri.
Vedi anche:
IL PERCORSO ASCENDENTE: CAMMINARE NELLA VIA DI DIO *(Lezione 5, pagina 5)*
PASSI PRATICI PER OTTENERE UN CAMBIAMENTO BIBLICO *(Lezione 8, pagine 8-10)*
PROBLEMI INTERPERSONALI (PRIMA E SECONDA PARTE) *(Lezioni 12-13)*
LINEE GUIDA: SCHEDA DI LAVORO VITTORIA SUI FALLIMENTI *(Supplemento 7)*

☐ E. * Studia **DIO HA SPEZZATO IL POTERE DI SATANA** (Lezione 20, pagine 9-11). Presta attenzione al modo in cui Satana cerca di ostacolare l'opera di Dio. Ripassa, con cura, le citazioni dei passi della Scrittura che elencano le limitazioni di Satana e il giudizio che cadrà su di lui. Segna quei versetti che parlano della completa vittoria di Dio sul potere di Satana nella vita di un credente.

☐ F. * In collegamento con questa lezione, esegui quanto richiesto al punto 29 del **Test a libro aperto** (Lezione 23, pagina 3).

* *Il completamento dei compiti contrassegnati con un asterisco (*) è essenziale per continuare la formazione per la consulenza biblica.*

LEZIONE 20: GUIDA ALLO STUDIO PER LA MEDITAZIONE GIORNALIERA
(COMPRENDE VERSETTI A MEMORIA E COMPITI)

> La **GUIDA ALLO STUDIO** di questa settimana è volta ad incoraggiarti nel ricordare che Dio ti ha messo a disposizione risorse e potere sufficienti per superare qualunque peccato che domini la tua vita attraverso il Signore Gesù Cristo (*basato su Romani 6:1-7, 8:11-18; 2 Timoteo 3:16-17; Ebrei 2:14-15; 2 Pietro 1:2-11; 1 Giovanni 4:4; 5:4-5, 18*).

Versetti a memoria

1. * Impara *Romani 6:22* e *Efesini 6:10-11*. Inizia a imparare *Efesini 5:18* e *6:12-13*. Ripassa i versetti precedenti.
2. Porta con te i cartoncini con i versetti delle settimane precedenti e quelli di questa settimana. Ripassa i versetti nei tuoi momenti liberi durante la giornata.

Guida allo studio per la meditazione giornaliera

PRIMO GIORNO
1. Inizia con la preghiera.
2. * Leggi *Principio 91* in **PRINCIPI BIBLICI: I PECCATI RIPETUTI CHE DOMINANO LA VITA (PRIMA PARTE)** (Lezione 20, pagina 2). Evidenzia nella tua Bibbia i versetti elencati.
3. * Con parole tue scrivi il significato di *Romani 6:22* ed *Efesini 6:10-11*.
4. Termina con la preghiera.

SECONDO GIORNO
1. Inizia con la preghiera.
2. * Leggi *Principio 92* in **PRINCIPI BIBLICI: I PECCATI RIPETUTI CHE DOMINANO LA VITA (PRIMA PARTE)** (Lezione 20, pagina 2). Evidenzia nella tua Bibbia i versetti elencati.
3. * Inizia lo studio **RICONOSCERE I PECCATI RIPETUTI CHE DOMINANO LA VITA** (Lezione 20, pagine 3-7). Ripassa le caratteristiche di un peccato che domina la vita e, in preghiera, esaminati per vedere se ci sono tali peccati in te. Questo è il primo di tre studi.
4. Termina con la preghiera.

TERZO GIORNO
1. Inizia con la preghiera.
2. * Ripassa i *Principi 20-26* in **PRINCIPI BIBLICI: LA BASE BIBLICA PER IL CAMBIAMENTO** (Lezione 6, pagine 2-3).
3. * Continua lo studio **RICONOSCERE I PECCATI RIPETUTI CHE DOMINANO LA VITA** (Lezione 20, pagine 3-7). Osserva le spiegazioni ed i tentativi che l'uomo naturale usa per affrontare i problemi (peccati) che dominano la vita. Metti un segno accanto a quelli che riconosci come "veri". Osserva attentamente i risultati che si hanno quando si continua a commettere un peccato che domina la vita. Se riconosci un peccato che domina la tua vita, oltre al peccato che il Signore vuole che tu superi durante questo corso, confessalo come tale al Signore e compi immediatamente i passi biblici per superarlo. *Ripassa le Lezioni 5 - 8*.

4. Termina con la preghiera.
5. Sei costante nell'imparare a memoria la Parola di Dio questa settimana?

QUARTO GIORNO

1. Inizia con la preghiera.
2. * Ripassa la *NOTA dalla Lezione 9, pagina 3* riproposta in **PRINCIPI BIBLICI: PECCATI RIPETUTI CHE DOMINANO LA VITA (PRIMA PARTE)** (Lezione 20, pagina 2).
3. * Termina lo studio **RICONOSCERE I PECCATI RIPETUTI CHE DOMINANO LA VITA** (Lezione 20, pagine 3-7). Compi i passi biblici per superare tutti i peccati ripetuti che dominano la tua vita.
4. Termina con la preghiera.

QUINTO GIORNO

1. Inizia con la preghiera.
2. * Ripassa **GLI EFFETTI DEI PECCATI RIPETUTI CHE DOMINANO LA VITA (IL CERCHIO DELLA VITA)** (Lezione 20, pagina 8). Se riconosci che un qualunque peccato abbia influito su aspetti specifici della tua vita, compi i necessari passi biblici per ristabilire il tuo rapporto con il Signore e con gli altri.
   Vedi anche:
   IL PERCORSO ASCENDENTE: CAMMINARE NELLA VIA DI DIO (Lezione 5, pagina 5)
   PASSI PRATICI PER OTTENERE UN CAMBIAMENTO BIBLICO (Lezione 8, pagine 8-10)
   I PROBLEMI INTERPERSONALI (PRIMA E SECONDA PARTE) (Lezioni 12-13)
   LINEE GUIDA: SCHEDA DI LAVORO VITTORIA SUI FALLIMENTI (Supplemento 7)
3. * Inizia a studiare **DIO HA SPEZZATO IL POTERE DI SATANA** (Lezione 20, pagine 9-11). Questo è il primo di uno studio che durerà tre giorni. Nello studio di oggi, presta attenzione al modo in cui Satana cerca di ostacolare l'opera di Dio, al punto **I. C. 5.**
4. Termina con la preghiera.

SESTO GIORNO

1. Inizia con la preghiera.
2. * Continua lo studio di **DIO HA SPEZZATO IL POTERE DI SATANA** (Lezione 20, pagine 9-11). Ripassa, con cura, le citazioni dei passi della Scrittura che elencano le limitazioni di Satana e il giudizio che cadrà su di lui, al punto **II.** Nota quei versetti che parlano della vittoria completa di Dio sul potere di Satana nella vita di un credente.
3. Compi i passi biblici necessari per superare tutti i peccati ripetuti che dominano la tua vita.
4. Termina con la preghiera.

SETTIMO GIORNO

1. Inizia con la preghiera.
2. * Termina lo studio **DIO HA SPEZZATO IL POTERE DI SATANA** (Lezione 20, pagine 9-11). Al punto **III.**, ripassa l'importanza di tenerti lontano da qualsiasi cosa o da chiunque sia legato a pratiche sataniche.
3. Compi i passi biblici necessari per vincere tutti i peccati ripetuti che dominano la tua vita.
4. * In collegamento con questa lezione, esegui quanto richiesto al punto 29 del **Test a libro aperto** (Lezione 23, pagina 3).
5. Termina con la preghiera.
6. Chiedi ad un amico di ascoltarti mentre reciti a memoria i versetti di questa settimana. Spiegagli come questi versetti si applicano alla tua vita.

* *Il completamento dei compiti contrassegnati con un asterisco (*) è essenziale per continuare la formazione per la consulenza biblica.*

LEZIONE 21

I PECCATI RIPETUTI CHE DOMINANO LA VITA (SECONDA PARTE)

"Non ubriacatevi! Il vino porta alla dissolutezza. Ma siate ricolmi di Spirito ..."

Efesini 5:18

"Il nostro combattimento infatti non è contro sangue e carne, ma contro i principati, contro le potenze, contro i dominatori di questo mondo di tenebre, contro le forze spirituali della malvagità, che sono nei luoghi celesti. Perciò prendete la completa armatura di Dio, affinché possiate resistere nel giorno malvagio, e restare in piedi dopo aver compiuto tutto il vostro dovere".

Efesini 6:12-13

LEZIONE 21: I PECCATI RIPETUTI CHE DOMINANO LA VITA (SECONDA PARTE)

> Se hai sperimentato la nuova nascita spirituale, diventando così un credente nel Signore Gesù Cristo, non sei più sotto la schiavitù di Satana. Gesù ti ha donato la vita eterna e ti ha preso sotto la sua protezione. Poiché la vittoria su Satana ti è già stata provveduta per mezzo della morte, della sepoltura e della risurrezione di Cristo Gesù, puoi usare tutte le risorse che Dio ti ha messo a disposizione; puoi essere più che vincitore in Cristo (*basato su Giovanni 8:34-36, 10:27-29; Romani 8:31-39; Efesini 6:10-18; Ebrei 2:14-15; Giacomo 4:7; 1 Giovanni 3:8; 5:1-5*).

I. Gli obiettivi di questa lezione sono:

   A. rivedere le risorse che Dio ti ha messo a disposizione per trionfare su Satana in ogni aspetto della tua vita;

   B. presentare le varie parti della completa armatura di Dio e mostrare come si applicano alla tua vita;

   C. provvedere un piano biblico per superare i peccati ripetuti che dominano la vita;

   D. presentare delle linee guida, basate sulle Scritture, per rispondere a qualcuno che ha un peccato che domina la sua vita;

   E. continuare lo sviluppo dello studio di un caso di consulenza biblica.

II. Il sommario di questa lezione

   A. Esamina te stesso

      1. **PRINCIPI BIBLICI: I PECCATI RIPETUTI CHE DOMINANO LA VITA (SECONDA PARTE)** (Lezione 21, pagine 2-3)

      2. **INDOSSARE LA COMPLETA ARMATURA DI DIO** (Lezione 21, pagine 4-12)

      3. **SUPERARE I PECCATI RIPETUTI CHE DOMINANO LA VITA** (Lezione 21, pagine 13-19)

      4. **AGIRE SECONDO LA PAROLA VERSO CHI HA UN PECCATO RIPETUTO CHE DOMINA LA SUA VITA** (Lezione 21, pagine 20-23)

   B. Passi per la crescita spirituale

      1. **LEZIONE 21: COMPITI** (Lezione 21, pagina 26)

      2. **GUIDA ALLO STUDIO PER LA MEDITAZIONE GIORNALIERA** (Lezione 21, pagine 27-28)

   C. Consulenza biblica

      LO STUDIO DI UN CASO: MARIA È STATA ABBANDONATA DAL MARITO (Lezione 21, pagine 24-25)

PRINCIPI BIBLICI:
I PECCATI RIPETUTI CHE DOMINANO LA VITA
(SECONDA PARTE)

> Dio ha sconfitto Satana attraverso la morte e la risurrezione del Signore Gesù Cristo. Con questa schiacciante vittoria, Dio ti ha inoltre dato la forza di vincere qualsiasi tentazione a peccare e ti ha fornito risorse sufficienti affinché tu reagisca, secondo la Parola, a qualsiasi problema della vita. Se ti affidi alla potenza di Dio e ubbidisci alla Sua Parola, puoi essere vincitore in ogni situazione *(basato su Romani 6:1-7; 8:31-39, spec. il versetto 37; 1 Corinzi 10:13; Colossesi 1:13, 19-23; 2:9-15; 2 Timoteo 3:16-17; Ebrei 2:13-14, 4:15-16; 2 Pietro 1:2-11; 1 Giovanni 4:4, 5:4-5).*

III. **Il tuo cambiamento** (lo schema continua dalla Lezione 20, pagina 2)

(Principio 93) Devi smettere immediatamente ("spogliarti") di sottostare a qualsiasi peccato che ti ha reso schiavo. Ponìti, invece, con determinazione sotto il controllo potente dello Spirito Santo e impegnati, senza riserve, a ubbidire alla Parola di Dio ("rivestirti") in ogni aspetto della tua vita *(Romani 6:11-18, 22; 8:2-16, spec. i versetti 2, 5-6, 14; Galati 5:16-17; Efesini 5:18; 2 Timoteo 3:16-17; 1 Pietro 2:11; 2 Pietro 1:2-11).*

IV. **La tua condotta**

(Principio 94) La Parola di Dio insegna che coloro che continuano a praticare il peccato non erediteranno il Regno di Dio *(1 Corinzi 6:9-10; Galati 5:19-21; 1 Giovanni 3:6-9)*, perciò fa' un attento esame di te stesso per stabilire se sei nella fede (cioè, se sei veramente un credente in Gesù Cristo) *(basato su Giovanni 3:3, 16-21, 36; Romani 10:8-11; 2 Corinzi 13:5; 1 Giovanni 2:3-6, 3:4-9, 5:11-13).*

Vedi anche: **TU PUOI CAMBIARE SECONDO LA PAROLA (PRIMA PARTE)** *(Lezione 1, pagine 3-7).*

(Principio 95) Fa' un'attenta valutazione, alla luce della Parola, di quando, dove, come e con chi commetti il peccato che ti domina *(basato su Salmo 139:23-24; Matteo 7:1-5; 1 Corinzi 11:31)*; sviluppa un piano biblico per essere vincitore in ognuna di queste situazioni, rivestendo la completa armatura di Dio *(Romani 6:12-13; 1 Corinzi 6:9-12; Efesini 2:10; 4:1-3, 25-32; 6:10-18; Colossesi 2:6, 3:1-17).*

Altri principi inerenti all'argomento

(Principio 13, modificato, dalla Lezione 5, pagina 2) Per appropriarti della saggezza che Dio, nella Sua grazia, ti mette a disposizione per affrontare e trattare i tuoi problemi, devi chiederla con fede *(Ebrei 4:16; Giacomo 1:5-8)*, vivere secondo la Parola di Dio *(Giacomo 1:22-25)* e dipendere dalla Sua potenza *(2 Corinzi 3:4-5; Filippesi 4:13).*

Principi 27-29 *alla voce* ***PRINCIPI BIBLICI: LA STRUTTURA BIBLICA PER IL CAMBIAMENTO*** *(Lezione 7, pagina 2).*

Vedi anche:
TU PUOI CAMBIARE SECONDO LA PAROLA (SECONDA PARTE)
(Lezione 2, pagine 2-5)
LA SCRITTURA È LA TUA AUTORITÀ *(Lezione 3, pagine 3-5)*
LO SPIRITO SANTO TI METTE IN GRADO DI RISOLVERE I TUOI PROBLEMI *(Lezione 3, pagine 6-8)*
LA PREGHIERA PROVVEDE LA COMUNICAZIONE CON DIO
(Lezione 3, pagine 9-12)
IL PUNTO DI VISTA BIBLICO SULL'IO *(Lezione 4, pagine 5-10), punti IV., V. e VI.*
IL CAMBIAMENTO BIBLICO È UN PROCESSO *(Lezione 7, pagine 3-4)*

(Principio 96) Fa' immediatamente dei passi per eliminare, resistere, o fuggire dalle tentazioni che sorgono improvvisamente, specialmente per il peccato che domina la tua vita *(basato su Salmo 1:1; Proverbi 4:14-19, 27:12; 1 Corinzi 15:33; 2 Timoteo 2:22; Giacomo 4:7; 1 Pietro 5:8-9).*

(Principio 97) Metti sempre in pratica la Parola in ogni aspetto della tua vita. In particolar modo, sii diligente nel seguire il tuo piano biblico per vincere il peccato (o i peccati) che domina la tua vita; crescerai, così, sempre più a somiglianza di Cristo in tutte le tue azioni (pensieri, parole e atti) *(basato su Salmo 19:7-11; 2 Timoteo 3:16-17; Ebrei 5:14; Giacomo 1:22-25; 1 Pietro 1:13-22; 2 Pietro 1:2-11).*

RICORDA: come figlio di Dio, non appartieni a te stesso; sei stato comprato col prezioso sacrificio di Gesù Cristo e sei il tempio dello Spirito Santo (1 Corinzi 6:19-20; Efesini 1:7; 1 Pietro 1:17-19). Alla luce di ciò, sei chiamato a piacere e a glorificare il Signore in tutte le tue azioni (pensieri, parole e atti) (basato su Matteo 5:16; Romani 12:1-2; 1 Corinzi 10:31; 2 Corinzi 5:9; Colossesi 1:10; Ebrei 9:14; 1 Pietro 1:13-16, 2:9-12).

Vedi anche:
IL PERCORSO ASCENDENTE: CAMMINARE NELLA VIA DI DIO *(Lezione 5, pagina 5)*
L'IMPORTANZA DI METTERE IN PRATICA LA PAROLA *(Lezione 5, pagine 6-9)*
IL PUNTO DI VISTA BIBLICO SULLE PROVE E SULLE TENTAZIONI
(Lezione 8, pagine 3-7)
PASSI PRATICI PER OTTENERE UN CAMBIAMENTO BIBLICO
*(Lezione 8, pagine 8-10) punto I. **Rispondi immediatamente al tuo bisogno di cambiamento biblico***
SUPERARE I PECCATI RIPETUTI CHE DOMINANO LA VITA
(Lezione 21, pagine 13-19)

INDOSSARE LA COMPLETA ARMATURA DI DIO

> Come credente ubbidiente, sei chiamato a stare saldo nella forza del Signore, a essere sobrio nello spirito e a stare in guardia per resistere alle insidie del diavolo. Ma, in ogni aspetto del tuo cammino di credente, non hai in te stesso né la forza né le risorse per superare le macchinazioni e le tentazioni di Satana. Devi, pertanto, indossare la completa armatura di Dio per essere più che vincitore nella tua continua battaglia spirituale contro le forze dell'inferno (basato su *Efesini 6:10-18; Giacomo 4:7; 1 Pietro 5:8-10; Apocalisse 12:11*).

I. **Lo scopo dell'armatura di Dio**

   A. Prendere la completa armatura di Dio ti prepara a resistere alle insidie del diavolo (*Efesini 6:11*).

   B. Indossare la completa armatura di Dio ti rende capace di rimanere saldo nella forza del Signore (*Efesini 6:10-11, 13*).

   C. Tutte i pezzi dell'armatura di Dio ti proteggono e ti equipaggiano per camminare ogni giorno nella sicurezza del Signore (*Efesini 6:13-17*).

II. **La necessità di indossare l'armatura di Dio**

   A. Come credente in Cristo, la tua battaglia non è solo contro il regno materiale. Sei soprattutto impegnato in un'imponente battaglia spirituale contro i principati, le potenze, i dominatori di questo mondo di tenebre e le forze spirituali della malvagità (*Efesini 6:12*).

   B. Il tuo avversario, il diavolo, ti tenta a peccare in modo da distruggere la tua efficacia di credente in Cristo (basato su *1 Tessalonicesi 3:5; 1 Pietro 5:8-10*).

   C. Satana, come principe e seduttore di questo mondo (*Giovanni 12:31; Apocalisse 12:9*), macchina per raggirare te e gli altri credenti in Cristo (basato su *2 Corinzi 2:11*).

   D. Satana, attraverso i suoi falsi messaggeri, cercherà continuamente di trarti in inganno, perché sei un credente in Cristo (basato su *Matteo 24:24; 2 Corinzi 11:3-4; Tito 1:10-16; 1 Giovanni 2:21-26*).

Vedi anche: **DIO HA SPEZZATO IL POTERE DI SATANA** *(Lezione 20, pagine 9-11) punto I.*

III. **La tua certezza durante la battaglia spirituale**

   A. Siccome sei un credente, sei una nuova creatura (*2 Corinzi 5:17*) e sei saldo nella tua posizione in Cristo (*Romani 8:14-17; 1 Corinzi 1:30; Galati 4:4-7; Efesini 2:5-7; Filippesi 3:20; Colossesi 2:9-10*).
   Vedi:
   TU PUOI CAMBIARE SECONDO LA PAROLA (PRIMA PARTE) *(Lezione 1, pagine 3-7), VII. C.*
   TU PUOI CAMBIARE SECONDO LA PAROLA (SECONDA PARTE) *(Lezione 2, pagine 3-5), I. A.*

B. Grazie alla morte e alla risurrezione del Signore Gesù Cristo, tu, siccome credente, puoi essere più che vincitore *(Romani 8:31-39, spec. il versetto 37; 1 Giovanni 4:4, 5:4-5)* perché non devi più essere schiavo del peccato *(Romani 6:5-14, 17-18; Ebrei 2:14-15).*
Vedi:
TU PUOI CAMBIARE SECONDO LA PAROLA (PRIMA PARTE) *(Lezione 1, pagine 3-7),* **III.**
DIO HA SPEZZATO IL POTERE DI SATANA *(Lezione 20, pagine 9-11),* **II. D., E., e F.**

C. Siccome sei credente, hai libero accesso, attraverso la preghiera, alla misericordia, alla grazia, alla saggezza e alla potenza di Dio in Cristo Gesù *(basato su Matteo 26:41; Luca 22:40; Giovanni 16:23-24; 2 Tessalonicesi 3:1-3; Ebrei 4:15-16; Giacomo 1:5; 1 Giovanni 5:14-15).*
Vedi: ***LA PREGHIERA PROVVEDE LA COMUNICAZIONE CON DIO*** *(Lezione 3, pagine 9-12).*

D. Per la presenza dello Spirito Santo in te *(basato su Giovanni 14:16-17; Romani 8:9, 14; 1 Corinzi 3:16, 6:19; Galati 4:6-7; 2 Timoteo 1:14),* sei in grado di discernere tra la verità e l'errore *(1 Giovanni 2:18-27, spec. i versetti 20 e 27)* e di ricevere i consigli che vengono da Dio *(1 Corinzi 2:9-13).* Inoltre lo Spirito Santo ti dà la forza di non cedere ai desideri della carne *(Galati 5:16-17).*
Vedi:
TU PUOI CAMBIARE SECONDO LA PAROLA (SECONDA PARTE) *(Lezione 2, pagine 3-5),* **I. B.**
LO SPIRITO SANTO TI METTE IN GRADO DI RISOLVERE I TUOI PROBLEMI *(Lezione 3, pagine 6-8)*

E. Dio ti ha dato la Sua Parola (la Bibbia) come unica autorità per guidarti in ogni aspetto della vita *(basato su Salmo 19:7-11; 119:11, 105; 2 Timoteo 3:16-17; Ebrei 4:12; 2 Pietro 1:2-11).*
Vedi:
TU PUOI CAMBIARE SECONDO LA PAROLA (SECONDA PARTE) *(Lezione 2, pagine 3-5),* **I. B., C., D.**
LA SCRITTURA È LA TUA AUTORITÀ *(Lezione 3, pagine 3-5)*

IV. **È tua la responsabilità di indossare la completa armatura di Dio**

A. Ogni pezzo dell'armatura di Dio è concepito per proteggerti, in modo specifico, nelle tue battaglie spirituali; perciò se indosserai solo alcuni pezzi dell'armatura e trascurerai di indossarne altri ti esporrai alla sconfitta. Ricorda, l'armatura di Dio è assolutamente sufficiente per permetterti di resistere al diavolo e di rimanere saldo, ma è tua la responsabilità di indossare **tutti** i diversi pezzi *(basato su Efesini 6:10-17).*

1. *"... prendete la verità per cintura dei vostri fianchi ..." (Efesini 6:14)*

    a. Proprio come la cintura teneva alzata la tunica di un soldato romano per facilitargli i movimenti in battaglia, l'uso, da parte tua, della verità biblica dovrebbe permetterti di muoverti liberamente nella vita di tutti i giorni, senza essere intralciato e impigliato nel peccato, pronto per affrontare la battaglia spirituale.

    b. La verità che proviene solamente dalla Parola di Dio *(Salmo 119:160; Giovanni 17:17)* pone l'accento sulla giusta comprensione di chi è il Signore Gesù Cristo *(Giovanni 14:6)* e sul tuo rapporto con Lui *(Giovanni 8:31-32, 36).* La verità biblica sottolinea inoltre che devi esaminare te stesso *(basato su Salmo 51:6; Matteo 7:1-5; Luca 6:39-45)* e i tuoi rapporti con gli altri con onestà, alla luce della Parola *(Giovanni 13:35; Romani 12:9; 1 Corinzi 13:4-8a; Efesini 4:15, 25).* È particolarmente importante che tu riconosca dove sei più vulnerabile agli attacchi di Satana. Con grande onestà, sviluppa un piano biblico per superare queste specifiche debolezze o tentazioni e sii vigile *(basato su Salmo 119:11; 1 Corinzi 11:31; 1 Tessalonicesi 5:6; Ebrei 12:1-2; 1 Pietro 5:8).*

2. *"... rivestitevi della corazza della giustizia ..." (Efesini 6:14)*

   a. Proprio come la corazza proteggeva un soldato romano da gravi ferite nel combattimento corpo a corpo, così la tua ubbidienza alla Parola di Dio in tutte le tue azioni (pensieri, parole e atti), ti darà la capacità di rimanere saldo e di non essere vinto dagli attacchi diabolici o dai piani astuti di Satana nella tua vita di tutti i giorni.

   b. La tua "corazza della giustizia", non può essere separata dalla tua fede nel Signore Gesù, la quale si dimostra nei tuoi pensieri, parole e azioni che Lo onorano *(Romani 1:17, 3:21-22; 2 Corinzi 5:7; Filippesi 3:7-11, spec. il versetto 9).*

      NOTA. *La fede in Cristo, e la conseguente dimostrazione di amore cristiano, possono anche essere descritte come una "corazza" (1 Tessalonicesi 5:8a).*

   c. Come credente, Dio ti ha "rivestito" della giustizia di Gesù Cristo, quale risultato della tua nuova nascita spirituale *(1 Corinzi 1:30; 2 Corinzi 5:21)*. Dimostri questa giustizia vivendo per piacere a Dio in ogni aspetto della tua vita invece di vivere per piacere a te stesso seguendo i tuoi desideri, il tuo "buon senso", o la saggezza del mondo *(basato su 1 Corinzi 3:18-20; 2 Corinzi 5:9, 14-15)*. In altre parole come vivi la giustizia nella vita di tutti i giorni (p. es. vivere in ubbidienza alla Parola di Dio nei tuoi pensieri, parole e azioni) riflette la posizione di giustizia che hai in Cristo?

      NOTA. *Dio è stato, è e sarà sempre giusto (Salmo 116:5, 145:17); tuttavia, anche di Lui viene detto che ha "indossato" la corazza della giustizia per affrontare una determinata situazione (Isaia 59:9-21, spec. il versetto 17).*

3. *"... mettete come calzature ai vostri piedi lo zelo dato dal vangelo della pace ..." (Efesini 6:15)*

   a. Proprio come le calzature di un soldato romano erano concepite per proteggere i suoi piedi dalle ferite, per permettergli di fare lunghe marce su terreno accidentato e per impedirgli di scivolare, anche tu dovresti essere equipaggiato spiritualmente del messaggio liberatorio di Gesù Cristo.

   b. Essere equipaggiato (preparato) dal vangelo della, pace ti dona, come credente in Gesù Cristo, grande incoraggiamento e sicurezza, poiché sei stato riconciliato (sei in pace) con Dio tramite Gesù Cristo, che è la nostra pace *(Efesini 2:11-18, spec. i versetti 14-15, 17; Colossesi 1:19-23)*. Non importa quali tribolazioni incontrerai, puoi sperimentare la pace in Cristo Gesù perché Lui ha vinto il mondo *(Giovanni 16:33)*. Sapendo che Satana è già stato sconfitto attraverso Cristo Gesù, puoi essere sicuro di avere la pace ogni volta che affronti delle battaglie spirituali sulla strada che porta alla vittoria finale *(Romani 16:20)*.

   c. Come credente, sei chiamato a essere pronto a parlare agli altri di come, anche loro, possono essere riconciliati (avere pace) con Dio *(2 Corinzi 5:18-29; Colossesi 4:5-6; 1 Pietro 3:15)*.

4. *"... prendete oltre a tutto ciò lo scudo della fede, con il quale potrete spegnere tutti i dardi infuocati del maligno." (Efesini 6:16).*

   a. Proprio come un soldato romano confidava nella protezione del suo grande "scudo", persino mentre le frecce infuocate gli piovevano addosso, anche tu dovresti avere fiducia in Dio, nella Sua cura, protezione e sufficienza, mediante Cristo Gesù e la Sua Parola, in ogni situazione della vita.

b. Ricorda che non sarai mai in grado, con le tue sole forze, di vincere alcuna battaglia spirituale contro Satana, ma devi dipendere completamente dal Signore *(Proverbi 30:5; 2 Corinzi 3:5-6)*.

c. La tua fede (fiducia) in Dio riposa sul sicuro fondamento del Signore Gesù Cristo *(Galati 2:20)* e vince il mondo *(1 Giovanni 5:4-5)*. Tuttavia, la "fede" non è semplice credere a fatti veri; la fede biblica agisce in modo conforme alla Parola di Dio e porta gloria al Signore *(basato su 1 Tessalonicesi 1:2-3; 2 Tessalonicesi 1:11-12; Ebrei 11:1-12:3; Giacomo 2:14-26; 1 Pietro 1:6-7; 2 Pietro 1:5-8)*.

NOTA. *Sotto un attacco serrato, i soldati romani si proteggevano l'un l'altro, come un'unità, sollevando sulla testa gli scudi e sovrapponendoli ai lati ("testuggine"). Siccome gli attacchi di Satana al corpo di Cristo non cesseranno mai, è ovvio che i membri del corpo di Cristo devono essere, uniti l'uno all'altro, nella loro fede comune nel Signore Gesù Cristo, che deriva da un'ubbidienza fedele e amorevole alla Parola di Dio (basato su Proverbi 24:6; Ecclesiaste 4:9-12; Efesini 4:16; Ebrei 10:23-25).*

5. *"Prendete anche l'elmo della salvezza ..." (Efesini 6:17)*

   a. Proprio come l'elmo di un soldato romano gli proteggeva la testa dai colpi violenti del nemico, così la fiducia nella completezza e nella certezza della tua salvezza, dovrebbero proteggerti da pensieri che potrebbero ostacolarti a diventare sempre più simile a Gesù Cristo.

   b. Sai che la pena per i tuoi peccati è stata pagata *(Colossesi 2:13-14; Ebrei 10:10-14; 1 Pietro 3:18)* e che Dio sta operando per conformarti alla persona di Suo Figlio, Gesù Cristo *(basato su Romani 8:28-29; 2 Corinzi 3:18; Filippesi 1:6, 3:12-14)*, perciò non devi avere paura, se continuerai a ubbidire alla Parola di Dio, in attesa di vedere Gesù faccia a faccia *(basato su 1 Tessalonicesi 2:13; Tito 2:11-14; 1 Pietro 1:13; 1 Giovanni 3:3)*.

   c. Grazie alla tua salvezza in Gesù Cristo, puoi controllare i tuoi pensieri e concentrarti a esserGli ubbidiente *(basato su 2 Corinzi 10:5; Colossesi 3:2)* poiché Dio rinnova continuamente la tua mente, modellandoti all'immagine di Cristo *(Romani 12:1-2, spec. il versetto 2; 2 Corinzi 3:18; Efesini 4:22-24, spec. il versetto 23; Colossesi 3:10)*.

6. *"... e la spada dello Spirito, che è la parola di Dio ..." (Efesini 6:17)*

   a. Proprio come un soldato romano sapeva usare efficacemente la sua spada nel combattimento corpo a corpo, anche tu dovresti sapere usare efficacemente la Parola di Dio per evitare tentazioni al peccato e altri attacchi del maligno che, inevitabilmente, incontrerai sul tuo cammino.

   b. La Parola di Dio, ti dona la saggezza che conduce alla salvezza *(2 Timoteo 3:15)*, inoltre continua a produrre in te risultati spirituali anche dopo la tua nuova nascita *(Ebrei 4:12)*, perché è davvero potente *(Geremia 23:29)* e completamente sufficiente per affrontare qualsiasi situazione della tua vita *(Salmo 19:7-11; 2 Timoteo 3:16-17; 2 Pietro 1:3-4)*. Sei chiamato a usarla con cura *(basato su 2 Timoteo 2:15)*, impegnandoti a essere un esecutore coerente e fedele della Parola, evitando di illudere te stesso e attingendo da essa la capacità di discernere fra il bene e il male *(Giacomo 1:22-25; Ebrei 5:14)*. Il tuo costante amore (ubbidienza) per la Parola di Dio ti darà una grande pace, e nulla potrà farti inciampare *(Salmo 119:165; 2 Pietro 1:2-10, spec. il versetto 10)*.

   c. La Parola di Dio è più che sufficiente a mettere in fuga Satana; essa deve, però, essere applicata in modo specifico per essere efficace nel combattere le tentazioni *(basato su Salmo 119:11, 24, 41-42, 133; Matteo 4:1-11, spec. i versetti 4, 7, 10; 2 Timoteo 2:15, 3:16-17; Ebrei 4:12)*.

B. Dopo aver indossato la completa armatura di Dio, sei chiamato a stare saldo e a resistere contro il diavolo *(Efesini 6:11, 13; Giacomo 4:7; 1 Pietro 5:8-9)*. Hai una posizione vittoriosa in Cristo (completamente ricoperto dall'armatura di Dio) e sei chiamato a pregare in ogni tempo per mezzo dello Spirito Santo, specialmente per gli altri membri del corpo di Cristo *(basato su Romani 8:26-27; Efesini 6:18)*.

V. Un aiuto pratico per indossare la completa armatura di Dio

A. *"... prendete la verità per cintura dei vostri fianchi ..." (Efesini 6:14)*. Come cingere i fianchi con la verità.

1. Metti da parte del tempo per studiare quello che Gesù Cristo ha fatto per te attraverso la Sua morte e la Sua risurrezione. Tu ora sei in Lui ed Egli ha disarmato Satana e il suo potere.

   Vedi:
   TU PUOI CAMBIARE SECONDO LA PAROLA (PRIMA PARTE)
   (Lezione 1, pagine 2-7)
   TU PUOI CAMBIARE SECONDO LA PAROLA (SECONDA PARTE)
   (Lezione 2, pagine 2-5)
   DIO HA SPEZZATO IL POTERE DI SATANA *(Lezione 20, pagine 9-11)*

2. Fa' un elenco di versetti e brani biblici che sono stati particolarmente importanti nella tua vita; elenca, inoltre, quelli che possono aiutarti in modo specifico nei momenti di tentazione. Scegli i versetti della Bibbia che si riferiscono alla tua tentazione, elencandoli in ordine di importanza per il tuo particolare problema. Poi, stabilisci quanti versetti imparerai a memoria ogni settimana e quanti ne ripasserai periodicamente.

   Impara a memoria, inoltre, dei versetti che possono dare, agli altri, speranza o aiuto specifico per affrontare e trattare problemi secondo la Parola.

   Vedi:
   LA BASE BIBLICA PER LA MEDITAZIONE GIORNALIERA E PER IMPARARE A MEMORIA LA SCRITTURA *(Lezione 2, pagine 9-11)*
   QUATTRO METODI PER IMPARARE A MEMORIA LA SCRITTURA *(Lezione 2, pagine 12-13)* per ogni versetto da imparare a memoria durante questo corso.

3. Sii fedele e costante nella tua meditazione giornaliera, per dimorare nel Signore e nella Sua Parola. Nel pianificare la tua meditazione giornaliera, fa' un elenco degli argomenti che hai bisogno di studiare più a fondo. Questi argomenti potranno esserti forniti dal tuo studio personale della Bibbia, dai sermoni che ascolti o dalle domande che gli altri ti pongono sulla Scrittura.

   Vedi:
   LA BASE BIBLICA PER LA MEDITAZIONE GIORNALIERA E PER IMPARARE A MEMORIA LA SCRITTURA *(Lezione 2, pagine 9-11)*.

B. *"... rivestitevi della corazza della giustizia ..." (Efesini 6:14)*. Come indossare la corazza della giustizia.

1. Identifica quegli aspetti della tua vita in cui sei debole e in cui devi ancora imparare a superare la tentazione. Fa' un elenco di circostanze (periodo del mese, luoghi, rapporti personali) in cui sei più tentata a lasciare il controllo della tua vita alle abitudini della vecchia natura (nei pensieri, nelle parole e nelle azioni). In questo modo, sarai in grado di stare in guardia contro gli attacchi di Satana e contro i suoi tentativi di sconfiggerti.

   Vedi:
   ESEMPI DELLA VIA DELL'UOMO PARAGONATA ALLA VIA DI DIO
   (Lezione 4, pagine 12-13)
   LA SPIRALE DISCENDENTE: TRASCURARE O RIFIUTARE LA VIA DI DIO *(Lezione 5, pagina 3)*
   IL PERCORSO ASCENDENTE: CAMMINARE NELLA VIA DI DIO
   (Lezione 5, pagina 5)

IL PUNTO DI VISTA BIBLICO SULLE PROVE E SULLE TENTAZIONI
   (*Lezione 8, pagine 3-7*)
RICONOSCERE I PECCATI RIPETUTI CHE DOMINANO LA VITA
   (*Lezione 20, pagine 3-7*), punto **I. Le caratteristiche di un peccato ripetuto che domina la vita**
LINEE GUIDA: SCHEDA DI LAVORO VITTORIA SUI FALLIMENTI
   (*Supplemento 7*)
SCHEDA DI LAVORO VITTORIA SUI FALLIMENTI (*Supplemento 8*)
LINEE GUIDA: ELENCO "COSE DA PENSARE E DA FARE" (*Supplemento 9*)
ELENCO "COSE DA PENSARE E DA FARE" (*Supplemento 10*)

2. Impara a giudicare te stesso alla luce della Parola. Sviluppa e mantieni fedelmente un piano biblico per far piacere al Signore in ogni cosa e per essere una benedizione per gli altri, specialmente nell'adempiere le tue responsabilità giornaliere e nelle aree specifiche di servizio e di ministero. Come parte del tuo piano biblico per vivere, includi un piano di emergenza che ti aiuti a vincere tentazioni inaspettate.
Vedi:
INIZI DEL CAMBIAMENTO BIBLICO (*Lezione 5, pagina 4*)
IL CAMBIAMENTO BIBLICO È UN PROCESSO (*Lezione 7, pagine 3-4*)
PASSI PRATICI PER OTTENERE UN CAMBIAMENTO BIBLICO
   (*Lezione 8, pagine 8-10*)
PRINCIPI BIBLICI DI AMMINISTRAZIONE (*Lezione 10, pagine 4-6*)
MORIRE A TE STESSO SERVENDO GLI ALTRI (*Lezione 10, pagine 7-8*)
LE NORME DI DIO PER TE (*Lezione 22, pagine 4-6*)
LINEE GUIDA: SCHEDA DI LAVORO VITTORIA SUI FALLIMENTI
   (*Supplemento 7*)
SCHEDA DI LAVORO: VITTORIA SUI FALLIMENTI (*Supplemento 8*)
I diversi piani per "SUPERARE" i problemi (*Lezioni 10, 11, 13, 18, 19 e 21*)

3. Valuta le opportunità che hai di mettere in pratica i passi specifici dei tuoi piani. Man mano che esamini ogni punto, rispondi alle seguenti domande:
   a. che cosa è successo questa volta?
   b. come ho agito?
   c. come avrei dovuto agire?

Se hai agito, secondo la Parola e hai fatto ciò che piace al Signore, la seconda e la terza risposta dovrebbero essere uguali. (Se le risposte alla seconda e alla terza domanda sono diverse, fa' le correzioni necessarie al tuo piano e rinnova il tuo impegno a essere fedele nel metterlo in pratica).
Vedi:
LINEE GUIDA: SCHEDA DI LAVORO VITTORIA SUI FALLIMENTI
   (*Supplemento 7*)
SCHEDA DI LAVORO: VITTORIA SUI FALLIMENTI (*Supplemento 8*)
IL MIO PROGRAMMA ATTUALE (*Supplemento 14*)
IL PROGRAMMA BIBLICO CHE MI PROPONGO (*Supplemento 15*)

C. "... *mettete come calzature ai vostri piedi lo zelo dato dal vangelo della pace* ..." (*Efesini 6:15*). Come equipaggiarti del Vangelo della pace.
   1. Ricorda che non sei più sotto l'ira di Dio, ma sei in pace (riconciliato) con Lui tramite Gesù Cristo.
   Vedi:
   TU PUOI CAMBIARE SECONDO LA PAROLA (PRIMA PARTE)
      (*Lezione 1, pagine 3-7*)
   TU PUOI CAMBIARE SECONDO LA PAROLA (SECONDA PARTE)
      (*Lezione 2, pagine 3-5*)
   LA BASE BIBLICA PER AVERE PACE E GIOIA (*Lezione 6, pagine 8-10*)
   DIO HA SPEZZATO IL POTERE DI SATANA (*Lezione 20, pagine 9-11*)

2. Se nella tua chiesa, o nella tua zona, fosse disponibile un corso per l'evangelizzazione, se necessario, frequentalo. Devi conoscere il motivo biblico della speranza che è in te; aggiorna la tua testimonianza di ciò che Dio sta facendo nella tua vita. Sii pronto a parlare ad altri della grazia di Dio in Cristo Gesù quando il Signore te ne dà l'opportunità.
Vedi:
TU PUOI CAMBIARE SECONDO LA PAROLA (PRIMA PARTE)
(Lezione 1, pagine 3-7)
PREPARARE UNA TESTIMONIANZA PERSONALE (Supplemento 4)

D. *"... prendete oltre a tutto ciò lo scudo della fede, con il quale potrete spegnere tutti i dardi infuocati del maligno." (Efesini 6:16).* Prendi lo scudo della fede.
1. Ricorda che hai più bisogno di prendere lo scudo della fede nelle circostanze e nei rapporti personali, che ti tentato con maggiore intensità. Dio usa queste prove per sviluppare in te il carattere di Cristo ed esse ti danno l'opportunità di morire a te stesso e di vivere per Gesù Cristo.
Vedi:
TU PUOI CAMBIARE SECONDO LA PAROLA (SECONDA PARTE)
(Lezione 2, pagine 3-5)
LA SCRITTURA È LA TUA AUTORITÀ (Lezione 3, pagine 3-5)
LO SPIRITO SANTO TI METTE IN GRADO DI RISOLVERE I TUOI PROBLEMI (Lezione 3, pagine 6-8)
LA PREGHIERA PROVVEDE LA COMUNICAZIONE CON DIO
(Lezione 3, pagine 9-12)
LA SPERANZA BIBLICA (Lezione 6, pagine 6-7)
IL PUNTO DI VISTA BIBLICO SULLE PROVE E SULLE TENTAZIONI
(Lezione 8, pagine 3-7)
2. Sei chiamato a reagire alle difficoltà per piacere al Signore invece di concentrarti sui tuoi interessi personali.
Vedi:
COMPIACERE A TE STESSO O PIACERE A DIO (Lezione 9, pagine 10-11)
SUPERARE LA PREOCCUPAZIONE DI SÉ (Lezione 10, pagine 9-12)
REAZIONI NON BIBLICHE ALL'IRA E ALL'AMAREZZA (Lezione 11, pagine 4-5)
IL PUNTO DI VISTA BIBLICO SULL'IRA (Lezione 11, pagine 6-9)
IL PUNTO DI VISTA BIBLICO SULL'AMAREZZA (Lezione 11, pagine 10-11)
SUPERARE IRA E AMAREZZA (Lezione 11, pagine 12-16)
SUPERARE I PROBLEMI INTERPERSONALI (Lezione 13, pagine 19-23)
SUPERARE I PROBLEMI ATTRAVERSO LA COMUNICAZIONE BIBLICA (Lezione 15, pagine 6-9)
UN PIANO COMPLETO PER ALLEVARE I FIGLI (Lezione 17, pagine 16-21)
SUPERARE LA DEPRESSIONE (Lezione 18, pagine 8-13)
TENTAZIONI ALLA PAURA E ALLA PREOCCUPAZIONE (Lezione 19, pagine 4-5)
SUPERARE LA PAURA E LA PREOCCUPAZIONE (Lezione 19, pagine 8-12)
SUPERARE I PECCATI RIPETUTI CHE DOMINANO LA VITA (Lezione 21, pagine 13-19)

E. *"Prendete anche l'elmo della salvezza..." (Efesini 6:17).* Come prendere l'elmo della salvezza.
1. Devi comprendere bene, che la tua salvezza in Cristo è completa e sicura.
Vedi:
TU PUOI CAMBIARE SECONDO LA PAROLA (PRIMA PARTE)
(Lezione 1, pagine 3-7)
TU PUOI CAMBIARE SECONDO LA PAROLA (SECONDA PARTE)
(Lezione 2, pagine 3-5)
LA DESCRIZIONE BIBLICA DEL FALLIMENTO DELL'UOMO (Lezione 4, pagine 3-4)

IL PUNTO DI VISTA BIBLICO SULL'IO (Lezione 4, pagine 5-10)
SAPER RICONOSCERE LA DIFFERENZA TRA LA VIA DELL'UOMO
E LA VIA DI DIO (Lezione 4, pagina 14)

2. Disciplina i tuoi pensieri, affinché siano concentrati per far piacere al Signore e per essere più simile a Cristo. Ricorda che presto Lo vedrai a faccia a faccia.
Vedi:
LA BASE BIBLICA PER LA MEDITAZIONE GIORNALIERA E PER
IMPARARE A MEMORIA LA SCRITTURA (Lezione 2, pagine 9-11)
QUATTRO METODI PER IMPARARE A MEMORIA LA SCRITTURA
(Lezione 2, pagine 12-13)
GLI EFFETTI DI PENSIERI, PAROLE E AZIONI NON BIBLICI (Lezione 7, pagina 5)
IL RINNOVAMENTO DELLA TUA MENTE (Lezione 7, pagine 6-7)
LINEE GUIDA: ELENCO "COSE DA PENSARE E DA FARE" (Supplemento 9)
ELENCO "COSE DA PENSARE E DA FARE" (Supplemento 10)

F. "... e la spada dello Spirito, che è la parola di Dio ..." (Efesini 6:17). Come usare efficacemente la Parola di Dio.

1. Devi essere uno studente della Scrittura.
Vedi
LA BASE BIBLICA PER LA MEDITAZIONE GIORNALIERA E PER
IMPARARE A MEMORIA LA SCRITTURA (Lezione 2, pagine 9-11)
LA SCRITTURA È LA TUA AUTORITÀ (Lezione 3, pagine 3-5)

2. Devi essere un esecutore della Parola.
Vedi: L'IMPORTANZA DI METTERE IN PRATICA LA PAROLA
(Lezione 5, pagine 6-9)

3. Devi sapere come combattere le insidie di Satana con la Parola di Dio.
Vedi:
GLI APPROCCI PRINCIPALI PER RISOLVERE I PROBLEMI PERSONALI
(Lezione 4, pagina 11)
ESEMPI DELLA VIA DELL'UOMO PARAGONATA ALLA VIA DI DIO
(Lezione 4, pagine 12-13)
SAPER RICONOSCERE LA DIFFERENZA TRA LA VIA DELL'UOMO
E LA VIA DI DIO (Lezione 4, pagina 14)
I TRE LIVELLI DEI PROBLEMI (Lezione 6, pagine 4-5)
IL PUNTO DI VISTA BIBLICO SULLE PROVE E SULLE TENTAZIONI
(Lezione 8, pagine 3-7)
DIO HA SPEZZATO IL POTERE DI SATANA (Lezione 20, pagine 9-11)

G. Quando hai indossato la completa armatura di Dio, devi essere fedele nel pregare regolarmente e con fervore.

1. Dovresti avere un piano regolare di preghiera.
Vedi:
LA BASE BIBLICA PER LA MEDITAZIONE GIORNALIERA E PER
IMPARARE A MEMORIA LA SCRITTURA (Lezione 2, pagine 9-11)
LA PREGHIERA PROVVEDE LA COMUNICAZIONE CON DIO
(Lezione 3, pagine 9-12)
IL PROGRAMMA BIBLICO CHE MI PROPONGO (Supplemento 15)
LINEE GUIDA: LIBERTÀ DALL'ANSIA (AGIRE SECONDO LA PAROLA
E PIANO PER LA PREGHIERA) (Supplemento 16)
LIBERTÀ DALL'ANSIA (AGIRE SECONDO LA PAROLA E PIANO
PER LA PREGHIERA) (Supplemento 17)

2. Nella tua vita di preghiera, chiedi di continuo la Sua saggezza per giudicarti secondo la Parola, in tutte le situazioni e fa' affidamento sulla Sua guida e sovranità nello svolgimento delle tue attività quotidiane.

Vedi:
LO SPIRITO SANTO TI METTE IN GRADO DI RISOLVERE I TUOI PROBLEMI *(Lezione 3, pagine 6-8), II. B.*
LA PREGHIERA PROVVEDE LA COMUNICAZIONE CON DIO *(Lezione 3, pagine 9-12)*
INIZI DEL CAMBIAMENTO BIBLICO *(Lezione 5, pagina 4)*
IL PERCORSO ASCENDENTE: CAMMINARE NELLA VIA DI DIO *(Lezione 5, pagina 5)*
PASSI PRATICI PER OTTENERE UN CAMBIAMENTO BIBLICO *(Lezione 8, pagine 8-10)*
LINEE GUIDA: SCHEDA DI LAVORO VITTORIA SUI FALLIMENTI *(Supplemento 7)*
SCHEDA DI LAVORO VITTORIA SUI FALLIMENTI *(Supplemento 8)*

SUPERARE I PECCATI RIPETUTI CHE DOMINANO LA VITA

> Non devi essere dominato dal peccato, poiché il potere del peccato è stato spezzato nella vita del credente dal Signore Gesù Cristo. Puoi essere più che vincitore in Gesù Cristo, anche in quegli aspetti in cui sei stato schiavo del peccato per molto tempo e confidare solamente nelle risorse di Dio *(basato su Romani 6:5-7, 12-18; 8:31-39; 1 Corinzi 10:13; Efesini 6:10-18; 2 Timoteo 3:16-17; Ebrei 2:14-15; 1 Pietro 2:24-25, 5:8-10; 1 Giovanni 3:8, 4:4).*

I. **Ripassa attentamente i seguenti rimandi:**

   A. i requisiti biblici fondamentali per il cambiamento (Lezioni 1 e 2), riconoscere le differenze fra vivere secondo la via dell'uomo e vivere secondo la via di Dio (Lezioni 3 e 4);

   B. gli elementi essenziali del cambiamento biblico (Lezioni 5 - 8); morire a te stesso e vivere per il Signore (Lezioni 9 e 10);

   C. la necessità di affrontare, secondo la Parola, l'ira e amarezza nella tua vita (Lezione 11);

   D. superare i problemi personali nell'amare il tuo prossimo (Lezioni 12 e 13) e nei rapporti familiari (Lezioni 14 - 17);

   E. i possibili legami tra paura, preoccupazione o depressione nella tua vita (Lezioni 18 e 19) e il peccato che ti domina;

   F. il tuo bisogno di stabilire e mantenere, fedelmente, le norme specifiche della Parola di Dio in ogni aspetto della tua vita (Lezione 22).

   NOTA. I rimandi elencati sopra sono importanti nell'affrontare i peccati ripetuti che dominano la vita. Nell'affrontare i problemi, secondo la Parola, esamina tutti gli aspetti della tua vita. Per esempio, peccati come l'omosessualità, la pigrizia cronica, le pratiche occulte o l'abuso di sostanze chimiche (droga o alcol), non possono essere superati se affrontati come problemi isolati. Ogni problema specifico, piuttosto, deve essere affrontato alla luce dei principi biblici per ogni aspetto della vita.

   Se continui nella formazione per la consulenza biblica, scoprirai che le soluzioni di Dio presentate in questo corso si applicano a tutti i problemi, inclusi quelli non trattati in questo manuale.

II. **Per aiutarti a riconoscere i modi in cui continui a peccare, o sei tentato a farlo, per quanto riguarda il tuo particolare problema, fa' un elenco di persone, luoghi, momenti e circostanze che rivelano la presenza di questi problemi, nella tua vita.**

III. **Usa la SCHEDA DI LAVORO VITTORIA SUI FALLIMENTI (Supplemento 8). Per compilare le colonne 1-3, segui le istruzioni delle LINEE GUIDA: SCHEDA DI LAVORO VITTORIA SUI FALLIMENTI (Supplemento 7).**

IV. **Come compilare la quarta colonna della SCHEDA DI LAVORO: VITTORIA SUI FALLIMENTI (Supplemento 8).**

SUPERARE I PECCATI RIPETUTI CHE DOMINANO LA VITA

A. Elabora un **piano base** per superare i peccati che hai individuato. Nel tuo piano, includi le azioni (pensieri, parole e atti) che ti aiuteranno a sviluppare un comportamento simile a quello di Cristo. Seguono le linee guida da tenere presenti.:
1. Pensa secondo la Parola
   a. Considera accuratamente la questione della tua salvezza *(basato su 1 Corinzi 6:9-10; 2 Corinzi 13:5; Galati 5:19-21; 1 Giovanni 2:3-6, 3:7-10). Se necessario, vedi:* **TU PUOI CAMBIARE SECONDO LA PAROLA (PRIMA PARTE)** *(Lezione 1, pagine 3-7). Se sei un credente in Gesù Cristo allora quello che segue di questo piano per superare i peccati ripetuti che dominano la vita, fa per te. Se ti rendi conto di non esserti affidato a Gesù Cristo per la salvezza, ripassa: Lezione 1, pagina 5,* **V. Per fede, tu puoi fare il primo passo per un cambiamento biblico**.
   b. Come credente, ricorda che Dio ha promesso di prendersi cura di te in ogni situazione, non importa quanto sconvolgente essa possa sembrare *(Salmo 23:1-6, 37:5; Proverbi 3:25-26; Matteo 10:28-31; 1 Corinzi 10:13; Romani 8:28-29, 36-39).*
   Ripassa: **LA SPERANZA BIBLICA** *(Lezione 6, pagine 6-7).*
   c. Ricorda che Dio, attraverso la morte e la risurrezione di Gesù Cristo, ha spezzato il potere di Satana *(basato su Atti 26:14-18, spec. il versetto 18; Ebrei 2:14-15; 1 Giovanni 3:8)*, e tu non devi più essere schiavo del peccato *(basato su Romani 6:6-14, 17-18; 8:9-18; 1 Corinzi 10:13; 1 Pietro 2:24-25; 1 Giovanni 4:4).*
   Ripassa: **DIO HA SPEZZATO IL POTERE DI SATANA** *(Lezione 20, pagine 9-11).*
   d. Confessa a Dio tutti i pensieri peccaminosi *(1 Giovanni 1:9)* e chiedi il Suo aiuto per superare questa abitudine peccaminosa *(basato su 1 Tessalonicesi 5:17; Ebrei 4:15-16; Giacomo 1:5).*
   e. Gioisci *(1 Tessalonicesi 5:16)* e ringrazia per ogni situazione e in ogni circostanza *(Efesini 5:20; 1 Tessalonicesi 5:18)*; ricorda che la sopportazione nelle prove ti aiuta a diventare conforme all'immagine di Cristo *(basato su Romani 5:3-5; Giacomo 1:2-4).*
   Ripassa: **LA BASE BIBLICA PER AVERE PACE E GIOIA** *(Lezione 6, pagine 8-10).*
   f. Ricorda che il perdono di Dio per te è la tua base per perdonare gli altri *(Matteo 18:21-35; Efesini 4:32; Colossesi 3:13).*
   Ripassa: **IL PERDONO (PERDONARE GLI ALTRI COME DIO TI HA PERDONATO)** *(Lezione 12, pagine 3-5).*
   g. Ricorda che il tuo amore per gli altri dimostra l'amore che hai per Dio *(1 Giovanni 2:9-11; 3:14-16; 4:7-11, 20-21).* Ricorda di pregare per quelli che ti perseguitano *(Matteo 5:44).*
   Ripassa: **IL SIGNIFICATO DELL'AMORE BIBLICO** *(Lezione 13, pagine 4-6).*
   h. Concentra i tuoi pensieri nel glorificare e nel piacere a Dio e nell'essere una benedizione per gli altri in tutte le situazioni *(basato su Matteo 22:37-39; Luca 9:23-24; 2 Corinzi 5:9, 15; 10:5; Galati 5:16-17; Filippesi 2:3-4, 4:8; Colossesi 3:2).*
   i. Proprio nella situazione in cui ti trovi, non indugiare sulle cose che incoraggiano il peccato. Disciplina invece la tua mente a pensare alle cose che piacciono al Signore *(Filippesi 4:8; Colossesi 3:2).*
   Ripassa:
   GLI EFFETTI DI PENSIERI, PAROLE E AZIONI NON BIBLICI *(Lezione 7, pagina 5)*
   IL RINNOVAMENTO DELLA TUA MENTE *(Lezione 7, pagine 6-7)*
   j. Ripassa salmi, inni e cantici spirituali che hai imparato a memoria *(basato su Efesini 5:19-20; Colossesi 3:16).*
   k. Pensa a come incoraggiare altri credenti, spronandoli all'amore e alle buone opere *(Ebrei 10:23-25).*

2. Parla secondo la Parola
    a. Confessa i tuoi peccati attuali al Signore e a coloro che non hai amato secondo la Parola, includendo i peccati di non aver adempiuto alle tue responsabilità. Confessa ogni altro peccato di cui ti sei ricordato e che non hai ancora confessato *(basato su Salmo 51:1-4; Giacomo 5:16; 1 Giovanni 1:9)*. *Per ripassare come confessare i tuoi peccati a coloro contro cui hai peccato, vedi:* **LINEE GUIDA: SCHEDA DI LAVORO VITTORIA SUI FALLIMENTI** *(Supplemento 7) punto* **VI. Applicare il cambiamento biblico,** *sottopunto D.*
    RICONCILIAZIONE (RIMUOVERE TUTTI CIÒ CHE OSTACOLA L'UNITÀ E LA PACE) *(Lezione 12, pagine 6-8) punto* **II. Confessione**
    b. Non parlare dei tuoi successi del passato *(Proverbi 27:2, 30:32; 2 Corinzi 10:18)*, dei tuoi dispiaceri o sconfitte *(Filippesi 3:13-14)*, delle preoccupazioni per il futuro *(Matteo 6:34)*, paragonandoti a te stesso e/o agli altri *(2 Corinzi 10:12)*, o presentando, con orgoglio, ciò che farai in futuro *(Proverbi 27:1; Giacomo 4:13-16)*. Piuttosto, edifica gli altri; parla con riconoscenza della bontà del Signore e di ciò che Egli ha fatto per te nella tua attuale situazione *(basato su Marco 5:19-20; Luca 10:20; Efesini 4:29; Colossesi 4:6; Ebrei 13:15; 1 Pietro 3:15)*.
    c. Non calunniare, spettegolare, litigare o usare parole che non edificano gli altri *(Proverbi 10:18; Efesini 4:29, 31; 5:4; Colossesi 3:8; 2 Timoteo 2:24; 1 Pietro 2:1)*. Al contrario, fa sì che il tuo parlare sia sempre veritiero e con grazia, secondo il bisogno del momento, e che tu sappia come rispondere a ogni persona *(Efesini 4:15, 25, 29: Colossesi 4:6)*.
    d. Non tirare fuori il peccato di un altro per accusarlo o per vendicarti, né con gli altri, né con te stesso, né con la persona che ha peccato *(Proverbi 10:18, 17:9, 20:19; Efesini 4:29, 31; Colossesi 3:8; 1 Pietro 2:1)*. *Ripassa:* **IL PERDONO (PERDONARE GLI ALTRI COME DIO TI HA PERDONATO)** *(Lezione 12, pagine 3-5), specialmente* **II. Rispondere al perdono di Dio.**
    e. Sii tu a incoraggiare la riconciliazione con Dio e con gli altri, seguendo le linee guida bibliche *(Matteo 5:9, 23-24; Romani 12:18; 2 Corinzi 2:6-8, 5:18)*. *Vedi:* **RICONCILIAZIONE (RIMUOVERE TUTTO CIÒ CHE OSTACOLA L'UNITÀ E LA PACE)** *(Lezione 12, pagine 6-8).*
3. Agisci secondo la Parola
    a. Identifica tutti i segnali di pericolo (situazioni, luoghi, circostanze e contatti personali che costituiscono una tentazione); compi subito dei passi per eliminare, fuggire o resistere alla tentazione *(basato su Salmo 1:1; Proverbi 27:12; 1 Corinzi 10:13, 15:33; 2 Timoteo 2:22; Giacomo 4:7; 1 Pietro 5:8-7)*. *Ripassa:* **IL PUNTO DI VISTA BIBLICO SULLE PROVE E SULLE TENTAZIONI** *(Lezione 8, pagine 3-7).*
    b. Cessa tutte le attività, rompi tutti i contatti, sospendi tutti i legami e distruggi tutte le cose e gli oggetti che hanno a che fare con il particolare peccato che ti ha reso schiavo *(basato su Romani 6:12-13, 21; 1 Corinzi 15:33; 2 Corinzi 6:14-7:1; Efesini 5:11-17, spec. i versetti 11-12; Filippesi 3:16-20; 1 Tessalonicesi 5:22; 2 Timoteo 2:22)*. Riempi subito il vuoto lasciato da queste vecchie cose con un piano risoluto per vivere una vita giusta e per camminare in vie nuove *(Tito 2:11-14)*. *Ripassa: Lezioni 5 - 8 e* **LINEE GUIDA: SCHEDA DI LAVORO VITTORIA SUI FALLIMENTI** *(Supplemento 7).*
    NOTA. Se necessario chiedi aiuto al tuo medico curante e rimani sotto la sua cura mentre intraprendi i passi per superare ogni peccato nella tua vita che abbia intaccato la tua salute fisica (p.es. in casi gravi, puoi essere ammesso in un centro di disintossicazione perché il tuo corpo è

gravemente debilitato e deve adattarsi alla privazione dell'uso di sostanze come droga e alcol). Il tuo medico dovrebbe seguire attentamente la tua crisi d'astinenza per dare al tuo corpo il tempo necessario per adattarsi a funzionare senza l'assunzione delle sostanze sinora usate. In questi casi il gruppo di consulenza deve essere preparato a lavorare insieme al medico.

c. Se hai qualche manufatto, ciondolo, gioiello, figura, letteratura o qualsiasi altra cosa che ti ricordi la tua attività occulta, distruggila. Inoltre, devi sospendere ogni contatto di qualsiasi genere con persone coinvolte in attività sataniche.
Vedi: **DIO HA SPEZZATO IL POTERE DI SATANA**, *Lezione 20, pagine 9-11, punto III. Devi cessare qualsiasi contatto con Satana nella tua vita.*

d. Trascorri molto tempo con i credenti *(Ebrei 10:23-25)* e indossa, senza riserve, la completa armatura di Dio per rimanere saldo contro il diavolo *(Efesini 6:10-17)*.
Vedi: **INDOSSARE LA COMPLETA ARMATURA DI DIO** *(Lezione 21, pagine 4-12)*.

e. Perdona gli altri come Dio ha perdonato te *(Efesini 4:32; Colossesi 3:13)*.
Vedi: **IL PERDONO (PERDONARE GLI ALTRI COME DIO TI HA PERDONATO)** *(Lezione 12, pagine 3-5) e controlla se stai praticando il perdono biblico. Se necessario fa' dei cambiamenti.*

f. Impara a memoria i versetti e studia i passi della Scrittura che si riferiscono specificamente a come affrontare e trattare questo particolare problema *(basato su Salmo 119:9, 11, 16; 2 Corinzi 10:5; Filippesi 4:8; 2 Timoteo 2:15)*. Impara a memoria specialmente quei versetti che parlano del potere che hai in Cristo Gesù di essere più che vincitore *(Vedi:* **DIO HA SPEZZATO IL POTERE DI SATANA**, *Lezione 20, pagine 9-11, punti II. D., E., F. e G.)*. Impara a memoria anche salmi, inni e cantici spirituali da usare al momento opportuno *(basato su Efesini 5:19-20; Colossesi 3:16)*.
Ripassa:
BASE BIBLICA PER LA MEDITAZIONE GIORNALIERA E PER IMPARARE A MEMORIA LA SCRITTURA *(Lezione 2, pagine 9-11)*
QUATTRO METODI PER IMPARARE A MEMORIA LA SCRITTURA *(Lezione 2, pagine 12-13)*

g. Prega sempre con ringraziamento *(Filippesi 4:6; 1 Tessalonicesi 5:17-18)* e secondo la volontà di Dio *(1 Giovanni 5:14-15)*. Getta le tue preoccupazioni sul Signore *(1 Pietro 5:7)*.
Ripassa:
LA PREGHIERA PROVVEDE LA COMUNICAZIONE CON DIO *(Lezione 3, pagine 9-12)*
LINEE GUIDA: LIBERTÀ DALL'ANSIA (AGIRE SECONDO LA PAROLA E PIANO DI PREGHIERA) *(Supplemento 16)*

h. Fa' ammenda degli sbagli e cerca la riconciliazione con coloro che hai offeso *(basato su Matteo 5:23-24)*. Ricorda che anche se hai già confessato i tuoi peccati *(vedi 2. a. sopra)*, devi dimostrare la tua seria intenzione di cambiare.
Vedi: **RICONCILIAZIONE (RIMUOVERE TUTTI CIÒ CHE OSTACOLA L'UNITÀ E LA PACE)** *(Lezione 12, pagine 6-8) punti III. Restituzione e IV. L'importanza della riconciliazione*

i. Benedici gli altri attraverso un'espressione tangibile di amore e di servizio biblico (che comprende le tue responsabilità quotidiane come membro di famiglia, studente, datore di lavoro, dipendente, coinquilino, ecc) *(basato su Matteo 7:12; Romani 12:9-13, 15-16; 13:8-10; 1 Corinzi 13:4-8a; Filippesi 2:3-8; 1 Timoteo 6:17-19; 1 Pietro 3:8-9; 1 Giovanni 3:18)*. Devi fare ciò:

1) a prescindere da come ti senti *(basato su Genesi 4:7; 2 Corinzi 5:14-15; Galati 5:16-17; Filippesi 4:13; Giacomo 4:17)*;
2) specialmente verso coloro che sembrano essere tuoi nemici o verso coloro contro cui hai peccato *(basato su Matteo 5:23-24, 43-48; Marco 11:25-26; Romani 12:14, 17-21)*;
3) con gentilezza e misericordia verso ogni persona con cui sei o sei stato irritato *(Efesini 4:31-32)*;
4) approfittando delle opportunità di servire gli altri in modi che ti mantengano in un atteggiamento simile a quello di Cristo *(basato su Matteo 20:25-28; Filippesi 2:3-8; 1 Pietro 4:10)*;
5) amministrando saggiamente, e alla luce della Parola, le risorse che il Signore ti ha dato per onorarLo e per essere di aiuto pratico agli altri *(basato su Salmo 24:1; Matteo 25:14-29; 1 Corinzi 4:1-2; Efesini 5:15-17; 1 Timoteo 6:17-19; 1 Pietro 4:10)*. *Vedi*
PRINCIPI BIBLICI DI AMMINISTRAZIONE *(Lezione 10, pagine 4-6)*
MORIRE A TE STESSO SERVENDO GLI ALTRI *(Lezione 10, pagine 7-8)*
Per imparare come e quando esprimere l'amore biblico, anche nelle situazioni difficili, vedi: **IL SIGNIFICATO DELL'AMORE BIBLICO** *(Lezione 13, pagine 4-6)*.

j. Quando è necessario, convoca un "tavolo di discussione". *Vedi il piano presentato in:* **SUPERARE I PROBLEMI ATTRAVERSO LA COMUNICAZIONE BIBLICA (USO DI UN TAVOLO DI DISCUSSIONE PER LA RICONCILIAZIONE)** *(Lezione 15, pagine 6-9)*

k. Correggi le lacune nella tua vita che esistono a causa di una mancanza di disciplina o per negligenza *(basato su Colossesi 3:1-17; 1 Timoteo 4:7b; Giacomo 4:17)*.
Vedi: **LINEE GUIDA: SCHEDA DI LAVORO VITTORIA SUI FALLIMENTI** *(Supplemento 7)* e ripassa le lezioni 5 - 8 se necessario.

l. Se hai bisogno di aiuto, chiedi a un amico credente di controllare se stai seguendo il tuo **piano di base** e il tuo **piano di emergenza** fino a che non avrai sviluppato un modo di vivere che piaccia al Signore *(Proverbi 27:17; Ecclesiaste 4:9-10; Ebrei 10:24)*. Se necessario, chiedi ad altri un consiglio biblico *(Proverbi 11:14, 15:22)*.

B. Secondo della necessità, prepara un **ELENCO "COSE DA PENSARE E DA FARE"** (Supplemento 10) usando le **LINEE GUIDA: ELENCO "COSE DA PENSARE E DA FARE"** (Supplemento 9).

C. Metti in pratica il tuo **piano base** *(Giacomo 1:22)* e fallo di cuore per il Signore *(Colossesi 3:23-24)*.

D. Elabora un **piano di emergenza** per affrontare situazioni insolite che ti tentano a peccare, specialmente in quelle sfere in cui un particolare peccato ha dominato la tua vita. Tieni presenti le seguenti linee guida:
1. Chiedi immediatamente aiuto a Dio *(1 Tessalonicesi 5:17; Ebrei 4:15-16; Giacomo 1:5)*.
2. Ripassa i versetti della Scrittura imparati a memoria che parlano in modo particolare delle risorse che Dio ha messo a tua disposizione per superare il peccato *(basato su Salmo 119:9, 11, 16)*. Se è necessario, canta salmi, inni e cantici spirituali imparati a memoria proprio per queste occasioni *(basato su Efesini 5:19-20; Colossesi 3:16)*.
3. Cerca immediatamente il punto di vista di Dio.
    a. A prescindere dai tuoi sentimenti o dalle circostanze, vedi questa situazione come un'opportunità per una maggiore crescita spirituale *(Giacomo 1:2-4)* perché Dio fa sì che tutte le cose nella vita dei Suoi figli cooperino al loro bene *(basato su Salmo 37; Proverbi 3:5-12; Romani 8:28-29; Efesini 1:3-14; Filippesi 1:6)*.

1) Ricorda a te stesso che puoi ogni cosa in Cristo che ti fortifica *(Filippesi 4:11-13)*, perché la tua capacità viene da Dio e non da qualche "forza interiore" naturale *(2 Corinzi 3:5)*. Ricordati che non puoi portare frutto senza Gesù Cristo *(Giovanni 15:5)*.

2) Loda e glorifica Dio perché Egli è forte perfino quando tu sei debole *(2 Corinzi 12:9-10)*; Egli ti preserverà da ogni caduta e ti farà comparire irreprensibile e con grande gioia davanti alla Sua gloria *(Giuda 24-25)*.

    b. Ricorda che Dio guarda al tuo cuore e non alla tua apparenza *(1 Samuele 16:7)*. Devi essere irreprensibile davanti a Lui nei tuoi pensieri, sia che gli altri li conoscano o no *(basato su Atti 23:1, 24:16; Romani 14:12; Efesini 4:1; Filippesi 1:9-11; Colossesi 1:21-22)*.

1) Se mai tu iniziassi ad avere pensieri peccaminosi in una circostanza imprevista, confessali al Signore *(1 Giovanni 1:9)*.

2) Ricorda che non devi giudicare te stesso sulla base della durata o dell'enormità del tuo peccato (secondo standard umani). La cosa grave è che, anche se momentaneamente, hai smesso di camminare nella via di Dio *(Giacomo 2:10, 4:17)*.

  4. Ringrazia Dio che sei Suo servitore nella tua circostanza attuale *(basato su Efesini 5:20; 1 Tessalonicesi 5:18)*. Decidi come rendere gloria al Signore *(1 Corinzi 10:31; 1 Pietro 4:11)* e cerca modi di edificare gli altri, servendoli in questa situazione *(Efesini 4:29; Filippesi 2:3-4)*.

E. Agisci secondo il tuo **piano di emergenza** appena intravedi una tentazione a peccare *(basato su 1 Tessalonicesi 5:22; 2 Timoteo 2:19-22)*. Poi, ricomincia a fare le cose scritte nel tuo **piano di base** *(basato su Proverbi 24:16; Giacomo 1:22-25)*.

F. Se cederai alla tentazione, scegliendo di gratificare i tuoi desideri carnali invece di ubbidire alla Parola di Dio, spesso subirai le conseguenze dolorose e la disciplina del Signore *(basato su Deuteronomio 11:26-28; Proverbi 1:22-32; Romani 6:16; Colossesi 3:25; Ebrei 12:5-13; Giacomo 1:14-15; 2 Pietro 2:19b)*, come è avvenuto nella vita di alcuni uomini della Bibbia *(Giosuè 7:1-5, 20-26; Giudici 16:15-21; 2 Samuele 12:14-18)*.

  1. Sebbene tu possa cedere alla tentazione, puoi essere ristabilito dalla potenza di Dio *(Salmo 37:23-24, 145:14; Proverbi 24:16; Michea 7:7-9)*, ricominciare a essere un esecutore della Parola *(Giacomo 1:25)* e continuare il tuo cammino nel Signore Gesù Cristo *(Efesini 4:1; Filippesi 3:12-14)*.

    a. Il primo passo in questo processo è riconoscere e confessare i tuoi fallimenti al Signore per ricevere il Suo perdono e la Sua purificazione *(basato su Salmo 51:1-4; 1 Giovanni 1:9; Apocalisse 2:5)*.

    b. Confessa i tuoi peccati a coloro contro cui hai peccato *(Giacomo 5:16)*, facilitando così la possibilità di riconciliazione e il risanamento dei rapporti *(Romani 12:18)*.

NOTA. Alcuni rapporti non possono e non dovrebbero essere riallacciati se costituiscono una tentazione a peccare (1 Tessalonicesi 5:21-23; 2 Timoteo 2:22) o se non portano gloria a Dio (1 Corinzi 10:31-33). Per determinare secondo la Bibbia, se un rapporto dovrebbe essere riallacciato, vedi: **PASSI PRATICI PER OTTENERE UN CAMBIAMENTO BIBLICO** *(Lezione 8, pagine 8-10) e rispondi alle domande al punto I. F. 7.*

    c. Ripassa il tuo **piano di emergenza**, quando necessario, per essere meglio preparato a superare ogni tentazione futura *(basato su 2 Timoteo 2:15; 2 Pietro 1:2-10)*.

Ripassa:
IL PERCORSO ASCENDENTE: CAMMINARE NELLA VIA DI DIO *(Lezione 5, pagina 5)*
L'IMPORTANZA DI METTERE IN PRATICA LA PAROLA *(Lezione 5, pagine 6-9)*

2. Quando attingi nuovamente alle risorse che Dio ha messo a tua disposizione, ti è assicurato il conforto di Dio *(Salmo 119:50; Lamentazioni 3:22-23; 2 Corinzi 1:3-4)*, la Sua guida *(Salmo 119:105, 133, 143; Romani 8:14; 2 Timoteo 3:16-17)* e la Sua forza divina per continuare a camminare nella Sua via *(Salmo 119:28, 156; Romani 8:10-13; Filippesi 4:13)*.

3. Come vero credente in Gesù Cristo, puoi sperimentare di nuovo la speranza biblica perché:

    a. la disciplina del Signore, sebbene dolorosa *(Ebrei 12:11)*, è un'espressione del Suo amore per te *(Ebrei 12:5-6)*;

    b. Dio ha promesso di continuare la Sua opera in te *(Filippesi 1:6, 2:13; 1 Tessalonicesi 5:23-24)*; Egli è capace di preservarti dalle cadute e di farti comparire alla Sua presenza irreprensibile e con grande gioia *(Giuda 1:24)*;

    c. Egli ti renderà saldo (fermo, stabile) sino alla fine *(1 Corinzi 1:4-9)*.

Ripassa: **LA SPERANZA BIBLICA** *(Lezione 6, pagine 6-7)*

4. Nonostante i tuoi fallimenti, Dio ha promesso di far cooperare al tuo bene tutte le cose *(Romani 8:28)*. Devi ricominciare a dimostrare il tuo amore per Lui ubbidendo alla Sua Parola *(Giovanni 14:15; 1 Giovanni 5:3; 2 Giovanni 1:6)* alla luce della tua chiamata a essere conformato all'immagine di Gesù Cristo *(Romani 8:29; 2 Corinzi 3:18)*.

AGIRE SECONDO LA PAROLA VERSO CHI HA UN PECCATO RIPETUTO CHE DOMINA LA SUA VITA

> Fra i tuoi amici, familiari o conoscenti potrebbe esserci qualcuno che è schiavo di un peccato che domina la sua vita. Come credente fedele e amorevole, hai l'opportunità di aiutare questa persona a riconciliarsi con il Signore (se non è credente) o a ristabilire una vita di pace, gioia e giustizia (se è un credente) *(basato su 2 Corinzi 5:14-20; Galati 6:1-5)*.

I. **Peccati che dominano la vita degli altri ti danno l'opportunità di esaminare te stesso secondo la Parola.**

   A. Prima di cercare di trattare i peccati di un'altra persona, devi esaminare la tua vita davanti al Signore *(Matteo 7:1-5)*.
   Vedi:
   ESAMINA TE STESSO SECONDO LA PAROLA: UN ELEMENTO INDISPENSABILE PER ESSERE DISCEPOLO (Lezione 2, pagina 6)
   ESAMINA TE STESSO SECONDO LA PAROLA: UN REQUISITO PER AIUTARE GLI ALTRI A FARE ALTRETTANTO (Lezione 2, pagine 7-8)

   B. Devi essere un esecutore fedele della Parola in ogni cosa *(Giacomo 1:25)*, perché la tua ubbidienza alla Scrittura è basata sul tuo amore per il Signore *(Giovanni 14:15; 1 Giovanni 5:3; 2 Giovanni 1:6)* e non sul comportamento di un altro.

   1. Come esecutore della Parola, devi trattare gli altri allo stesso modo in cui vorresti che loro trattassero te *(Matteo 7:12)*.

   2. Come esecutore della Parola, devi mostrare sempre amore biblico e stimare gli altri più importanti di te stesso *(basato su Luca 10:25-37; 1 Corinzi 13:4-8a; Filippesi 2:3-4)*.

   Vedi: *IL SIGNIFICATO DELL'AMORE BIBLICO (Lezione 13, pagine 4-6)*, specialmente al punto **IV. E.**

   3. Come esecutore della Parola, devi praticare il perdono biblico e incoraggiare sempre la riconciliazione biblica *(basato su Matteo 5:23-24; Marco 11:25-26; Luca 17:3-4; Efesini 5:32)*.
   Vedi:
   IL PERDONO (PERDONARE GLI ALTRI COME DIO TI HA PERDONATO) (Lezione 12, pagine 3-5)
   RICONCILIAZIONE (RIMUOVERE TUTTO CIÒ CHE OSTACOLA L'UNITÀ E LA PACE) (Lezione 12, pagine 6-8)
   L'IMPORTANZA DI METTERE IN PRATICA LA PAROLA (Lezione 5, pagine 6-9)
   LA BASE BIBLICA PER AVERE PACE E GIOIA (Lezione 6, pagine 8-10)

II. **Credenti e non credenti devono conoscere le conseguenze dei peccati ripetuti che dominano la vita.**

   A. Una persona con un peccato che domina la vita non può conoscere la portata delle conseguenze della sua condotta peccaminosa nella vita propria o degli altri, perché:

   1. è concentrata nel gratificare i propri desideri egoistici *(basato su 1 Corinzi 6:9-12; Galati 5:19-21; Giacomo 1:14-15)*;

2. è spiritualmente ingannata e non sa che tipo di persona è realmente *(basato su Giacomo 1:22-24)*;

3. non può discernere chiaramente il bene e il male *(basato su 1 Corinzi 2:14; Ebrei 5:14)*.

B. Per il tuo impegno verso il Signore e per l'amore biblico per qualcuno schiavo del peccato, devi evitare di discutere *(2 Timoteo 2:24-26)* e di scaricare la colpa sugli altri *(Ezechiele 18:4, 20; Romani 14:12)*. Piuttosto, di' la verità con amore parlando alla persona delle conseguenze dannose che il suo peccato avrà su di lei e sugli altri *(basato su Romani 6:16, 13:11-14; Efesini 4:25, 5:11-14; Giacomo 1:14-15, spec. il versetto 15)*. Segui le linee guida in: **LA COMUNICAZIONE BIBLICA** *(Lezione 13, pagine 12-14)*.

1. Se la persona con un peccato dominante è un credente, usa i metodi di ristabilimento biblico *(Matteo 18:15-17; Galati 6:1)*. Nota i punti che seguono 2. a. e 2. b. Ripassa:
RISTABILIMENTO/DISCIPLINA (LA TUA RISPOSTA BIBLICA AL PECCATO DI UN ALTRO CREDENTE) *(Lezione 13, pagine 7-8)*
LINEE GUIDA: IL PROCESSO DI RISTABILIMENTO/DISCIPLINA *(Lezione 13, pagine 9-11)*

2. Se la persona non è un credente, ricorda che non può capire le cose di Dio *(1 Corinzi 2:14)*. Tuttavia, a volte si renderà conto che le sue azioni sono "sbagliate" *(Romani 1:18-23, spec. il versetto 19)*. Nonostante la sua schiavitù e la sua illusione, un non credente può spesso essere aiutato a capire la gravità e le conseguenze, per ogni aspetto della vita, del suo ripetuto comportamento peccaminoso *(Proverbi 13:15b; Colossesi 3:25; 1 Giovanni 3:4)*. Vedi: **GLI EFFETI DEI PECCATI RIPETUTI CHE DOMINANO LA VITA (IL CERCHIO DELLA VITA)** *(Lezione 20, pagina 8)*.

   a. Una persona schiava del peccato proverà spesso a giustificare il suo comportamento peccaminoso. Comunque anche chi è coinvolto nel peccato, non può trascurarne le conseguenze perché esse possono essere evidenti e irrefutabili (p.es. menzogna, gravidanza extra matrimoniale, malattie veneree o AIDS, nascondere denaro o non voler rendere conto del denaro speso, incoraggiare gli altri a partecipare al suo peccato, chiedere agli altri di "coprirlo", non arrivare puntuale al lavoro, nascondere droghe o alcol, non adempiere le responsabilità familiari, ecc.).

   b. A volte è necessario elencare i molteplici effetti e le numerose conseguenze, di un comportamento peccaminoso per aiutare la persona a essere consapevole della gravità della sua condotta. Ciò non deve essere fatto per "ricordare gli errori commessi contro di te", perché sarebbe una violazione dell'amore biblico *(1 Corinzi 13:5)*; ma è fatto con lo scopo di far rilevare, con amore, a un altro il suo egocentrismo e la sua mancanza di amore per Dio e per gli altri *(basato su Efesini 4:25, 5:11-12)*. Vedi: **IL PERDONO (PERDONARE GLI ALTRI COME DIO TI HA PERDONATO)** *(Lezione 12, pagine 3-5, punto II. 5.)*.

   c. Sii sempre pronto a presentare il messaggio di liberazione di Gesù Cristo a chi è sotto il dominio di Satana ed è schiavo del peccato *(1 Pietro 3:15-16)*. Vedi:
   TU PUOI CAMBIARE SECONDO LA PAROLA (PRIMA PARTE) *(Lezione 1, pagine 3-7)*
   DIO HA SPEZZATO IL POTERE DI SATANA *(Lezione 20, pagine 9-11)*

3. Se una persona con un peccato dominante nella propria vita infrange la legge, deve essere denunciato alle autorità (per esempio: maltrattamento o comportamento pericoloso verso minori, acquisto o spaccio di droga, furto, violenza e percosse, ecc.) perché provvedano a esercitare la loro autorità *(Romani 13:1-7; 1 Pietro 2:13-16)*.

> *NOTA. Spesso gli amici e i familiari di una persona dominata da un peccato, sanno che questa ha infranto la legge, ma nel tentativo, sbagliato, di "aiutarla" non la denunciano alle autorità per "non causarle altri guai". Gli amici, o i familiari "nascondono" così una persona che infrange la legge e, spesso, senza rendersene conto, prevengono le necessarie conseguenze del peccato e la disciplina del Signore.*

III. **Devi usare tutte le risorse bibliche e rimanere ubbidiente alla Scrittura in ogni aspetto, quando affronti una persona schiava del peccato.**

   A. Non sei responsabile di cambiare una persona dominata dal peccato, né sei in grado di farlo. Il cambiamento duraturo nella vita di ognuno è opera dello Spirito Santo ed è collegato all'ubbidienza individuale alla Parola di Dio *(2 Corinzi 3:18; Galati 5:22-23; 1 Tessalonicesi 2:13; Tito 3:5; 2 Pietro 1:2-11).*
   Ripassa:
   LA SCRITTURA È LA TUA AUTORITÀ *(Lezione 3, pagine 3-5)*
   LO SPIRITO SANTO TI METTE IN GRADO DI RISOLVERE I TUOI PROBLEMI *(Lezione 3, pagine 6-8) al punto II.*
   IL CAMBIAMENTO BIBLICO È UN PROCESSO *(Lezione 7, pagine 3-4)*
   PASSI PRATICI PER OTTENERE UN CAMBIAMENTO BIBLICO *(Lezione 8, pagine 8-10)*

   B. Anche se devi sopportare le debolezze di coloro che sono senza forza e devi compiacere agli altri per la loro edificazione *(Romani 15:1-2)*, non devi nascondere i fallimenti o assumerti le responsabilità di coloro che hanno un peccato dominante nella propria vita *(basato su Proverbi 26:5; Romani 14:12; Efesini 5:11-12).*

   > *NOTA. A volte, amici o familiari ben intenzionati ma fuorviati, "mettono al riparo" una persona dagli effetti del peccato che domina la sua vita. Così essa è protetta dalle normali conseguenze, spesso gravi, del suo comportamento peccaminoso e non sperimenta personalmente la disciplina del Signore, finalizzata al suo bene. Come risultato, essa può continuare a commettere il peccato perché le sono risparmiate le conseguenze che il Signore vuole usare per farla desistere dalle sue vie peccaminose (basato su Proverbi 1:22-32; Ebrei 12:5-13, spec. i versetti 10-11).*

   C. Quando hai confrontato, alla luce della Parola, qualcuno con un peccato che domina la sua vita, non evitarlo e non allontanarlo perché deve "dimostrare di essere cambiato". Il processo di ristabilimento e riconciliazione richiede il tuo coinvolgimento nella sua vita; mostra costanza, fedeltà e spirito di mansuetudine *(basato su Proverbi 17:17; 27:5-6, 17; Matteo 18:15-17; Luca 17:3-4; 2 Corinzi 5:17-21; Galati 6:1-2).*

   D. Anche se le conseguenze del peccato che domina la vita di un'altra persona hanno avuto degli effetti dannosi nella tua vita, devi perdonarla con tutto il cuore *(Matteo 18:21-35, spec. il versetto 35)*, anche se fosse necessario ritirarti da lei *(2 Tessalonicesi 3:6).*
   Ripassa:
   IL PERDONO (PERDONARE GLI ALTRI COME DIO TI HA PERDONATO) *(Lezione 12, pagine 3-5)*
   RICONCILIAZIONE (RIMUOVERE TUTTO CIÒ CHE OSTACOLA L'UNITÀ E LA PACE) *(Lezione 12, pagine 6-8)*
   DOMANDE E RISPOSTE SUL PERDONO BIBLICO *(Lezione 12, pagine 9-13)*

   E. Non devi spettegolare di qualcuno con un peccato che domina la sua vita *(basato su Levitico 19:16; Proverbi 17:9, 18:8; Romani 1:28-32, spec. il versetto 29; 2 Corinzi 12:20)*; piuttosto devi cercare un consiglio biblico, se necessario, per sapere come agire nei confronti di tale persona. Il consiglio biblico dovrebbe venire solo da coloro che sono abbastanza maturi per aiutarti ad affrontare e a trattare il problema, secondo la Parola *(basato su Proverbi 11:14, 15:22).*

Ripassa: **LA COMUNICAZIONE BIBLICA** *(Lezione 13, pagine 12-14).*

NOTA. Fare pettegolezzi non riguarda la veridicità o meno di quello che si racconta. Il racconto potrebbe essere vero, ma diventa pettegolezzo quando si diffondono notizie non edificanti su di una persona per "informare" piuttosto che per ristabilire (basato su Matteo 7:12; Romani 15:2; Efesini 4:29).

F. Nell'affrontare un credente con il suo peccato dominante, incoraggialo a esaminare, secondo la Parola, i suoi pensieri *(Matteo 15:19; Marco 7:20-23)*, le sue parole *(Matteo 12:34; Luca 6:45)* e le sue azioni *(Matteo 15:18-20; Marco 7:20-23)* soprattutto per mostrare come sono connessi al superamento del peccato che ha dominato la sua vita.

NOTA. I sentimenti, buoni o cattivi, associati con il superamento di un peccato che domina la vita non dovrebbero essere al centro dell'attenzione. Piuttosto, incoraggia la persona a concentrarsi su come piacere al Signore e portare gloria a Lui ubbidendo alla Sua Parola (basato su Giovanni 14:15, 15:8; 2 Corinzi 5:9; Colossesi 1:9-12; 1 Giovanni 5:3) nei pensieri (2 Corinzi 10:5; Filippesi 4:8), nelle parole (Efesini 4:29; Colossesi 4:6) e nelle azioni (Matteo 5:16; 1 Corinzi 10:31; Filippesi 4:9; Colossesi 3:17). Ricorda che le Scritture promettono al credente ubbidiente la pace e la gioia durature (basato su Salmo 119:165-168; Giovanni 15:10-11; Romani 14:17; Filippesi 4:6-7). Vedi:
I TRE LIVELLI DEI PROBLEMI *(Lezione 6, pagine 4-5)*
LA BASE BIBLICA PER AVERE PACE E GIOIA *(Lezione 6, pagine 8-10)*

G. Per tutto il tempo necessario a confrontare qualcuno con un peccato dominante devi essere diligente.

   1. Esamina te stesso, secondo la Parola *(Matteo 7:1-5; 1 Corinzi 11:31)*. Confessa regolarmente e scrupolosamente i tuoi peccati al Signore *(1 Giovanni 1:9)* e, al momento giusto, a coloro contro cui hai peccato *(Giacomo 5:16)*.

   2. Persevera nella tua meditazione giornaliera, nell'imparare a memoria la Scritture e nella tua vita di preghiera *(Salmo 1:1-3, 119:11; Colossesi 4:2)*. Vedi:
   LA BASE BIBLICA PER LA MEDITAZIONE GIORNALIERA E PER IMPARARE A MEMORIA LA SCRITTURA *(Lezione 2, pagine 9-11)*
   LA PREGHIERA PROVVEDE LA COMUNICAZIONE CON DIO *(Lezione 3, pagine 9-12)*
   LINEE GUIDA: LIBERTÀ DALL'ANSIA (AGIRE SECONDO LA PAROLA E PIANO DI PREGHIERA) *(Supplemento 16)*

   3. Pratica sempre l'amore e la comunicazione biblica, facendo soprattutto attenzione a non ricambiare il male con il male, ma a vincere il male con il bene. Ricorda che la tua vita deve essere sale e luce, in tutte le situazioni, per dare gloria a Dio *(Matteo 5:13-16; Romani 12:21; 1 Corinzi 13:4-8a; Efesini 4:25, 29; Colossesi 4:6; 1 Pietro 3:8-9)*.
   Vedi: **IL SIGNIFICATO DELL'AMORE BIBLICO** *(Lezione 13, pagine 4-6)*
   LA COMUNICAZIONE BIBLICA *(Lezione 13, pagine 12-14)*

   4. Sii un amministratore, secondo la Parola, in ogni aspetto della vita *(1 Corinzi 4:2)*.
   Vedi: **PRINCIPI BIBLICI DI AMMINISTRAZIONE** *(Lezione 10, pagine 4-6)*

   5. Confida in Dio in ogni situazione, sapendo che Egli farà cooperare al bene tutte le cose nella tua vita mentre continui a ubbidire alla Sua Parola *(Romani 8:28-29)*. Ricorda che le prove hanno lo scopo di farti maturare in Cristo *(basato su Romani 5:3-5; Giacomo 1:2-4)*.

LO STUDIO DI UN CASO:
MARIA È STATA ABBANDONATA DAL MARITO

> Dopo aver ricevuto la nuova nascita spirituale attraverso il Signore Gesù Cristo, il Signore dà ad ogni credente la Sua forza e le Sue risorse per superare ogni peccato che domina la vita. A volte, la prima prova, nonché la maggiore, che un credente deve affrontare è proprio quella di affidarsi *unicamente* alla potenza di Dio e alla Sua Parola per superare la schiavitù di un peccato che domina la sua vita *(basato su Romani 6:1-23, 8:5-18; 1 Corinzi 6:9-11; 2 Corinzi 5:14-17; Galati 2:20, 5:16-25; 1 Giovanni 2:15-17, 5:2-5).*

Tommaso e Maria arrivano insieme all'incontro. Dopo aver iniziato con la preghiera, il consulente inizia a parlare.

Consulente: "Tommaso, è bello riaverti di nuovo con noi".

Tommaso: *(Sembra contento di essere lì)* **"Grazie".**

Consulente: "Allora Maria, com'è andata la tua settimana?"

Tommaso: *(Interviene prima che Maria possa rispondere.)* *"Scusatemi, ma vorrei rispondere io a questa domanda prima che lo faccia Maria. Penso che la sua settimana sia stata favolosa! Non avrei mai pensato di poter dire questo, ma Maria è veramente cambiata! Non mi assilla più, la casa è in ordine, la cena è sempre pronta e dovrei aggiungere, deliziosa! I figli hanno un atteggiamento positivo nei suoi confronti e non si chiudono più nella loro stanza la sera".*

Consulente: "Questo è un resoconto fantastico! Com'è andata la tua settimana, Tommaso?"

Tommaso: *"A dire la verità, la mia settimana non è andata bene come quella di Maria. Ho un problema con il bere che mi ha in pugno. Buona parte dei nostri soldi se ne vanno proprio per comprare alcolici. Non ce la faccio a superare questo problema. Devo averlo ereditato da mio padre che era un alcolista. Mi vedo andare giù per lo stesso tunnel. Voglio smettere, ma non penso proprio di farcela. Credo di aver bisogno dell'aiuto di uno specialista, ma proprio non ce lo possiamo permettere in questo momento".*

Tommaso ha bisogno di una speranza biblica, come puoi aiutarlo? (Ricorda, egli è un neo credente in Cristo). Suggerimenti:

(1) Deve sapere che Dio ha spezzato il potere di Satana sul peccato che domina la sua vita

   Vedi:
   TU PUOI CAMBIARE SECONDO LA PAROLA (SECONDA PARTE)
   (Lezione 2, pagine 3-5)
   DIO HA SPEZZATO IL POTERE DI SATANA (Lezione 20, pagine 9-11)

(2) Fa' altre domande a Tommaso per aiutarlo a comprendere come il peccato che domina la sua vita abbia influito su ogni aspetto di essa.

Vedi:
***GLI EFFETTI DEI PECCATI RIPETUTI CHE DOMINANO LA VITA
(IL CERCHIO DELLA VITA)** (Lezione 20, pagina 8).*

(3) Egli deve prendere l'impegno di piacere a Dio in tutti gli aspetti della sua vita e elaborare immediatamente un piano per cambiare, secondo la Parola.

Vedi:
***PASSI PRATICI PER OTTENERE UN CAMBIAMENTO BIBLICO**
(Lezione 8, pagine 8-10)*
***LINEE GUIDA: SCHEDA DI LAVORO VITTORIA SUI FALLIMENTI**
(Supplemento 7)*

(4) Assegnagli dei compiti mirati, perché ha bisogno di un immediato cambiamento di vita.

Vedi:
***INDOSSARE LA COMPLETA ARMATURA DI DIO** (Lezione 21, pagine 4-12)*
***SUPERARE I PECCATI RIPETUTI CHE DOMINANO LA VITA** (Lezione 21, pagine 13-19)*

Ricorda che Maria ha bisogno di continuare a crescere nella sua vita in Cristo, indipendentemente da ciò che fa Tommaso *(Matteo 7:1-5; 1 Corinzi 11:31)*. Come potresti aiutarla con la Scrittura? Suggerimenti:

(1) Ricordale che la sua pace e la sua gioia derivano dalla sua ubbidienza alla Parola di Dio che scaturisce dal suo amore per Gesù Cristo.

Vedi: ***LA BASE BIBLICA PER AVERE PACE E GIOIA** (Lezione 6, pagine 8-10).*

(2) Ricordale che è responsabile solo della sua personale crescita spirituale in Cristo.

Vedi:
***ESAMINA TE STESSO SECONDO LA PAROLA: UN ELEMENTO
INDISPENSABILE PER ESSERE DISCEPOLI** (Lezione 2, pagina 6)*
***LINEE GUIDA: SCHEDA DI LAVORO VITTORIA SUI FALLIMENTI**
(Supplemento 7)*

(3) Non deve cercare di cambiare Tommaso, perché i cambiamenti biblici di Tommaso riguardano solamente lui e il Signore.

Vedi:
***L'IMPORTANZA DI METTERE IN PRATICA LA PAROLA** (Lezione 5, pagine 6-9)*
***AGIRE SECONDO LA PAROLA VERSO CHI HA UN PECCATO
RIPETUTO CHE DOMINA LA SUA VITA** (Lezione 21, pagine 20-24)*

Tommaso, Maria e i loro figli devono ancora fare dei cambiamenti, secondo la Parola, nella loro famiglia, come potresti incoraggiarli a tale fine?

Suggerimento: ricorda loro che dovrebbero continuare ad avere regolarmente dei "tavoli di discussione".

Vedi: ***SUPERARE I PROBLEMI ATTRAVERSO LA COMUNICAZIONE BIBLICA**
(Lezione 15, pagine 6-9).*

LEZIONE 21: COMPITI

> I **COMPITI** di questa settimana presentano i passi biblici per superare qualunque peccato che domina la vita, e ti mettono in grado di aiutare altri che potrebbero essere dominati da un determinato peccato *(basato su Romani 6:1-7; 1 Corinzi 6:9-12; Galati 5:16-17, 6:1-2; Efesini 6:10-18; Ebrei 2:14-15; 1 Giovanni 4:4, 5:4-5).*

✔ *compiti completati*

☐ A. * Con parole tue scrivi il significato di *Efesini 5:18* e *6:12-13*. Impara a memoria *Efesini 5:18* e *6:12-13* e inizia a imparare *Galati 5:22-25*.

☐ B. * Leggi **PRINCIPI BIBLICI: PECCATI RIPETUTI CHE DOMINANO LA VITA (SECONDA PARTE)** (Lezione 21, pagine 2-3). Evidenzia nella tua Bibbia i versetti elencati che non hai evidenziato in precedenza.

☐ C. * Studia **INDOSSARE LA COMPLETA ARMATURA DI DIO** (Lezione 21, pagine 4-12). Puoi usare questa guida pratica, non solo nel tuo cammino personale in Cristo, ma anche per aiutare gli altri a stare saldi contro le insidie di Satana.

☐ D. * Studia **SUPERARE I PECCATI RIPETUTI CHE DOMINANO LA VITA** (Lezione 21, pagine 13-9). Osserva come un piano biblico per superare il dominio del peccato nella propria vita debba comprendere ogni aspetto della vita e debba essere seguito diligentemente ogni giorno.

☐ E. * Studia **AGIRE SECONDO LA PAROLA VERSO CHI HA UN PECCATO RIPETUTO CHE DOMINA LA SUA VITA** (Lezione 21, pagine 20-23). Osserva in modo particolare che tu non sei responsabile di apportare dei cambiamenti nella vita di un altro — ciò è opera dello Spirito Santo. Tuttavia, sei chiamato a usare tutte le risorse possibili per aiutare qualcuno a comprendere gli effetti dannosi del suo peccato e come il suo comportamento attuale dimostri una mancanza d'amore per Dio e per gli altri.

☐ F. * Leggi **LO STUDIO DI UN CASO: MARIA È STATA ABBANDONATA DAL MARITO** (Lezione 21, pagine 24-25). Anche se Tommaso ha riconosciuto di avere un peccato dominante nella sua vita, nota come ciascun membro della famiglia debba continuare a concentrarsi sul piacere al Signore nella propria vita e non basare la pace e la gioia personali, sulle azioni di Tommaso.

☐ G. * In collegamento con questa lezione, rispondi a quanto richiesto al punto 30 del **Test a Libro Aperto** (Lezione 23, pagina 3).

* *Il completamento dei compiti contrassegnati con un asterisco (*) è essenziale per continuare la formazione per la consulenza biblica.*

LEZIONE 21: GUIDA ALLO STUDIO PER LA MEDITAZIONE GIORNALIERA
(COMPRENDE VERSETTI A MEMORIA E COMPITI)

> La **GUIDA ALLO STUDIO** di questa settimana presenta i passi biblici per superare qualunque peccato che domina la vita e ti mette in grado di aiutare altri che potrebbero essere dominati da un determinato peccato *(basato su Romani 6:1-7; 1 Corinzi 6:9-12; Galati 5:16-17, 6:1-2; Efesini 6:10-18; Ebrei 2:14-15; 1 Giovanni 4:4, 5:4-5).*

Versetti a memoria

1. * Impara *Efesini 5:18* e *6:12-13* e inizia a imparare *Galati 5:22-25*.
2. Porta con te i cartoncini con i versetti imparati nelle settimane precedenti e i versetti di questa settimana. Ripassali nei tuoi momenti liberi durante la giornata.

Guida allo studio per la meditazione giornaliera

PRIMO GIORNO

1. Inizia con la preghiera.
2. * Leggi *Principi 93 e 94* in **PRINCIPI BIBLICI: I PECCATI RIPETUTI CHE DOMINANO LA VITA (SECONDA PARTE)** (Lezione 21, pagine 2-3). Evidenzia nella tua Bibbia i versetti elencati.
3. * Con parole tue scrivi il significato di *Efesini 5:18* e *6:12-13*.
4. Termina con la preghiera.

SECONDO GIORNO

1. Inizia con la preghiera.
2. * Leggi *Principio 95* in **PRINCIPI BIBLICI: I PECCATI RIPETUTI CHE DOMINANO LA VITA (SECONDA PARTE)** (Lezione 21, pagine 2-3). Evidenzia nella tua Bibbia i versetti elencati. Ripassa anche *Principio 13, dalla Lezione 5, pagina 2,* e *Principi 27-29, dalla Lezione 7, pagina 2.*
3. * Inizia a leggere **INDOSSARE LA COMPLETA ARMATURA DI DIO** (Lezione 21, pagine 4-12). Questo studio è lungo e dettagliato, perciò sarà impossibile esaminarlo a fondo in una settimana e dovrebbe essere studiato attentamente in futuro. Nei prossimi due giorni familiarizza con gli argomenti trattati in questo studio. Metti un segno accanto ai pezzi dell'armatura di Dio che hai bisogno di "indossare" nella tua vita. Questo è il primo di uno studio che durerà due giorni.
4. Termina con la preghiera.

TERZO GIORNO

1. Inizia con la preghiera.
2. * Leggi *Principi 96 e 97* in **PRINCIPI BIBLICI: I PECCATI RIPETUTI CHE DOMINANO LA VITA (SECONDA PARTE)** (Lezione 21, pagine 2-3). Evidenzia nella tua Bibbia i versetti elencati.
3. * Termina il tuo studio **INDOSSARE LA COMPLETA ARMATURA DI DIO** (Lezione 21, pagine 4-12). Ricorda di mettere un segno accanto ai pezzi dell'armatura di Dio che hai bisogno di "indossare" nella tua vita.
4. Termina con la preghiera.

QUARTO GIORNO

1. Inizia con la preghiera.
2. * Studia **SUPERARE I PECCATI RIPETUTI CHE DOMINANO LA VITA** (Lezione 21, pagine 13-19). Osserva come un piano biblico per superare il dominio del peccato nella propria vita debba comprenderne ogni aspetto e debba essere seguito diligentemente ogni giorno. Questo è il primo di uno studio che durerà tre giorni.
3. Termina con la preghiera.
4. Sei costante nell'imparare a memoria la Scrittura? Apporta i necessari cambiamenti al tuo programma giornaliero, se necessario. *Usa IL PROGRAMMA BIBLICO CHE MI PROPONGO (Supplemento 15) per aiutarti a essere più disciplinato in questo aspetto della crescita spirituale.*

QUINTO GIORNO

1. Inizia con la preghiera.
2. * Continua il tuo studio **SUPERARE I PECCATI RIPETUTI CHE DOMINANO LA VITA** (Lezione 21, pagine 13-19). Se sei dominato da un particolare peccato, evidenzia quei passi che non stai compiendo e inizia immediatamente a metterli in pratica con regolarità.
3. Termina con la preghiera.

SESTO GIORNO

1. Inizia con la preghiera.
2. * Termina lo studio **SUPERARE I PECCATI RIPETUTI CHE DOMINANO LA VITA** (Lezione 21, pagine 13-19). Metti in pratica fedelmente ogni passo di questo piano designato ad aiutarti a superare quei peccati che hanno il dominio su di te.
3. * Leggi **AGIRE SECONDO LA PAROLA VERSO CHI HA UN PECCATO RIPETUTO CHE DOMINA LA SUA VITA** (Lezione 21, pagine 20-23). Nota in modo particolare che tu non sei responsabile di cambiare la vita di un altro — ciò è opera dello Spirito Santo. Tuttavia, sei chiamato a usare tutte le risorse possibili per aiutare qualcuno a comprendere gli effetti dannosi del suo peccato e come il suo comportamento attuale dimostra una mancanza d'amore per Dio e per gli altri. *Questo piano richiede uno studio approfondito che non può essere fatto in un giorno o due. Evidenzia le parti di questo studio che hai intenzione di esaminare più dettagliatamente in futuro.* Se conosci qualcuno che ha un peccato che domina la propria vita, inizia a fare dei piani per confrontarlo secondo la Parola, con amore, e con uno spirito di mansuetudine.
4. Termina con la preghiera.

SETTIMO GIORNO

1. Inizia con la preghiera.
2. * Leggi **LO STUDIO DI UN CASO: MARIA È STATA ABBANDONATA DAL MARITO** (Lezione 21, pagine 24-25). Tommaso ha riconosciuto di essere dominato da un peccato nella sua vita; nota, però, come ciascun membro della famiglia debba continuare a concentrarsi sul piacere al Signore nella propria vita e non basare la pace e la gioia sulle azioni di Tommaso. Impara come trattare spiritualmente ogni aspetto dei problemi di questa famiglia, rispondendo alle domande che troverai alla fine dello studio di un caso.
3. * In collegamento con questa lezione, rispondi a quanto richiesto al punto 30 del **Test a Libro Aperto** (Lezione 23, pagina 3).
4. Termina con la preghiera.
5. Chiedi a un amico di ascoltarti mentre reciti a memoria i versetti di questa settimana. Spiegagli come questi versetti trovano applicazione nella tua vita.

* *Il completamento dei compiti contrassegnati con un asterisco (*) è essenziale per continuare la formazione per la consulenza biblica.*

© Biblical Counseling Foundation

LEZIONE 22

LE NORME DI DIO PER VIVERE

"Il frutto dello Spirito invece è amore, gioia pace, pazienza, benevolenza, bontà, fedeltà, mansuetudine, autocontrollo; contro queste cose non c'è legge. Quelli che sono di Cristo hanno crocifisso la carne con le sue passioni e i suoi desideri. Se viviamo dello Spirito, camminiamo anche guidati dallo Spirito".

Galati 5:22-25

LEZIONE 22: LE NORME DI DIO PER VIVERE

> Dio ha iniziato la Sua buona opera in te e si propone di portarti a maturità (perfezionarti) nel corso della tua vita *(basato su Romani 8:28-29; 1 Corinzi 1:4, 9; Filippesi 1:6; Giacomo 1:2-4)*. Tu sei responsabile di camminare nella via di Dio e cooperare con la Sua opera nella tua vita *(basato su Romani 12:1-2; Efesini 4:1-3; Filippesi 2:12-13; Colossesi 1:10, 2:6-7)*.

I. Gli obiettivi di questa lezione sono:

   A. aiutarti a vedere il punto di vista di Dio in ogni aspetto della tua vita, non solo in quelli in cui trovi delle difficoltà;

   B. aiutarti a stabilire una serie di norme bibliche per la tua vita (e, se sono applicabili, per i tuoi figli) che favoriscano la maturità in Cristo;

   C. illustrare la necessità di stabilire un modello di vita che rispecchi la Parola, attraverso il proseguimento dello studio di un caso;

   D. incoraggiarti a completare l'**ESAME DEL CORSO** (Lezione 23) e a essere pronto a dare la tua testimonianza in classe nel prossimo incontro.

II. Il sommario di questa lezione

   A. Esamina te stesso

      1. **PRINCIPI BIBLICI: LE NORME DI DIO PER VIVERE** (Lezione 22, pagine 2-3)

      2. **LE NORME DI DIO PER TE** (Lezione 22, pagine 4-6)

   B. Passi per la crescita spirituale

      1. **LEZIONE 22: COMPITI** (Lezione 22, pagina 9)

      2. **GUIDA ALLO STUDIO PER LA MEDITAZIONE GIORNALIERA** (Lezione 22, pagine 10-11).

   C. Consulenza biblica

      LO STUDIO DI UN CASO: MARIA È STATA ABBANDONATA DAL MARITO (Lezione 22, pagine 7-8)

PRINCIPI BIBLICI:
LE NORME DI DIO PER VIVERE

> Dio, che ha iniziato la Sua buona opera in te, si propone di portarti a maturità (a completarti, perfezionarti) per il resto della tua vita *(basato su Romani 8:28-29; 1 Corinzi 1:4-9; Filippesi 1:6; Giacomo 1:2-4)*. Tu sei responsabile di temere (riverire) Dio e seguire i Suoi comandamenti in ogni aspetto della tua vita (pensieri, parole e azioni) *(basato su Ecclesiaste 12:15-16)*.

I. Il punto di vista di Dio

(Principio 98) Le norme di Dio sono costanti e non sono mai frutto del capriccio del momento. I Suoi comandamenti sono immutabili *(Isaia 40:8; 1 Pietro 1:25)*; non fluttuano secondo l'epoca in cui si vive *(basato su Salmo 19:7-11; 119:89, 160; Proverbi 30:5-6)* perché Dio stesso è immutabile *(basato su Esodo 3:14-15; Malachia 3:6; Giovanni 8:57-58; Ebrei 1:10-12, 13:8)*.

(Principio 99) Le norme di Dio sono le stesse per tutti gli individui, per tutte le culture e per tutte le età, senza badare alla personalità o al retroterra *(basato su 2 Cronache 19:7; Proverbi 20:11; Atti 10:34-35; Romani 1:16, 2:2-11, 3:21-30; Galati 3:26-29; Efesini 6:9; Colossesi 3:25; 2 Timoteo 3:14-15)*. Non esiste, quindi, una "doppia norma" per gli adulti, i bambini, il ricco, il povero, le diverse nazionalità, le differenti occupazioni, l'uno o l'altro sesso o qualsiasi altra distinzione.

(Principio 100) La chiave per portare frutto nella tua vita è: temere (avere riverenza per) Dio *(Salmo 111:10, 145:19; Proverbi 1:7, 3:7-8, 9:10, 14:27, 19:23; Ecclesiaste 8:12-13, 12:15-16)* e seguire con costanza i Suoi comandamenti in ogni settore della tua vita (essere un esecutore della parola) *(basato su Esodo 20:1-17; Deuteronomio 11:26-28; Matteo 7:24-27; Giovanni 14:21, 23; 15:10-11; Giacomo 1:25; 1 Giovanni 3:22)*.

II. La tua speranza

(Principio 101) I piani di Dio per te sono finalizzati al tuo bene *(basato su Salmo 145:17; Geremia 29:11-13; Romani 8:28)* e hanno come fine la tua maturità in Cristo *(basato su Romani 8:29; 2 Corinzi 3:18)*. Se seguirai i comandamenti di Dio, Lui ti benedirà; se non li seguirai, ti giudicherà per disciplinarti *(Deuteronomio 11:8-9, 13-17, 26-28; Salmo 32:3-5; 1 Corinzi 11:31-32; Ebrei 12:5-11; Giacomo 1:22-25)*.

(Principio 102) Le norme di Dio non sono gravose *(Matteo 11:28-30)* perché Lui ti darà la forza, ti sosterrà e ti impedirà di inciampare mentre cammini nella Sua via e cooperi con la Sua opera per produrre i cambiamenti necessari nella tua vita *(basato su Giosuè 1:8-9; Salmo 103:1-5, 121:1-8; Proverbi 3:5-6; Isaia 40:29-31; Matteo 28:18-20; Giovanni 6:37; Efesini 1:13-14; Filippesi 2:12-13; Colossesi 2:6-7; 2 Pietro 1:10; Giuda 1:24-25)*.

III. **Il tuo cambiamento**

(*Principio 103*) "Spogliati" delle opere delle tenebre; "rivestiti" del Signore Gesù Cristo e non avere cura della carne per soddisfarne la concupiscenza (*Romani 13:12-14*). Indossa la completa armatura di Dio per resistere alle insidie del diavolo (*Efesini 6:10-18*).

(*Principio 104*) Non ti stupire delle prove, anche se sembrano dure, ma gioisci in esse perché Dio le usa per sviluppare in te una maturità che rispecchi Cristo (*basato su Romani 5:3-5; 2 Corinzi 4:7-18; Giacomo 1:2-4; 1 Pietro 4:12-13*). Sii pronto a essere insultato e a soffrire la persecuzione a causa della tua dedizione a Gesù Cristo e della tua costanza nell'ubbidire alla Parola di Dio (*basato su Matteo 5:10-12, 10:16-28; 2 Timoteo 3:12; 1 Pietro 4:12-19*). Se dovessi soffrire per amore della giustizia, sarai beato nel Signore (*basato su Matteo 5:10-12; Luca 6:22-23; Giacomo 5:10-11; 1 Pietro 3:13-17, spec. il versetto 14; 1 Pietro 5:6-10*).

IV. **La tua condotta**

(*Principio 105*) Stabilisci, e mantieni, standard biblici che incoraggeranno te, e i tuoi figli (se ne hai) alla santità. Identifica quei tratti di santità che dovresti sviluppare nella tua vita e le corrispondenti responsabilità e attività bibliche che dimostreranno somiglianza a Cristo (*basato su Galati 5:22-23; Efesini 1:4, 4:1, 4:17-6:9; Filippesi 2:12-13; Colossesi 3:12-24; 1 Timoteo 4:7-8; 2 Pietro 1:2-10*).

LE NORME DI DIO PER TE

> In ogni rapporto e in ogni situazione, devi mostrare il carattere di Gesù Cristo attraverso la tua ubbidienza alla Parola di Dio *(basato su Matteo 5:13-16; Giovanni 15:1-10; 2 Corinzi 2:14-17; Colossesi 2:6-7; Tito 2:11-14; 2 Pietro 1:2-10).*

I. **Che cosa devi fare (esempi)**

   A. Come credente nel Signore Gesù Cristo, devi:

      1. amare Dio con tutto il cuore rispondendo con amorevole ubbidienza alla Sua Parola, senza tener conto i tuoi sentimenti *(basato su 1 Samuele 15:22-23; Matteo 22:37-40; Giovanni 14:15, 21; Galati 5:16-17; 1 Giovanni 5:3);*

      2. adorare il Signore *(Deuteronomio 6:13; Salmo 2:11, 29:2; Matteo 4:10),* sia individualmente sia con altri credenti *(Salmo 1; Salmo 47; Atti 2:42-46, 5:42; Colossesi 3:16; Ebrei 10:23-25);*

      3. preservare l'unità del corpo di Cristo *(1 Corinzi 1:10, 12:22-26; Efesini 4:1-3; Filippesi 2:1-4);*

      4. studiare e imparare a memoria la Parola di Dio *(Salmo 1:1-3, 119:11; 2 Timoteo 2:15);*

      5. ricevere (accettare) e osservare (prendere sul serio) rimproveri e istruzioni *(Proverbi 1:2-5, 3:11-12, 9:7-9; Ebrei 12:5-6);*

      6. essere un esempio per gli altri *(Matteo 5:16; 1 Corinzi 11:1; 1 Timoteo 4:12);*

      7. essere fedele *(1 Corinzi 4:2; Galati 5:22);*

      8. essere mite nel correggere gli altri *(Galati 6:1; 2 Timoteo 2:24-26)* e ristabilire, coloro che sono colti in peccato, alla comunione con il Signore, con gli altri e a un servizio utile nel corpo di Cristo *(Matteo 18:15-20; Luca 17:3-4; Romani 15:14; Galati 6:1-5);*

      9. essere onesto, sincero *(Efesini 4:15, 25)* e parlare per edificare *(Efesini 4:29; Colossesi 4:6),* che comprende rispondere con una benedizione agli insulti *(Romani 12:14; 1 Pietro 3:8-9);*

     10. adoperarti per la pace, e vivere in pace, con gli altri *(Matteo 5:9; Romani 12:18)* e riconciliarti con chiunque abbia qualcosa contro di te *(Matteo 5:23-24);*

     11. rinunciare a te stesso e considerare gli altri più importanti di te *(Luca 9:23-25; Filippesi 2:3-8),* servendoli come fece Gesù *(Matteo 20:26-28; Giovanni 13:12-17; Efesini 6:7-8);*

     12. svolgere il tuo lavoro, e qualsiasi altra cosa, con tutto il cuore come per il Signore *(Colossesi 3:23-24; 1 Tessalonicesi 4:11-12; 2 Tessalonicesi 3:10-12);*

     13. esercitare l'autocontrollo e la disciplina *(2 Corinzi 5:14-15; Galati 5:23; 1 Timoteo 4:7-8);*

     14. perdonare di cuore (dinanzi al Signore) chiunque abbia peccato contro di te e essere pronto a concedere il perdono a chiunque te lo chieda *(Matteo 18:21-22, 35; Marco 11:25-26; Luca 17:3-4);*

     15. praticare l'amore, secondo la Parola, in ogni tuo rapporto *(Matteo 5:44; Giovanni 13:34-35; Romani 13:8, 10; 1 Corinzi 13:4-8a; Efesini 5:25; Tito 2:3-4);*

16. essere un buon amministratore:
    a. del tuo corpo *(1 Corinzi 6:19-20)*;
    b. del tempo *(Efesini 5:15-17)*;
    c. dei beni materiali *(2 Corinzi 9:6-12; Efesini 4:28; 1 Timoteo 6:17-19; Giacomo 2:15-16)*;
    d. delle capacità, dei talenti e dei doni spirituali *(basato su Matteo 25:14-30; Romani 12:3-8; 1 Corinzi 12:7; Efesini 4:11-12, 15-16; 1 Pietro 4:10-11)*;
17. gioire sempre, anche in mezzo alle prove *(Filippesi 4:4; 1 Tessalonicesi 5:16; Giacomo 1:2-4)*.

B. Come marito credente, devi:
1. amare tua moglie come Cristo ha amato la chiesa *(Efesini 5:25-33)*;
2. vivere con tua moglie con il riguardo dovutole *(1 Pietro 3:7)*;
3. provvedere alla tua famiglia *(1 Timoteo 5:8)*.

C. Come moglie credente, devi:
1. essere un aiuto convenevole (adatto) per tuo marito *(Genesi 2:18)*;
2. rispettare, amare ed essere sottomessa a tuo marito *(Efesini 5:22-24, 31, 33; Tito 2:4-5; 1 Pietro 3:1-6)*;
3. prenderti cura dei bisogni della tua famiglia *(Proverbi 31:10-27; 1 Timoteo 5:14; Tito 2:5)*.

D. Come coppia credente, dovete:
1. sottomettervi l'uno all'altra *(Efesini 5:21)*;
2. essere "uno" nel vostro rapporto reciproco; cioè, agire come una sola carne *(Genesi 2:22-24; Matteo 19:4-6; Efesini 5:31)*.

E. Come genitore credente, devi:
1. allevare amorevolmente i tuoi figli attraverso l'istruzione, la disciplina e l'esempio *(Deuteronomio 6:6-9; Efesini 6:4; Tito 2:4)*;
2. evitare di esasperare (provocare) i tuoi figli *(Efesini 6:4)*.

F. Come figlio credente, devi:
1. ubbidire ai tuoi genitori mentre sei sotto la loro autorità e tutela *(Efesini 6:1)*;
2. onorare i tuoi genitori *(Esodo 20:12; Deuteronomio 5:16; Efesini 6:2)*;
3. ascoltare e ricordare (dar retta e prendere seriamente) gli insegnamenti dei tuoi genitori *(Proverbi 1:8-9)*.

G. Come dipendente credente, devi:
1. essere ubbidiente e sottomesso al tuo datore di lavoro *(basato su Efesini 6:5-8; Colossesi 3:22; 1 Timoteo 6:1-2; Tito 2:9; 1 Pietro 2:18)*;
2. onorare il tuo datore di lavoro *(1 Timoteo 6:1-2)*;
3. essere leale in tutti i tuoi rapporti con il tuo datore di lavoro *(1 Timoteo 6:2; Tito 2:10)*.

H. Come datore di lavoro credente, devi:
1. agire onestamente e con giustizia verso i tuoi dipendenti *(Colossesi 4:1)*;
2. desistere dal minacciare i tuoi dipendenti *(Efesini 6:9)*.

I. Come responsabile di chiesa che segue la Parola, devi:

1. essere degno della fiducia che gli altri ripongono in te *(basato su 1 Timoteo 3:1-15; Tito 1:6-9, 2:7-8; 1 Pietro 5:1-3)*, fare dei discepoli che siano anche in grado di insegnare agli altri *(2 Timoteo 2:2)*;

2. correggere (ammonire, istruire) gli altri con mansuetudine cercando sempre di ristabilirli nel loro rapporto con il Signore *(basato su Matteo 18:15-20; Galati 6:1-2; 2 Timoteo 2:24-26)*.

II. Come devi ubbidire alle norme di Dio

A. Fa' ogni cosa di cuore come per il Signore *(Colossesi 3:23-24)*, di buona volontà *(Efesini 6:7-8)* e con zelo *(Tito 2:14; 1 Pietro 3:13)*.

B. Sii altruista *(Filippesi 2:3)*, non mormorare, non contendere, non fare discussioni *(Filippesi 2:14-16; 2 Timoteo 2:24; Tito 2:9, 3:9)*.

C. Rispondi con mitezza *(basato su Efesini 4:32; 1 Tessalonicesi 2:7-8)* e saggezza *(Efesini 5:15; Colossesi 4:5; Giacomo 3:15-18)*.

D. Riverisci il Signore con timore e tremore *(basato su 2 Corinzi 5:10-11; Filippesi 2:12-13)*.

E. Rispondi con gioia *(basato su Filippesi 2:17-18)*, dando gloria a Dio e non offendendo nessuno *(basato su 1 Corinzi 10:31-33)*.

III. Assimila le norme di Dio nel tuo vivere quotidiano

A. Tieni il conto di tutte le tue attività di una settimana normale; usa **IL MIO PROGRAMMA ATTUALE** (Supplemento 14).

B. Depenna ogni attività che non dovresti continuare. Usa le seguenti domande per decidere quali attività devi eliminare *(Vedi: Lezione 8, pagina 9)*:

1. È utile *(1 Corinzi 6:12, 10:23a)*?
2. Ha, in qualche modo, il controllo su di me *(1 Corinzi 6:12)*?
3. È una pietra d'inciampo nella mia vita *(Matteo 5:29-30, 18:8-9)*?
4. Potrebbe far inciampare un altro credente *(Romani 14:13; 1 Corinzi 8:9-13)*?
5. Edifica (rinforza) gli altri *(Romani 14:19; 1 Corinzi 10:23-24)*?
6. Glorifica Dio *(Matteo 5:16; 1 Corinzi 10:31)*?

C. Elenca, su un altro foglio, tutte le attività e le responsabilità che dovresti iniziare. *Vedi sopra I. Che cosa devi fare (esempi).*

D. Sviluppa un piano per vivere, che faccia piacere al Signore, e scrivilo nella scheda **IL PROGRAMMA BIBLICO CHE MI PROPONGO** (Supplemento 15).

LO STUDIO DI UN CASO:
MARIA È STATA ABBANDONATA DAL MARITO

> *"Ascoltiamo dunque la conclusione di tutto il discorso: Temi Dio e osserva i suoi comandamenti, perché questo è il tutto per l'uomo. Dio infatti farà venire in giudizio ogni opera, tutto ciò che è occulto, sia bene, sia male." (Ecclesiaste 12:15-16)*

Tommaso e Maria sono stati dei fedeli esecutori della Parola per molte settimane. Tommaso ha fatto passi notevoli, secondo la Parola, per vincere la sua dipendenza dall'alcol. Maria ha continuato la sua crescita in Cristo concentrandosi sulle proprie responsabilità davanti al Signore invece di cercare in Tommaso la sua pace e la sua gioia. Hanno avuto regolarmente dei "tavoli di discussione in famiglia", facendo partecipare anche i loro figli a questo tipo di comunicazione biblica. Come risultato, i loro figli hanno iniziato a essere esecutori della Parola. Per diverse settimane, l'intera famiglia ha partecipato al culto di famiglia e ognuno si è impegnato nella chiesa. Molte di queste attività, volte a sviluppare un comportamento secondo la via di Dio, originariamente, facevano parte dei compiti assegnati a Tommaso e Maria durante le sessioni di consulenza. Ora essi le hanno incluse come parte normale della loro vita in Cristo. Ogni volta che una prova si affaccia nella loro famiglia, o nella loro vita individuale, hanno iniziato ad aiutarsi a vicenda per scoprire come possono applicare la Parola di Dio alla situazione.

Tommaso e Maria, ora radicati in queste attività bibliche, arrivano alla sessione finale di consulenza per presentare il loro piano biblico per continuare a crescere in Cristo. Dopo lo scambio dei saluti, il consulente capo prende la parola.

Consulente: "Abbiamo aspettato con impazienza questa sessione per diverse settimane. Come indicato nei compiti che vi sono stati assegnati, lo scopo di questa sessione è di dare a entrambi l'opportunità di presentare i propri piani biblici per continuare a crescere in Cristo. Prendiamo del tempo per ringraziare Dio per la Sua Parola e per la Sua fedeltà nella vita di ciascuno di noi".

Durante la preghiera, ognuno dei presenti parla, con ringraziamento, della fedeltà di Dio e della totale sufficienza della Sua Parola. Il consulente capo, conclude in preghiera e si rivolge a Tommaso e Maria.

Consulente: "Sappiamo che siete stati fedeli, in passato, nello svolgere i vostri compiti. Per il futuro, che piano avete deciso di seguire per continuare la vostra crescita?"

Tommaso: **"Non avremmo mai immaginato di trovare la ragione più importante per cui vivere, ossia vivere per Gesù Cristo".**

Maria: **"Sono d'accordo! Sembra così lontano il tempo in cui ero senza speranza e incapace di comprendere che Dio aveva un piano per la mia vita".**

Poi Maria e Tommaso presentano i loro piani biblici per una continua crescita in Cristo. Si impegnano a mantenere l'attuale meditazione personale e il culto di famiglia, a imparare a memoria la Scrittura, a frequentare le riunioni di adorazione e di studio biblico, ad avere comunione con gli altri credenti, ad avere tavoli di discussione in famiglia, a programmare le responsabilità (evidenziando modi specifici per il servizio reciproco) e a esaminare loro stessi, di continuo, alla luce della Parola. Oltre a proseguire nel loro attuale comportamento secondo il Signore, presentano dei piani per impegnarsi personalmente nel servizio nella chiesa e a iniziare dei progetti, come famiglia, per aiutare gli altri. Esprimono il desiderio di voler essere addestrati per la consulenza biblica e si impegnano a prendere parte al prossimo corso "Esamina te stesso".

Dopo aver spiegato i loro piani futuri per continuare fedelmente il cammino biblico, Tommaso e Maria riesaminano i compiti loro assegnati che sono stati particolarmente efficaci per aiutarli a "spogliarsi" del proprio io, e a vivere per il Signore. Tutti e due fanno menzione dell'incoraggiamento che hanno ricevuto da Romani 8:28-29 e 1 Corinzi 10:13 all'inizio della loro consulenza. Raccontano della loro sorpresa nello scoprire, studiando 1 Corinzi 13:4-8a, quanto fossero privi di amore. Quando finiscono di parlare, il consulente capo prende la parola.

Consulente: "Ascoltarvi descrivere il cambiamento che Gesù Cristo ha operato nella vostra vita, attraverso la vostra ubbidienza alle Scritture, ha incoraggiato tutti noi. Non solo abbiamo avuto il privilegio di vedere Dio all'opera nella vostra vita, ma abbiamo acquistato degli amici in Cristo per gli anni che verranno! Anche se la nostra sessione di consulenza finisce, siamo a vostra disposizione nei prossimi mesi e desideriamo sapere come Dio continua la Sua opera nella vostra vita".

Il consulente poi spiega che, lui e gli altri consulenti, gradirebbero contatti regolari con loro nei prossimi mesi; uno dei consulenti prenderà contatto con Tommaso e Maria almeno una volta al mese nel prossimo anno per incoraggiarli nella loro crescita in Cristo. Dopo questa spiegazione, la sessione è conclusa in preghiera.

LEZIONE 22: COMPITI

> I **COMPITI** di questa settimana ripercorrono le fondamentali linee guida della Parola di Dio, che costituiscono le norme per la tua vita. Nel mettere in pratica, con costanza e di tutto cuore, queste norme, sperimenterai le benedizioni del Signore; inoltre si svilupperanno in te le caratteristiche di Gesù Cristo *(basato su Romani 8:28-29, 12:1-2; 2 Corinzi 3:18; Filippesi 2:12-16; Giacomo 1:25; 2 Pietro 1:2-11)*.

✔ *compiti completati*

☐ A. * Con parole tue scrivi il significato di *Galati 5:22-25*. Impara a memoria *Galati 5:22-25* e inizia a imparare *1 Giovanni 5:3-5*.

☐ B. * Leggi **PRINCIPI BIBLICI: LE NORME DI DIO PER VIVERE** (Lezione 22, pagine 2-3). Evidenzia nella tua Bibbia i versetti elencati che non hai già evidenziato.

☐ C. * Studia **LE NORME DI DIO PER TE** (Lezione 22, pagine 4-6). Evidenzia ogni affermazione che mostri aspetti, nella tua vita, che hanno bisogno di crescita spirituale. Includile come parte della tua **SCHEDA DI LAVORO: VITTORIA SUI FALLIMENTI** (Supplemento 8) o su **IL PROGRAMMA BIBLICO CHE MI PROPONGO** (Supplemento 15).

☐ D. Sviluppa un piano per adempiere tutte le attività e le responsabilità bibliche seguendo le istruzioni in **LE NORME DI DIO PER TE** (Lezione 22, pagina 6) al punto **III. Assimila le norme di Dio nel tuo vivere quotidiano**.

☐ E. * Leggi **LO STUDIO DI UN CASO: MARIA È STATA ABBANDONATA DAL MARITO** (Lezione 22, pagine 7-8). Osserva come applicare le norme di Dio nella tua vita non solo risolve qualsiasi problema incontrerai, ma getta il fondamento su cui costruire l'intera vita.

☐ F. * Completa il tuo **ESAME DEL CORSO** (Lezione 23). Se frequenti questo corso in una classe, porta l'esame al tuo insegnante alla prossima lezione.

☐ G. Completa la tua testimonianza sui cambiamenti biblici che sono avvenuti nella tua vita durante questo corso. *Come falsariga per preparare la tua testimonianza, vedi:* **ESAME DEL CORSO** (Lezione 23, pagina 3) **La tua testimonianza sui risultati ottenuti seguendo Esamina te stesso**. *Preparati anche a dare la tua testimonianza verbale al gruppo.*

* *Il completamento dei compiti contrassegnati con un asterisco (*) è essenziale per continuare la formazione per la consulenza biblica.*

LEZIONE 22: GUIDA ALLO STUDIO PER LA MEDITAZIONE GIORNALIERA
(COMPRENDE VERSETTI A MEMORIA E COMPITI)

> La **GUIDA ALLO STUDIO** di questa settimana riesamina le fondamentali linee guida della Parola di Dio, che costituiscono le tue norme di vita. Nel mettere in pratica, con costanza e di tutto cuore, queste norme, sperimenterai le benedizioni del Signore; inoltre si svilupperanno in te le caratteristiche di Gesù Cristo *(basato su Romani 8:28-29, 12:1-2; 2 Corinzi 3:18; Filippesi 2:12-16; Giacomo 1:25; 2 Pietro 1:2-11).*

Versetti a memoria

1. * Impara a memoria *Galati 5:22-25* e inizia a imparare *1 Giovanni 5:3-5*.
2. Porta con te i cartoncini con i versetti a memoria delle precedenti lezioni insieme a quello di questa settimana. Ripassali durante i momenti liberi della giornata.

Guida allo studio per la meditazione giornaliera

PRIMO GIORNO

1. Inizia con la preghiera.
2. * Leggi *Principio 98* in **PRINCIPI BIBLICI: LE NORME DI DIO PER VIVERE** (Lezione 22, pagine 2-3). Evidenzia nella tua Bibbia i versetti elencati.
3. * Con parole tue scrivi il significato di *Galati 5:22-25*.
4. Termina con la preghiera.

SECONDO GIORNO

1. Inizia con la preghiera.
2. * Leggi *Principio 99* in **PRINCIPI BIBLICI: LE NORME DI DIO PER VIVERE** (Lezione 22, pagine 2-3). Evidenzia nella tua Bibbia i versetti elencati.
3. * Studia **LE NORME DI DIO PER TE** (Lezione 22, pagine 4-6). Evidenzia ogni affermazione che indichi quegli aspetti, nella tua vita, che hanno bisogno di crescita spirituale. Includile nella tua **SCHEDA DI LAVORO VITTORIA SUI FALLIMENTI** (Supplemento 8) o in **IL PROGRAMMA BIBLICO CHE MI PROPONGO** (Supplemento 15). Questo è il primo di due studi.
4. Lavora all'**ESAME DEL CORSO** nella Lezione 23. Poni particolare attenzione sull'ultima parte intitolata **La tua testimonianza sui risultati ottenuti da Esamina te stesso**.
5. Termina con la preghiera.

TERZO GIORNO

1. Inizia con la preghiera.
2. * Leggi *Principio 100* in **PRINCIPI BIBLICI: LE NORME DI DIO PER VIVERE** (Lezione 22, pagine 2-3). Evidenzia nella tua Bibbia i versetti elencati.
3. * Termina il tuo studio di **LE NORME DI DIO PER TE** (Lezione 22, pagine 4-6). Quando noti quegli aspetti della tua vita nei quali sei stato ubbidiente alle norme di Dio, prendi del tempo, durante il giorno, e lodaLo per l'opera che sta compiendo

---

© Biblical Counseling Foundation

nella tua vita *(Romani 8:29; 2 Corinzi 3:18; Filippesi 1:6, 2:12-13; 1 Tessalonicesi 5:18)*. Prepara un piano, per apportare dei cambiamenti specifici in quegli aspetti della tua vita nei quali devi seguire le norme della Parola, e mettilo in pratica fedelmente (come presentato nella Lezione 22, pagina 6, **III. Assimila le norme di Dio nel tuo vivere quotidiano**).
4. Lavora all'**ESAME DEL CORSO** (Lezione 23). Prepara la tua testimonianza seguendo le linee guida presentate al punto **La tua testimonianza sui risultati ottenuti da Esamina te stesso** (Lezione 23, pagina 3).
5. Termina con la preghiera.

QUARTO GIORNO

1. Inizia con la preghiera.
2. * Leggi *Principio 101* in **PRINCIPI BIBLICI: LE NORME DI DIO PER VIVERE** (Lezione 22, pagine 2-3). Evidenzia nella tua Bibbia i versetti elencati.
3. Continua a lavorare all'**ESAME DEL CORSO** (Lezione 23) e sulla tua testimonianza per la prossima lezione in classe.
4. Termina con la preghiera.

QUINTO GIORNO

1. Inizia con la preghiera.
2. * Leggi *Principio 102* in **PRINCIPI BIBLICI: LE NORME DI DIO PER VIVERE** (Lezione 22, pagine 2-3). Evidenzia nella tua Bibbia i versetti elencati.
3. Continua a lavorare all' **ESAME DEL CORSO** (Lezione 23) e sulla tua testimonianza.
4. Termina con la preghiera.

SESTO GIORNO

1. Inizia con la preghiera.
2. * Leggi *Principio 103 e 104* in **PRINCIPI BIBLICI: LE NORME DI DIO PER VIVERE** (Lezione 22, pagine 2-3). Evidenzia nella tua Bibbia i versetti elencati.
3. * Leggi **LO STUDIO DI UN CASO: MARIA È STATA ABBANDONATA DAL MARITO** (Lezione 22, pagine 7-8). Nota come le norme bibliche devono essere applicate a ogni aspetto della vita.
4. Continua a lavorare all'**ESAME DEL CORSO** (Lezione 23) e sulla tua testimonianza.
5. Termina con la preghiera.

SETTIMO GIORNO

1. Inizia con la preghiera.
2. * Leggi *Principio 105* in **PRINCIPI BIBLICI: LE NORME DI DIO PER VIVERE** (Lezione 22, pagine 2-3). Evidenzia nella tua Bibbia i versetti elencati.
3. Completa l'**ESAME DEL CORSO** presentato nella Lezione 23.
4. Chiedi a un amico di ascoltarti mentre reciti i versetti di questa settimana. Spiega come questi versetti trovano applicazione nella tua vita.
5. Termina la tua testimonianza sui cambiamenti biblici avvenuti nella tua vita durante questo corso. *Vedi:* **ESAME DEL CORSO** *(Lezione 23, pagina 3)* ***La tua testimonianza sui risultati ottenuti seguendo Esamina te stesso*** *per aiutarti a preparare la tua testimonianza.* Sii pronto a dare la tua testimonianza, verbalmente, al gruppo.
6. Termina con la preghiera.

* *Il completamento dei compiti contrassegnati con un asterisco (*) è essenziale per continuare la formazione per la consulenza biblica.*

LEZIONE 23

ESAME DEL CORSO

LEZIONE 23: ESAME DEL CORSO

> L'esame ti aiuterà a capire quanto hai assimilato i principi biblici esposti in questo corso e le soluzioni che essi offrono per risolvere i problemi. Nel completare l'esame del corso che tu possa essere sempre più consapevole della sufficienza di Dio per affrontare e superare le sfide della vita, attraverso Suo Figlio, la Sua Parola e il Suo Spirito.

Istruzioni generali

*Questo esame è composto di tre sezioni: **Valutazione dei versetti imparati a memoria**, **Test a libro aperto** e **La tua testimonianza sui risultati ottenuti seguendo Esamina te stesso**. Nel completare quest'esame, non scrivere su queste pagine, ma scrivi le tue risposte, nel modo più completo possibile, su un foglio a parte. Attieniti strettamente a quanto richiesto. Ogni volta che è richiesta una citazione biblica, scrivi il **libro**, il **capitolo** e il **versetto** (o i **versetti**). Quando dovrai scrivere un versetto per esteso, sarà specificato chiaramente.*

Valutazione dei versetti imparati a memoria

1. Hai imparato a dovere i versetti a memoria assegnati in questo corso? Secondo l' elenco seguente, che voto ti daresti?

    a. **Eccellente:** ho imparato tutti i versetti e posso ripeterli con pochissimi errori.

    b. **Molto Buono:** ho imparato tutti i versetti eccetto quattro o cinque.

    c. **Buono:** ho imparato tutti i versetti eccetto sei o sette.

    d. **Discreto:** ho imparato la metà dei versetti.

    e. **Mediocre:** devo studiare di più per imparare a memoria i versetti.

    f. Mi propongo di continuare a imparare a memoria e ripassare questi ed altri versetti. *(Questo è valido per tutte le voci elencate sopra.)*

2. Elenca le citazioni di almeno tre versetti del corso, per te più significativi. Accanto a ogni citazione, spiega come il Signore ha usato questi versetti, o questi brani, della Scrittura nella tua vita.

Test a Libro Aperto

Questo test a "libro aperto" (così definito perché per completarlo, puoi usare la Bibbia e il manuale), è studiato per essere un tempo di "ristoro spirituale" per te. Ti darà l'opportunità di ripassare e di spiegare con le tue parole ciò che hai imparato.

1. Scrivi un versetto per esteso (con la citazione) che mostri come una persona che non conosce il Signore Gesù e la Sua salvezza, è senza speranza. (Lezione 1, pagine 2-4)

2. Spiega come una persona può ricevere il dono della vita eterna, indicando almeno tre citazioni della Scrittura a sostegno della tua spiegazione. (Lezione 1, pagina 4)

3. Indica una citazione della Scrittura in cui è affermato specificamente che devi giudicare te stesso prima di affrontare i problemi di qualcun altro. (Lezione 2, pagine 2, 7 e 8)

4. Elenca tre citazioni della Scrittura che spiegano la totale sufficienza della Parola di Dio. (Lezione 3, pagine 2-5)

5. Spiega a parole tue, come diresti a un credente che la Parola di Dio è tutto ciò che serve per risolvere qualsiasi problema. (Lezione 3, pagine 3-5)

6. Come ti aiuta lo Spirito Santo ad affrontare e a trattare i tuoi problemi? Elenca almeno tre citazioni della Scrittura a sostegno della tua spiegazione. (Lezione 3, pagine 2, 6-8)

7. Elenca cinque motivi (con le citazioni della Scrittura) che mostrino l'importanza della preghiera. (Lezione 3, pagine 2, 9-12)

8. Elenca tre ragioni (con le citazioni della Scrittura) per le quali, in certe circostanze, potresti non ricevere ciò che chiedi in preghiera. (Lezione 3, pagine 9-12)

9. Elenca tre ragioni (con le citazioni della Scrittura) per le quali l'uomo naturale non può far piacere a Dio. (Lezione 4, pagine 2, 6 e 11)

10. Elenca cinque citazioni della Scrittura che evidenziano l'importanza di essere un "esecutore della Parola". (Lezione 5, pagine 6-9)

11. Quali sono i tre livelli nei quali si rivelano i problemi? (Lezione 6, pagine 2 e 4-5)

12. Elenca almeno tre "affermazioni di speranza" in *1 Corinzi 10:13*. Poi spiega ognuna di queste affermazioni come se volessi dire a qualcuno come avere speranza in ogni situazione. Spiega anche come useresti questi versetti con un non credente.

13. *Romani 5:3-5* e *Giacomo 1:2-4* affermano che le prove sono per il bene del credente. Descrivi brevemente come spiegheresti questa verità spirituale a qualcuno che ha perso la speranza durante una prova veramente difficile. (Lezione 6, pagina 3)

14. Che cosa significa "spogliare l'uomo vecchio" e "rivestire l'uomo nuovo"? *(Vedi: Romani capitolo 6; Efesini 4:22-24; Colossesi 3:5-15.)* (Lezione 1, pagina 6; Lezione 4, pagina 7; Lezione 7, pagine 2-3)

15. Elenca almeno cinque passi che devono essere compiuti per camminare di nuovo in modo degno del Signore, dopo aver peccato e averlo riconosciuto. (Indica a sostegno le citazioni della Scrittura). (Lezione 8, pagine 8-10)

16. Qual è il problema principale se un credente evidenzia il "bisogno" di avere una "buona stima di sé" o "un'immagine positiva di sé"? Elenca almeno cinque ragioni (con i versetti a sostegno) secondo le quali essere concentrato su di sé, in qualsiasi circostanza, è contrario alla Parola di Dio. (Lezione 4, pagine 5-11; Lezione 9, pagine 4-5)

17. Elenca cinque affermazioni (con le citazioni dei versetti a sostegno) che evidenziano il bisogno per un credente di essere un fedele amministratore di ciò che il Signore gli ha affidato. (Lezione 10, pagine 4-8)

18. Elenca cinque modi in cui puoi scoprire se la tua ira è una violazione della Scrittura. Elenca le citazioni dei versetti. (Lezione 11, pagine 6-11)

19. Indica almeno cinque verità bibliche che potresti presentare a un credente che sostiene di "non aver potuto perdonare un altro". Elenca le citazioni dei versetti. (Lezione 12, pagine 3-5 e 10-13)

20. Quali passi bisogna compiere per essere completamente riconciliata con qualcuno? Elenca le citazioni dei versetti. (Lezione 12, pagine 6-8)

21. Elenca almeno dieci caratteristiche dell'amore biblico. Indica le citazioni dei versetti. (Lezione 13, pagine 4-6)

22. Elenca almeno cinque caratteristiche della comunicazione biblica. Indica le citazioni dei versetti. (Lezione 13, pagine 12-14)

23. Quali sono i cinque principali elementi di un matrimonio biblico? Indica le citazioni dei versetti. (Lezione 14, pagine 3-4)

24. Prepara un breve schema, con le citazioni dei versetti, di verità bibliche per parlare a chi sostiene che l'amore è morto nel suo matrimonio. (Lezione 14-15)

25. Quali sono le linee guida importanti che i genitori credenti devono seguire, per istruire i loro figli? Indica i versetti a sostegno della tua risposta. (Lezione 16-17)

26. Qual è lo scopo della disciplina? Quando è necessario disciplinare un figlio? Indica le citazioni delle Scritture a sostegno della tua risposta. (Lezione 17, pagine 8-10)

27. Quali sono cinque argomenti chiave da discutere con qualcuno che soffre di depressione? Indica le citazioni delle Scritture. (Lezione 18, pagine 2-3)

28. Elenca cinque passi specifici che una persona vittima della paura e dell'ansia dovrebbe fare per agire secondo la Parola. Indica le citazioni delle Scritture. (Lezione 19, pagine 10-12)

29. Spiega brevemente, per iscritto (con le citazioni della Scrittura), come Dio ha spezzato il potere di Satana. (Lezione 20, pagine 9-11)

30. Elenca almeno venti specifici passi biblici che una persona dovrebbe compiere per superare un peccato che domina la sua vita. (Lezione 21, pagine 13-19)

La tua testimonianza dei risultati ottenuti seguendo Esamina te stesso

Questa sezione ti aiuterà a preparare la tua testimonianza che dovrai dare in questo, o nel prossimo, incontro, in classe. Usa le seguenti domande come guida:

1. Descrivi che cosa hai imparato riguardo al problema su cui hai scelto di lavorare in questo corso rispondendo alle seguenti domande:

    a. Quali abitudini, secondo la Parola, hai stabilito nella tua vita?

    b. Quali abitudini, secondo la Parola, hai ancora bisogno di sviluppare?

    c. Quale problema hai scoperto del quale non eri ancora consapevole?

    d. Il problema su cui hai scelto di lavorare era la tua effettiva fonte di difficoltà, o nascondeva un problema più importante? Spiega.

    e. Che cosa hai imparato di te stesso e delle tue reazioni a quel problema?

2. Come ti hanno aiutato i principi biblici, gli argomenti studiati e i compiti di questo corso, nel tuo cammino personale con il Signore Gesù Cristo?

3. Come ti ha aiutato, questo corso di formazione, a servire gli altri?

LEZIONE 24

INTRODUZIONE AL CORSO II: FORMAZIONE PER LA CONSULENZA BIBLICA

"Perché questo è l'amore di Dio: che osserviamo i Suoi comandamenti; e i Suoi comandamenti non sono gravosi. Poiché tutto quello che è nato da Dio vince il mondo; e questa è la vittoria che ha Vinto il mondo: la nostra fede. Chi è che vince Il mondo, se non colui che crede che Gesù è il Figlio di Dio?"

1 Giovanni 5:3-5

LEZIONE 24: INTRODUZIONE AL CORSO II: FORMAZIONE PER LA CONSULENZA BIBLICA

> Questo corso ha cercato di insegnarti a esaminare te stesso secondo la Parola. L'ubbidienza al Signore ti farà crescere nella tua vita spirituale; sarai sempre più in grado di aiutare gli altri a portare gloria a Dio *(basato su Matteo 5:16, 7:1-5; 1 Corinzi 10:31; 2 Corinzi 1:3-5; Galati 6:1-2; 2 Timoteo 3:16-17; Ebrei 5:14; Giacomo 1:22-25).*

I. **Gli obiettivi di questa lezione sono:**

   A. rivedere gli scopi della consulenza biblica e riaffermare la necessità di metterla in pratica da parte dei credenti;

   B. presentare delle procedure per la consulenza biblica che possono essere usate per aiutare gli altri a risolvere i loro problemi, secondo la Parola;

   C. incoraggiarti a continuare le abitudini sviluppate, alla luce della Parola, durante questo corso;

   D. darti l'opportunità di presentare la testimonianza dei cambiamenti che il Signore ha operato nella tua vita durante questo corso.

II. **Il sommario di questa lezione**

   A. Consulenza biblica

   1. **INTRODUZIONE AL CORSO II: FORMAZIONE PER LA CONSULENZA BIBLICA** (Lezione 24, pagine 2-3)

   2. **LE PROCEDURE BASILARI PER LA CONSULENZA BIBLICA** (Lezione 24, pagine 4-6)

   B. Passi per la crescita spirituale
   LEZIONE 24: COMPITI (Lezione 24, pagina 7)

INTRODUZIONE AL CORSO II:
FORMAZIONE PER LA CONSULENZA BIBLICA

> Il corpo di Criso ha la responsabilità e il privilegio di offrire soluzioni bibliche per superare i problemi della vita *(basato su Matteo 7:1-5, 18:15-20; Romani 15:14; 2 Corinzi 5:14-20; Galati 6:1-2; 2 Timoteo 3:16-17).*

I. **In che cosa consiste la consulenza biblica?**
   Vedi anche:
   LE CARATTERISTICHE DELLA CONSULENZA BIBLICA (Supplemento 1)
   ELEMENTI DELLA CONSULENZA BIBLICA (Supplemento 11)

   A. La consulenza biblica è il ristabilimento di coloro che sono caduti; deve essere fatta con interesse, con confronto gentile e con lo scopo di vedere un cambiamento *(basato su Matteo 18:15; Romani 15:14; Galati 6:1-2)* usando la Bibbia come unica guida autorevole *(Salmo 19:7-14; 2 Timoteo 3:16-17; Ebrei 4:12; 2 Pietro 1:3-4).*

   B. La consulenza biblica comprende l'educare alla giustizia ("essere veramente discepoli") in modo che chi chiede consulenza, non inciampi *(2 Pietro 1:2-11, spec. il versetto 10)*, porti il proprio peso *(Galati 6:5)*, sia in grado di gestire ogni problema della vita *(2 Timoteo 3:16-17)* e sia capace di aiutare gli altri secondo la Parola *(2 Corinzi 1:3-5).*

II. **Perché formare i credenti per la consulenza biblica?**

   A. La Parola di Dio è la sola autorità in materia di fede e di condotta, ed è l'unica legittima norma per valutare qualsiasi aspetto della vita. Essa è pienamente sufficiente a fornire la guida necessaria per affrontare ogni problema *(Salmo 19:7-11; Proverbi 30:5-6; Colossesi 2:8; 2 Timoteo 3:16-17; Ebrei 4:12; 2 Pietro 1:2-4).*

   B. Nel corpo di Cristo possono sorgere dei problemi che devono essere trattati secondo la Parola *(p.es. 1 Corinzi 6:1-8, 11:17-22; Galati 1:6, 3:1; 2 Tessalonicesi 3:10-15; 1 Timoteo 5:19-20; Tito 3:10-11).*

   C. I non credenti hanno delle grandi necessità che possono essere soddisfatte solo attraverso Gesù Cristo e una vita vissuta secondo la Parola di Dio *(p.es. Romani 8:6-8; 1 Corinzi 2:14; 2 Corinzi 4:3-4; Galati 5:19-21; Efesini 2:1-3; 2 Timoteo 3:13).*

   D. La consulenza biblica aiuta a rimuovere gli ostacoli alla crescita (santificazione) della persona che cerca consiglio. Ogni credente deve essere consapevole:
   1. del piano di Dio, che ha lo scopo di renderlo simile a Cristo *(Romani 8:29)*;
   2. delle battaglie spirituali *(Galati 5:17; Efesini 6:10-18)* e di come Dio usa le prove per operare dei cambiamenti secondo la Parola *(Giacomo 1:2-4)*;
   3. del pericolo di falsi insegnanti nella chiesa, soprattutto di quelli che negano Gesù Cristo o presentano modi di risolvere i problemi non consoni alla Parola *(basato su 2 Corinzi 11:12=15; Colossesi 2:4, 7-8; 2 Timoteo 2:15-16; 1 Giovanni 4:1-3).*

   E. Tutti i credenti spirituali (quelli che camminano per lo Spirito ed esaminano di continuo se stessi) sono in grado di ammonire (consigliare) l'un l'altro e hanno l'ordine da parte del Signore di rialzare (ristabilire) gli altri *(basato su Matteo 7:1-5, 18:15; Romani 15:14; Galati 5:25-6:1).*

F. La formazione per la consulenza biblica migliora sensibilmente la capacità di una persona di evangelizzare *(basato su Proverbi 18:13, 20:5; Giovanni 4:7-26)* e fare discepoli *(basato su Matteo 28:19-20)*. Proprio come un medico è in grado di diagnosticare una malattia, tu sarai capace, applicandoti, a comprendere il problema e ad analizzare la situazione, a mostrare l'importanza della buona notizia di Gesù Cristo e come applicare la Scrittura.

G. La funzione principale del pastore è di preparare i credenti a svolgere l'opera del ministero *(Efesini 4:11-12)*. Quando un pastore addestra il suo gregge (i credenti) per la consulenza biblica, i credenti:

1. sollevano il pastore dall'accollarsi da solo tutte le responsabilità della consulenza *(basato su Esodo 18:13-26; Matteo 18:15-16; Romani 15:14; Galati 6:1-2)*;

2. maturano, perché imparano a esaminare loro stessi secondo la Parola *(Matteo 7:5)* e scoprono la completa sufficienza della Scrittura per trattare ogni problema *(2 Timoteo 3:14-17; Ebrei 4:12; 2 Pietro 1:2-11)*;

3. hanno l'opportunità di confortare gli altri *(2 Corinzi 1:3-5)* e di ricevere la benedizione che viene dal dare *(basato su Atti 20:35)*;

4. saranno in grado di insegnare (formare) anche agli altri *(basato su Matteo 28:19-20; Giovanni 20:21; 2 Timoteo 2:2)*.

III. **Come puoi prepararti per proseguire nella formazione per la consulenza biblica?**

A. Completa un corso di formazione per l'evangelizzazione personale e, se possibile, frequenta un BCT II: Corso base per la consulenza biblica, nella tua zona o un Corso intensivo per la consulenza biblica. *Ripassa:* **PANORAMICA DELLA FORMAZIONE PER LA CONSULENZA BIBLICA** *(Supplemento 2, pagina 6)*.

B. Quello che hai imparato in questo corso può essere applicato gradualmente nelle procedure di consulenza biblica, per aiutare gli altri a trattare i problemi alla luce della Parola. Le tue procedure di consulenza devono essere basate sulla Scrittura perché, come ha detto Gesù: *"Quello che è nato dalla carne è carne; e quello che è nato dallo Spirito è spirito" (Giovanni 3:6)*.

1. "Quello che è nato dalla carne" concerne l'uomo naturale. "Quello che è nato dallo Spirito" concerne la tua nuova nascita e la dimensione spirituale della vita. La nuova nascita, ottenuta per mezzo dello Spirito Santo di Dio, ti permette di crescere con lo scopo, non della morte, ma della vita eterna.

2. Le cose dello Spirito di Dio non possono essere comprese dall'uomo naturale perché devono essere giudicate spiritualmente *(1 Corinzi 2:14)*. Perciò, invece delle procedure fondate sulla sapienza umana, bisogna adottare procedure spirituali fondate sulle verità della Scrittura.

C. Coloro che offrono consulenza agli altri, secondo la Parola, devono seguire dei passi specifici, proprio come un medico deve seguire delle procedure basilari per giungere a una diagnosi.

1. Vedi **LE PROCEDURE BASILARI PER LA CONSULENZA BIBLICA** (Lezione 24, pagine 4-6). Gli elementi elencati fanno riferimento alle lezioni e ai supplementi.

2. Il BCT II: Corso basilare per la consulenza biblica, presenta un grafico più dettagliato per fare una diagnosi nella consulenza biblica (essere veramente discepoli).

D. Nel rivedere **LE PROCEDURE BASILARI PER LA CONSULENZA BIBLICA** (Lezione 24, pagine 4-6), confronta questi passi con le procedure di consulenza seguite, in questo corso, con Tommaso e Maria in **LO STUDIO DI UN CASO: MARIA È STATA ABBANDONATA DAL MARITO**.

PROCEDURE BASILARI PER LA CONSULENZA BIBLICA

*"Quello che è nato dalla carne è carne; e
quello che è nato dallo Spirito è spirito." (Giovanni 3:6)*

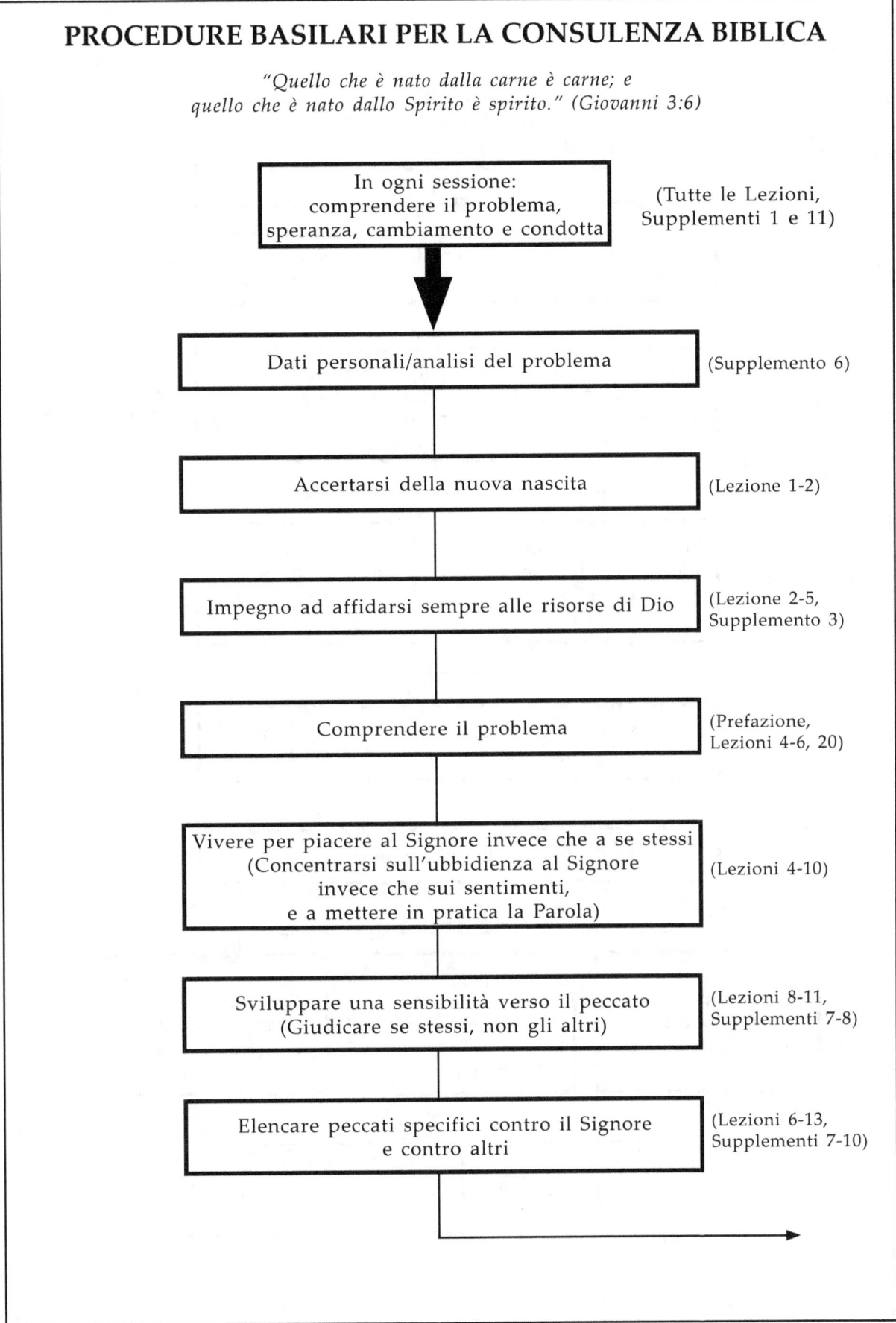

In ogni sessione: comprendere il problema, speranza, cambiamento e condotta	(Tutte le Lezioni, Supplementi 1 e 11)
Dati personali/analisi del problema	(Supplemento 6)
Accertarsi della nuova nascita	(Lezione 1-2)
Impegno ad affidarsi sempre alle risorse di Dio	(Lezione 2-5, Supplemento 3)
Comprendere il problema	(Prefazione, Lezioni 4-6, 20)
Vivere per piacere al Signore invece che a se stessi (Concentrarsi sull'ubbidienza al Signore invece che sui sentimenti, e a mettere in pratica la Parola)	(Lezioni 4-10)
Sviluppare una sensibilità verso il peccato (Giudicare se stessi, non gli altri)	(Lezioni 8-11, Supplementi 7-8)
Elencare peccati specifici contro il Signore e contro altri	(Lezioni 6-13, Supplementi 7-10)

© Biblical Counseling Foundation

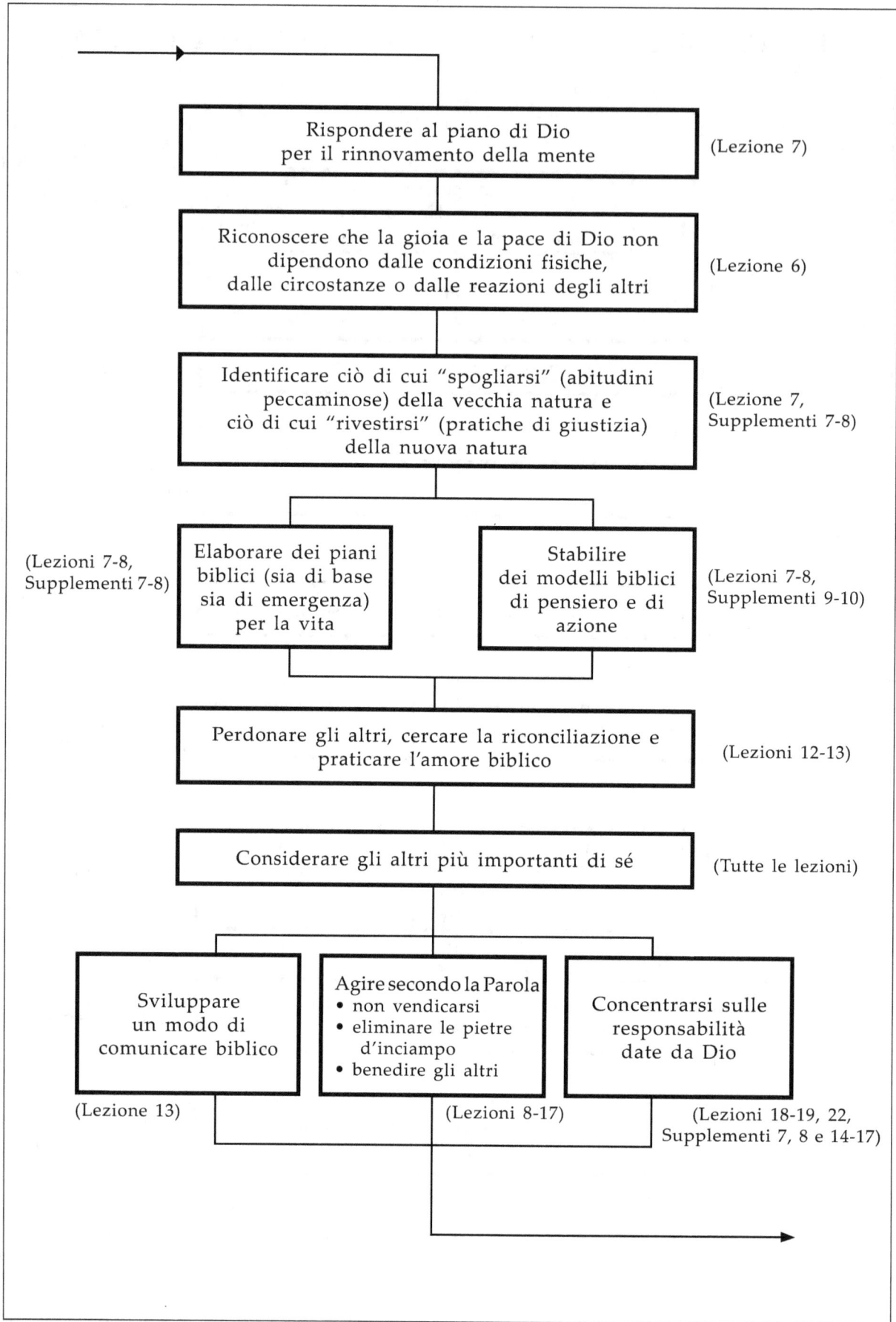

Lezione 24, pagina 5

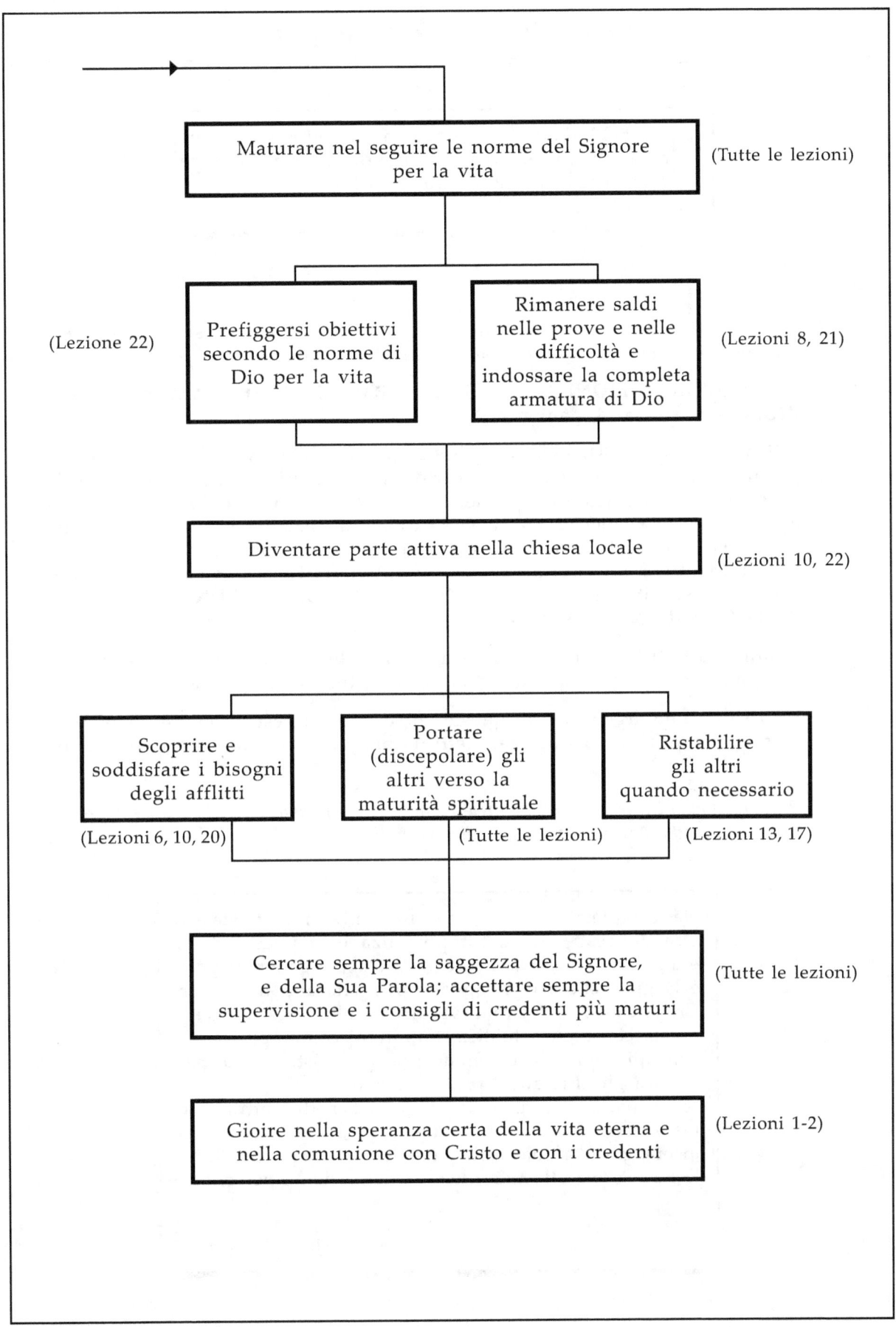

LEZIONE 24: COMPITI

> I **COMPITI** di questa settimana ti permettono di vedere, in anteprima, il passo successivo della formazione per la consulenza biblica a cura della Biblical Counseling Foundation.

✔ *compiti completati*

- ☐ A. * Con parole tue scrivi il significato di *1 Giovanni 5:3-5*. Questa settimana impara a memoria *1 Giovanni 5:3-5* e ripeti i versetti precedenti.

- ☐ B. * Leggi **INTRODUZIONE AL CORSO II: FORMAZIONE PER LA CONSULENZA BIBLICA** (Lezione 24, pagine 2-3).

- ☐ C. * Ripassa **PROCEDURE BASILARI PER LA CONSULENZA BIBLICA** (Lezione 24, pagine 4-6). Questa è una versione ridotta del Grafico per la diagnosi nella consulenza biblica (essere veramente discepoli) presentato in BCT II: Corso basilare per la consulenza biblica. Osserva la sequenza delle procedure che puoi usare per aiutare gli altri ad affrontare e a trattare i problemi alla luce della Parola. Mentre studi questo piano, confronta questi passi con le procedure di consulenza seguite con Tommaso e Maria in **LO STUDIO DI UN CASO: MARIA È STATA ABBANDONATA DAL MARITO**.

- ☐ D. Continua a trattare, secondo la Parola, ogni problema nella tua vita per piacere al Signore in tutte le cose e per dimostrare il tuo amore per Lui.

- ☐ E. Vedi se ci sono argomenti, in questo corso, che dovresti rivedere. Elabora un piano per continuare a studiare; metti da parte il tempo necessario per farlo.

* *Il completamento dei compiti contrassegnati con un asterisco (*) è essenziale per continuare la formazione per la consulenza biblica.*

> Hai completato il manuale di BCT I: Esamina te stesso. Ora dovresti capire l'importanza e la necessità di esaminare te stesso secondo la Parola, per godere la pace e la gioia che accompagnano una vita abbondante in Cristo Gesù. Se decidi di seguire BCT II: Corso basilare per la consulenza biblica, imparerai come applicare i principi biblici, in un modo pratico e sistematico, per aiutare gli altri ad affrontare e a trattare i problemi, secondo la Scrittura. Possa il Signore benedirti attraverso tutto quello che hai imparato durante questo corso. Ti incoraggio ad affidarti alla forza del Signore per applicare la Sua Parola alla tua vita e al tuo servizio personale.
>
> John C. Broger

SUPPLEMENTI E AIUTI PRATICI

LE CARATTERISTICHE DELLA CONSULENZA BIBLICA

La maggior parte delle persone concorda con l'affermazione di *Giobbe 5:7*: *"Ma l'uomo nasce per soffrire, come la favilla per volare in alto"*. Da secoli, infatti, l'umanità cerca spiegazioni e soluzioni ai complessi problemi del vivere in un mondo caduto.

L'uomo ha cercato diversi modi per spiegare e per affrontare questi problemi. La sua ricerca ha prodotto delle teorie interessanti, spesso in contraddizione fra loro come: 1) l'uomo è fondamentalmente buono ed è in grado di vivere all'altezza del suo potenziale; 2) l'uomo è stato vittima della sua coscienza che lo ha reso insicuro e con il bisogno di risocializzare; 3) l'uomo è semplicemente un animale superiore, condizionato dal suo ambiente e deve essere riprogrammato; 4) il problema fondamentale dell'uomo è la mancanza di stima di sé accompagnata con l'incapacità di amare se stesso.

Queste sono solo alcune delle teorie più in voga usate nel campo della consulenza, ma esse sono, come prevedibile, contrarie alla Parola del Signore, perché formulate dall'uomo senza tener conto della divina rivelazione di Dio *(1 Corinzi 2:14)*.

DIPENDERE DALLA BIBBIA

È necessario rivolgersi a queste teorie e tecniche umane della consulenza per risolvere i problemi del vivere? Non è possibile arrivare a questi risultati, ossia comprendere e superare i problemi della vita, applicando le verità bibliche?

La Bibbia stessa afferma che le verità in essa contenute sono pienamente sufficienti per vivere una vita che piaccia a Dio *(2 Pietro 1:3-4)*. La Parola offre tutti i principi, e la guida necessaria, per comprendere i nostri processi mentali, analizzare le nostre reazioni emotive ed esercitare il controllo sul nostro comportamento. Le leggi, le testimonianze, i precetti, i comandamenti, i giudizi e i principi dell'Antico e del Nuovo Testamento sono la sola guida autorevole per i pensieri, le parole e le azioni dell'uomo *(Salmo 19:7-14; Ebrei 4:12)*.

Le promesse contenute nell'autorevole Parola di Dio, sono la base per una vita piena e sana. La Scrittura contiene la soluzione a ogni problema di atteggiamento, di rapporti, di comunicazione, di condotta e di comportamento *(2 Timoteo 3:16-17)*.

SVILUPPARE ABITUDINI BIBLICHE

Per dare una base scritturale alla consulenza biblica, il Corso BCF Esamina te stesso, presenta 105 principi biblici e i versetti sui quali si fondano. Questi principi biblici possono essere applicati in modo sistematico per superare qualsiasi problema di vita. Non sono una mescolanza di teorie escogitate dall'uomo né un po' di versetti biblici che non hanno niente a che fare con la soluzione dei problemi. Questi principi sono la base essenziale per chiunque voglia cambiare il proprio modo di vivere non biblico e formare nuove abitudini di comportamento secondo la Scrittura. Benché ampi e inalterabili questi principi biblici non devono essere considerati esaustivi a motivo delle caratteristiche della Parola di Dio vivente e attiva *(Ebrei 4:12)*.

Nella consulenza fedele alla Parola di Dio, il consulente biblico raccoglierà le informazioni necessarie che gli permetteranno di individuare e comprendere il problema e di formularne la soluzione biblica. Le persone consigliate, sono incoraggiate a riconoscere i fallimenti e le mancanze nella loro vita personale da un punto di vista biblico *(Matteo 7:1-5)*. Dovrebbero iniziare a vedere la necessità di distogliere l'attenzione dai propri desideri *(2 Corinzi 5:14-15; Galati 5:17, 19-21; Giacomo 4:1-3)* e decidere di vivere per far piacere al Signore *(2 Corinzi 5:9; Efesini 4:1-3; Colossesi 1:10-12)*.

Il consulente e la persona che chiede consiglio, devono essere profondamente sottomessi alla signoria di Gesù Cristo e all'autorità della Parola di Dio affinché la consulenza biblica sia efficace.

Entrambi devono essere continuamente impegnati a *"camminare in modo degno del Signore per piacergli in ogni cosa, portando frutto in ogni opera buona e crescendo nella conoscenza di Dio" (Colossesi 1:10)*. Questo impegno distoglierà l'attenzione dall'amore di sé e la indirizzerà verso l'amore per il Signore e per gli altri, come risposta all'amore e alla grazia di Dio rivelati in Cristo Gesù *(Matteo 18:21-35; Romani 5:8; Efesini 4:32; 1 Giovanni 4:11)*.

APPLICAZIONE COSTANTE DEI PRINCIPI BIBLICI

Anche se la persona che chiede consiglio ha un concetto minimo, o nullo, del rapporto biblico con Dio e una conoscenza ristretta del significato di un sincero impegno per Cristo, la consulenza biblica può essere molto proficua. Il consulente biblico rimarcherà di continuo la necessità di un rapporto serio con Cristo e richiamerà, costantemente, l'attenzione della persona che chiede consiglio sull'autorità e sulla sufficienza della Scrittura ed esaminerà i problemi da un punto di vista biblico.

Man mano che la persona che chiede consiglio inizierà a vedere i problemi da un punto di vista biblico, comprenderà che la pace e la gioia promesse da Dio non dipendono dalla sua situazione finanziaria, dal suo ambiente di lavoro, dal comportamento del coniuge, o dalle circostanze. Una persona scoraggiata e abbattuta troverà una grande speranza se apprenderà dalla Scrittura che la pace e la gioia di Dio possono essere sue quando imparerà a dipendere unicamente dal suo rapporto con Dio attraverso Cristo *(Giovanni 14:27; 16:33)*.

PRESUPPOSTI DELLA CONSULENZA BIBLICA

Il Signore, nella Sua Parola, ci ha dato tutto ciò di cui abbiamo bisogno per farGli piacere con la nostra vita *(2 Pietro 1:3-4)*. Non dobbiamo integrare le teorie dell'uomo con le verità bibliche per risolvere i nostri problemi e per vivere una vita vittoriosa. Per la verità, la Scrittura ci mette in guardia contro le gravi conseguenze che derivano dal mettere la Parola di Dio sullo stesso piano del pensiero dell'uomo *(Proverbi 1:22-32, 14:12, 30:5-6; Isaia 5:20-21; Romani 8:6-8; 1 Corinzi 3:19-20)*.

La consulenza biblica si basa sull'insegnamento biblico secondo il quale ognuno di noi darà un resoconto al Signore *(Romani 14:12; 2 Corinzi 5:10)*. I credenti in Cristo non saranno condannati per l'eternità per i loro peccati *(Romani 8:1; Ebrei 9:27-28, 10:10-18)* come lo saranno i non credenti *(Apocalisse 20:15)*. I peccati, però, avranno comunque delle conseguenze *(Ezechiele 18:20; Colossesi 3:25)*. Sarà mostrato, alle persone che chiedono consiglio, che sono responsabili davanti al Signore unicamente per i propri pensieri, le proprie parole e le proprie azioni e non di cambiare la vita di un'altra persona.

La persona che chiede consiglio deve comprendere il conflitto fra il suo vecchio io e la sua nuova natura in Cristo *(Romani capitolo 6; 2 Corinzi 5:17; Galati 5:16)*. La persona che chiede consiglio deve decidere, con un atto della propria volontà, di mettere da parte il suo vecchio modo di vivere, con le sue concupiscenze e i suoi inganni. Deve iniziare ad agire in una maniera che rifletta la nuova natura che Dio gli ha donato in Cristo *(Efesini 4:22-24; Colossesi 3:5-17)*. La persona che chiede consiglio deve sviluppare un modo di pensare secondo Dio *(2 Corinzi 10:5; Filippesi 4:8)* se vuole avere una mente rinnovata e una vita che corrisponda alla sua nuova natura, creata da Dio nella santità che procede dalla verità *(Romani 12:2; Efesini 4:23-24)*.

Qualsiasi cambiamento che la persona che chiede consiglio faccia deve essere fatto per piacere a Dio e non per soddisfare se stessa o per far piacere ai genitori, al coniuge o a chiunque altro *(2 Corinzi 5:9, 15; Colossesi 1:10; 1 Tessalonicesi 2:4, 6)*. Ciò richiede l'impegno a ubbidire alla Parola di Dio e a non dipendere, o essere governato, dai sentimenti per quanto forti o persuasivi siano *(2 Corinzi 5:14-15; Galati 5:16-17)*.

La consulenza biblica si poggia su questi presupposti fondamentali, che sono stati confermati da anni di applicazione, di osservazione e di testimonianza. Non solo sono verificabili, ma sono efficaci in ogni parte del mondo, per ogni cultura, per ogni età e per tutti i livelli della società. I principi biblici sono basati sull'inerranza della Parola di Dio che trascende tutte le distinzioni create dall'uomo, fra le persone.

ELEMENTI ESSENZIALI DELLA CONSULENZA BIBLICA

In ogni sessione della consulenza biblica devono essere evidenziati quattro elementi:

1. COMPRENDERE IL PROBLEMA. È importante per coloro che sono coinvolti nel risolvere i problemi, secondo la Parola, vedere le difficoltà dal punto di vista di Dio *(Proverbi 3:5-6; Isaia 55:8-9; Romani 5:3-5, 8:28-29; Giacomo 1:2-4)*. Devi cominciare a guardare onestamente a te stesso alla luce della Parola *(Matteo 7:1-5; Luca 6:42-49; 1 Corinzi 11:31)*. Per comprendere un problema, bisogna fare un'indagine biblica *(Proverbi 18:13, 17; 2 Timoteo 3:16-17; Giacomo 1:19)* e dare delle risposte oneste *(Efesini 4:15, 25)* in modo che esso sia rivelato nella sua globalità *(Marco 7:20-23; Giacomo 1:22-25; 4:17)* (vedi la prossima sessione: **ANALISI BIBLICA DI UN PROBLEMA**).

2. SPERANZA. Dio, nella Sua Parola, ha promesso che non permetterà che tu sia provato, tentato, che tu soffra "stress" o ansia, che tu debba affrontare qualsiasi problema che vada oltre la tua capacità di sopportazione. Egli provvederà l'aiuto e la guida necessari per trattare qualsiasi situazione, se la affronterai come Lui vuole *(1 Corinzi 10:13; Ebrei 4:15-16)*.

3. CAMBIAMENTO. Devi imparare a mettere da parte (o "spogliare") le vecchie abitudini, i pensieri distruttivi (ansia, amarezza e risentimento) centrati sul tuo io. Al loro posto devi "rivestire" un modo di pensare, di parlare e di agire, secondo la Parola *(Romani 6:6-7, 12-13; Efesini 4:22-32; Filippesi 4:6-9; Colossesi 3:5-17)*.

4. CONDOTTA. Devi agire in modo da mettere in pratica, nella vita di tutti i giorni, le direttive di Dio. Se ascolti la Parola e non la metti in pratica, inganni te stesso e i tuoi problemi peggioreranno. Ma, se diventi un esecutore della Parola, Dio promette che sarai benedetto e sperimenterai la Sua pace e la Sua gioia, anche se intorno a te ci sarà la tempesta *(Salmo 85:8-10; Isaia 32:17; Giovanni 15:10-12, 16:33; Ebrei 5:14; Giacomo 1:22-25; 3:14-18; 1 Pietro 3:8-12)*.

ANALISI BIBLICA DI UN PROBLEMA

Il consulente biblico, quando analizza i problemi da una prospettiva scritturale, si rende conto che ogni problema ha tre livelli.

1. IL LIVELLO DEI SENTIMENTI O DELLE PERCEZIONI. Una persona spesso chiede consiglio quando i suoi sentimenti sono disturbati o confusi, ossia quando chiaramente non ha più né pace né gioia. Il consulente biblico, seguendo un modello scritturale, esamina attentamente il livello dei sentimenti di un problema per definire la natura dello stesso (**cosa**, **quando**, **dove** e **come** di un problema nel modo in cui è descritto in *Genesi 3:8-13, 4:6; 1 Re 19:9-14; Proverbi 18:13, 17; Luca 24:13-35; Giovanni 20:11-18)*.

2. IL LIVELLO DELLA CONDOTTA. I consulenti biblici aiutano la persona che sta chiedendo aiuto, ad identificare pensieri, parole e azioni specifici che violano i comandamenti biblici. Una persona concentrata su se stessa tende a lasciare che siano i sentimenti a dettare il suo comportamento, senza curarsi di quali ripercussioni ciò potrebbe avere sugli altri. Vivere secondo i propri sentimenti porta inevitabilmente a fare le cose sbagliate, che, a loro volta causano altri problemi e altre violazioni dei principi biblici. Nella Scrittura, per nostra istruzione *(Romani 15:4)*, ci sono numerosi esempi di questo tipo di condotta *(Genesi 3:6-13, 4:5-8, 37:11-33; 2 Samuele 11:1-27, 13:1-33; 2 Cronache 26:16-21)*.

La Parola di Dio, tuttavia, dice che tutti i pensieri, le parole e le azioni di una persona dovrebbero essere la conseguenza dell'impegno di piacere e di ubbidire al Signore *(Giovanni 14:15; 2 Corinzi 5:9-15; Colossesi 1:10)*. Quando la persona che chiede consiglio inizia a ubbidire a Dio, indipendentemente dai suoi sentimenti *(Romani 6:12-13; 2 Corinzi 5:15; Galati 5:17)*, potrà fare sue le promesse e le benedizioni del Signore *(Genesi 4:7; Giacomo 1:25)*, fra cui ci sono pace, gioia e giustizia durature *(Romani 14:17)*.

3. IL LIVELLO DEL CUORE. La Scrittura ci dice che dal cuore provengono ira, amarezza, risentimento e tutte le altre cose che ci corrompono *(Matteo 15:18-20)*. Il modo in cui una persona reagisce a un problema riflette la condizione del suo cuore *(Marco 7:21-23)*. Nessun essere umano (neanche un consulente biblico) può capire a pieno il cuore di un'altra persona *(Geremia 17:9)*, ma è Dio che esamina ogni cuore a fondo *(1 Samuele 16:7; Geremia 17:10)*. Nella consulenza biblica, il consulente presenta a chi chiede consiglio, la verità che si trova nella Parola di Dio, perché sa che l'opera dello Spirito Santo è di convincere la persona di peccato e di indicargli il modo di vivere la vita per piacere a Dio *(Giovanni 16:8-13; Galati 5:16-17; Ebrei 4:12-13)*. Il consulente biblico dissuade la persona che chiede consiglio ad accettare come autorevoli i consigli del mondo. Egli insegna invece che la Parola di Dio è l'autorità *(2 Timoteo 3:16-17)*, e che il vero Consigliere è lo Spirito Santo *(1 Corinzi 2:10-13)*.

Nel processo della consulenza biblica, il consulente aiuterà la persona che chiede consiglio, ad esaminare se stesso *(Matteo 7:5; 1 Corinzi 11:31; 2 Corinzi 13:5)* per avere un cuore puro davanti al Signore *(1 Samuele 16:7; Salmo 51:10, 17; 139:23-24; 1 Tessalonicesi 2:3-4; Ebrei 10:19-22)* per ricevere del bene *(Deuteronomio 5:29)* ed essere benedetto *(Matteo 5:8)*.

I PROBLEMI POSSONO ESSERE SUPERATI

I problemi e le tribolazioni fanno parte della vita; Dio, però, li permette per uno scopo *(Romani 5:3-5; 8:28; Giacomo 1:2-4)*. Indipendentemente dalle difficoltà che possono sorgere, Dio ha promesso che un credente in Cristo può superare qualsiasi situazione *(Romani 8:35-37; 1 Corinzi 10:13; 1 Giovanni 5:4-5)* se la affronta ubbidendo alla Parola di Dio *(Giacomo 1:25)*. L'ubbidienza a Dio potrebbe non essere facile *(Romani 7:18-19)*, ma è possibile se è la risposta all'amore di Gesù Cristo e a ciò che Egli ha compiuto per chi crede *(Giovanni 14:15; Romani capitolo 6; 1 Giovanni 5:3; 2 Giovanni 1:6)*. Un figlio di Dio, se segue l'esempio del nostro Signore Gesù Cristo, sarà ubbidiente anche durante la sofferenza *(Ebrei 5:8; 1 Pietro 2:20-21)*, perché guarderà oltre le circostanze del momento, alla gloria che sarà rivelata *(Romani 8:18; 2 Corinzi 4:16-18)*.

Oggi c'è un bisogno estremo nel corpo di Cristo di tornare all'uso esclusivo della Parola di Dio per superare i problemi personali e per consigliare altri a fare altrettanto nelle loro difficoltà *(2 Corinzi 1:3-5)*. I principi biblici contenuti nei corsi di studio preparati dalla *Biblical Counseling Foundation* (BCF) sono basati esclusivamente sulla Parola di Dio e non su ipotesi, opinioni, esperienze, teorie umane né su alcuna filosofia secolare.

IL PROGRAMMA DELLA BCF DI FORMAZIONE PER LA CONSULENZA BIBLICA

LA CONSULENZA BIBLICA OFFRE LE SOLUZIONI DI DIO

La Bibbia, identifica le cause e offre soluzioni autorevoli, per tutti i problemi della vita; infatti 2 Timoteo 3:16-17 afferma: *"Ogni Scrittura è ispirata da Dio e utile a insegnare, a riprendere, a correggere, a educare alla giustizia, perché l'uomo di Dio sia completo e ben preparato per ogni opera buona"*. La responsabilità, e il privilegio, di offrire soluzioni per superare i peccati che dominano la vita, per i cuori rotti e per le preoccupazioni, appartengono alla Chiesa.

CHI È UN CONSULENTE BIBLICO?

Un consulente biblico è un credente, consacrato e in continuo processo di maturazione, in grado di applicare i principi biblici ai problemi del vivere quotidiano. Crede fermamente che la Parola di Dio è l'unica norma di fede e di condotta. Non basa la sua conoscenza della consulenza su ipotesi, opinioni, esperienze o altre idee di comportamento, umane. Usa, invece, una serie di principi e precetti biblici per aiutare la persona che chiede consiglio ad affrontare e a trattare i suoi problemi secondo la Parola. Si attiene alle verità essenziali della Scrittura, senza alcuna particolare tendenza teologica; usa solamente pratiche che essa specificamente sostiene.

FORMAZIONE DI UN CONSULENTE BIBLICO

Come già spiegato nel Supplemento 1, pagina 3, la consulenza biblica si fonda su quattro elementi essenziali: comprendere il problema, speranza, cambiamento e condotta. Ecco che cosa tenere a mente per la formazione.

Primo: Un consulente biblico fa delle domande e ascolta attentamente le risposte raccogliendo elementi sufficienti per *comprendere il problema*. Le soluzioni di Dio sono pratiche e personali, applicabili a qualsiasi problema della persona, così occorre individuare il vero problema, non semplicemente "curare i sentimenti" o manipolare le circostanze *(Proverbi 18:2, 13; Giacomo 1:19)*.

Secondo: Il consulente biblico rassicura la persona che chiede consiglio con la certezza che c'è *speranza* in qualsiasi situazione. Nella Scrittura il Signore ha promesso che non sarai provato, tentato, soffra "stress" o ansia, o che debba affrontare qualsiasi problema che vada oltre la tua capacità di sopportazione. Inoltre ti donerà l'aiuto e la guida necessari per fronteggiare qualsiasi problema se lo affronterai come Egli vuole *(1 Corinzi 10:13; Ebrei 4:15-16)*. Ogni qualvolta la persona che chiede consiglio deve ricordare che c'è speranza, il consulente lo incoraggerà con i vari passi della Scrittura.

Terzo: Il consulente biblico insegna alla persona che chiede consiglio come *cambiare*. Ella dovrà imparare a mettere da parte il vecchio modo, peccaminoso ed egocentrico, di pensare, di parlare, di agire e l'ansia distruttiva. Dovrà imparare nuovi modi di pensare e di vivere, secondo la Scrittura *(Romani 6:6-7, 12-13; Efesini 4:22-32; Filippesi 4:6-9; Colossesi 3:5-17)*.

Quarto: Il consulente biblico attesta con fermezza che le soluzioni di Dio devono essere *messe in pratica* ogni giorno. Se qualcuno ascolta la Parola di Dio, ma non cambia, secondo i principi e precetti in essa presentati, si illude e inganna se stesso, peggiorando i suoi problemi. D'altra parte, se è un esecutore della Parola, Dio promette la Sua pace, la Sua gioia e altre benedizioni a prescindere dalle situazioni *(Giovanni 15:10-11; 16:33, 17:13; Giacomo 1:22-25; 1 Pietro 3:8-12)*.

CHI PUÒ ESSERE CONSULENTE?

La Scrittura ci dice che il pastore-insegnante deve *"preparare i santi per l'opera del ministero" (Efesini 4:11-12)*. Inoltre, tutti i credenti (pastori e laici allo stesso modo) hanno l'obbligo di istruire, riprendere e ristabilire l'un l'altro *(Matteo 18:15; 28:19-20;*

Romani 15:14; Galati 6:1). Consigliare, ammonire e istruire avevano una parte rilevante nella chiesa del Nuovo Testamento. Oggigiorno, allo stesso modo, consulenti biblici preparati, uomini e donne, all'interno della famiglia della chiesa, possono assistere il pastore-insegnante nel rispondere ai bisogni della chiesa e della comunità in cui essa si trova.

COME SI DIVENTA UN CONSULENTE BIBLICO?

Per rispondere al bisogno di una consulenza biblica, la *Biblical Counseling Foundation* ha sviluppato un programma di formazione basato unicamente sulla Bibbia, unica autorevole norma di fede e di condotta.

Lo scopo è di mettere in grado tutti i membri della chiesa di vivere in maniera degna della loro chiamata nel mondo *(Efesini 4:1)*. La preparazione di un consulente biblico ha due scopi basilari:

1. prepararlo ad affrontare e trattare i propri problemi personali secondo la Parola *(Matteo 7:1-5; 1 Corinzi 10:13; 11:31; Galati 6:4-5; Efesini 4:22-24; Ebrei 4:12; 2 Pietro 1:3-10)*

2. sapere consigliare altri, secondo la Parola, attraverso una corretta applicazione dei principi biblici *(Romani 15:14; 2 Corinzi 1:3-4; Galati 6:1-2; 2 Timoteo 3:16-17)*.

COS'È LA *BIBLICAL COUNSELING FOUNDATION?*

La *Biblical Counseling Foundation* (Fondazione per la Consulenza Biblica o BCF), ha iniziato nel 1973 a formare i credenti per la consulenza. Nel 1977 si è costituita, nello Stato della Virginia, come ente senza scopo di lucro per promuovere, incoraggiare e formare per la consulenza biblica. Il suo obiettivo è di servire e insegnare. La BCF non è un'impresa e non cerca profitti economici. Il suo scopo è di aiutare e servire coloro che hanno difficoltà a trattare i problemi, sia nella loro vita sia nella vita di altri. I consulenti associati con BCF offrono i loro servizi di aiuto nella chiesa; non ricevono compensi, non presentano parcelle né richieste finanziarie, espliciti o impliciti. La BCF cerca di sostenere e sviluppare il ministero della chiesa locale. Perciò, i consulenti sono sotto la sorveglianza della chiesa o dell'organizzazione cristiana che li impiega. La BCF è membro della National Association of Evangelicals (Associazione Nazionale degli Evangelici NAE).

Il personale dell'ufficio della BCF, con sede in Palm Desert, California (USA), risponde alle richieste di informazioni e alle questioni amministrative che derivano dalla propria espansione a livello nazionale e internazionale. Il personale della BCF guida e coordina i Corsi intensivi per la consulenza biblica. Questi corsi di cinque giorni si tengono almeno quattro volte l'anno in diverse località degli Stati Uniti d'America. Inoltre il personale della BCF aiuta nel coordinare i corsi intensivi internazionali di formazione, della durata di tre settimane, in vari paesi del mondo.

QUAL È IL MATERIALE DISPONIBILE

La BCF ha sviluppato due corsi basilari di formazione, il primo è quello che stai usando. Questi due corsi sono seguiti da tre livelli di formazione, che comprendono sia l'insegnamento in classe sia una vera e propria esperienza di consulenza. Ogni stadio della formazione è studiato per aiutare i credenti a diventare dei validi consulenti biblici.

I primi due corsi *(BCT I: Corso Esamina te stesso* e *BCT II: Corso basilare per la consulenza biblica)* sono strutturati per essere insegnati in lezioni settimanali di due ore. Gli studenti devono mettere nel loro programma *almeno* cinque ore settimanali per completare i compiti abbinati a ogni lezione. Questi corsi spiegano come applicare le verità bibliche in modo pratico e personale, per affrontare i propri problemi, oltre a permettere di aiutare altri a superare i loro, in una maniera che piace al Signore.

I tre corsi superiori danno una formazione pratica per la consulenza a livelli sempre maggiori di responsabilità, proporzionati all'espansione di questo ministero.

DOVE COMINCIARE?

BCT I: Corso Esamina te stesso insegna alle persone i fondamenti del vivere e della consulenza biblica. Il corso può essere seguito da soli o in classi, più o meno numerose. Non c'è bisogno di alcun requisito particolare per seguire il Corso Esamina te stesso. Le uniche cose necessarie sono una Bibbia, il manuale *Esamina te stesso* e una chiave biblica, il tutto condito con la volontà di imparare e di applicare la Parola di Dio a ogni problema del vivere quotidiano. Ti incoraggiamo a iniziare questo studio con l'aspettativa di vedere grandi cambiamenti biblici che porteranno a una continua crescita spirituale. Questo manuale è inteso come una guida pratica per aiutarti a trattare i tuoi problemi, secondo la Parola, e non è un compendio teologico teorico. Ti insegnerà ad applicare i principi biblici nella tua vita di tutti i giorni. Come esecutore della Parola, riceverai una benedizione e una copiosa ricompensa *(Giacomo 1:25)*.

BCT II: Corso basilare per la consulenza biblica è concepito per essere insegnato in una classe a numero chiuso (in genere meno di quindici studenti). *BCT III: Iniziare a fare consulenza*, può essere presentato in classi a numero aperto. Con la crescita del ministero di consulenza all'interno di una chiesa o di una comunità, si possono aggiungere il *BCT IV: Formare altri per la consulenza* e *BCT V: Sviluppare e sorvegliare il ministero della consulenza*. Inoltre la BCF offre un *Corso di studio biblico autodidattico per la consulenza* come parte della **Consulenza biblica (Volume II)**. Il Corso di studio biblico autodidattico può essere completato contemporaneamente ai corsi di formazione per la consulenza. Nella sezione che segue "**FORMAZIONE LOCALE CONTINUA**" sarà fornita una breve descrizione di tutti i livelli di preparazione.

I pastori e altri leader delle chiese troveranno veramente utili i Corsi intensivi di consulenza biblica per iniziare, e continuare, questo ministero all'interno delle chiese e delle comunità.

Di seguito troverete delle descrizioni e dei diagrammi che forniscono una panoramica di tutto il programma di formazione. Per ulteriori spiegazioni, scrivete a Administrative Office of the Biblical Counseling Foundation (l'indirizzo si trova alla pagina 8 di questo supplemento).

FORMAZIONE LOCALE CONTINUA

Evangelizzazione basilare

La preparazione basilare per l'evangelizzazione è essenziale per il ministero della consulenza biblica. La responsabilità principale del consulente biblico, nel corso della consulenza, è di determinare se la persona che chiede consiglio ha un rapporto personale con Dio, l'Unico che può dare delle vere soluzioni ai problemi della vita. Un consulente biblico, perciò, deve sapere come presentare il Vangelo — la buona notizia della salvezza attraverso il Signore Gesù Cristo.

Gli studenti che intendono intraprendere il ministero di consulenza biblica dovrebbero frequentare un corso per l'evangelizzazione di almeno dieci ore, e passarne altrettante "sul campo", mettendo in pratica gli insegnamenti ricevuti. Alcune chiese hanno un corso settimanale, della durata di un anno, d'istruzione, che comprende anche visite di casa in casa. Ci sono diversi eccellenti corsi disponibili sull'argomento.

BCT I: Corso Esamina te stesso

Questo corso della durata di 24 settimane insegna i principi biblici essenziali necessari per vivere vittoriosamente. Ogni individuo deve affrontare i fallimenti e i difetti della propria vita da un punto di vista biblico, prima di cercare di aiutare gli altri *(Matteo 7:1-5; Luca 6:41-42)*. I principi biblici basilari per affrontare i problemi della vita, secondo il manuale *Esamina te stesso*, costituiscono la base per gli altri corsi della serie per la formazione per la consulenza biblica.

Guida dell'istruttore: BCT I — Corso Esamina te stesso

Indipendentemente dalle esperienze d'insegnamento precedenti, la Guida dell'istruttore *BCT I: Corso Esamina te stesso*, è uno strumento utile per un insegnamento coerente su come esaminare se stessi secondo la Parola e come aiutare gli altri ad affrontare i loro problemi in una maniera che piaccia al Signore. Compresi nella Guida ci sono il sommario per l'insegnamento, il tempo destinato a ciascun punto, illustrazioni e suggerimenti per la valutazione dei compiti e degli esami degli studenti. Sono in vendita audiocassette (solo in inglese) riprese durante le lezioni.

BCT II: Corso basilare per la consulenza biblica

I principi e i precetti biblici presentati nel manuale *Esamina te stesso*, sono approfonditi ulteriormente in *Consulenza biblica (Volumi I e II)*. Il corso di ventiquattro settimane, infatti, approfondisce questi principi attraverso lo studio di casi pratici, il gioco dei ruoli e i grafici di diagnosi per la consulenza biblica. Nel *BCT II: Corso basilare per la consulenza biblica*, lo studente impara come preparare gli incontri di consulenza, si esercita per spiegare e applicare i principi biblici per aiutare altri a superare i loro problemi. Il gioco dei ruoli ha lo scopo di: 1) insegnare i concetti biblici della consulenza di squadra; 2) comprendere il problema dal punto di vista di Dio; 3) arrivare alla speranza, al cambiamento e alla pratica. Lo svolgimento dei compiti serve a personalizzare le soluzioni offerte dalla Scrittura. Nei compiti sono comprese delle sezioni del *Corso di studio biblico autodidattico della BCF per la consulenza biblica*, descritte più avanti.

Guida dell'istruttore — BCT II: Consulenza biblica (Volumi I e II)

La Guida dell'istruttore del BCT II contiene il sommario delle lezioni con le relative illustrazioni, il programma del gioco dei ruoli, il sommario completo del caso del gioco dei ruoli, gli strumenti per la valutazione degli studenti del corso, indicazioni e suggerimenti per determinare e preparare i compiti biblici da assegnare.

Durante questo corso inizia la preparazione, vera e propria, per la consulenza. L'istruttore del BCT II dovrebbe essere un consulente biblico esperto per dare risposte bibliche alle domande degli studenti su casi reali di consulenza e sul gioco dei ruoli della lezione. I requisiti degli istruttori sono elencati nella Guida dell'istruttore.

BCT III: Iniziare a fare consulenza

La formazione superiore inizia con la partecipazione a casi reali di consulenza. Quando assume la responsabilità di assistente alla consulenza, l'allievo è attentamente seguito e istruito. A questo punto della formazione, ogni studente dovrebbe continuare a lavorare in modo intensivo al *Corso di studio biblico autodidattico della BCF per la consulenza biblica*.

Le sessioni in classe verteranno su argomenti inerenti al comportamento della persona che chiede consiglio e alla valutazione dei progressi che essa compie per diventare esecutore della Parola. Inoltre l'allievo impara a preparare le sessioni di consulenza e, gradualmente, inizierà a condurne alcune fasi. Imparerà anche a discepolare la persona che chiede consiglio, al di fuori delle sessioni di consulenza. A questo stadio della preparazione saranno usati spesso i *Volumi I e II* della *Consulenza biblica*.

BCT IV: Formare altri per la consulenza

A questo livello, il consulente continua la consulenza e inizia a formare e valutare altri assistenti consulenti. Finisce di lavorare al *Corso di studio biblico autodidattico della BCF per la consulenza* che diventa la sua guida di "riferimento per il caso".

Le sessioni in classe di BCT IV servono per preparare ad affrontare casi di più persone che chiedono consiglio, come nei problemi matrimoniali e nei rapporti genitore-figlio. A questo livello di preparazione i *Volumi I e II* della *Consulenza biblica* continueranno a essere usati come validi strumenti di consultazione.

BCT V: Sviluppare e sorvegliare il ministero della consulenza

A questo livello, il consulente biblico è addestrato per discepolare, sorvegliare e valutare i consulenti. La formazione in classe affronterà argomenti di natura amministrativa del ministero di consulenza biblica, corsi di preparazione per istruttori di consulenza biblica, e problemi più complessi di consulenza come disciplina nella chiesa, aborto, malattie terminali, ecc. Il *Volume II* della *Consulenza biblica* è sempre la guida di riferimento per coloro che sono a questo livello di preparazione e di ministero.

Specializzazione: Il Corso di studio biblico autodidattico della BCF per la consulenza

Nessuno può fare della consulenza biblica senza un'adeguata comprensione della Scrittura. Perciò lo *Studio biblico personale per la consulenza* della BCF è concepito per far conoscere, al futuro consulente, i principi e i precetti dell'Antico e del Nuovo Testamento utili per affrontare problemi e per arrivare alla maturità in Cristo. Le chiese locali o organizzazioni missionarie, a volte, richiedono il completamento di questo corso come attestato per la consulenza biblica. Il Corso di studio biblico autodidattico richiede in genere dalle 400 alle 600 ore di studio e spesso è seguito in contemporanea con BCT II, BCT III e BCT IV (vedi grafico alla pagina seguente).

Il *Corso di studio biblico autodidattico della BCF per la consulenza* è composto di quattro parti principali.

1. *Lo studio di dodici fondamentali dottrine scritturali, che hanno una diretta applicazione nella consulenza biblica.* Per completare questo studio è necessaria una chiave biblica. Ogni studente compila il proprio elenco e spiega i versetti e i brani biblici incisivi, utili per dare speranza, per dimostrare la necessità di cambiamento e per assegnare i compiti biblici.

2. *Lo studio di ventiquattro personaggi del Vecchio Testamento dal punto di vista del consulente biblico.* In questa sessione, lo studente analizza la vita di un personaggio biblico come se questi chiedesse consiglio e cercasse delle risposte per i propri problemi di vita. Lo studente, usando solamente le informazioni che la Scrittura dà sul personaggio, sviluppa un programma (usando l'Antico e il Nuovo Testamento) e descrive quali consigli darebbe a ogni personaggio della Scrittura secondo i principi della Parola di Dio.

3. *Il punto di vista del consulente biblico sui libri poetici e profetici dell'Antico Testamento.* In questa sessione lo studente individua e analizza i principi biblici per la consulenza che si trovano in *Salmi, Proverbi* e *Ecclesiaste* e in diversi libri profetici dell'Antico Testamento.

4. *Una panoramica della consulenza, consiste di due parti:*
   a. *la prima parte* pone diverse domande su argomenti di consulenza, su come sviluppare materiale di consultazione per i casi, ecc.;
   b. *la seconda parte* studia il modo in cui Gesù ha fatto consulenza. Lo studente esamina come il Signore Gesù ha compreso i problemi nella vita degli altri, il modo in cui Egli ha dato loro la speranza, la direzione da prendere per cambiare e la conseguente condotta che ognuno di loro doveva avere.

NORME DI CONDOTTA E CODICI DI ETICA

Alcune norme, applicabili al consulente biblico, sono implicite nelle Scritture. Queste norme di condotta e di codice etico per i consulenti biblici si trovano nella *Consulenza biblica (Volume II)*, che è il principale manuale di riferimento per i corsi dal II al V. Tutti i consulenti biblici devono accettare e mantenere queste norme.

PANORAMICA DELLA FORMAZIONE PER LA CONSULENZA BIBLICA

La seguente tabella illustra il progresso della Formazione pe la consulenza biblica (BCT).elaborato dalla *Biblical Counseling Foundation (BCF)*

La *BCF* offre anche Corsi intensivi di una settimana e corsi intensivi internazionali di tre settimane di consulenza biblica per formare e assistere pastori, guide di chiesa, insegnanti, missionari, educatori, personale medico, amministratori, dirigenti, e altri credenti a sviluppare un ministero di consulenza biblica nelle loro chiese, scuole, missioni, organizzazioni e professioni.

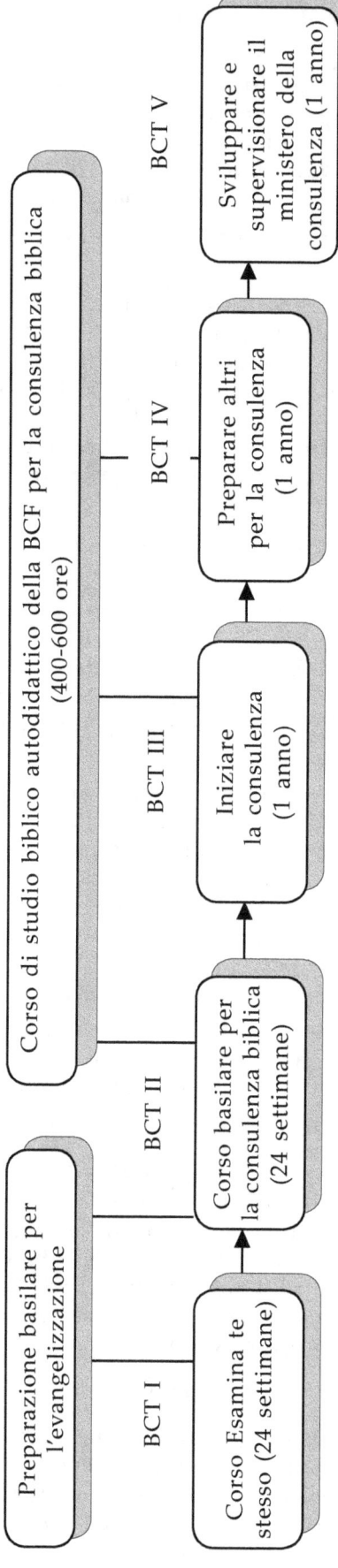

RIEPILOGO DELLE ORE DI DURATA DEI CORSI DI FORMAZIONE PER LA CONSULENZA

Corso	ore in classe	ore di studio individuale*	ore nella sessione del caso*
Evangelizzazione basilare (a cura della chiesa locale)	10	10	
BCT I: Corso Esamina te stesso	48	120	
BCT II: Corso basilare per la consulenza biblica	48	120	
BCT III: Iniziare a fare consulenza	40	100	100
BCT IV Formare altri per la consulenza	40	100	100
BCT V Sviluppare e sorvegliare il ministero della consulenza	40	100	100
Corso di studio biblico autodidattico per la consulenza		500	
Totale*	226	1.050	300

* Per favore, notate che le ore di studio per la formazione sono approssimative, e variano (specialmente per lo studio e per la consulenza) per ogni persona, secondo il bisogno di ciascuno.

Supplemento 2, pagina 6 © Biblical Counseling Foundation

IL PROGRAMMA DELLA BCF DI FORMAZIONE PER LA CONSULENZA BIBLICA

FORMAZIONE SPECIALE
PER PASTORI, ANZIANI DI CHIESA E PROFESSIONISTI.

Corso intensivo per la consulenza biblica

La Biblical Counseling Foundation offre anche un corso intensivo di formazione per la consulenza biblica di cinque giorni, con tre specifici scopi: 1) aiutare i credenti in Cristo ad affrontare e superare i propri problemi secondo la Parola; 2) equipaggiare pastori, insegnanti, missionari, personale medico, amministratori, dirigenti, leader cristiani e semplici credenti, per consigliare altri secondo la Parola; 3) aiutare chi è interessato a iniziare, e proseguire, un ministero biblico di consulenza nella propria chiesa, scuola, missione, organizzazione, o professione.

Corso intensivo internazionale di tre settimane

La Biblical Counseling Foundation offre corsi intensivi per un'utenza internazionale di tre settimane. Lo scopo di questa formazione è preparare squadre locali a fare veri discepoli e fare consulenza biblica nei rispettivi paesi o regioni del mondo. Il primo, o più importante, corso di tre settimane è insegnato dagli istruttori della BCF e include i corsi BCT I (35 ore), BCT II (50 ore) e come sviluppare corsi di formazione in aree nazionali e regionali (10 ore). Questi leader internazionali, completate le tre settimane di formazione, promuovono e assistono gli istruttori della BCF nel secondo ciclo di tre settimane, presentando gli stessi argomenti nei loro paesi. Questi corsi locali sono condotti, in un secondo momento, in altri paesi dopo adeguate programmazioni e preparazioni da parte di coloro che guideranno il ministero.

In questi studi, diversi altri percorsi per la formazione offrono la possibilità di continuare a sviluppare le capacità per la consulenza biblica, ad aiutare a stabilire e a gestire un tale ministero. I primi tre percorsi prevedono i seguenti programmi di studio.

Percorso I: Principi e loro applicazione

Programma di studio

A. Presentazione di principi e precetti di consulenza biblica
- I bisogni dell'uomo e ciò che Dio provvede
- Principi biblici per il cambiamento
- Sviluppo, identificazione e soluzione del problema
- Cambiamento biblico specifico e duraturo
- Egocentrismo, depressione
- La famiglia cristiana, il matrimonio
- Invidia, avarizia, gelosia, cupidigia
- Ira, risentimento e rancore
- Paura, preoccupazione e ansia
- La crescita cristiana continua

B. Domande e risposte

Percorso II: Metodi e procedure

Requisiti
- Completamento del Percorso I, in un precedente Corso intensivo della BCF o attraverso il completamento, con esito positivo, del corso Esamina te stesso.

Programma di studio
- Lezioni e gioco dei ruoli sulle procedure di consulenza
- Comprensione e analisi del problema

- Assegnazione di compiti biblici da svolgere a casa
- Come consigliare persone con problemi di:
  - ira/rancore
  - depressione
  - paura e preoccupazione
  - scarsa comunicazione
  - scarsi rapporti familiari o interpersonali
- Sviluppare un programma biblico
- Stabilire e valutare l'impegno
- Dare la speranza secondo la Parola, cambiamento reale

Percorso III: Problemi e programma

Requisiti

- Completamento del Percorso II, in un precedente Corso intensivo della BCF, o attraverso il completamento, con esito positivo, del Corso basilare per la consulenza biblica (BCT II).
- Completamento con esito favorevole di un esame scritto per la consulenza biblica (spedito allo studente al momento della pre-iscrizione).
- Nota speciale per coloro che si registrano per il Percorso III: devono preparare un resoconto dattiloscritto di almeno tre consulenze difficili o complicate in cui si sono imbattuti, e presentarle con il modulo di iscrizione. I resoconti saranno esaminati durante la settimana e saranno suggerite delle soluzioni bibliche.

Programma di studio

A. Preparazione:
- stabilire un ministero di consulenza nella chiesa
- assegnare, condurre e seguire casi
- discepolare e valutare consulenti e supervisori
- condurre corsi di consulenza biblica, impegno degli studenti, preparazione di istruttori, contenuto del corso

B. Insegnare e aiutare nei casi complicati
- alcol, droga, e abuso di sostanze
- malattie terminali
- handicap fisici
- omosessualità
- maltrattamenti coniugali
- comportamenti atipici

I Corsi intensivi sono tenuti annualmente a Rancho Mirage in California, nella zona di Washington D.C. e a Santa Barbara in California. Altri sono tenuti periodicamente in diverse parti degli Stati Uniti e all'estero. Il seminario di Rancho Mirage in California si tiene ogni anno a febbraio; il seminario a Washington D.C. in aprile, e il seminario a Santa Barbara in agosto.

Se siete interessati ad acquistare materiale, ricevere maggiori informazioni, o partecipare ai prossimi corsi per un aiuto nel ministero della consulenza nella vostra chiesa, potete scrivere alla *Biblical Counseling Foundation* al seguente indirizzo

Postal Address:	42550 Aegean Street
	Indio, CA 92203-9617, USA
Telephone:	760.347.4608
FAX:	760.775.5751
Email for orders:	orders@bcfministries.org
Email for correspondence:	admin@bcfministries.org
BCF Website:	http://www.bcfministries.org

SCHEDA DI STUDIO BIBLICO E APPLICAZIONE
(basato su 2 Timoteo 3:16-17)

Citazione biblica	Insegnamento	Rimprovero	Correzione	Educazione alla giustizia
	Qual è il comandamento o il principio?	Come ho sbagliato nel metterlo in pratica?	Che cosa devo fare?	Qual è il mio piano specifico? Come intendo attuarlo?

© Biblical Counseling Foundation

È permessa la riproduzione di questa scheda per uso personale e per il ministero

SCHEDA DI STUDIO BIBLICO E APPLICAZIONE (1° ESEMPIO)
(basato su 2 Timoteo 3:16-17)

Citazione biblica	Insegnamento	Rimprovero	Correzione	Educazione alla giustizia
	Qual è il comandamento o il principio?	Come ho sbagliato nel metterlo in pratica?	Che cosa devo fare?	Qual è il mio piano specifico? Come intendo attuarlo?
Esempio di una scheda compilata in modo errato				
1 Giovanni 3:17	Non dimostriamo l'amore di Dio in noi se non siamo disposti a condividere con altri.	Tendo a essere molto egoista e a occuparmi solo dei miei bisogni. Accumulo per il futuro, invece di condividere.	Ho bisogno di imparare a essere più generoso e più disposto a condividere.	Leggerò versetti sulla generosità. Chiederò a Dio di darmi una natura generosa. Amerò il mio prossimo!
Esempio di una scheda compilata in modo corretto				
1 Giovanni 3:17	Non dimostriamo l'amore di Dio in noi se non siamo disposti a condividere la nostra vita e i nostri beni materiali con gli altri	Sono venuto a conoscenza di una donna della nostra chiesa i cui figli hanno bisogno di cappotti nuovi per l'inverno. Suo marito è disabile e impossibilitato a lavorare e non può permettersi di comprare i cappotti. Sapevo che la mia famiglia avrebbe potuto aiutarli, ma mi sono detta che anch'io e i miei figli avremmo bisogno di cappotti nuovi. Dopotutto, non posso preoccuparmi di tutti coloro che sono nel bisogno.	In realtà, solo uno dei miei figli ha veramente bisogno di un cappotto. Gli altri ne desiderano solo uno più alla moda. Comprerò solo quello per il figlio che ne ha veramente bisogno e userò il resto dei soldi per comprare i cappotti a questa famiglia.	1. Chiederò a Dio la guida e la forza per portare avanti un piano per aiutare questa famiglia. 2. Riunirò la mia famiglia. Presenterò loro il bisogno. Spiegherò il mio piano e raccoglierò le loro idee su come aiutare questa famiglia. 3. Rivedrò, con i miei familiari, i versetti sul condividere e pregheremo, per capire ciò che possiamo fare per soddisfare questo bisogno. 4. Condividerò con i responsabili della mia chiesa i bisogni di queste persone e presenterò il piano di aiuto della mia famiglia. 5. Telefonerò alla donna bisognosa, per spiegarle che condividere i nostri beni dimostra amore per il Signore ed è una benedizione sia per la sua famiglia sia per la mia. 6. Andremo insieme a comprare i cappotti di cui la sua famiglia ha bisogno. 7. Forse potremo invitarli a pranzo per finire la giornata in modo piacevole.

Supplemento 3, pagina 2 © Biblical Counseling Foundation

SCHEDA DI STUDIO BIBLICO E APPLICAZIONE (2° ESEMPIO)
(basato su 2 Timoteo 3:16-17)

Citazione biblica	Insegnamento	Rimprovero	Correzione	Educazione alla giustizia
	Qual è il comandamento o il principio?	Come ho sbagliato nel metterlo in pratica?	Che cosa devo fare?	Qual è il mio piano specifico? Come intendo attuarlo?
		Esempio di una scheda compilata in modo errato		
Salmo 119:11	Devo conservare la Parola di Dio nel mio cuore (o nella mia mente).	Non ho imparato a memoria la Parola di Dio.	Devo cominciare a imparare a memoria la Scrittura.	Chiederò a Dio di aiutarmi a imparare a memoria la Scrittura; imparerò un versetto la settimana.
		Esempio di una scheda compilata in modo corretto		
Salmo 119:11	Devo conservare la Parola di Dio nel mio cuore (o nella mia mente).	Invece di avere un programma per imparare a memoria la Scrittura, guardo la televisione più di tre ore al giorno. Non ho neanche tentato di sviluppare un piano per imparare a memoria i versetti. In effetti, sono stato pigro e mi sono detto che imparare a memoria è troppo difficile per me. Ho trovato delle scuse per la mia mancanza d'impegno nei confronti del Signore.	Nelle prossime quattro settimane imparerò a memoria quattro versetti sull'ubbidienza. Oltre a imparare a memoria i versetti, cercherò di sviluppare un piano per continuare, nel corso dell'anno, a imparare a memoria la Scrittura.	1. Pregherò tutti i giorni per l'aiuto di Dio nell'imparare a memoria i versetti della Scrittura. 2. Con l'ausilio della chiave biblica, cercherò quattro versetti sull'ubbidienza che posso applicare alla mia vita, e li scriverò su dei cartoncini. 3. La prima settimana, porterò con me un solo cartoncino e imparerò a memoria il versetto nei momenti liberi (p.es. mentre sono in fila, mentre passeggio da solo, quando aspetto l'autobus e durante il tragitto). 4. Comunicherò alla mia famiglia il mio piano e domanderò loro di chiedermi, ogni giorno, di recitare il versetto, o i versetti, a memoria. 5. Ogni settimana aggiungerò un cartoncino, con un nuovo versetto, e lo porterò con me per impararlo a memoria nei momenti liberi (ripasserò anche i versetti precedenti). 6. In questo mese, sceglierò anche quattro versetti sulla salvezza da imparare a memoria il mese prossimo. Durante quel periodo ripasserò anche i versetti sull'ubbidienza.

© Biblical Counseling Foundation

Supplemento 3, pagina 3

PREPARARE UNA TESTIMONIANZA PERSONALE

> Uno dei tuoi più grandi privilegi è di presentare la buona notizia di Gesù Cristo. Devi, perciò, prepararti per dare la tua testimonianza agli altri *(basato su 1 Pietro 3:15)*.

La testimonianza della propria conversione resa dall'apostolo Paolo davanti al Re Agrippa, in *Atti 26:1-23*, è un buon esempio da seguire.

La vita prima della conversione (Atti 26:4-11)

Una vita religiosa, ma in opposizione a Dio

La conversione (Atti 26:12-18)

Riconoscere di aver bisogno di Cristo; prendere l'impegno di seguirLo

La vita dopo la conversione (Atti 26:19-23)

Una vita trasformata rende testimonianza a Cristo

Sono pochi i credenti con una testimonianza tanto sensazionale come quella di Paolo, ma tutti possono seguire lo stesso schema generale: *La vita prima della conversione, la conversione, la vita dopo la conversione.*

Per fissare questo schema nella tua mente, dovresti preparare una "testimonianza di dieci secondi" che costituirà la base per una testimonianza più completa. Per esempio:

(La vita prima della conversione) C'è stato un tempo nella mia vita durante il quale ero confuso e senza speranza; *(la conversione)* poi ho incontrato Gesù Cristo e la mia vita è cambiata. *(la vita dopo la conversione)* Da quel momento ho sempre avuto uno scopo nella vita.

Un altro esempio potrebbe essere: *(La vita prima della conversione)* Ho sempre pensato di non essere così cattivo e che sarei senz'altro andato in paradiso. Ma Dio *(la conversione)* aveva un piano diverso e io l'ho accettato. *(Dopo la conversione)* Ora so che andrò in paradiso.

La vita prima della conversione: usa parole che siano comprensibili per un non credente nel descrivere ciò che caratterizzava la tua vita prima di conoscere Cristo *(esempi: egoista, senza scopo, colpevole, in difficoltà, senza speranza, pieno di ansia, desideroso sempre di primeggiare, ecc.)*.

La conversione: poi descrivi la tua conversione con termini facilmente comprensibile per un non credente. Frasi come "essere salvato" o "avere i peccati coperti dal sangue" o "inginocchiato al Calvario", pur avendo significato per i credenti, probabilmente non sarebbero capite da un non credente. Potresti descrivere la tua esperienza di conversione così: "Ho scoperto che Dio mi amava" o "Mi sono reso conto che Gesù è il Figlio di Dio" o "Qualcuno mi ha detto che Dio aveva un disegno per la mia vita".

La vita dopo la conversione: usa parole familiari a un non credente, per descrivere la tua vita attuale *(esempi: Ho smesso di preoccuparmi. Ho trovato la pace. La mia colpa è stata cancellata. Ho trovato l'unico modo per vivere nel senso vero della parola)*.

Ricorda di mantenere semplice la tua "testimonianza di dieci secondi", senza andare nei dettagli. *Riserva i dettagli per la tua "testimonianza più completa" che svilupperai nelle prossime lezioni. Gli esempi di "testimonianze più complete" si trovano a pagina 2 del Supplemento 4.*

TESTIMONIANZE DI DIECI ... TRENTA ... SESSANTA SECONDI
(ESEMPI)

Esempi di una testimonianza di dieci secondi:

(prima) "C'è stato un tempo nella mia vita nel quale non sapevo che cosa fosse avere pace e gioia durature; poi qualcuno mi ha detto che la ragione stava nel fatto che non avevo un rapporto personale con Gesù Cristo.

(conversione) Così ho iniziato ad avere un rapporto con Dio.

(dopo) Ho scoperto la realtà della vera pace e della vera gioia."

La testimonianza di dieci secondi, descritta sopra, ampliata per diventare di trenta secondi:

(prima) "Quando ero più giovane, la pace e la gioia che mi derivavano da persone o situazioni duravano poco. I miei amici e le mie attività non potevano riempire il vuoto della mia vita."

(conversione) "Un giorno, un mio amico mi ha detto che Gesù era morto affinché la mia vita potesse avere un senso e una direzione. Mi sono reso conto di essere un peccatore bisognoso del perdono di Dio. Così ho chiesto a Dio di perdonarmi, e di tutto cuore ho creduto in Gesù come mio Salvatore e Lo ho ricevuto nella mia vita."

(dopo) "Da quando ho affidato la mia vita a Gesù, ho scoperto che la Bibbia mi dà tutte le risposte di cui avevo bisogno. Non importa che cosa succederà, la pace e la gioia di Dio sono mie per sempre."

La testimonianza di trenta secondi, descritta sopra, ampliata per diventare di sessanta secondi:

(prima) "Quando ero più giovane la pace e la gioia, che mi derivavano da persone o situazioni, erano di breve durata. Facevo tante cose insieme ai miei amici, ma sembrava che alla mia vita mancasse sempre qualcosa. Perfino i miei amici se ne rendevano conto."

(conversione) "Un giorno, stavo raccontando a un mio amico alcuni problemi che mi affliggevano; lui mi spiegò che il mio più grande problema era il non avere un rapporto personale con Gesù Cristo. Mi mostrò che nessuno è perfetto, ciò significa che tutti hanno peccato, come la Bibbia dice in Romani 3:23. Poi ho appreso che la Bibbia, in Romani 6:23, dice che la retribuzione per i miei peccati è la morte. Dio, tuttavia, non voleva lasciarmi in quella condizione. Infatti, Gesù era morto anche per perdonare i miei peccati e per permettermi di iniziare un rapporto con Dio e di ricevere da Lui il dono della vita eterna.

"Tutto quello che dovevo fare, era di credere, di tutto cuore, che Gesù era morto per pagare la punizione per i miei peccati ed era risuscitato affinché io potessi avere una nuova vita. Dovevo chiederGli solo di perdonare i miei peccati. La mia preghiera è stata semplice. Ho detto: 'Dio, Ti prego, perdonami per i miei peccati. Grazie per aver mandato Tuo Figlio, Gesù, a morire per me e a risuscitare perché io potessi avere la vita eterna. Ti prego, Signore Gesù, salvami dai miei peccati e prendi il controllo della mia vita'".

(dopo) "Da quando ho affidato la mia vita a Gesù, la pace e la gioia di Dio, che durano per sempre, sono diventate mie perché ho ubbidito alla Parola di Dio per superare i miei problemi. Le difficoltà non sono sparite, ma adesso sono fiducioso che Dio mi aiuterà, mi guiderà e mi darà la forza quando i problemi arriveranno. Hai mai considerato quale differenza potrebbe fare Gesù Cristo nella tua vita?"

COME USARE UNA CHIAVE BIBLICA

La chiave biblica è uno strumento utile che ti aiuterà a trovare i versetti nella Scrittura, partendo da singole parole. In una chiave biblica le parole sono in ordine alfabetico, come in un dizionario, e sono seguite da un elenco di brani biblici che usano quella parola.

Per esempio, se volessi cercare la parola "*mediatore*" troveresti:

fu promulgata per mezzo di angeli, per mano di un *m*.	*Galati 3:19*
un *m* non è *m* di uno solo;	*Galati 2:20*
un solo *m* fra Dio e gli uomini	*1 Timoteo 2:5*
migliori promesse, del quale egli è *m*	*Ebrei 8:6*
Per questo egli è *m* di un nuovo patto	*Ebrei 9:15*
a Gesù, il *m* del nuovo patto	*Ebrei 12:24*

In una chiave biblica è elencata solo una parte di un versetto e, a volte, è stampata solo la prima lettera della parola che si sta cercando, non l'intera parola.

Puoi usare una chiave biblica per sapere quello che la Parola di Dio dice di un particolare soggetto. Ecco alcuni suggerimenti:

1. Cerca il soggetto stesso, per vedere se esiste. La parola "Bibbia", per esempio, non esiste.

2. Scegli delle parole che siano dei buoni sinonimi per il soggetto che cerchi.

    ESEMPIO: Parola di Dio, Scrittura, Legge

    Cerca queste parole nella chiave biblica. Dopo aver trovato i versetti che ti aiutano a comprendere il tuo soggetto, potresti evidenziare i versetti nella tua Bibbia, o copiarli per approfondire il tuo studio, o riassumere la verità che il versetto contiene. Per esempio, se volessi cercare "Parola di Dio", potresti fare quanto segue:

    ESEMPIO: *Ebrei 4:12, "Infatti la parola di Dio è vivente ed efficace, più affilata di qualunque spada a doppio taglio, e penetrante fino a dividere l'anima dallo spirito, le giunture dalle midolla; essa giudica i sentimenti e i pensieri del cuore."*

    Potresti riassumere così questo versetto: "La Parola di Dio è vivente, attiva e capace di discernere i pensieri e le intenzioni del cuore".

    Per cercare la parola "Scrittura"

    ESEMPIO: *2 Timoteo 3:16-17, "Ogni Scrittura è ispirata da Dio e utile a insegnare, a riprendere, a correggere, a educare alla giustizia, perché l'uomo di Dio sia completo e ben preparato per ogni opera buona".*

    Potresti riassumere così: "La Parola di Dio mi insegna come vivere alla Sua luce, mi corregge quando sbaglio e mi riprende per essere un efficace esecutore della Parola".

3. Potrebbe essere utile anche modificare una parola.

    ESEMPIO: "Scritture" — scritti, scritto, scrivere

    Cerca "Scritture"

    ESEMPIO: *2 Timoteo 3:15, "... delle sacre Scritture, le quali possono darti la sapienza che conduce alla salvezza mediante la fede in Cristo Gesù."*

    Potresti riassumere così: "La Parola di Dio mi porta alla salvezza per mezzo di Gesù Cristo".

4. Puoi anche cercare parole che abbiano una stretta relazione con il soggetto o la parola che ti interessano.

   ESEMPIO: voce del Signore, insegnamenti

   Cerca "voce"

   ESEMPIO: *Salmo 29:4, "La voce del SIGNORE è potente, la voce del SIGNORE è piena di maestà".*

   In questo caso le tue parole sarebbero simili al testo come: "La voce del Signore è potente e maestosa".

Una chiave biblica potrebbe intimidire per la quantità di informazioni che contiene e per le dimensioni del libro stesso, ma non esitare a consultarla. Usare la chiave biblica per cercare una particolare parola, un versetto, un argomento nella Bibbia, potrebbe arricchire la tua comprensione delle verità della Parola di Dio.

DATI PERSONALI E ANALISI DEL PROBLEMA

INFORMAZIONI BASILARI SUL PROBLEMA

DATA _____

INFORMAZIONI PERSONALI

NOME _____ TELEFONO _____ FAX _____

INDIRIZZO _____

PROFESSIONE _____ TELEFONO LAVORO _____

SESSO _____ DATA NASCITA _____ ETÀ _____ INDIRIZZO EMAIL _____

STATO CIVILE

Cebile/Nubile ❑ Fidanzato/a ❑ Sposato/a ❑ Separato/a ❑ Divorziato/a ❑ Vedovo/a ❑

TITOLO DI STUDIO grado di istruzione raggiunto (prima dell'Università) _____

Altri titoli di studio (Elencare tipo e durata della frequenza) _____

_____ RACCOMANDATO/A DA _____

NOME DEL CONIUGE _____ PROFESSIONE _____

INDIRIZZO DEL CONIUGE (SE DIVERSO) _____

COME DEFINIRESTI IL TUO PROBLEMA BASILARE

Compila brevemente la seguente scheda (usando il retro del foglio se necessario)

1. PER FAVORE DESCRIVI IL TUO PROBLEMA ATTUALE.

2. CHE COSA HAI FATTO IN PROPOSITO?

3. CHE TIPO DI AIUTO CERCHI?

4. CHE COSA TI SPINGE ORA A CERCARE AIUTO?

Supplemento 6, pagina 1 © Biblical Counseling Foundation

È permessa la riproduzione di questa scheda per il ministero

INFORMAZIONI DETTAGLIATE SUL PROBLEMA
INFORMAZIONI SULLA VITA SPIRITUALE

NOME DELLA CHIESA _____

INDIRIZZO DELLA CHIESA _____ NOME DEL PASTORE _____

FREQUENZA ALLA CHIESA: Frequenza _____ volte al mese _____

CHE COSA STAI IMPARANDO DA PREDICAZIONI, MESSAGGI E STUDI BIBLICI NELLA TUA CHIESA?
_____

PER FAVORE ELENCA IN QUALE MINISTERO SEI IMPEGNATO _____

CHIESA FREQUENTATA NELL'INFANZIA _____

SEI STATO/A BATTEZZATO/A? Sì ❑ No ❑ QUANDO? _____

SE CONIUGATO/A, QUAL È IL RETROTERRA RELIGIOSO DEL CONIUGE _____

(SOLO SE È IL CASO) FREQUENZA DEL CONIUGE ALLA CHIESA

Chiesa frequentata dal coniuge _____ Frequenza ___ volte al mese

TI RIVOLGI A DIO IN PREGHIERA? Mai ❑ A volte ❑ Spesso ❑ Quanto spesso? _____

PER CHE COSA PREGHI? _____

SEI ARRIVATO AL PUNTO, NELLA TUA VITA SPIRITUALE, IN CUI SAI CON CERTEZZA CHE SE DOVESSI MORIRE STANOTTE, ANDRESTI IN PARADISO?
Sì ❑ No ❑ Non sono sicuro/a ❑

SE SÌ, SU CHE COSA BASI LA TUA RISPOSTA ALLA DOMANDA PRECEDENTE? _____
_____

HAI RICEVUTO GESÙ CRISTO COME TUO PERSONALE SALVATORE?
Sì ❑ No ❑ Non sono sicuro/a ❑ Non capisco cosa vuol dire ❑
SE SÌ, COME FAI A SAPERE CHE GESÙ CRISTO È IL TUO SALVATORE? _____
_____

SE HAI RICEVUTO CRISTO COME SALVATORE, QUALI CAMBIAMENTI SONO AVVENUTI NELLA TUA VITA QUANDO SEI DIVENTATO/A CREDENTE? _____
_____

SE HAI RICEVUTO CRISTO COME SALVATORE HAI DETTO AI MEMBRI DELLA TUA FAMIGLIA CHE HAI RICEVUTO GESÙ COME TUO SALVATORE? Sì ❑ No ❑

SE SÌ, CON CHI NE HAI PARLATO? _____

LEGGI LA BIBBIA? Mai ❑ A volte ❑ Spesso ❑ Quanto spesso? _____
HAI UN TEMPO DI MEDITAZIONE PERSONALE? Mai ❑ A volte ❑ Spesso ❑ Quanto spesso? _____
DESCRIVI COME SI SVOLGE LA TUA MEDITAZIONE PERSONALE _____
_____

HAI UN TEMPO DI MEDITAZIONE IN FAMIGLIA? Mai ❑ A volte ❑ Spesso ❑ Quanto spesso? _____
DESCRIVI COME SI SVOLGE LA MEDITAZIONE IN FAMIGLIA _____
_____

SPIEGA OGNI CAMBIAMENTO RECENTE NELLA TUA VITA SPIRITUALE _____
_____

© Biblical Counseling Foundation
È permessa la riproduzione di questa scheda per il ministero

DATI PERSONALI E ANALISI DEL PROBLEMA

INFORMAZIONI SU PRECEDENTI CONSULENZE

HAI AVUTO ALTRE CONSULENZE PRIMA DI QUESTA? Sì ❏ No ❏

CONSULENTI NOME (O NOMI)	DATA DA A	FARMACI PRESCRITTI	RISULTATO

INFORMAZIONI PERSONALI SULLE ABITUDINI E SULLA SALUTE

APPROSSIMATIVAMENTE, QUANTE ORE DORMI OGNI NOTTE? _____

IN GENERE, QUANDO vai a letto? _____ ti addormenti? _____ ti svegli? _____ ti alzi? _____

SE UNA VOLTA A LETTO, NON TI ADDORMENTI SUBITO COSA FAI IN QUEL LASSO DI TEMPO? _____

SE, UNA VOLTA SVEGLIA, NON TI ALZI SUBITO COSA FAI IN QUEL LASSO DI TEMPO? _____

DESCRIVI SE CI SONO STATI DEI CAMBIAMENTI NELLE TUE ABITUDINI NEL DORMIRE. _____

STATO DI SALUTE Molto buono ❏ Buono ❏ Medio ❏ In calo ❏ Altro ❏

DATA DELL'ULTIMO CONTROLLO MEDICO _____ RISULTATI _____

ATTUALMENTE STAI ASSUMENDO FARMACI Sì ❏ No ❏ CHE COSA _____ DOSAGGIO _____

PER QUALI RAGIONE ASSUMI QUESTI FARMACI? _____

HAI FATTO USO DI FARMACI PER SCOPI DIVERSI DA QUELLI MEDICI? Sì ❏ No ❏ QUANDO _____
CHE COSA? _____ QUANTITÀ/DOSAGGIO _____

FAI USO DI BEVANDE ALCOLICHE Sì ❏ No ❏ QUANDO _____ QUANTO _____

Supplemento 6, pagina 3 © Biblical Counseling Foundation
È permessa la riproduzione di questa scheda per il ministero

DATI PERSONALI E ANALISI DEL PROBLEMA

INFORMAZIONI CONIUGALI E FAMILIARI

NOME DEL CONIUGE _____ INDIRIZZO _____

TELEFONO _____ PROFESSIONE _____ TELEFONO DEL LAVORO _____

ETÀ DEL CONIUGE _____ TITOLO DI STUDIO (conseguito in anni) _____ RELIGIONE _____

IL CONIUGE È DISPOSTO AD ACCOMPAGNARTI?
Sì ❏ No ❏ Non glielo ho ancora chiesto ❏ Non sono sicuro/a ❏

SEI ATTUALMENTE SEPARATO/A? Sì ❏ No ❏ Da quando? _____

SEI MAI STATO/A SEPARATO/A DURANTE L'ATTUALE MATRIMONIO? Sì ❏ No ❏ Quante volte? _____

UNO DI VOI HA MAI CHIESTO IL DIVORZIO? Sì ❏ No ❏ Quando? _____ Chi? _____

DATA DEL MATRIMONIO _____ ETÀ AL MOMENTO DEL MATRIMONIO Marito _____ Moglie _____

DA QUANTO TEMPO CONOSCEVI IL TUO CONIUGE PRIMA DEL MATRIMONIO? _____

PER QUANTO TEMPO VI SIETE FREQUENTATI? _____ DURATA DEL FIDANZAMENTO _____

SEI STATO/A SPOSATO/A IN PRECEDENZA? Sì ❏ No ❏

SE SÌ, QUANTE VOLTE? Marito _____ Moglie _____

SE SEI STATO/A SPOSATO/A PRECEDENTEMENTE, COME È FINITO IL TUO (I TUOI) MATRIMONIO/I? _____
_____

NOME DEI FIGLI	ETÀ	SESSO	IN VITA? Sì No	DURATA DELL'ISTRUZIONE	STATO CIVILE	*MP

*SEGNA IN QUESTA COLONNA SE IL FIGLIO È DI UN PRECEDENTE MATRIMONIO

SE SEI STATO ALLEVATO/A DA QUALCUN ALTRO CHE NON FOSSE UNO DEI TUOI GENITORI, SPIEGA BREVEMENTE _____
_____

QUANTI fratelli maggiori? _____ Sorelle maggiori? _____ QUANTI Fratelli minori? _____ Sorelle minori? _____

© Biblical Counseling Foundation
È permessa la riproduzione di questa scheda per il ministero

LINEE GUIDA:
SCHEDA DI LAVORO VITTORIA SUI FALLIMENTI

> La **SCHEDA DI LAVORO VITTORIA SUI FALLIMENTI** è uno strumento utile che ti aiuterà ad apportare dei cambiamenti, secondo la Parola, nella tua vita. Se la situazione lo richiede, potrai insegnare agli altri a fare lo stesso nella loro vita *(basato su Matteo 7:1-5; 2 Corinzi 1:3-5, 13:5; Galati 6:1-5; 2 Timoteo 3:16-17)*.

I. **Obiettivi della SCHEDA DI LAVORO VITTORIA SUI FALLIMENTI**

    A. Aiutarti ad esaminare (giudicare) te stesso, secondo la Parola *(Salmo 139:23-24; Matteo 7:1-5; 1 Corinzi 11:31; Galati 6:4)*.

    B. Aiutarti a riconoscere alla luce della Parola ciò di cui "spogliarti" e ciò di cui "rivestirti" nella vita di tutti i giorni *(Per esempio: Efesini 4:22-32; Colossesi 3:5-17)*.

    C. Aiutarti a elaborare e a mettere in pratica, piani specifici per cambiamenti biblici *(Giacomo 1:22-25)*.

    D. Aiutarti ad inserire i tuoi cambiamenti biblici specifici in un piano scritturale per ogni aspetto della tua vita *(Romani 6:12-13, 8:28-29; Colossesi 2:6, 3:2-17; 2 Timoteo 3:16-17; 1 Pietro 1:14-16)*.

II. **Procedure per un cambiamento biblico**

    A. Affidati alla sovranità e alla guida di Dio nella tua vita.
        1. Ricevi Gesù Cristo come Signore e Salvatore *(Giovanni 1:12; Romani 10:9-11; 1 Corinzi 15:1-4; Efesini 2:8-10)*.
        2. Decidi di camminare ogni giorno per far piacere a Dio *(2 Corinzi 5:9; Efesini 4:1; Colossesi 1:10, 3:17)*.

    B. Identifica modi specifici in cui hai peccato contro Dio. Ravvediti delle tue vie peccaminose; esse sono contrarie alle Scritture e non sono gradite a Dio *(Proverbi 28:13; Apocalisse 2:5, 3:19)*. Confessa questi peccati al Signore *(1 Giovanni 1:9)*.

    C. Chiedi a Dio la saggezza per sapere quali cambiamenti devi fare e come attuarli *(Salmi 139:23-24; Giacomo 1:5)*. Abbi fede nel fatto che Egli risponderà *(Ebrei 11:6; Giacomo 1:5-8)*.

    D. Perdona chi ha peccato contro di te *(Marco 11:25-26; Efesini 4:31-32)* con lo scopo di riconciliarti *(Matteo 5:23-24; Romani 12:18)*. Seguendo le linee guida della Bibbia, confessa agli altri i peccati che hai commesso contro di loro *(Giacomo 5:16)*.

    E. Studia, sistematicamente, con cura la Parola di Dio *(Giosuè 1:8; Salmo 1:2; 2 Timoteo 2:15, 3:16-17)* e impara a memoria brani della Scrittura per conservare la Sua verità nel tuo cuore *(Salmo 119:11, 16)*.

    F. Prega sempre in ogni circostanza senza perderti d'animo *(Luca 18:1; Filippesi 4:6-7; 1 Tessalonicesi 5:17)*.

    G. Fa' ciò che Dio dice di fare *(Matteo 7:24-26; Giacomo 1:22-25)* a prescindere dai tuoi sentimenti *(Genesi 4:6-7; Romani 13:14; Galati 5:16-17; 1 Pietro 4:2)* per glorificarLo *(Matteo 5:16; 1 Corinzi 10:31)*; rimani sotto il controllo e la guida dello Spirito Santo *(Giovanni 14:26, 16:13; Romani 8:14; Efesini 4:30, 5:18)*.

III. **Promesse di Dio riguardo al cambiamento biblico nella tua vita**

   A. In Cristo, hai la sicurezza della vittoria sui fallimenti *(Romani 8:37-39; 2 Corinzi 2:14, 10:4; 1 Giovanni 5:4-5, 18)*.

   B. Come vincitore, ti è assicurato un premio finale *(Apocalisse 2:7, 11, 17, 26; 3:5, 12, 21; 21:6-7)*.

IV. **Prospettive per il cambiamento biblico**

   A. La Scrittura è la sola norma e l'unica autorità per la tua vita *(Salmo 19:7-11; 119:24, 105; Romani 15:4; 2 Timoteo 3:16-17; Ebrei 4:12; 2 Pietro 1:3-4)*.

   B. La Scrittura promette l'unica speranza duratura. *(Ciò che segue in questa sezione è copiato da: **PRINCIPI BIBLICI: LA BASE BIBLICA PER IL CAMBIAMENTO**, Lezione 6, pagine 2-3, al punto **II. La tua speranza nel mezzo delle prove**.)*

   1. Coloro che sono in Cristo sono liberati dalla schiavitù e dalla punizione del peccato *(Romani 6:6-7, 14, 18, 23)*.

   2. Dio non permetterà che i credenti siano messi alla prova o tentati oltre ciò che possono sopportare. Egli ti dona la Sua grazia e la Sua forza per sopportare ogni prova e resistere a ogni tentazione, così che tu non debba mai peccare *(Romani 8:35-39; 1 Corinzi 10:13; 2 Corinzi 4:7-10, 12:9-10; Filippesi 4:13; Ebrei 4:15-16; 2 Pietro 2:4-9)*.

   3. Il nostro Signore Gesù Cristo concederà la misericordia e darà la grazia per aiutare in ogni bisogno. Come avvocato, intercede di continuo per te presso Dio Padre e comprende pienamente le tue debolezze *(Ebrei 2:18, 4:15-16, 7:25; 1 Giovanni 2:1)*.

   4. Le prove e le tribolazioni ti faranno crescere e maturare in Cristo se reagirai a esse secondo la via di Dio *(Romani 5:3-5; Giacomo 1:2-4)*. Egli non medita mai per te male o danno; piuttosto i Suoi piani per te sono buoni *(Genesi 50:20; Deuteronomio 8:2, 5, 16; Salmo 145:17; Ecclesiaste 7:13-14; Geremia 29:11-13; Romani 8:28-29; Giacomo 1:13-17)*.

   5. La pace e la gioia di Dio sono disponibili per i credenti, indipendentemente dagli altri, dai beni materiali, o dalle circostanze *(Salmo 119:165; Matteo 5:3-12; Giovanni 14:27, 15:11, 16:33, 17:13; Romani 14:17; Filippesi 4:4-7; 1 Pietro 1:6-9)*.

   6. Solo Dio può cambiare le persone *(Ezechiele 36:26-27; Filippesi 1:6, 2:13)*, quindi tu non sei e non puoi essere responsabile del loro cambiamento. Tu sei responsabile, davanti a Dio, unicamente dei tuoi atti *(Geremia 17:10; Ezechiele 18:1-20, specialmente il versetto 20; Matteo 16:27; Romani 2:5-10, Colossesi 3:23-25; 1 Pietro 1:17)*; devi fare la tua parte per vivere in pace con gli altri *(Matteo 5:23-24; Marco 11:25; Romani 12:9-21, 14:19; 1 Pietro 3:8-9, 4:8)*.

   7. Quando confessi i tuoi peccati, Dio ti perdona e ti purifica *(1 Giovanni 1:9)*.

V. **Procedure per il cambiamento biblico, con l'ausilio della SCHEDA DI LAVORO VITTORIA SUI FALLIMENTI**

   A. Per sviluppare un metodo per riportare la vittoria sui fallimenti, compila le quattro colonne della scheda, facendo riferimento a brani chiave della Scrittura per determinare le possibili aree di fallimento *(per esempio Romani capitoli 12-14; 1 Corinzi 13:4-8a; Efesini 4:22 - 6:9; Colossesi capitolo 3; 1 Pietro 2:11 - 3:17)*.

   1. Nella colonna 1, inizia a fare un elenco di tutti i modi in cui hai fallito nell'agire secondo la Parola *(Matteo 7:5)*. Per evitare confusione, compila

una scheda per i problemi che riguardano solo te e il Signore e usa schede separate per ogni persona contro la quale hai peccato (per esempio: un familiare, un coinquilino, un collega, un vicino o un amico).

2. Nel compilare le colonne 2 e 3, studia diligentemente, e dettagliatamente, la Parola di Dio per scoprire quante più cose è possibile di cui "spogliarti" e quelle di cui "rivestirti" per affrontare, secondo la Parola, le azioni peccaminose elencate nella colonna 1. Le cose di cui "spogliarti" e quelle di cui "rivestirti" dovrebbero essere tratte dallo stesso brano biblico, perché abbiano attinenza fra loro.

   a. Elenca ogni cosa di cui "spogliarti" e la corrispondente di cui "rivestirti", con il relativo brano biblico, allineandole orizzontalmente nelle colonne 2 e 3.

   b. Assicurati di elencare tutte le cose di cui "spogliarti" e quelle di cui "rivestirti" che si applicano ad ogni caso elencato nella colonna 1.

3. Poi, cerca ciò di cui "spogliarti" e ciò di cui "rivestirti" che si ripetono nelle colonne 2 e 3 (ossia aree in cui continui a inciampare, come ira, rancore, parole cattive, ecc.). Quindi elencale all'inizio della colonna 4.

4. Infine, nel compilare la colonna 4, elabora un piano specifico per trattare, secondo la Parola, ciò di cui "spogliarti" e ogni cosa di cui "rivestirti". Vedi le lezioni che trattano il tuo problema specifico per avere un ausilio nel preparare i tuoi piani.

5. Usa lo schema che segue come linea guida per avere vittoria sui fallimenti in ogni aspetto della tua vita.

(1) Il mio fallimento specifico, secondo la Parola (pensieri, parole, azioni) *(Matteo 7:1-5)*	(2) Ciò di cui "spogliarmi" e citazioni bibliche *(Efesini 4:22; Colossesi 3:5-9)*	(3) Ciò di cui "rivestirmi" e citazioni bibliche *(Efesini 4:24; Colossesi 3:10-17)*	(4) Il mio piano per non ripetere questo peccato e per reagire invece secondo la Parola *(Tito 2:11-14)*
In questa colonna elenca pensieri, parole e azioni specifici non biblici — non solo emozioni o atteggiamenti *(Vedi: Matteo 15:18-20, 22:37-39; 1 Corinzi 6:9-10; Galati 5:19-21; Efesini 4:15, 25-32)*.	In questa colonna identifica il modo in cui continui a peccare con pensieri, parole e azioni riferendoti all'elenco nella colonna 1.	In questa colonna elenca ciò di cui "rivestirti" (con le citazioni) per ogni peccato (ciò di cui "spogliarti") elencato nella colonna 2. Ricorda che alcune cose di cui "rivestirti" non hanno il corrispondente di cui "spogliarti".	In questa colonna elenca PENSIERI, PAROLE E AZIONI SPECIFICI che prenderanno il posto dei peccati descritti nelle colonne 2 e 3 *(in ubbidienza a Giacomo 1:22)*.
Inoltre assicurati di non scaricare la colpa sugli altri per i tuoi problemi *(alla luce di Ezechiele 18:20; Matteo 7:5)*.	Per ogni voce, elenca uno o più versetti che la identificano come peccato (ciò di cui "spogliarti").		Identifica anche i passi specifici per agire, secondo la Parola, quando ti trovi di fronte alla tentazione, soprattutto nei momenti di crisi.
	Puoi elencare un certo numero di citazioni bibliche, ma dei punti buoni da cui cominciare sono: *1 Corinzi 13:4-8a; Efesini 4:15, 25-32; Colossesi capitolo 3*. Assicurati che ciò di cui "spogliarti" e "rivestirti" siano tratte dagli stessi brani biblici perché abbiano attinenza fra loro.		
			Quando vai a chiedere perdono ad una persona *(basato su Matteo 5:23, 24)* assicurati di comunicarle le tue intenzioni di cambiare e seguire la via di Dio. Spiega il tuo piano per evitare di ripetere il peccato e chiedi aiuto quando è necessario.

È permessa la riproduzione di questa scheda per il ministero

Questo modello biblico per riportare la vittoria sui fallimenti dovrebbe essere messo in pratica regolarmente durante la tua vita cristiana.

    6. Prendi tutto il tempo necessario per compilare la tua **SCHEDA DI LAVORO VITTORIA SUI FALLIMENTI** (Supplemento 8, pagina 1) per iniziare a vedere e a capire che cosa Dio dice dei tuoi pensieri, delle tue parole e delle tue azioni *(Geremia 17:9-10)*. Chiedi a Dio di aiutarti *(Salmi 139:23, 24; Giacomo 1:5)*.

        a. Inizia con uno dei tuoi specifici fallimenti, e compila le quattro colonne da sinistra a destra. **Ricorda che questa scheda è solo uno strumento per affrontare subito i tuoi peccati, se necessario ogni giorno *(Proverbi 28:13; Efesini 4:1; Giacomo 4:17)*. Non pretende di limitare o sostituire il potere di convincimento dello Spirito Santo nella tua vita.**

        b. Durante la prima settimana, potresti non riuscire a compilare tutte e quattro le colonne per ogni tuo fallimento, ma lavora almeno sulle prime tre.

B. Durante le settimane seguenti, continua a lavorare sulla tua scheda, concentrandoti sui seguenti aspetti:

    1. diventa più specifico nell'elencare le tue azioni non bibliche (pensieri, parole e atti) *(Efesini 4:15-32)*;

    2. assumi la responsabilità per il tuo comportamento *(Matteo 7:5)*;

    3. perfeziona i piani che hai elencato nella colonna 4 in modo che i tuoi pensieri, le tue parole e le tue azioni siano sempre più conformi alla Scrittura e al carattere di Cristo *(1 Corinzi 11:31; Filippesi 3:12-14)*.

Nel Supplemento 8, pagina 2, troverai il proseguimento della colonna 4, perché, in genere, il tuo piano specifico sarà molto più lungo delle voci nelle colonne 1-3. Questa pagina in più, ti consentirà di avere spazio a sufficienza per scrivere il tuo piano per vivere secondo la Parola.

VI. Applicare il cambiamento biblico

A. Nel compilare la **SCHEDA DI LAVORO VITTORIA SUI FALLIMENTI** (Supplemento 8), ravvediti e confessa i tuoi peccati a Dio *(1 Giovanni 1:8-10)*.

B. Ricorda che Dio perdona i tuoi peccati; quindi non devi continuare a pensare ai peccati che Dio ha perdonato *(basato su Salmo 103:12; Geremia 31:34; Filippesi 3:12-14, 4:8, 9; Ebrei 10:17; 1 Giovanni 1:9)*.

C. Invece, rifletti su come mettere in atto le tue nuove azioni di giustizia (pensieri, parole e atti) come pianificato nella colonna 4 *(Filippesi 4:8, 9; Colossesi 3:2, 23, 24; 4:6; Giacomo 4:17)*.

D. Ora, pianifica e metti in pratica la riconciliazione con coloro contro i quali hai peccato *(Matteo 5:23, 24; Romani 12:18)*.

    1. Quando chiedi a un'altra persona di perdonarti, assicurati di comunicare, con parole tue, quanto segue *(basato su Efesini 4:15, 25)*.

"Riconosco di aver peccato contro il Signore e contro di te nel ... (cita il peccato specifico). È mia intenzione non ripetere mai più questa offesa contro di te o contro chiunque altro. Mi pento e intendo cambiare facendo così ... (Spiega il tuo specifico piano per il cambiamento). Ho chiesto al Signore di perdonarmi e voglio che tu sappia che desidero anche il tuo perdono. Puoi perdonarmi?"

    2. Fa' la prova di come chiederai perdono; per prima cosa scrivi quello che dirai e poi ripetilo ad alta voce. Preparati alle possibili reazioni

dell'altra persona; sii pronto a agire secondo la Parola *(Efesini 4:15-32; 1 Pietro 2:20, 21; 3:13-17)*. Fa' attenzione a essere onesto nello scrivere le tue reazioni alle repliche altrui *(Efesini 4:15, 25)*. Assicurati anche di comunicare la tua serietà nel voler cambiare e nel riconciliarti con loro. Diversamente significherebbe praticare l'amore con ipocrisia *(Romani 12:9)*.

Scrivi e ripeti quello che farai e dirai se l'altra persona risponderà con affermazioni tipo "Oh, è tutto a posto" (minimizzando il peccato) o "Non ti preoccupare" (evitando di impegnarsi a perdonare) o "Fanno sempre tutti così" (minimizzando o giustificando il peccato) o "Non ti perdono" (mancanza di perdono) o "Ti perdono, ma non dimentico" (mancanza di perdono; covare rancore).

    a.   Per esempio, in risposta a "Oh, è tutto a posto" o "Non ti preoccupare" o "Fanno sempre tutti così", potresti dire "Anche se le mie azioni possono non averti toccato o offeso, riconosco che il mio modo di fare verso di te non è stato amorevole, è stato contrario alla Scrittura e non è piaciuto a Dio. Poiché il mio desiderio è di assomigliare a Cristo e di amarti, secondo Dio, ti chiedo e gradirei il tuo perdono" *(basato su Romani 12:18; 1 Corinzi 13:4-8a; Efesini 4:1; Giacomo 4:17)*.

    b.   Se la persona offesa risponde "Non voglio perdonarti", tu potresti replicare "Sono molto dispiaciuto (profondamente addolorato) di averti offeso a quel modo. Mi dispiace di non essere stato amorevole con te e di non aver agito secondo la Parola. Ho preso un impegno serio di vivere per assomigliare sempre più a Cristo, anche per quanto riguarda il nostro rapporto e pregherò affinché esso possa riprendere" *(basato su Matteo 5:16; Romani 12:18; Efesini 4:25, 29; Colossesi 2:6)*.

    c.   Se chiedi perdono e ricevi una risposta simile a "Ti perdono, ma non dimentico" potresti dire "Mi dispiace di essere parte di un tale doloroso ricordo nella tua vita. Il mio comportamento è stato contrario all'amore biblico. Mi impegno ad agire e a parlare in modo tale che il nostro futuro rapporto sarà, spero, caratterizzato da ricordi migliori" *(basato su Matteo 5:5, 9, 16; Romani 12:18; 1 Corinzi 13:4-8a; Efesini 4:1, 15, 29; Giacomo 3:17, 18; 1 Giovanni 4:11)*.

Ripassa: **RICONCILIAZIONE (RIMUOVERE TUTTO CIÒ CHE OSTACOLA L'UNITÀ E LA PACE)** *(Lezione 12, pagine 6-8)*.

E.   Dopo aver determinato come riconciliarti con chi ha qualcosa contro di te *(Matteo 5:23, 24)* o con coloro contro i quali tu hai peccato *(Giacomo 5:16)*, avvicina ogni persona.

    1.   In un momento in cui l'altra persona non sia impegnata o occupata *(Proverbi 25:11; Filippesi 2:4)*, chiedile se puoi parlarle riguardo al tuo fallimento nel vostro rapporto *(Proverbi 25:11; Efesini 4:25)*. Se quello non è il momento opportuno per l'altra persona, chiedi se puoi avere un appuntamento per incontrarla e confessare i tuoi errori verso di lei *(Proverbi 25:11; Giacomo 5:16)*.

    2.   Quando incontri la persona contro la quale hai peccato, confessa il tuo peccato *(Giacomo 5:16)* e chiedi il perdono per essere riconciliato (in pace) con lei *(Romani 12:18, 14:19)*.

F.   Continua a cambiare secondo la Parola, in base al tuo piano elencato nella colonna 4 *(1 Corinzi 4:2; Filippesi 2:12-16)*.

G. Se fallisci di nuovo.

1. Confessa il tuo peccato a Dio e, al momento opportuno, confessa il tuo peccato agli altri *(1 Giovanni 1:9; Giacomo 5:16).*

2. Modifica il tuo piano per il cambiamento biblico tenendo conto del tuo recente fallimento *(Matteo 7:1-5; 1 Corinzi 11:31; Filippesi 2:12, 13, 3:12-14).*

3. Leggi ancora i versi elencati in **III. Promesse di Dio riguardo al cambiamento biblico nella tua vita** (pagina 2).

4. Inizia a cambiare secondo la Parola usando il tuo piano aggiornato *(Isaia 40:29; Romani 12:21; Filippesi 4:13; Ebrei 5:14; 1 Giovanni 4:4).*

SCHEDA DI LAVORO VITTORIA SUI FALLIMENTI (*1 Giovanni 5:4-5*)

Nome della persona che non ho amato secondo la via di Dio (se è il caso) _____ pag ___ di ___

(1) I miei pensieri, le mie parole e le mie azioni specifici non biblici (*Matteo 7:1-5*)	(2) Ciò di cui "spogliarmi" e relative citazioni bibliche (*Efesini 4:22; Colossesi 3:5-9*)	(3) Ciò di cui "rivestirmi" e relative citazioni bibliche (*Efesini 4:23-24; Colossesi 3:10-17*)	(4) Il mio piano per non ripetere questo peccato e per rispondere invece secondo la Parola (*Tito 2:11-14*)

Supplemento 8, pagina 1 © Biblical Counseling Foundation
È permessa la riproduzione di questa scheda per uso personale e per il ministero

SCHEDA DI LAVORO VITTORIA SUI FALLIMENTI (*1 Giovanni 5:4, 5*)
Seguito della colonna (4)

pag _____ di _____

Colonna (4) Il mio piano per non ripetere questo peccato e per rispondere invece, secondo la Parola (*Tito 2:11-14*)

SCHEDA DI LAVORO VITTORIA SUI FALLIMENTI (*1 Giovanni 5:4, 5*) – ESEMPIO

Nome della persona che non ho amato secondo la via di Dio (se è il caso) __i miei figli__

pag. __1__ di __1__

(1) I miei pensieri, le mie parole e le mie azioni specifici non biblici (*Matteo 7:1-5*)	(2) Ciò di cui "spogliarmi" e relative citazioni bibliche (*Efesini 4:22; Colossesi 3:5-9*)	(3) Ciò di cui "rivestirmi" e relative citazioni bibliche (*Efesini 4:23-24; Colossesi 3:10-17*)	(4) Il mio piano per non ripetere questo peccato e per rispondere invece secondo la Parola (*Tito 2:11-14*)

I miei figli mi disturbano di continuo e mi assillano senza sosta; chiedono sempre denaro. Ho detto loro di "chiudere il becco" o diventeranno come il padre.	Ritorsione (*1 Pietro 2:23*)
	
	Modo sconveniente (*1 Corinzi 13:4*)
		Affidare me stessa a Dio (*1 Pietro 2:23*)
		
		Dire la verità con amore (*Efesini 4:15*)
			Quando i miei figli torneranno ad assillarmi
			
			1. Pregherò (*1 Tessalonicesi 5:17*)
			2. Studierò la Scrittura (*2 Timoteo 2:15*)
			3. Imparerò i versetti a memoria (*Salmi 119:11*)
			4. Giudicherò me stessa nella situazione specifica (*Matteo 7:1-5*)
			5. Agirò responsabilmente (*Genesi 4:7*)
			   a. Avrò fede in Dio (*1 Pietro 2:23*)
			   b. Dirò la verità con amore (*Efesini 4:15*)
			6. Fuggirò la tentazione (*2 Timoteo 2:22*)
			7. Chiederò aiuto a dei consulenti biblici (*Galati 6:1-2*)
			8. Confesserò a Dio ogni mancanza nel mantenere il mio impegno (*1 Giovanni 1:9*)

Esempio di una scheda compilata in modo errato

SCHEDA DI LAVORO VITTORIA SUI FALLIMENTI (*1 Giovanni 5:4, 5*) – ESEMPIO

Nome della persona che non ho amato secondo la via di Dio (se è il caso) ___i miei figli___

pag __1__ di __3__

(1) I miei pensieri, le mie parole e le mie azioni specifici non biblici (*Matteo 7:1-5*)	(2) Ciò di cui "spogliarmi" e relative citazioni bibliche (*Efesini 4:22; Colossesi 3:5-9*)	(3) Ciò di cui "rivestirmi" e relative citazioni bibliche (*Efesini 4:23-24; Colossesi 3:10-17*)	(4) Il mio piano per non ripetere questo peccato e per rispondere invece secondo la Parola (*Tito 2:11-14*)
	Esempio di una scheda compilata in modo corretto		
A. Quando i miei figli mi hanno chiesto del denaro, ho detto loro che non ne avevo e ho incolpato il padre per la mancanza di fondi.	A. Pettegolezzo (*Proverbi 17:9b*) Divisione (*1 Corinzi 1:10*) Giudizio sugli altri (*Matteo 7:1-4; Romani 2:1; 14:13*)	A. Coprire le trasgressioni (*Proverbi 17:9a*) Unità (*1 Corinzi 1:10; Efesini 4:3*) Giudicare me stessa (*Matteo 7:5*)	**PECCATI RIPETUTI:** Ira, pettegolezzo, parole cattive e giudizio. **Il mio piano specifico per superare l'ira: pensare, parlare e agire secondo la Parola** **Pensare secondo la Parola** Nelle mie meditazioni, pregherò Dio di aiutarmi a superare la mia ira, a capire la Sua Parola e ad applicare queste verità in modo specifico nella mia vita. Confesserò anche tutti i miei peccati, di cui sono consapevole, al Signore, durante la mia meditazione, e pregherò per la Sua forza e saggezza in tre momenti della giornata (mattino, pomeriggio e sera).
B. Quando i miei figli hanno chiesto ancora del denaro quel pomeriggio, mi sono adirata. Li ho fulminati con lo sguardo e ho gridato loro "Lasciatemi in pace, se non la smettete di lamentarvi con me, avrete di che dispiacervi più che della mancanza di denaro. State facendo la fine di vostro padre ..." e poi ho continuato a criticare il padre davanti a loro.	B. Pettegolezzo (*Proverbi 17:9b*) Ira, malizia, maldicenza (*Efesini 4:31*) Parole dure (*Proverbi 15:1*) Parole malsane (offensive) (*Efesini 4:29*) Giudizio sugli altri (*Matteo 7:1-4; Romani 2:1; 14:13*)	B. Coprire le trasgressioni (*Proverbi 17:9a*) Gentilezza, compassione e perdono (*Efesini 4:32*) Risposta gentile (*Proverbi 15:1*) Parole edificanti (*Efesini 4:29*) Giudicare me stessa (*Matteo 7:5*)	Questa settimana elencherò per iscritto i modi in cui posso essere una benedizione per mio marito e i miei figli. Mi soffermerò su queste benedizioni, ogni giorno piuttosto che su quello che credo siano i loro errori nei miei confronti. Ringrazierò Dio per mio marito, per i miei figli e perché il Signore userà queste prove per rendermi più simile a Cristo. Pregherò, ogni giorno, ringraziando il Signore.
C. Ho detto loro di sparire dalla circolazione e li ho spinti fuori dalla stanza.	C. Ira, malizia, clamore (*Efesini 4:31*) Impazienza, scortesia (*1 Corinzi 13:4*) Parole malsane (*Efesini 4:29*)	C. Gentilezza, compassione e perdono (*Efesini 4:32*) Credere, sperare e sopportare ogni cosa (*1 Corinzi 13:7*) Parole edificanti (*Efesini 4:29*)	Quando i miei figli mi rivolgeranno delle richieste, cercherò di vedere le cose dal loro punto di vista. Prima di reagire, mi rivolgerò le seguenti domande:

© Biblical Counseling Foundation

SCHEDA DI LAVORO VITTORIA SUI FALLIMENTI (*1 Giovanni 5:4, 5*) – ESEMPIO

Seguito della colonna (4)

pag __2__ di __3__

Colonna (4) Il mio piano per non ripetere questo peccato e per rispondere invece, secondo la Parola (*Tito 2:11-14*)

È utile: o in altre parole, la mia reazione contribuisce allo sviluppo delle qualità secondo Dio nei miei figli, li aiuta ad adempiere le responsabilità bibliche nella loro vita (*1 Corinzi 6:12, 10:23a*)?

La mia reazione mi riporta in qualche modo sotto il dominio del peccato (*1 Corinzi 6:12*)?

La mia reazione mette in luce un aspetto della mia vita spirituale in cui sono mancante (una pietra d'inciampo) (*Matteo 5:29, 30, 18:8, 9*)?

Potrebbe far inciampare un altro credente (*Romani 14:13; 1 Corinzi 8:9-13*)?

Edifica (rinforza) gli altri o (detto in altre parole) è una cosa amorevole da fare secondo la Parola (*Romani 14:19; 1 Corinzi 10:23, 24*)? Glorifica Dio (*Matteo 5:16; 1 Corinzi 10:31*)?

Parlare secondo la Parola

Piuttosto che maltrattare i miei figli e diffamare mio marito io:

sarò lenta a parlare, penserò, prima a cosa dire.

cercherò dei modi per benedire i figli: piuttosto che minacciarli, cercherò di far capire loro come Dio stia portando, sia loro sia me, ad assomigliare sempre più a Lui, attraverso questa situazione.

Quando i figli mi ripeteranno delle richieste, risponderò con voce calma e gentile.

Chiederò a mio marito e ai miei figli di pregare per me e di ricordarmi gentilmente, se necessario, il mio piano e il mio impegno a cambiare. Questo sarà di benedizione e mostrerà loro che solo Cristo è il nostro modello di vita e non altre persone.

Dirò solo quelle cose che, secondo la Parola, onoreranno e rispetteranno mio marito invece di insultarlo e di screditarlo. Sosterrò, secondo la Parola, verbalmente, mio marito davanti ai figli, ma senza scusarlo.

Agire secondo la Parola

Come studierò la Parola di Dio:

Userò una chiave biblica per studiare il "perdono" e la "gentilezza". Per una settimana, userò la SCHEDA DI STUDIO BIBLICO E APPLICAZIONE (Supplemento 3) come guida allo studio per aiutarmi a capire un versetto al giorno su questi soggetti.

Nella seconda settimana, cercherò almeno due personaggi biblici che hanno dimostrato perdono e gentilezza, e studierò la loro vita per vedere come posso vivere in modo migliore dimostrando gentilezza e perdono.

Nella terza settimana, studierò Proverbi 31 e 1 Pietro 2:18-3:16 per scoprire come posso essere più devota come moglie e come madre. Userò questi brani come base per esaminare me stessa e per sviluppare un piano di base per vivere secondo la Parola.

Includerò nei versetti da imparare a memoria 1 Corinzi 13:4-8a e Efesini 4:29-32. Per farlo scriverò entrambi i passi su tre cartoncini. Ne metterò uno sullo specchio del bagno. Il secondo sul cruscotto dell'auto per ripetere i versetti quando sono ferma nel traffico o a ogni sosta. Il terzo, lo porterò con me per ripeterli nei momenti liberi durante la giornata.

Insegnerò ai miei figli ciò che ho imparato sul perdono biblico e chiederò loro di perdonarmi per:

aver detto parole scortesi sul padre;

essere stata impaziente e scortese con loro quando li ho spinti fuori della stanza;

non aver detto la verità con amore;

averli giudicati;

aver creato divisione in famiglia;

aver agito in modo non biblico cercando il mio interesse;

aver alzato la voce e per essermi adirata con loro.

SCHEDA DI LAVORO VITTORIA SUI FALLIMENTI (1 Giovanni 5:4, 5) – ESEMPIO

Seguito della colonna (4)

pag. 3 di 3

Colonna (4) Il mio piano per non ripetere questo peccato e per rispondere invece, secondo la Parola (Tito 2:11-14)

Cercherò di risolvere con amore ogni problema che dovesse sorgere.
Cercherò di sviluppare un rapporto amorevole sia quando siamo soli sia quando siamo davanti ai nostri figli

Cercherò l'aiuto degli altri credenti e dei consulenti biblici e chiederò loro quando necessario, di controllare se resto fedele e ad aiutarmi a rivedere questo piano.

Il mio piano di emergenza per superare l'ira

Non appena riconosco di essere adirata:

Chiederò l'aiuto a Dio e cercherò il Suo punto di vista sulla situazione.
Confesserò tutti i miei pensieri peccaminosi e chiederò a Dio la saggezza.
Ringrazierò Dio che sono Sua serva nella presente circostanza.
Ripasserò i passi della Scrittura sull'ira che ho imparato a memoria.
Prenderò la decisione di superare l'ira, secondo la Parola.

Sarò pronta ad ascoltare:

ascolterò attentamente, farò domande, individuerò i fatti relativi alle circostanze in cui mi faccio prendere dall'ira e non arriverò a conclusioni avventate o a decisioni affrettate.

Sarò lenta a parlare:

quando parlerò, cercherò soluzioni bibliche al problema e dirò solo parole che edifichino evitando quelle di biasimo e offensive per gli altri.

Sarò lenta all'ira:

con i miei figli, mi atterrò al loro comportamento non ai loro motivi. Con me stessa, affronterò le mie motivazioni e cambierò i miei pensieri, le mie parole e le mie azioni peccaminose con quelle bibliche.

Sarò pronta ad agire secondo il mio piano di emergenza, sopra descritto, non appena percepisco la tentazione a concentrarmi su me stessa. In seguito comincerò a fare le cose scritte sul mio piano base.

Se fallisco nel mantenere il mio piano

Valuterò i passi non biblici che mi hanno portato a fallire e, di conseguenza, modificherò il mio piano.

Confesserò i peccati di cui sono consapevole al Signore e anche a coloro contro i quali ho peccato (Giacomo 5:16; 1 Giovanni 1:9).

Inizierò a mettere di nuovo in pratica il mio piano, indipendentemente da come mi sento.

LINEE GUIDA:
ELENCO "COSE DA PENSARE E DA FARE"

Dio è Colui che opera il rinnovamento della tua mente *(Filippesi 2:13)* ed è essenziale che tu maturi in Cristo *(Romani 12:1-2; Efesini 4:22-24; Colossesi 3:10)*. Dovresti sforzarti di vedere ogni situazione dal punto di vista di Dio *(Filippesi 4:4-9; Colossesi 3:1-3; 15-16)* e di ubbidire alla Sua Parola in ogni circostanza *(Giovanni 14:23-24; Filippesi 4:8-9; Colossesi 3:17; Giacomo 1:25)*. Il rinnovamento della tua mente è collegato allo "spogliare" le abitudini del vecchio io, con le sue azioni e i suoi desideri peccaminosi e, al suo posto, "rivestire" il nuovo io. Ciò ti porterà alla maturità in Cristo *(Efesini 4:22-24; Colossesi 3:8-10)*. Ricorda che i tuoi pensieri, le tue parole e le tue azioni sono tutti atti (ovvero fanno parte del "livello della condotta" dei tuoi problemi) e riflettono che cosa c'è nel tuo cuore *(Matteo 15:18-20a; Marco 7:20-23)*.

Per un insegnamento più approfondito sul rinnovamento della tua mente, vedi: **IL RINNOVAMENTO DELLA TUA MENTE** *(Lezione 7, Pagine 6-7).*

Lo scopo dell'**ELENCO "COSE DA PENSARE E DA FARE"** (Supplemento 10) è aiutarti a elaborare subito un piano per una vita di pensiero, secondo la Parola, e un piano biblico per vincere le tentazioni. In sostanza, questo **ELENCO** è un supplemento alla **SCHEDA DI LAVORO VITTORIA SUI FALLIMENTI** (Supplemento 8) perché si applica ai tuoi pensieri peccaminosi e alle azioni che ne seguono. È un piano di emergenza progettato per aiutarti ad affrontare la tua vita di pensiero. Di seguito sono elencate alcune linee guida per compilare il tuo personale **ELENCO "COSE DA PENSARE E DA FARE"**.

I. **Perché è importante sviluppare un ELENCO "COSE DA PENSARE E DA FARE".**

   A. Per stabilire un nuovo modello biblico per pensieri e azioni nelle aree in cui sei stato tentato e hai, in precedenza, peccato (p.es. ira, preoccupazione, dissensi, disciplina dei figli, mancanza nel portare a termine le responsabilità quotidiane, ecc.) *(Romani 6:13; 2 Corinzi 10:5; Colossesi 3:2, 5-15; Tito 2:11-12)*.

   B. Per prepararti, anzitempo, quando sai che le difficoltà (tentazioni o prove) stanno sicuramente per arrivare (p.es. un imminente intervento chirurgico serio, eventi o decisioni importanti nella tua vita, necessità di assentarti dalle tue responsabilità quotidiane, ecc.) *(Proverbi 3:5-6, 16:3; 1 Corinzi 10:13)*.

   C. Per vivere irreprensibilmente davanti a Dio e agli altri piuttosto che per te stesso, anche in quei settori che nessuno vede *(Salmo 44:20-21; Geremia 17:9-10; Matteo 5:16; Filippesi 2:12-16; 1 Pietro 2:12)*.

II. **Nel preparare il tuo ELENCO "COSE DA PENSARE E DA FARE" segue ciò che devi includere.**

   A. Individua le circostanze, le responsabilità e i rapporti nei quali hai sviluppato un'abitudine di pensieri e azioni non biblici.

   1. **Nella colonna a sinistra** *(intitolata "Le mie tentazioni e i miei pensieri peccaminosi")*, elenca il momento, o i momenti, della giornata o le circostanze nelle quali sai di essere tentato di peccare nella tua vita di pensiero. Ricorda che anche se per un solo momento non pensi, secondo la Parola, hai già comunque peccato *(Giacomo 4:17)*. Non è una questione di quantità o durata a determinare il tuo peccato, ciò che lo determina è qualsiasi disubbidienza alla volontà di Dio (azioni non in accordo con le Scritture) *(1 Giovanni 3:4b, 5:17a)*.

2. **Nella colonna centrale** *(intitolata "Che cosa dovrei pensare in questa situazione")*, tenendo presente tutte le qualità elencate in *Filippesi 4:8*, scrivi i pensieri specifici che dovresti avere nei momenti di tentazione. Questo significa che invece di soffermarti solo sulla tentazione o sul problema, devi pensare alle soluzioni che la Parola di Dio ti dà per affrontare le tue attuali circostanze. Non elencare semplicemente cose "giuste, buone" da pensare che ignorano il problema, ma cose specifiche che dovresti pensare in questa particolare circostanza. Scrivi le verità della Parola che si applicano in particolare a questa situazione che diano speranza e siano utili per produrre un cambiamento. Elenca ciò che la Parola di Dio dice riguardo alla verità del Signore, ciò che ti ha provveduto e la Sua opera nella tua vita in questa particolare circostanza *(Salmo 19:14; 119:9, 50, 92, 101, 105, 143; 1 Corinzi 10:13; Filippesi 4:8-9; Giacomo 1:2-4)*.

3. **Nella colonna a destra** *(intitolata "Che cosa dovrei fare come risultato del mio nuovo modo di pensare secondo la Parola")*, sviluppa un piano d'azione specifico, basato sul punto di vista biblico, come risulta dal tuo studio nella colonna centrale, per trattare questa situazione. Ricorda che non è una tua responsabilità cambiare gli altri o manipolare la situazione *(Ezechiele 18:20; Romani 12:9a)*; piuttosto, devi adempiere le tue responsabilità per glorificare il Signore *(Colossesi 3:17, 23-24)* e benedire gli altri *(Romani 12:9-21; Colossesi 4:5-6; 1 Pietro 3:8-12)*.

B. Porta con te il tuo **ELENCO "COSE DA PENSARE E DA FARE"** fintanto che tu non abbia sviluppato un modo di affrontare le tentazioni secondo la Parola.

C. Nel momento in cui vedi arrivare la tentazione, inizia a mettere in pratica il tuo piano biblico per controllare i tuoi pensieri. Se necessario, tira fuori il tuo **ELENCO "COSE DA PENSARE E DA FARE"** per aiutarti a ricordare il tuo piano.

Problema: _____

ELENCO "COSE DA PENSARE E DA FARE"

Pagina _____ di _____

Le mie tentazioni e i miei pensieri peccaminosi (Matteo 15:19; Giacomo 1:14-15)	Che cosa dovrei pensare in questa situazione (Salmo 19:14; Filippesi 4:8)	Che cosa dovrei fare come risultato del mio nuovo modo di pensare secondo la Parola? (Filippesi 4:9)

Supplemento 10, pagina 1 © Biblical Counseling Foundation

È permessa la riproduzione di questa scheda per uso personale e per il ministero

ELENCO "COSE DA PENSARE E DA FARE" — SPIEGAZIONE

Problema: _____

Pagina _____ di _____

Che cosa dovrei pensare in questa situazione *(Salmo 19:14; Filippesi 4:8)* *Su una scheda in bianco ELENCO "COSE DA PENSARE E DA FARE" elenca che cosa dovresti pensare per ognuna delle voci elencate di seguito.*	Che cosa dovrei fare come risultato del mio nuovo modo di pensare secondo la Parola? *(Filippesi 4:9)*
Le mie tentazioni e i miei pensieri peccaminosi *(Matteo 15:19; Giacomo 1:14-15)* *Usa una scheda in bianco ELENCO "COSE DA PENSARE E DA FARE"; segui le istruzioni elencate di seguito.*	In questa colonna, scrivi un piano dettagliato, elencando tutte le cose che hai deciso di fare nella seconda colonna. Menziona anche i più semplici passi:
La tentazione di pensieri peccaminosi In questa colonna elenca i pensieri peccaminosi che ti tentano o i modi in cui hai peccato nella tua vita di pensiero *(1 Corinzi 11:31)* e confessali, perché peccati, al Signore *(1 Giovanni 1:9)*.	a) **Vero:** Che cosa è vero di questa situazione e della tua reazione da un punto di vista biblico? *(Vedi 1 Corinzi 10:13; Galati 5:17; Filippesi 4:19; Giacomo 1:13)*	• come devo pregare proprio nel momento della tentazione *(basato su 1 Tessalonicesi 5:17; Giacomo 1:5)*
	b) **Onorevole:** Che cosa puoi fare che dia maggiore onore al Signore? *(Vedi 1 Corinzi 10:31; Colossesi 1:10; 1 Tessalonicesi 5:17, 22; Ebrei 4:14-16)*	• quali versetti ripassare per avere speranza e giusta prospettiva *(basato su Salmo 119:11; Romani 15:4)*
L'episodio (o gli episodi) che mi ha indotto a peccare Descrivi l'episodio o l'occasione in cui hai peccato con i tuoi pensieri. Elenca le persone, il luogo, l'ora, la durata dell'episodio e qualsiasi altro elemento rilevante. Ricorda di assumerti la piena responsabilità dei tuoi pensieri e non scaricare la colpa sugli altri. Ciò ti aiuterà a vedere, dal punto di vista di Dio, come i tuoi pensieri influiscano sulle tue azioni *(basato su Ezechiele 18:20; 1 Corinzi 11:31; Efesini 4:15, Giacomo 1:13-14)*.	c) **Giusto:** Qual è il giusto modo per te di reagire alla tentazione? *(Vedi Salmo 119:11; Matteo 4:4-10)*	• quali passi fare per risolvere il problema *(basato su Giacomo 1:22-25)*
	d) **Puro:** Che cosa devi fare in questa situazione per mantenerti puro? Quali passi dovresti compiere per fuggire da questa tentazione? *(Vedi 2 Timoteo 2:22; 1 Pietro 3:8-16; 1 Giovanni 3:3)*	• cosa farai per distogliere l'attenzione da te stesso *(basato su Luca 9:23-24; 2 Corinzi 5:14-15; Galati 5:16-17)*
	e) **Amabile:** Qual è la cosa "amabile" che il Signore vorrebbe compiere in te proprio attraverso questa situazione? Quali opportunità Dio ti dà per mostrare, attraverso te, il Suo carattere agli altri? *(Vedi Romani 8:28-29)*	• cosa fare per benedire proprio le persone che sono parte di questa situazione *(basato su Romani 12:14; Efesini 4:29; 1 Pietro 3:8-9)*
Che cosa ho fatto come conseguenza dei miei pensieri peccaminosi: Descrivi cosa hai fatto (come hai parlato o agito) come conseguenza dei tuoi pensieri peccaminosi *(basato su 1 Pietro 1:14-17)*.	f) **Di buona reputazione:** Come puoi seguire l'esempio di Cristo in questa situazione come Suo ambasciatore? *(Vedi 2 Corinzi 5:20; 1 Pietro 2:21-23)*	• come loderai e ringrazierai il Signore per la Sua opera nella tua vita attraverso questa situazione *(basato su Salmo 34:1, 71:5-8; Efesini 5:20; 1 Tessalonicesi 5:18)*
	g) **Virtuoso:** Che cosa puoi fare per mantenere una coscienza pura e essere irreprensibile, proprio adesso? *(Vedi 2 Corinzi 1:12; Filippesi 2:14-16, 3:13-16)*	• come farai una qualsiasi correzione, con gentilezza, che cosa dirai con lo scopo di riconciliare e non condannare *(basato su Romani 12:18; Galati 6:1-4)*
I momenti della giornata o le occasioni in cui sono ripetutamente tentato in questo modo: Se questo accade ripetutamente, elenca i momenti, i luoghi, le persone, ecc., che caratterizzano le situazioni nelle quali sei tentato, e frequentemente pecchi, nella tua vita di pensiero *(basato su 1 Corinzi 11:31; 1 Pietro 5:8)*.	h) **Degno di lode:** In questa situazione, per che cosa puoi lodare il Signore? *(Vedi 2 Corinzi 1:3-5; Colossesi 3:16-17; Ebrei 13:15)*	

© Biblical Counseling Foundation

ELENCO "COSE DA PENSARE E DA FARE" — ESEMPIO

Pagina 1 di 2

Problema: Mio marito torna a casa tardi il giovedì sera

Le mie tentazioni e i miei pensieri peccaminosi (Matteo 15:19; Giacomo 1:14-15)	Che cosa dovrei pensare in questa situazione (Salmo 19:14; Filippesi 4:8)	Che cosa dovrei fare come risultato del mio nuovo modo di pensare secondo la Parola? (Filippesi 4:9)
La tentazione di pensieri peccaminosi: Ho "fatto a pezzi" mio marito nei miei pensieri, ho pensato di vendicarmi, l'ho giudicato, e mi sono commiserata perché i miei diritti sono stati calpestati. **Gli episodi nei quali ho peccato:** Mio marito è arrivato a casa tardi di nuovo, lo scorso giovedì sera. Sembra ormai una consuetudine il giovedì; io non gli ho veramente mai chiesto perché fa tardi (mi sono agitata, preoccupata, infuriata e le ultime venti volte che ha fatto tardi ho imprecato contro di lui nei miei pensieri **Che cosa ho fatto come conseguenza dei miei pensieri peccaminosi:** Ho bruciato la sua cena per "mostrargli che non sono una serva, pronta a soddisfare i suoi capricci". Gli ho parlato con durezza appena ha varcato la porta di casa, ho rifiutato di baciarlo e non gli ho rivolto la parola per il resto della serata. Lo ho criticato apertamente davanti ai figli. Avevo chiesto il suo perdono e l'avevo salutato gentilmente (seguendo il piano che avevo elaborato sulla mia **SCHEDA DI LAVORO VITTORIA SUI FALLIMENTI**). Tuttavia questo fatto mi turba sempre e sono tentata di non rivolgergli la parola. Le tre ore che precedono il suo rientro a casa, sono veramente difficili per me. **I momenti della giornata o le occasioni nelle quali continuo ad essere tentata in questo modo:** Ogni giovedì sera negli ultimi due mesi, e spesso, anche durante la settimana.	**VERO** — È vero che mio marito torna a casa tardi regolarmente il giovedì sera. Comunque, invece di infuriarmi solamente e giudicarlo, ho bisogno di prepararmi a discutere con lui le ragioni del suo ritardo (Efesini 4:25-26). **ONOREVOLE** — Ho bisogno di elaborare un piano per parlargli, per avere uno spirito di perdono e per non irritarmi con lui mentre cerco di risolvere questo problema (Marco 11:25; Efesini 4:29; Colossesi 4:6). **GIUSTO** — Affrontare i miei pensieri quando la tentazione inizia, tre ore prima dell'arrivo di mio marito e non solo appena varca la soglia. Pianificare come lo saluterò quando entrerà, benedicendolo invece di "farlo a pezzi" nella mia mente (1 Pietro 3:8-12). **PURO, DEGNO DI LODE** — Ripassare le Scritture che ho imparato a memoria per considerare quello che il Signore sta operando in me. Ciò manterrà la mia mente pura, con l'aiuto della Parola; non prevarrà solo la mia opinione sulla situazione (Salmo 19:8; 119:9, 11). Quando è possibile, pensare a inni di lode al Signore o ascoltare musica cristiana (Efesini 5:19; Colossesi 3:16). Evitare di mentire ai figli sul perché il padre non è a casa il giovedì sera. Parlerò ai figli in modo amorevole del ritardo del padre senza amarezza e senza essere critica nei suoi confronti (Romani 14:10, 13; Efesini 4:15, 31). **AMABILE, DI BUONA REPUTAZIONE** — Pianificare come mostrare a mio marito una reazione diversa (di pazienza, di gentilezza e di amore) piuttosto di quella scortese che riceve quando entra (1 Corinzi 13:4-5).	Quando capisco che mio marito sarà in ritardo o quando ci penso durante la settimana devo: • Pregare. Chiederò a Dio di aiutarmi a controllare i miei pensieri, di darmi la saggezza e la grazia per affrontare questa situazione senza peccare contro Dio o mio marito. Ringrazierò il Signore per la forza che mi mette a disposizione in questa circostanza. • Scrivere che cosa dirò a mio marito, quando arriva, per evitare di manipolarlo o di essere poco affettuosa con il mio linguaggio. • Cantare inni e salmi per ricordarmi dell'opera di Dio nella mia vita. Recitare i versetti che ho imparato a memoria ultimamente (per es. Efesini 4:29-32; Colossesi 4:6; 1 Pietro 3:8-12). • Scrivere come chiedere a mio marito l'aiuto per risolvere il problema del suo orario del giovedì. Chiedere se il giovedì arriverà sempre tardi. Chiedergli la ragione del suo ritardo del giovedì. Sarebbe possibile avvisarmi se farà più tardi del solito? Preparare piani alternativi per il giovedì nel caso in cui l'orario di mio marito non cambi (potrei far mangiare prima i figli, e io e lui potremmo mangiare più tardi). • Se mio marito non è ancora tornato, mi occuperò di faccende di mia responsabilità, che si sono accumulate per mancanza di tempo (come stirare, ricamare, scrivere ai parenti, ecc). Mi occuperò delle faccende, di mia responsabilità, che saranno di benedizione a mio marito (pulire la casa, stirare i suoi indumenti, ecc.). • Se è il caso, questa sera (dopo che mio marito ha cenato e si è riposato), gli chiederò se possiamo parlare delle ragioni che lo portano a tardare il giovedì sera.

Supplemento 10, pagina 3a

© Biblical Counseling Foundation

ELENCO "COSE DA PENSARE E DA FARE"

Pagina __2__ di __2__

Problema: _Mio marito torna a casa tardi il giovedì sera_

Le mie tentazioni e i miei pensieri peccaminosi (Matteo 15:19; Giacomo 1:14-15)	Che cosa dovrei pensare in questa situazione (Salmo 19:14; Filippesi 4:8)	Che cosa dovrei fare come risultato del mio nuovo modo di pensare secondo la Parola? (Filippesi 4:9)
In passato scusavo il ritardo del padre davanti ai miei figli. Ora lo critico apertamente davanti a loro.	**VIRTUOSO** — _Pianificare come impiegare saggiamente il tempo nell'attesa del suo rientro (Efesini 5:16). Metterò da parte del tempo per pregare per lui (Filippesi 4:6-7). Sarò la madre che dovrei essere per insegnare ai miei figli le vie del Signore (Proverbi 22:6; 2 Timoteo 3:16-17; Ebrei 5:14, 12:11)._	_Chiederò se l'orario della cena del giovedì dovrebbe essere più flessibile. Lavorerò alla soluzione del problema, senza inveire contro mio marito._ _Ogni sera prima di andare a letto, ringrazierò Dio per mio marito, elencando le benedizioni di cui gode la nostra famiglia. Durante questo tempo di preghiera, ringrazierò Dio anche per avermi dato l'opportunità di diventare una moglie che rispecchi sempre più Cristo._ _Chiederò a Dio di aiutarmi a usare questa esperienza per essere un esempio ai miei figli in parole e azioni che rispecchino Cristo._

© Biblical Counseling Foundation

ELEMENTI DELLA CONSULENZA BIBLICA

1. **CONSULENZA BIBLICA: UN MINISTERO** — La consulenza biblica è un ministero che tutti i credenti impegnati nel corpo di Cristo dovrebbero esercitare verso coloro che ne hanno bisogno *(basato su Matteo 28:19-20; Romani 15:14; Galati 6:1-5)*. La gamma di problemi con i quali i consulenti hanno a che fare è molto ampia, essa include: matrimoni falliti, rapporti genitori-figli, depressione, abuso di alcol e droga, tensioni, disordine, ansia, paura, preoccupazione e qualsiasi altro problema che porti a sofferenza mentale e fisica.

2. **FORMAZIONE DEL CONSULENTE BIBLICO** — Il consulente è allenato nell'uso delle Scritture e dei principi della consulenza biblica. Egli è fermamente convinto che la Scrittura sia l'*unica* norma autorevole in materia di fede e di condotta *(2 Timoteo 3:16, 17)*. Non basa la sua conoscenza della consulenza biblica sulle proprie, o altrui, opinioni, esperienze o idee di comportamento *(Isaia 55:8-11)*; invece cerca di stabilire tutte le verità bibliche che si applicano al bisogno della persona che chiede consiglio *(Ebrei 4:12)*. Nelle sessioni di consulenza, il consulente si fonderà sulle verità essenziali della Scrittura senza fossilizzarsi su cavilli teologici né su alcuna pratica che non sia specificamente sostenuta dalla Scrittura *(Tito 2:1)*.

3. **L'OBIETTIVO PRINCIPALE DEL CONSULENTE BIBLICO** — I consulenti biblici offrono il loro tempo e le loro energie come un servizio a Dio e svolgono un'opera di amore verso gli altri *(basato su 1 Tessalonicesi 2:7-8; 1 Timoteo 1:5)*. Ogni consulente, perciò, presta il suo servizio senza alcun compenso o parcella o retribuzione pecuniaria esplicita o implicita.

4. **SQUADRA DI CONSULENZA: UN CONCETTO BIBLICO** — Generalmente, troverai che i consulenti biblici lavorano in squadra; il lavoro di gruppo ha molti vantaggi sia per chi chiede consiglio sia per i consulenti *(Proverbi 11:14; 15:22; 18:17; 20:18; 24:6; Matteo 18:16)*. Normalmente, le sessioni sono condotte da una squadra di consulenti, sotto la guida di un responsabile e un assistente o due. La persona che chiede consiglio è un membro fondamentale della squadra, perché impegnata nella soluzione dei propri problemi. Il membro più importante della squadra, in ogni caso, è il Signore stesso, nella Persona dello Spirito Santo. È Lui che provvederà la speranza, la capacità e la saggezza (attraverso la Parola di Dio) per affrontare e trattare i problemi *(Giovanni 14:26; Romani 5:3-5, 8:26-27; Efesini 3:16)*.

5. **ESSERE DISCEPOLO E MATURARE ATTRAVERSO LA CONSULENZA BIBLICA** — I consulenti biblici non sono solo impegnati nell'aiutarti a superare i tuoi problemi attuali, ma anche nel prepararti a vivere tutta la tua vita verso una continua maturità nel Signore *(Salmo 119:165; Proverbi 2:6-12a; Galati 6:1-5; 1 Timoteo 4:7-8; 1 Giovanni 5:1-5)*. La consulenza biblica, quindi, in senso scritturale, è un ministero di discepolato che ti insegna a camminare nella via di Dio anche quando devi affrontare problemi seri *(basato su Matteo 28:19, 20; 1 Timoteo 1:5; 2 Timoteo 2:2)*. Durante il periodo di consulenza, uno degli assistenti consulenti sarà a tua disposizione per rispondere a qualsiasi domanda tu possa avere e offrirti tutte le informazioni che desideri. Questo consulente ti contatterà una volta la settimana, fra una sessione e l'altra. Lo stesso consulente continuerà a incontrarsi con te anche dopo il termine della consulenza per incoraggiarti e esserti d'aiuto.

6. **RISERVATEZZA** — Un'importante qualità dei consulenti biblici è l'impegno alla riservatezza *(basato su 1 Corinzi 4:2)*. Il tuo consulente biblico, se necessario, potrebbe parlare con altri riguardo a una particolare situazione, ma puoi essere certo che il discorso sarà strettamente limitato a quanto necessario per aiutarti a superare i tuoi problemi *(basato su Proverbi 10:18-21; 15:28, 18:8, 25:11)*.

7. **AIUTI MEDICI** — I consulenti biblici sono consapevoli di dover prendere in considerazione il tuo stato complessivo di salute. Il tuo consulente potrebbe suggerire di sottoporti ad una visita medica generica o specialistica. Se sarà necessario l'intervento del medico, la consulenza, quando possibile, continuerà contemporaneamente.

8. **ELEMENTI DI CONSULENZA BIBLICA** — I consulenti biblici useranno tutta la loro preparazione e capacità per aiutarti a superare qualsiasi problema che ti privi della pace e della gioia che Dio ha promesso nella Sua Parola. Il consulente si concentrerà su quattro elementi essenziali tratti dalla Scrittura:

    Comprendere il tuo problema — È necessario applicare i principi biblici a tutte le tue difficoltà, non solo "farti sentire bene" o cambiare le circostanze. Il tuo consulente, con spirito di mansuetudine, condurrà un'indagine biblica dei vari livelli dei tuoi problemi e ti aiuterà a vedere le tue difficoltà dal punto di vista di Dio *(basato su Proverbi 18:13; Isaia 55:8, 9; Marco 7:20-23; Romani 5:3-5, 8:28, 29; Galati 6:1-4; Ebrei 4:12; Giacomo 1:2-4; 19, 22-25; 4:17)*.

    La tua speranza — In Cristo Gesù hai un gran Sommo Sacerdote che è stato tentato in ogni cosa, però senza peccare *(Ebrei 4:14-16)*. Anche se stai attraversando una prova difficile o se un qualsiasi peccato, comune agli uomini, ti sta tentando, Dio ha promesso che Egli non permetterà, nella tua vita, delle prove superiori alle tue forze. Ha promesso di provvedere la via di uscita in modo che tu possa sopportarle, senza peccare *(1 Corinzi 10:13)*. Egli le userà per il tuo bene se reagirai secondo la Parola *(Romani 8:28, 29; Giacomo 1:2-4)*.

    Il tuo cambiamento — In Cristo, puoi imparare ad abbandonare il vecchio modo egocentrico di vivere e "rivestirti" del nuovo modo di vivere, degno del Signore *(Romani 6:11-13; Efesini 4:20-24)*. Quando imparerai a cambiare, secondo la Parola, comincerai a piacere al Signore in tutto, porterai frutto in ogni opera buona e crescerai nella conoscenza di Dio *(Colossesi 1:9-12)*.

    La tua condotta — Hai bisogno di dimostrare che sei un esecutore della Parola di Dio e non soltanto un uditore, dimenticando quindi che tipo di persona sei e illudendo te stesso. Solo diventando un effettivo esecutore della Parola, sarai benedetto nel tuo operare e farai piacere al Signore *(Ebrei 13:20-22; Giacomo 1:22-25; 1 Giovanni 3:22)*.

9. **PERIODO DI ATTESA** — Se la squadra non è immediatamente disponibile per iniziare una consulenza regolare con te, ti sarà comunque fissato un incontro con un consulente appena possibile. Durante questo incontro, i tuoi consulenti ti daranno un piano da seguire in attesa di iniziare le sessioni regolari di consulenza. Nell'attesa, potrai essere incoraggiato a frequentare un corso "Esamina te stesso" e potrai iniziare a lavorare immediatamente alle soluzioni per superare i tuoi problemi.

10. **DURATA DELLE SESSIONI** — Normalmente, le sessioni di consulenza durano dai sessanta ai novanta minuti, con cadenza settimanale, per un periodo che va dalle otto alle dieci settimane. Se tu rispondi prontamente alla consulenza biblica, il numero delle sessioni potrebbe essere ridotto. Comunque, se il consulente non dovesse riscontrare un cambiamento chiaro nelle prime settimane, cercherà di identificarne le cause, ne parlerà con te e ti aiuterà a correggerti.

11. **APPUNTAMENTI PER LA CONSULENZA** — Poiché una consulenza efficace ha bisogno di perseveranza e fedeltà nell'applicare i principi biblici, è importante che tu stabilisca un tempo preciso da dedicarvi, per tutto il periodo della consulenza, eccetto che in circostanze impreviste *(basati su Luca 14:27-30; 1 Timoteo 4:7)*. Se sai

di non riuscire ad andare ad una determinata sessione di consulenza, dovresti cortesemente informare l'assistente consulente almeno 24 ore prima dell'appuntamento.

12. **COINVOLGIMENTO DELLA CHIESA LOCALE** — Per ottenere una vittoria duratura sui problemi della vita, è essenziale che ogni persona sia salda in un cammino cristiano costante. Il Signore ci ha donato la chiesa locale per aiutarci in questo processo *(Ebrei 3:13, 10:24-25)*. Tuttavia, è importante che la sessione di consulenza biblica sia accompagnata da attività nella chiesa che incoraggino il discepolato e la comunione. Se non appartieni ad alcuna chiesa, sei invitato ad unirti alla nostra comunità locale. Se fai già parte di una comunità, sarà richiesta l'assistenza di uno dei responsabili della tua chiesa, affinché tu possa ricevere più pienamente i benefici di tutte le risorse spirituali che Dio ti ha dato. Uno dei tuoi pastori, anziani o diaconi, potrebbe anche unirsi alla squadra di consulenza per fornirti il maggiore aiuto possibile. È nostro impegno aiutarti, nel migliore dei modi, per far sì che tu cammini in ubbidienza alla Parola di Dio e sperimenti così la vittoria sui tuoi problemi.

13. **OCCORRENTE E ASPETTATIVE** — Per tutte le sessioni, compresa la prima, avrai bisogno di un taccuino per appunti e della tua Bibbia. Assicurati di portarli ogni volta. Vieni con grandi aspettative. Troverai speranza e incoraggiamento sin dalla prima sessione. Da quel momento in poi, con la tua collaborazione, siamo sicuri che troverai risposte bibliche, degne di fiducia, alle difficoltà che ti hanno spinto a prendere contatto con noi.

APPUNTI DELLA SESSIONE DI CONSULENZA BIBLICA

Data _____ Caso n. _____ Sessione n. _____ Durata della sessione _____

Iniziali del consulente _____ Iniziali della persona che richiede la consulenza _____ Stima delle sessioni necessarie _____

Valutazione dei compiti assegnati la settimana precedente:

1) Versetti a memoria:

2) Meditazione:

3)

4)

5)

Compiti di questa settimana:

1) Versetti a memoria:

2) Meditazione:

3)

4)

5)

Note di questa sessione:

Argomenti suggeriti per questa sessione:

Livelli dei problemi:
(osservati in questa sessione)

Sentimenti:

Condotta:

Cuore:

Problemi da affrontare nelle sessioni future:

(scrivere sul retro se necessario)

© Biblical Counseling Foundation Supplemento 12, pagina 1
È permessa la riproduzione di questa scheda per uso personale e per il ministero.

SPIEGAZIONE DEGLI APPUNTI DELLA SESSIONE DI CONSULENZA BIBLICA

La scheda Appuntii della sessione di consulenza biblica, si usa nelle sessioni di consulenza. Questa pagina è un sussidio per addestrarti a "pensare" e a esaminare il caso secondo la Parola.

Data _____ Caso n. _____ Sessione n. _____ Durata della sessione _____
Iniziali del consulente _____ Iniziali della persona che richiede la consulenza _____ Stima delle sessioni necessarie _____

Valutazione dei compiti assegnati la settimana precedente: *(Giacomo 1:22-25)*	Compiti di questa settimana: *(Giosuè 1:8; Matteo 7:24, 25; 28:18-20; Giacomo 1:22-25)*
1) Versetti a memoria:	1) Versetti a memoria: *(Salmo 119:11)*
2) Meditazione:	2) Meditazione: *(Salmo 1:1-3)*
3) (Domande dettagliate e specifiche sul progresso o sul fallimento,	3) "Spogliarsi"/"Rivestirsi" *(Efesini 4:22-24; Colossesi 3:5-17)*
4) biblico, con particolare attenzione a *Proverbi 16:2, 25; 18:2; 13, 17; 21:2,*	4)
5) *26:12* e con la fiducia attinta da *Proverbi 16:20, 20:5, 25:11, 12)*	5)

Note di questa sessione:

Argomenti suggeriti per questa sessione:

a. Abbandonare il vecchio io e le sue opere *(Efesini 4:22; Colossesi 3:5-9)*

b. Rinnovamento della mente *(Romani 12:2; Efesini 4:23)*

c. "Rivestirsi" del nuovo io e delle sue opere *(Efesini 4:24; Colossesi 3:10-16)*

Livelli dei problemi:
(osservati in questa sessione)

Sentimenti: *(Genesi 4:7; Salmi 38:3-10, 17-18)*

Condotta: *(Ecclesiaste 12:13; Luca 6:46; Giovanni 3:21, 14:15; 1 Giovanni 5:3)*

Cuore: *(Marco 7:20-23; Luca 6:45; Ebrei 12:15)*

Problemi da affrontare nelle sessioni future:

(scrivere sul retro se necessario)

È permessa la riproduzione di questa scheda per uso personale e per il ministero.

COME USARE GLI APPUNTI DELLA SESSIONE DI CONSULENZA BIBLICA

Data _____ Caso n. _____ Sessione n. _____ Durata della sessione _____

Iniziali del consulente _____ Iniziali della persona che richiede la consulenza _____ Stima delle sessioni necessarie _____

Valutazione dei compiti assegnati la settimana precedente:	Compiti di questa settimana:
1) Versetti a memoria:	1) Versetti a memoria:
2) Meditazione:	2) Meditazione:
3) **(Dopo la prima sessione, comincia le sessioni seguenti in questa sezione. Le domande appropriate rivolte in questa sezione forniranno informazioni pertinenti da usare di seguito)**	3) **(I compiti assegnati in questa sessione sono annotati qui. La prossima sessione inzierà con il rivedere quanto assegnato qui)**
4)	4)
5)	5)

Note di questa sessione:

(Annota qui le risposte alle tue domande della persona che chiede consiglio. Scrivi le violazioni bibliche nel settore "Livelli dei problemi" secondo il tipo di violazione. Queste ti saranno utili per decidere quali argomenti proporre nelle sessioni future)

Argomenti suggeriti per questa sessione:

(Mentre discuti questi aspetti con la persona che chiede consiglio, devi pensare ai compiti, basati sulla Parola, da assegnare per la prossima sessione)

Livelli dei problemi:
(osservati in questa sessione)

Sentimenti:

Condotta:

Cuore:

(Ascoltando ciò che la persona che chiede consiglio dice, è possibile scoprire problemi più profondi e la volontà della persona di impegnarsi per risolverli)

Problemi da affrontare nelle sessioni future:

(Annota qui gli argomenti che devono essere trattati nelle sessioni future)

(scrivere sul retro se necessario)

© Biblical Counseling Foundation

È permessa la riproduzione di questa scheda per uso personale e per il ministero.

RIEPILOGO E PIANIFICAZIONE DELLA SESSIONE DI CONSULENZA BIBLICA

Data della sessione: _____ Caso n. _____ Sessione n. _____ Durata della sessione _____

Data del resoconto _____ Iniziali del consulente _____ Iniziali della persona che richiede la consulenza _____

1. Riepiloga brevemente che cosa è accaduto alla persona che ha chiesto consiglio nella settimana precedente l'ultima sessione. Elenca qualsiasi cambiamento nello stato di salute, nei rapporti interpersonali e le circostanze importanti.

2. Descrivi com'è stato l'impegno della persona nel completare i compiti assegnati nella sessione precedente.

3. Elenca gli argomenti e i brani biblici trattati in questa sessione. Come ha reagito la persona quando è stato trattato ciascun argomento?

4. Elenca i compiti assegnati in questa sessione.

5. Elenca gli argomenti da trattare in sessioni future, insieme alle Scritture concernenti la speranza, il cambiamento e la condotta.

6. Elenca qualsiasi compito specifico da assegnare che ritieni utile per la vita di questa persona.

7. Elenca le pratiche bibliche che questa persona deve ancora sviluppare.

Supplemento 13 © Biblical Counseling Foundation

È permessa la riproduzione di questa scheda per uso personale e per il ministero.

IL MIO PROGRAMMA ATTUALE

	LUNEDÌ	MARTEDÌ	MERCOLEDÌ	GIOVEDÌ	VENERDÌ	SABATO	DOMENICA
6,00							
7,00							
8,00							
9,00							
10,00							
11,00							
12,00							
13,00							
14,00							
15,00							
16,00							
17,00							
18,00							
19,00							
20,00							
21,00							
22,00							
23,00							

© Biblical Counseling Foundation

È permessa la riproduzione di questa scheda per uso personale e per il ministero

Supplemento 14

Annota le attività e le responsabilità che hai svolto durante la settimana (o che svolgi in una tipica settimana) Ripassa LE NORME DI DIO PER TE (Lezione 22, pagine 4-6) al punto III. Assimila le norme di Dio nel tuo vivere quotidiano.

IL PROGRAMMA BIBLICO CHE MI PROPONGO (*Proverbi 16:9; Efesini 5:15-16*)

	LUNEDI'	MARTEDI'	MERCOLEDI'	GIOVEDI'	VENERDI'	SABATO	DOMENICA
6,00							
7,00							
8,00							
9,00							
10,00							
11,00							
12,00							
13,00							
14,00							
15,00							
16,00							
17,00							
18,00							
19,00							
20,00							
21,00							
22,00							
23,00							

Supplemento 15

© Biblical Counseling Foundation

È permessa la riproduzione di questa scheda per uso personale e per il ministero

Programma la settimana, secondo la Parola. Sii fedele nel mantenere il programma; tieni presente che Dio è in controllo di qualsiasi evento imprevisto che ti può capitare. Ripassa **LE NORME DI DIO PER TE** *(Lezione 22, pagine 4-6) al punto III. Assimila le norme di Dio nel tuo vivere quotidiano.*

LINEE GUIDA: LIBERTÀ DALL'ANSIA
(AGIRE SECONDO LA PAROLA E PIANO PER LA PREGHIERA)

> Ci saranno dei momenti in cui sarai profondamente preoccupata per le circostanze della vita. È importante che tu impari, in quelle situazioni, a reagire secondo la Parola per metterla in pratica e per sperimentare la pace del Signore che supera ogni intelligenza (*basato su Isaia 26:3; Salmo 119:165; Filippesi 4:6-9; Giacomo 1:25*).

I. **Il problema**

   A. Può succedere, a volte, che la paura e la preoccupazione abbiano effetti fisici sulle persone. Per esempio, potresti aver sentito affermazioni del tipo:

   1. "Mio figlio deve diventare più responsabile, trovarsi un lavoro e mantenere la sua famiglia. Ogni volta che penso a lui, mi viene il mal di stomaco".

   2. "Mia figlia deve smettere di drogarsi. Ho perso l'appetito e non posso dormire la notte a furia di pensarci".

   3. "I miei familiari devono nascere di nuovo spiritualmente, ma non vogliono ascoltarmi quando gliene parlo. La mia pressione sanguigna è alle stelle".

   4. "Mio marito invita i suoi amici a casa; guardano film violenti e con chiare scene di sesso. Ho un'emicrania dopo l'altra. Sono così preoccupata dell'influenza che ciò può avere sui figli che mi sta venendo un'ulcera".

   B. Quando devi affrontare la tentazione di preoccuparti o di aver paura, devi dirigere la tua attenzione verso il Signore invece di concentrarti su te stesso e sul problema. Uno dei primi passi da compiere è di pregare (*Filippesi 4:6-7; Colossesi 4:2; 1 Tessalonicesi 5:17*). Per avere una vita di preghiera efficace, devi costantemente esaminarti alla luce della Parola ed essere diligente nel piacere al Signore in ogni cosa (*basato su 1 Corinzi 11:31; 2 Corinzi 5:9; Giacomo 1:5-8, 5:16b; 1 Giovanni 3:22*). Come parte di questo processo devi gettare le tue preoccupazioni sul Signore (*1 Pietro 5:6-7*) e continuare ad essere un esecutore della Parola (*Giacomo 1:22-25*).

II. **Il piano per la preghiera**

   A. Leggi, ogni giorno, *Filippesi 4:6-9*.

   B. Nella prima colonna del Supplemento 17, intitolata **Le mie preoccupazioni**, elenca le tue preoccupazioni profonde.

   C. Considerando una alla volta le cose elencate, metti un segno accanto a quelle che non puoi cambiare e scrivile nella colonna centrale (**L'elenco del Signore**).

   D. Nella terza colonna intitolata **Il mio elenco**, scrivi quali sono le responsabilità bibliche che devi adempiere indipendentemente dalle richieste di preghiera che potresti avere. Elenca anche le tue responsabilità riguardo alle cose per cui stai pregando (per esempio: se stai pregando per un credente caduto in peccato, elenca i primi passi che farai per aiutarlo a essere ristabilito).

1. Per rivedere le responsabilità bibliche di ogni credente, studia quanto segue (esempi):

   Matteo capitoli 5, 6 e 7
   Matteo 18:15-17
   Matteo 22:35-37
   Romani capitoli 12, 13 e 14
   Romani 14:3, 4, 10, 13 e 17-19
   Romani 15:1-7, 13-14
   1 Corinzi 13:4-8a
   Galati 6:1-2
   Efesini 4:15, 29-32; 6:1-19
   Filippesi 2:3-8, 14-16
   Colossesi 3:12-17, 23-25; 4:1-6
   1 Tessalonicesi 5:16-18
   Giacomo 1:19-20, 2:14-17, 5:9
   1 Pietro 3:1-4, 7, 8-12, 13-17
   1 Giovanni 3:16-18

2. Aggiungi quanto lo Spirito Santo ti rivela, nella colonna intitolata **Il mio elenco**, riguardo a quelle che dovrebbero essere le tue responsabilità e attività d'ogni giorno.

E. Affida (abbandona) al Signore quanto hai scritto nella colonna **L'elenco del Signore** *(basato su 1 Pietro 5:7)*. Abbi fede che il Signore farà quello che solo Lui può compiere *(basato su Salmo 40:4-5, 56:3-4; Isaia 55:8-11)*.

F. In preghiera chiedi al Signore di aiutarti a fare di cuore, come per Lui, quello che dovresti fare, e impegnati davanti a Lui per fare quanto hai scritto nella colonna **Il mio elenco** *(basato su Colossesi 1:9-12, 3:23-24)*.

G. Fa' un programma per adempiere quanto scritto in **Il mio elenco**. *Se necessario, usa una* **SCHEDA DI LAVORO VITTORIA SUI FALLIMENTI** *(Supplemento 8) o* **IL PROGRAMMA BIBLICO CHE MI PROPONGO** *(Supplemento 15)*.

H. Ogni giorno ripassa il tuo elenco e prega per ogni cosa elencata. Aggiorna se necessario **L'elenco del Signore** e **Il mio elenco** e agisci secondo il nuovo elenco.

I. **LIBERTÀ DALL'ANSIA (AGIRE SECONDO LA PAROLA E PIANO PER LA PREGHIERA)** (Supplemento 17) può essere usato con qualsiasi altra scheda di questo manuale come la **SCHEDA DI STUDIO BIBLICO E APPLICAZIONE** (Supplemento 3), **SCHEDA DI LAVORO VITTORIA SUI FALLIMENTI** (Supplemento 8), l'**ELENCO "COSE DA PENSARE E DA FARE"** (Supplemento 10) e **IL PROGRAMMA BIBLICO CHE MI PROPONGO** (Supplemento 15).

J. Potresti trovare utile copiare questo piano per la preghiera in un taccuino che, insieme alla tua Bibbia, diventerà parte della tua meditazione giornaliera.

LIBERTÀ DALL'ANSIA

(Agire secondo la Parola e piano per la preghiera) basato su *Filippesi 4:6-9*

Le mie preoccupazioni (Tutte le cose che mi inducono alla preoccupazione)	L'elenco del Signore (Cose riguardo alle quali non posso fare nulla)	Il mio elenco (Le responsabilità che devo adempiere fedelmente in ubbidienza al Signore)

© Biblical Counseling Foundation

È permessa la riproduzione di questa scheda per uso personale e per il ministero

Supplemento 17

www.ingramcontent.com/pod-product-compliance
Lightning Source LLC
Chambersburg PA
CBHW081437070526
44586CB00019B/2155